中国数量经济学会

中 国 数 量 经

U0682882

21世纪

数量经济学

Quantitative Economics in the 21st Century

第20卷

◎ 主 编 李 平 郭爱君
◎ 副主编 李富强 陈南旭

经济管理出版社
ECONOMY & MANAGEMENT PUBLISHING HOUSE

图书在版编目（CIP）数据

21 世纪数量经济学．第 20 卷/李平，郭爱君主编．—北京：经济管理出版社，2020.6
ISBN 978 - 7 - 5096 - 7211 - 2

Ⅰ．①2… Ⅱ．①李…②郭… Ⅲ．①数量经济学—文集 Ⅳ．①F224.0 - 53

中国版本图书馆 CIP 数据核字（2020）第 108270 号

组稿编辑：陈　力
责任编辑：杨国强　张瑞军
责任印制：黄章平
责任校对：陈　颖

出版发行：经济管理出版社
　　　　　（北京市海淀区北蜂窝 8 号中雅大厦 A 座 11 层　100038）
网　　址：www. E - mp. com. cn
电　　话：（010）51915602
印　　刷：三河市延风印装有限公司
经　　销：新华书店
开　　本：710mm × 1000mm/16
印　　张：35.5
字　　数：582 千字
版　　次：2020 年 8 月第 1 版　　2020 年 8 月第 1 次印刷
书　　号：ISBN 978 - 7 - 5096 - 7211 - 2
定　　价：128.00 元

21 世纪数量经济学
（第 20 卷）

编审组名单

前　言

本书是《21 世纪数量经济学》丛书的第 20 卷。

中国数量经济学会 2019 年年会于 2019 年 10 月 18 ~ 20 日在甘肃兰州召开，年会由中国数量经济学会与兰州大学主办，兰州大学经济学院承办。来自政府部门、研究机构、大专院校和企业的 566 位数量经济学专家、学者参加了本次年会，会议共收到学术论文 385 篇。

年会上，伦敦经济与政治科学学院统计系姚琦伟教授、新加坡管理大学经济学院苏良军教授分别作了高水平的学术报告。中国社会科学院数量经济与技术经济研究所李军研究员、上海财经大学周亚虹教授、兰州财经大学韩君教授、厦门大学方颖教授在名家论坛上做了学术报告。会议分成：数量经济理论与方法，经济增长与宏观经济运行，货币、银行，资本市场、保险，投资、贸易，区域经济、产业经济，环境、资源，大数据理论与方法，数字经济、实验经济学及其他等 11 个小组进行了专题讨论，100 多位学者在小组学术交流会上介绍了自己的最新研究成果，会议收到了良好的效果。

本书是由本次年会提交的论文中遴选出来的优秀论文集结成册的，共 26 篇，分为 5 个部分：数量经济理论与方法，宏观经济、财政税收，金融、资本市场，企业、产业经济，绿色经济、实验经济学。入选的这些论文均有较高的学术水平，具有一定的理论意义或实践意义。

囿于编者的能力和水平，本书一定存在不少错误和疏漏，欢迎广大读者批评指正。

编者

2020 年 1 月

目 录

1. 数量经济理论与方法

2. 宏观经济、财政税收

3. 金融、资本市场

4. 企业、产业经济

5. 绿色经济、实验经济学

1. 数量经济理论与方法

时变系数广义空间滞后模型的贝叶斯估计

徐　茉　陶长琪

摘　要　传统的空间计量模型采用单一不变参数表征空间单元间的依赖性，但随着样本结构中时间 T 和个体 N 的增大，不变系数模型的估计结果难以准确地反映经济行为的动态特征，造成参数估计有偏。基于此，本文构建时变系数广义空间滞后模型，先利用贝叶斯方法推导出各时变参数的条件后验分布，再结合 MCMC 方法估计模型并进行数值模拟，并将其应用于具体实例。数值模拟结果表明，时变系数的均偏差和均方误差都随着样本结构中个体 N 的增大而减小，且与时间 T 的大小无关。实例应用的结果不仅重新测度了产业集聚对产业结构升级影响的空间时变效应，也再次验证了模型方法的可靠性和实用性。

关键词　时变系数广义空间滞后模型；贝叶斯估计；MCMC 方法

Bayesian Estimation of Generalized Spatial Lag Models with Time – varying Coefficients

Xu Mo Tao Changqi

Abstract：The traditional spatial econometric model uses a single invariant parameter to characterize the dependence between spatial units. However, with the increase of time T and individual N in the sample structure, the estimation results of the invariant coefficient model are difficult to accurately reflect the dynamic characteristics of economic behavior, resulting in The parameter estimates are biased. Based on this, this paper constructs a time – varying generalized space lag model. Firstly, the Bayesian method is used to derive the conditional posterior distribution of each time – varying parameter. Then the MCMC method is used to estimate the model and numerical simulation is applied to the concrete example. The numerical simulation results show that both the mean deviation and the mean square error of the time – varying coefficient decrease with the increase of the individual N in the sample structure, and are independent of the time T. The results of the example application not only re – measure the spatial time – varying effect of industrial agglomeration on the industrial structure upgrade, but also verify the reliability and practicability of the model method.

Key Words：Generalized Spatial Lag Models with Time – varying Coefficients；Bayesian estimation；MCMC method

一、引言

近年来，空间面板数据（SPD）模型理论发展迅速（Lee 和 Yu，2010），主要涵盖固定效应和随机效应两种。Elhorst（2003）利用拟极大似然方法（QML），估计含空间自回归项的随机效应 SPD 模型。Lesage（2014）采用贝叶斯方法，估计固定效应空间杜宾模型（SDM）。Druska 和 Horrace（2004）基于广义矩方法（GMM），估计含误差滞后项的固定效应 SPD 模型。由于面板数据能够较好把握个体在连续时间上的行为特征（白仲林，2010），因此研究进一步拓展至空间动态面板数据（SDPD）模型（Parent 和 Lesage，2012；Lee，2014；Su 和 Yang，2014）。此外，无论是 SPD 模型还是 SDPD 模型，在医疗价格（Mobley，2003）、劳动市场（Foote，2007）、税收竞争（Elhorst 和 Fréret，2009）等领域中都得到广泛应用。上述模型除了带有特定个体效应和时间效应截距项外，剩余模型参数均为不变系数，而绝大多数经济现象的不同不仅只表现在模型的截距项，个体或时间差异还影响到解释变量系数，甚至是空间交互项系数，构成变系数 SPD 模型。

现有文献研究变系数 SPD 模型主要分为两类：

一类是部分变系数 SPD 模型，变系数仅表现在解释变量，其余变量系数均不变。针对此类模型，常将非参数与参数方法相结合，用于模型估计。从截面数据模型发展起来的变系数非参数估计方法（Fan 和 Huang，2005），使得时间序列数据模型得以借鉴（Cai，2007），并延伸至面板数据模型（Li 等，2011），进而推广到处理 SPD 模型中的变系数部分，剩余不变系数仍采用传统 SPD 模型的参数估计方法。Su 和 Jin（2010）构建部分线性空间自回归模型，先通过局部多项式估计变系数部分，再利用截面 QML 估计模型中的其他参数。在 Su 和 Jin（2010）模型的基础上，Su（2012）同时纳入异方差和误差自相关项，提出半参数 GMM 估计模型。陈建宝和乔宁宁（2017）、陈建宝和孙林（2017）、唐礼智和刘玉（2018）等在半参数框架下，采用截面 QML 估计不同形式的变系数 SPD 模型。

另一类是完全变系数 SPD 模型。依据变系数产生的原因将模型分为：①只随个体变化而变化的空间变系数模型，不同时间在相同个体上不产生变化。Brunsdon 等（1996）将局部回归分析用于变系数模型，提出地理加权回归（GWR），以观测个体的地理特征构造变系数函数。GWR 方法以互为邻近地区重复样本数据进行研究，数据重叠的程度影响了参数估计的稳健性（Lesage，2019）。Elhorst（2003）基于模型系的变化特征，分别建立带有滞后项的固定系数和随机系数空间似不相关（SUR）模型。Aquaro 等（2015）简化了空间 SUR 模型误差项的方差—协方差矩阵到只含异质异方差，通过 QML 方法估计该模型。Lesage 和 Chih（2018）基于 Aquaro 等（2015）模型，采用贝叶斯方法进行估计。②只因时间改变而改变的空间变系数模型，不同个体在相同时点上不发生改变。Anselin（1988）最早将 SUR 模型扩展至空间环境，并建议采用 ML 方法进行估计。邓明（2013）基于广义最小二乘（FGLS）和矩估计（GM）的多阶段迭代，估计带空间误差复合项的时变系数 SUR 模型。邓明和钱争鸣（2013）利用贝叶斯方法估计只含空间滞后项的时变系数模型。邓明（2016）采用 QML 方法估计含空间自回归项的时变系数模型，得到的参数估计量一致有效。

通过梳理以上文献发现，经济主体在不同时点上的行为差异明显，如若当作不变系数模型处理将导致参数估计无效。同时，随着短面板数据可得性的提高，基于面板数据中的截面个体信息，可以充分捕捉经济行为的动态变化特征。因此，本文建立贝叶斯时变系数广义空间滞后模型，利用 MCMC 方法进行数值模拟并用于实证分析。与现有文献相比，本文的贡献在于：①方法更为实用。据此一般形式模型提出相合的参数估计方法更具普适性。②模拟更为简便。该模型伴有大量待估参数，使用 MCMC 方法能够降低计算负担。③结果更为可靠。在不同邻近程度的空间权重矩阵下，参数模拟结果均表现出精度高、稳健性好等优势。④应用更为可行。将模型方法应用到具体实例，得到的实证结果不仅稳定可靠，还更加符合实际。

二、研究设计

（一） 模型建立

本文基于与 Anselin（1988）提出的时变系数空间 SUR 模型形式，但与空间 SUR 模型不同的是，扰动项不存在序列相关，将模型定义为：

$$\begin{cases} Y = (a \otimes \iota_N) + (\psi \otimes W^1)Y + \sum_{k=1}^{K} (\beta^k \otimes I_N)X^k + U \\ U = (P \otimes W^3)U + \nu \end{cases}$$

$$(i = 1, 2, \cdots, N; T = 1, 2, \cdots, T) \tag{1}$$

其中，被解释变量 $Y = (y_{11}, y_{21}, \cdots, y_{N1}, \cdots, y_{1T}, y_{2T}, \cdots, y_{NT})'$，时变效应 $a = (a_1, a_2, \cdots, a_T)'$，解释变量 $X^k = (x_{11}^k, x_{21}^k, \cdots, x_{N1}, \cdots, x_{1T}, x_{2T}, \cdots, x_{NT})'$，解释变量系数 $\beta^k = diag(\beta_1^k, \beta_2^k, \cdots, \beta_T^k)$，误差项 $U = (\mu_{11}, \mu_{21}, \cdots, \mu_{N1}, \cdots, \mu_{1T}, \mu_{2T}, \cdots, \mu_{NT})'$，随机扰动项 $\nu = (\upsilon_{11}, \upsilon_{21}, \cdots, \upsilon_{N1}, \cdots, \upsilon_{1T}, \upsilon_{2T}, \cdots, \upsilon_{NT})'$。

为保证模型能够有效识别，对模型做如下基本假定：

假定 1：空间权重矩阵 $W^1 = W^2 = W^3 = W = (w_{ij})_{N \times N}$ 是 $N \times N$ 维主对角线元素为 0、各行各列和均为 1 的双随机矩阵，即 $w_{ii} = 0$，$\sum_i w_{ij} = \sum_j w_{ij} = 1$。

假定 2：解释变量 $\{x_{it}^k; i = 1, 2, \cdots, N; t = 1, 2, \cdots, T; k = 1, 2, \cdots, K\}$ 严格外生，对 $\forall i、j、k$，$E(x_{it}^k x_{jt}^{k'})$ 协方差矩阵有界、非奇异、不随个体改变而改变。

假定 3：干扰项序列 $\{\upsilon_{it}; i = 1, 2, \cdots, N; t = 1, 2, \cdots, T\}$ 服从相互独立的正态分布，具有零均值、零协方差、时变异方差。即 $\upsilon_{it} \sim N(0, \Omega \otimes I_N)$，$\Omega = diag(\sigma_1^2, \sigma_2^2, \cdots, \sigma_T^2)$。

假定 1 使 $\sup_i(|\varphi_t|\sum_j w_{ij}) < 1$ 和 $\sup_i(|\rho_t|\sum_j w_{ij}) < 1$ 成立、矩阵 $(I_N - \varphi_t W)$ 和 $(I_N - \rho_t W)$ 可逆（Aquaro 等，2015）。假定 2 确保模型可以使用面板数据中的截面信息，估计时变的各待估参数（Lesage 和 Chih，2018）。假定 3 表明不同时期干扰项的方差不同，且与不同个体相互独立（邓明，2016）。

在随机干扰项序列 υ_{it} 独立正态假定下，基于雅克比行列式变换公式 $f_y = |\partial \upsilon / \partial y| f_\upsilon$，可得似然函数为：

$$f(y / \varphi, \rho, \Omega, \beta, a) = |A_t|^T \times |C_t|^T \times \left(\frac{1}{\sqrt{2\pi}}\right)^{NT} \times |\Omega|^{-\frac{N}{2}} \times$$

$$\exp\left\{\sum_{t=1}^T \frac{[C_t(A_t y_t - x_t \beta_t - \iota_n a_t)]'[C_t(A_t y_t - x_t \beta_t - \iota_n a_t)]}{-2\sigma_t^2}\right\}$$

其中，I_N 是 N 阶单位阵，$A_t = I_N - \varphi_t W$，φ_t 是空间滞后项系数，$\varphi = (\varphi_1, \varphi_2, \cdots, \varphi_T)'$，$\Psi = \mathrm{diag}(\varphi)$，$C_t = I_N - \rho_t W$，$\rho_t$ 是误差滞后项系数，$\rho = (\rho_1, \rho_2, \cdots, \rho_T)'$，$P = \mathrm{diag}(\rho)$，$\sigma^2 = (\sigma_1^2, \sigma_2^2, \cdots, \sigma_T^2)'$，$\Omega = \mathrm{diag}(\sigma^2)'$，$y_t = (y_{1t}, y_{2t}, \cdots, y_{Nt})'$，$x_t = (x_{it}, x_{2t}, \cdots, x_{Nt})'$，$\beta_t$ 为解释变量系数，ι_n 是 $n \times 1$ 维数值全为 1 的列向量，$\beta = (\beta_1, \beta_2, \cdots, \beta_T)'$，$a = (a_1, a_2, \cdots, a_T)'$。

（二）参数的先验分布设定及条件后验分布

贝叶斯方法在有限样本下的数值模拟结果具有稳健性，对参数后验分布执行 MCMC 抽样能够大大降低计算负担，但在进行具体的数值模拟之前，需要给定参数的先验分布，结合样本信息（似然函数），推导出参数的条件后验分布，具体如下：

1. 先验分布

假定各参数 $\{a_t, \beta_t, \sigma_t^2, \varphi_t, \rho_t; t = 1, 2, \cdots, T\}$ 先验分布在不同时间 t 上相互独立，不同参数之间的先验分布也相互独立，基于 Smith 和 Lesage（2004）、方丽婷（2014）以及 Lesage 和 Chih（2018）等对参数的先验设定，将参数 a_t 和 β_t 设为正态分布，参数 σ_t^2 设为逆伽马分布，参数 φ_t 和 ρ_t 设为均匀分布，即：

$$a_t \sim N(\overline{a_t}, \sum\nolimits_{\overline{a_t}})$$

$$\beta_t \sim N(\overline{\beta_t}, \sum\nolimits_{\overline{\beta_t}})$$

$$\sigma_t^2 \sim IG(\overline{c}, \overline{b})$$

$$\varphi_t \sim U \ (1/\lambda_{min}, \ 1/\lambda_{max})$$

$$\rho_t \sim U \ (1/\lambda_{min}, \ 1/\lambda_{max})$$

其中，$\bar{a}_t$、$\overline{\sum}_{\bar{a}_t}$ 是截距项先验均值、先验方差，$\bar{B}_t$、$\overline{\sum}_{\bar{B}_t}$ 是解释变量系数先验均值、先验方差，$\bar{c}$、$\bar{b}$ 是误差项先验分布超参数，λ_{min}、λ_{max} 分别是空间权重矩阵 W 的最小、最大特征根，且 $\lambda_{min} < 0$、$\lambda_{max} > 0$。

则各参数先验分布的核为：

$$\pi(a_t) \propto \exp\left\{-\frac{1}{2}(a_t - \bar{a}_t)'\overline{\sum}_{\bar{a}_t}^{-1}(a_t - \bar{a}_t)\right\}, t = 1, 2, \cdots, T$$

$$\pi(\beta_t) \propto \exp\left\{-\frac{1}{2}(\beta_t - \bar{\beta}_t)'\overline{\sum}_{\bar{\beta}_t}^{-1}(\beta_t - \bar{\beta}_t)\right\}, t = 1, 2, \cdots, T$$

$$\pi(\sigma_t^2) \propto (\sigma_t^2)^{-(\bar{c}+1)}\exp\left(-\frac{\bar{b}}{\sigma_t^2}\right), \ \sigma_t^2 > 0, \ \bar{c}, \bar{b} > 0, \ t = 1, 2, \cdots, T$$

$$\pi(\varphi_t) \propto 1, \ t = 1, 2, \cdots, T$$

$$\pi(\rho_t) \propto 1, \ t = 1, 2, \cdots, T$$

2. 贝叶斯后验分布

根据参数的先验分布及似然函数，即：

$$p(a, \beta, \sigma^2, \varphi, \rho/y) \times p(y) = p(y/a, \beta, \sigma^2, \varphi, \rho) \times p(a, \beta, \sigma^2, \varphi, \rho) \tag{2}$$

考虑到先验分布各参数相互独立，则由式（2）可得：

$$p(a, \beta, \sigma^2, \varphi, \rho/y) \propto p(y/a, \beta, \sigma^2, \varphi, \rho) \times \pi(a) \times \pi(\beta) \times \pi(\sigma^2) \times \pi(\varphi) \times \pi(\rho) \tag{3}$$

（1）参数 a_t 的条件后验分布。

基于式（3），有：

$$p(a_t/\beta, \sigma^2, \varphi, \rho, y) \propto p(y/a, \beta, \sigma^2, \varphi, \rho) \cdot \prod_{t=1}^{T} a_t$$

$$\propto \exp\left\{-\frac{1}{2\sigma_t^2}[C_t(A_t y_t - x_t\beta_t - \iota_n a_t)]'[C_t(A_t y_t - x_t\beta_t - \iota_n a_t)]\right\} \cdot$$

$$\exp\left\{-\frac{1}{2}(a_t - \bar{a}_t)'\overline{\sum}_{\bar{a}_t}^{-1}(a_t - \bar{a}_t)\right\} \tag{4}$$

由式（4）可得：

$$-\frac{1}{2}[C_t(A_t y_t - x_t\beta_t - \iota_n a_t)]'(\sigma_t^2)^{-1}[C_t(A_t y_t - x_t\beta_t - \iota_n a_t)] - \frac{1}{2}$$

$$(a_t - \bar{a}_t)'\overline{\sum}_{\bar{a}_t}^{-1}(a_t - \bar{a}_t)$$

$$= -\frac{1}{2}\left\{ a'_t \iota'_n C'_t (\sigma_t^2)^{-1} C_t \iota_n a_t - 2(C_t A_t y_t - C_t x_t \beta_t)'(\sigma_t^2)^{-1} C_t \iota_n a_t + a'_t \right. \tag{5}$$

$$\left. \overline{\sum}_{\overline{a}_t}^{-1} \overline{a}_t - 2\overline{a}'_t \overline{\sum}_{\overline{a}_t}^{-1} \overline{a}_t + E \right\}$$

$$= -\frac{1}{2}\left\{ a'_t(\iota'_n C'_t (\sigma_t^2)^{-1} C_t \iota_n + \overline{\sum}_{\overline{a}_t}^{-1}) a_t - 2[\iota'_n C'_t (\sigma_t^2)^{-1} \right.$$

$$\left. (C_t A_t y_t - C_t x_t \beta_t) + \overline{\sum}_{\overline{a}_t}^{-1} \overline{a}_t]' a_t \right\} + E$$

从式（5）可知，E 是不依赖于 a_t 的数值，因而得：

$$M_{a_t} = \frac{1}{\sigma_t^2}\iota'_n C'_t C_t \iota_n + \overline{\sum}_{\overline{a}_t}^{-1} \tag{6}$$

$$V_{a_t} = \frac{1}{\sigma_t^2}[\iota'_n C'_t (C_t A_t y_t - C_t x_t \beta_t)] + \overline{\sum}_{\overline{a}_t}^{-1} \overline{a}_t \tag{7}$$

根据式（6）～式（7）发现，M_{a_t} 和 V_{a_t} 的值与 a_t 无关，则式（5）可重新写成：

$$p(a_t / \sigma^2, \varphi, \rho, y) \propto \exp\left[-\frac{1}{2}(a'_t M_{a_t} a_t - 2V'_{a_t} a_t) \right]$$

$$\propto \exp\left[-\frac{1}{2}(a'_t M_{a_t} a_t - 2V'_{a_t} a_t + V'_{a_t} M_{a_t}^{-1} V_{a_t}) \right]$$

$$\propto \exp\left[-\frac{1}{2}(a_t - M_{a_t}^{-1} V_{a_t})' M_{a_t} (a_t - M_{a_t}^{-1} V_{a_t}) \right] \tag{8}$$

从式（8）可知，参数 a_t 的后验分布为多元正态分布，均值为 $M_{a_t}^{-1} V_{a_t}$，方差是 $M_{a_t}^{-1}$，即：

$$p(a_t / \beta, \sigma^2, \varphi, \rho, y) \sim N(M_{a_t}^{-1} V_{a_t}, M_{a_t}^{-1}) \tag{9}$$

（2）参数 β_t 的条件后验分布。

$$p(\beta_t / a, \sigma^2, \varphi, \rho, y) \propto p(y/a, \beta, \sigma^2, \varphi, \rho) \cdot \prod_{t=1}^{T} \beta_t$$

$$\propto \exp\left\{ -\frac{1}{2\sigma_t^2}[C_t(A_t y_t - \iota_n a_t - x_t \beta_t)]'[C_t(A_t y_t - \iota_n a_t - x_t \beta_t)] \right\} \cdot$$

$$\exp\left\{ -\frac{1}{2}(\beta_t - \overline{\beta}_t)' \overline{\sum}_{\overline{\beta}_t}^{-1} (\beta_t - \overline{\beta}_t) \right\} \tag{10}$$

则式（9）可得：

$$-\frac{1}{2}[C_t(A_t y_t - \iota_n a_t - x_t \beta_t)]'(\sigma_t^2)^{-1}[C_t(A_t y_t - \iota_n a_t - x_t \beta_t)] -$$

$$\frac{1}{2}(\beta_t - \overline{\beta}_t)' \overline{\sum}_{\overline{\beta}_t}^{-1} (\beta_t - \overline{\beta}_t)$$

$$= -\frac{1}{2}\{\beta'_t x'_t C'_t (\sigma_t^2)^{-1} C_t x_t \beta_t - 2[C_t A_t y_t - C_t \iota_n a_t]'(\sigma_t^2)^{-1} C_t x_t \beta_t +$$

$$\beta'_t \overline{\sum_{\beta_t}}^{-1} \beta_t - 2\overline{\beta}'_t \overline{\sum_{\beta_t}}^{-1} \beta_t + Z\}$$

$$= -\frac{1}{2}\{\beta'_t [x'_t C'_t (\sigma_t^2)^{-1} C_t x_t + \overline{\sum_{\beta_t}}^{-1}]\beta_t - 2[x'_t C'_t (\sigma_t^2)^{-1}$$

$$(C_t A_t y_t - C_t \iota_n a_t) + \overline{\sum_{\beta_t}}^{-1} \overline{\beta}_t]'\beta_t\} + Z \tag{11}$$

从式（10）可知，Z 是不依赖于 β_t 的数值，所以有：

$$M_{\beta_t} = \frac{1}{\sigma_t^2} x'_t C'_t C_t x_t + \overline{\sum_{\beta_t}}^{-1} \tag{12}$$

$$V_{\beta_t} = \frac{1}{\sigma_t^2}[x'_t C'_t (C_t A_t y_t - C_t \iota_n a_t)] + \overline{\sum_{\beta_t}}^{-1} \overline{\beta}_t \tag{13}$$

根据式（11）~式（12）发现，M_{β_t} 和 V_{β_t} 的值与 β_t 无关，则式（10）可重新写成：

$$p(\beta_t / a, \sigma^2, \varphi, \rho, y) \propto \exp\left[-\frac{1}{2}(\beta'_t M_{\beta_t}\beta_t - 2V'_{\beta_t}\beta_t)\right]$$

$$\propto \exp\left[-\frac{1}{2}(\beta'_t M_{\beta_t}\beta_t - 2V'_{\beta_t}\beta_t + V'_{\beta_t} M_{\beta_t}^{-1} V_{\beta_t})\right]$$

$$\propto \exp\left[-\frac{1}{2}(\beta_t - M_{\beta_t}^{-1} V_{\beta_t})' M_{\beta_t}(\beta_t - M_{\beta_t}^{-1} V_{\beta_t})\right] \tag{14}$$

由式（14）可知，参数 β_t 的后验分布为多元正态分布，均值为 $M_{\beta_t}^{-1} V_{\beta_t}$，方差是 $M_{\beta_t}^{-1}$，即：

$$p(\beta_t / a, \sigma^2, \varphi, \rho, y) \sim N(M_{\beta_t}^{-1} V_{\beta_t}, M_{\beta_t}^{-1}) \tag{15}$$

（3）参数 σ_t^2 的条件后验分布。

$$p(\sigma_t^2 / a, \beta, \varphi, \rho, y) \propto p(y / a, \beta, \sigma^2, \varphi, \rho) \cdot \prod_{t=1}^{T} \sigma_t^2$$

$$\propto (\sigma_t^2)^{-\frac{N}{2}} \exp\left\{\frac{[C_t(A_t y_t - x_t \beta_t - \iota_n a_t)]'[C_t(A_t y_t - x_t \beta_t - \iota_n a_t)]}{-2\sigma_t^2}\right\} \cdot (\sigma_t^2)^{-(\overline{c}+1)} \exp\left(-\frac{\overline{b}}{\sigma_t^2}\right)$$

$$= (\sigma_t^2)^{-(\frac{N}{2}+\overline{c}+1)} \exp\left\{\frac{[C_t(A_t y_t - x_t \beta_t - \iota_n a_t)]'[C_t(A_t y_t - x_t \beta_t - \iota_n a_t)] + 2\overline{b}}{-2\sigma_t^2}\right\} \tag{16}$$

由式（16）可知，参数 σ_t^2 的条件后验分布服从逆伽马分布，即：

$$p(\sigma_t^2 / a, \beta, \varphi, \rho, y) \sim$$

$$IG\left(\frac{N}{2} + \overline{c}, \frac{[C_t(A_t y_t - x_t \beta_t - \iota_n a_t)]'[C_t(A_t y_t - x_t \beta_t - \iota_n a_t)]}{2} + \overline{b}\right) \tag{17}$$

（4）参数 φ_t 和 ρ_t 的条件后验分布。

$$p(\varphi_t/a,\beta,\sigma^2,\rho,y) \propto p(y/a,\beta,\sigma^2,\varphi,\rho) \cdot \prod_{t=1}^{T}\varphi_t$$

$$\propto |I_N - \varphi_t W| \exp\left\{\frac{[C_t((I_N-\varphi_t W)y_t - x_t\beta_t - \iota_n a_t)]'[C_t((I_N-\varphi_t W)y_t - x_t\beta_t - \iota_n a_t)]}{-2\sigma_t^2}\right\}$$

$$（18）$$

$$p(\rho_t/a,\beta,\sigma^2,\varphi,y) \propto p(y/a,\beta,\sigma^2,\varphi,\rho) \cdot \prod_{t=1}^{T}\varphi_t$$

$$\propto |I_N - \rho_t W| \exp\left\{\frac{[(I_N-\rho_t W)(A_t y_t - x_t\beta_t - \iota_n a_t)]'[(I_N-\rho_t W)(A_t y_t - x_t\beta_t - \iota_n a_t)]}{-2\sigma_t^2}\right\}$$

$$（19）$$

从式（18）～式（19）可知，参数 φ_t 和 ρ_t 的条件后验分布并不服从具体的分布，因而在抽样模拟时需采用不同于参数 a_t、β_t 和 σ_t^2 的方法。

（三）抽样设计

从式（9）～式（12）中可以看出，参数 a_t、β_t 和 σ_t^2 分别服从标准分布形式，可直接使用 Gibbs 方法抽样。而对于参数 φ_t 和 ρ_t 不服从标准分布的情况，建议采用随机游走 Metropolis – Hastings 算法（M – H）进行抽取，M – H 抽样具体步骤为：①记当前值为 φ^t 和 ρ^t，给出建议分布 Q^φ（·）和 Q^ρ（·），该建议分布一般为正态分布。②从建议分布中抽取随机项 ε^φ 和 ε^ρ，得到建议值 $\varphi^* = \varphi^t + c \cdot \varepsilon^\varphi$ 和 $\rho^* = \rho^t + r \cdot \varepsilon^\rho$，计算参数 φ_t 和 ρ_t 的接受概率如式（17）～式（18）所示。其中，c 和 r 是转换参数，其目的旨在基于对建议值的接受情况调节 φ^* 和 ρ^* 的取值。③从均匀分布 U（0，1）中分别抽取随机数 u_1 和 u_2，若 $u_1 < r^\varphi$（φ^t，φ^*）成立，参数 φ 从当前值 φ^t 转移至 φ^*；若 $u_2 < r^\rho$（ρ^t，ρ^*）成立，参数 ρ 从当前值 ρ^t 转移至 ρ^*，否则两参数 φ 和 ρ 均维持在当前值 φ^t 和 ρ^t。此外，在步骤②中还要确保 φ^* 和 ρ^* 处于区间 $[1/\lambda_{min}, 1/\lambda_{max}]$ 范围内，否则对建议值的接受概率为 0。

$$r^\varphi(\varphi^t, \varphi^*) = \min\left\{1, \frac{p(\varphi^t/\sigma_t^2, \rho_t, a_t, \beta_t, y) \times Q(\varphi^*/\varphi^t)}{p(\varphi^*/\sigma_t^2, \rho_t, a_t, \beta_t, y) \times Q(\varphi^t/\varphi^*)}\right\} \quad （20）$$

$$r^\rho(\rho^t, \rho^*) = \min\left\{1, \frac{p(\rho^t/\sigma_t^2, \varphi_t, a_t, \beta_t, y) \times Q(\rho^*/\rho^t)}{p(\rho^*/\sigma_t^2, \varphi_t, a_t, \beta_t, y) \times Q(\rho^t/\rho^*)}\right\} \quad （21）$$

为控制接受概率水平，根据 Lesage 和 Chih（2018）的提议，若接受率低于 40%，调整 $c' = c/1.1$，$r' = r/1.1$，降低抽样方差使得新建议值更加接近当前值，接受概率得到提高；若接受率高于 60%，调整 $c' = c/1.1$，$r' = r/1.1$，增加抽样方差以便新的建议值围绕当前值被随机抽取，以致接受概率的下降。

所有参数具体更新过程如下[①]：

（1）给出参数 $\{\Theta' = (a_t, \beta_t, \sigma_t^2, \varphi_t, \rho_t), t = 1, 2, \cdots, T\}$，记为 $\Theta^{t0} = (a_{t0}, \beta_{t0}, \sigma_{t0}^2, \varphi_{t0}, \rho_{t0})$，对于每个时点 t，在已知参数 $(\beta_{t0}, \sigma_{t0}^2, \varphi_{t0}, \rho_{t0})$ 取值后通过 Gibbs 方法抽取得到 a_{t1}。

（2）基于参数 $(a_{t1}, \sigma_{t0}^2, \varphi_{t0}, \rho_{t0})$ 取值后通过 Gibbs 方法抽取得到 β_{t1}。

（3）按照参数 $(a_{t1}, \beta_{t1}, \varphi_{t0}, \rho_{t0})$ 取值通过 Gibbs 方法更新得到 σ_{t1}^2。

（4）结合参数 $(a_{t1}, \beta_{t1}, \sigma_{t1}^2, \rho_{t0})$ 取值，判断式（17）是否成立进而得到 φ_{t1}。

（5）最后依据参数 $(a_{t1}, \beta_{t1}, \sigma_{t1}^2, \varphi_{t1})$ 取值，并基于式（18）更新 ρ_{t1}。

上述过程对各期 t 均执行一遍，获取新的 T 期参数 $\Theta^{t1} = (a_{t1}, \beta_{t1}, \sigma_{t1}^2, \varphi_{t1}, \rho_{t1})$，$t = 1, 2, \cdots, T$，以此作为下期迭代的起始值，将过程（1）~过程（5）不断循环直至参数收敛并达到最大迭代次数为止。

三、数值模拟

（一）数据生成

本文通过 MCMC 程序探索贝叶斯估计所得的参数性质，数据生成基于过程如下：

$$
\begin{cases}
y_{it} = a\iota_N + (\psi \otimes \iota_N) \sum_{j=1}^{N} w_{ij}^1 y_{jt} + (\beta \otimes \iota_N) x_{it} + \mu_{it} \\
\mu_{it} = (P \otimes \iota_N) \sum_{j=1}^{N} w_{ij}^2 y_{jt} + v_{it} (t = 1, 2, \cdots, T; i = 1, 2, \cdots, N)
\end{cases}
\tag{22}
$$

---

① 另一种参数更新方式是先通过 Gibbs 抽样更新得到 T 期参数 $(a_{t1}, \beta_{t1}, \sigma_{t1}^2)$，$t = 1, 2, \cdots$，T，再基于所有新的参数取值 $(a_{t1}, \beta_{t1}, \sigma_{t1}^2)$ 更新得到参数 $(\varphi_{t1}, \rho_{t1})$，$t = 1, 2, \cdots$，T，对上述过程重复进行直到达到最大循环次数为止。

此外，生成具有空间依赖性的外生解释变量，这常常是传统 MC 模拟中忽视的部分（Pace 等，2012）：

$$x_{it} = 0.5 \sum_{j=1}^{N} w_{ij}^3 x_{jt} + \varepsilon_{it}, \varepsilon_{it} \sim N(0, \sigma_\varepsilon^2), \sigma_\varepsilon^2 = N/\mathrm{tr}(I_N - \delta W^3)^{-1} (\mathrm{tr}(I_N - $$

$$\delta W^3)')^{-1} \tag{23}$$

在式（23）中，tr 表示矩阵的迹，$\delta = 0.5 I_N$，$N^{-1} \sum_{i=1}^{N} \mathrm{Var}(x_{it}) = 1$，即得到一系列同方差外生解释变量 x_{it} 的数值。

初始时变参数序列的生成通过：$a_0 \sim \mathrm{IIDN}(1, 1)$，$\varphi_0 \sim \mathrm{IIDU}(0, 0.8)$，$\beta_0 \sim \mathrm{IIDU}(0, 1)$，$\rho_0 \sim \mathrm{IIDU}(0, 0.8)$，$\sigma_0^2 \sim \chi^2(2)/4 + 0.5$。同时，随机扰动项与 T 期时变的方差 σ_t^2 生成方式有所不同，根据 $v_{it} \sim N(0, 1)$ 得到。

将 MCMC 先验分布中的参数设定成：$\overline{a_t} = 0, \overline{\sum_{a_t}} = I_T, \overline{\beta_t} = 0, \overline{\sum_{\beta_t}} = I_T, \overline{c} = 0, \overline{b} = 0$。

对于空间权重矩阵，先根据邻近准则生产非标准化的权重矩阵，再通过标准化变换得到行标准化的空间权重矩阵。考虑到空间单元间的邻近性会影响 y_{it} 时间维度上的结果，进而对所估计的时变系数造成影响，参照 Aquaro 等（2015）生成基于不同邻近程度的二阶（W_1）、四阶（W_2）和十阶（W_3）空间权重矩阵。

（二）模拟结果

本文采用蒙特卡洛模拟 4000 生成时变系数，将前 500 次的结果丢弃，最终根据均偏差和均方误的大小来判定估计结果的可靠性，记参数向量 $\vartheta = (a', \beta', \sigma^{2'}, \varphi', \rho')'$，则参数均偏差和均方误的具体计算公式如下：

$$AVE_{bias} = (TR)^{-1} \sum_{t=1}^{T} \sum_{r=1}^{R} (\hat{\vartheta}_{t,r} - \vartheta_{t,0}),$$

$$AVE_{rmse} = T^{-1} \sum_{t=1}^{T} \left[\sqrt{R^{-1} \sum_{r=1}^{R} (\hat{\vartheta}_{t,r} - \vartheta_{t,0})^2} \right] \tag{24}$$

其中，AVE_{bias} 指代均偏差，AVE_{rmse} 表示均方误，T 是时间，R 为模拟次数，从式（24）中能够看出，均偏差反映的是时变参数与初始参数的偏离度，均方误体现的是所估计的时变参数的波动程度，两者越小意味着估计参数与真实值越接近，估计结果越可靠，由此得到表 1～表 3 的数值模拟结果。

表 1 时变系数 MC 模拟结果（W₁）

样本结构	T = 25 N = 50		T = 25 N = 100		T = 25 N = 200	
系数结果	均偏差	均方误	均偏差	均方误	均偏差	均方误
a	− 0. 0769	0. 2593	− 0. 0275	0. 1949	− 0. 0086	0. 1166
β	0. 0369	0. 1443	− 0. 0028	0. 0526	− 0. 0017	0. 0442
σ^2	− 0. 0582	0. 2558	− 0. 0406	0. 1674	− 0. 0147	0. 1267
φ	0. 0347	0. 1087	0. 0251	0. 0948	0. 0100	0. 0706
ρ	0. 0299	0. 1074	0. 0183	0. 0803	0. 0114	0. 0790
样本结构	T = 50 N = 50		T = 50 N = 100		T = 50 N = 200	
系数结果	均偏差	均方误	均偏差	均方误	均偏差	均方误
a	− 0. 0239	0. 2646	− 0. 0185	0. 1499	− 0. 0069	0. 1144
β	0. 0191	0. 1386	0. 0061	0. 0848	− 0. 0015	0. 0394
σ^2	− 0. 0450	0. 2380	− 0. 0257	0. 1601	− 0. 0076	0. 1001
φ	0. 0207	0. 1026	0. 0148	0. 0683	0. 0064	0. 0513
ρ	0. 0495	0. 1357	0. 0196	0. 0832	0. 0119	0. 0736
样本结构	T = 100 N = 50		T = 100 N = 100		T = 100 N = 200	
系数结果	均偏差	均方误	均偏差	均方误	均偏差	均方误
a	− 0. 0460	0. 2561	− 0. 0099	0. 1489	− 0. 0090	0. 1066
β	0. 0181	0. 1167	0. 0048	0. 0737	− 0. 0003	0. 0343
σ^2	− 0. 0417	0. 2275	− 0. 0264	0. 1641	− 0. 0122	0. 1174
φ	0. 0403	0. 1172	0. 0140	0. 0731	0. 0097	0. 0637
ρ	0. 0327	0. 1148	0. 0236	0. 0966	0. 0094	0. 0644

表 2 时变系数 MC 模拟结果（W₂）

样本结构	T = 25 N = 50		T = 25 N = 100		T = 25 N = 200	
系数结果	均偏差	均方误	均偏差	均方误	均偏差	均方误
a	− 0. 0504	0. 1990	− 0. 0325	0. 1618	− 0. 0124	0. 1078
β	0. 0201	0. 1096	0. 0012	0. 0519	− 0. 0004	0. 0409
σ^2	− 0. 0665	0. 2862	− 0. 0287	0. 1745	− 0. 0077	0. 1196
φ	0. 0320	0. 1048	0. 0239	0. 0930	0. 0084	0. 0559
ρ	0. 0325	0. 1105	0. 0155	0. 0777	0. 0109	0. 0721

续表

样本结构	T = 50 N = 50		T = 50 N = 100		T = 50 N = 200	
系数结果	均偏差	均方误	均偏差	均方误	均偏差	均方误
a	− 0.0315	0.2042	− 0.0168	0.1381	− 0.0039	0.0975
β	− 0.0117	0.1328	0.0031	0.0736	− 0.0005	0.0353
σ^2	− 0.0713	0.2323	− 0.0308	0.1614	− 0.0191	0.1469
φ	0.0223	0.0914	0.0178	0.0836	0.0071	0.0594
ρ	0.0479	0.1309	0.0183	0.0895	0.0132	0.0809
样本结构	T = 100 N = 50		T = 100 N = 100		T = 100 N = 200	
系数结果	均偏差	均方误	均偏差	均方误	均偏差	均方误
a	− 0.0293	0.2286	− 0.0214	0.1413	− 0.0151	0.1239
β	− 0.0169	0.1284	0.0043	0.0673	− 0.0012	0.0387
σ^2	− 0.0844	0.2837	− 0.0258	0.1591	− 0.0154	0.1335
φ	0.0352	0.1108	0.0172	0.0772	0.0116	0.0744
ρ	0.0371	0.1195	0.0193	0.0858	0.0092	0.0648

表3　时变系数 MC 模拟结果（W_3）

样本结构	T = 25 N = 50		T = 25 N = 100		T = 25 N = 200	
系数结果	均偏差	均方误	均偏差	均方误	均偏差	均方误
a	− 0.0383	0.2765	− 0.0378	0.1886	− 0.0178	0.1268
β	0.0172	0.1165	0.0121	0.0904	− 0.0004	0.0318
σ^2	− 0.0825	0.3037	− 0.0240	0.1234	− 0.0084	0.1182
φ	0.0360	0.1062	0.0223	0.0890	0.0131	0.0766
ρ	0.0206	0.1041	0.0112	0.0712	0.0075	0.0605
样本结构	T = 50 N = 50		T = 50 N = 100		T = 50 N = 200	
系数结果	均偏差	均方误	均偏差	均方误	均偏差	均方误
a	− 0.0721	0.2753	− 0.0255	0.1685	− 0.0139	0.1347
β	0.0129	0.1261	0.0030	0.0678	− 0.0019	0.0373
σ^2	− 0.0696	0.2548	− 0.0230	0.1609	− 0.0098	0.1198
φ	0.0483	0.1231	0.0185	0.0834	0.0106	0.0714
ρ	0.0248	0.0992	0.0191	0.0883	0.0099	0.0687
样本结构	T = 100 N = 50		T = 100 N = 100		T = 100 N = 200	
系数结果	均偏差	均方误	均偏差	均方误	均偏差	均方误
a	− 0.0485	0.2541	− 0.0214	0.1709	− 0.0131	0.1465
β	0.0099	0.1202	0.0025	0.0762	− 0.0005	0.0346
σ^2	− 0.0839	0.2680	− 0.0385	0.1836	− 0.0108	0.1158
φ	0.0324	0.1083	0.0194	0.0837	0.0093	0.0645
ρ	0.0411	0.1213	0.0188	0.0841	0.0105	0.0702

由表 1～表 3 可知,首先横向来看,随样本结构中个体 N 数目的增加,无论是均偏误还是均方误都有下降的趋势。其次纵向可得,样本结构中时间 T 的改变并未对参数估计的均偏误和均方误带来显著减少的结果。最后对比各表发现,在二阶（W_1）、四阶（W_2）和十阶（W_3）相邻的空间权重矩阵下,表中横纵维度的结论具有一致性,说明空间单元间的邻近程度的不同并未改变估计结果的可靠性。综上所述,样本中个体信息的增加能够有效减少对时变系数模型参数估计的偏误,增大模型结果的稳定性,而这与时间维度的大小无关。

四、实例应用

（一）提出问题

当今,我国已进入三期叠加的新时期①,追求更高质量的发展成为现阶段经济发展的总目标,而达成这一目标的关键在于产业结构升级。探寻推动产业升级的主引擎,研究其内在的动力机制,有利于实现我国经济平稳持续健康发展。

产业活动的空间集聚是经济增长的主要表现之一（吴建峰和符育明,2012）。基于核心—外围理论,产业集聚的形成是产业活动向心力和离心力的博弈,向心力促成产业活动的集中,引发正的经济外部性,推动产业升级;离心力导致产业活动的发散,造成负的经济外部性,抑制产业更新（藤田昌久等）。产业集聚的正外部性分为两种:一是 Marshell 外部性,即同一空间范围内相同产业集聚带来的规模效应,能够降低交通成本、共享劳动市场、减少价格歧视、激发技术创新（Marshall, 1920）。二是 Jacobs 外部性,即开放空间条件下不同产业集聚发挥的多样性,能够促成产业链协同创新、行业间分工细化、新兴产业的孕育催生（Jacobs, 1969）。产业集聚的负外部性是由于过度的产业集中造成的拥挤效应,致使资源浪费、环境污染、组织无序、产出低效率（王春辉和赵伟,2014）。此外,产业结构升级是个复杂的动态过程,在不同时期呈现不同特征,既受到来自自身

---

① 三期叠加是指增长速度换挡期、结构调整阵痛期、前期刺激政策消化期。

因素的时变影响，也会遭遇其他外部因素时变性的冲击（徐朝阳，2010）。

基于此，本文从空间视角反映其外部性，以动态视角捕捉其时变性，构建时变系数广义空间滞后模型，这既是对产业集聚与产业结构之间关系的进一步明晰，也是对 MCMC 方法的再次检验。

（二）构建模型

1. 设立模型

本文在钱纳里提出的适用于不同经济发展阶段的"标准结构"产业变动模型基础上，探讨产业集聚对产业结构的影响，该模型的基本形式为：

$$\text{ind} = a + \lambda_1(\text{gdp}) + \lambda_2(\text{gdp}^2) + \gamma_1(\text{pop}) + \gamma_2(\text{pop}^2) + \sum \tau_i T_i + \zeta(\text{res}) + \cdots$$

（25）

其中，ind 表示产业结构，gdp 表示人均国民生产总值，pop 表示总人口数，T_i 为时间趋势，res 表示资源和生产要素的流动量。本文在经典模型基础上加以调整，保留人均国民生产总值变量，纳入产业集聚作为模型的核心解释变量，引入政府支持、企业规模和基础设施视为模型的控制变量，考虑到模型中被解释变量和解释变量是以相对值衡量，而控制变量是以绝对值表征，因而将控制变量进行对数化处理以消除异方差，则此模型应用于时变系数广义空间滞后模型，具体形式为：

$$\begin{cases} \text{ind\_fas}_{it} = a_t + \varphi_t \cdot W^1(\text{ind\_agg})_{it} + \beta_t \cdot (\text{ind\_agg})_{it} + \varphi_t \cdot W^2(\text{ind\_agg})_{it} \\ \quad + \theta_t \cdot \ln(\text{gdp})_{it} + \gamma_t \cdot \ln(\text{gov})_{it} + \lambda_t \cdot \ln(\text{com})_{it} + \delta_t \cdot \ln(\text{fru})_{it} + \mu_{it} \\ \mu_{it} = \rho_t \cdot W^3 \mu_{it} + \nu_{it} \end{cases}$$

（26）

在式（26）中，i 表示个体，t 为时间，ind_fas 表示产业结构水平，ind_agg 表示产业集聚程度，gdp、gov、com、fru 分别表示国民生产总值、政府支持力度、企业规模大小、基础设施条件，根据地区经纬度数据结合 Delaunay 三角剖分算法构造行标准化邻近矩阵，即得到 $W^1 = W^2 = W^3$，a_t 是时变截距项系数，β_t 是时变解释变量系数，θ_t、γ_t、λ_t、δ_t 为相应时变控制变量系数，φ_t、ϕ_t、ρ_t 各自为时变空间滞后项、时变解释变量滞后项、时变误差滞后项系数，ν 是随机扰动项。

2. 变量说明

（1）被解释变量——产业结构（ind_fas）。产业结构升级主要表现在就业结构同步升级、第三产业比重提升、技术水平提高以及资源优化配置（何德旭和姚战琪，2008）。本文基于干春晖（2011），采用第三产业与第二产业的比值衡量产业结构升级水平，比值越大说明产业服务化倾向越明显，产业结构正在转型。

（2）核心解释变量——产业集聚（ind_agg）。现有文献在测度产业集聚变量上主要根据行业集中度、基尼系数以及赫芬达尔指数等，上述方法均从规模占比角度进行测度，忽视地理因素的影响。因此，本文参照 San-guinetti 和 Volpe Martincus（2004）的绝对产业集聚指标，该指标能够衡量产业分布的具体地理集中情况，产业在空间地理上越趋向于集中，则集聚程度越高。首先界定地理份额指标：

$$V_{jt}^i = (X_{jt}^i)/(\sum_j X_{jt}^i) \tag{27}$$

其中，V_{jt}^i 表示 t 年 j 城市第 i 产业产值占全国 i 产业产值的份额，则绝对产业集聚为：

$$ind\_agg_{it} = \sqrt{\sum_i (V_{jt}^i)^2} \tag{28}$$

首先，结合空间莫兰指数计算公式得到表 4，从表 4 可以看出，无论是产业结构变量还是产业集聚变量，莫兰指数基本显著，说明两变量存在空间上的自相关性。其次，根据产业结构和产业集聚指标数据绘制图 1，该图展示出产业结构和产业集聚的年度变化特征，产业结构呈正"U"型，而产业集聚呈倒"U"型，这表明产业结构在升级，产业集聚在调整，两者存在时变性。最后，综合表 4 和图 1 结果，本文认为有必要构建时变系数空间模型详细分析产业集聚与产业结构间的关系。

表 4 产业结构和产业集聚莫兰指数

变量/年份	2008	2010	2012	2014	2016
产业结构	3.621***	2.857***	1.600	3.434**	3.657***
变量/年份	2008	2010	2012	2014	2016
产业集聚	4.908***	4.645***	4.575***	4.279***	4.239***

（3）控制变量。①国民生产总值（gdp）：国民收入的提高引发居民消费结构的改变，促使产业结构不断调整以迎合需求的变化。本文采用人均国民生产总值表征。②政府支持（gov）：政府政策能够弥补市场调节的缺陷，

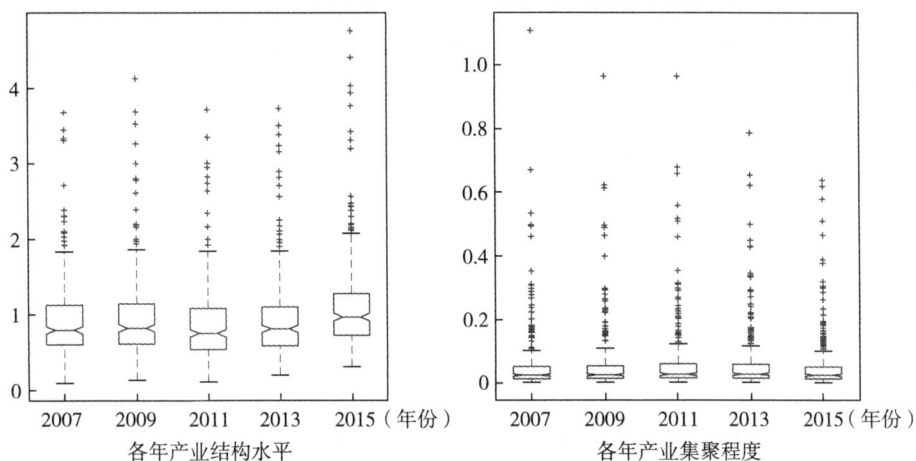

图1　产业结构和产业集聚时间趋势箱线图

为产业发展指明方向；财政扶持可以缓解产业资金困难，调整结构非均衡状态。本文基于人均财政收入表示。③企业规模（com）：大企业具有强烈的创新意识、先进的创新理论、雄厚的创新实力和灵活的创新机制，有助于带动当地产业创新能力的提升。本文利用规模以上工业企业产业与企业数目比值体现。④基础设施（fru）：良好的基础设施环境为产业发展提供完善的设备和普惠的服务，有利于推动产业在地区间的互动交流。本文根据人均道路面积衡量。

　　本文基于2007～2016年283个城市面板数据①，对部分缺失数据采用移动平均法填补，所有原始数据来自中经网数据库，各变量描述性统计如表5所示。

表5　变量的描述性统计

变量	变量含义	观测值	均值	标准差	变量计算（单位）
ind_fas	产业结构	2830	1.410	3.695	第三产业与第二产业比值
ind_agg	产业集聚	2830	0.060	0.105	绝对产业集聚指数
ln（gdp）	人均收入	2830	10.654	0.652	人均国民收入水平（元/人）

---

　　① 由于海南省三沙市、儋州市，贵州省毕节市、铜仁市，西藏自治区拉萨市、日喀则市，青海省海东市存在大量数据缺失，故上述各市未列入研究范围。

续表

变量	变量含义	观测值	均值	标准差	变量计算（单位）
ln（gov）	政府支持	2830	0.915	0.607	人均财政收入（万元/人）
ln（com）	企业规模	2830	10.123	0.730	规模以上工业企业产值与数目比（万元/个）
ln（fru）	基础设施	2830	2.264	0.612	人均道路面积（平方米/人）

（三）实证分析

本文进行了 2000 次的数值模拟，选取后 1500 次模拟结果的均值和标准差作为模型回归结果如表 6 所示[①]，根据前文对转移参数 c 和 r 设定，图 2 给出了空间滞后项系数 φ_t 和误差滞后项系数 ρ_t 模拟的接受概率趋势，可以看出在最后 500 次模拟中对 φ_t 和 ρ_t 的接受概率趋于平稳，说明能够获得较为稳定的参数估计值。

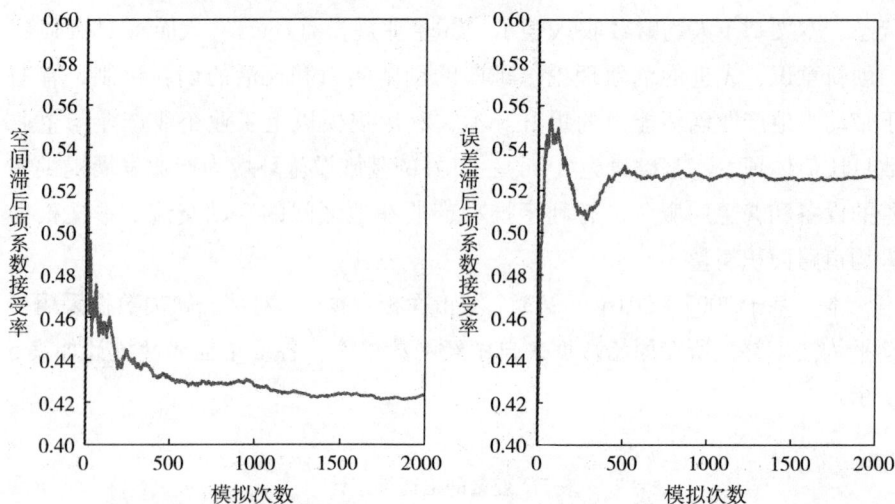

图 2　空间滞后项系数与误差滞后项系数在 M－H 抽样中的接受率图

基于各空间滞后项时变回归结果，可以发现产业结构升级空间滞后项各期系数为不显著正向，产业结构升级误差滞后项和产业集聚滞后项时变

---

① 解释变量滞后项的系数与解释变量系数的估计方法相同。

系数显著为正。一是城市间产业结构升级在各年存在显著正相关，说明城市产业示范区的建立能够刺激周边地区产业的转型升级；二是本地与周边地区的产业集聚对本地产业结构升级有正向促进作用，表明产业集聚产生的贸易成本降低、知识技术外溢以及专业化增强等利好效应有助于本地的产业发展。

表 6　时变参数后验均值和标准差

参数	a_t	φ_t	β_t	ϕ_t	θ_t	γ_t	λ_t	δ_t	ρ_t
2007 年	0.3915 * (0.2068)	0.0780 (0.0696)	0.3763 * (0.2037)	0.3966 * (0.2149)	0.3884 * (0.2096)	0.3776 * (0.2041)	0.3830 * (0.2037)	0.3907 * (0.2073)	0.1266 * (0.0802)
2008 年	0.3801 * (0.2047)	0.0630 (0.0464)	0.3859 * (0.2061)	0.3726 * (0.2006)	0.3806 * (0.2062)	03752 * (0.1997)	0.3822 * (0.2037)	0.3836 * (0.2082)	0.1204 * (0.0791)
2009 年	0.3823 * (0.2023)	0.0922 (0.0661)	0.3873 * (0.2080)	0.3819 * (0.2019)	0.3686 * (0.1971)	0.3779 * (0.2046)	0.3813 * (0.2041)	0.3781 * (0.2039)	0.1814 ** (0.0926)
2010 年	0.3673 * (0.1992)	0.0858 (0.0615)	0.3885 * (0.2077)	0.3691 * (0.2031)	0.3718 * (0.1987)	0.3895 * (0.2111)	0.3839 * (0.2053)	0.3885 * (0.2083)	0.1766 * (0.0923)
2011 年	0.3721 * (0.2015)	0.0872 (0.0601)	0.3713 * (0.2001)	0.3791 * (0.2044)	0.3829 * (0.2059)	0.3636 * (0.1958)	0.3872 * (0.2084)	0.3741 * (0.2011)	0.1857 ** (0.0873)
2012 年	0.3725 * (0.1959)	0.0943 (0.0692)	0.3769 * (0.2034)	0.3790 * (0.2016)	0.3785 * (0.2004)	0.3877 * (0.2065)	0.3962 * (0.2083)	0.3618 * (0.1942)	0.1622 * (0.0889)
2013 年	0.3737 * (0.2044)	0.0975 (0.0729)	0.3845 * (0.2050)	0.3919 * (0.2106)	0.3861 * (0.2100)	0.3619 * (0.1962)	0.3714 * (0.1998)	0.3814 * (0.2061)	0.1765 * (0.0910)
2014 年	0.3921 * (0.2117)	0.1223 (0.0987)	0.3886 * (0.2076)	0.3888 * (0.2055)	0.3813 * (0.2033)	0.3859 * (0.2067)	0.3752 * (0.2008)	0.3722 * (0.2011)	0.2121 ** (0.1051)
2015 年	0.3806 * (0.2076)	0.1329 * (0.0867)	0.3891 * (0.2092)	0.3867 * (0.2060)	0.4026 * (0.2128)	0.3600 * (0.1945)	0.3625 * (0.1946)	0.3744 * (0.2002)	0.2404 ** (0.1038)
2016 年	0.3824 * (0.2046)	0.1231 * (0.0813)	0.3973 * (0.2095)	0.3788 * (0.2032)	0.3609 * (0.1980)	0.4022 * (0.2143)	0.3857 * (0.2042)	0.3734 * (0.1985)	0.2435 ** (0.1116)

注：括号中是标准差，*、**、***分别表示在10%、5%、1%水平上显著。

图 3 展示了各空间滞后项时变系数走势，一方面，产业集聚自回归项系数在各年处于波动状态，即产业集聚对产业结构升级的溢出效应并非一成不变，而是在不断的调整中发挥着不同程度的溢出作用；另一方面，产业结构升级自回归项和误差项系数随时间推移逐步上升，即本地产业结构在

吸纳外围城市产业调整的经验中实现自我完善，产业技术水平提升，产业结构优化升级。

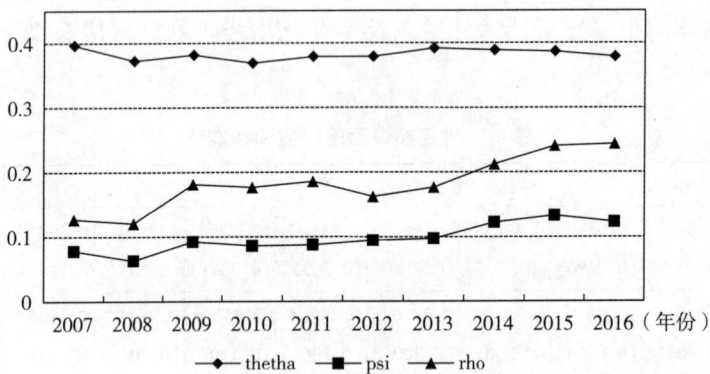

图3　空间滞后项参数时变图①

　　从核心解释变量和控制变量的时变回归结果，可以看出本地产业集聚对当地产业结构升级的正向影响显著，说明城市内的产业协作能够提高产业运行效率，提高产业生产率水平。同时，人均国民收入的增加、政府扶持力度的加大、企业经营规模的扩张以及基础设施条件的加强均有利于推动产业结构升级。表明国民收入为产业发展营造稳定的经济环境，政府扶持发挥着产业调整导向作用，企业规模大小与产业创新能力密切相关，基础设施为产业运作提供必要的公共保障。

　　综上所述，基于时变系数空间系数相关模型研究产业集聚与产业结构升级两者间的关系，能够得到比传统单一不变系数模型更多的样本信息，获取更加符合经济运行规律的结论，这完全体现出模型方法的实用性和可靠性。

五、研究结论

　　经济活动常伴有时变性，基于单一不变系数模型不仅难以有效地反映经济现象的动态特征，还会造成模型参数估计偏误，特别是在样本结构不

---

　　①　图3中thetha、psi和rho分别表示解释变量产业集聚、被解释变量产业升级以及误差自回归项系数。

断扩大的情况下。基于此，本文构建完全时变系数广义空间滞后模型，为避免参数维度灾难，先采用贝叶斯方法估计各时变参数，再结合 MCMC 方法进行数值模拟，最后将其应用于具体实例中。

数值模拟结果表明，一方面，随着样本结构中个体 N 的增加，无论是均偏误还是均方误都有下降趋势；另一方面，样本结构中时间 T 的改变并未对参数估计的均偏误和均方误造成显著影响。与此同时，基于不同邻近阶数的空间权重矩阵模拟结果得出的结论具有一致性，表明参数估计方法的稳定性。

实例应用结果显示，产业集聚对产业结构升级的空间时变正向影响显著，国民收入、政府支持、企业规模和基础设施对产业结构升级影响的时变正向效应明显。此外，该模型方法能够捕获更多样本时变信息，得到更加符合经济变动规律的结论，这充分体现出模型方法的实践性。

参考文献

［1］ Lee L F，Yu J. Some recent developments in spatial panel data models［J］. Regional Science and Urban Economics，2010，40（5）：255－271.

［2］ Elhorst J. P. Specification and Estimation of Spatial Panel Data Models［J］. International Regional Science Review，2003，26（3）：244－268.

［3］ Lesage J P. Spatial econometric panel data model specification：A Bayesian approach［J］. Social Science Electronic Publishing，2014（9）：122－145.

［4］ Druska V，Horrace W C. Generalized Moments Estimation for Spatial Panel Data：Indonesian Rice Farming［J］. American Journal of Agricultural Economics，2004，86（1）：185－198.

［5］ 白仲林. 面板数据模型的设定、统计检验和新进展［J］. 统计与信息论坛，2010，25（10）：3－12.

［6］ Parent O，Lesage J P. Spatial dynamic panel data models with random effects［J］. Social Science Electronic Publishing，2012，42（4）：727－738.

［7］ Lee L F，Yu J. Efficient GMM estimation of spatial dynamic panel data models with fixed effects［J］. Journal of Econometrics，2014，180（2）：174－197.

［8］ Su L，Yang Z. QML estimation of dynamic panel data models with spatial errors［J］. Journal of Econometrics，2015，185（1）：230－258.

［9］ Mobley L R. Estimating hospital market pricing：An equilibrium approach using spatial econometrics［J］. Regional Science & Urban Economics，2003，33（4）：489－516.

［10］ Foote C L. Space and Time in Macroeconomic Panel Data：Young Workers and State －

Level Unemployment Revisited [J]. Working Papers, 2007 (7 - 10).

[11] Elhorst J P, Fréret S. Evidence of Political Yardstick Competition in France Using a Two - Regime Spatial Durbin Model with Fixed Effects [J]. Journal of Regional Science, 2010, 49 (5): 931 - 951.

[12] Fan J, Huang T. Profile likelihood inferences on semiparametric varying - coefficient partially linear models [J]. Bernoulli, 2005, 11 (6): 1031 - 1057.

[13] Cai Z. Trending time - varying coefficient time series models with serially correlated errors [J]. Journal of Econometrics, 2007, 136 (1): 163 - 188.

[14] Chen J, Li D, Gao J. Nonparametric Time - Varying Coefficient Panel Data Models with Fixed Effects [J]. Econometrics Journal, 2011, 14 (3): 387 - 408.

[15] Su L, Jin S. Profile quasi - maximum likelihood estimation of partially linear spatial autoregressive models [J]. Journal of Econometrics, 2010, 157 (1): 18 - 33.

[16] Su L. Semiparametric GMM estimation of spatial autoregressive models [J]. Journal of Econometrics, 2012, 167 (2): 543 - 560.

[17] 陈建宝, 乔宁宁. 半参数变系数空间误差回归模型的估计[J]. 数量经济技术经济研究, 2017 (4): 130 - 147.

[18] 陈建宝, 孙林. 随机效应变系数空间自回归面板模型的估计[J]. 统计研究, 2017 (5): 120 - 130.

[19] 唐礼智, 刘玉. 随机效应广义空间滞后半参数变系数面板模型的估计[J]. 统计研究, 2018, 35 (2): 119 - 128.

[20] Brunsdon C, Fotheringham A S, Charlton M, et al. Geographically Weighted Regression: A Method for Exploring Spatial Nonstationarity [J]. Geographical Analysis, 2010, 28 (4): 281 - 298.

[21] Chih Y Y., LeSage J. P. Heterogeneous Coefficient Spatial Regression Panel Models. In: Fischer M., Nijkamp P. (eds) Handbook of Regional Science [M]. Springer, Berlin, Heidelberg, 2019.

[22] Elhorst J P. Specification and estimation of spatial panel data models [J]. International Regional Science Review, 2003, 26 (3): 244 - 268.

[23] Aquaro M, Bailey N, Pesaran M H. Quasi Maximum Likelihood Estimation of Spatial Models with Heterogeneous Coefficients [J]. Social Science Electronic Publishing, 2015 (1): 7 - 14.

[24] LeSage J. P., Chih Y Y. A Bayesian spatial panel model with heterogenous coefficients [J]. Regional Science & Urban Economics, 2018, 72 (3): 58 - 73.

[25] Anselin L. Spatial Econometrics: Methods and Models [J]. Journal of the American Statistical Association, 1988, 85 (411): 905 - 907.

［26］邓明. 时变系数的空间误差合成模型——基于 FGLS 和 GM 的多阶段迭代估计［J］. 数量经济技术经济研究, 2013（4）: 111 - 123.

［27］邓明, 钱争鸣. 我国省际知识生产及其空间溢出的动态时变特征——基于 Spatial SUR 模型的经验分析［J］. 数理统计与管理, 2013, 32（4）: 571 - 585.

［28］邓明. 时变系数空间自回归面板数据模型的极大似然估计［J］. 统计研究, 2016, 33（9）: 96 - 103.

［29］Smith T E, Lesage J P. A Bayesian probit model with spatial dependencies［J］. Advances in Econometrics, 2004, 18（18）: 127 - 160.

［30］方丽婷. 空间滞后模型的贝叶斯估计［J］. 统计研究, 2014, 31（5）: 102 - 106.

［31］Pace R K, Lesage J P, Zhu S. Spatial Dependence in Regressors and its Effect on Estimator Performance［J］. Social Science Electronic Publishing.

［32］吴建峰, 符育明. 经济集聚中马歇尔外部性的识别——基于中国制造业数据的研究［J］. 经济学（季刊）, 2012, 11（2）: 675 - 690.

［33］藤田昌久, 保罗·克鲁格曼, 维纳布尔斯空间经济学: 城市区域与国际贸易［M］. 梁琦译. 中国人民大学出版社, 2005.

［34］Marshall A. Principles of Economics: An Introductory Volume［J］. Social Science Electronic Publishing, 1920, 67（1742）: 457.

［35］Jacobs J. The economy of cities.［M］. The economy of cities. 1969.

［36］王春晖, 赵伟. 集聚外部性与地区产业升级: 一个区域开放视角的理论模型［J］. 国际贸易问题, 2014（4）: 67 - 77.

［37］徐朝阳. 工业化与后工业化: "倒 U 型" 产业结构变迁［J］. 世界经济, 2010（12）: 67 - 88.

［38］何德旭, 姚战琪. 中国产业结构调整的效应、优化升级目标和政策措施［J］. 中国工业经济, 2008（5）.

［39］干春晖, 郑若谷, 余典范. 中国产业结构变迁对经济增长和波动的影响［J］. 经济研究, 2011（5）: 4 - 16.

［40］Sanguinetti P, Martincus C V. Does Trade Liberalization Favor Industrial De - Concentration?［R］. 2004.

混频 FA－MIDAS 类模型的构建及其对我国经济增长超前预测研究[①]

于　扬　王维国

摘　要　新时期影响我国经济增长的因素变化多样且错综复杂，许多因素的统计数据具有高频性、超前性。鉴于此，本文构建一类能够直接将大量不同频率指标放入同一模型的混频数据因子（FA－MIDAS）模型，在保留全样本信息的情况下引入金融市场高频数据，结合其他众多宏观经济高频影响因素对我国经济增长进行超前预测和跟踪监测研究。结果表明：FA－MIDAS－AR模型对经济增长的短期预测具有领先优势，FA－MIDAS－AR－AIC 组合模型对新常态时期经济增长的预测具有较高的时效性和精准性。2019 年第三、第四季度经济增长率为［6.2042%，6.3181%］，［6.2184%，6.3092%］区间。按照各因子对经济增长的动力源程度由高到低排序，依次为高频消费因子、第一高频宏观因子、高频金融因子。

关键词　FA－MIDAS 类模型；经济增长；超前预监测

---

①　本文得到国家社会科学基金重大资助项目（15ZDA001），内蒙古自然科学资助项目（2018MS07020），内蒙古教育厅资助项目（NJZY18130）支持。

Construction of Mixed Frequency FA – MIDAS models and its premonitoring for China's economic growth

Yu Yang Wang Wei guo

Abstract：The economic factors that affect China's economic growth during The new period are varied and complex, and many factors have high frequency and advanced statistics. In view of this, this paper constructs a kind of mixed – frequency data factor FA – MIDAS model which can directly put a large number of different frequency indicators into the same model, and retains the full sample letter, In the case of a variety of financial market high – frequency data, combins with many other high – frequency macroeconomic factors to predict and monitor China's economic growth in advance, the results show that：The FA – MIDAS – AR model has a leading advantage in the short – term prediction of economic growth, The FA – MIDAS – AR – AIC model has a high timeliness and precision during the forecast period of economic growth in the new normal period. The economic growth rate in the third and fourth quarters of 2019 was ［6. 2042%, 6. 3181%］, ［6. 2184 %, 6. 3092%］, According to each factor, the power source of economic growth is ranked from high to low, followed by high – frequency Consumption Factor, First high – frequency Macro Factors, high – frequency financial factors.

Key Words：FA – MIDAS models；Economic Growth；Advance Prediction

一、引言

新常态时期中国经济迈入了新征程，经济增长趋势凝聚了新特征，中共中央"十三五"规划明确指出，我国经济已开启"中高速增长"时期，要着重"加强经济监测预测预警，提高国际国内形势研判分析"。因此，选择适当定量方法精准地超前预测出经济增长态势是现阶段重中之重且急需解决的宏观经济问题。由于核算的复杂性，衡量我国经济增长的代表指标GDP最高频率只有季度数据。而且，影响我国经济增长的因素都具有高频性、大量性、众多性。在此背景下，传统时间序列计量经济模型虽有自身的适用范围，但由于对所有变量样本数据必须具有同频率性的严苛限制，已经很难满足"新时代"众多不同频率指标定量分析及超前预测的迫切需求。鉴于此，本文构建一类能够将大量不同频率指标放入同一模型的因子混频数据 FA - MIDAS（Factor - MIXed Data Sampling, FA - MIDAS）模型，根据指标数据特征，在保留全样本信息的情况下引入多种金融市场高频，结合其他众多宏观经济影响因素对我国经济增长进行超前预测和跟踪监测。

自 Ghysels、Santa - Clara、Valkanov（2002 - 2007）提出基础混频数据MIDAS 模型之后，Marcellino 和 Schumacher（2010）系统提供了 FA - MIDAS 模型分析框架，剖析了 FA - MIDAS 模型原理，指出 FA - MIDAS 模型能够最大限度利用大量高频变量的信息，提取出了有效影响因子，进而对低频变量做出超前预测，是基础 MIDAS 模型的进一步延伸和改进。Andreou、Ghysels 和 Kourtellos（2011，2012）进一步剖析了 FA - MIDAS 模型的结构组成及构建思想，同时与基础 MIDAS 模型进行对比分析，结果证实了加入因子后的 MIDAS 模型能够提高预测精度；尤其是当 FA - MIDAS 模型引入金融日数据时，其模拟效果的优良性有较大提高。Andreou、Ghysels 和 Kourtellos（2013）选择大量指标构建 FA - MIDAS 模型预测了美国季度 GDP 的增长率，研究结果显示：FA - MIDAS 模型能够提高预测精度，特别是加入大量金融市场高频数据后，FA - MIDAS 预测效果的优良性尤为明显。Frale和 Monteforte（2010）选取包含采购经理人指数 PMI（Purchasing Manager Index）、对外贸易指数、M2 等众多月度宏观经济变量构建了 FA - MIDAS 模型，对意大利季度 GDP 进行了短期预测，结果表明，FA - MIDAS 模型具有较高精确性及时效性特点。Kuzin 等（2011，2012）使用 FA - MIDAS 模型预报了六大工业化国家的 GDP 增长率，结果表明，FA - MIDAS 模型的预测效果具有比较优势。另外，Claudia（2012）和 Kim、Norman（2017）为代表，将FA - MIDAS 模型应用于低频 GDP 的实时预测中，他们共同关注点的是FA - MIDAS 模型的内部结构，与基础 MIDAS 模型对比优势等。

FA - MIDAS 模型有效弥补了传统同频率时间序列模型及基础 MIDAS 模型的缺陷，但由于变量的大量性及频率的多样性复杂了模型的形式及算法。

目前关于 FA - MIDAS 模型估计方法的文献尚不多见，由于 MIDAS 最开始是从状态空间因子模型发展起来的，最初通过卡尔曼滤波，EM 两步法得到参数估计值，因此 Marcellino 和 Schumacher（2010）依然沿用了基础 MIDAS 模型的这种算法估计 FA - MIDAS 模型。另外，FA - MIDAS 模型中权重函数多具有非线性特质，所以也有学者采用非线性最小二乘法（Ghysels，2016）。近年来出现了对 MIDAS 模型使用贝叶斯估计，Carriero、Clark 和 Marcellino（2013），Marcellino、Porqueddu 和 Venditti（2015）和非参数框架分析的文献（Ying Yuan，Beibei Guo，2015；Breitung，Roling，2016）。本文参照 Ghysels（2016），在现有研究基础上，剖析 FA - MIDAS 模型内部结构，给出其非线性最小二乘（Nonlinear Least Squares，NLS）估计方法的具体机理及推导过程。

国内自徐剑刚和张晓蓉等（2007）引入基础 MIDAS 模型，刘金全和刘汉等（2010）使用蒙特卡罗模拟证明了基础 MIDAS 模型的有效性之后，逐渐出现了一些关于 MIDAS 类模型应用研究。一部分研究者构建 MIDAS 模型并对我国宏观经济总量进行预测，如刘金全等（2011），郑挺国和尚玉皇（2013）加入了金融货币供应量月度数据选择两参数 Almon 指数权重函数及两参数 Beta 权重函数预测了我国季度 GDP，实证结果均表明，MIDAS 模型的预测效果优于传统基准时间序列模型。李正辉和郑玉航（2015）使用两参数 Almon 指数多项式作为权重函数构建马尔科夫区制转移 MS - MIDAS 模型研究我国经济周期。另一部研究者对我国月度 CPI 进行了超前预测，龚玉婷和陈强（2014）加入金融市场日数据，使用两参数指数权重函数构建 AR - MIDAS 模型预测月度 CPI。鲁万波、杨冬（2018）构建半参数混频数据抽样误差修正（SEMI - ECM - MIDAS），并考察了其对中国 CPI 的短期预报效果。还有尚玉皇和郑挺国（2014，2016）引进 GARCH - MIDAS 和 BHK - MIDAS。苏治、方彤（2018）使用多种不同权重函数构建了 GARCH - MIDAS 对我国金融市场进行了超前预测。现有文献给出了 MIDAS 类模型研究框架，奠定了坚实理论和应用基础，推动了 MIDAS 模型的扩展和延伸，然而存在权重函数选择单一化缺陷，而权重函数是将高频解释变量直接引入 MIDAS 模型关键所在，对 MIDAS 模型模拟效果及预测精度具有举足轻重作用，鉴于此，Foroni、Marcellino 和 Schumacher（2012），王维国、于扬（2016，2015）在推导 MIDAS 类模型理论算法的基础上，剖析了多种权重函数性质及形式，引入高频月度数据指标对我国季度 GDP 进行了超前预测。

国内关于 FA – MIDAS 模型的研究少之又少，刘汉（2013）使用一种两参数指数权重函数构建了 FA – MIDAS 模型，并对我国 GDP 季度值进行了预测，结果发现，FA – MIDAS 模型预测精度较高。针对新常态时期经济增长影响因素大量性，高频性现实，而国内目前缺乏关于 FA – MIDAS 模型的理论和应用研究，且国内外关于 FA – MIDAS 应用过程存在选择权重函数单一化的缺陷，本文的贡献主要集中于以下几点：首先，考虑大量指标具有不同频率的现实，首次将多种权重与 FA – MIDAS 模型相结合拓展出多种 FA – MIDAS 模型形式，并推导出 FA – MIDAS 模型的高频因子与基础 MIDAS 模型深层次内在驱动机制，NLS 算法实现过程。为能超前预测出我国经济增长的未来走势提供了充足的理论工具。其次，根据多种 FA – MIDAS 模型预测优势，在全面考虑金融市场高频指标、宏观高频指标下对我国经济增长进行超前预测及实时监测。最后，根据多种 FA – MIDAS 模型对经济增长及不同因子模拟效果及显著程度，从高频数据驱动角度出发，在追求预测精度最优的情况下试图探寻出经济增长的短期动力来源。

二、FA – MIDAS 类理论模型的构建、驱动机制及估计方法

1. FA – MIDAS 类理论模型的构建

依据 FA – MIDAS 类模型的优势和特征首先选取宏观经济和金融大量高频指标，根据变量之间的内在联系萃取出公因子，然后结合 MIDAS 基础模型及其动态机制对经济增长进行超前预测和监测。萃取因子方法主要包括主成分分析方法（Stock 和 Watson，2002b；Bai 和 Ng，2002，2006）、频域方法（Forni 等，2005）以及子空间估计量法（Kapetanios 和 Marcellino，2009）；本文使用了主成分法。设 X_{t_m} 为 N 维高频解释变量，F_{t_m} 为萃取的 k 个因子，则 $X_{t_m} = \Phi F_{t_m} + \varepsilon_{t_m}$，$\Phi$ 是所有解释变量共变性因子 N × K 系数矩阵，t_m 表示月度数据时间点，t_q 表示季度数据时间点，pm 是滞后阶数，假设从高频数据中只提取出 1 个公因子 f_{t_m}，即 K = 1，则单因子 FA – MIDAS 模型形式为：

$$Y_{t_q} = \alpha + \beta W \left(\theta, \, L_m \right) \, f_{t_m} + \mu_{t_q} \tag{1}$$

其中，$W(\theta, L_m) = \sum\limits_{i=0}^{pm} \omega_i(\theta) L_m^{i/m}$，$\omega_i(\theta)$ 是关于参数 θ 的权重函数，L_m 为高频因素延迟算子，且 $L_m^{i/m} f_{t_m} = f_{t_m - i/m}$。$\mu_{t_q}$ 为零均值，同方差的白噪声序列。当从 N 维高频解释变量 X_{t_m} 提取多个公因子时，多因子 M – FA – MIDAS 模型形式可以表示为：

$$Y_{t_q} = \alpha + \sum\limits_{j=1}^{k} \beta_j W_j(\theta^j, L_m) f_{t_m, j} + \mu_{t_q} \tag{2}$$

其中，$W_j(\theta^j, L_m)$ 是关于权重函数的多项式函数，即

$$W_j(\theta^j, L_m) = \sum\limits_{i=0}^{pm} \omega_{ij}(\theta^j) L_m^{i/m} \tag{3}$$

因子个数 $j = 1, 2, \cdots, k$。加入自回归项及超高频解释变量时 AR – M – FA – MIDAS 模型进一步扩展形式为：

$$\varphi(\alpha, L_q) Y_{t_q} = \beta_0 + \sum\limits_{j=1}^{k} \beta_j W_j(\theta^j, L_m) f_{t_m, j} + Z_t(\theta) \gamma + \mu_{t_q} \tag{4}$$

其中，内生变量矩阵 $Z_t(\theta) = \begin{bmatrix} 1 & Z_{1,t}^{m_1}(\theta^1) & Z_{2,t}^{m_2}(\theta^2) & \cdots & Z_{k,t}^{m_k}(\theta^k) \end{bmatrix}$

参数向量 $\gamma = (\gamma_0 \quad \gamma_1 \quad \gamma_2 \quad \cdots \quad \gamma_k)'$

函数 $\varphi(\alpha, L_q) = 1 - \alpha_1 L_q - \alpha_2 L_q^2 - \cdots - \alpha_p L_q^{p_y}$，$Z_{j,t}^{m_j}(\theta^j) = W_j(\theta^j, L) Z_{j,t}^{m_j}$，

$W_j(\theta^j, L_m) = \sum\limits_{i=1}^{p_j m_j} \omega_{ij}(\theta^j) L_m^{i/m_j}$

$Z_{1,t}^{m_1}, Z_{2,t}^{m_2}, \cdots, Z_{k,t}^{m_k}$ 表示影响经济增长不同频率的高频解释变量，当频率相同时，即 $m_1 = m_2 = \cdots = m_k = m$。

本文使用贝塔密度函数（Beta）、阿尔蒙指数函数（Exp Almon）、分步函数（Stepfun）和阿尔蒙多项式函数（Almon）构建多种不同权重函数 $\omega_i(\theta)$，其中选择 Beta 密度函数构建两种形式的权重函数，于扬、王维国（2016，2017），五种权重函数分别为：

$$\text{Beta} - \text{权重函数：} \omega_i(\theta_1, \theta_2) = \dfrac{\dfrac{\Gamma(\theta_1 + \theta_2)}{\Gamma(\theta_1)\Gamma(\theta_2)} \cdot x_i^{\theta_1 - 1}(1 - x_i)^{\theta_2 - 1}}{\sum\limits_{i=1}^{i^{max}} \dfrac{\Gamma(\theta_1 + \theta_2)}{\Gamma(\theta_1)\Gamma(\theta_2)} \cdot x_i^{\theta_1 - 1}(1 - x_i)^{\theta_2 - 1}} \tag{5}$$

$$\text{Beta Non} - \text{Zero}——\text{权重函数：} \omega_i(\theta_1, \theta_2, \theta_3) = \dfrac{\dfrac{\Gamma(\theta_1 + \theta_2)}{\Gamma(\theta_1)\Gamma(\theta_2)} \cdot (1 - x_i)^{\theta_2 - 1}}{\sum\limits_{i=1}^{i^{max}} \dfrac{\Gamma(\theta_1 + \theta_2)}{\Gamma(\theta_1)\Gamma(\theta_2)} \cdot (1 - x_i)^{\theta_2 - 1}} + \theta_3$$

$$\tag{6}$$

其中，i 和 i^{max} 是权重函数滞后阶数和最大滞后阶数，$i = 0, 1, \cdots,$ i^{max}，$\Gamma(\theta) = \int_0^\infty e^{-x} x^{\theta-1} dx$，基于阿尔蒙指数函数构建的两参数阿尔蒙指数权重函数（Exp Almon——权重函数）的形式为：

$$\omega_i(\theta_1, \theta_2) = \frac{e^{\theta_1 i + \theta_2 i^2}}{\sum\limits_{i=1}^{i^{max}} e^{\theta_1 i + \theta_2 i^2}} \tag{7}$$

分段函数(Stepfun)权重形式：$\beta\omega(i, \theta_1, \cdots, \theta_p) = \theta_1 I_{i \in [b_0, b_1]} + \sum\limits_{p=2}^{P} \theta_p I_{i \in [b_{p-1}, b_p]}$

$$\tag{8}$$

其中，$I_{i \in [b_{p-1}, b_p]}$ 为示性函数，当 $i \in [b_{p-1}, b_p]$ 时取 1，在 $i \notin [b_{p-1}, b_p]$ 时取 0。对高频变量滞后的阶数以 3 的倍数划分区间进行分段。

阿尔蒙多项式权重函数（Almon）：

$$\omega_i(\theta) = \theta_1 + \theta_2 i + \theta_3 i^2 + \theta_4 i^3 \tag{9}$$

本文选择 4 个参数 θ_1，θ_2，θ_3，θ_4 构建 Almon 多项式权重函数：

如果不加权重函数的限制，可得非限制 U – A – MIDAS 模型基本形式：

$$Y_{t_q} = \alpha + \beta(L) f_{t_m, j} + \mu_{t_q} \tag{10}$$

$$\beta(L) = \beta_0 + \beta_1 L^{1/m} + \beta_2 L^{2/m} + \cdots + \beta_{qm} L^q \tag{11}$$

2. FA – MIDAS 类模型的驱动机制

为了进一步剖析季度经济增长及月度因子构建 FA – MIDAS 类预测模型的内在驱动机制，设未观测的月度 GDP 是高频向量空间 Z_{t_m} 的一部分，即 $Y_{t_m} \in Z_{t_m}$，则同频率模型可以表示为：

$$Y_{t_m} = \varphi f_{t_m} + \eta_{y, t_m} \tag{12}$$

时间序列数据所摄取的因子 f_{t_m} 具有滞后效应，假设是高频因子为一阶自回归 AR（1）过程，则：

$$f_{t_m} = \rho_1 f_{t_m - 1} + \xi_{f, t_m} \tag{13}$$

随机扰动项 η_{y, t_m}，ξ_{f, t_m} 均是独立同分布的白噪声序列。由式（12）、式（13）得向前 1 步月度 GDP 关于因子表达式为：

$$Y_{t_m + 1} = \varphi f_{t_m + 1} + \eta_{y, t_m + 1} = \varphi(\rho_1 f_{t_m} + \xi_{f, t_m + 1}) + \eta_{y, t_m + 1} \tag{14}$$

进一步整理得：$Y_{t_m + 1} = \varphi\rho_1 f_{t_m} + (\varphi\xi_{f, t_m + 1} + \eta_{y, t_m + 1})$ $\tag{15}$

即向前 1 步高频月度 GDP 是当期高频月度因子与向前 1 期两部分随机扰动项之和，且其系数为同频率回归模型的系数与 1 阶自回归系数之积。

同理可以得到向前两步的月度 GDP，Y_{t_m+2} 的表达式，根据式（12）：

$$Y_{t_m+2} = \varphi f_{t_m+2} + \eta_{y,t+2} \tag{16}$$

依据式（13）、式（19），进一步得因子递推形式，代入式（16）得：

$$Y_{t_m+2} = \varphi(\rho_1 f_{t_m+1} + \xi_{f,t_m+2}) + \eta_{y,t_m+2} \tag{17}$$

$$Y_{t_m+2} = \varphi\rho_1^2 f_{t_m} + (\varphi\rho_1\xi_{f,t_m+1} + \varphi\xi_{f,t_m+2} + \eta_{y,t_m+2}) \tag{18}$$

同理可以得到向前三步的 Y_{t_m+3} 具体驱动机制：

$$Y_{t_m+3} = \varphi f_{t_m+3} + \eta_{y,t_m+3} \tag{19}$$

根据式（13）因子 f_{t_m+3} 的自回归过程，可有：

$$Y_{t_m+3} = \varphi(\rho_1 f_{t_m+2} + \xi_{f,t_m+3}) + \eta_{y,t_m+3} \tag{20}$$

根据式（13）、式（19）因子 f_{t_m+2} 的自回归过程，进一步代入式（19）得：

$$Y_{t_m+3} = \varphi\rho_1(\rho_1 f_{t_m+1} + \xi_{f,t_m+2}) + (\varphi\xi_{f,t_m+3} + \eta_{y,t_m+3}) \tag{21}$$

$$Y_{t_m+3} = \varphi\rho_1^2(\rho_1 f_{t_m} + \xi_{f,t_m+1}) + (\varphi\rho_1\xi_{f,t_m+2} + \varphi\xi_{f,t_m+3} + \eta_{y,t_m+3}) \tag{22}$$

当季度低频和月度高频时间点恰好对照截止时，季度 t_q 经济增长与其月度 t_m 关系表示为 $t_q = t_m + 3$，即季度 GDP 可以表示成当期高频月度因子及向前 1 步、2 步、3 步白噪声随机扰动项之和，当然各部分均有高频月度因子自回归系数 ρ_1 及经济增长的回归系数 φ 不同形式之积。即

$$Y_{t_q} = \varphi\rho_1^3 f_{t_m} + \varphi\rho_1^2\xi_{f,t_m+1} + \varphi\rho_1\xi_{f,t_m+2} + \varphi\xi_{f,t_m+3} + \eta_{y,t_m+3} \tag{23}$$

同理可推得：

$$Y_{t_m+4} = \varphi\rho_1^4 f_{t_m} + \varphi\rho_1^3\xi_{f,t_m+1} + \varphi\rho_1^2\xi_{f,t_m+2} + \varphi\rho_1\xi_{f,t_m+3} + \varphi\xi_{f,t_m+4} + \eta_{y,t_m+4} \tag{24}$$

向前 h_m 步季度 t_q 经济增长，月度 t_m 经济增长的时间点对照为：$t_q + h_q = t_m + h_m$，按照式（23）、式（24）规律进而得出季度经济增长，月度经济增长及因子之间内在驱动机制一般形式为：

$$Y_{t_q+h_q} = Y_{t_m+h_m} = \varphi\rho_1^{h_m} f_{t_m} + \varphi\rho_1^{h_m-1}\xi_{f,t_m+1} + \varphi\rho_1^{h_m-2}\xi_{f,t_m+2} + \varphi\rho_1^{h_m-3}\xi_{f,t_m+3} + \cdots +$$
$$\varphi\rho_1\xi_{f,t_m+(h_m-1)} + \varphi\xi_{f(t_m+h_m)} + \eta_{y(t_m+h_m)} \tag{25}$$

结果说明，低频季度经济增长是由本季末高频月度因子及其季度内高频各时间点剩余项驱动而成。这也表明，要建立低频季度经济增长及其高频月度影响因素的回归模型，需要将季内各月的高频信息考虑进来的必要性及重要性。由此间接证明了按照因子的惯性及本身具有自回归过程，同频率回归模型的建模逻辑，建模前直接将高频数据低频化的处理方法会损失高频数据大量信息。

3. FA – MIDAS 类模型的估计方法

在现有研究基础上，本文使用非线性最小二乘（NLS）估计模型参数（Ghysels，2016）（于扬、王维国，2016，2017）。具体理论过程如下：

当从高频解释变量中提取的公因子为 f_{t_m} 时，使模型（1）残差平方之和最小，即

$$Q(\hat{r}) = \min \sum \left[Y_{t_q} - (\hat{\alpha} + \hat{\beta} \sum_{i=0}^{pm} \omega_i(\theta) f_{t_m - i/m}) \right]^2 \tag{26}$$

由于权重函数具有非线性性，因此目标函数式（26）的一阶条件关于待估参数是非线性的，不加限制条件无法得到参数的解析解，所以需要结合数值化最优 NLS 算法得参数 r 的估计值 $\hat{r}$。假设目标函数 $Q(\hat{r})$ 是二阶连续可导函数。其中参数向量 $\hat{r} = (\hat{\alpha}, \hat{\beta}, \theta)$，而 $\theta = (\theta_1, \theta_2, \cdots, \theta_p)$，向量 θ 为权重函数参数，依赖于权重函数的具体形式。

设 $\hat{r}^0 = (\hat{\alpha}^0, \hat{\beta}^0, \theta^0)$，$\theta^0 = (\theta_1^0, \theta_2^0, \cdots, \theta_p^0)$ 为待估参数向量的初始值，将目标函数 $Q(\hat{r})$ 在此初始值处进行泰勒级数展开并进行二阶近似得：

$$Q^*(\hat{r}) \approx Q(\hat{r}^0) + g(\hat{r}^0)(r - \hat{r}^0) + \frac{1}{2!} H(\hat{r}^0)(\hat{r} - \hat{r}^0)(\hat{r} - \hat{r}^0)' \tag{27}$$

$g(\hat{r})$ 为目标近似函数 $Q^*(\hat{r})$ 的梯度，向量元素为 $\frac{\partial Q^*(\hat{r})}{\partial \hat{r}_i}$，

$H(\hat{r})$ 是目标函数近似 $Q^*(\hat{r})$ 关于参数 $\hat{r}$ 的二阶导数，即 Hessian 矩阵，如果待估参数有 $p+2$ 个，则为 $(p+2) \times (p+2)$ 的矩阵。式（27）的一阶条件为：

$$\frac{\partial Q^*(\hat{r})}{\partial \hat{r}} = 0 \tag{28}$$

即

$$g(\hat{r}^0) + H(\hat{r}^0)(\hat{r} - \hat{r}^0) = 0 \tag{29}$$

整理可得：

$$\hat{r}_{(1)} = \hat{r}^0 - H^{-1}(\hat{r}^0) g(\hat{r}^0) \tag{30}$$

由此可得，参数 $\hat{r}$ 的迭代公示：$\hat{r}_{(j+1)} = \hat{r}_j - H^{-1}(\hat{r}_j) g(\hat{r}_j)$ （31）

通常情况下给定的初始值会反复使用式（31）直至达到终止条件，得到最终收敛解。

$$g(\hat{r}) = \frac{\partial Q^*(\hat{r})}{\partial \hat{r}} = \left(\frac{\partial Q^*(\hat{r})}{\partial \hat{\alpha}} \frac{\partial Q^*(\hat{r})}{\partial \hat{\beta}} \frac{\partial Q^*(\hat{r})}{\partial \theta} \right)' \tag{32}$$

$$\frac{\partial Q^*(\hat{r})}{\partial \theta} = \left(\frac{\partial Q^*(\cdot)}{\partial \theta_1}, \quad \frac{\partial Q^*(\cdot)}{\partial \theta_2}, \quad \cdots, \quad \frac{\partial Q^*(\cdot)}{\partial \theta_p} \right) \tag{33}$$

其中，$\dfrac{\partial Q^*(\hat{r})}{\partial \hat{\alpha}} = -2 \sum \left[Y_{t_q} - (\hat{\alpha} + \hat{\beta} \sum_{i=0}^{pm} \omega_i(\theta) f_{t_m - i/m}) \right]$ \hfill (34)

$$\frac{\partial Q^*(\hat{r})}{\partial \hat{\beta}} = -2 \left[\sum \left(Y_{t_q} - (\hat{\alpha} + \hat{\beta} \sum_{i=0}^{pm} \omega_i(\theta) f_{t_m - i/m}) \right) \left(\sum_{i=0}^{pm} \omega_i(\theta) f_{t_m - i/m} \right) \right] \tag{35}$$

$$\frac{\partial Q^*(\hat{r})}{\partial \theta} = 2 \sum \left(Y_{t_q} - (\hat{\alpha} + \hat{\beta} \sum_{i=0}^{pm} \omega_i(\theta) f_{t_m - i/m}) \right) \sum_{i=0}^{pm} \frac{\partial \omega_i(\theta)}{\partial \theta} f_{t_m - i/m} \tag{36}$$

$\dfrac{\partial Q^*(\hat{r})}{\partial \theta}$ 会随着权重函数形式的不同而不同，当权重函数关于两参数时，二阶导数 Hessian 矩阵 $H(\hat{r})$ 可表示为：

$$\frac{\partial^2 Q^*(r)}{\partial \hat{r}_i \partial \hat{r}_j} = \begin{bmatrix} \dfrac{\partial^2 Q^*(\cdot)}{\partial \hat{\alpha} \partial \hat{\alpha}} & \dfrac{\partial^2 Q^*(\cdot)}{\partial \hat{\alpha} \partial \hat{\beta}} & \dfrac{\partial^2 Q^*(\cdot)}{\partial \hat{\alpha} \partial \theta_1} & \dfrac{\partial^2 Q^*(\cdot)}{\partial \hat{\alpha} \partial \theta_2} \\[2mm] \dfrac{\partial^2 Q^*(\cdot)}{\partial \hat{\beta} \partial \hat{\alpha}} & \dfrac{\partial^2 Q^*(\cdot)}{\partial \hat{\beta} \partial \hat{\beta}} & \dfrac{\partial^2 Q^*(\cdot)}{\partial \hat{\beta} \partial \theta_1} & \dfrac{\partial^2 Q^*(\cdot)}{\partial \hat{\beta} \partial \theta_2} \\[2mm] \dfrac{\partial^2 Q^*(\cdot)}{\partial \theta_1 \partial \hat{\alpha}} & \dfrac{\partial^2 Q^*(\cdot)}{\partial \theta_1 \partial \hat{\beta}} & \dfrac{\partial^2 Q^*(\cdot)}{\partial \theta_1 \partial \theta_1} & \dfrac{\partial^2 Q^*(\cdot)}{\partial \theta_1 \partial \theta_2} \\[2mm] \dfrac{\partial^2 Q^*(\cdot)}{\partial \theta_2 \partial \hat{\alpha}} & \dfrac{\partial^2 Q^*(\cdot)}{\partial \theta_2 \partial \hat{\beta}} & \dfrac{\partial^2 Q^*(\cdot)}{\partial \theta_2 \partial \theta_1} & \dfrac{\partial^2 Q^*(\cdot)}{\partial \theta_2 \partial \theta_2} \end{bmatrix} \tag{37}$$

使用 MATLAB 软件采用上述估计方法得到 FA – MIDAS 模型最优权重参数及 FA – MIDAS 模型系数的最优估计值。

三、经济增长的超前预监测的实证分析

1. 指标选取及数据说明

针对新常态下经济增长的影响因素错综复杂，灵活多样，从宏观经济与金融市场等维度全面考虑影响经济增长的多个月度高频变量，以便能够及时追踪和监测经济走势，同时兼顾高频数据的可获得性和统计口径一致性选取了 9 个指标（见表 1）（主要参照中国经济景气监测中心 CEMAC，国家信息中心、国家统计局，刘金全，2011，高铁梅，2008 等）。

表 1　高频月度指标

	变量名	具体指标值
宏观市场	CPI	居民消费价格指数
	FAI	固定资产投资完成额增速
	EXS	出口额（美元）增速
	TRCG	社会消费品零售总额增速
	IRED	房地产开发投资增速
	VADI	规模以上工业增加值增速
金融市场	M2	货币和准货币（M2）增速
	TLON	金融机构人民币各项贷款增速
	SZI	上证指数

其中上证指数使用了收盘价的自然对数值，为了使低频季度与高频月度指标①摄取的样本数据区间具有同步性，本文选择国家统计局公布的1997年第一季度到 2019 年第二季度 GDP 增长率作为经济增长测度，影响因素指标数据选择 1997 年 1 月至 2019 年 6 月月度值。其中模拟期为 1997 年第一季度到 2018 年第二季度，样本内预测期 2018 年第三季度到 2019 年第二季度。所选取指标的数据来源包括（http：//db. cei. gov. cn/）以及《中国经济景气月报》《中国统计年鉴》中国统计数据库、中经网。

2. 我国经济增长样本内预测及最优 FA - MIDAS 模型选择

为了实现 FA - MIDAS 模型的参数估计，首先使用主成分方法确定共同因子，其中 KMO 和 Bartlett 的检验结果显示，拒绝原假设，选取的高频指标适合进行因子分析。提取了 3 个高频月度公因子，特征值分别为 3.701，1.882，1.648，均大于 1，且解释的累计方程为 80.344%，即说明有 80% 以上的信息可由三个公因子解释。其中，第一公因子中各变量出口额（EXS），固定资产投资完成额（FAI），房地产开发投资（IRED），货币和准货币（M2），社会消费品零售总额（TRCG），规模以上工业增加值（VADI），金融机构人民币各项贷款（TLON），上证指数（SZI），居民消费价格指数（CPI）的载荷系数分别为 0.81、0.725、0.878、0.262、0.258、0.823、

---

① 目前我国已经形成相对透明，及时的统计数据发布平台，例如"我国月度统计数据的公布时间均早于美国联邦储备系统（Federal Reserve System），英国国家统计局（Office for National Statistics）和欧盟统计局（Eurostat）"（刘汉和刘金全，2011，2013；刘汉，2013）。

－0.052、－0.328、0.305，说明第一公因子主要代表了 EXS、IRED 和 VA-DI，我们将此信息集称为第一高频宏观综合因子。第二个公因子中按照上述各变量顺序其载荷系数分别为 － 0.142、0.527、0.079、0.927、0.333、0.345、0.939、－0.071、－0.116，即变量 M2，TLON 的载荷系数最大；因此第二公因子称为高频金融因子。第三公因子载荷系数依次为：0.064，0.047，0.057，－ 0.021，0.801，0.089，0.048，0.755，0.859，TRCG 和 CPI 的载荷系数均在 80% 以上，因此第三公因子称为高频消费因子，主要代表了 TRCG 和 CPI。

接下来分别使用 Beta，Beta Non－Zero，Exp Almon，Stepfun，Almon 权重函数以及不加任何权重的六种 FA－MIDAS 模型，使用滚动窗口估计模型及评价[①]。实证过程中，首先，利用提取的公因子构建经济增长的单因子 FA－MIDAS 模型[②]，根据模拟效果及预测精度对比确定出高频数据因子最优权重函数 ω_i（θ）和最优滞后阶数。其次，在 FA－MIDAS 模型加入低频被解释变量的自回归部分再对比分析多种 FA－MIDAS－AR 模型[③]的拟合效果及样本内预测精度。随后，使用组合最优权重函数构建多因子 FA－MIDAS 模型，并加入自回归部分。对比分析拟合效果和预测精度，对新常态时期经济增长进行超前预测和监测，同时获得样本外最新短期和长期超前预测值六种模型，模拟时高频因子滞后阶数由 1 阶变动到 40 阶。如表 2 所示。

表 2　多种混频 FA－MIDAS 模型拟合效果及预测精度（第一高频宏观综合因子）

模型	指标	滞后阶数					
		3	7	15	25	34	39
Beta－FA－MIDAS－AR	$\overline{R}^2$	0.8853	0.8928	0.8899	0.8830	0.8856	0.8857
	RMSE	0.2801	0.0579	0.1705	0.3012	0.1816	0.1355
	MFSE	0.0784	0.0033	0.029	0.0907	0.0329	0.0183
	DMFSE	0.0608	0.0024	0.024	0.0706	0.0307	0.0151
	AIC	－ 32.4767	－ 37.5023	－ 33.3024	－ 30.9209	－ 28.3925	－ 25.6121
	BIC	－ 20.2634	－ 25.3482	－ 21.3301	－ 19.1374	－ 16.8051	－ 14.1598

---

①　由于高频变量每增加一个滞后阶数，均得到六种因子模型的拟合结果及样本内预测精度指标值，使用 MATLAB 程序输出的结果较多，限于篇幅，本文只给出了差异较大有代表性的滞后阶数的估计及预测结果。

②　由于篇幅所限，本文未列出 FA－MIDAS 类模型拟合效果及预测精度指标值，而是详细给出了加了自回归项的 FA－MIDAS－AR 类模型输出结果。因为 FA－MIDAS－AR 类模型无论是拟合效果还是预测精度都高于 FA－MIDAS 类模型。

③　再加入自回归部分时，选择 1，2，3 阶进行模拟比较。

续表

模型	指标	滞后阶数					
		3	7	15	25	34	39
BetaNon – Zero – FA – MIDAS – AR	$\overline{R}^2$	0. 8603	0. 8695	0. 8710	0. 8722	0. 8805	0. 8773
	RMSE	0. 2134	0. 2245	0. 2295	0. 1283	0. 1031	0. 1296
	MFSE	0. 0455	0. 0504	0. 0526	0. 0164	0. 0106	0. 0168
	DMFSE	0. 0331	0. 0362	0. 0362	0. 0111	0. 0079	0. 0125
	AIC	– 30. 4808	– 35. 4301	– 33. 7964	– 30. 3343	– 31. 4180	– 26. 4492
	BIC	– 15. 8249	– 20. 8452	– 19. 4297	– 16. 1941	– 17. 5130	– 12. 7064
Exp Almon – FA – MIDAS – AR	$\overline{R}^2$	0. 7714	0. 7751	0. 7962	0. 8111	0. 7565	0. 7574
	RMSE	0. 6414	0. 6478	0. 6174	0. 1978	0. 8393	0. 8438
	MFSE	0. 4114	0. 4196	0. 3812	0. 0391	0. 7045	0. 7120
	DMFSE	0. 3346	0. 3395	0. 3081	0. 0280	0. 5783	0. 5831
	AIC	9. 4220	8. 3158	1. 2214	– 1. 8843	20. 0143	21. 3093
	BIC	21. 6352	20. 4699	13. 1937	9. 8991	31. 6017	32. 7616
U – FA – MIDAS – AR	$\overline{R}^2$	0. 8604	0. 8712	0. 8811	0. 8852	0. 8867	0. 8908
	RMSE	0. 2764	0. 3746	0. 1562	0. 1542	0. 3437	0. 2435
	MFSE	0. 0764	0. 1403	0. 0244	0. 0237	0. 1181	0. 0593
	DMFSE	0. 0590	0. 1231	0. 0211	0. 0197	0. 0908	0. 0458
	AIC	– 32. 5043	– 30. 5064	– 18. 4619	– 9. 5094	– 0. 4866	1. 6684
	BIC	– 20. 2910	– 8. 6290	22. 2437	54. 1217	80. 6254	95. 5772
Stepfun – FA – MIDAS – AR	$\overline{R}^2$	0. 8601	0. 8698	0. 8769	0. 8853	0. 8904	0. 8918
	RMSE	0. 2785	0. 2967	0. 3154	0. 2894	0. 2863	0. 2783
	MFSE	0. 0775	0. 0880	0. 0995	0. 0837	0. 0819	0. 0774
	DMFSE	0. 0597	0. 0672	0. 0780	0. 0644	0. 0643	0. 0595
	AIC	– 36. 3511	– 37. 5967	– 35. 6436	– 28. 8179	– 26. 4073	– 22. 5569
	BIC	– 29. 0231	– 25. 4426	– 18. 8825	– 2. 8941	3. 7199	11. 7999
Almon – FA – MIDAS – AR	$\overline{R}^2$	0. 728	0. 8701	0. 8743	0. 876	0. 8821	0. 8810
	RMSE	0. 8129	0. 3044	0. 2093	0. 1687	0. 0793	0. 0945
	MFSE	0. 6609	0. 0926	0. 0438	0. 02848	0. 0062	0. 0089
	DMFSE	0. 4072	0. 0727	0. 0322	0. 0198	0. 0045	0. 0061
	AIC	24. 550	– 35. 7912	– 35. 9302	– 33. 2109	– 32. 3935	– 28. 7210
	BIC	39. 3454	– 21. 2063	– 21. 5635	– 19. 0706	– 18. 4886	– 14. 9782

不同权重函数，不用滞后阶数下，主要代表了出口额，房地产开发投资和规模以上工业增加值构建的六种 FA - MIDAS - AR 对经济增长预测精度存在差异性，当第一高频宏观经济综合因子的滞后阶数变动到 7 阶时，Beta - FA - MIDAS - AR 模型的拟合效果及样本内预测精度表现最优，其 AIC，BIC 的值分别为 - 37. 5023 和 - 25. 3482，样本内预测精度指标值分别为 0. 0579、0. 0033、0. 0024。在所有模型 $\bar{R}^2$ 较大，AIC，BIC 值最小且样本内预测精度指 RMSE，MFSE，DMFSE 表现最优。第一高频宏观经济综合因子滞后阶数进一步增加时，其预测精度及拟合效果反而整体降低；当滞后阶数继续增加到 15 阶 Almon - FA - MIDAS - AR 模型的拟合效果及预测精度较优，其中 $\bar{R}^2$，AIC，BIC 得值分别为 0. 8743、- 35. 9302、- 21. 5635。RMSE，MFSE，DMFSE 值分别为 0. 2093，0. 0438，0. 0322 较小。当滞后阶数进一步增加时，六种 FA - MIDAS - AR 模型的拟合效果和样本内预测精度值呈多样变化，通过纵向滞后阶数的变动，横向不同模型对比，当滞后阶数变动到 7 阶，自回归阶数为 1 阶时，Beta - FA - MIDAS - AR（7，1）模型拟合及预测效果最佳。如表 3 所示。

表 3　多种混频 FA - MIDAS 模型拟合效果及预测精度（高频金融因子）

滞后阶数	评价指标	模型形式					
		Beta - FA - MIDAS - AR	Beta Non - Zero - FA - MIDAS - AR	Exp Almon FA - MIDAS - AR	U - FA - MIDAS - AR	Stepfun - FA - MIDAS - AR	Almon - FA - MIDAS - AR
4	$\bar{R}^2$	0.8708	0.8733	0.7186	0.8758	0.8736	0.8758
	RMSE	0.0899	0.1482	0.7533	0.2144	0.1023	0.1253
	MFSE	0.0081	0.0219	0.5675	0.1253	0.0104	0.0157
	DMFSE	0.0053	0.0147	0.4577	0.0104	0.0068	0.0104
	AIC	- 39. 1266	- 38. 7731	27. 0890	- 40. 4433	- 36. 4411	- 40. 4433
	BIC	- 26. 9134	- 24. 1172	39. 3022	- 25. 7874	- 24. 8537	- 25. 7874
12	$\bar{R}^2$	0.8791	0.8815	0.6950	0.8869	0.8861	0.8831
	RMSE	0.0980	0.1477	1.0974	0.5107	0.1915	0.1494
	MFSE	0.0096	0.0218	1.2044	0.2608	0.0367	0.0223
	DMFSE	0.0063	0.0147	0.9693	0.1941	0.0306	0.0161
	AIC	- 42. 3159	- 41. 9594	33. 6209	- 37. 3353	- 42. 1576	- 43. 0802
	BIC	- 30. 2823	- 27. 5191	45. 6545	- 3. 6412	- 18. 7173	- 28. 6399

续表

滞后阶数	评价指标	模型形式					
		Beta – FA – MIDAS – AR	Beta Non – Zero – FA – MIDAS – AR	Exp Almon FA – MIDAS – AR	U – FA – MIDAS – AR	Stepfun – FA – MIDAS – AR	Almon – FA – MIDAS – AR
22	$\overline{R}^2$	0.8819	0.8848	0.7345	0.9086	0.8965	0.8856
	RMSE	0.0924	0.1693	0.7875	0.3969	0.1989	0.1646
	MFSE	0.0085	0.0286	0.6202	0.1575	0.0395	0.0270
	DMFSE	0.0056	0.0199	0.4879	0.1201	0.0311	0.0188
	AIC	– 39.8632	– 39.8590	24.1451	– 22.1142	– 40.3261	– 40.3965
	BIC	– 28.0160	– 25.6423	35.9924	34.7524	– 16.6316	– 26.1798
34	$\overline{R}^2$	0.8852	0.8754	0.6804	0.8978	0.8869	0.9039
	RMSE	0.201	0.2796	1.4410	0.6233	0.2388	0.0794
	MFSE	0.0404	0.0782	2.0765	0.3885	0.0570	0.0063
	DMFSE	0.03	0.0616	1.6764	0.3638	0.0493	0.0042
	AIC	– 42.9797	– 28.2637	40.3946	– 9.1681	– 31.7775	– 43.0802
	BIC	– 33.2091	– 14.3588	51.9820	74.2614	0.6673	– 28.6399
40	$\overline{R}^2$	0.8853	0.8746	0.6792	0.8836	0.8853	0.9018
	RMSE	0.0863	0.2621	1.4093	0.9816	0.1921	0.1932
	MFSE	0.0074	0.0687	1.9864	0.9636	0.0369	0.0373
	DMFSE	0.0052	0.0523	1.6084	0.9248	0.0299	0.0272
	AIC	– 33.4077	– 24.9015	41.7034	– 11.2535	– 28.9773	– 31.4231
	BIC	– 21.9554	– 11.1587	53.1557	84.9457	7.6699	– 17.6803

随着高频金融因子滞后阶数的不断增加，六种 FA – MIDAS – AR 模型的拟合效果和预测精度表现出了不同变动结果。通过横向对比分析，Beta 权重函数构建的 FA – MIDAS – AR 模型的拟合效果及样本内预测精度较优。特别是当高频金融因子滞后阶数以 1 的步长增加至 22 阶前，Beta – FA – MIDAS – AR 模型的拟合效果及样本内预测精度较高，该模型的预测精度明显高于其他五种模型。而当高频金融因子的滞后阶数变动到 34 阶 Almon – FA – MIDAS – AR 模型的拟合效果和预测精度表现最优，其判断模型优劣的 AIC，BIC 具体值分别为 – 43.0802、– 28.6399，在模型及变动的滞后阶数中值最小，说明该 Almon – FA – MIDAS – AR（34，1）模型拟合效果最好，且 $\overline{R}^2$ 的值为 0.9039 表现较好，同时样本内 RMSE，MFSE，DMFSE 值分别为

0.0794，0.0063，0.0042。当高频金融因子滞后阶数进一步增加时，其预测精度及拟合效果反而整体降低；通过多角度、全方位对比，Almon – FA – MIDAS – AR（34，1）模型的拟合效果最佳，预测精度最好。这说明主要刻画了货币供应量，金融机构人民币各项贷款的高频金融因子对经济增长的作用机制具有滞后性、长期性、持久性。

图1显示了最优滞后阶数下，最优权重函数 Almon 变动路径，间接反映了高频金融因子变化趋势对低频经济增长的动力路径和波动特征（Ghysels，2016）。随着滞后阶数的增加，开始呈现快速下降而后趋于平坦，随后小幅上升，最后又下降的 S 型。说明高频金融因子对经济增长存在长期的滞后效应，且前 8 期呈逐渐快速下降趋势，9～15 期间呈平稳态势，当高频金融因子滞后阶数逐渐增加时，特别是增加到 34 阶时，高频先行金融因子对经济增长的作用程度达到最小。

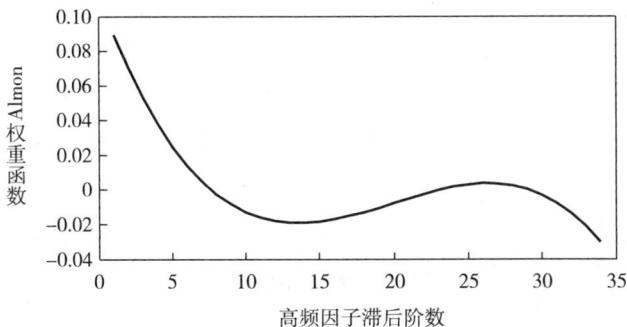

图1　权重函数 Almon 随着滞后阶数的变化情况

如表4所示当高频消费因子的滞后阶数变动到 4 阶时，Beta Non – Zero – FA – MIDAS 模型的拟合效果较好，其 AIC，BIC 指标值分别为 – 46.636，– 36.8655。当滞后阶数进一步增加至 12 阶时，评价 Beta Non – Zero – FA – MIDAS 模型拟合效果的指标值在六种模型中表现最优，其中 $\overline{R}^2$、AIC、BIC 为 0.9262、– 58.6464、– 44.2061，样本内预测精度值较小，分别为：0.1272，0.0161，0.0122，当滞后阶数进一步增加时，其样本内精度值进一步降低。综合六种模型表现 Exp Almon – FA – MIDAS 拟合效果最差，预测精度最低。通过总体对比分析，Beta Non – Zero – FA – MIDAS – AR（12，1）模型拟合及预测效果最佳。即主要代表了社会消费品零售总额和居民消费价格指数大部分信息的消费因子对经济增长具有 12 阶的延迟效应。

表 4　多种混频 FA – MIDAS 模型拟合效果及预测精度（高频消费因子）

模型形式	评价指标	滞后阶数					
		4	12	24	28	34	40
Beta – FA – MIDAS – AR	$\overline{R}^2$	0.8804	0.8896	0.8950	0.8988	0.8993	0.9010
	RMSE	0.1644	0.1957	0.2154	0.2189	0.2384	0.2428
	MFSE	0.0270	0.0383	0.0464	0.0479	0.0568	0.0589
	DMFSE	0.0203	0.0285	0.0345	0.0360	0.0439	0.044
	AIC	– 45.6579	– 49.7288	– 47.6690	– 47.5756	– 46.2548	– 44.147
	BIC	– 33.4447	– 37.6952	– 35.8855	– 35.9219	– 34.6674	– 32.694
Beta Non – Zero – FA – MIDAS	$\overline{R}^2$	0.9189	0.9262	0.9026	0.9006	0.8954	0.8817
	RMSE	0.1712	0.1272	0.2016	0.2216	0.2316	0.2366
	MFSE	0.0293	0.0161	0.0406	0.04911	0.0536	0.0559
	DMFSE	0.0220	0.0122	0.0297	0.0359	0.0408	0.0412
	AIC	– 46.636	– 58.6464	– 57.3496	– 54.4673	– 50.0599	– 42.758
	BIC	– 36.8655	– 44.2061	– 33.7825	– 26.3416	– 17.6151	– 6.1114
Exp Almon – FA – MIDAS	$\overline{R}^2$	0.6739	0.6802	0.6881	0.6862	0.6960	0.6863
	RMSE	1.3256	1.3627	1.3008	1.3325	1.3081	1.4358
	MFSE	1.7574	1.8569	1.6921	1.7755	1.7111	2.0617
	DMFSE	1.4171	1.4939	1.3692	1.4324	1.3829	1.6580
	AIC	39.6066	37.5079	37.2384	37.8589	36.6486	40.0682
	BIC	51.8198	49.5415	49.0219	49.5779	48.2360	51.5205
U – FA – MIDAS	$\overline{R}^2$	0.8840	0.9108	0.9233	0.9298	0.9397	0.9317
	RMSE	0.1606	0.3834	0.8333	0.8991	0.9108	1.0004
	MFSE	0.0257	0.1470	0.6944	0.8084	0.8296	1.0008
	DMFSE	0.0212	0.1064	0.5492	0.6254	0.6306	0.7756
	AIC	– 46.2406	– 49.2565	– 41.0975	– 39.3779	– 36.3042	– 22.519
	BIC	– 31.5846	– 15.5624	20.1769	30.9362	47.1252	73.6794
Stepfun – FA – MIDAS	$\overline{R}^2$	0.8789	0.9033	0.9184	0.9211	0.9247	0.9253
	RMSE	0.1712	0.2968	0.4774	0.4766	0.5625	0.5827
	MFSE	0.0293	0.0881	0.2279	0.2272	0.3164	0.3395
	DMFSE	0.0220	0.0625	0.1843	0.1801	0.2626	0.27329
	AIC	– 42.6361	– 52.7721	– 51.5771	– 52.6782	– 48.8952	– 29.134
	BIC	– 27.9802	– 38.3318	– 37.4368	– 38.6153	– 34.9903	– 15.391

续表

模型形式	评价指标	滞后阶数					
		4	12	24	28	34	40
Almon – FA – MIDAS	$\overline{R}^2$	0.8840	0.8987	0.9040	0.9042	0.9046	0.9050
	RMSE	0.2747	0.2476	0.1968	0.2211	0.2309	0.2384
	MFSE	0.0754	0.0613	0.0387	0.0489	0.0533	0.0568
	DMFSE	0.0514	0.0432	0.0268	0.0352	0.0396	0.0417
	AIC	–46.2406	–54.8109	–52.7112	–51.5322	–48.2694	–45.129
	BIC	–31.5846	–40.3706	–38.5709	–37.4694	–34.3645	–31.386

3. 最优拟合效果及最优样本内预测精度下的 FA – MIDAS – AR 模型估计结果

通过同一权重函数不同滞后阶数下 FA – MIDAS – AR 模型的拟合效果及预测精度纵向对比，以及同一滞后阶数下不同权重函数的 FA – MIDAS – AR 拟合效果及预测精度的横向比较，探索三种最优因子对经济增长的影响方向、作用程度。由于高频月度因子与低频季度 GDP 之间的数据倍差为 3，所以根据第三部分理论推导的驱动机制，选择向前 h_m（从 1~3）的 FA – MIDAS – AR 模型参数估计进行比较分析。如表 5 所示。

表 5　最优混频因子模型参数估计值

因子	模型	向前 h_m 步	参数估计值						
			α	β	$θ_1$	$θ_2$	$θ_3$	$θ_4$	γ
XJF	Beta – FA – MIDAS – AR (7, 1)	3	0.1419*	0.1374*	0.9617*	1.7019	—	—	0.9843**
		2	0.1445*	0.1397**	1.1902*	2.5868	—	—	0.9839**
		1	0.6945	0.0530	0.1869	5.0144	—	—	0.9221**
XHF	Almon – FA – MIDAS – AR (34, 1)	3	0.6959*	0.1081*	–0.0225*	0.0013	–2.081E–5*	—	0.9238**
		2	0.6936*	0.1130*	–0.0234*	0.0013*	–2.20E–5*	—	0.9243**
		1	0.6715*	0.1114*	–0.0224*	0.0012	–5.675*	—	0.9266**
TF	BetaNon – Zero – FA – MIDAS – AR (12, 1)	3	0.1165*	0.2558*	1	0.4804	–0.1238*	—	0.9883**
		2	0.1571*	0.2881*	1	0.4570	–0.1399*	—	0.9835**
		1	0.0820*	0.2852*	1	0.3875	–0.1464*	—	0.9915**

如图 2 ~ 图 4 所示，Beta – FA – MIDAS – AR（17，1）模型系数的方差—协方差矩阵三维网格曲面出现一个塔尖，即主对角线最大方差为 42.0927，其余主对角方差和非主对角协方差迅速减小，绝对值最大值为 0.3143，根据模型参数估计值，说明除了权重函数参数个别不显著，截距项不显著外其余参数显著。Almon – FA – MIDAS – AR（34，1）模型系数协方差矩阵三维网格图形也显示出一个塔尖外，其余值变化较为一致，除了一个个别值为 – 0.0191，其余值均在此绝对值以下，主对角线的方差最大值为 0.0016较小，使参数检验 t 统计量值较大，进而模型的参数通过显著性检验。同理Beta Non – Zero – FA – MIDAS – AR（12，1）模型三维网格图形显示主对角线对应两个权重参数的方差较大，其余参数方差较小，说明除了权重参数不显著外其余参数通过了显著性检验。

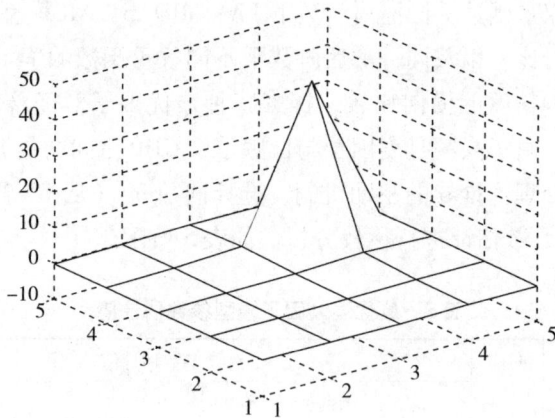

图 2 Beta – FA – MIDAS – AR（17，1）模型系数协方差矩阵

第一高频宏观因子对经济增长存在显著正向拉动效应，倍差内向前 2步、3 步的乘数效应差异较小，其中季度内向前 3 步总拉动效应及驱动程度为 0.1374，三因子中居于第二。高频先行金融因子对经济增长具有显著延迟乘数效应，倍差内向前 1 步总乘数效应最大为 0.1114，向前 3 步显著正向影响动力为 0.1081，倍差内影响方向总体为正向拉动效应，拉动程度仅次于第一高频宏观因子。说明金融因子稳定或上升会促使经济增长。高频消费因子对经济增长具有显著延迟乘数效应，三因子中居于首位，倍差内 1、2步到 3 步的驱动程度差异较大，其中向前 3 步显著的正向拉动效应为 0.2558，

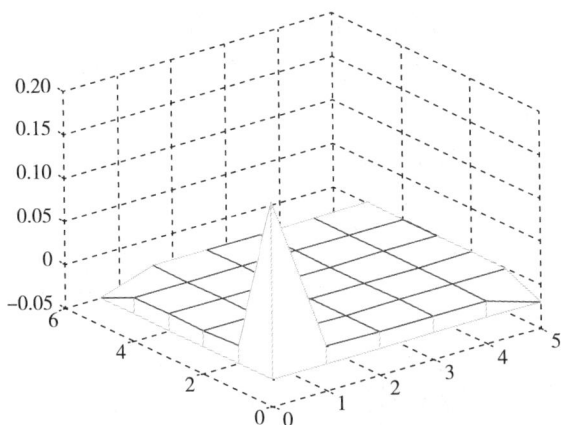

图 3　Almon – FA – MIDAS – AR（34，1）模型系数协方差矩阵

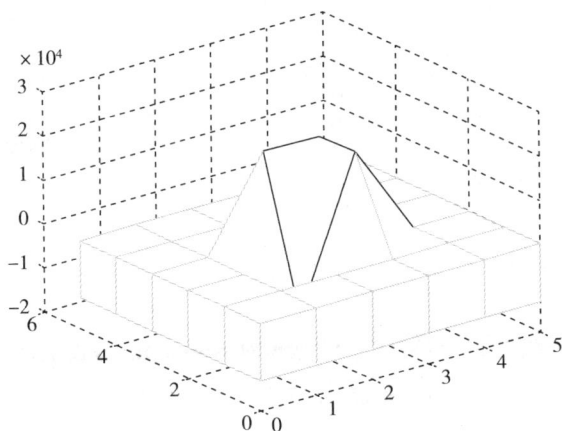

图 4　Beta Non – Zero – FA – MIDAS – AR（12，1）模型系数协方差矩阵

向前 2 步总乘数效应最大，为 0.2881；其次为向前 1 步总乘数效应 0.2852。说明高频消费因子对经济增长的动力机制既有即期的，也有延迟的。随着步长的增加，其拉动效应衰减。按照各因素对经济增长的动力程度，各因素依次为高频消费因子，第一高频宏观因子，高频金融因子。我国经济增长指标季度 GDP 增长率受其上一期的影响显著，且其影响程度均在 0.92 及以上，经济增长的未来走势具有显著惯性趋势，然而随着时间的延长，显著的延迟作用会消失[①]。

① 当加入 GDP 更多滞后阶时，参数估计值不再显著。

4. 新时期我国经济增长的超前预测及跟踪监测分析

为了更好地监测我国经济增长波动状况，同时检验 FA – MIDAS – AR 类模型对中国经济增长波动监测效果，特别是经济增长的持续阶段及拐点，选取 2000 年第一季度到 2019 年第二季度实际 GDP 增长率及三种最优 FA – MIDAS – AR 模型的预测值绘制图，如图 5 所示。

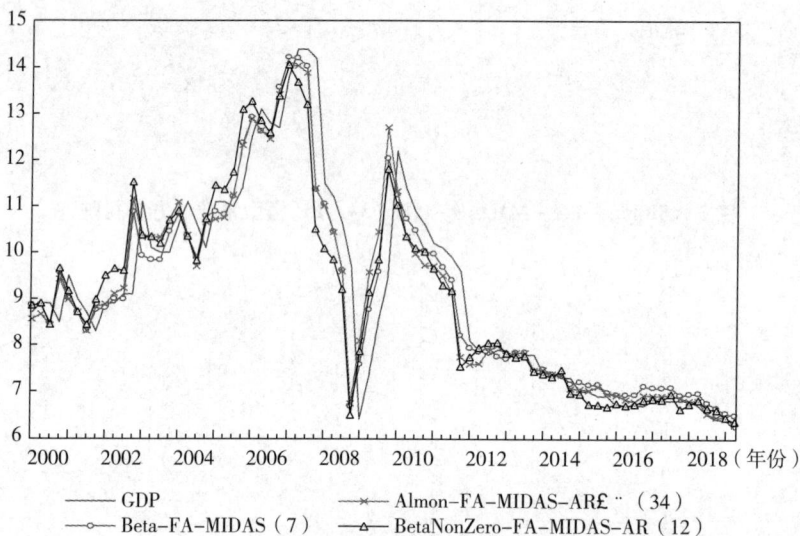

图 5　最优 FA – MIDAS – AR 模型对 2000 年第一季度至 2019 年
第二季度经济增长预测及监测

根据曲线波动态势及转折点表现情况，总体而言，Beta – FA – MIDAS – AR（7，1），Almon – FA – MIDAS – AR（34，1）模型对实际 GDP 增长率具有较好的超前预测能力。主要体现于整体领先趋势和拐点的超前预测和监测方面。在金融危机时期 Beta – FA – MIDAS（7）– AR（1）模型对实际 GDP 增长率的预测效果较好，2007 年第二、第三季度我国季度 GDP 实际增长率为 14.4%，到下两期 2008 年第一季度下降至 11.5%，跌幅高达 2.9%，创此阶段新高。第一高频宏观因子模拟的 Beta – FA – MIDAS – AR（7，1）在此拐点超前一期的预测值分别为 14.22%、14.21%、11.36%，与真实值最为接近。随后在国家"四万亿"有效政策支持下，我国季度 GDP 实际增长率从 2009 年第二季度到 2010 年第一季度期间逐渐回暖，由 7.3% 增至

12.2%；Beta－Beta－FA－MIDAS－AR（7，1）模型超前一期的预测值为7.57%、12.03%，误差较小。2010年第二季度之后，我国经济增长率再次走低，以0.1~0.6区间的跌幅一路下行，至2014年第一季度的7.4%。且与此同时Beta－FA－MIDAS－AR（7，1）模型2013年第四季度的预测值为7.46%。对每个季度的监测都具有精确性和预判性特点。三种模型的均方根误差依次为0.7833、0.9013和0.9691。即Beta－FA－MIDAS－AR（7，1）模型整体预测精度高于Almon－FA－MIDAS－AR（34，1）模型及Beta Non－Zero－FA－MIDAS（12）－AR（1）模型。

新常态已发生期2014年第二季度至2019年第二季度内，而其构建的Almon－FA－MIDAS－AR（34，1）模型实时监测及预测效果明显高于其他两种模型。我国季度GDP实际增长率由7.42%一路小幅走低至2016年第一季度的6.7%，而后三季度不变，到6.9%，6.8%平稳态势，最大波幅为0.72，至2019年第一季度6.4%，第二季度6.2%较小；2015年第二季度实际GDP增长率稳定在7%，此时Almon－FA－MIDAS－AR（34，1）模型的预测值7.025%，次年2016年实际GDP增长率连续四个季度稳定在6.9%，该模型的前两个季度的监测值为6.91%，后两个季度分别为6.93%，6.86%，而2018年第四季度，2019年前两个季度的预测值分别为6.45%，6.439%，6.282%。真实值与预测值差异度最小，精准度最高。在此期间，由高频金融因子构建的最优Almon－FA－MIDAS－AR（34，1）模型的监测效果无论是整体而言还是一些重要时点均优于其他两个模型。即高频金融因子具有更高的精确性和预判性。Beta－FA－MIDAS（7）－AR（1），Almon－FA－MIDAS－AR（34，1），Beta Non－Zero－FA－MIDAS（12）－AR（1）预测精度值分别为0.0394、0.0122、0.0249，所以，金融高频因子具有最大领先预测能力，其次为高频消费因子，最后是第一高频宏观因子。因此，新常态时期高频金融市场是宏观经济运行情况的"晴雨表"，包含货币政策及金融机构各项贷款的高频金融因子具有监测，预判经济增长波动的能力。

为了提高模型的预测精度，接下来将预测精度高的模型通过一定权重联合起来再进行预测会提高预测精度（Timmermann，2006），同时根据An-dreou、Ghysels和Kourtellos（2013）提出了联合权重的形式，具体见王维国、于扬（2016）进一步构建多因子FA－MIDAS模型。使用最优权重函数和最优滞后阶数FA－MIDAS－AR模型，及由它们构建的组合因子FA－MIDAS－AR

模型对新常态时期的经济增长样本外进行超前预测。

表6 "十三五"初期样本外和样本内超前预测及监测分析

最优模型	因子	预测精度及预测值			
		预测精度		2019年	
				第三季度	第四季度
Beta – FA – MIDAS – AR (7, 1)	XJF	RMSE	0.1137	6.3181	6.3092
		MFSE	0.0129		
Almon – FA – MIDAS – AR (34, 1)	XHF	RMSE	0.0568	6.2752	6.2282
		MFSE	0.0032		
BetaNonZero – FA – MIDAS – AR (12, 1)	TF	RMSE	0.0632	6.2042	6.2251
		MFSE	0.0039		
FA – MIDAS – AR – AIC	组合因子	RMSE	0.0464	6.2825	6.2184
		MFSE	0.0022		
FA – MIDAS – AR – FLAT	组合因子	RMSE	0.0632	6.3003	6.2602
		MFSE	0.0039		
FA – MIDAS – AR – MSFE	组合因子	RMSE	0.1712	6.2949	6.2476
		MFSE	0.0293		

如表6所示"十三五"初期经济增长的样本外2019年第三、第四季度的经济增长率超前预测值在 [6.2042%, 6.3181%], [6.2184%, 6.3092%]。七种模型中,Almon – FA – MIDAS – AR (34, 1) BetaNonZero – FA – MIDAS – AR (12, 1), FA – MIDAS – AR – AIC, FA – MIDAS – AR – FLAT 模型预测精度较高。其中 FA – MIDAS – AR – AIC 模型的预测精度最高。2019年第三季度经济增长率的预测值为 6.2825%;对样本外2019年第四季度预测值为 6.2184%。七种模型除 BetaNonZero – FA – MIDAS – AR (12, 1) 模型外均显示,2019年下半年我国经济增长有继续下滑的风险,而下滑幅度较小,稳定在 0.0089% ~ 0.0641%。综上所述,各因子混频模型对新常态时期样本内实时预测和监测效果较优,结果呈稳定状态,各模型的预测精度说明 FA – MIDAS – AR 模型能够较好超前预测和实时监测经济增长率的总体变动状况。

四、结语

为了能够超前预测出新常态时期代表我国经济增长的季度 GDP，同时考虑到影响经济增长因素具有高频性及大量性的现实，本文构建了能够将金融市场的高频数据和实体经济的高频、低频数据全面综合在内混频数据因子 FA–MIDAS 类模型，深入剖析了该类模型的内部结构及驱动机制，在此基础上引入多种金融高频、结合其他众多宏观经济高频影响因素对我国经济增长进行了超前预测和跟踪监测。总结起来具有以下结论和启示：

第一，混频数据因子模型（FA–MIDAS–AR）能够根据高频因子的超前性预测出我国经济增长速度。其中，Beta–FA–MIDAS（7）–AR（1），Almon–FA–MIDAS–AR（34，1）模型，Beta Non–Zero–FA–MIDAS（12）–AR（1）模型对新常态时期经济增长的超前预测中具有领先优势，而结合最优滞后阶数的组合 FA–MIDAS–AR 模型对新常态时期经济增长的预测期内具有较高的精确性和时效性，组合因子 FA–MIDAS–AIC 模型预测精度较高。

第二，第一因子高频宏观因子（XJF）、高频金融因子（XHF）、高频消费因子（TF）的最优滞后阶数分别为 7、34 和 12。三种因子对经济增长的延迟效应机制存在显著差异性，但影响效果存在长期性、滞后性，其中，高频先行金融因子对经济增长具有显著延迟乘数效应，倍差内向前 1 步总乘数效应最大为 0.1114，向前 3 步显著正向影响动力为 0.1081，倍差内影响方向总体为正向拉动效应，拉动程度仅次于第一高频宏观因子。说明金融因子稳定或上升会促使经济增长，且高频金融因子对经济增长呈先升后降而后又上升的复杂的倒 S 型路径。高频消费因子对经济增长的动力机制既有即期的，也有延迟的。随着步长的增加，其拉动效应衰减，倍差内 1 到 3 步的驱动程度差异较大。经济增长的未来走势具有较强显著惯性趋势，然而随着时间的延长，显著的延迟作用会消失。按照各因子对经济增长的动力源程度，各因素依次为高频消费因子、第一高频宏观因子、高频金融因子。由于第一高频宏观经济综合因子主要代表了出口额，房地产开发投资和规模以上工业增加值，高频金融因子主要代表了货币供应量、金融机构人民币各项贷款。高频消费因子主要代表了社会消费品零售总额和居民消费价格指数。因此，新常态时期需求侧方面的"三驾马车"——消费、投资、出口依然是经济增长的主要动力。另外，工业增加值、货币供应量、贷款也是我国已发生的新常态期间经济增长的动力来源。

第三，三种最优模型的样本内预测效果具有阶段性，差异性。2009 年第二季度至 2014 年第一季度内，由第一高频宏观因子构建的最优 Beta – FA – MIDAS（7）– AR（1）模型预测效果最佳。而新常态已发生期 2014 年第二季度至 2019 年第二季度内，金融高频因子具有领先预测能力，由其构建的最优 Almon – FA – MIDAS – AR（34，1）模型的预测效果优于其他两个模型。可见，此期间高频金融市场是宏观经济运行情况的"晴雨表"，包含货币政策及金融机构各项贷款的高频金融因子具有监测，预判经济增长波动的能力，充分体现了"金融活，经济活；金融稳，经济稳"的内在逻辑。

多因子 FA – MIDAS – AIC 对于新常态已发生期的跟踪监测具有更高的精准性和时效性。FA – MIDAS – AIC 组合模型及 Beta Non – Zero – FA – MI-DAS – AR（34，1）对 2019 年第三季度的预测值分别为 6.2818%，6.2818%，6.2335%。2019 年第四季度预测值为 ［6.2079%. 6.2713%］。说明这一时期我国经济增长保持在 6.2% 状态，且有继续下滑的风险。但下滑幅度较小，稳定在 0.0089% ~ 0.0641%，混频数据 FA – MIDAS – AR 模型及其多因子组合模型能够超前预测经济增长的总体变动态势。

参考文献

［1］Andreou E. , Ghysels E. , Kourtellos A. , Should macroeconomic forecasters use daily financial data and how［J］. Journal of Business and Economic Statistics, 2013, 31（2）: 7 – 14.

［2］Aastveit K A. , Foroni C. , Density Forecasts With Midas Models［J］. Journal of Applied Econometrics, 2016（9）: 7 – 10.

［3］Breitung C. , Roling, Salish N. Midas a practical bayesian design for platform trials with molecularly targeted agents［J］. The Econometrics Journal, 2016, 19（2）: 166 – 202.

［4］Bai J. , Ghysels E. , Wright J H. State Space Models and MIDAS Regressions［J］. Econometric Reviews, 2013, 32（7）: 779 – 813.

［5］Carriero, A. , Clark F. , Marcellino M. , Realtime nowcasting with a Bayesian mixed frequency model with stochastic volatility［J］. Royal statistical society, 2015, 178（1）: 837 – 862.

［6］Ghysels E. , Santa – Clara P. , Valkanov R. , The MIDAS touch: Mixed Data Sampling Regressi – on Models ［R］. Working Paper, UNC and UCLA, 2002.

［7］ Ghysels E., Santa – Clara P., Valkanov R., There is a risk – return trade – off after all ［J］. Journal of Financial Economics, 2005, 76 (3): 509 – 548.

［8］ Ghysels E., Santa – Clara P., Valkanov R., Predicting volatility: Getting the most out of return data sampled at different frequencies ［J］. Journal of Econometrics, 2006 (131): 59 – 95.

［9］ Ghysels E., Sinko A., Valkanov R., MIDAS regressions: Further results and new directions ［J］. Econometric Reviews, 2007, 26 (1): 53 – 90.

［10］ Ghysels E, Wright J. Forecasting professional forecasters ［J］. Journal of Business and Economic Statistics, 2009, 27 (4): 504 – 516.

［11］ Ghysels E., Plazzi A., Valkanov R. Why Invest in Emerging Markets? The Role of Conditional Return Asymmetry ［J］. The journal of finance, 2016, 23 (5): 7 – 14.

［12］ Kim, Hyun Hak, Swanson, Norman R. Methods for backcasting, nowcasting and forecasting using factor – MIDAS: With an application to Korean GDP ［J］. Journal of Forecasting, 2017 (1): 7 – 10.

［13］ Kuzin V., Marcellino M., Schumacher C., MIDAS mixed – frequency VAR for nowcasting GDP in the Euro area ［J］. International Journal of Forecasting, 2011 (27): 529 – 542.

［14］ Kuzin V., Marcellino M., Schumacher C., Pooling versus model selection for nowcasting with many predictors: An application to German GDP ［J］. Journal of Applied Econometrics forthcoming, 2012.

［15］ Kapetanios G., Marcellino M., A parametric estimation method for dynamic factor models of large dimensions ［J］. Journal of Time Series Analysis, 2009 (30): 208 – 238.

［16］ Marcellino M., Schumacher C., Factor MIDAS for nowcasting and forecasting with ragged edge data: A model comparison for German GDP ［J］. Oxford Bulletin of Economics and Statistics, 2010, 72 (4): 518 – 550.

［17］ Marcellino G., Porqueddu M., Venditti F., Short – Term GDP Forecasting with a Mixed Frequency Dynamic Factor Model with Stochastic Volatility ［R］. Bank of Italy Temi di Discussione (Working Paper) 2013, 21 (2): 681 – 896.

［18］ Marcellino M., Porqueddu M., Venditti F., Short – term GDP forecasting with a mixed frequency dynamic factor model with stochastic volatility ［J］. Journal of Business and Economic Statistics forthcoming, 2015 (1): 7 – 14.

［19］ Frale C., Monteforte L. Famidas: A Mixed Frequency Factor Model with MIDAS Structure ［J］. Working Papers, 2010, 124 (7): 9 – 12.

［20］ Foroni C., Marcellino M., A Comparison of Mixed Frequency Approaches for Modelling Euro Area Macroeconomic Variables［R］. EUI ECO Working Papers, 2012.

　　［21］Ying Yuan, Beibei Guo, Mark Munsell., MIDAS: A practical Bayesian design for platform trials with molecularly targeted agents［J］. Statistics in Medicine, 2016（6）: 3892－3906.

　　［22］徐剑刚, 张晓蓉, 唐国兴. 混合数据抽样波动模型［J］. 数量经济技术经济研究, 2007（11）.

　　［23］刘金全, 刘汉, 印重. 中国宏观经济混频数据模型应用［J］.经济科学, 2010（5）.

　　［24］刘金全, 刘汉. 中国宏观经济混频数据模型应用［J］.经济科学, 2010（5）.

　　［25］刘汉, 刘金全. 中国宏观经济总量的实时预报与短期预测［J］.经济研究, 2011（3）.

　　［26］刘汉. 中国宏观经济混频数据模型的研究与应用［D］.吉林大学博士论文, 2013.

　　［27］李正辉, 郑玉航. 基于混频数据模型的中国经济周期区制监测研究［J］.统计研究, 2015（1）.

　　［28］鲁万波, 杨冬. 基于半参数混频误差修正模型的中国CPI预测研究［J］.统计研究, 2018（10）.

　　［29］耿鹏, 齐红倩. 我国季度GDP实时数据预测与评价［J］.统计研究, 2012（1）.

　　［30］龚玉婷, 陈强. 基于混频模型的CPI短期预测研究［J］.统计研究, 2014（12）.

　　［31］郑挺国, 尚玉皇. 基于宏观基本面的股市波动度量与预测［J］.世界经济, 2014（6）.

　　［32］苏治, 方彤, 马景义. 一类包含不同权重函数的混频GARCH族模型及其应用研究［J］.数量经济技术经济研究, 2018（10）.

　　［33］尚玉皇, 郑挺国. 短期利率波动测度与预测: 基于混频宏观——短期利率模型［J］. 金融研究, 2016（11）.

　　［34］石柱鲜, 黄红梅, 刘俊生. 我国经济周期波动分析与主要宏观经济指标的预测——利用Logistic回归模型的分析［J］.数量经济技术经济研究, 2007（6）.

　　［35］于扬, 王维国. 混频数据回归模型的分析技术及其应用［J］. 统计与信息论坛, 2015（12）.

　　［36］王维国, 于扬. 基于混频回归类模型对中国季度GDP的预报方法研究［J］. 数量经济技术经济研究, 2016（4）.

因子模型门槛效应的 LM、LR 和 Wald 检验及其统计性质研究

唐亚男 韩 猛 白仲林

摘 要 门槛因子模型可以有效地刻画高维度时间序列的共变特征和区制转换行为，具有良好的可解释性和预测能力。针对因子载荷矩阵存在的门槛效应，本文首先提出了 LM、LR 和 Wald 检验方法，并探讨了其大样本渐近性质，相关结果表明以上检验统计量具有良好的大样本性质和有限样本表现。在实证部分，本文以我国股市的行业指数作为研究对象，通过构建门槛因子模型来刻画我国股票市场波动的共变性特征和非对称效应。实证结果表明基于门槛因子模型可以很好地刻画中国股市行业收益率波动的共变特征和区制转换行为。

关键词 因子模型；区制转换；线性检验；因子个数

LM，LR and Wald Tests of Threshold Effect in Factor Model and Their Statistical Properties

Tang Yanan Han Meng Bai Zhong Lin

Abstract：Threshold factor model is an effective approach to capture the co-movement and regime changes of high-dimensional time series, and has the advantages of being more interpretable and easy to forecast. In this paper, the LM, LR and Wald tests of threshold effect in factor model are proposed, and asymptotic properties are studied, relevant results show that the above test statistics have good large sample properties and limited sample performance. In the empirical part, threshold factor model are applied to the daily returns of domestic stock sector indexes. The empirical results provide clear evidence in support of the nature of co – movement and regime changes in volatility of the daily returns of sector indexes.

Key Words：Factor Model；Regime Changes；Linearity Test；The Number of Factor

一、引言

近年来，高维度、长时段时间序列数据分析技术吸引了大量研究者的关注。更多的数据为我们提供了更好地解释经济现象和异常的可能性，但数据的复杂性与高维数问题给也给理论和应用带来了更多的挑战。利用因子模型从许多经济时间序列组成的高维时间序列中析出和解释驱动各变量波动的共同因子，已经成为分析高维度、长时段的宏观经济时间序列非常有效的工具之一，被广泛地应用于各个领域。

现有的研究大多假定因子载荷矩阵为一常数矩阵，但在实际应用中，因子载荷矩阵往往随着不同的状态而发生改变（Stock and Watson，2002；Breitung and Eickmeier，2011；Bates et al.，2013；Chen et al.，2014；Han and Inoue，2015；Yamamoto and Tanaka，2015；Cheng et al.，2016；韩猛和白仲林，2018）。例如，在资产定价理论中，预期市场回报作为一个测度资产预期回报的重要因子，其载荷矩阵往往随着股票市场的稳定与否发生改变；在宏观经济领域，许多重要的经济活动指标，例如经济增长率、无风险利率等，面对不同的财政政策，或者在经济周期的不同阶段，都有不同的表现形式（Kim and Nelson，1998）。为了刻画这类区制转换行为，Massucci（2017），Liu 和 Chen（2018）提出通过门槛因子模型来刻画高维度时间序列的区制转换行为。门槛因子模型设定因子载荷矩阵具有门槛形式的区制转换结构，其状态转换由一个可观测的状态变量控制，相对于 Markov 区制转换因子模型①，门槛因子模型不仅具有高度的建模灵活性，同时为我

---

① Markov 区制转换因子模型的区制转换行为取决于一个不可观察的外生 Markov 过程，其可解释性和预测能力往往不足。

们提供了一个解释性更好、预测能力更强的模型框架，在经济领域有着广泛应用。

目前，关于门槛因子模型的研究才刚刚起步。Massucci（2017）首次探讨了门槛因子模型的设定、估计等相关理论问题，并建议通过估计的因子变量的协方差矩阵来探测因子载荷是否存在门槛效应，检验过程要求因子变量的协方差矩阵必须独立于区制，从而导致因子变量的截面相依往往会扭曲检验的真实显著性水平。Liu 和 Chen（2018）进一步研究了非平稳状态设定下的门槛因子模型的估计问题，但对门槛因子模型的设定检验问题并没有深入探讨。

本文主要探讨了门槛因子模型的设定检验问题，通过构造 LM、LR 以及 Wald 检验统计量对因子载荷矩阵中存在的门槛效应进行检验，并从理论上给出了以上检验统计量在零假设和备择假设下的渐近分布性质。本文的研究结论表明，在严格因子模型假设下，主成分估计不影响 LM、LR 以及 Wald 检验统计量的渐近性质。此外，尽管 LM、LR 以及 Wald 检验统计量在理论上渐近服从同一个自由度的 χ^2 分布，但在有限样本表现上存在较为明显差异。在实证部分，本文基于门槛因子模型分析了我国股市行业资产日回报率数据，结果表明，我国股市的系统性风险存在明显的区制转换行为，而门槛因子模型可以很好地刻画这种区制转换特征。

本文的其他章节组织如下，第二部分具体介绍门槛因子模型的设定，提出了检验统计量的构造方法，给出了检验统计量的大样本性质；第三部分、第四部分分别为随机模拟和实证分析；第五部分是结论。

二、门槛效应的假设检验

（一）模型设定与假设

考虑如下两区制的门槛因子模型（Liu and Chen，2018；Massucci，2017）：

$$x_t = I(s_t < z)\Lambda_1 f_t + I(s_t \geq z)\Lambda_2 f_t + e_t, \quad t = 1, \cdots, T \tag{1}$$

这里 $f_t = (f_{1t}, f_{2t}, \cdots, f_{rt})'$ 为一 $r \times 1$ 维不可观测隐因子变量；$\Lambda_1 = (\lambda_1^{(1)}, \cdots, \lambda_N^{(1)})'$ 和 $\Lambda_2 = (\lambda_1^{(2)}, \cdots, \lambda_N^{(2)})'$ 分别为两个区制下的 $N \times r$ 维因

子载荷矩阵，其中 $\lambda_i^{(j)} = (\lambda_{i1}^{(j)}, \cdots, \lambda_{ir}^{(j)})$，$i = 1, \cdots, N$，$j = 1, 2$；$e_t = (e_{1t}, e_{2t}, \cdots, e_{Nt})'$ 为异质残差项；s_t 为可观测状态变量，z 为门槛值，当 $s_t < z$ 时，门槛因子模型位于第一区制，否则，当 $s_t \geqslant z$ 时，门槛因子模型位于第二区制。

为了推断式（1）定义的门槛因子模型是否存在门槛效应，设定如下零假设和备择假设：

$$H_0: \Lambda_1^0 = \Lambda_2^0 \Leftrightarrow H_1: \Lambda_1^0 \neq \Lambda_2^0$$

（二）检验统计量构造

在给出关于以上假设检验的联合检验统计量之前，首先讨论第 i 个响应变量因子载荷 λ_i 的门槛效应的检验，其对应的零假设和备择假设可以表述为：

$$H_0: \lambda_{1i} = \lambda_{2i} \Leftrightarrow H_1: \lambda_{1i} \neq \lambda_{2i}$$

针对上述零假设，记 $\hat{f}_t$ 是隐因子变量 f_t 的主成分估计，以 $\hat{f}_t$ 代替 f_t，则 LR 检验统计量、Wald 检验统计量以及 LM 检验统计量分别为：

$$lr_i = T[\log(SSR_{r,i}) - \log(SSR_{r,i}(z))]$$
$$w_i = T[SSR_{r,i} - SSR_{r,i}(z)]/SSR_{r,i}(z)$$
$$lm_i = T[SSR_{r,i} - SSR_{r,i}(z)]/SSR_{r,i} \tag{2}$$

其中，$SSR_{r,i} = \sum_{t=1}^{T}(x_{it} - \hat{\lambda}_i \hat{f}_t')^2$ 表示有约束因子模型（线性因子模型）的残差平方和，$SSR_{r,i}(z) = \sum_{t=1}^{T}[I_{1t}(z)(x_{it} - \hat{\lambda}_i^{(1)}\hat{f}_t)]^2 + \sum_{t=1}^{T}[I_{2t}(z)(x_{it} - \hat{\lambda}_i^{(2)}\hat{f}_t)]^2$ 是无约束因子模型（门槛因子模型）的残差平方和，$\hat{\lambda}_i = \left(\sum_{t=1}^{T}\hat{f}_t \hat{f}_t'\right)^{-1}\left(\sum_{t=1}^{T}\hat{f}_t x_{it}\right)$，$\hat{\lambda}_{1i}^{(1)} = \left(\sum_{t=1}^{T}I_{1t}(z)\hat{f}_t \hat{f}_t'\right)^{-1}\left(\sum_{t=1}^{T}I_{1t}(z)\hat{f}_t x_{it}\right)$ 以及 $\hat{\lambda}_{2i}^{(2)} = \left(\sum_{t=1}^{T}I_{2t}(z)\hat{f}_t \hat{f}_t'\right)^{-1}\left(\sum_{t=1}^{T}I_{2t}(z)\hat{f}_t x_{it}\right)$。

基于以上 lm_i、lr_i 以及 w_i，进一步可以构造如下联合检验统计量：

$$LR^* = \frac{\left(\sum_{i=1}^{N}lr_i\right) - rN}{\sqrt{2rN}}, W^* = \frac{\left(\sum_{i=1}^{N}w_i\right) - rN}{\sqrt{2rN}}, LM^* = \frac{\left(\sum_{i=1}^{N}lm_i\right) - rN}{\sqrt{2rN}}$$

（三）零假设下检验统计量的渐近分布

为了给出零假设下检验统计量的渐近分布，首先给出如下假设条件：

假设 A. 观测值 x_{it} 的数据生成过程服从因子模型 $x_{it} = \lambda'_i f_t + e_{it}$，这里 λ_i、f_t 以及 e_{it} 满足 Bai 和 Ng（2002）的假设条件 A－D。

假设 B.（1）对于所有的 $t = 1$，…，T，有 E（e_{it}^2）＝σ_i^2，且当 $t \neq s$ 时，E（$e_{it} e_{is}$）＝0；（2）对所有的 i，t，s，f_t 与 e_{is} 相互独立。

根据 Bai 和 Ng（2002），假设 A 保证了以 $\hat{f}_t$ 作为回归变量的估计残差不会影响以上检验统计量的渐近分布。而假设 B 则进一步保证了在零假设下有如下定理 1 成立。

定理 1. 在假设 A 和 B 下，当 N，T→∞，且 $\sqrt{T}/N$→0 时，检验统计量 lr_i、w_i 以及 lm_i 渐近服从自由度为 r 的 χ^2 分布。

定理 1 的证明详见附录 A。基于定理 1，关于联合检验统计量有如下推论 1。

推论 1. 在假设 A－B 下，当 N，T→∞，且 $\sqrt{T}/N$→0 时，联合检验统计量 LR^*、W^* 以及 LM^* 渐近服从标准正态分布。

根据中心极限定理，推论 1 是显然成立的，这里不再详细讨论。事实上，根据定理 1，每个 lr_i、w_i 以及 lm_i 均服从自由度为 r 的 χ^2 分布，期望为 r，方差为 2r，则在假设条件 B 下，根据中心极限定理上述联合检验统计量渐近服从标准正态分布。

（四）渐近检验势条件

式（1）定义的门槛因子模型可以进一步表示为如下线性形式：

$$x_t = I(s_t < z)\Lambda_1 f_t + I(s_t \geq z)\Lambda_2 f_t + e_t = \Lambda_1 f_t + \Delta[I(s_t \geq z)f_t] + e_t = \Lambda^* f_t^* + e_t,$$
$$(3)$$

这里 $\Delta = \Lambda_1 - \Lambda_2$，$\Lambda^* = (\Lambda_1, \Delta)$ 以及 $f_t^* = (f'_t, I(s_t \geq z)f'_t)'$。式（3）定义的是一个因子个数为 2r 的线性因子模型①。由式（3）可知，门槛因子模型是通过增加区制设定而减少了伪因子的个数，并提升了因子模型的稳定性。但对式（3）而言，如果设定的因子个数为 2r，那么本文给出的检验统计量将缺乏检验的功效。

分别记 Λ_1^0、Λ_2^0、f_t^0 以及 z^0 为 Λ_1、Λ_2、f_t 以及 z 的真值，并记 $I_{1t}(z^0) = I(s_t < z^0)$ 以及 $I_{2t}(z^0) = I(s_t \geq z^0)$。以下给出门槛因子模型的假设条件：

---

① 事实上，门槛因子模型通过增加区制个数而减少了因子个数，并增强了因子变量的稳定性。显然门槛因子模型的设定也提高了模型的可解释性。

假设 A^*. $E(f_t^0) = 0$, $E\|f_t^0\|^4 \leq M$, 且存在正定矩阵 $\sum_{F_1}$ 和 $\sum_{F_2}$, 当 $T \to$

∞ 时, 有 $T^{-1} \sum_{t=1}^{T} I_{jt}(z^0) f_t^0 f_t^{0\prime} \to \pi_j \sum_{F_j}$, 这里 $\pi_j = \lim_{T \to \infty} \frac{T_j}{T}$, $j = 1, 2$。

假设 B^*. 对 $i = 1, \cdots, N$, $j = 1, 2$, 有 $\|\lambda_i^{0(j)}\| \leq \bar{\lambda}$, 且存在矩阵 $\sum_{\Lambda_1^0}$、$\sum_{\Lambda_2^0}$

和 $\sum_{\Lambda_1^0 \Lambda_2^0}$, 当 $N \to \infty$ 时, 有 $\|\Lambda_1^{0\prime} \Lambda_1^0 / N - \sum_{\Lambda_1^0}\| \to 0$, $\|\Lambda_2^{0\prime} \Lambda_2^0 / N - \sum_{\Lambda_2^0}\| \to 0$ 以及

$\|\Lambda_1^{0\prime} \Lambda_2^0 / N - \sum_{\Lambda_1^0 \Lambda_2^0}\| \to 0$, 这里 $\sum_{\Lambda_1^0}$ 和 $\sum_{\Lambda_2^0}$ 为正定矩阵。

假设 C^*. 对于任意的 (N, T), $j = 1, 2$ 有:

(1) $E(e_{it}) = 0$, 以及 $E|e_{it}|^8 \leq M$;

(2) $E[I_{js}(z^0) I_{jt}(z^0) e_s' e_t / N] = E\left[N^{-1} \sum_{i=1}^{N} I_{js}(z^0) I_{jt}(z^0) e_{is} e_{it}\right] = \gamma_{j,z^0,N}$

(s, t), 且对所有的 s, 有 $|\gamma_{j,z^0,N}(s, s)| \leq M$ 以及 $T^{-1} \sum_{s=1}^{T} \sum_{t=1}^{T}$

$|\gamma_{j,z^0,N}(s, t)| \leq M$ 成立;

(3) $E[I_{jt}(z^0) e_{it} e_{lt}] = \tau_{j,il,t}(z^0)$, 且存在某一 $\tau_{j,il}(z^0)$ 使得对所有的 t,

有 $|\tau_{j,il,t}(z^0)| \leq |\tau_{j,il}(z^0)|$, 以及 $N^{-1} \sum_{i=1}^{N} \sum_{l=1}^{N} |\tau_{j,il}(z^0)| \leq M$;

(4) $E[I_{jt}(z^0) I_{js}(z^0) e_{it} e_{ls}] = \tau_{j,il,ts}$, 且 $(NT)^{-1} \sum_{i=1}^{N} \sum_{l=1}^{N} \sum_{t=1}^{T} \sum_{s=1}^{T}$

$|\tau_{j,il,ts}(z^0)| \leq M$;

(5) 对每一 (t, s), $E\left| N^{-1/2} \sum_{i=1}^{N} [I_{js}(z^0) I_{jt}(z^0) e_{is} e_{it} - E(I_{js}(z^0) I_{jt}(z^0)\right.$

$\left. e_{is} e_{it})] \right|^4 \leq M$。

假设 D^*. 对于任意的 (N, T) 和 $j = 1, 2$, 有:

$$E\left\{ N^{-1} \sum_{i=1}^{N} \left\| T^{-1/2} \left[\sum_{t=1}^{T} I_{jt}(z^0) f_t^0 e_{it} \right] \right\|^2 \right\} \leq M$$

以上假设条件是 Bai 和 Ng (2002) 中假设 A – D 的在门槛因子模型中的自然推广, 不同之处在于考虑了门槛效应, 类似的假设也可见文献 Massucci (2017)。

在备择假设下, 本文采用标准的 Bai 和 Ng (2002) 信息准则估计因子个数, 记为 $\bar{r}$。则基于 $\bar{r}$ 构造的检验统计量在备择假设下的渐近功效可以表述为如下定理 2。

定理 2. 在假设 $A^* - D^*$ 下，$\bar{r}$ 为 Bai 和 Ng（2002）信息准则确定的因子个数，满足 $r \leqslant \bar{r} < 2r$，则在备择假设下，当 N，$T \to \infty$，且 $\sqrt{T}/N \to 0$ 时，基于 $\bar{r}$ 构造的检验统计量满足 $lr_i = O_p(T)$，$w_i = O_p(T)$ 以及 $lm_i = O_p(T)$。

定理 2 的证明详见附录 B。以上定理 2 表明，针对式（1）定义的门槛因子模型，如果 $\bar{r}$ 小于伪因子个数 $2r$，则基于 $\bar{r}$ 构造检验统计量是一致的且以 T 的速度趋于无穷大，即具有标准的渐近检验功效。此外，由定理 2 可知，正确设定因子个数是以上检验统计量可以应用于实证分析的重要前提。在实际应用中可以通过划分子样本来确定潜在的因子个数。如果两个子样本的潜在因子个数相同且小于全样本的因子个数，则可以作为潜在因子个数的估计值，并用于检验统计量的构造。

三、蒙特卡洛模拟

为了进一步验证上述理论方法，这一节将通过随机模拟试验研究上述检验统计量的有限样本表现。参照 Massucci（2017），在零假设下，数据生成过程设定为如下单因子模型：

$$x_{it} = \lambda_i^0 f_t^{0k} + e_{it}^k, \quad f_t^{0k} = \rho_f f_{t-1}^{0k} + \eta_t^k, \quad \eta_t^k \sim i.i.d. N(0, \sigma_i^2)$$

这里 $\lambda_i^0 \sim i.i.d. N(1, 1)$ 在重复模拟过程中保持不变，$e_{it}^k \sim i.i.d. N(0, \sigma_i^2)$ 且 $\sigma_i \sim U(0.5, 1.5)$，$\rho_f \sim U(0.05, 0.95)$，并保持 $\{\eta_t^k\}$ 和 $\{e_{it}^k\}$ 相互独立，$i = 1, \cdots, N$，$t = 1, \cdots, T$ 以及 $k = 1, \cdots, K$ 为重复模拟次数。在备择假设下，数据生成过程设定为如下单因子模型：

$$X_{it} = I(s_t^k < z^0)\lambda_{1i}^0 f_t^{0k} + I(s_t^k \geqslant z^0)\lambda_{2i}^0 f_t^{0k} + e_{it}^k, \quad f_t^{0k} = \rho_f f_{t-1}^{0k} + \eta_t^k, \quad \eta_t^k \sim i.i.d. N(0, 1 - \rho_f^2)$$

这里 $e_{it}^k \sim i.i.d. N(0, \sigma_i^2)$ 且 $\sigma_i \sim U(0.5, 1.5)$，$\rho_f \sim U(0.05, 0.95)$，并保持 $\{\eta_t^k\}$ 和 $\{e_{it}^k\}$ 相互独立。因子载荷 $\lambda_{1i}^0 \sim i.i.d. N(1, 1)$ 在每次重复模拟中保持不变，$\lambda_{2i}^0 = \lambda_{1i} + \delta$，并设定 $\delta = 0.10, 0.25, 1.00$。对于状态变量，设定 $s_t^k = \mu_s(1 - \rho_s) + \rho_s s_{t-1}^k + (1 - \rho_s^2)^{1/2} \zeta_t^k$，这里 $s_t^k \sim i.i.d. N(0, 1)$，$\rho_s \sim U(0.05, 0.95)$ 在重复抽样中保持不变，关于门槛值设定 $z^0 = 2$，并设定 $\pi^0 = P(s_t^k \leqslant c^0) = P(s_t^k - \mu_s \leqslant c^0 - \mu_s) = \Phi(c^0 - \mu_s) = 0.5$，我们有 $\mu_s = c^0 - \Phi^{-1}(\pi^0) = 2$。以上数据生成过程中，设定 $N = 25, 50, 100, 200$，$T = 100, 200, 500$

以及 K = 2000。

对于不存在门槛效应的数据生成过程,表1给出了检验统计量的实际检验水平。模拟结果表明对所有的(N,T),检验统计量 LM* 的实际检验水平都接近 0.05,而检验统计量 LR* 和 W* 对于零假设有着较高的误判率。

表 1 实际检验水平

T	N = 25			N = 50			N = 100			N = 200		
	LM*	W*	LR*	LM*	W*	LR*	LM*	W*	LR*	LM*	W*	LR*
100	0.053	0.112	0.085	0.043	0.089	0.067	0.041	0.076	0.057	0.043	0.078	0.051
200	0.048	0.086	0.067	0.051	0.083	0.066	0.050	0.081	0.058	0.047	0.076	0.077
500	0.051	0.064	0.054	0.045	0.078	0.066	0.048	0.057	0.061	0.051	0.064	0.067

表 2 给出了检验统计量的实证检验功效。从模拟结论来看,检验统计量 LM* 和 W* 相对于检验统计量 LR* 具有更高的功效,其模拟表现也较为接近,特别是对于门槛值较小的情形检验统计量 LM* 和 W* 要远优于检验统计量 LR*。当门槛效应较大时,即 δ = 1 时,以上三个检验统计量并无显著差异。此外,样本量对以上三个检验统计量的表现有着显著的影响,随着 N→∞ 或者 T→∞ 时,以上三个检验统计量的功效趋于1。

表 2 实际检验功效

T	N = 25			N = 50			N = 100			N = 200		
	LM*	W*	LR*	LM*	W*	LR*	LM*	W*	LR*	LM*	W*	LR*
δ = 0.10												
100	0.588	0.602	0.239	0.655	0.648	0.387	0.876	0.881	0.625	0.896	0.891	0.695
200	0.755	0.749	0.413	0.817	0.822	0.685	0.919	0.920	0.822	0.945	0.943	0.902
500	0.912	0.911	0.712	0.931	0.929	0.827	0.988	0.989	0.916	0.996	0.996	0.921
δ = 0.25												
100	0.866	0.876	0.710	0.912	0.912	0.881	0.986	0.993	0.926	1.000	1.000	1.000
200	0.919	0.920	0.887	0.987	0.998	0.912	1.000	1.000	1.000	1.000	1.000	1.000
500	0.996	0.998	0.917	1.000	0.998	0.966	1.000	1.000	1.000	1.000	1.000	1.000
δ = 1.00												
100	1.000	1.000	0.999	1.000	1.000	1.000	1.000	1.000	1.000	1.000	1.000	1.000
200	1.000	1.000	1.000	1.000	1.000	1.000	1.000	1.000	1.000	1.000	1.000	1.000
500	1.000	1.000	1.000	1.000	1.000	1.000	1.000	1.000	1.000	1.000	1.000	1.000

四、实证应用

在实证部分，我们将通过构建门槛因子模型来刻画我国股市波动的共变性特征和非对称效应，并验证理论部分的相关结论。对于金融市场而言，准确测度市场波动水平及其影响对于风险管理、投资组合优化以及金融监管有着重要作用。本文选取申万 28 个一级行业指数收益率数据作为研究对象，以收益率平方值的对数作为观测变量指标进行分析，数据时间跨度为 2014 年 1 月 2 日至 2018 年 12 月 31 日共计 1220 个观测值，以上所有数据均来自国泰安数据库。

表 3 是全样本数据的描述统计特征，可以看出所有波动率序列的峰度均大于 4，呈尖峰厚尾特征；偏度为负数，呈左偏非对称特征；JB 检验的 p 值显著拒绝正态分布假定。

表 3　波动率序列的描述统计特征

统计量	最大值	最小值	均值	标准差	偏度	峰度	JB 检验 p - 值
估计值	5.62	− 8.93	− 0.58	2.41	− 1.02	4.75	1.000

对于标准化后的数据，本文采用 Massucci（2017）给出的主成分方法估计因子变量、因子载荷以及门槛值，其中门槛值基于格点搜索方法进行估计。这里选择收益率数据的 7 阶滞后项的截面标准差作为状态变量[①]，门槛值搜索范围设定为状态变量的 $\{10\%，15\%，\cdots，85\%，90\%\}$ 分位数。基于检验统计量 LM^*、W^* 以及 LR^* 的模型选择结果如表 4 所示。

表 4　估计的门槛值、线性检验、因子个数以及拟合残差平方和（除以 10^4）

$\hat{z}$	LM^*	W^*	LR^*	$\hat{r}$（全样本）	$\hat{r}$（$s_t < \hat{z}$）	$\hat{r}$（$s_t \geq \hat{z}$）	E^2
0.873	0.000	0.000	0.000	2	1	1	2.570

---

①　类似地可以选择其他滞后项作为备选的状态变量。而对于选定的一组备选状态变量，进一步可以通过门槛效应检验以及模型比较（拟合残差平方和和检验的 p 值）来确定一个最优的状态变量，这里基于篇幅所限，不再详细展开讨论。

表 4 的第 1 列为估计的潜在门槛值，第 2～4 列对应检验统计量的 p－值，第 5～7 列为基于 Bai 和 Ng（2002）的信息准则 IC_{P2} 识别的因子个数，最后一列为对应的拟合残差平方和。从结果看，估计的门槛值 0.873，基于 LM^*、W^* 以及 LR^* 的检验结果均拒绝零假设，说明该观测样本明显存在门槛效应。此外，从识别的因子个数来看，两个区制下子样本的因子个数相等，均为 1，而全样本因子个数为 2。可见，构建 2 区制单因子门槛因子模型是合理的，而忽略因子载荷的门槛效应，会导致因子个数的过度识别。

图 1 给出了为估计的 $\exp(\hat{f}_t)$ 散点图，可以发现市场波动的共同波动成分可以明显地划分为高波动和低波动两个区制。其中 2015 年以及 2018 年后半段明显处于高波动状态，而 2014 年和 2017 年处于低波动状态。可见高波动状态恰好对应于我国股市的若干重大事件，例如 2015 年股灾事件以及 2018 年信用债违约事件。

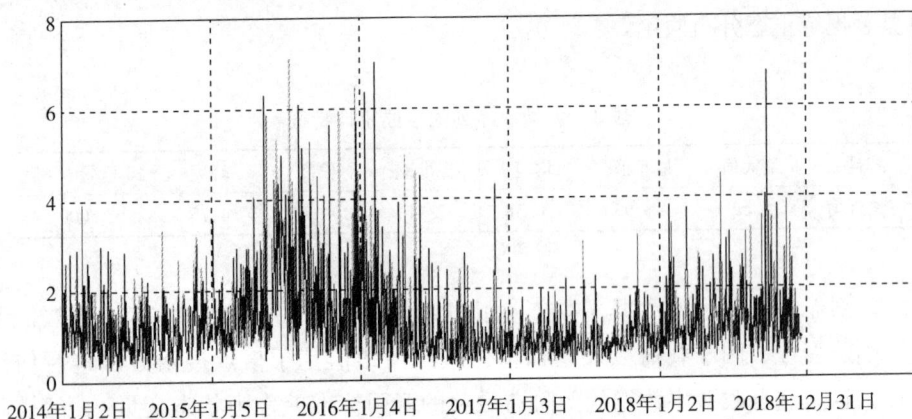

图 1　2014～2018 年波动率水平的市场冲击 $\exp(\hat{f}_t)$

图 2 刻画了状态变量、估计的门槛值和对应的区制指示函数。由图 2 可知，拟合的门槛因子模型可以较好地刻画我国股市系统性风险的区制转换行为。

表 5 是两种不同状态下市场共同波动冲击对波动率指标方差的总体贡献度。由表 5 可知，在低波动状态，市场共同波动冲击为各行业收益率波动的主要因素，解释总方差的比例为 54%；而在高波动状态，这一比例仅为 43%，收益率波动主要体现为个体特质波动。

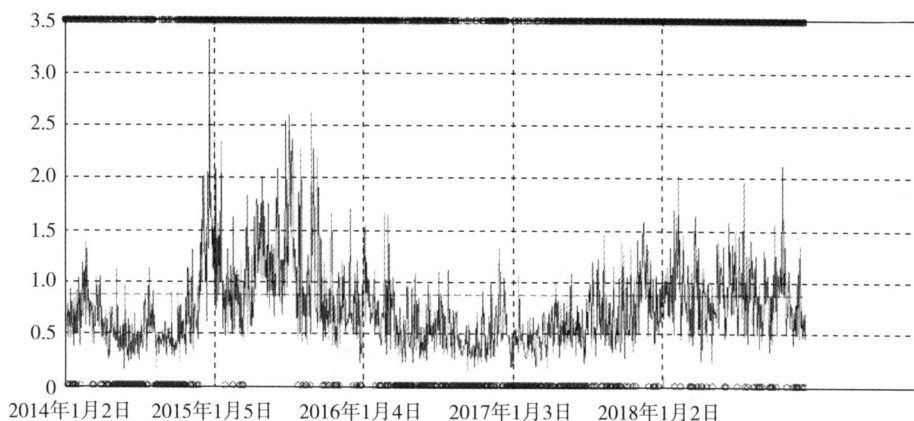

图 2　状态变量、估计的门槛值以及区制指数函数

表 5　不同区制下市场波动冲击解释市场波动率指标方差的比例

区制	共变成分方差贡献	异质性成分方差贡献
高波动	0.43	0.57
低波动	0.54	0.46

五、结论

本文针对门槛因子模型提出了一种检验因子载荷矩阵是否存在门槛效应的检验方法。在严格因子模型假设下，本文构造的检验统计量具有简单的渐近分布性质。而随机模拟结果表明，以上检验统计量也有着良好的有限样本性质。最后，基于我国股票市场波动率数据的实证分析进一步印证了本文理论方法的优良性质。

参考文献

[1] Bai J. and Ng S. Determining the Number of Factors in Approximate Factor Models [J]. Econometrica, 2002, 70 (1): 191 – 221.

[2] Stock J. H. and Watson M. W. Forecasting Using Principal Components from a Large Number of Predictors [J]. Journal of the American Statistical Association, 2002, 97:

1167 – 1179.

[3] Breitung J. and Eickmeier S. Testing for structural breaks in dynamic factor models [J]. Journal of Econometrics, 2011, 163 (1): 71 – 84.

[4] Bates B. J., Plagborg – Moller M., Stock J. H., and Watson M. W. Consistent Factor Estimation in Dynamic Factor Models with Structural Instability [J]. Journal of Econometrics, 2013, 177 (2): 289 – 304.

[5] Chen L., Dolado J., and Gonzalo J. Detecting Big Structural Breaks in Large Factor Models [J]. Journal of Econometrics, 2014, 180 (1): 30 – 48.

[6] Han X., and Inoue A. Tests for Parameter Instability in Dynamic Factor Models [J]. Econometric Theory, 2015, 31 (5): 1117 – 1152.

[7] Yamamoto Y., and Tanaka S. Testing for Factor Loading Structural Change under Common Breaks [J]. Journal of Econometrics, 2015, 189 (1): 187 – 206.

[8] Cheng X., Zhipeng L., and Schorfheide F. Shrinkage Estimation of High Dimensional Factor Models with Structural Instabilities [J]. Review of Economic Studies, 2016, 83 (4): 1511 – 1543.

[9] 韩猛, 白仲林, 缪言. 因子模型的一种结构突变检验及其统计性质研究 [J]. 统计研究, 2018, 35 (6): 99 – 110.

[10] Kim C. J. and Nelson C. R. Business cycle turning points, a new coincident index, and tests of duration dependence based on a dynamic factor model with regime switching [J]. The Review of Economics and Statistics, 1998, 80: 188 – 201.

[11] Liu X. and Chen R. Threshold factor models for high – dimensional time series [J]. arXiv preprintarXiv, 2018 (1): 3 – 5.

[12] Massacci D. Least Squares Estimation of Large Dimensional Threshold Factor Models [J]. Journal of Econometrics, 2017, 197 (1): 101 – 129.

附录 A: 定理 1 的证明

为了证明定理 1, 我们首先证明以下引理 1。以下记 $C_{NT} = \{\sqrt{N}, \sqrt{T}\}$。

引理 A. 1. 记 $F^{\dagger} = [I_{21}(z), \cdots, I_{2T}(z)]'$。在假设 A – B 下, 有:

(1) $\dfrac{1}{T}F^{\dagger'}\hat{F}^{\dagger} - \dfrac{1}{T}F^{\dagger'}F^{\dagger} = \dfrac{1}{T}\hat{F}^{\dagger'}\hat{F} - \dfrac{1}{T}F^{\dagger'}F = O_p(C_{NT}^{-1})$;

(2) $\dfrac{1}{T}(\hat{F}^{\dagger} - F^{\dagger})'e_i = O_p(C_{NT}^{-1})$。

证明: (1) 根据 F^* 的定义可知, $F^{\dagger'}F = F^{\dagger'}F^{\dagger}$ 以及 $\hat{F}^{\dagger'}\hat{F} = \hat{F}^{\dagger'}\hat{F}^{\dagger}$。进一步通过加减项, 有:

$$\frac{1}{T}(\hat{F}^{\dagger'}\hat{F}^{\dagger} - F^{\dagger'}F^{\dagger})$$

$$= \frac{1}{T}(\hat{F} - F)'F^{\dagger} + \frac{1}{T}F'(\hat{F}^{\dagger} - F^{\dagger}) + \frac{1}{T}(\hat{F} - F)'(\hat{F}^{\dagger} - F^{\dagger})$$

$$= I + II + III$$

对于第一项 I，根据 Bai 和 Ng（2002）定理 1，有：

$$\left\| \frac{1}{T}\sum_{t=1}^{T}(\hat{f}_t - f_t)f'_t \right\| \leqslant \left(\frac{1}{T}\sum_{t=1}^{T}\|\hat{f}_t - f_t\|^2 \right)^{1/2} \left(\frac{1}{T}\sum_{t=1}^{T}\|f_t\|^2 \right)^{1/2} = O_p(C_{NT}^{-1})O_p(1) = O_p(C_{NT}^{-1})$$

类似地，对于第二项 II 项和第三项 III，有 $II = O_p(C_{NT}^{-1})$ 以及 $III = O_p(C_{NT}^{-2})$。综上可知（1）成立。

（2）的证明过程类似于（1），以下仅给出主要步骤。由于，

$$\frac{1}{T}\sum_{t \in \Pi_2}(\hat{f}_t - f_t)e_{it} = \frac{1}{T}\sum_{t=1}^{T}I_{2t}(z)(\hat{f}_t - f_t)e_{it}$$

进一步，根据，

$$\left\| \frac{1}{T}\sum_{t=1}^{T}I_{2t}(z)(\hat{f}_t - f_t)e_{it} \right\| \leqslant \left(\frac{1}{T}\sum_{t=1}^{T}\|\hat{f}_t - f_t\|^2 \right)^{1/2} \left(\frac{1}{T}\sum_{t=1}^{T}|e_{it}|^2 \right)^{1/2} = O_p(C_{NT}^{-1})$$

可知（2）成立。

定理 1 证明：首先考虑 LM 统计量。记 $e_i = (e_{i1}, \cdots, e_{iT})'$。模型残差可以表示为 $M_{\hat{F}}e_i$，这里 $\hat{F} = (\hat{f}_1, \cdots, \hat{f}_T)'$，$M_{\hat{F}} = I_T - \hat{F}(\hat{F}'\hat{F})^{-1}\hat{F}'$。则单个响应变量的 LM 统计量为：

$$lm_i = \frac{e'_i M_{\hat{F}}\hat{F}^{\dagger}(\hat{F}^{\dagger'}M_{\hat{F}}\hat{F}^?)^{-1}\hat{F}^{\dagger'}M_{\hat{F}}e_i}{e'_i M_{\hat{F}}e_i/T} \tag{A.1}$$

这里 $\hat{F}^{\dagger} = [I_{21}(z)\hat{f}_1, I_{22}(z)\hat{f}_2, \cdots, I_{2T}(z^0)\hat{f}_T]$。记标准化的因子矩阵为 $F^0 = (f_1^0, \cdots, f_T^0)'$ 满足 $F = (f_1, \cdots, f_T)' = F^0 H$，这里 $H = T\Lambda^{0'}\Lambda^0 F^{0'}\hat{F}(\hat{F}'XX'\hat{F})^{-1}$。类似地，定义 $\Lambda = \Lambda^0 H^{'-1}$。

通过类似引理（A.1）的证明过程可以证明：

$$T^{-1}\hat{F}'\hat{F} = T^{-1}F'F + O_p(C_{NT}^{-2})$$

以及根据本文引理 1，我们有：

$$T^{-1}\hat{F}^{?'}M_{\hat{F}}\hat{F}^{\dagger} = T^{-1}F^{?'}M_F F^{\dagger} + O_p(C_{NT}^{-1})$$

这里 $M_F = I_T - F(F'F)^{-1}F'$。进一步利用引理（A.1），有：

$$T^{-1/2}e'_i M_{\hat{F}}\hat{F}^? = T^{-1/2}e'_i\hat{F}^? + T^{-1/2}e'_i(\hat{F}^? - F^\dagger) - (T^{-1/2}e'_i\hat{F})\left(\frac{1}{T}\hat{F}'\hat{F}^?\right)$$

$$= T^{-1/2}e'_i\hat{F}^? - (T^{-1/2}e'_i\hat{F})\left(\frac{1}{T}F'F^?\right) + O_p(\sqrt{T}/C_{NT}^2)$$

$$= T^{-1/2}e'_i M_F F^? + O_p(\sqrt{T}/C_{NT}^2)$$

最后，根据 Bai 和 Ng（2002）的等式（10），可知，

$$T^{-1}e'_i M_{\hat{F}}e_i = T^{-1}e'_i M_F e_i + O_p(C_{NT}^{-2})$$

基于以上结论，有：

$$lm_i = \frac{e'_i M_F F^\dagger(F^{\dagger'}M_F F^\dagger)^{-1}F^{\dagger'}M_F e_i}{e'_i M_F e_i/T} + O_p(\sqrt{T}/C_{NT}^2) = lm_i^0 + O_p(\sqrt{T}/C_{NT}^2)$$

注意到在假设 1 ~ 假设 2 下，lm_i^0 渐近服从 χ^2 分布。

对于 Wald 统计量 w_i，和 LM 统计量 lm_i 相比，区别之处在于方差估计来自于 $M_{\hat{F}}e_i$ 在 $M_{\hat{F}}F^\dagger$ 回归后的残差。以上残差向量记为 $\hat{e}_i^\dagger$。基于标准的残差理论，有：

$$e'_i M_{\hat{F}}e_i = \hat{e}_i^{\dagger'}\hat{e}_i^\dagger + e'_i M_{\hat{F}}\hat{F}^\dagger(\hat{F}^{\dagger'}M_{\hat{F}}\hat{F}^\dagger)^{-1}\hat{F}^{\dagger'}M_{\hat{F}}e_{it}$$

根据 LM 统计量 lm_i 获得的结论，有：

$$T^{-1}(e'_i M_{\hat{F}}e_i - \hat{e}_i^{?'}\hat{e}_i^\dagger) = T^{-1}e'_i M_F F^?(F^{\dagger'}M_F F^\dagger)^{-1}F^{\dagger'}M_F e_i + O_p(C_{NT}^{-2})$$

其中，第一项为 $+O_p(T^{-1})$。因此，分别基于约束模型和无约束模型的方差估计值的差异是 $O_p(T^{-1})$。因此，$w_i \geqslant lm_i$，且 $w_i = lm_i^0 + O_p(T^{-1}) + O_p(\sqrt{T}/C_{NT}^2)$。

对于 LR 统计量 lr_i，通过一阶 Taylor 展开，我们有：

$$lr_i = T[\log(SSR_{r,i}) - \log(SSR_{r,i}(z^0))]$$

$$= \frac{SSR_{r,i} - SSR_{r,i}(z^0)}{SSR_{r,i}(z^0)/T} + O_p(T^{-1})$$

$$= \frac{e'_i M_{\hat{F}}\hat{F}^\dagger(\hat{F}^{\dagger'}M_{\hat{F}}\hat{F}^\dagger)^{-1}\hat{F}^{\dagger'}M_{\hat{F}}e_i}{e'_i M_{\hat{F}}e_i/T + O(T^{-1})} + O(T^{-1})$$

$$= lm_i + O(T^{-1})$$

从而有 $lr_i = lm_i^0 + O_p\left(\frac{1}{T}\right) + O_p\left(\frac{\sqrt{T}}{C_{NT}^2}\right)$。

附录 B：定理 2 的证明

定理 2 的证明：定理 2 的证明方法类似 Yamamoto 和 Tanaka（2013）中定

理 2 的证明过程。这里仅着重讨论二者的不同之处。根据式（3），在备择假设下，门槛因子模型可以表示为如下线性形式：

$$x_{it} = \lambda_i^{(1)} f_t + \delta_i [I_{2t}(z) f_t] + e_{it} \tag{B.1}$$

其中，因子变量为 f_t 和 $I_{2t}(z) f_t$，总的因子个数为 $2r$。对于其中任意的 $\bar{r}$（$\bar{r} \leqslant \bar{r} < 2r$）个因子变量，我们将其表示为 f_t 和 $I_{2t}(z) f_t$ 的一个线性组合：$S_{11} f_t + S_{12} [I_{2t}(z) f_t]$，这里 S_{11} 和 S_{12} 分别为 $\bar{r} \times r$ 列满秩矩阵。类似地，剩余的 $2r - \bar{r}$ 个因子变量表示为 $S_{21} f_t + S_{22} [I_{2t}(z) f_t]$，其中，$S_{21}$ 和 S_{22} 分别为 $(2r - \bar{r}) \times r$ 列满秩矩阵。基于以上表示，式（B.1）可以进一步表示为：

$$x_{it} = \gamma'_i (S_{11} f_t + S_{12} [I_{2t}(z) f_t]) + \varphi'_i (S_{21} f_t + S_{22} [I_{2t}(z) f_t]) + e_{it} \tag{B.2}$$

这里 γ_i 和 φ_i 为对应的因子载荷矩阵。如果仅考虑 $\bar{r}$ 维因子变量 $S_{11} f_t + S_{12} [I_{2t}(z^0) f_t]$，式（B.2）可以表示为如下门槛形式的因子模型：

$$\begin{aligned}
x_{it} &= \lambda_i^{*(1)'} (S_{11} f_t + S_{12} [I_{2t}(z) f_t]) I_{1t}(z^0) + \lambda_i^{*(2)'} (S_{11} f_t + S_{12} [I_{2t}(z) f_t]) I_{2t}(z) + e_{it} \\
&= \lambda_{it}^* (S_{11} f_t + S_{12} [I_{2t}(z) f_t]) + e_{it}
\end{aligned} \tag{B.3}$$

这里，

$$\lambda_{it}^* = \begin{cases} \lambda_i^{*(1)} & s_t < z \\ \lambda_i^{*(2)} & s_t \geqslant z \end{cases}$$

其中，$\lambda_i^{*(1)} = (\gamma'_i S_{11} + \varphi S_{21}) S_{11}^-$，$\lambda_i^{*(2)} = (\gamma'_i (S_{11} + S_{21}) + \varphi'_i (S_{21} + S_{22})) (S_{11} + S_{21})^-$，$S_{11}^-$ 和 $(S_{11} + S_{21})^-$ 表示 Moore – Penrose 逆。定义 $S = (S_{11}, S_{12}) = BH$，这里 $B = (I_{\bar{r}}, 0_{\bar{r} \times (2r-\bar{r})})$ 为一选择矩阵，$H = (\Lambda^{*'} \Lambda^* / N)(F^{*'} \hat{F}^* / T) V^{-1}$ 以及 V^{-1} 为 $XX' / (NT)$ 的前 $2r$ 个最大特征值构成的对角矩阵。则式（B.3）可以进一步表示为：

$$x_{it} = \lambda_{it}^{*'} B H f_t^* + e_t = \lambda_{it}^{*'} B \hat{f}_t^* + \lambda_{it}^* B (H f_t^* - \hat{f}_t^*) + e_{it} \tag{B.4}$$

这里 $\hat{f}_t^*$ 为 $H f_t^*$ 的主成分估计，而 $B \hat{f}_t^*$ 为 $\bar{r}$ 因子个数设定下的主成分估计。其回归残差为：

$$\hat{e}_{it} = e_{it} + \lambda_{it}^{*'} B \eta_t + \lambda_{it}^{*'} B \hat{f}_t^* - \hat{\lambda}_{it}^{*'} B \hat{f}_t^*$$

这里 $\eta_t = H f_t^* - \hat{f}_t^*$，$\hat{\lambda}_i^* = (B \hat{F}^{*'} \hat{F}^* B')^{-1} \left[\sum_{t=1}^T B \hat{f}_t^* \hat{f}_t^{*'} B' \lambda_{it}^* + \sum_{t=1}^T B \hat{f}_t^* \eta_t' B' \lambda_{it}^* + \sum_{t=1}^T B \hat{f}_t^* e_{it} \right]$。基于以上表示，重复类似 Yamamoto 和 Tanaka（2013）中定理 2 的证明，不难证明 $SSR_{\bar{r},i} = O_p(T)$，$SSR_{\bar{r},i}(z) = O_p(T)$ 以及 $SSR_{\bar{r},i} - SSR_{\bar{r},i}(z) = O_p(T)$ 对 z 一致成立。进而有，

$$w_i = \frac{SSR_{\bar{r},i} - SSR_{\bar{r},i}(z)}{SSR_{\bar{r},i}(z)/T} = O_p(T) , \quad lm_i = \frac{SSR_{\bar{r},i} - SSR_{\bar{r},i}(z)}{SSR_{\bar{r},i}/T} = O_p(T) ,$$

进一步根据 $w_i > lr_i > lm_i$ 对 z 一致成立，可知 $lr_i = O_p(T)$ 成立。

网络模型框架下带有异质内生性的
离散响应模型性质与应用

王群勇 徐 伟

摘 要 研究目标：扩展传统的空间相依模型，估计家庭中幸福感相互影响在不同群体间的差异。研究方法：将异质内生项和网络模型特征融入传统的离散响应模型，定量地描述相依关系的异质性。研究发现，MCMC结果表明，复合似然估计对包异质内生系数在内的所有系数的估计具有渐进一致和渐进正态的良好性质；在一定条件下，内生系数的异质性意味着异质的潜变量的变动甚至是平均边际影响的差异。应用该模型对 CFPS 2010年的家庭数据进行研究，结果表明，幸福感在家庭内部存在相互影响，但与通常所认为的不同，男性更容易受到其他家庭成员的影响，从而健康状况和教育水平对男性群体的幸福感影响更大。研究创新：将网络模型和影响的非对称性引入到幸福感研究中。研究价值：异质模型对存在相依关系的政策制定具有一定的意义。

关键词 网络模型；异质性；CML；CFPS

Properties and Applications of Network
Model with Ordered Responses and Hetero
Endogenous Parameters

Wang Qunyong Xu Wei

Abstract：To expand conventional spatial model，and estimate the difference of happiness spillover between various groups. Research Methods：To add hetero terms into conventional network model with ordered responses，and describe the heterogeneity of interaction. Research Findings：Pairwise composite marginal likelihood estimate（CML）are of good properties. According to MCMC results，all parameters are asymptotically consistent and normally distributed. Under specific circumstances，hetero endogenous parameters indicates hetero changes in latent variables，and even hetero APE. Results show that happiness feelings interact within households，but males are，unexpectedly，more prone to other family members than their female counterparts. As a result，health condition and level of education are more influential in males happiness feelings. Research Innovations：To combine network model and asymmetric influences in happiness study. Research Value：Heterogeneity is inspiring in policy – making in the presence of interaction.

Key Words：Network Model；Heterogeneity；CML；CFPS

一、研究动机

在经济学研究中，因变量的连续性是很难得以保证的：许多变量难以连续量化，多以等级的方式出现，如收入等级、幸福程度、符合程度等。同时，一些连续因变量容易出现报告偏误（如年收入这一问题）或极大离群值，将它们分级可能是更好的选择。因此，离散模型得到了广泛应用。另外，相依关系无处不在，但传统网络模型中存在一个较强的假设：内生影响是同质的，其他个体平均以同一个值（内生系数）影响目标个体。事实是，其他个体与目标之间的作用很可能是非对称的，内生影响也可能存在异质性。比如，大城市对小城市的影响显然要高于小城市对大城市的影响，用同一个内生参数来描述大小城市之间的某种经济作用不恰当；又如在家庭生活中，父母与子女之间的情感交互也可能不同，父母更在意也更容易受到子女的影响。

目前在相依模型这一领域，研究者们对连续性变量的研究相当丰富，但对离散选择变量，特别是有序多选择变量的相依模型估计性质的研究还相当缺乏，更不必说研究其异质性问题。Bhat（2014）是这一领域的突出贡献者，其在 2014 年的一篇综述中详尽地介绍了空间回归范畴内有序响应模型的设定和估计。由于主要研究领域是交通行为和需求分析，他和其他研究者先后利用这一类模型研究了大城市 stop – making 行为（Bhat 和 Zhao，2002）、非机动车事故（Narayanamoorthy 等，2013）、交通方式的选择问题（Bhat，2000；Paleti 等，2013）并识别出了其中重要的空间相依性质，强调考虑空间相依对交通政策制定的重要影响。此外，Bhat 等（2017）研究了在非 logit/probit 框架下，即残差非正态的空间有序相应模型。在异质性研究方面，Aquaro 等（2015）已经完备地讨论了在连续情形下异质内生参数模型的设定和估计，但该模型内包含多个可能存在内生系数，对于个体数过多的社交网络样本来说，这一设定这并不经济，需要进行一些简化。

本文基于 Bhat 等和 Aquaro 等提出的离散响应模型和异质空间自回归模型，进一步提出用双内生参数描述群体内生影响异质性的离散网络模型。贡献在于：①利用 MCMC 结果讨论了在该模型参数似然估计量，特别是异质内生系数的性质；②讨论了离散响应变量的模型选择问题；③给出了微观计量中该模型的一个应用。文章可能是国内较新的讨论该模型性质并实现其估计的、理论与应用相结合的文章，为其他领域离散有序响因变量的建模提供了一个新思路。

二、模型设定与估计

受传统有序离散变量模型的启发，以潜变量和矩阵形式的模型设定如下：

$$y_n^* = \lambda_1 W_{1,n} y_n^* + \lambda_2 W_{2,n} y_n^* + X_n \beta_0 + V_n$$

$$y_n = j \text{ 如果 } \psi_{j-1} < y_n^* \leq \psi_j (j = 1, 2, 3, \cdots, J) \tag{1}$$

这里我们主观认为阈值 ψ 在人际间是相同的（显然这一假设仍几乎注定背离事实），因此它只与类别 j 有关，与个体的标号 n 无关。约定 $\psi_0 = -\infty$，$\psi_J = +\infty$，这样剩下 J – 1 个值把数轴分成了 J 段：

这 J – 1 个待估参数必须满足：

$$\psi_1 < \psi_2 < \cdots < \psi_{J-2} < \psi_{J-1} \tag{2}$$

与连续情形有所区别的是，出于识别的考虑，这里 X_n 不含常数项。一个最简单的情形为 $V_n \sim N(0, I_n)$。

$$S_n y_n^* = X_n \beta_0 + V_n$$

$$S_n = I_n - \lambda_1 W_{1,n} - \lambda_2 W_{2,n} \tag{3}$$

$W_{2,n}$ 是描述异质个体出现形式矩阵，具体地，模型可以被用来描述不同群体影响的异质性，这样通常设定 $W_{2,n} = B_n W_{1,n}$，B_n 是由表示群体属性的虚拟变量构成的对角矩阵。例如，A 类（个体 1）和 B 类（个体 2、3）接收其他个体的影响能力有差异，模型设定如下：

$$\begin{bmatrix} y_1^* \\ y_2^* \\ y_3^* \end{bmatrix} = \lambda_1 \begin{bmatrix} 0 & 1/2 & 1/2 \\ 1/2 & 0 & 1/2 \\ 1/2 & 1/2 & 0 \end{bmatrix} \begin{bmatrix} y_1^* \\ y_2^* \\ y_3^* \end{bmatrix} +$$

$$\lambda_2 \begin{bmatrix} 1 & & \\ & 0 & \\ & & 0 \end{bmatrix} \begin{bmatrix} 0 & 1/2 & 1/2 \\ 1/2 & 0 & 1/2 \\ 1/2 & 1/2 & 0 \end{bmatrix} \begin{bmatrix} y_1^* \\ y_2^* \\ y_3^* \end{bmatrix} + X\beta$$

1 个体以 $\lambda_1 + \lambda_2$ 的平均能力接收来自其他个体的影响，而 2、3 都以 λ_1 的能力接收来自其他个体的影响。考虑识别问题，$W_{1,n} \neq c W_{2,n}$（其中 c 是不为 0 的常实数），这等同于要求在两类不同群体或不同层次内都必须至少有一个观测值。

因为 V_n 是多元正态分布的，所以 $y_n^* \sim N(S_n^{-1} X_n \beta_0, S_n^{-1} S_n'^{-1})$，对应的密度函数：

$$\ell(\theta) = (2\pi)^{-\frac{n}{2}} |S_n^{-1} S_n'^{-1}|^{-\frac{1}{2}} \exp \left\{ -\frac{1}{2} (y_n^* - S_n^{-1} X_n \beta_0)' \right.$$

$$\left. (S_n^{-1} S_n'^{-1})^{-1} (y_n^* - S_n^{-1} X_n \beta_0) \right\} \tag{4}$$

似然函数

$$\mathcal{L}(\theta) = P(y_n = m_n) = \int_{D_{y^*}} \ell(\theta) d y_n^*$$

$$D_{y^*} = \{ y^* : \psi_{m_n - 1} < y_n^* \leq \psi_{m_n} \} \tag{5}$$

但是，直接计算上述积分是不经济的，尤其是在 n 非常大的情形下；传统的 MLE 并不适用。为了解决这一问题，一系列数值模拟技术应运而生，最为常见的一种是复合似然函数（Composite Likelihood，CL）技术。构建对复合似然（Pairwise Composite Likelihood，PCL）函数如下：

$$L_{pCML}(\theta) = \prod_{i=1}^{N-1} \prod_{s=i+1}^{N} L_{is}$$

其中

$$L_{is} = P\{[y]_i = [m]_i, [y]_s = [m]_s\}$$
$$= [\Phi_2(\varphi_i, \varphi_s, v_{is}) - \Phi_2(\varphi_i, \mu_s, v_{is}) - \Phi_2(\mu_i, \varphi_s, v_{is}) +$$
$$\Phi_2(\mu_i, \mu_s, v_{is})]$$

$$\varphi_i = \frac{\psi_{m_i} - [S_n^{-1}X_n\beta_0]_i}{\sqrt{(S'_nS_n)_{ii}^{-1}}}, \quad \mu_i = \frac{\psi_{m_i-1} - [S_n^{-1}X_n\beta_0]_i}{\sqrt{(S'_nS_n)_{ii}^{-1})}},$$

$$v_{is} = \frac{(S'_nS_n)_{is}^{-1}}{\sqrt{(S'_nS_n)_{ii}^{-1}}\sqrt{(S'_nS_n)_{ss}^{-1}}} \tag{6}$$

因为 y_n^* 是联合多元正态分布的，所以任意二维变量的联合分布都仍然是正态分布的，此时标准化变量服从标准二元正态分布，相关系数 v_{ij} 的计算如上式。$\Phi_2(a, b, \rho)$ 表示相关系数为 ρ 的二元标准正态分布在由点 (a, b) 构成的方形区域上的累积值，则 L_{ij} 表示的是相关系数为 v_{ij} 的二元标准正态分布在由 (φ_i, φ_s)、(φ_i, μ_s)、(μ_i, φ_s)、(μ_i, μ_s) 四点围成的区域上的累积值，如图 1 所示。

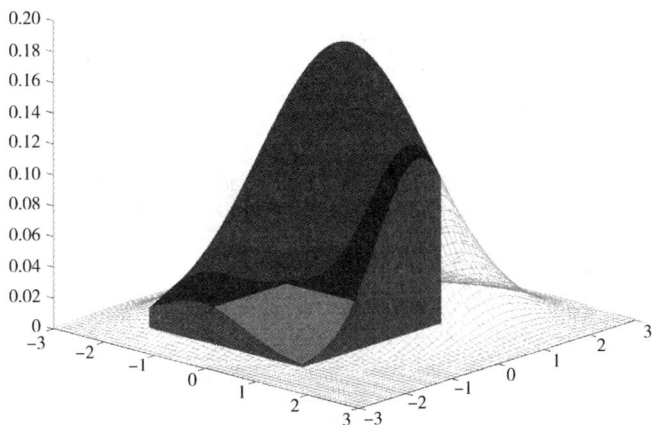

图 1　成对似然函数值

三、网络模型的特征

本文研究的社交网络一个突出的特征是"组/小团体"。组（Group）是网络模型中的一个概念，其特点是组内的个体存在关联，而与组外的任一个体都不存在关联。从这个概念看，与传统的空间计量模型相比，网络模型有特殊之处：社交网络中通常存在大小不一的多个组，而传统空间模型只有一个。因此在计算上，网络模型有如下两个优势：

（1）网络模型的权重矩阵是多个分块矩阵在对角线上罗列而成，这样 S_n 矩阵的逆可以分块求得，并且这些块通常都很小（小于 10×10），比直接求逆更快。如在计算方差协方差矩阵以及平均边际影响时不得不计算 S_n^{-1} 和 $(S'_n S_n)^{-1}$，而 $n \times n$ 维矩阵直接求逆会极大降低运算速度（$>10s$），分块后运算时间可忽略不计。

（2）通常设定下，这些组可以被"看作"是某一系统的大量重复观测，或者说组之间是独立的。因此：

1）理论上 CL 中的对一共有 $N(N-1)/2$ 个，但 Bhat（2014）指出没有必要计算这么多的对；与目标距离最近的一些观测值提供了更多信息，因此在成对的复合似然函数计算中，只需计算有限的对。考虑联结矩阵的伪对角性质，在网络模型的估计中只需考虑同组构成的对。由于组规模小，这一值通常远远小于全部对的个数①。

————————————

① 在空间范畴内，通常的做法是选择与目标点最近的 K 个个体去计算 CLE，然后选择一个最小化方差协方差矩阵的迹的 K 值作为最终的结果。这样做，一方面，不经济（需要多次计算 CLE，在样本量很大时终归是费时的）；另一方面，"距离最近"的定义是模糊的，网络模型中的"距离"是层次的、分类的而不是空间意义上的连续距离变量。例如，对属于某三口之家的目标个体来说，其他两位家庭成员可看作是与他"距离最近"的，但当 K 超过家庭成员数时，如何选择另一个观测值和目标构成对就并不确定了。本文的做法是，仅将家庭成员作为与目标距离"最近的个体"，其他不属于目标家庭的个体均不与目标构成对参与 CLE 计算。因为家庭规模可能不同，每个组构成的对的数量也不一样。这样做并不保证一定最优，但却是一种合乎逻辑、计算简便的方法。例如使用后述表 2 中的大样本（$m=10$，$R=120$）去用部分对和全部对去估计，结果如下：

不同对的选择结果

	部分对情形	全部对情形
λ	0.3534	0.3682
λ'	0.2232	0.2192
φ_1	-0.5510	-0.5198
φ_2	0.6750	0.7155
φ_3	2.4923	2.5482
φ_4	5.0663	5.1507
β	1.0616	1.0652
$\mathrm{tr}(H^{-1}JH^{-1}/W)$	0.1646	0.1678

两种情形下参数的点估计与真值差异都不大，从 $\mathrm{tr}(H^{-1}JH^{-1}/W)$ 的值来看二者差也十分有限。但二者的计算时间差异明显：部分对的极大化计算实际用时 400 秒左右（受初始值的选择影响会有不同），而全部对的极大化计算实际运行时间在 30000 秒以上，显然后者难以接受。在实际应用中样本量还要更大，使用全部对去计算几乎不可能。

记$\mathbb{C}_i$为$W_{1,n}$第i行中元素不为零的列之标号集合，则，

$$L_{CML}(\theta) = \prod_{\substack{i=1 \\ n' \in \mathbb{C}_i}}^{N-1} \prod_{s=i+1}^{N} L_{is} \tag{7}$$

同样根据 Bhat（2014），待估参数的方差协方差矩阵为：

$$var(\theta) = \frac{\hat{H}^{-1}\hat{J}\hat{H}'^{-1}}{\widetilde{W}} \tag{8}$$

其中$\widetilde{W}$为构成的对的个数，

$$\hat{H} = -\frac{1}{\widetilde{W}}\sum_{i}^{N-1}\sum_{\substack{s=i+1 \\ s \in \mathbb{C}_i}}^{N}\frac{\partial^2 \log L_{is}}{\partial\theta\partial\theta'}\bigg|_{\theta=\hat{\theta}CML} \tag{9}$$

2）由于天然存在大量重复观测，在计算参数方差协方差矩阵中的$\hat{J}$时，不必进行网格取样，利用各组就能近似计算。考虑 R 个组 $N = \sum_{r=1}^{R} m_r$ 个个体的情形，网格点$\widetilde{N}$天然存在：R 个组每组内任意某个体就作为网格点，组内所有其他个体都作为该网格点的"最近的"个体，这样形成一个近似于重复独立观测的含有 R 个子样本，用这个子样本去近似计算$\hat{J}$，即，

$$\hat{J} = \frac{1}{R}\sum_{\widetilde{s}}^{R}\frac{1}{C_{m_{\widetilde{s}}}^2}\sum_{1,l' \in |1,2,\cdots,m_{\widetilde{s}}|}\left(\frac{\partial \log L_{ll'}}{\partial\theta}\right)_{\widetilde{s}}\sum_{1,l' \in |1,2,\cdots,m_{\widetilde{s}}|}\left(\frac{\partial \log L_{ll'}}{\partial\theta'}\right)_{\widetilde{s}}\bigg|_{\theta=\hat{\theta}CML} \tag{10}$$

其中，$\sum_{1,l' \in |1,2,\cdots,m_{\widetilde{s}}|}\left(\dfrac{\partial \log L_{ll'}}{\partial\theta}\right)_{\widetilde{s}} = \sum_{l=1}^{m_{\widetilde{s}}-1}\sum_{l'=l+1}^{m_{\widetilde{s}}}\left(\dfrac{\partial \log L_{ll'}}{\partial\theta}\right)$ 是组内成对个体的梯度之和。

需要说明的是，在复合似然函数中使用 3 个、4 个甚至更多观测值做联合边缘分布在理论上都是可行的，然而使用成对观测值，对应的是二维正态分布，图形表示的同时计算又简便些。在网络模型框架下，当存在仅含两个人的组时，选择三维或更多做联合分布会发现，这些组内没有足够的观测值，二维则确保成对数据都属于同一个组，是较为折中的选择。

四、MCMC 结果

本部分模拟的主要参数设定如下：权重矩阵 $W_n = I_R \otimes \dfrac{i'_m i_m - I_m}{m-1}$，其中

R 是组的个数，m 是每组包含的成员个数。B_n 是代表异质个体的矩阵，由 0 和 1 在对角线上 1:1 随机混合（混合比例 0.5 固定）。$W_{2,n} = B_n W_n$，相当于取出 W_n 中一半的行。$W_{2,n}$ 仍然满足所有对于权重矩阵的要求（行和为 1，对角线为 0）。外生变量 $X_n \sim N(1, I_n)$。参数真值被指定为 $\lambda_1 = 0.4$，$\lambda_2 = 0.2$，$\beta_0 = 1$，端点 $\psi_1^0 = -0.4448$，$\psi_2^0 = 0.6828$，$\psi_3^0 = 2.4065$，$\psi_4^0 = 5.0953$[①]。数据的真实生成过程为：

$$y_n^* = \lambda_1 W_n y_n + \lambda_2 B_n W_n y_n^* + x_n \beta_0 + V_n \tag{11}$$

$$V_n \sim N(0, I_n)$$

潜变量生成后，按照如下规则生成观测的 y_n：

$$y_n = \begin{cases} 1, & y_n^* \leqslant \psi_1 \\ 2, & \psi_1 < y_n^* \leqslant \psi_2 \\ 3, & \psi_2 < y_n^* \leqslant \psi_3 \\ 4, & \psi_3 < y_n^* \leqslant \psi_4 \\ 5, & y_n^* > \psi_4 \end{cases} \tag{12}$$

（一）CLE 性质

通常条件下的 CLE 有着良好性质：不仅一致，而且是渐进正态的。但在空间回归框架下的多元有序 Probit 模型的估计性质，相关理论研究并不充分。Wang 等（2013）给出了空间 Probit 模型 CL 估计一致和渐进正态的理论证明，但其证明方法不适用于多元 Probit。本部分将通过模拟来展示 CLE 的有限样本性质，通过增加样本量，还可一窥其大样本性质。根据由式（11）和式（12）生成的 y_n、X_n 以及联结矩阵 W_n、$W_{2,n} = B_n W_n$，按照 CL 估计法，估计内生参数 λ、λ'、端点 ψ_1，ψ_2，ψ_3，ψ_4 以及外生系数 β，重复 200 次，结果如表 1、图 2 和图 3 所示。

从图 2 可以看出，有限样本下参数点估计大都有偏，但所有参数都呈现出近似正态的分布：参数分布的直方图和密度估计都与同均值方差的正态分布比较接近。从图 3 中可以看出，参数还呈现出一致的特征：无论是给定 R 随 m 增加，还是给定 m 随 R 增加，沿 m 或 R 的方向上标准差都随样本量

---

① 这些数字的选择接近潜变量 y^* 分布的 10、30、65、90 百分位数，以此方式确定端点能够几乎保证每一个 y 都有至少有相当数量的观测值。

增加而降低，参数的分布都趋于集中。此外，在样本量偏小（m = 3，R = 30）时，由于标准差比较大，实际非零的参数 λ′ 也只有边际显著（t = 1.7769），因此，为了能够正确地识别出非零的异质内生系数，样本量不能太小；从模拟结果粗略来看，这个数字至少要在 100 以上。

表 1　模拟结果

R	30			60			120		
m	3	5	10	3	5	10	3	5	10
λ	0.3977	0.3964	0.3895	0.4012	0.3891	0.3920	0.3989	0.3923	0.3957
	(0.0937)	(0.0930)	(0.0946)	(0.0703)	(0.0656)	(0.0607)	(0.0492)	(0.0443)	(0.0421)
λ'	0.2111	0.2037	0.1979	0.1928	0.2074	0.2030	0.1943	0.2034	0.1995
	(0.1188)	(0.1071)	(0.0786)	(0.0780)	(0.0717)	(0.0503)	(0.0516)	(0.0487)	(0.0374)
ψ_1	-0.4243	-0.4229	-0.4523	-0.4675	-0.4405	-0.4642	-0.4736	-0.4619	-0.4434
	(0.4870)	(0.3972)	(0.3363)	(0.2921)	(0.2798)	(0.2188)	(0.2281)	(0.1814)	(0.1709)
ψ_2	0.7799	0.7648	0.7067	0.6998	0.6990	0.6806	0.6826	0.6617	0.6790
	(0.4837)	(0.4308)	(0.3609)	(0.3242)	(0.2791)	(0.2284)	(0.2329)	(0.1800)	(0.1724)
ψ_3	2.6222	2.5360	2.4588	2.4635	2.4691	2.4250	2.4212	2.3849	2.4143
	(0.6043)	(0.5235)	(0.4027)	(0.3863)	(0.3248)	(0.2809)	(0.2721)	(0.2081)	(0.2108)
ψ_4	5.6785	5.3995	5.2182	5.2591	5.2422	5.1447	5.1565	5.0717	5.1190
	(1.0138)	(0.7695)	(0.5890)	(0.5880)	(0.4948)	(0.3795)	(0.4549)	(0.3195)	(0.3052)
β	1.0669	1.0418	1.0235	1.0231	1.0324	1.0110	1.0134	0.9998	1.0069
	(0.1928)	(0.1517)	(0.0891)	(0.1138)	(0.0875)	(0.0642)	(0.0827)	(0.0606)	(0.0557)

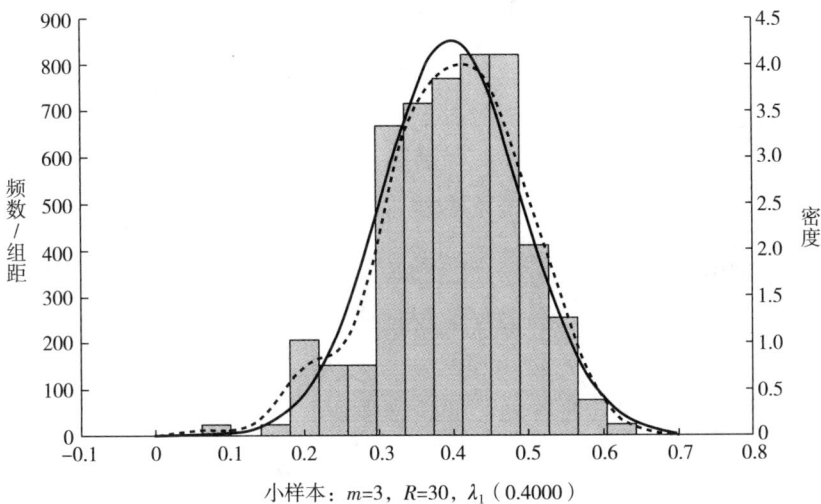

小样本：$m=3$，$R=30$，λ_1（0.4000）

图 2　参数的渐进正态

大样本：$m=10$，$R=120$，λ_1（0.4000）

小样本：$m=3$，$R=30$，λ_2（0.2000）

大样本：$m=10$，$R=120$，λ_2（0.2000）

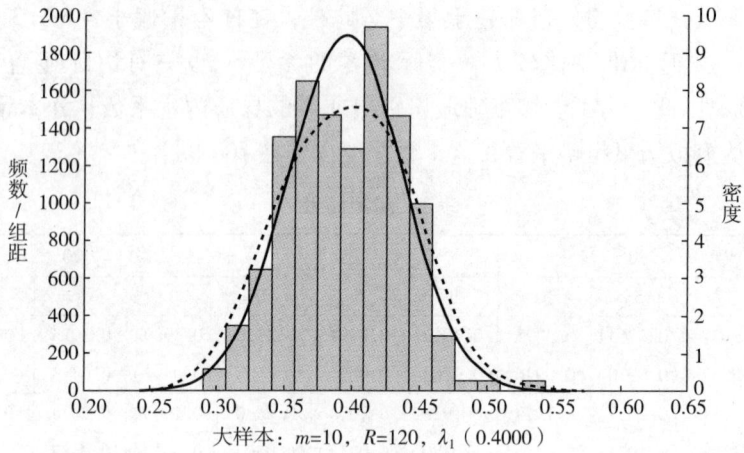

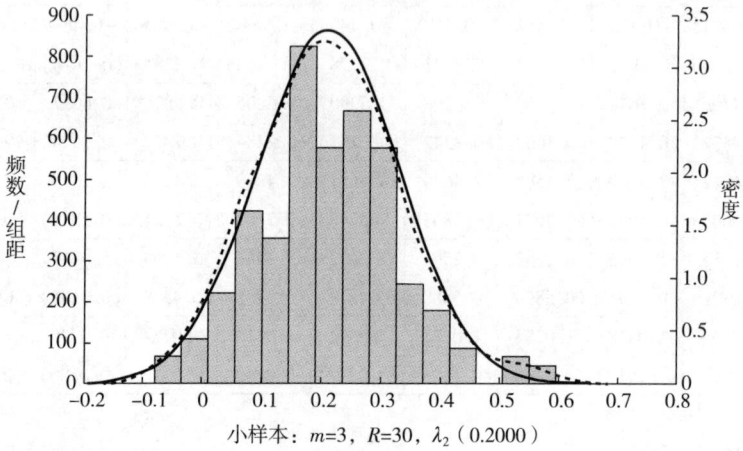

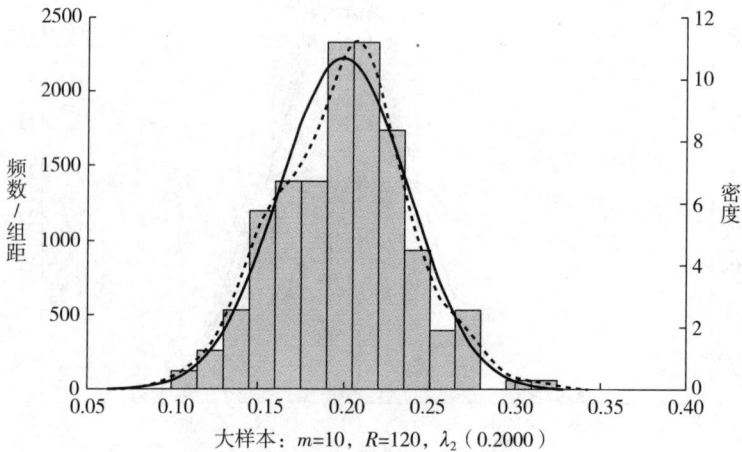

图 2　参数的渐进正态（续图）

小样本：$m=3$，$R=30$，ψ_1（-0.4448）

大样本：$m=10$，$R=120$，ψ_1（-0.4448）

小样本：$m=3$，$R=30$，β（1.0000）

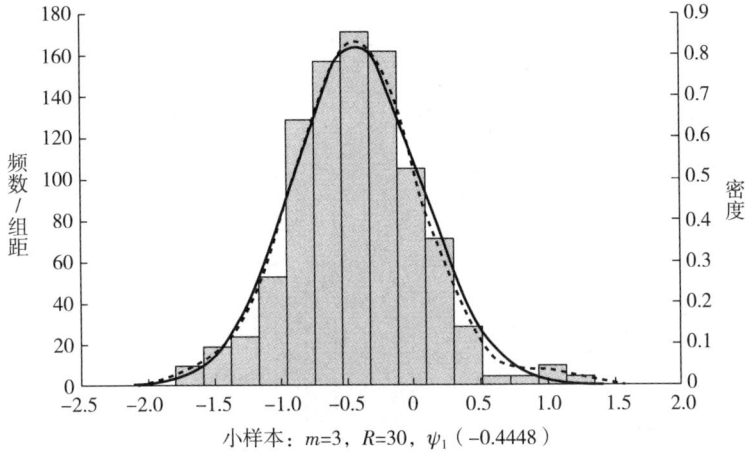

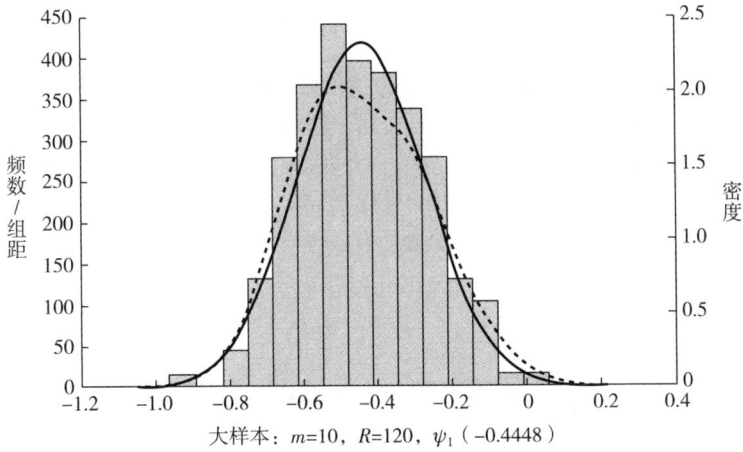

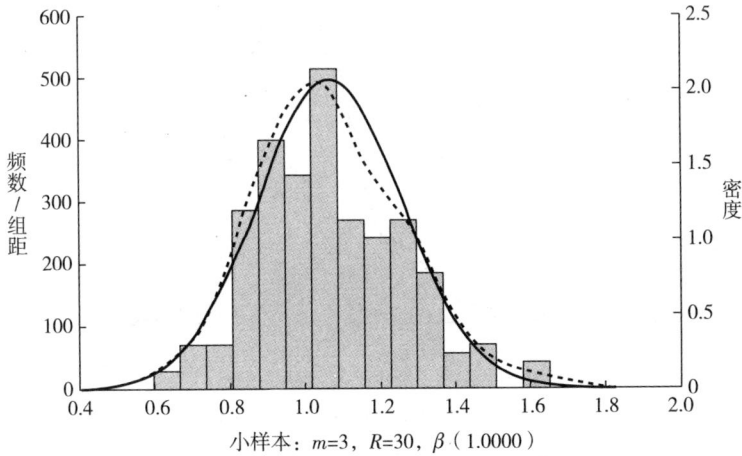

图 2 参数的渐进正态（续图）

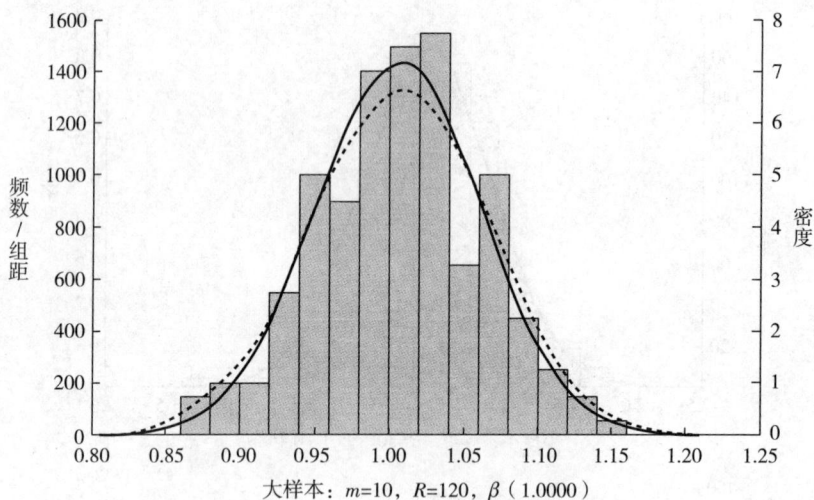

大样本：$m=10$，$R=120$，β（1.0000）

图 2　参数的渐进正态（续图）

注：1. 直方图代表重复 200 次的参数抽样分布，实黑线表示理论上的同均值方差的正态分布（均值为参数样本均值、方差为参数样本方差），虚线表示抽样样本的核密度估计。核密度估计的带宽以及直方图的箱体个数在样本间保持一致。

2. 左侧坐标轴对应直方图，右侧坐标轴对应密度分布。

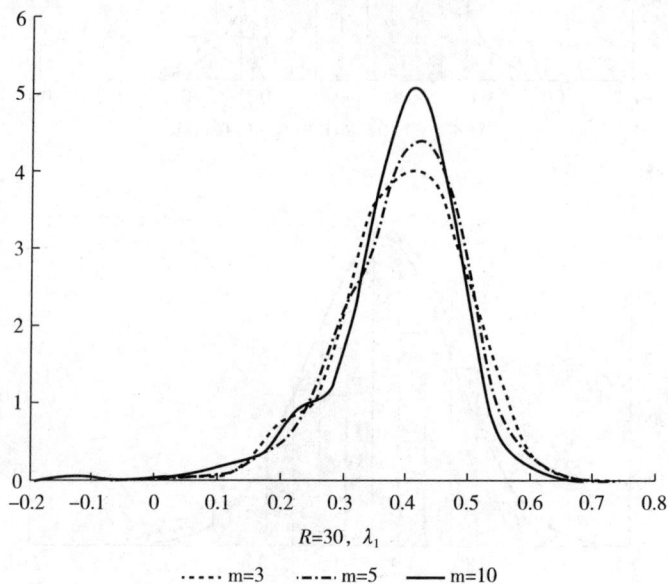

$R=30$，λ_1

------ m=3　—·— m=5　—— m=10

图 3　参数的一致

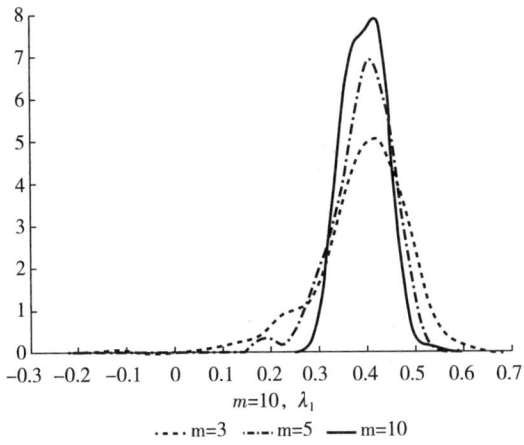

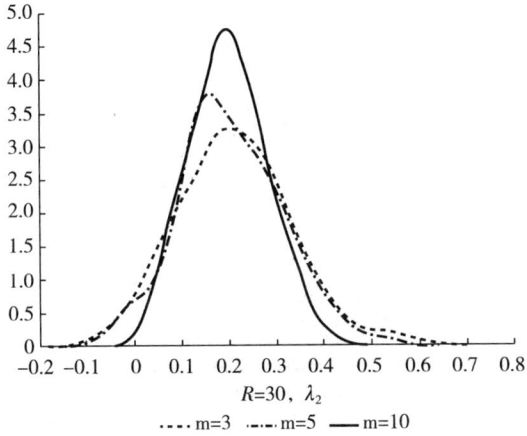

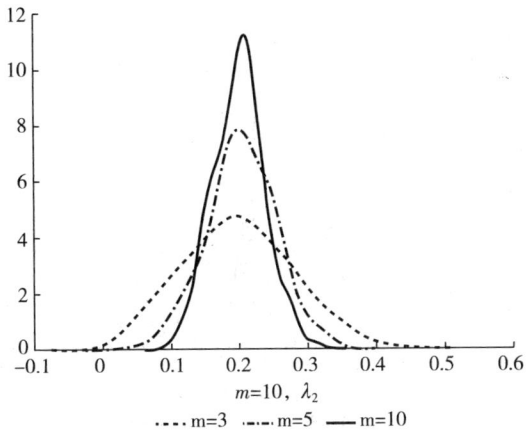

图3 参数的一致（续图）

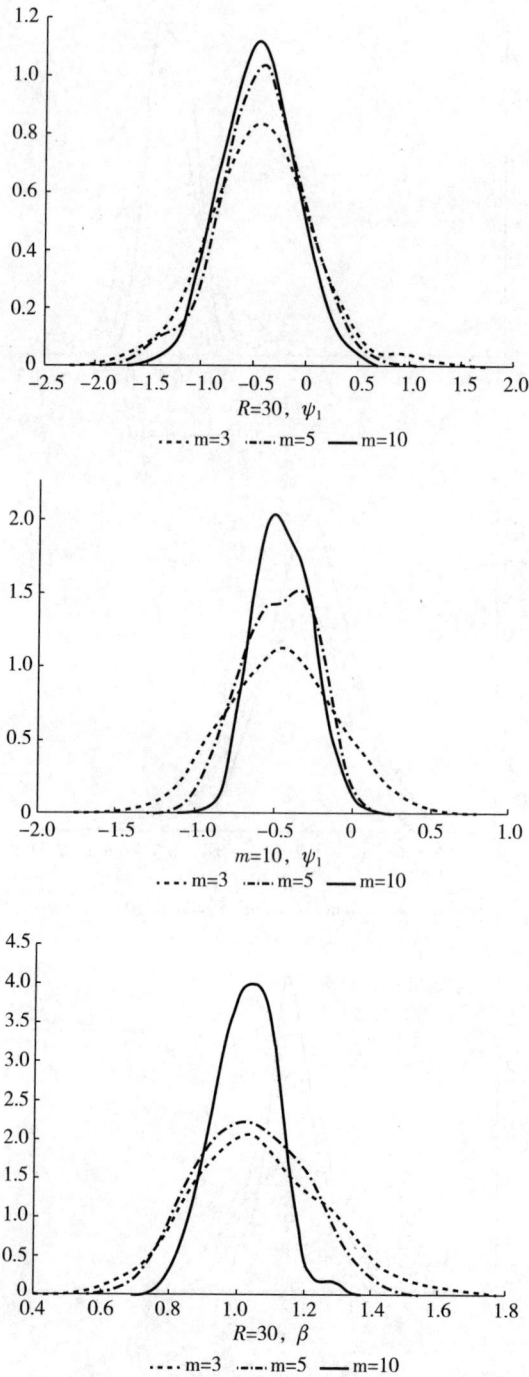

图 3 参数的一致（续图）

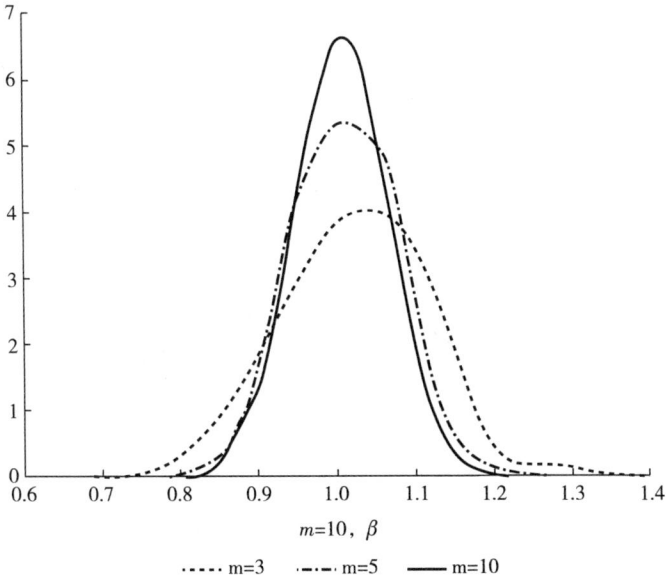

$m=10,\ \beta$

$\cdots\cdots$ m=3　$-\cdot-\cdot$ m=5　—— m=10

图3　参数的一致（续图）

（二）模型选择

这部分将分别使用一个小样本（$m=3$，$R=30$）和一个大样本（$m=10$，$R=120$）去研究模型选择问题（也就是能否忽视异质性内生项 $\lambda'B_n W_n y_n^*$）。模拟将按照如下步骤进行：首先，按照离散响应部分的 DGP 生成一组实际上为离散有序的因变量，得到数据 y，W，B 和 x，以及已知的真值 λ_1，λ_2 和 β_0。其次，考虑如下估计方程：

模型 1　$y_n^* = \lambda W_{1,n} y_n^* + \lambda' B_n W_{1,n} y_n^* + x_n \beta$

模型 2　$y_n^* = \lambda W_{1,n} y_n^* + x_n \beta$

模型 3　$y_n^* = x_n \beta$

在残差独立同分布正态的条件下，模型 1 是完全正确设定，其他两个模型都在一定程度上与真实情形相悖。由于模型设定不同，待估参数空间的维数有差异，这里我们只关心共同的估计参数内生系数 λ、λ'（如果存在）以及外生变量系数 β。参数的均值和标准差均按照已有结论计算和调整，信息准则 AIC 和 BIC 的值也被列在后面用以比较。

表 2　不同模型比较

		1：HSOP，CL 已知的真实模型	2：SOP，CL 没有异质项	3：Oprobit，CL 没有内生项
λ		0.3316	0.4293	—
		(0.1040)	(0.0766)	—
λ'		0.1621	—	—
		(0.1523)	—	—
β		1.0191	1.0415	0.9217
		(0.2084)	(0.2042)	(0.1479)
APE（x） m=3，R=30	1	−0.0381	−0.0348	−0.0320
		(0.0188)	(0.0183)	(0.0156)
	2	−0.1235	−0.1138	−0.0901
		(0.0336)	(0.0251)	(0.0184)
	3	−0.1857	−0.2153	−0.1379
		(0.0500)	(0.0392)	(0.0204)
	4	0.2171	0.1427	0.1565
		(0.0978)	(0.0680)	(0.0323)
	5	0.1302	0.2212	0.1035
		(0.0999)	(0.0869)	(0.0394)
− logL		164.2701	166.5608	182.8392
tr（$H^{-1}J$）		14.7817	13.1125	11.3392
AIC		358.1036	359.3466	388.3567
BIC		395.0550	392.1254	416.7024
λ m=10，R=120		0.3534	0.4657	—
		(0.0447)	(0.0357)	—
λ'		0.2232	—	—
		(0.0373)	—	—
β		1.0616	1.0232	0.9549
		(0.0471)	(0.0460)	(0.0400)
APE（x）	1	−0.0565	−0.0846	−0.0474
		(0.0073)	(0.0084)	(0.0057)
	2	−0.1336	−0.1316	−0.0959
		(0.0093)	(0.0185)	(0.0064)

续表

			1：HSOP, CL 已知的真实模型	2：SOP, CL 没有异质项	3：Oprobit, CL 没有内生项
m = 10，R = 120	APE（x）	3	−0. 2503	−0. 0847	−0. 1273
			(0. 0126)	(0. 0346)	(0. 0072)
		4	0. 2182	0. 2324	0. 1970
			(0. 0273)	(0. 0326)	(0. 0101)
		5	0. 2222	0. 0684	0. 0736
			(0. 0367)	(0. 0310)	(0. 0096)
	− logL		10232. 7674	10440. 5607	10820. 6822
	tr（$H^{-1}J$）		80. 1182	70. 0298	60. 5517
	AIC		20625. 7712	21021. 1810	21762. 4678
	BIC		21033. 5792	21377. 6381	22070. 6805

注：APE 依次表示 X 变动一个单位，y 取 1～5 的概率的变动。

整体上看，外生系数的估计都很接近。但从 APE 看，错误设定的模型 APE 与正确设定结果有差异，表明忽略相依性的建模是有失偏颇的。在小样本下，由于无法统计性地识别出 λ'（$p > 0.10$），AIC 和 BIC 几乎没有什么差别；在大样本下，λ' 被统计性地识别了出来，AIC 和 BIC 一致表明模型 1 优。

表 3 给出的是抽样标准差、Hessian 矩阵计算标准差与通过式（8）~式（10）计算的标准差之比较，整体上看按照式（8）~式（10）计算的结果与抽样标准差更为接近。网格法的标准差比 Hessian 矩阵计算的标准差要膨胀，说明在有内生系数存在的条件下，$J \neq H^{-1}$，也表明 CLE 有估计效率上的损失。

表 3 样本方差计算

		抽样标准差	$H^{-1}/\overline{W}$	$H^{-1}JH^{-1}/\overline{W}$
m = 3	λ	0. 0932	0. 0868	0. 1040
	λ'	0. 1186	0. 1171	0. 1526
R = 30	ψ_1	0. 4864	0. 2650	0. 4097
	ψ_2	0. 4776	0. 2710	0. 3721
	ψ_3	0. 5946	0. 4016	0. 5438
	ψ_4	1. 0098	0. 7080	0. 9606
	β	0. 1937	0. 1423	0. 2084

续表

		抽样标准差	$H^{-1}/\widetilde{W}$	$H^{-1}JH^{-1}/\widetilde{W}$
$m = 10$	λ	0.0421	0.0134	0.0447
	λ'	0.0374	0.0118	0.0373
	ψ_1	0.1709	0.0407	0.1574
$R = 120$	ψ_2	0.1724	0.0405	0.1629
	ψ_3	0.2108	0.0500	0.1916
	ψ_4	0.3052	0.0740	0.2664
	β	0.0557	0.0150	0.0471

（三）矩阵 S_n^{-1} 的含义

在 probit 类模型中，系数大小甚至系数本身的符号都没有什么含义。要解释非线性模型的系数，通常借用平均影响的概念。对非线性模型平均影响有两种：一种是针对潜变量的 Average Index Effect（AIE），另一种是针对响应而言的 Average Partial/Marginal Effect（APE）。现有文章讨论的是后者，但本文仍从 AIE 作为讨论的起点，因为潜变量方程是线性的，有助于我们得到一些明确的结论。

从模型的设定来看，

假设 $0 < \lambda_1 < 1$，$\lambda_2 > 0$ 且 $0 < \lambda_1 + \lambda_2 < 1$（这是最常见的情形）。AB 类个体在组内均匀混合，这意味着在每一个组内都几乎能找到至少一个 A 类和 B 类个体。由展开式：

$$S_n^{-1} = \left[I_n - (\lambda_1 W_n + \lambda_2 B_n W_n) \right]^{-1} = \sum_{k=0}^{\infty} (\lambda_1 W_n + \lambda_2 B_n W_n)^k \qquad (13)$$

可知，对 S_n^{-1} 中属同一组的某 A 类个体 i 和某 B 类个体 s 接收全部因变量 x_k 同时变动一个单位的全部影响为：

$$\beta_k \sum_u \left[S_n^{-1} \right]_{iu} > \beta_k \sum_u \left[S_n^{-1} \right]_{su} \qquad (14)$$

其中，$\left[S_n^{-1} \right]_{ii}$ 是该个体本身 x_k 对该个体影响，称为直接影响；其他 $u \neq i$ 的项之和是其他个体 x_k 变动后对该个体的影响，称为间接影响。由于假设均匀混合，A 类个体数量和 B 类个体数量为 1∶1，对全部 A 类个体和 B 类个体的接收的全部影响求平均，则：

$$\text{avg}\left\{\beta_k \sum_u \left[S_n^{-1}\right]_{iu}\right\}_{i:B_{ii}=1} > \text{avg}\left\{\beta_k \sum_u \left[S_n^{-1}\right]_{su}\right\}_{s:B_{ss}=0} \tag{15}$$

并且直接、间接影响之间有如下关系：

$$\text{avg}\left\{\beta_k \left[S_n^{-1}\right]_{ii}\right\}_{i:B_{ii}=1} \geqslant \text{avg}\left\{\beta_k \left[S_n^{-1}\right]_{su}\right\}_{s:B_{ss}=0} \tag{16}$$

$$\text{avg}\left\{\beta_k \sum_{u\neq i} \left[S_n^{-1}\right]_{iu}\right\}_{i:B_{ii}=1} > \text{avg}\left\{\beta_k \sum_{u\neq s} \left[S_n^{-1}\right]_{su}\right\}_{s:B_{ss}=0} \tag{17}$$

从 AIE 的角度看，因变量 k 变动一个单位后，A 类个体接收到的 x_k 的影响要比 B 类高，潜变量变动（平移）也更多。这一结论符合直觉：A 类是弹性个体，总体上看能够吸收更多自变量的变动。与无相依关系情形相比，相依关系的存在使直接效应被放大（显然 $\sum_u \left[S_n^{-1}\right]_{iu} > 1$），内生系数的作用类似于"乘数"，并且还出现了非零的间接效应；异质的内生系数则决定了式（15）～（17）的不等关系，这一不等关系在同质模型中是不存在的。

然而，APE 并非是潜变量的线性函数，因此关于 AIE 的结论并不适用。理论上对观测值 i 取 j 类的概率为：

$$P\{y_i = j\} = \int_{\psi_{j-1}}^{\psi_j} \frac{1}{\sqrt{2\pi}(S_n'S_n)_{ii}^{-1}} \exp\left\{-\frac{1}{2}\frac{(v - \left[S_n^{-1}X_n\beta_0\right]_i)^2}{(S_n'S_n)_{ii}^{-1}}\right.$$

$$dv = \int_{\frac{\psi_{j-1} - \left[S_n^{-1}X_n\beta_0\right]_i}{\sqrt{(S_n'S_n)_{ii}^{-1}}}}^{\frac{\psi_j - \left[S_n^{-1}X_n\beta_0\right]_i}{\sqrt{(S_n'S_n)_{ii}^{-1}}}} \frac{1}{\sqrt{2\pi}} e^{-\frac{u^2}{2}} du$$

$$= \Phi\left(\frac{\psi_j - \left[S_n^{-1}X_n\beta_0\right]_i}{\sqrt{(S_n'S_n)_{ii}^{-1}}}\right) - \Phi\left(\frac{\psi_{j-1} - \left[S_n^{-1}X_n\beta_0\right]_i}{\sqrt{(S_n'S_n)_{ii}^{-1}}}\right) \tag{18}$$

以 PE1 表示对个体的影响（partial effect to an observationi），则全部个体第 k 自变量对个体 i 的影响：

$$PE1_{i,j}(x_k) = \sum_{s=1}^{N} \frac{\partial P\{y_i = j\}}{\partial x_k^{(s)}}$$

$$= \left[\phi\left(\frac{\psi_{j-1} - \left[S_n^{-1}X_n\beta_0\right]_i}{\sqrt{(S_n'S_n)_{ii}^{-1}}}\right) - \phi\left(\frac{\psi_j - \left[S_n^{-1}X_n\beta_0\right]_i}{\sqrt{(S_n'S_n)_{ii}^{-1}}}\right)\right] \frac{\alpha'S_n^{-1}i}{\sqrt{(S_n'S_n)_{ii}^{-1}}}\beta_k \tag{19}$$

其中，向量 $\alpha' = (0, 0, \cdots, 1, 0, \cdots, 0)$ 为第 i 列元素为 1、其他元素全为 0 的行向量，$a'S_n^{-1}i$ 表示求 S_n^{-1} 第 i 行元素的和。则自变量 x_k 对应响应取 j 类 APE 为：

$$APE1_j(x_k) = \frac{1}{N} \sum_{i=1}^{N} PE_{i,j}(x_k) \tag{20}$$

通过对 $PE_{i,j}(x_k)$ 的分解，可求得直接效应和间接效应；对 $PE_{i,j}(x_k)$ 在不同类别的个体间求平均，可分别求得 A 类个体和 B 类个体的各自的 $APE_j(x_k)$。

即使 AIE 表明 A 类个体的潜变量变动更大，APE 的变动也并不完全确定，因为 Probit 连接是非线性的。从式（20）看，APE 的大小还与其他变量的值有关，因为在多个自变量的条件下，其他自变量参与决定该个体潜变量分布的均值。然而，内生系数大的个体其潜变量的变动程度更大，取高水平响应的概率会有更大提升，因此 APE 也有大的倾向。

表 4 模型 1 的结果是用表 3 中的大样本数据〔DGP 为式（11）〕得到的不同情形下两类个体（A 类个体是使 B 矩阵对应对角线上元素为 1 的个体）的平均边际影响。所有个体自变量提高一个单位后，A 类个体响应 4 和响应 5 的概率合计提升约 46 个百分点，B 类个体响应 4 和响应 5 的概率合计提升只有约 41 个百分点，并且这种差异是统计性显著的：二者之差约为 4.7 个百分点，Bootstrap 标准差 p = 0.0140，经验 p = 0.0072。

表 4　分类的总平均效应

响应	模型 1			模型 4		
	全样本	A 类	B 类	全样本	A 类	B 类
1	− 0.0565	− 0.0469	− 0.0660	− 0.0602	− 0.0610	− 0.0594
	(0.0073)	(0.0068)	(0.0080)	(0.0236)	(0.0240)	(0.0233)
2	− 0.1336	− 0.1222	− 0.1451	− 0.1264	− 0.1295	− 0.1234
	(0.0093)	(0.0091)	(0.0102)	(0.0418)	(0.0429)	(0.0408)
3	− 0.2503	− 0.2948	− 0.2058	0.1988	− 0.1987	− 0.1990
	(0.0126)	(0.0114)	(0.0170)	(0.0650)	(0.0673)	(0.0628)
4	0.2182	0.1682	0.2683	0.1863	0.1938	0.1778
	(0.0273)	(0.0415)	(0.0192)	(0.1724)	(0.1732)	(0.1717)
5	0.2222	0.2957	0.1486	0.1988	0.1951	0.2025
	(0.0367)	(0.0456)	(0.0327)	(0.1666)	(0.1668)	(0.1665)

在模拟部分设定（x_n 是一维列向量且独立同分布）的条件下，理论上如果模型仅有一个内生系数，则不同群体的 APE 不应有显著差异。做对比

的模型 4 是一个同质模型：$y_n^* = \lambda_1 W_{1,n} y_n^* + x_n \beta$，其中 DGP 为 $y_n^* = \lambda_1 W_n y_n$ $+ x_n \beta_0 + V_n$，$m = 10$，$R = 120$，除此之外都与模拟部分的设定完全相同。仍考虑取响应 4 和响应 5 的合计概率，经计算 AB 两类群体的差约为 0.76 个百分点，Bootstrap 标准差 $= 0.0053$，经验 $p = 0.0720 > 0.05$，二者差异确实不显著。

S_n^{-1} 的行和表示自变量 x_k 对某一观测值潜变量的边际影响，而 S_n^{-1} 的列和同样有含义。$x_k^{(s)}$ 变动时，首先直接对第 s 个体的响应造成直接影响，同时受 y_s^* 变动的影响，其他个体的 $y^* - s$ 也要发生变化。x_k 中第个分量（也即第个观测值的第自变量）变动一个单位对每个个体潜变量变动的贡献就是 S_n^{-1} 中第 s 列的和。从 AIE 的角度考虑，任意一属同组的 A 类个体和 B 类个体 s，它们各自变动一个单位时对各个体潜变量造成的影响为：

$$\beta_k \sum_u [S_r^{-1}]_{ui} > \beta_k \sum_u [S_r^{-1}]_{us} \tag{21}$$

其中，S_r^{-1} 为分块对角矩阵 S_n^{-1} 的第 r 块。又因为 $\sum_u [S_r^{-1}]_{ui} =$ $\sum_u [S_n^{-1}]_{ui}$，并且假设均匀混合，对全部 A 类个体和 B 类个体的对其他全部个体产生的影响求平均，则：

$$\mathrm{avg}\{\beta_k \sum_u [S_r^{-1}]_{ui}\} > \mathrm{avg}\{\beta_k \sum_u [S_r^{-1}]_{us}\} \tag{22}$$

以 PE2 表示来自某个体自变量的影响（partial effect from an observation），则第 s 个体的第 k 自变量变动一个单位时，全部个体取类别 j 的概率平均变动为：

$$
\begin{aligned}
\mathrm{APE2}_j(x_k^{(s)}) &= \frac{1}{N} \sum_{i=1}^N \frac{\partial P\{y_i = j\}}{\partial x_k^{(s)}} \\
&= \frac{1}{N} \sum_{i=1}^N \left\{ \left[\phi\left(\frac{\psi_{j-1} - [S_n^{-1} X_n \beta_0]_i}{\sqrt{(S_n' S_n)_{ii}^{-1}}} \right) - \phi\left(\frac{\psi_j - [S_n^{-1} X_n \beta_0]_i}{\sqrt{(S_n' S_n)_{ii}^{-1}}} \right) \right] \right. \\
&\qquad\qquad \left. \frac{[S_n^{-1}]_{is}}{\sqrt{(S_n' S_n)_{ii}^{-1}}} \beta_k \right\}
\end{aligned}
\tag{23}
$$

如果 s 遍历全部个体，那么，

$$\sum_{s=1}^N \mathrm{APE2}_j(x_k^{(s)}) = \mathrm{APE1}_j(x_k) \tag{24}$$

对 $\mathrm{PE2}_j(x_k^{(s)})$ 的 s 在 A 类个体和 B 类个体间做平均，就能分别得到仅 A 类（或 B 类）个体第 k 自变量对全体的平均边际影响。

同质模型中由于 S_n^{-1} 是对称的[①]，y_i^* 接收到的全部个体的第 k 自变量的影响就等于它自己的第 k 自变量对所有个体潜变量 y_n^* 的影响，在异质模型中由于 S_n^{-1} 不再对称，这一性质也不存在了。另外，如果因变量是连续的，那么上述 APE 都退化为 AIE 的情形，结论更明确，但若因变量是有序离散的，APE 的结论将不确定。

讨论来自某些自变量变动影响的潜在含义是：试想一个系统如果按照上述模型运转，而政策制定者能力有限，不能对所有个体进行某种形式的补贴或帮助，为了达到整体效应（以响应 y 表示）有最大的提升，那么集中起来对一类个体进行政策扶持不失为一种选择。此时的政策可视为一种部分的、不完全政策。如果人际之间的相关性被纳入考虑范围，政策效果理应按照式（23）计算。

五、应用：幸福感外溢的异质性

许多文献都发现了幸福感存在相互影响的特征，但很少有文献去研究这种相互影响的非对称性。一些文献研究了这种内生影响在不同性别人群中的差异，观点却不尽相同。刘斌等（2012）发现，在各种估计方法下，女性群体的内生系数都更显著地高，结论是幸福感更容易传递给女性。但 Carr 等（2014）认为，由于男性通常"少言寡语"（Less Vocal），女性无法得知其丈夫的真实感受，因而较少地受丈夫的影响，因此在宏观上表现为男性群体更为敏感。上述文献都不是在网络模型框架下进行的，本部分将基于上述提出的异质性网络模型对这一问题进行新的研究。

文中使用的数据来自中国家庭追踪调查（China Family Panel Studies，CFPS）2010 年的截面数据。该数据库的特殊之处在于，CFPS 提供了被调查者的家庭联结信息，为我们的研究提供了宝贵的数据支持。我们将样本限定在家庭成员不少于两人、均为成人（16 岁及以上）且都有完整有效回答的家庭上，最终我们得到 5526 户共 13292 个个体的观测值。在这些家庭中，家庭成员数最小为 2 人，最大为 9 人；采访家庭中主要为两人或三人家庭。关于自变量的选取，我们选择多数文献中使用的健康状况、教育水平、城

---

① 由网络模型中权重矩阵的设定方式决定。

乡、性别、年龄、年龄的平方和个人年收入[①]。表 5 是主要变量的描述性统计结果。

表 5　主要变量的描述性统计

离散变量	均值	标准差	取值与占比
主观幸福感	3.8473	1.0091	1：非常不幸福（2.71%） 2：比较不幸福（5.90%） 3：说不上幸福不幸福（25.77%） 4：比较幸福（35.21%） 5：非常幸福（30.42%）
性别	0.5053	0.5000	0：女（49.47%） 1：男（50.53%）
健康水平	4.0685	1.0714	1：非常不健康（2.54%） 2：比较不健康（10.70%） 3：说不上健康不健康（6.90%） 4：比较健康（37.12%） 5：非常健康（42.75%）
教育水平	1.9115	0.7825	1：无正规教育（32.40%） 2：初中及以下（47.07%） 3：高中及专科（17.51%） 4：本科及以上（3.02%）
连续变量	均值	标准差	取值范围
年龄	50.6483	15.8819	[16, 19]
收入	6.5799	3.8706	[0, 13.4588]

模型设定如下：

$$y_n^* = \lambda_1 W_{1,n} y_n^* + \lambda_2 B_n W_{1,n} y_n^* + X_n \beta_0 + V_n$$

$$V_n \sim N(0, I_n)$$

---

① 没有选择婚姻状况，是因为婚姻状况部分地内含在家庭成员构成中；没有选择就业，是因为失业部分地内含在收入中。

$$y_n = \begin{cases} 1, & y_n^* \leqslant \psi_1 \\ 2, & \psi_1 < y_n^* \leqslant \psi_2 \\ 3, & \psi_2 < y_n^* \leqslant \psi_3 \\ 4, & \psi_3 < y_n^* \leqslant \psi_4 \\ 5, & y_n^* > \psi_4 \end{cases}$$

其中，$W_{1,n}$ 是表示家庭关系的联结矩阵（类似空间计量中的权重矩阵），矩阵满足全部对权重矩阵的要求（行和为 1，对角线元素为 0）。B_n 是性别这一虚拟变量列向量构成的对角阵，$B_n W_{1,n}$ 相当于提出 $W_{1,n}$ 对应属于男性群体的行。对男性群体，其内生系数为 $\lambda_1 + \lambda_2$，对女性群体，内生系数只有 λ_1。X_n 表示表 5 中列出的健康水平、教育水平、年龄、年龄的平方/100 以及对数收入（不包含常数项）。使用成对复合似然函数估计模型，并与其他设定模型相比，结果如表 6 所示。

表 6　估计结果

模型类别		模型 1：HSOP	模型 2：SOP	模型 3：Orpobit
内生系数	λ	0.1715	0.2499	—
		(0.0137)	(0.0079)	—
	λ'	0.1538	—	—
		(0.0206)	—	—
	年龄	−0.0316	−0.0269	−0.0249
		(0.0024)	(0.0025)	(0.0025)
	年龄的平方/100	0.0374	0.0328	0.0313
		(0.0024)	(0.0026)	(0.0025)
	对数收入	0.0003	−0.0026	−0.0026
		(0.0023)	(0.0024)	(0.0024)
健康状况（以非常健康为基准）	非常不健康	−0.7912	−0.7914	−0.8209
		(0.0500)	(0.0498)	(0.0492)
	比较不健康	−0.5687	−0.5621	−0.5869
		(0.0329)	(0.0329)	(0.0321)
	说不上	−0.4750	−0.4717	−0.4867
		(0.0377)	(0.0378)	(0.0369)
	比较健康	−0.2775	−0.2741	−0.2782
		(0.0205)	(0.0205)	(0.0203)

续表

模型类别		模型 1：HSOP	模型 2：SOP	模型 3：Orpobit
教育水平 （以无正规 教育为基准）	初中及以下	0.2213 (0.0219)	0.2063 (0.0219)	0.2227 (0.0216)
	高中及专科	0.2554 (0.0286)	0.2480 (0.0287)	0.2854 (0.0282)
	本科及以上	0.2812 (0.0608)	0.2920 (0.0607)	0.3378 (0.0607)
$-\log L$		27509.3546	27555.4917	28090.5360
$\text{tr}\,(H^{-1}J)$		23.7213	22.3509	20.8871
AIC		55066.1518	55155.6852	56222.8462
BIC		55243.9411	55323.2034	56379.3935

表 7　模型 1 标准差的比较

		$H^{-1}/\widetilde{W}$	$H^{-1}JH^{-1}/\widetilde{W}$
内生系数	λ	0.01141	0.01365
	λ'	0.01755	0.02058
外生系数	非常不健康	0.04119	0.05003
	比较不健康	0.02641	0.03293
	说不上	0.03088	0.03772
	比较健康	0.01709	0.02052
	初中及以下	0.01771	0.02189
	高中及专科	0.02339	0.02864
	本科及以上	0.05143	0.06076
	收入	0.001971	0.002403
	年龄	0.002061	0.002388
	年龄的平方/100	0.002120	0.002488
端点	第一端点	0.06818	0.07893
	第二端点	0.06671	0.07693
	第三端点	0.06545	0.07515
	第四端点	0.06470	0.07432

注：因标准差较小，表中数据均保留四位有效数字。

不同模型的估计结果表明，模型设定对外生系数 β 的估计几乎没有什么影响：模型 1~模型 3 中外生系数的点估计和标准差都比较接近。然而不同内生系数设定对模型指标有一定影响，从 AIC 和 BIC 看，模型 1 优。模型选择的结果支持内生系数的存在，并且是包含异质内生系数的模型 1。在该模型设定下，男女群体在接收外界情绪的能力上确实存在一定差异：对男性群体来说，内生系数为 0.3252，对女性群体这一系数只有 0.1715。二者的差为 λ' 的值，其标准差表明它在 1% 的显著性水平下统计显著，这种差异不可忽略。外生参数的估计都符合直觉：其他条件不变时，健康状况每下降一个等级或教育水平每上升一个等级，个体响应幸福感都有提升的倾向；绝对收入并未对个体幸福感有显著影响，同时年龄（对潜变量）的影响呈现出明显 U 型特征，拐点在 40 岁上下，这都与一些前人结论一致。表 8 给出的是使用二阶导数求标准差和网格法求标准差的对比，可以看出后者比前者略有膨胀，但并不影响参数显著性。

两群体间自变量的平均边际影响的结果如表 8 所示，两群体 APE 的差异如表 9 所示。以表 8 和表 9 中"非常不健康"一行为例，数据的含义是：当全部个体的健康状况从非常健康下降到非常不健康时，全部个体幸福感响应取 1~3 的概率分别提升约 9 个、10 个和 17 个百分点，响应取 4 和 5 的概率分别下降 7 个和 29 个百分点。而对其中的男性群体，1~3 响应的概率分别上升 10 个、11 个和 17 个百分点，4、5 响应的概率分别下降 9 个和 29 个百分点，对女性群体，这些数字分别为 7、9、17 和 6、28。与女性群体相比，在健康状况下降后，男性群体响应低幸福感（1~2）的概率比女性要分别高出 3 个、1.5 个百分点，标准差表明这种差异在统计上是显著的。这些数字表明，健康状况下降使个体幸福感有下降的倾向，但对男性来说，这种下降的倾向更大、影响更大。对其他变量做同样分析可知，健康状况和教育水平对男性和女性幸福感的影响有一定差异：当健康状况下降时，男性应答不幸福的倾向要高于女性。而当教育水平提升时，男性应答幸福的倾向更高，并且这种差异虽小但都统计性显著。最后从 APE 的数量级看，与教育水平相比个体的主观健康程度对幸福感的影响更为显著。

表8 部分自变量的 APE 和异质 APE

幸福感等级		总平均					男性					女性				
		1	2	3	4	5	1	2	3	4	5	1	2	3	4	5
健康状况（以非常健康为基准）	非常不健康	0.0909	0.1019	0.1691	-0.0761	-0.2858	0.1066	0.1094	0.1654	-0.0883	-0.2931	0.0748	0.0942	0.1730	-0.0636	-0.2784
		(0.0106)	(0.0086)	(0.0063)	(0.0110)	(0.0133)	(0.0127)	(0.0090)	(0.0058)	(0.0120)	(0.0131)	(0.0090)	(0.0084)	(0.0073)	(0.0104)	(0.0135)
	比较不健康	0.0501	0.0674	0.1397	-0.0304	-0.2268	0.0588	0.0732	0.1407	-0.0384	-0.2343	0.0412	0.0615	0.1387	-0.0223	-0.2191
		(0.0044)	(0.0047)	(0.0068)	(0.0048)	(0.0109)	(0.0053)	(0.0051)	(0.0066)	(0.0057)	(0.0108)	(0.0039)	(0.0045)	(0.0071)	(0.0045)	(0.0110)
	说不上	0.0372	0.0536	0.1210	-0.0157	-0.1961	0.0436	0.0584	0.1229	-0.0217	-0.2031	0.0307	0.0487	0.1190	-0.0095	-0.1888
		(0.0053)	(0.0059)	(0.0095)	(0.0051)	(0.0155)	(0.0062)	(0.0063)	(0.0093)	(0.0060)	(0.0157)	(0.0045)	(0.0056)	(0.0098)	(0.0046)	(0.0155)
	比较健康	0.0166	0.0275	0.0739	0.0040	-0.1220	0.0194	0.0301	0.0762	0.0014	-0.1270	0.0138	0.0248	0.0715	0.0066	-0.1168
		(0.0017)	(0.0020)	(0.0048)	(0.0014)	(0.0081)	(0.0020)	(0.0022)	(0.0049)	(0.0017)	(0.0083)	(0.0015)	(0.0019)	(0.0048)	(0.0014)	(0.0080)
教育状况（以无正规教育为基准）	初中及以下	-0.0186	-0.0254	-0.0547	0.0094	0.0893	-0.0216	-0.0276	-0.0556	0.0123	0.0926	-0.0155	-0.0232	-0.0538	0.0065	0.0859
		(0.0021)	(0.0027)	(0.0053)	(0.0015)	(0.0085)	(0.0025)	(0.0029)	(0.0054)	(0.0020)	(0.0088)	(0.0018)	(0.0024)	(0.0052)	(0.0013)	(0.0082)
	高中及专科	-0.0209	-0.0292	-0.0646	0.0087	0.1060	-0.0244	-0.0317	-0.0659	0.0118	0.1101	-0.0174	-0.0266	-0.0634	0.0055	0.1019
		(0.0023)	(0.0029)	(0.0063)	(0.0017)	(0.0105)	(0.0027)	(0.0032)	(0.0065)	(0.0021)	(0.0110)	(0.0019)	(0.0027)	(0.0061)	(0.0015)	(0.0101)
	本科及以上	-0.0221	-0.0313	-0.0711	0.0073	0.1173	-0.0257	-0.0341	-0.0726	0.0105	0.1218	-0.0185	-0.0286	-0.0696	0.0040	0.1126
		(0.0037)	(0.0059)	(0.0151)	(0.0026)	(0.0258)	(0.0043)	(0.0064)	(0.0156)	(0.0028)	(0.0269)	(0.0032)	(0.0054)	(0.0146)	(0.0027)	(0.0247)

注：标准差为 100 次 Bootstrap 值。

表9 模型1APE 在不同性别群体间的差异

幸福感等级		APE 的差（男—女）				
		1	2	3	4	5
健康状况（以非常健康为基准）	非常不健康	0.0319 (0.0061)	0.0152 (0.0024)	−0.0076 (0.0037)	−0.0247 (0.0047)	−0.0147 (0.0027)
	比较不健康	0.0175 (0.0031)	0.0117 (0.0019)	0.0020 (0.0013)	−0.0161 (0.0034)	−0.0152 (0.0023)
	说不上	0.0129 (0.0027)	0.0097 (0.0017)	0.0039 (0.0011)	−0.0123 (0.0030)	−0.0143 (0.0022)
	比较健康	0.0056 (0.0011)	0.0052 (0.0009)	0.0046 (0.0007)	−0.0052 (0.0015)	−0.0103 (0.0015)
教育状况（以无正规教育为基准）	初中及以下	−0.0062 (0.0012)	−0.0044 (0.0009)	−0.0018 (0.0005)	0.0058 (0.0014)	0.0067 (0.0012)
	高中及专科	−0.0069 (0.0013)	−0.0051 (0.0010)	−0.0025 (0.0006)	0.0063 (0.0016)	0.0082 (0.0015)
	本科及以上	−0.0073 (0.0016)	−0.0055 (0.0013)	−0.0030 (0.0011)	0.0065 (0.0018)	0.0092 (0.0025)

注：标准差为 100 次 Bootstrap 值。

六、现存问题与讨论

文章现存问题有以下几点：

第一，该异质性模型的建立极大地依赖于理论和后验（统计检验），未能提出一个良好的、事前统计量（类似于 Moran'I）去检验不同群体间的内生系数是否有显著差异。

第二，虽然实验结果确实表明 CLE 有一致和渐进正态的良好结论，但数学上严格的证明还需要进一步研究。与一般 CL 的设定条件不同，HSOP 中潜变量并非独立同分布，而是服从多元正态分布。证明的难点是，HSOP 中积分限中含有端点，而端点直接与响应有关——这在空间 Probit 中并不是一个问题，因为空间 Probit 模型中的端点只有一个并且被约束为 0，使积分限中不含响应，简化了后续证明①。Wang 等（2013）的证明启示我们，如果相依程度随距离的增加而迅速减小，那么 CL 估计量就是一致的，因此有理由猜想满足这一要求的 HSOP 依然满足渐进一致和渐进正态。一个启发性工作是 Jin（2010）完成的，他给出了等相关性约束下多维正态分布 CLE 的良好性质——这可视为潜变量已知情形，HSOP 可视为潜变量未知情形。

第三，文中所使用的 CL 存在如下问题：①为简化计算，CL 被指定为等权重，但一个更有效的形式为不等权重，此时涉及权的选择问题，可作为未来研究的方向之一。②观测的对被限定在家庭内部，但若考虑不同层次的影响，两个家庭间仍能产生一定程度的关联，这可能是本文估计偏差的来源之一。

第四，该模型可在如下几个方面扩展：①出于应用考虑，模型的残差设定还存在一定局限，在实际应用中模型的残差很可能是有偏的、异质的。因此，研究残差非标准设定下模型的估计和性质是未来的一个方向。②该模型可向面板扩展，扩展后能将短面板的微观数据全部囊括进来，有效解决数据量不足的问题。向时间维度扩展要特别注意时空两个问题上的关联性、关联的异质性以及面板数据中常见的固定效应和随机效应。③对 HSOP 模型的政策相关研究还是粗略的、不完善的，未形成规范的理论成果。如果能形成一些更一般性的结论，将对微观政策的制定有更好的参考价值。

第五，由于最优化是对多个参数同时进行的，与连续因变量情形相比程序运行的时间大大增加②，从运行时间上看相当不经济。因此，如何优化程序、提升估计效率也将是十分重要的。

附录：指标的计算

1. 信息准则
信息准则的基本形式为：

AIC

$$AIC = -2logL(\hat{\theta}; y) + 2trace[J(\hat{\theta})H^{-1}(\hat{\theta})] \tag{A.1}$$

BIC

---

① 详见 Wang 等（2013）的补充资料。

② 连续情形下，对数似然函数可经变形成为只含有内生参数的"浓缩"对数似然函数（concentrated log-likelihood），最优化过程等价于只对两个参数进行有约束最优。但是，离散模型却要同时对所有待估参数进行有约束最优，高维十分耗时。

$$BIC = -2logL(\hat{\theta}; y) + trace[J(\hat{\theta})H^{-1}(\hat{\theta})] \cdot logN \qquad (A.2)$$

其中, $logL(\hat{\theta}; y)$ 表示相应对数似然函数在估计量 $\hat{\theta}$ 处的值, $J(\hat{\theta})$ 表示梯度向量的方差协方差矩阵, $H(\hat{\theta})$ 表示 Hessian 矩阵的期望。依据估计方法的不同, 三者可以有不同的形式, 如:

$logL(\hat{\theta}; y)$ 是 pairwise-CL 的对数似然函数值, $J(\hat{\theta})$ 和 $H(\hat{\theta})$ 和的计算如式 (9) 和式 (10)。这样定义的 AIC 是 Varin 和 Vidoni (2004) 基于 CL 框架下提出的形式, BIC 是 Katsikatsou 和 Moustaki (2016) 提出的形式。关于 BIC 的其他算法, 可以参考 Gao 和 Song (2012), 与上述指标相比该指标有额外的对模型稀疏性的惩罚因子, KM 二人的指标正是忽略这一因子的简化形式。

2. 平均总边际效应 (Average Partial Effect in Total, APE)

在离散有序 Probit 模型中, 边际影响一般被定义为:

$$APE_j(x_k) = \frac{1}{N} \sum_{i=1}^{N} [\phi(\psi_{j-1} - \beta'x_i) - \phi(\psi_j - \beta'x_i)]\beta_k \qquad (A.3)$$

其中, j 表示第 j 类, x_k 表示第 k 个自变量, β_k 表示对应自变量 x_k 的系数。这一值衡量了 x_k 提升 1 个单位时对因变量取 j 类别概率的提升 (一般来说, 对不同 j 这一效应不相等)。如果使用 Bayesian 估计, 由于潜变量 y_n^* 本身就是抽样过程中的变量之一, 对 $tAPE_j(x)$ 的计算就直接使用 Wang 和 Kockelman (2009) 中 (类似 A.3 的) 方法计算。但在 CL 估计下, 潜变量被积分掉了从而绕开了对其具体值的实现。在计算时, 考虑使用 Ferdous 和 Bhat (2013) 中提到的模拟过程: 记 CLE 为 $\hat{\theta} = (\hat{\lambda}_1, \hat{\lambda}_2, \hat{\psi}_1, \hat{\psi}_2, \hat{\psi}_3, \hat{\psi}_4, \hat{\beta})$ 是某个估计值, 据此可计算出潜变量服从的多元正态分布的均值向量和方差协方差矩阵: $S_n = I_n - \hat{\lambda}_1 W_n - \hat{\lambda}_2 B_n W_n$

$$\hat{B} = S_n^{-1} x_n \hat{\beta}$$

$$\hat{\Xi} = (S_n' S_n)^{-1}$$

从 $N(\hat{B}, \hat{\Xi})$ 中抽取含 N 个元素的潜变量 y_n^*, 根据 $\hat{\psi}_1 \sim \hat{\psi}_4$ 这些 y_n^* 能够立刻被标上 1~5 的号。重复 T 次后, 对每一个个体 y_i 属于 1~5 类的概率 (比例) 就可得。对关心的外生变量, 施加一个单位的变动, 再次计算新的、属于 1~5 类的概率, 二者之差可近似地看作是平均总边际效应。以此方式能得到 5 个 (通常不同) 的数值, 就是相应类别的 x 的平均总边际效应。对于离散变量的 "伪平均边际效应" 的计算要复杂些: 为了求个体从 a 类 (基准类) 变动到 b 类的 APE, 先要把所有个体设定在 a 类 (基准类）上，然后设定在 b 类上，比较前后概率的差异。

此外，一个值得注意的问题是，在应用中自变量通常是多维的。对于多个自变量的情形，我们参考了 Boonen、Schut 和 Koolman（2008）中的处理方法，对每个个体计算可能的边际影响，然后再在人际间做平均（而不是在其他变量的均值处计算）。

APE 的标准差可由 Bootstrap 得到。前述结论已知参数 θ 服从的是均值为 $\hat{\theta}_{CL}$、方差协方差矩阵为 $H^{-1}JH^{-1}/\tilde{W}$ 的多维正态分布，因此每次都从这样一个正态分布中抽取一个 θ 的样本，按照上述方法计算 APE，重复若干次即可得到经验的标准差。

参考文献

[1] Aquaro M, Bailey N, Pesaran M H. Quasi Maximum Likelihood Estimation of Spatial Models with Heterogeneous Coefficients [R]. USC – INET, 2015.

[2] Bhat C R, Astroza S, Hamdi A S. A spatial generalized ordered – response model with skew normal kernel error terms with an application to bicycling frequency [J]. Transportation Research Part B: Methodological, 2017（95）: 126 – 148.

[3] Bhat C R, Zhao H. The spatial analysis of activity stop generation [J]. Transportation Research Part B: Methodological, 2002, 36（6）: 557 – 575.

[4] Bhat C R. A multi – level cross – classified model for discrete response variables [J]. Transportation Research Part B: Methodological, 2000, 34（7）: 567 – 582.

[5] Bhat C R. The Composite Marginal Likelihood（CML）Inference Approach with Applications to Discrete and Mixed Dependent Variable Models [J]. Foundations and Trends in Econometrics, 2014, 7（1）: 1 – 117.

[6] Boonen L H H M, Schut F T, Koolman X. Consumer channeling by health insurers: Natural experiments with preferred providers in the Dutch pharmacy market [J]. Health Economics, 2008, 17（3）: 299 – 316.

[7] Carr D, Freedman Vicki A, Cornman Jennifer C, et al. Happy Marriage, Happy Life? Marital Quality and Subjective Well - being in Later Life [J]. Journal of Marriage and Family, 2014, 76（5）: 930 – 948.

[8] Cristiano V, Paolo V. A note on composite likelihood inference and model selection [J]. Biometrika, 2005, 92（3）: 519 – 528.

[9] Gao X, Song P X K. Composite Likelihood Bayesian Information Criteria for Model Selection in High – Dimensional Data [J]. Journal of the American Statistical Association, 2010, 105（492）: 1531 – 1540.

〔10〕 Jin Z. Aspects of Composite Likelihood Inference 〔D〕. Graduate Department of Statistics, University of Toronto, 2010.

〔11〕 Katsikatsou M, Moustaki I. Pairwise Likelihood Ratio Tests and Model Selection Criteria for Structural Equation Models with Ordinal Variables 〔J〕. Psychometrika, 2016, 81 (4): 1046 – 1068.

〔12〕 Narayanamoorthy S, Paleti R, Bhat C R. On accommodating spatial dependence in bicycle and pedestrian injury counts by severity level 〔J〕. Transportation Research Part B: Methodological, 2013 (55): 245 – 264.

〔13〕 Nazneen F, Chandra B. A spatial panel ordered – response model with application to the analysis of urban land – use development intensity patterns 〔J〕. Journal of Geographical Systems, 2013, 15 (1): 1 – 29.

〔14〕 Paleti R, Bhat C R, Pendyala R M, et al. Modeling of Household Vehicle Type Choice Accommodating Spatial Dependence Effects 〔J〕. Transportation Research Record, 2013, 2343 (1): 86 – 94.

〔15〕 Wang H, Iglesias E M, Wooldridge J M. Partial maximum likelihood estimation of spatial probit models 〔J〕. Journal of Econometrics, 2013, 172 (1): 77 – 89.

〔16〕 Wang X, Kockelman K M. Application of the dynamic spatial ordered probit model: Patterns of land development change in Austin, Texas 〔J〕. Papers in Regional Science, 2009, 88 (2): 345 – 365.

〔17〕 刘斌, 李磊, 莫骄. 幸福感是否会传染〔J〕. 世界经济, 2012 (6): 132 – 152 + 155 – 160 + 153 – 154.

再议运用分位数回归刻画异质性：
理论改进与实例

张征宇　孙广亚　杨　超　周亚虹

摘　要　传统分位数回归（QR）可以帮助研究者了解在扰动项的不同分布位置上，解释变量对因变量的异质性边际影响，因而在实证研究中具有广泛的应用。然而，QR 估计结果的阐释依赖于不可观察扰动项的经济学意义。本文提出一种改进后的分位数回归方法（以下简称 GQR）。GQR 的优点是能够直接识别并估计因变量位于某一水平上（Y = y）时，解释变量对因变量的平均边际影响。GQR 不但刻画了解释变量对因变量的异质性效应，而且在某些场合下，GQR 具有更为清晰的经济学解释。本文研究了 GQR 的识别、估计与推断步骤。数值模拟结果表明估计量具有良好的有限样本性质。文章还进一步讨论了 OLS、QR 与 GQR 三者的区别和联系。最后，本文运用 GQR 方法研究了房价上涨对家庭消费的异质性影响作用，以及哪些人最受益于最低工资标准的提高。结果表明，GQR 方法能较好地捕捉政策效应的异质性。

关键词　分位数回归；平均处理效应；异质性；房价；最低工资

A New Approach to Capturing Unobserved
Heterogeneity Using Quantile Regression：
Theory and Applications

Zhang Zhengyu Sun Guangya Yang Chao Zhou Yahong

Abstract：Quantile regression （QR） has a variety of applications in empirical economics by capturing heterogenous effects of the regressors on the outcome variable on different points of the disturbance distribution. However, interpretation of QR estimation results relies on the specific meaning of the disturbance term in a given study. We propose a new generalized quantile regression (GQR) method, which aims to identify the average effect of X on the Y conditional on a specific value of Y. GQR reflects heterogenous causal effect of a policy on subpopulations defined by different values of the outcome variable, thus having some interpretability merit. We study the identification, inference and finite sample performance of GQR and in particular, discuss the relationship between OLS, QR and GQR. We apply GQR to two real data problems in China: The heterogenous effect of house price rise on household consumption and which subpopulation benefits most from the raised minimum wage.

Key Words: Quantile regression; average treatment effect; heterogeneity; house price; minimum wage

一、引言

分位数回归（Quantile Regression, QR）是研究者在利用微观数据进行实证研究中普遍采用的计量分析方法（Koenker and Bassett, 1978; Koenker, 2005）。相比于普通最小二乘法（OLS），QR 可以帮助研究者了解在扰动项 U（代表不可观察的个体异质性）的不同分布位置上，解释变量 X 对因变量 Y 的异质性边际影响，因而常被用来估计经济政策对于不同个体的异质性影响。以工资方程为例，个人的工资可以被认为是性别、受教育年限、工作经验、年龄等可观察变量，以及不可观察的个人能力的函数。现用 X 表示各种可观察的解释变量，用 U 表示不可观察的个人能力，Y 表示工资，则工资方程可以表示成：

$$Y = m(X, U) \tag{1}$$

研究者如果用 Y 对 X 做普通最小二乘回归，则他得到的解释变量前的系数，反映的是 X 对 Y 条件均值的边际影响。若研究者用 Y 对 X 进行第 τ 分位数回归，则他得到的系数可以解释成：对于能力位于其分布第 τ 分位数上的那群人，X 对于 Y 的平均边际影响。[1][2]

在 QR 估计中，通过选择不同的 $\tau \in$ （0，1），研究者可以了解能力水平不同的人，X 对 Y 的异质性影响。不难看出，传统 QR 对于估计系数经济学意义的解释取决于对不可观察的变量 U 的分层。不妨假设 U 服从 [0，1] 上的均匀分布，QR 其实是这样提问的：

（1）对于能力水平（U）位于水平 τ 上的，X（如教育水平）对 Y（工资）的边际影响是多少?[3]

在本文中，我们将发展另一种可用来识别估计 X 对 Y 异质性影响的推断方法。我们称为改进后的分位数回归（Generalized QR，GQR）与 QR 不同，GQR 旨在回答如下更为直观的问题：

（2）对于工资（Y）位于水平 y 上的那群人来说，X 对 Y 的平均边际影响是多少?

不仅如此，基于（1.3），GQR 还可以回答诸如：

（3）对于工资（Y）位于区间 $[y_1，y_2]$ 中的人群来说，X 对 Y 的平均边际影响是多少?

之类的问题[4]不难看出，GQR 代表的问题（2）和 QR 代表的问题（1）相比具有如下特点：

①如果模型的扰动项 U 经济学意义十分明确，那么 QR 对系数的解释已经足够清晰，同时 GQR 对应的问题的意义也同样清晰。

②如果模型中 U 的含义并不明确，那么传统 QR 对系数的解释力就会显

---

① 可以证明，OLS 的系数可以表示成不同分位数上 X 对 Y 边际影响的加权平均。故 OLS 估计结果混合了不同分位数上 QR 的估计结果。我们将在本文第四部分深入讨论 OLS、QR 以及本文提出的新方法（GQR）三者之间的联系和区别。

② 严格来说，在工资方程的实证研究中，还需考虑教育变量的内生性。此处以工资方程为例仅为厘清 QR 和 GQR 在系数解释上的区别，因而暂忽略内生性问题。本文附录 A 说明 GQR 方法可以推广到具有内生变量的情形。

③ 研究者所习惯的 QR 系数的另一种（等价）解释是：X 对于 Y 的条件分布的第 τ 分位数的边际影响是多少? 这一说法实际上和（1.2）是等价的，因为给定 X 时，Y 的条件分布完全由扰动项 U 决定。

④ 研究者如果想要回答问题（1.4）而将样本中因变量取值位于 $[y1，y2]$ 范围内的样本筛选出来进行最小二乘估计，那样的估计结果是有偏的。其原因在于这种做法实际上人为引入了样本选择性（Sample Selection）问题。该论断的详细证明过程读者可以询问作者索取。

得模糊不清。① 此时 GQR 优势开始凸显：GQR 估计系数的解释意义依然明确清晰，这是因为 GQR 根据 Y 的分布进行分层，而 Y 这个变量可以被研究者直接观察到，且具有明确的经济学意义。

本文给出了在一种设定普遍的计量模型框架下，问题（2）对应的参数的识别、估计和推断步骤。总的来说，GQR 方法具有以下特点：

第一，在 Y = y 的条件下，GQR 识别并估计了 X 对 Y 的平均边际影响。和 QR 相比，GQR 不仅具有更为清晰的经济学释义，而且能够反映在 Y 分布的不同位置上，X 对 Y 的异质性影响。

第二，GQR 具有十分便捷的估计和推断步骤。研究者只要拥有计算 QR 的程序包，GQR 就可以被方便地估计出。为便于研究者使用，本文还讨论了估计步骤中光滑参数（窗宽）的选取方法。

第三，尽管在理论介绍过程中采用了线性随机系数模型作为数据生成过程，但模型可以允许包含解释变量 X 各分量的高次项和交叉项，因此，在实证研究中具有高度的灵活性与较强的拓展性。这种可拓展性还可以用来进行模型的稳健性分析②。另外，无论解释变量是离散型还是连续型，GQR 均适用。我们给出的实证应用体现了这些优势和特点。

数值模拟结果表明，GQR 估计量具有良好的有限样本性质。文章进一步讨论了常用的 OLS、QR 与本文提出的 GQR 三者之间的联系与区别。分析表明，OLS 与 GQR 均可看成是 QR 估计系数的某种加权平均，但两者的权重函数形式不同。当模型中（实际上）不存在异质性时，三种估计量收敛到同一概率极限。

为了说明本文提出的广义分位数的应用价值，我们应用 GQR 研究了两个与中国经济相关的实际问题。首先，我们考察房价的上涨是否可以促进居民的消费？运用家庭金融调查（CHFS）数据的分析表明，房价上涨总的来说提升了家庭的非居住性消费水平。GQR 进一步捕捉了房价对消费促进作用的异质性特征：消费水平越低的家庭，房价上涨对消费的提升作用越明显；房价对消费的边际影响是家庭消费水平的递减函数。这些结果为准确理解房价与消费的关系提供了证据。其次，我们注意到近期国内各地都

---

① 如果 Y 的真实生成过程包含不止一个不可观察的因素，那么研究者"认为的"扰动项其实是多个随机变量的总和或者函数。此时即使研究者知道扰动项每个成分的经济学意义，U 的整体意义也会显得模糊不清。

② 见本文实证例子中的稳健性分析部分。

竞相提高了最低工资标准。什么样的人群最大限度地受益于最低工资标准的提高？GQR 使我们可以直接估计最低工资对于不同收入群体的异质性影响。结果表明，随着个人收入的上升，最低工资标准的提高对个人收入的正向边际影响不断下降。这些结果为最低工资政策的制定提供了参考价值。

本文的结构如下：第二部分描述了理论模型，在对相关的理论文献进行了回顾和综述后，定义了待估计的参数并给出了参数的识别策略。第三部分给出了参数估计与推断的详细步骤。包括估计步骤中窗宽的选择方法。第四部分对 OLS、QR、GQR 进行了比较，阐述了它们之间的联系和区别。第五部分报告了数值模拟的结果。第六部分和第七部分是实证分析。第八部分是全文总结。本文的附录包含以下内容：附录 A 说明本文的思想和方法可以推广到带有内生解释变量的情形。特别地，我们给出了有内生性存在时参数的识别。附录 B 详细证明了估计量的大样本性质。

二、GQR 理论框架

我们假设数据由如下随机系数模型生成：

$$Y = B_0(U) + X'B(U) \tag{2}$$

其中，Y 是被解释变量（结果变量），X 是 k 维随机向量，U 为不可观测的扰动项，(B_0, B) 依赖于 U 成为随机系数，$B_0(u)$ 和 $B(u)$ 的函数形式未知。式（2）可以看成是一般的不可分（non–separable）模型 $Y = m(X, U)$ 的线性展开或者线性近似[①]。

注解 2.1. 考虑如式（2）的线性随机系数模型目的主要是为了今后估计步骤的便捷。本文的识别和估计思想可以推广到完全非参数的情形。[②] 尽管如此，我们的模型具有足够的灵活性包含实证研究中需要的各种非线性要素。例如，以 $X = (X_1, X_2)$ 为例，如研究者需要包含解释变量的二次项和交互项，则模型可以写成：

$$Y = B_0(U) + B_1(U)X_1 + B_2(U)X_2 + B_3(U)X_1X_2 + B_4(U)X_1^2 + B_5(U)X_2^2 \tag{3}$$

---

① 不可分模型 $Y = m(X, U)$ 是比可加性模型 $Y = m(X) + U$ 更为一般的设定。相比于可加性模型，不可分模型允许解释变量与扰动项（不可观测的个体异质性）之间的交互作用。

② 读者可以询问笔者索要在纯非参数设定下模型识别和估计的技术性附录。

对于模型 (2)，GQR 方法的目的在于识别和估计在因变量在 Y = y 的水平上，X 对 Y 的平均边际效应，即：

$$\theta(y) = E\left(\frac{\partial(B_0(U) + X'B(U))}{\partial X}\,\middle|\, Y = y\right) = E(B(U) \mid Y = y)$$

与传统 QR 方法的估计系数依赖于扰动项的分位数 $\tau \in$ (0, 1) 不同，GQR 反映的是在因变量 Y 分布的不同位置上，X 对 Y 的平均边际效应。由于 θ (y) 依赖于 y，它能反映出 X 对 Y 的异质性影响。在本文实证研究部分的第二个例子中，X 表示个人所在地的最低工资标准（以及其他控制变量），Y 表示个人收入。这时如果让 y 分别等于 Y 的第 10%，20%，…，90% 样本分位数，则 θ (y) 将反映出对于不同收入水平的人群，最低工资对个人收入的异质性作用。

注解 2.2. 近年来，对随机系数模型研究的理论文献包括 Heckman 和 Vytlacil (1998)，Wooldridge (1997, 2003, 2008)，Florens 等 (2008)，Hoderlein 等 (2010)，Masten 和 Torgovitsky (2016)，张征宇和金泽群 (2018) 等。本文与这些文献相比具有较大不同，关键性的区别在于已有文献识别的目标参数大多是随机系数的无条件期望 [E (B)]，而没有文献考虑识别系数在给定因变量信息下的条件期望 [(E (B∣Y = y)]，待识别参数的不同构成本文的主要创新。由于识别策略的不同，本文的模型假设（见假设 2.1 ~ 假设 2.2）也有别于已有文献。例如，已有文献往往要求解释变量包含至少一个连续型变量，而我们的方法也适用于所有解释变量均为离散型变量的场合，因而在应用中具有极大的便利。

为了识别和估计 θ (y)，我们做出以下重要假设：

假设 2.1. ①X 和 U 互相独立。②U 服从 [0, 1] 上的均匀分布。

假设 2.1①与传统的分位数回归相似，要求没有内生性。限于篇幅，本文正文部分只讨论外生情形下 GQR 的估计和推断问题。我们在附录 A 中给出了 X 具有内生性时的识别过程。假设 2.1②其实并不是一个实质性约束，而只是一个正则性简化 (Normalization)。倘若 U 服从其他分布，我们总可以对 U 施加单调递增变换 $\tilde{U} = F_U$ (U)，从而 $\tilde{U}$ 服从 [0, 1] 上的均匀分布，同时其他假设仍然得以保持。

假设 2.2. 记 m (x, u) = B_0 (u) +x'B (u). m (x, u) 是 u 的严格单调增加函数。

在实际应用中，假设 2.2 是合理的。例如，在工资方程中，Y 表示个人的工资，U 代表个人能力或运气。在给定年龄、性别、教育等 X 的情况下，工资是能力或运气的递增函数。同样可以认为，这一单调性假设在本文的第二个实证例子，即研究最低工资对个人收入的异质性影响时也大致成立。该假设成立的其他场合还包括：在对家庭金融资产配置的研究中，用 Y 表示风险资产的投资比例，X 是家庭的特征变量，例如家庭收入、财富、人口组成、户主年龄教育等，那么 U 可以表示不可观察的风险偏好。假设 2.2 意味着，在其他可观察因素不变的情况下，家庭的风险偏好决定了风险资产的比例。本文第一个实证例子研究房价对家庭消费的影响。模型中的 U 代表不可观察的消费倾向。在给定每个家庭可观察的特征，消费水平是消费倾向的递增函数是合理的假定。

注解 2.3. 假设 2.2 要求 $m(x, u)$ 是 u 的递增函数，但如果 $m(x, u)$ 是 u 的单调递减函数，则本文结论依然成立。

本文的主要理论结果如下：

定理 1：在假设 2.1 ~ 2.2 下，当 EXX' 满秩（即 X 中没有共线性），$\theta(y)$ 可被识别。

证明：证明分三步：第一步，证明对任意的 $u \in (0, 1)$，$B(u)$ 可识别。这只需注意到：

$$P(Y \leq B_0(u) + X'B(u) \mid X = x) = P(B_0(U) + X'B(U) \leq B_0(u) + X'B(u) \mid X = x)$$

$$= P(B_0(U) + x'B(U) \leq B_0(u) + x'B(u) \mid X = x) = P(U \leq u \mid X = x)$$

$$= P(U \leq u) = u$$

其中，第 1 个等号成立源自数据生成过程，第 2 个等号依据条件概率的定义，第 3 个等号因为假设 2.2，第 4 个和第 5 个等号源自假设 2.1。由于 EXX' 满秩，若用 Y 对 $(1, X)$ 在分位点 u 处进行条件分位数回归，回归系数实际上就是 $(B0(u), B(u))$。

定义 $\theta(x, y) = E(B(U) \mid X = x, Y = y)$，第二步，证明 $\theta(x, y)$ 可识别。由于 $m(x, u)$ 关于 u 严格单调增加，它的关于 u 的反函数始终存在，记这个反函数为 $\eta(x, y)$，即对于任意的 x, y，成立 $m(x, \eta(x, y)) = y$，于是，

$$\theta(x, y) = E(B(U) \mid X = x, Y = y) = E(B(\eta(X, Y)) \mid X = x, Y = y)$$

$$= E(B(\eta(x, y)) \mid X = x, Y = y) = B(\eta(x, y))$$

考虑到已经证明的结果①，只需说明 $\eta(x, y)$ 可识别即可。注意到，

$$P(Y \leqslant y \mid X = x) = P(m(X, U) \leqslant y \mid X = x) = P(m(x, U) \leqslant y \mid X = x)$$

$$= P(U \leqslant \eta(x, y) \mid X = x) = P(U \leqslant \eta(x, y)) = \eta(x, y)$$

由于条件分布 $P(Y \leqslant y \mid X = x)$ 可识别，所以 $\eta(x, y)$ 可识别，所以 $\theta(x, y)$ 可识别。

第三步，证明 $\theta(y)$ 可识别。由于

$$\theta(y) = E_{X \mid Y = y}(\theta(X, y)) = \int_{S_X} \theta(x, y) f_{X \mid Y}(x \mid y) dx$$

其中，$E_{X \mid Y = y}$ 表示在给定 $Y = y$ 下对 X 求条件期望，$f_{X \mid Y}(x \mid y)$ 表示 $Y = y$ 下 X 的条件密度函数，S_X 表示 X 的支撑集。由于，$\theta(x, y)$ 与 $f_{X \mid Y}(x \mid y)$ 均可识别，故 $\theta(y)$ 可识别。

三、GQR 估计与推断

本节首先给出基于上一节定理 1 的估计步骤，接着讨论估计中需要注意的一些事项，包括窗宽的选择以及如何使用 Bootstrap 方法获得估计量的标准差。为了阐述清晰，我们将 X 分解为连续变量部分与离散变量部分，即 $X = (X^c, X^d)$，其中连续变量 X^c 的维数是 k_c，离散变量 X^d 的维数 k_d，估计步骤分成以下三步：

第 1 步：估计 $\eta_i = \eta(X_i, Y_i)$，其中 $\eta(x, y) = P(Y \leqslant y \mid X = x)$。

$$\hat{\eta}_i = \frac{\sum_{j \neq i} 1\{Y_j \leqslant Y_i\} K\left(\frac{X_j^c - X_i^c}{h}\right) 1\{X_j^d = X_i^d\}}{\sum_{j \neq i} K\left(\frac{X_j^c - X_i^c}{h}\right) 1\{X_j^d = X_i^d\}} \tag{4}$$

其中，$K\left(\dfrac{X_j^c - X_i^c}{h}\right) = \prod_{l=1}^{k_c} k\left(\dfrac{X_{lj}^c - X_{li}^c}{h_l}\right)$，$1\{X_j^d = X_i^c\} = \prod_{s=1}^{k_d} 1\{X_{sj}^d = X_{si}^c\}$，$X_{lj}^c$ 是 X_j^c 的第 l 个分量，X_{sj}^d 是 X_j^d 的第 s 个分量。

第 2 步：用 Y_i 对 $(1, X_i)$ 进行第 $\hat{\eta}_i$ 分位数回归，得到的回归系数记为 $\hat{\theta}(X_i, Y_i)$。

$$\hat{\theta}(X_i, Y_i) = \arg\min_{a, b} \sum_{j \neq i} \rho_{\hat{\eta}_i}(Y_j - a - X_j'b) \tag{5}$$

其中，$\rho_\eta(.)$ 是分位数回归目标函数中的 Check 函数，$\rho_{\hat{\eta}_i}(s) = (\hat{\eta}_i - 1\{s < 0\})s$

第 3 步: 估计 $\hat{\theta}(y)$。

$$\hat{\theta}(y) = \frac{\sum_{i=1}^{n} \hat{\theta}(X_i, Y_i) K_0\left(\frac{Y_i - y}{h_0}\right)}{\sum_{i=1}^{n} K_0\left(\frac{Y_i - y}{h_0}\right)} \tag{6}$$

注解 3.1. 以上估计过程对应模型（2），其中并没有考虑 X 的高次项或交互项。然而 GQR 的估计非常灵活，能够通过简单的调整以适应高次项或交互项，而不会产生额外的计算负担。为说明该点，考虑带有二次项和交互项的数据生成过程（3），

$$Y = B_0(U) + B_1(U)X_1 + B_2(U)X_2 + B_3(U)X_1X_2 + B_4(U)X_1^2 + B_5(U)X_2^2$$

给定 $X = x$，$Y = y$ 的条件下，X_1 对 Y 的平均效应为:

$$\theta_{X_1}(x, y) = E\left(\frac{\partial Y}{\partial X_1} \mid X = x, Y = y\right) = E(B_1(U) + B_3(U)X_2 +$$

$$2B_4(U)X_1 \mid X = x, Y = y)$$

$$= E(B_1(U) \mid X = x, Y = y) + x_2 E(B_3(U) \mid X = x, Y = y) +$$

$$2x_1 E(B_4(U) \mid X = x, Y = y)$$

令 $\theta_l(x, y) = E(B_l(U) \mid X = x, Y = y)$，$l = 1, \cdots, 5$，

$\theta_{X_1}(y)$ 的核估计式为:

$$\hat{\theta}X_1(y) = \frac{\sum_{i=1}^{n} (\hat{\theta}_1(X_i, Y_i) + X_{2i}\hat{\theta}_3(X_i, Y_i) + 2X_{1i}\hat{\theta}_4(X_i, Y_i)) K_0\left(\frac{Y_i - y}{h_0}\right)}{\sum_{i=1}^{n} K_0\left(\frac{Y_i - y}{h_0}\right)}$$

窗宽的选择: 在上面的估计过程中，式（4）和式（6）涉及窗宽 h 和 h_0 的选取。根据核估计窗宽选取常用的交错鉴定法（cross - validation），我们建议采用如下方案:

（1）第 1 步中窗宽的选取: 选择 $h_1, h_2, \cdots, h_{k_c}$，使得下面的目标函数到达最小 $CV_1(h_1, h_2, \cdots, h_{k_c}) = \frac{1}{n}\sum_{i=1}^{n}(1\{Y_i \leqslant y\} - \hat{\eta}(X_i, y))^2$

其中，

$$\hat{\eta}(X_i, y) = \frac{\sum_{j \neq i} 1\{Yj \leqslant y\} K\left(\frac{X_j^c - X_i^c}{h}\right) 1\{X_j^d = X_i^d\}}{\sum_{j \neq i} K\left(\frac{X_j^c - X_i^c}{h}\right) 1\{X_j^d = X_i^d\}}$$

（2）可以看出，上述步骤需要选取的 h 的个数依赖于 X 中连续分量的个数。如果 X 中连续型分量较多，这里提供一个简便方法：选择 h^* 使得下面的交错鉴定目标函数到达最小：

$$CV_1(h^*, y) = \frac{1}{n} \sum_{i=1}^{n} (1\{Y_i \leqslant y\} - \hat{\eta}(X_i, y))^2$$

其中，

$$\hat{\eta}(X_i, y) = \frac{\sum_{j \neq i} 1\{Y_j \leqslant y\} K\left(\frac{X_j^c - X_i^c}{h}\right) 1\{X_j^d = X_i^d\}}{\sum_{j \neq i} K\left(\frac{X_j^c - X_i^c}{h}\right) 1\{X_j^d = X_i^d\}}, K\left(\frac{X_j^c - X_i^c}{h}\right) =$$

$$\prod_{l=1}^{k_c} K\left(\frac{X_{lj}^c - X_{li}^c}{h_l}\right)$$

$h_l = S_{X_i^c} h^*$，$S_{X_i^c}$ 是 X^c 中第 l 个连续分量的样本标准差。这种做法实际上借鉴了核估计中窗宽选取的经验法则（Rule – of – Thumb）。这种选取方式的逻辑在于 X^c 的每个分量对应的窗宽（h_l）可写成该分量的标准差（$S_{X_i^c}$）乘以一个待定常数（h^*）。对于连续随机变量，标准差越大，表明数据越分散，其对应的窗宽理应越大，所以窗宽正比于标准差。这种做法的优点在于研究者只要搜索一维 h^* 即可。

（3）第 3 步中窗宽的选取：选择窗宽 h_0 使得下面的交错鉴定目标函数到达最小。

$$CV_3(h_0) = \frac{1}{n} \sum_{i=1}^{n} (\hat{\theta}(X_i, Y_i) - \hat{\theta}_{-i}(Y_i))^2$$

其中，

$$\hat{\theta}_{-i}(Y_i) = \frac{\sum_{j \neq i} \hat{\theta}(X_j, Y_j) K_0\left(\frac{Y_i - Y_j}{h_0}\right)}{\sum_{j \neq i} K_0\left(\frac{Y_i - Y_j}{h_0}\right)}$$

附录 B 给出了估计量的大样本性质。由于 $\hat{\theta}(y)$ 的极限分布具有较为复杂的表达式，实际应用中我们推荐采用 Bootstrap 方法获得估计量标准误的一致估计。由于本文定义 $\hat{\theta}(y)$ 的三步估计法隶属于 M – 估计量的范畴，且附录 B 已证明估计量根号 n 收敛且具有正态的极限分布，这说明可以采用计量经济学教材 Wooldridge（2010）第 12.8 节中介绍的适用于 M – 估计量的 Bootstrap 方法进行标准误的一致估计。

四、GQR 的进一步讨论

OLS 与 QR 是应用研究者经常使用的两种方法。本节进一步讨论 OLS、QR 与 GQR 三者之间的关联与区别。我们先在一个较为一般的框架中推导三种估计量互相表示的一般定理。之后简要总结三种估计量的特点。

（一） OLS、QR 与 GQR 的表示

假设数据仍由线性随机模型生成，且假设 2.1 ~ 假设 2.2 成立。对 Y 求给定 X 下的条件期望可得：

$$E(Y \mid X) = EB_0 + X'(EB) \tag{7}$$

从上式不难看出，若研究者用 Y 对 X 进行 OLS 估计，得到的系数其实就是 $\beta_{ols} = EB$，它反映了 X 对 Y 边际影响的平均值。另外，由定理 1 的证明过程不难得到：

$$P(Y \leqslant B_0(u) + X'B(u) \mid X = x) = u$$

或者表示成 $Q_{(Y \mid X)}(\tau \mid X) = B0(\tau) + X'B(\tau)$，其中 $Q_{Y \mid X}(\tau \mid X)$ 表示给定 $X = x$ 下，Y 的第 τ 分位数。这表明若研究者进行第 τ 分位数的 QR 估计，系数（的概率极限）是 $\beta_{cqr}(\tau) = B(\tau)$。注意到，

$$E(Y \mid X) = \int (B_0(u) + X'B(u)) f_{U \mid X}(u \mid X) du$$

$$= \int (B_0(u) + X'B(u)) f_U(u) du = \int_0^1 (B_0(u) + X'B(u)) du$$

$$= \int_0^1 B_0(u) du + X' \int_0^1 B(u) du \tag{8}$$

将式（8）与式（7）结合起来看不难得到关系式：

$$\beta_{ols} = \int_0^1 \beta_{cqr}(\tau) d\tau$$

这说明 OLS 系数可以表示成 QR 系数在 [0，1] 上的等权平均。另外，从定理 1 的证明过程可以得到：

$$\theta(y) = \int_{S_X} \theta(x,y) f_{X \mid Y}(x \mid y) dx = \int_{S_X} B(\eta(x,y)) f_{X \mid Y}(x \mid y) dx$$

$$= \int_{S_X} \beta_{cqr}(\eta(x,y)) f_{X \mid Y}(x \mid y) dx$$

且 $\int_{S_X} f_{X\mid Y}(x\mid y)\,dx = 1$。这些式子表明，GQR 也可以看成是 QR 系数的某种加权平均，其权重正比于给定 $Y = y$ 时 X 的密度。

（二）QR、OLS 和 GQR 的关联与区别

（1）GQR 与 OLS 估计系数均可以表示成 QR 的某种加权平均，但是两者权重函数不同。简单来说，OLS 是 QR 的等权平均，而 GQR 使用的权重函数正比于给定 $Y = y$ 时 X 的密度函数。

（2）进一步可以知道，如果对于任意的 $\tau \in (0, 1)$，$\beta_{cqr}(\tau) \geqslant 0$，则 $\beta_{ols} \geqslant 0$ 且对于任意的 y，$\theta(y) \geqslant 0$。对于 $\beta_{cqr}(\tau) \leqslant 0$ 的情形有类似结果。

（3）如果 X 对 Y 的边际影响实际上没有异质性，那么 OLS、QR 和 GQR 的估计量均收敛到同一概率极限。如果 X 对 Y 的边际影响有异质性，QR 和 GQR 均能捕捉这种异质性。但区别在于：QR 系数反映的是在不可观察的扰动项分布的不同位置上，X 对 Y 的平均边际影响；而 GQR 反映的是在被解释变量分布的不同位置上，X 对 Y 的平均边际影响。

五、数值模拟

为了说明估计量 $\hat{\theta}(y)$ 在有限样本下的表现，我们进行了一个小规模的蒙特卡罗实验。在不同的样本量下，给出了 Y 的 19 个分位数下 $\hat{\theta}(y)$ 的模拟结果。模型中加入平方项和交互项，使用如下数据生成过程：

$$Y = B_0 + B_1 X_1 + B_2 X_2 + B_3 X_1 X_2 + B_4 X_1^2$$

其中，为 B_0 常量等于 1，B_1，B_2，B_3，B_4 为随机系数，$B_1 = B_2 = 0.5U$，$B_3 = 0.4U$，$B_4 = 0.3U$。驱动数据 (X, U) 是从如下分布中抽取的：$U \sim U[0, 1]$，$X_1 \sim U[1, 3]$，$X_2 \sim U[2, 4]$。我们使用一个 Epanechniko 类型的高阶核函数来完成估计，核函数的形式如下：

$$K(t) = c_0(6864 - 240240t^2 + 2450448t^4 - 11085360t^6 - 25865840t^8 - 32449872t^{10}$$
$$+ 20801200t^{12} - 5348880t^{14})1\{-1 \leqslant t \leqslant 1\}$$

其中，$c_0 = 0.0006712228$，窗宽 $h = sn^{-0.14}$，s 代表样本标准差，n 为样本量。

我们基于 200 次重复抽样，分别报告了样本量在 500 和 1000 下，各个

分位点上估计量 θ（y）的经验偏差和经验标准差。具体结果如表1、表2所示，总的来看，θ（y）的估计量偏差在可接受范围内，这些偏差随着样本量的增大而减小。在 N = 500 时，标准差从 0.0827 到 0.1344；在 N = 1000 时，标准差从 0.0499 到 0.0910，经验标准差随样本量增大而逐渐减小。总体而言，我们的估计量在有限样本下具有良好的估计性质。例如，在 500 样本下偏差比真值低于 10% 的有 14 个点；在 1000 样本下偏差比真值低于 10% 的有 15 个点。

表1　在样本量 N = 500 下的模拟结果

分位点	5%	10%	15%	20%	25%	30%	35%	40%	45%	50%
Bias	0.3197	0.3518	0.2905	0.2188	0.1411	0.0669	0.0475	0.0714	0.0944	0.0985
Std	0.0827	0.0854	0.0932	0.1069	0.1228	0.1328	0.1392	0.1413	0.1380	0.1340
分位点	55%	60%	65%	70%	75%	80%	85%	90%	95%	
Bias	0.0811	0.0692	0.0704	0.0852	0.0832	0.1087	0.0917	0.0859	0.0974	
Std	0.1333	0.1349	0.1367	0.1344	0.1339	0.1389	0.1311	0.1330	0.1344	

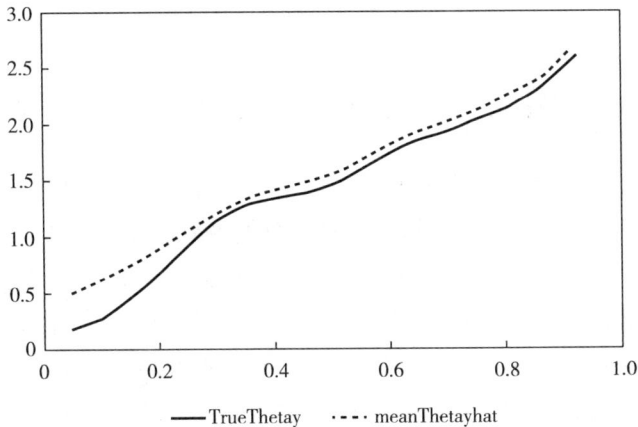

图1　在 N = 500 时，θ（y）的真值与模拟值

表2　在样本量 N = 1000 下的模拟结果

分位点	5%	10%	15%	20%	25%	30%	35%	40%	45%	50%
Bias	0.1243	0.1830	0.1526	0.1126	0.0704	0.0247	0.0109	0.0252	0.0362	0.0399
Std	0.0499	0.0512	0.0603	0.0705	0.0829	0.0893	0.0923	0.0936	0.0920	0.0913
分位点	55%	60%	65%	70%	75%	80%	85%	90%	95%	
Bias	0.0306	0.0258	0.0258	0.0305	0.0355	0.0489	0.0430	0.0409	0.0537	
Std	0.0958	0.0998	0.1016	0.0981	0.0997	0.1031	0.0988	0.0976	0.0910	

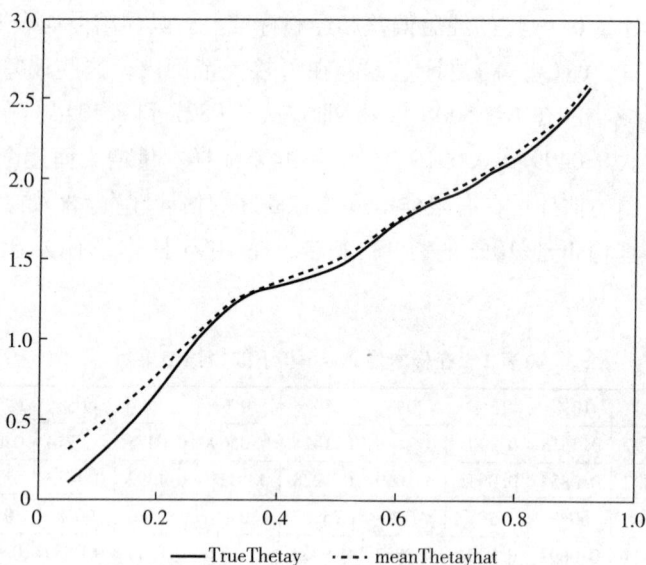

图 2　在 N = 1000 时，θ (y) 的真值与模拟值

六、实证一：房价对消费的异质性影响

近年来，我国经济状况表现出房价不断上涨和消费结构不断调整的特征，房屋价格的变化会如何影响居民家庭的消费结构？国内学者利用中国的微观数据进行了大量相关研究，张大永和曹红（2012）发现，房地产的总财富效应大于金融资产的财富效应，并且认为住房价值对家庭非耐用品消费行为的影响程度大于耐用品。黄静和屠梅曾（2009）利用我国 10 年的微观数据研究房地产财富与消费之间的关系，发现户主越年轻的家庭房地产财富效应越大。杜莉和罗俊良（2017）通过区分家庭拥有的住房结构发现，房价上升时租房家庭因为推迟购房将增加当期消费，自有房家庭因为财富效应而也增加当期消费。根据与房屋的相关性可以将消费分为居住性消费和非居住性消费，李春风等（2013）运用动态系统广义矩阵方法，采用我国 29 个省市的年度数据分析发现，房价波动对非居住性消费的影响为正且这种影响存在地域性的差异。李春风等（2013）的研究成果只考虑了房价对居民非居住性消费的均值影响，然而均值回归分析并不能反映出房价对居民消费影响的群体性差异。

为了清晰地刻画出房价对我国居民家庭非居住性消费的异质性影响，本文利用 CHFS（2011）的数据并参考已有文献，设计了如下模型。为了减少模型误设，我们加入了平方项和交互项，模型设计如下：

$$\ln c = \alpha_0 + \alpha_1 \ln hp + \alpha_2 (\ln hp)^2 + \sum_{i=1}^{7} \beta_i X_i + \gamma_1 (\ln hp) \times h\_income +$$

$$\gamma_2 (\ln hp) \times gender + \gamma_3 (\ln hp) \times married + \in$$

其中，lnc 表示家庭非居住性消费的对数，lnhp 表示平均房价的对数形式（h_price），$(\ln hp)^2$ 为房价对数的平方（h_price^2），控制变量 X 包括家庭年收入（h_income）、家庭成员数目（family_n）、户主消费习惯（c_habit）、户主性别（gender）、年龄（age）、户主受教育程度（edu）和户主婚姻状况（married），（lnhp）×h_income 为房价对数与家庭年收入的交互项，（lnhp）×gender 为房价对数与性别的交互项，（lnhp）×married 为房价对数与婚姻状况的交互项。

（一）OLS 和 QR 方法的回归结果

表 3 中分别列出了采用 OLS 和 QR 方法时非居住性消费的回归结果。可以看出在 QR 的九个代表性分位点上，房价和房价平方的估计系数都显著为正且大小存在差异，说明房价对居民非居住性消费有显著的正向影响且该影响存在异质性。OLS 方法中房价和房价平方的系数也显著为正，与 QR 的回归结果方向一致，但 OLS 的回归结果并没有在存在异质性的情况下捕捉到房价对非居住性消费的异质性影响。QR 方法刻画出了房价对非居住性消费的异质性影响，OLS 方法只能衡量房价对非居住性消费的均值影响。本文第四部分内容论证了 OLS 是 QR 的等权平均，比较 OLS 回归系数与 QR 回归系数的大小，发现回归结果与这一论证内容一致。

表 3　非居住性消费的回归结果（OLS 和 QR 方法）

分位点	OLS	QR								
	\	10%	20%	30%	40%	50%	60%	70%	80%	90%
房价	0.230 ***	0.151 ***	0.199 ***	0.223 ***	0.217 ***	0.194 ***	0.196 ***	0.243 ***	0.273 ***	0.370 ***
	(0.0344)	(0.0643)	(0.0517)	(0.0440)	(0.0428)	(0.0405)	(0.0372)	(0.0414)	(0.0446)	(0.0628)
房价平方	0.0362 ***	0.0184	0.0204	0.0199 *	0.0248 **	0.0269 ***	0.0302 ***	0.0342 ***	0.0445 ***	0.0719 ***
	(0.0084)	(0.0157)	(0.0127)	(0.0108)	(0.0105)	(0.0099)	(0.0091)	(0.0101)	(0.0109)	(0.0154)
其余变量	已控	已控	已控	已控	已控	已控	已控	已控	已控	已控
样本量	6800	6800	6800	6800	6800	6800	6800	6800	6800	6800

（二） GQR 方法的回归结果[①]

GQR 方法的重要特征是对被解释变量 Y 进行了分层，其回归系数刻画的是被解释变量 Y 的不同位置上 X 对 Y 的边际影响。所以此处选取被解释变量 Y（家庭非居住性消费）的九个代表性分位点对 Y 进行分层，来计算出其对应的边际影响的值，其结果如表 4 所示。

表 4   房价对非居住性消费的边际影响（GQR 回归结果）

分位点	10%	20%	30%	40%	50%	60%	70%	80%	90%
y 的分位数 （万元）	0.0584	0.1318	0.2182	0.3209	0.4636	0.6545	0.9273	1.4025	2.4545
$\hat{\theta}(y)$	0.1924 **	0.1855 ***	0.1768 ***	0.1683 ***	0.1622 ***	0.1580 ***	0.1520 ***	0.1397 ***	0.1140 ***
$\hat{\theta}(y)$ 的标准差	(0.0438)	(0.0468)	(0.0498)	(0.0477)	(0.0471)	(0.0487)	(0.0510)	(0.0516)	(0.0527)

首先可以看出，表 4 中 GQR 在不同分位数上的回归结果都显著为正，与表 3 中的 OLS 和 QR 回归结果方向一致。其次 GQR 在不同分位数上的回归系数存在递减性，说明同 QR 一样 GQR 也捕捉到了房价对居民非居住性消费的异质性影响。

在表 3 的 QR 回归结果中，如果指定分位点为 60%，房价和房价平方的回归系数分别为 0.196 和 0.0302。即给定解释变量 X 等于 x 和扰动项 U 等于 u（不可观测）的群体，房价对该群体非居住性消费的边际效应仍需根据解释变量 x 的值进行具体的计算。在表 4 的 GQR 回归结果中，如果仍指定分位点为 60%，那么对应的分位数非居住性消费为 0.6545 万元/月。即无论解释变量 X 给定什么值，对于被解释变量（家庭非居住性消费）等于 0.6545 万元/月的群体，房价对该群体非居住性消费的边际影响显著为 0.158。

从 QR 和 GQR 的实例应用中可以清晰地看出，通过 GQR 计算出的 $\theta(y)$，不仅可以避开扰动项 U 的不可观测性，而且不用对解释变量 X 进行

---

①   GQR 方法计算的回归系数主要是 $\theta(y)$。本文也计算了给定 X = x，Y = y 的情况下，边际效应 $\theta(x, y)$ 的回归结果，感兴趣的读者可以询问作者索取。

具体的指定，可以简单直接地利用被解释变量 Y 对边际效应进行清晰的刻画。虽然 QR 和 GQR 两种方法都能反映房价对居民非居住性消费的异质性影响。但在目前这个问题上，由于扰动项的不可观测性和未知性，QR 的结果不易观测出明确的趋势性，解释起来比较困难。而采用 GQR 方法的结果解释就比较清晰，且符合直觉。因此，GQR 提供了 QR 捕捉关键解释变量对因变量异质性影响的另一种有效途径。

为了更好地说明房价对家庭非居住性消费的异质性影响，我们给出了不同分位点上 θ̂ 分布的折线图（见图 3）。从图中可以看出，随着居民非居住性消费的增加，房价对家庭非居住性消费的边际影响不断变小。当家庭的非居住性消费偏低时，房价对该群体家庭的非居住性消费的边际影响较大，但对于非居住性消费偏高的群体，房价对该群体非居住性消费的边际影响却较小。像这样的研究结论在目前文献中还没有看到，反映出本文提出模型的实际应用价值。

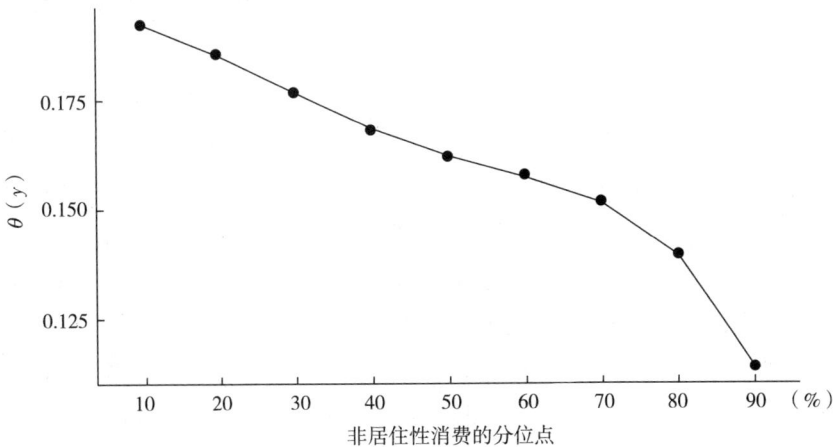

图 3　不同分位点上 θ（y）的分布情况

（三）稳健性检验

为了体现我们回归结果的稳健性，修改回归模型并加入平方项和所有的交互项，模型设计如下：

$$\ln c = \alpha_0 + \alpha_1 \ln hp + \alpha_2 (\ln hp)^2 + \sum_{i=1}^{7} \beta_i X_i + \sum_{i=1}^{7} \gamma_i (\ln hp) \times X_i + \in$$

结果表明[①]，$\hat{\theta}(y)$ 的回归结果稳健性较好，不同分位点上 $\hat{\theta}(y)$ 的折线图向下倾斜递减，即伴随居民非居住性消费的上升，房价对非居住性消费的边际影响不断下降。

（四）房价对家庭非居住性消费边际影响的经济学解释

"生命周期—永久收入"假说认为房价上涨增加了居民财富，进而通过"财富效应"促进了居民消费（Engelhardt，1996；Case et al.，2005）。另一些学者提出相反的见解，认为房屋具有投资和消费的属性，房价上涨使房屋相关的消费支出增加，进而挤出其他部分的消费（Haurin and Rosenthal，2006；Muellbauer，2008；戴颖杰和周奎省，2012）。本文的研究结果与"生命周期—永久收入"假说一致（Skinner，1989；Berg and Bergstrom，1995；李春风等，2013）。我们的结果总体显示，房价对非居住性消费有显著的促进作用，即房价上涨对非居住消费带来的财富效应大于对其挤出效应。

同时，相比于以前的研究，我们的估计结果进一步体现了这种促进作用对不同消费水平的家庭并非一致。从图 3 中可以看出，房价对非居住性消费的边际影响随着家庭消费水平的增加而不断减小。由于非居住性支出是指总消费减去住房消费支出后的剩余部分，主要包括一些生活的基本开支和文娱支出等，因此非居住消费偏低的家庭往往是低收入家庭，房价上涨对他们产生的"财富效应"很大。另外，房价的上涨对消费水平已经很高的家庭影响有限。这是因为消费水平较高的家庭，其生活基本需求和文娱需求早已满足，房价上涨带来的财富效应偏低。同时，非居住性消费较高的群体基本上不存在房价上涨对该群体消费的挤出效应，所以房价对该群体的非居住性消费影响也偏低。最终导致，对高收入阶层来说房价上涨的财富效应和挤出效应都偏低。总的来看，以往文献普遍采用均值回归的方法揭示房价上涨对家庭消费的拉动作用，而我们的 GQR 较好地捕捉了这种拉动作用的异质性，并且其解释符合中国的现状。

----

① 限于篇幅，稳健性结果请问作者索取。

七、实证二：提高最低工资使谁最受益

最低工资是一项旨在保障低收入者基本生活的制度，因此最低工资备受政策制定者和经济研究者关注。大量经典文献研究表明，最低工资能够显著地提高低收入群体的收入水平（Addison and Blackburn，1999；Neumark et al.，2004）。由于农民工是我国低收入群体的重要组成部分，孙中伟和舒玢玢（2011）关注了最低工资标准对珠三角农民工工资的影响，发现最低工资标准显著提高了农民工的个人工资。最低工资的上涨有利于缩小劳动者的收入差距（Addison and Blackburn，1999；张世伟和贾朋，2014），但最低工资是否对高收入劳动者具有收入的溢出效应尚没有达成一致（David et al.，2016）。

最低工资对其他收入人群是否存在溢出效应，以及对不同收入人群的影响存在什么样的差异，相关的经典文献却很少。为了刻画出最低工资对不同收入人群的溢出效应，邸俊鹏和韩清（2015）采用传统分位数回归方法（QR）研究了最低工资对个人收入的异质性影响。由于扰动项的不可观测性，他们的研究并不能清晰地反映出，不同收入水平上最低工资对居民个体收入的边际影响。所以我们采用与邸俊鹏和韩清（2015）完全相同的数据（"中国健康与营养调查"1996～2010年的微观数据以及全国12个省份的最低工资数据)[①]，但不再使用传统的分位数回归，而是采用我们改进的分位数回归（GQR）进行研究，同样我们加入平方项和交互项，模型设计如下：

$$\ln W_{ijt} = \alpha_0 + \alpha_1 \ln(mwage_{jt}) + \alpha_2 \ln^2(mwage_{jt}) + \alpha_3 H_{ijt} + \alpha_4 G_{jt} + \alpha_5 T_t +$$
$$\alpha_6 \ln(mwage_{jt}) \times gender_{ijt} + \alpha_7 \ln(mwage_{jt}) \times edu_{ijt} + \alpha_8 \ln(mwage_{jt}) \times exp_{ijt} + \in_{ijt}$$

其中，$\ln W_{ijt}$表示个体 i 所在省份 j 在 t 年的工资收入的对数，主要包括工资性收入、奖金和其他补贴收入。ln（mwage）表示对数最低工资（minwage）；控制变量 H 包括个体性别（gender）、受教育年限（edu）、工作经验（exp）和工作经验的平方项（exp^2）；G 为固定效应变量各省份的人均GDP（perGDP），T 为四个虚拟的时间变量（years）。

––––––––––––––––––

① 本文的数据处理方法与原文完全相同，具体处理过程见（邸俊鹏和韩清，2015）。

（一） QR 和 GQR 的对比分析

为了直接对比分析 QR 和 GQR 之间的差异，本文采用与邸俊鹏和韩清（2015）相同的数据库和数据处理方法。首先我们采用与原文相同的回归模型和 QR 方法复制了邸俊鹏和韩清（2015）的分位数回归结果，结果如表 5 所示。可以看出，最低工资对个人收入的边际效应呈现递减趋势，这与原文的结果一致。对于这样的分位数回归结果，邸俊鹏和韩清（2015）的原文给出的解释是"最低工资对中低收入人群，如位于工资分布 0.1 ~ 0.5 分位上的群体受最低工资的影响较大"。因此，可以清晰地看出，原文的本意是要估计对于收入分布不同位置上的群体，最低工资对该群体个人收入的异质性影响。然而，这恰恰是本文 GQR 方法估计结果要回答的问题。

表 5　个人收入的回归结果（QR 方法）

分位点	10%	20%	30%	40%	50%	60%	70%	80%	90%
	QR								
最低工资	0.794 ***	0.720 ***	0.715 ***	0.674 ***	0.640 ***	0.530 ***	0.523 ***	0.381 ***	0.214 **
	(0.202)	(0.180)	(0.171)	(0.139)	(0.135)	(0.121)	(0.112)	(0.112)	(0.107)
其余变量	已控	已控	已控	已控	已控	已控	已控	已控	已控
样本量	8820	8820	8820	8820	8820	8820	8820	8820	8820

为了准确清晰地刻画出，在个人收入（Y）分布的不同位置上，最低工资对个人收入的异质性影响，同时也为了检验邸俊鹏和韩清（2015）分位数回归结果的稳健性。我们采用 GQR 方法计算出了边际效应 $\theta(y)$ 的值，其结果如表 6 所示。

表 6　最低工资对个人收入的边际影响（GQR 回归结果）

分位点	10%	20%	30%	40%	50%	60%	70%	80%	90%
y 的分位数（万元）	0.11	0.16	0.24	0.36	0.53	0.72	0.96	1.20	1.80
$\hat{\theta}(y)$	0.4939 ***	0.4667 ***	0.4172 ***	0.3844 ***	0.3408 ***	0.3100 ***	0.2821 ***	0.2653 ***	0.2428 ***
$\hat{\theta}(y)$ 的标准差	(0.0684)	(0.0673)	(0.0664)	(0.0668)	(0.0685)	(0.0706)	(0.0733)	(0.0753)	(0.0786)

为了更好地观察最低工资的提高对居民个人收入的异质性影响，我们画出了不同分位点上 $\hat{\theta}(y)$ 分布的折线图，如图 4 所示，我们可以明显看出，最低工资对低收入者的个人收入影响较大，比如最低工资对个人收入为 0.11 万元/月的群体的边际影响为 0.4939。随着个人收入的增加，边际效应 $\hat{\theta}(y)$ 呈现不断下降的趋势，当居民的个人收入为 1.80 万元/月时，最低工资对居民收入的边际影响较小大约只有个人收入为 0.11 万元/月群体的一半。

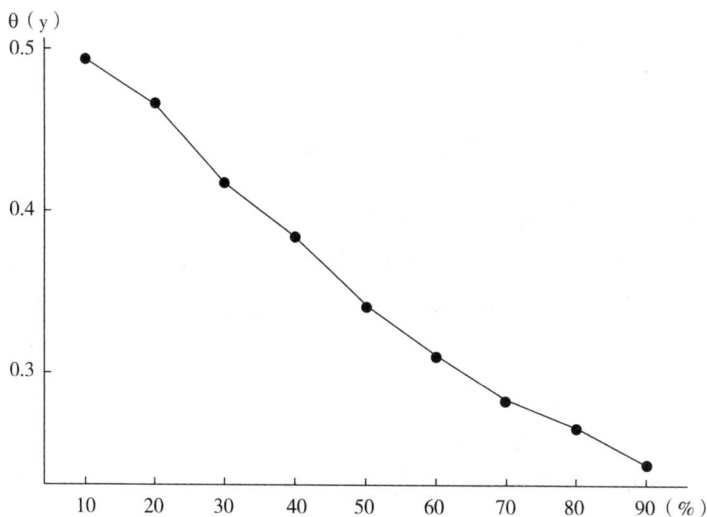

图 4　不同分位点上 θ (y) 的分布情况

有趣的是，我们采用 GQR 回归方法得出了与邸俊鹏和韩清（2015）采用 QR 回归方法类似的趋势性结果。但是，GQR 和 QR 回归结果的意义却不同。例如，如果同时指定的分位点为 20%，QR 方法估计的系数被解释为，对于扰动项 U 等于 u（未能具体指明）的居民群体，最低工资对该群体个人收入的边际影响显著为 0.720。而本文采用 GQR 方法估计的系数则可以被解释为，对于被解释变量居民个人收入（Y）等于 0.16 万元/月的群体，最低工资标准对该群体的个人收入的边际影响显著为 0.4667。所以，GQR 提供了 QR 之外的另一种捕捉异质性的方法，并且该方法具有更为清晰的解释意义。

（二） 稳健性检验

为了体现我们结果的稳健性，在回归模型加入平方项和所有的交互项，模型设计如下：

$$\ln W_{ijt} = \alpha_0 + \alpha_1 \ln(mwage_{jt}) + \alpha_2 \ln^2(mwage_{jt}) + \alpha_3 H_{ijt} + \alpha_4 G_{jt} + \alpha_5 T_t + \alpha_6 \ln(mwage_{jt}) \times gender_{ijt} + \alpha_7 \ln(mwage_{jt}) \times edu_{ijt} + \alpha_8 \ln(mwage_{jt}) \times exp_{ijt} + \alpha_9 \ln(mwage_{jt}) \times G_{jt} + \alpha_{10} \ln(mwage_{jt}) \times T_t + \epsilon_{ijt}$$

结果表明，$\hat{\theta}(y)$ 的回归结果稳健性较好，不同分位点上 $\theta(y)$ 的折线图仍呈向下趋势，即伴随个人收入的上升，最低工资标准的提高对居民个人收入的边际影响不断下降。

（三） 最低工资标准的提升对居民收入影响的经济学解释

众多研究结果表明，最低工资对低收入者的个人收入有显著的影响（Addison and Blackburn，1999；Neumark et al. ，2004），但最低工资对其他层次的收入人群是否存在溢出效应，也是最低工资制定者和相关研究者关心的问题。

从图4的结果可以清晰地看出，最低工资不仅对低收入者有显著的促进作用，也对其他相对高层次的收入群体存在溢出效应。首先，新古典经济学认为，工人的工资是由工人的人力资本决定的，人力资本越高越有可能在劳动力市场上得到更高的工资（Mincer，1974）。最低工资会对低收入工人产生激励作用（Cubitt and Heap，1999），由此提高了低收入者的人力资本含量，最终增加了低收入者的个人收入。其次，新古典经济学也认为劳动力也是一种商品，商品的价格就应该由供需来决定，当低收入者的基本工资增加时，低收入者所在岗位的需求就会增多，相应的其他岗位需求就会变少。从劳动供给角度来看，最低工资标准的提高，降低了市场对相对高层次人才的供给，促使相对高层次人才的工资上升。最后，当低收入者的工资提高时，为了提高其他工人的积极性，并且要与低收入者保持一定的距离，企业也会相应地提高其他工人的工资，但其提升的幅度一定是小于低收入者，因为企业仅仅是为了促进这部分工人的积极性，并不是因为他们的生产效率得到了提高。

图4的结果显示，最低工资对收入最高群体的边际影响最小，不及个人收入为0.11万元/月群体的一半。伴随个人收入的增加，工人之间的工资差

距越来越大，当低收入者的工资提高时，仍然相对高收入者有很大的差距，最低工资相对高收入群体的个人收入仍然偏低，所以对于个人收入越高的人，最低工资对其个人收入的影响越小。

八、结论和展望

过去几十年来，分位数回归（QR）成为应用研究者在利用微观经济数据进行实证研究时常用的计量方法之一，其原因在于它具有刻画政策异质性效应的功能。本文指出，QR 结果的阐释实际上依赖于模型中扰动项的确切含义，因而在某些实证应用中会带来不便。不仅如此，在不少研究中，研究者实际上想要估计的是：在因变量无条件分布的不同位置上，解释变量对因变量的异质性影响。为契合这种需求，本文提出一种改进后的分位数回归方法（GQR），该方法直接识别在 Y 分布的不同位置上，X 对 Y 的平均边际影响。GQR 具有操作简便，拓展灵活，性质优良，小样本表现良好等特征。我们运用 GQR 研究了两个与中国经济相关的实际问题，结果表明，GQR 方法能较好地捕捉政策效应的异质性。我们提出的方法可能会对广大应用研究者的实证分析工具有所扩充与帮助。

参考文献

[1] 戴颖杰，周奎省．房价变动对居民消费行为影响的实证分析［J］．宏观经济研究，2012（3）．

[2] 杜莉，罗俊良．房价上升如何影响我国城镇居民消费倾向——基于两阶段家庭最优消费模型的研究［J］．财贸经济，2017（3）．

[3] 邸俊鹏，韩清．最低工资标准提升的收入效应研究［J］．数量经济技术经济研究，2015（7）．

[4] 黄静，屠梅曾．房地产财富与消费：来自于家庭微观调查数据的证据［J］．管理世界，2009（7）．

[5] 李春风，陈乐一，刘建江．房价波动对我国城镇居民消费的影响研究［J］．统计研究，2013（2）．

[6] 张大永，曹红．家庭财富与消费：基于微观调查数据的分析［J］．经济研究，2012（s1）．

[7] Addison, J. T., and Blackburn, M. Minimum Wages and Poverty［J］. Industrial

and Labor Relations Review, 1999, 52 (3): 393 – 409.

[8] Berg, L., and Bergstrom, R. Housing and Financial Wealth, Financial Deregulation and Consumption—The Swedish Case [J]. Scandinavian Journal of Economics, 1995, 97 (3): 421 – 439.

[9] Case, K., E, Quigley, J., M, and Shiller, R., J. Comparing Wealth Effects: The Stock Market Versus the Housing Market [J]. Advances in Macroeconomics, 2005, 5 (1): 1 – 34.

[10] Cubitt, R., P, and Heap, S., P., H. Minimum Wage Legislation, Investment and Human Capital [J]. Scottish Journal of Political Economy, 1999, 46 (2): 135 – 157.

[11] David, H., Manning, A., and Smith, C., L. The Contribution of the Minimum Wage to US Wage Inequality over Three Decades: A Reassessment [J]. American Economic Journal: Applied Economics, 2016, 8 (1): 58 – 99.

[12] Engelhardt, G., V. House Price and Home Owner Saving Behavior [J]. Regional Science and Urban Economics, 1996, 98 (26): 313 – 336.

[13] Florens, J., P., Heckman, J., J., Meghir, C., and Vytlacil, E. Identification of treatment effects using control functions in model with continuous, endogenous treatment and heterogeneous effects [J]. Econometrica, 2008 (76): 1191 – 1206.

[14] Haurin, D., S, and Rosenthal, S., S. House price appreciation, savings, and consumer expenditures [D]. Ohio State University Working Paper, 2006.

[15] Heckman, J., and Vytlacil, E. Instrumental variable methods for the correlated random coefficient model [J]. The Journal of Human Resources, 1998, 33 (4): 974 – 987.

[16] Hoderlein, S., Klemela, J., and Mammen, E. Analyzing the random coefficient model nonparametrically [J]. Econometric Theory, 2010, 26 (3): 804 – 837.

[17] Koenker, R., and Bassett, G. Regression Quantiles [J]. Econometrica, 1978, 46 (1): 33 – 50.

[18] Koenker, R. Quantile Regression [M]. Cambridge University Press, 2005 and Torgovitsky, A. Identification of instrumental variable correlated random coefficients models [J]. Review of Economics and Statistics, 2016, 98 (5): 1001 – 1005.

[19] Muellbauer, J. Housing, Credit and Consumer Expenditure [M]. Cepr Discussion Papers, 2008.

[20] Mincer, J., A. Schooling, Experience, and Earnings [J]. Industrial and Labor Relations Review, 1976, 29 (3): 7 – 14.

[21] Neumark, D., and Wascher, S., W. Minimum Wage Effects throughout the Wage Distribution [J]. The Journal of Human Resources, 2004, 39 (2): 425 – 450.

[22] Skinner, J. Housing Wealth and Aggregate Saving [J]. Regional Science and Ur-

ban Economics, 1989, 19 (2): 305 – 324.

[23] Wooldridge, J. On two stage least squares estimation of the average treatment effect in a random coefficient model [J]. Economics Letters, 1997, 56 (2): 129 – 133.

[24] Wooldridge, J. Further results on instrumental variables estimation of average treatment effects in the correlated random coefficient model [J]. Economics Letters, 2003, 79 (2): 185 – 191.

[25] Wooldridge, J. Instrumental variables estimation of the average treatment effect in the correlated random coefficient model [J]. In: D. Millimet, J. Smith, and E. Vytlacil, eds., Advances in Econometrics: Modeling and Evaluating Treatment Effects in Econometrics [J]. Bingley, UK: Emerald Group Publishing Limited, 2008 (21): 93 – 116.

[26] Wooldridge, J. Econometric analysis of cross section and panel data [M]. MIT Press 2010. Zhang, Z. Y., and Jin, Z. Q. Identification and estimation in a linear correlated random coefficients model with censoring [J]. Econometric Reviews, 2019 (1): 1 – 18.

2. 宏观经济、财政税收

均衡汇率偏离的不对称影响研究

——基于双向随机前沿模型的实证分析[①]

张　坤

摘　要　汇率变动对一国宏观经济会产生重要的影响，汇率的高估或低估对一国宏观经济会产生影响，因此对均衡汇率的测度、对真实汇率失衡的研究也是国际宏观经济研究领域的一个重要分支。本文运用双向随机前沿计量方法，对 G20 国家实际汇率的高估、低估效应进行测度，进而得到实际汇率偏离均衡汇率的净效应即汇率失衡程度。通过对全部样本和子样本的实证研究考察发现在影响一国实际汇率偏离均衡汇率即汇率失衡的不可观测影响因素中，本国和贸易伙伴国对实际汇率偏离的不对称影响对本国汇率失衡程度有绝对显著的影响和解释力，进而在这一不对称影响效应的基础上对汇率失衡进行分析。

关键词　均衡汇率；双向随机前沿；汇率失衡

Asymmetric Effects of Equilibrium Exchange Rate Deviation: An Empirical Analysis Based on Two – way Stochastic Frontier Model

Zhang Kun

Abstract: Exchange rate fluctuation will have an important impact on a

---

①　基金项目：国家社科基金青年项目"全球经济失衡的调整机制及其对中国经济的影响研究（17CGJ028）"资助。

country's macro – economy. Overvaluation or undervaluation of exchange rate will have an impact on a country's macro – economy. Therefore, the measurement of e-quilibrium exchange rate and the study of real exchange rate imbalance are also important branches of international macro – economic research. This paper uses two – tier stochastic frontier measurement to measure the overvaluation and undervaluation effects of real exchange rates in G20 countries, and then obtains the net effect of real exchange rates deviating from equilibrium exchange rates, the degree of exchange rate imbalance. Through the empirical study of all samples and sub – samples, it is found that in the unobservable factors affecting a country's real exchange rate deviation from the equilibrium exchange rate, the exchange rate imbalance, the asymmetric effect of the real exchange rate deviation has absolutely significant influence and explanatory power on the degree of the exchange rate imbalance of the country. On the basis of asymmetric effects, the exchange rate imbalance is analyzed.

Key Words: Equilibrium Exchange Rate; Two – tier Stochiastic Frontier; Exchange Rate Imbalances

一、引言及文献回顾

在封闭经济中，货币或许是中性的。但在开放经济中，货币不仅是非中性的，而且不同货币间的关系即汇率对一国宏观经济增长会产生重要影响。在开放经济条件下，一国宏观经济实现均衡即内部和外部均衡时，此时的汇率可视为均衡汇率。Nurkes（1945）将均衡汇率定义为，国际收支平衡和充分就业同时实现时的实际汇率，即内外均衡同时实现的实际汇率。Nurkes 仅提出了均衡汇率的概念，但对其的测度方法等却未提及。在这一基础上，学术界逐渐发展出不同的均衡汇率理论，主要有宏观经济均衡分析方法的均衡汇率理论、基本因素均衡汇率理论（FEER）、行为均衡汇率理论（BEER）、国际收支均衡汇率理论（BPEER）、自然均衡汇率理论（NATREX）和均衡实际汇率理论（ERER）[①]。

那么，对均衡汇率的考察和研究则以上述理论为基础进行测度，通过

[①]　姜波克和李怀定（2006）对以上几种均衡汇率理论进行了文献评述。

对均衡汇率的估计和测度，以考察一国真实汇率对均衡汇率的偏离程度也即失衡程度。真实汇率对均衡汇率的偏离有两个方向，或高于均衡汇率，或低于均衡汇率，也就是我们通常所提到的真实汇率的高估或低估。根据均衡汇率的定义，汇率的高估或低估对一国宏观经济会产生影响，因此，对均衡汇率的测度、对真实汇率失衡的研究也是国际宏观经济研究领域的一个重要分支。Saadaoui（2015）以基本因素均衡汇率理论为基础对 26 个经济体的实际有效汇率与均衡汇率之间的长期关系进行实证研究，运用静态和动态最小二乘回归考察均衡汇率与实际有效汇率之间双向因果关系，二者之间存在双向长期的正向相关关系，这一结论对汇率失衡的调整以及全球经济失衡的调整有重要意义。Fidora 等（2017）利用 57 个国家的季度数据并运用 BEER 考察汇率制度对汇率失衡的持续性和规模的影响，通过对比欧元区国家与非欧元区国家发现，欧元区国家的汇率失衡程度明显小于其他国家。Aguirre 和 Calderón（2005）利用 60 个国家的年度数据，运用协整和动态面板数据方法考察汇率失衡的经济绩效，实证结果表明，汇率失衡程度与经济增长之间存在非线性关系，即适度的汇率失衡能够促进增长，汇率失衡程度高不利于经济增长。Sallenave（2010）于 1980～2006 年 G20 国家汇率失衡对经济增长的影响进行研究，通过 BEER 和动态面板模型发现，新兴经济体的汇率失衡程度高于发达经济体，汇率失衡对经济增长有负影响。Comunale（2017）于 1994～2012 年欧盟 27 个国家的实际有效汇率对经济增长进行考察，研究发现中心国家的汇率失衡程度较小，外围国家的汇率存在高估，同时汇率失衡对长期经济增长不利。Hosni 和 Rofael（2015）运用 ERER 对埃及 1999～2012 年的实际有效汇率进行考察，利用三种不同的方法对均衡汇率进行估计，实证结果发现：2003～2007 年出现汇率低估，2001～2002 年和 2008～2012 年均出现了汇率高估，还提出实际有效汇率低估 9～13 个百分点能够保持埃及产品的国际市场竞争力。Schnatz（2011）运用 FEER 估计均衡汇率，并以此考察汇率失衡与全球经济失衡调整之间的关系。Loeffer（2015）通过修正的 Dornbusch 模型揭示了准备金对实际有效汇率的影响，并以拉美国家、东欧国家和东亚国家为样本进行了实证检验，发现准备金能够显著揭示实际有效汇率的失衡。国内关于均衡汇率和汇率失衡的文献大多数都以人民币汇率为研究对象进行。金雪军和王义中（2008）分别考察产品市场和资本市场的人民币均衡汇率以及汇率失衡和汇率波动，发现产品市场人民币汇率存在低估而资本市场则存在高估。秦朵和何新华（2010）以除中国香港外的 22 个最大贸易伙伴对人民币实际有效汇率进行贸易加权计算，并运用动态最小二乘法以及协整方法对人民币均衡汇率进行估计，实证结果表明，人民币实际汇率相对均衡汇率不存在低估，仅相对于美元和欧元存在一定程度的低估，并提出双边汇率不宜作为考察均衡汇率及汇率失衡的指标。孙国峰和孙碧波（2013）构建了符合中国经济实情的 DSGE 模型并对人民币均衡汇率进行估算，实证结果表明，人民币汇率失衡受亚洲金融危机、中国加入 WTO 和 2008 年国际金融危机的冲击影响分别出现了不同程度的高估和低估现象，且在国际金融危机后人民币汇率趋于均衡水平。王彬（2015）通过动态随机一般均衡模型考察人民币的均衡汇率及其失衡程度，研究发现，人民币汇率失衡程度在 2005 年汇率形成机制改革后逐步缩小，且汇率失衡对贸易失衡的影响也逐渐减小。姚宇惠和王育森（2016）通过总结长短期汇率影响因素机制发行，购买力平价、贸易壁垒、资本管制、利率水平和资本流动等因素决定人民币均衡汇率，在此基础上利用协整方法对 1998 ~ 2014 年人民币对美元的均衡汇率进行估计，并以此结果估计出 2015 年上半年均衡汇率。魏荣恒（2017）基于 BEER 和协整方法对人民币实际有效均衡汇率及其失衡以及影响进行考察发现，人民币汇率失衡在 1994 ~ 2016 年的不同阶段有不同的表现。

从以上国内外相关研究文献可以发现，国外关于均衡汇率的研究集中于考察汇率失衡的影响，国内关于均衡汇率的研究以人民币均衡汇率测算及其失衡考察为主，但关于均衡汇率估算的方法差异不大。本文以 G20 国家为样本，运用双向随机前沿方法直接对实际有效汇率的高估与低估进行测度，并最终得出实际有效汇率的净失衡程度，这也是本文不同于现有中文文献之处和主要创新之处。本文安排如下：第二部分为实际汇率失衡程度的测度；第三部分为实证研究的结果分析；第四部分为本文结论。

二、一国实际汇率失衡的测度

本文借鉴卢洪友等（2011）、Kumbhaka 和 Parmeter（2009）的双向随机前沿方法，可将一国实际汇率表达为：

$$REER = \overline{REER} + \eta \ (REER - \overline{REER}) \tag{1}$$

其中，$\overline{REER}$是本国期望的汇率水平，$\overline{REER}$是贸易伙伴国期望的本国汇率水平。因为本国期望本币汇率低估，这样有利于出口；贸易伙伴国期望本币汇率高估，这样有利于对方的出口。η（$0 \leqslant \eta \leqslant 1$）可理解为本国对本币实际汇率的影响力，也可理解为本国和贸易伙伴国对本币实际汇率影响的不对称程度。$\eta(\overline{REER} - \overline{REER})$反映的则是贸易伙伴国对本国的实际汇率的影响程度。但在式（1）中，$\overline{REER}$和$\overline{REER}$均是不可观测的，故式（1）不具备可操作性，因此需要对式（1）进行变换。

首先，本文给出均衡汇率水平 $\mu(x) = E(\theta \mid x)$，其中 θ 未知，且有 $\overline{REER} \leqslant \mu(x) \leqslant \overline{REER}$。因此，$(\mu(x) - \overline{REER})$表示本国对实际汇率的预期效益，$(\overline{REER}\mu(x))$则为贸易伙伴国对本国汇率的预期效应。本国与贸易伙伴国的预期效益取决于对本国实际汇率的影响力。在此基础上，可将式（1）做如下变换：

$$REER = \mu(x) - \mu(x) + REER + \eta(\overline{REER} - \overline{REER} + \mu(x) - \mu(x))$$

$$= \mu(x) + (REER - \mu(x)) + \eta(\overline{REER}\mu(x)) - \eta(\overline{REER} - \mu(x))$$

$$= \underbrace{\mu(x)}_{\text{均衡汇率}} + \underbrace{\eta(\overline{REER} - \mu(x))}_{\text{贸易伙伴国的影响效应}} + \underbrace{(1 - \eta)(\mu(x) - \overline{REER})}_{\text{本国的影响效应}} \tag{2}$$

式（2）中，贸易伙伴国的影响效应即为对均衡汇率的高估效应，本国的影响效应即为对均衡汇率的低估效应。由式（2）可推得：

$$\underbrace{REER - \mu(x)}_{\text{汇率失衡程度}} = \underbrace{\eta(\overline{REER} - \mu(x))}_{\text{本国汇率高估程度}} + \underbrace{(1 - \eta)(\mu(x) - \overline{REER})}_{\text{本国汇率低估程度}} \tag{3}$$

由式（3）可推导出，本国和贸易伙伴国的影响效应之和即为对均衡汇率偏离的净效应即汇率失衡程度的测度。由此可知，一国的汇率失衡可分解为两部分，这两部分体现的是本国和贸易伙伴国对本国的实际汇率的影响力。

本文欲借助 Polachek 和 Yoon（1987，1996）发展的双边随机前沿计量模型对式（2）进行估算，可将式（2）改写为：

$$REER = \mu(x) - u + w + v \tag{4}$$

其中，$u = (1 - \eta)(\mu(x) - \overline{REER}) \geqslant 0$，$w = \eta(\overline{REER} - \mu(x)) \geqslant 0$，$v$ 是随机误差项。w 即为本国实际汇率的高估效应，u 即为本国实际汇率的低估

效应。模型（3）的估计需通过极大似然估计方法（MLE）实现。对数似然
函数和参数估计表达式可参见 Kumbhaka 和 Parmeter（2009）。

三、实证结果及分析

本文以 G20 国家为样本①，选取 1980～2016 年为样本考察区间，数据
来源为世界银行数据库，具体指标选取及变量统计性质见表1。本文选取实
际有效汇率为被解释变量，以表1中其他指标为解释变量，通过式（3）展
示的双向随机前沿计量分析模型进行分析估计②。

表1　变量统计性质描述

变量名称	变量符号	观测值数	均值	标准误	最小值	中位数	最大值
实际有效汇率	reer	618	102.9	30.39	47.17	100	271.3
金融发展	dcpsb	623	62.34	41.88	6.805	51.89	194.4
产业结构	str	560	0.631	0.348	0.248	0.524	2.598
经常账户平衡	ca	661	-0.344	4.812	-20.81	-0.980	27.42
进口	import	694	21.78	8.691	4.631	22.18	54.25
出口	export	694	23.05	10.72	5.062	22.90	63.46
净流入 FDI	fdii	688	1.560	1.716	-3.617	1.120	12.72
净流出 FDI	fdio	666	1.207	1.796	-4.715	0.677	17.72
净海外资产	nfagdp	627	0.0960	0.222	-0.453	0.0480	1.104
经济增长率	gdpr	693	3.281	4.180	-20.73	3.141	17.01

表1为汇率失衡形成机制及其方差分解的全样本估计结果，汇率失衡占
比表示的是本国和贸易伙伴国对一国均衡汇率偏离的总和影响力，本国比
重表示的是本国对均衡汇率偏离即汇率低估的影响效应，伙伴国占比表示
的是贸易伙伴国对均衡汇率偏离即汇率高估的影响效应。由表1中结果可
知，汇率失衡的方差占比为87.04%，表明在影响一国实际汇率偏离均衡汇

---

① 不含欧盟。
② 为节约篇幅，模型的系数估计结果这里不进行展示，可联系作者索取。

率即汇率失衡的不可观测影响因素中，本国和贸易伙伴国对实际汇率偏离的不对称影响对本国汇率失衡程度有绝对显著的影响和解释力。在这不对称的影响中，本国的影响力比重为 2.73%，贸易伙伴国的影响力比重为 97.27%。显然，贸易伙伴国对本国的汇率影响力更大。换言之，就全样本的估计结果而言，贸易伙伴国对本国汇率的高估影响力更大，这可从表 2 中所列结果佐证。表 2 为本国及其贸易伙伴国对均衡汇率偏离的不对称影响效应的估计结果，无论是均值还是各分位结果，贸易伙伴国对本国实际汇率的高估效应均大于本国对实际汇率的低估效应，也即本国和贸易伙伴国对实际汇率的影响净效应为正，二者对实际汇率的不对称影响效应对汇率失衡的平均净效应表现为汇率的高估。如图 1 所展示的净效应密度分布，绝大多数净效应大于 0，半数以上的净效应大于 10，且从图中可看出净效应的分布表现出明显的非对称性，间接验证了实际汇率偏离均衡汇率的不对称影响效应。

表 2 汇率失衡测度：全部样本

汇率失衡形成机制	本国	sigma_u	3.5776
	贸易伙伴国	sigma_w	21.3454
	随机误差项	sigma_v	8.3514
方差分解	总方差	Total sigma_sqs	538.1656
	汇率失衡占比	$(\text{sigu}^2 + \text{sigw}^2)/\text{Total}$	0.8704
	本国比重	$\text{sigu}^2/(\text{sigu}^2 + \text{sigw}^2)$	0.0273
	伙伴国比重	$\text{sigw}^2/(\text{sigu}^2 + \text{sigw}^2)$	0.9727

如表 3 所示全部样本国家的净效应均为正，即表现出实际汇率高估，但高估程度在国家间也表现出较为明显的差异。比如，美国实际汇率对均衡汇率高 24.06，为所有样本国家中最大；巴西实际汇率对均衡汇率仅高 8.68，为所有样本国家中最小，最接近均衡汇率水平。同时还可发现，阿根廷、意大利、墨西哥、韩国的实际汇率高估程度相对接近且这四个国家的高估程度仅低于美国。巧合的是，这四个国家均先后发生过债务危机，对经济增长产生不利影响。尽管本文并未对实际汇率高估与债务危机之间的影响关系或因果关系进行考察检验，但这一巧合至少可说明实际汇率高估程度对经济增长会产生冲击影响，且可能表现出非线性关系。

表 3   均衡汇率的不对称影响效应：分位数

	均值	标准误	25% 分位	50% 分位	75% 分位
高估效应	95.52	5.38	92.90	97.60	99.80
低估效应	78.16	3.96	75.46	76.44	79.22
净效应	17.36	9.31	13.67	21.15	24.34

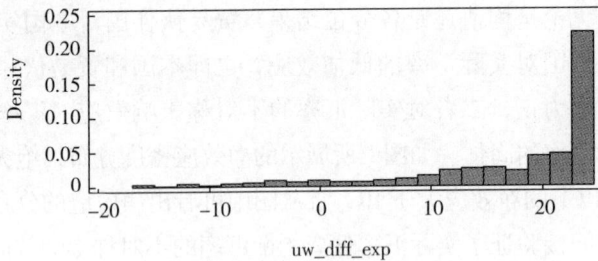

图 1   均衡汇率影响净效应

以上为全样本的汇率失衡测度结果分析，接下来本文将根据金融危机的发生、经常账户平衡以及经济发展水平划分样本进行分析。从表 4 结果来看，本国和贸易伙伴国对实际汇率偏离的不对称影响对本国汇率失衡程度在不同的子样本中仍有绝对显著的影响和解释力，具有很强的稳健性。但本国和贸易伙伴国的不对称影响在不同的子样本中差异较为明显。比如，金融危机前，贸易伙伴国对实际汇率偏离均衡汇率有绝对的影响，其方差占比达 98.91%；但危机后，本国的影响力却反超贸易伙伴国，其方差占比略大于贸易伙伴国。无论是经常账户盈余国家还是赤字国家，均表现为贸易伙伴国对均衡汇率的影响力大，且这一差距在赤字国家中更明显。发达经济体和新兴经济体的汇率失衡机制中，本国和贸易伙伴国的影响力则表现出截然相反的特征。发达国家表现为本国对均衡汇率偏离具有绝对的影响力，新兴经济体则表现为贸易伙伴国对均衡汇率偏离具有绝对的影响力。如表 5 是不同子样本的不对称影响效应。金融危机前，贸易伙伴国对本国实际汇率的影响大于本国，即实际汇率对均衡汇率偏离的高估效应大于低估效应，净效应为正，即金融危机前的实际汇率相对均衡汇率表现为高估状态；危机发生后，这一状态发生改变，本国和贸易伙伴国对实际汇率的影响力接近，低估效应仅略微大于高估效应，净效应为 -0.68，表明危机后的实际汇率接近于均衡水平。经常账户盈余国家和经常账户赤字国家的净效应均为正，但规模较小，表明经常账户盈余国家和经常账户赤字国家的实际汇率接近均衡汇率水平，且经常账户盈余国家更接近均衡汇率水平。再看发达经济体和新兴经济体，发达经济体的净效应为 −18.57，新兴经济体的净效应为 67.72，发达经济体和新兴经济体的实际汇率表现出截然相反的状态，发达经济体的实际汇率表现出低估，新兴经济体的实际汇率表现出显著的高估。从图 2 中也可进一步观察子样本的不对称效应，金融危机前的子样本净效应的分布表现出明显的非对称性，金融危机后则表现出比较明显的对称性；经常账户盈余国家和经常账户赤字国家均表现出对称性，且盈余国家的对称性更强；发达经济体和新兴经济体的净效应分布则均表现出显著的不对称性，且不对称的方向明显相反。

表 4　均衡汇率的不对称影响效应：分国家

	高估效应	低估效应	净效应		高估效应	低估效应	净效应
阿根廷	98.4	76.35	22.06	日本	94.62	79.12	15.5
澳大利亚	91.37	81.15	10.22	韩国	98.18	76.4	21.79
巴西	90.55	81.86	8.68	墨西哥	98.37	76.26	22.11
加拿大	95.63	77.66	17.97	俄罗斯	92.45	80.25	12.2
中国	94.51	78.55	15.95	沙特	96.78	77.19	19.59
法国	97.03	76.91	20.12	南非	95.2	78.72	16.48
德国	92.84	79.37	13.47	土耳其	91.77	80.78	10.99
印度	97.01	76.82	20.2	英国	97.35	76.76	20.6
印度尼西亚	95.74	77.66	18.08	美国	99.61	75.55	24.06
意大利	98.28	76.13	22.15				

结合表 5、表 6 和图 2 的分析结果可知，危机的发生对实际汇率的均衡状态产生了冲击影响，使样本国家的实际汇率在危机后趋向均衡汇率水平；经常账户失衡状态对实际汇率偏离均衡水平的影响较小，即实际汇率的高估或低估与经常账户相关性较弱；经济发展水平对实际汇率对均衡水平的偏离有显著的影响，经济发展水平高的国家实际汇率表现出低估，经济发展水平相对低的国家实际汇率表现出高估。换言之，金融危机的发生改变了本国和贸易伙伴国对实际汇率的不对称影响效应的方向，经常账户失衡对这一不对称影响效应没有明显影响，处于不同经济发展阶段的经济体的不对称影响效应有明显的差异性。

表 5   汇率失衡测度：子样本

		危机前	危机后	盈余	赤字	发达	新兴
汇率失衡 形成机制	本国	2.8711	7.9161	11.1754	8.1808	11.9737	0.3993
	贸易伙伴国	27.3653	7.2981	13.7698	23.5686	2.8015	27.2502
	随机误差项	5.7351	0.0000	0.0000	0.0000	0.0000	8.0327
	总方差	789.9916	115.9256	314.4988	622.4026	151.2176	807.2548
方差分解	汇率失衡占比	0.9584	1.0000	1.0000	1.0000	1.0000	0.9201
	本国比重	0.0109	0.5406	0.3971	0.1075	0.9481	0.0002
	伙伴国比重	0.9891	0.4594	0.6029	0.8925	0.0519	0.9998

表 6   子样本均衡汇率的不对称影响效应：分位数

金融危机前	均值	标准误	25%分位	50%分位	75%分位
高估效应	96.48	5.86	94.91	99.93	100
低估效应	74.16	3.86	72.21	72.22	74.21
净效应	22.32	9.67	20.7	27.7	27.79
金融危机后	均值	标准误	25%分位	50%分位	75%分位
高估效应	87.34	9.6	79.15	79.15	99.53
低估效应	88.02	9.72	79.15	79.15	99.95
净效应	−0.68	18.24	−20.8	0	20.37
经常账户盈余	均值	标准误	25%分位	50%分位	75%分位
高估效应	92.84	6.71	86.05	92.99	100
低估效应	91.31	6.57	86.05	86.05	99.97
净效应	1.52	12.65	−13.91	6.94	13.95
经常账户赤字	均值	标准误	25%分位	50%分位	75%分位
高估效应	95.68	6.320	85.86	100	100
低估效应	88.90	5.590	85.86	85.86	85.86
净效应	6.790	11.45	0	14.14	14.14
发达经济体	均值	标准误	25%分位	50%分位	75%分位
高估效应	73.02	9.12	69.42	69.42	69.42
低估效应	91.59	12.76	85.05	99.94	100
净效应	−18.57	20.16	−30.58	−30.52	−15.63
新兴经济体	均值	标准误	25%分位	50%分位	75%分位
高估效应	96.43	5.31	95.02	99	99.99

新兴经济体	均值	标准误	25%分位	50%分位	75%分位
低估效应	28.55	0.51	28.24	28.3	28.64
净效应	67.72	5.88	65.85	70.61	71.74

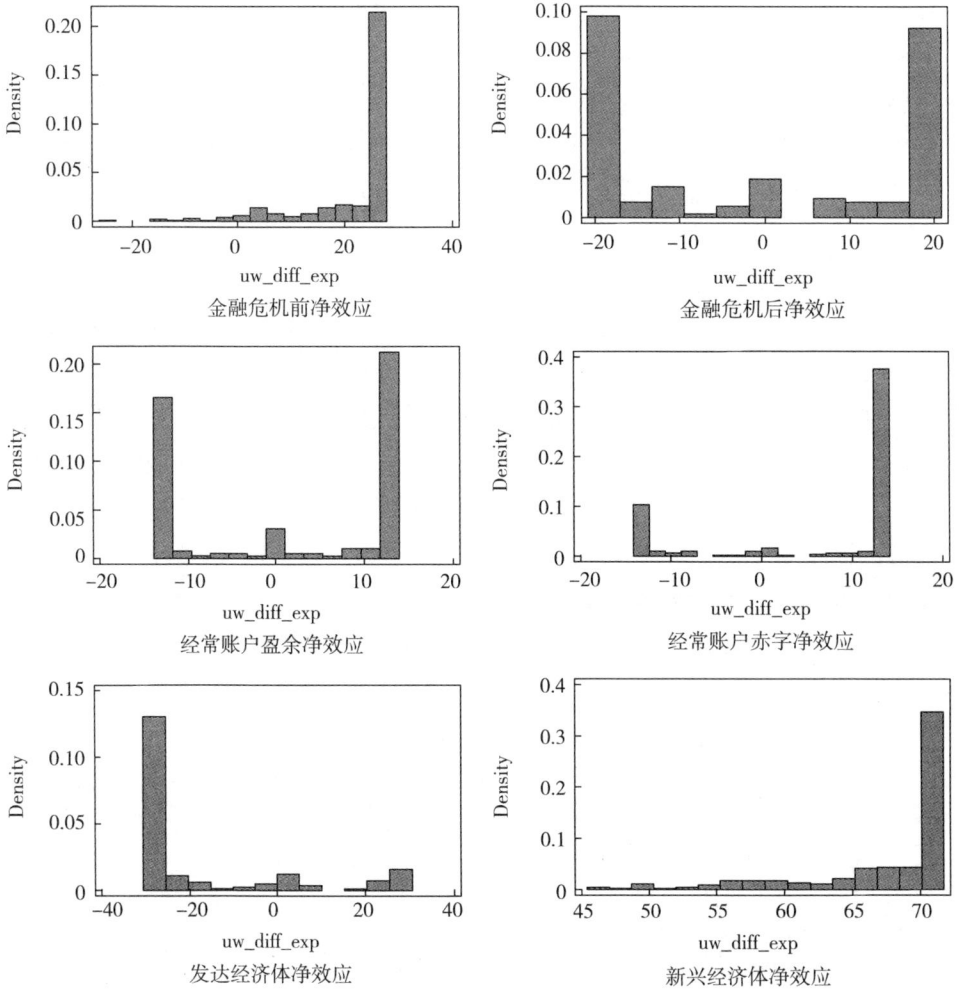

金融危机前净效应

金融危机后净效应

经常账户盈余净效应

经常账户赤字净效应

发达经济体净效应

新兴经济体净效应

图2　子样本的净效应密度分布

　　表7是子样本分国家的不对称影响效应。从表中所列结果可得，金融危机前，所有样本国家的净效应均为正，即实际效率均表现为明显的高估；

但金融危机发生后，国家间的实际汇率表现差异较大，既有汇率失衡方向的差异，也有汇率失衡程度的差异。比如，中国、印度、意大利、韩国、墨西哥、俄罗斯、沙特、英国和美国的实际汇率表现为不同程度的高估，而其他国家则表现为低估；阿根廷、印度、印度尼西亚、俄罗斯和英国的实际汇率失衡程度较小，意味着这五个国家的实际均衡汇率在危机后趋于均衡水平。由上可知，国际金融危机的发生改变了全球主要国家实际汇率偏离均衡状态，由危机前同质性转向危机后异质性。就经常账户失衡而言，其对盈余国家和赤字国家实际汇率失衡的影响也存在较大的差异，盈余和赤字状态之间有差异，两者内部也存在明显差异。当经常账户处于盈余状态时，一国的实际汇率可能会处于高估，也有可能处于低估，还可能接近均衡汇率水平。但当经常账户处于赤字状态时，一国的实际汇率要么被高估，要么接近均衡汇率水平，且高估的可能性更大。还可以注意到，中国和德国作为全球两个重要的制造业出口大国，它们的经常账户处于盈余状态时，实际汇率会偏离均衡汇率被低估。经常账户失衡对主要国家的实际汇率偏离均衡状态的影响有明显异质性，并且经常账户失衡状态的转换对一国实际汇率的均衡状态也会产生明显影响。再看处于不同发展阶段的国家的实际汇率均衡状态，所有发达经济体的实际汇率均处于低估状态，所有新兴经济体的实际汇率均处于明显的高估状态。同时，新兴经济体之间的汇率失衡程度差异较发达经济体之间的汇率失衡程度的差异小。换言之，不同的经济发展阶段对实际汇率失衡会表现出不同的状态。

表7　子样本均衡汇率的不对称影响效应：分国家

	危机前	危机后	盈余	赤字	发达	新兴
	净效应		净效应		净效应	
阿根廷	27.79	−2.85	12.21	8.5	—	70.1
澳大利亚	12.5	−5.05		0.55	−25.95	—
巴西	13.73	−14.74	−13.76	−0.98	—	64.07
加拿大	23.46	—	0.14		−30.53	
中国	20.17	5.11	−1.48	9.12		67.47
法国	25.63	−6.72	12.32	5.3	−17.94	
德国	14.99	−5.56	−5.63	7.39	−13.51	
印度	26.88	0.03	8.51	8.37	—	70.06

续表

	危机前	危机后	盈余	赤字	发达	新兴
	净效应		净效应		净效应	
印度尼西亚	—	-2.8	13.36	4.22	—	68.69
意大利	27.23	7.25	-3.74	14.14	-19.07	
日本	21.4	-6.46	2.52	—	-25.52	—
韩国	27.57	9.04	7.05	14.14		70.64
墨西哥	27.34	14.55	-0.02	12.33	—	70.87
俄罗斯	16.74	1.49	-3.18		—	65.35
沙特阿拉伯	23.71	4.26	3.36	9.33	—	67.42
南非	25.07	-15.58	7.19	3.67	—	67.39
土耳其	13.56	-12.43	-13.95	-0.6	—	64.4
英国	25.44	1.08	—	10.96	-11.82	—
美国	27.78	18.83	—	14.14	-14.09	—

注：—表示没有估计结果。

四、结论

　　本文与以往研究均衡汇率以及汇率失衡的文献不同，没有采用传统的方法对均衡汇率和汇率失衡程度进行研究。本文认为，一国的实际汇率既受本国影响，也受贸易伙伴国的影响，两者的影响力存在不对称影响效应，所得净效应即为对均衡汇率的偏离程度，即汇率失衡程度。本文运用双向随机前沿方法对这一不对称影响效应进行测度，进而得到实际汇率对均衡汇率的失衡程度。

　　通过以 G20 国家 1980～2016 年数据为样本进行实证检验，发现在影响一国实际汇率偏离均衡汇率即汇率失衡的不可观测影响因素中，本国和贸易伙伴国对实际汇率偏离的不对称影响对本国汇率失衡程度有绝对显著的影响和解释力。就全部样本而言，无论是均值还是各分位结果，贸易伙伴国对本国实际汇率的高估效应均大于本国对实际汇率的低估效应，也即本国和贸易伙伴国对实际汇率的影响净效应为正。但外部环境的变化、样本内国家间在贸易行为存在的异质性以及经济发展水平的差异都会对全部样本的结论提出挑战。因此，本文将全部样本依据金融危机发生、经常账户平衡状态以及经济发展阶段进行划分，并对这些子样本进行考察研究，得到以下结论：国际金融危机改变了本国和贸易伙伴国对实际汇率的不对称影响效应的方向，危机的发生改变了全球主要国家实际汇率偏离均衡状态，由危机前同质性转向危机后异质性；经常账户失衡对这一不对称影响效应没有明显影响，且对主要国家的实际汇率偏离均衡状态的影响有明显异质性；处于不同经济发展阶段的经济体的不对称影响效应有明显的差异性。

参考文献

[1] 姜波克，李怀定. 均衡汇率理论文献评述 [J]. 当代财经，2006 (2)：44 - 50.

[2] 金雪军，王义中. 理解人民币汇率的均衡、失调、波动与调整 [J]. 经济研究，2008 (1)：46 - 59.

[3] 卢洪友，连玉君，卢盛峰. 中国医疗服务市场中的信息不对称程度测算 [J]. 经济研究，2011 (4)：94 - 106.

[4] 秦朵，何新华. 人民币失衡的测度：指标定义、计算方法及经验分析 [J]. 世界经济，2010 (7)：3 - 24.

[5] 孙国峰，孙碧波. 人民币均衡汇率测算：基于 DSGE 模型的实证研究 [J]. 金融研究，2013 (8)：70 - 83.

[6] 王彬. 人民币汇率均衡、失衡与贸易顺差调整 [J]. 经济学 (季刊)，2015，14 (4)：1277 - 1302.

[7] 魏荣桓. 人民币汇率的双向波动及失衡程度——基于行为均衡模型的协整研究 [J]. 经济管理，2017 (11).

[8] 姚宇惠，王育森. 人民币均衡汇率的再研究：1998—2015 [J]. 国际金融研究，2016 (12)：23 - 32.

[9] Aguirre A, Calderón C. Real Exchange Rate Misalignments and Economic Performance [D]. Working Papers Central Bank of Chile, 2005.

[10] Comunale M. Dutch Disease, Real Effective Exchange Rate Misalignments and Their Effect on GDP Growth in EU [J]. Journal of International Money & Finance, 2017 (73)：350 - 370.

[11] Fidora M, Giordano C, Schmitz M. Real Exchange Rate Misalignments in the Euro Area [D]. European Central Bank Working Paper, 2018.

[12] Kumbhakar S C, Parmeter C F. The Effects of Match Uncertainty and Bargaining on Labor Market Outcomes：Evidence from Firm and Worker Specific Estimates [J]. Journal of Productivity Analysis, 2009, 31 (1)：1 - 14.

[13] Loeffler A. Reserve Requirements and Real Exchange Rate Misalignments in Emer-

ging Market Economies [J] . Review of Development Economics, 2015, 19 (3): 516 – 530.

[14] Nurkes, Ragnat. Conditions of International Monetary Equilibrium, In American Economics Association, 1950 [J] . Reading in the Theory of International Trade, 1945 (1): 3 – 34.

[15] Polachek S W, Yoon B J. A Two – Tiered Earnings Frontier Estimation of Employer and Employee Information in the Labor Market [J] . Review of Economics & Statistics, 1987, 69 (2): 296 – 302.

[16] Polachek S W, Yoon B J. Panel Estimates of a Two – tiered Earnings Frontier [J] . Journal of Applied Econometrics, 1996, 11 (2): 169 – 178.

[17] Rana H, Dina R. Real Exchange Rate Assessment in Egypt: Equilibrium and Misalignments [J] . Journal of Economics and International Finance, 2015, 7 (4): 80 – 97.

[18] Saadaoui, Jamel. Global Imbalances: Should we use Fundamental Equilibrium Exchange Rates? [J] . Economic Modelling , 2015: 383 – 398.

[19] Sallenave A. Real Exchange Rate Misalignments and Economic Performance for the G20 Countries [J] . International Economics, 2010, 121 (13): 59 – 80.

[20] Schnatz B. Global Imbalances and the Pretence of Knowing Fundamental Equilibrium Exchange Rates [J] . Pacific Economic Review, 2011, 16 (5): 604 – 615.

中国人民银行沟通能否有效
防范企业过度金融化?

林明裕　胡日东

摘　要　本文在微观企业实物—金融资产跨期投资决策的理论框架下，实证考察了央行沟通对企业金融化的作用机制。研究发现，央行宽松倾向的言辞沟通能够显著降低企业金融化水平，其传导机制在于：央行沟通抑制企业风险规避的行为，进而影响企业金融化水平。进一步，从政策非对称性以及企业异质性两个角度研究发现，央行沟通在言行一致和紧缩时期的作用效果更明显，而融资约束严重的企业对央行沟通行为的变动更敏感。因此，央行可以通过打好预期管理和其他经济金融政策的"组合拳"，引导资金"脱虚向实"，推动实体经济健康发展。

关键词　央行沟通；投资组合；风险规避；企业金融化

一、引言

金融与实体经济之间的关系一直以来都是学者关注的重点，金融具有融通资金、配置资源、发现价格和管理风险四种基本功能，能够促进企业投融资和创新活动，实现经济稳定增长。然而，随着经济新常态、利率市场化和经济全球化的不断推进，我国货币资金却出现了严重的"脱实向虚"现象。一方面，金融机构偏离服务实体经济的本质，导致大量资金通过复杂的渠道回流到金融体系内部的"资金空转"现象，派生出了中小、民营企业融资难、融资贵等问题；另一方面，"企业金融化"的趋势越来越严重，非金融企业倾向于减少主营业务的投资，转而投资金融和房地产等虚拟经济（彭俞超和黄志刚，2018）。

"企业金融化"现象主要体现在金融和非金融企业部门相对背离的发展态势（张成思和张步昙，2015）。一是泛金融部门（金融、保险和房地产业，FIRE）的 GDP 贡献率和就业水平不断攀升，GDP 贡献率从过去近 20 年的 8.96% 上升到 14.32%，吸纳的就业水平也由 2000 年的 3.68% 上升到 2014 年的 5.30%。除此之外，泛金融部门的企业利润占比也显著上升，从 2000 年的 7.4% 上升到 2018 年的 49.3%。二是由于非金融企业越来越热衷于理财产品、股票投资等金融活动，那些本该属于实物投资的资金却大量流入金融、房地产领域。根据 Choice 金融数据库相关数据统计，2015 ~ 2018 年，我国分别有 689 家、1036 家、1422 家、1852 家上市企业在一年内涉及购买理财产品、私募基金、信托贷款等金融产品活动。同时，非金融企业从金融渠道中获利比重不断上升。部分非金融企业在市场中直接充当了实质性的信用中介或间接参与了"影子银行"信用链条，非金融企业以此方式开展"影子银行"业务，使经营风险不断累积（李建军和韩珣，2019）。

面对这样棘手的问题，我们会产生疑问：什么因素驱动了企业金融化？能否通过调整宏观政策防止企业过度金融化？以及怎样针对性地发挥宏观政策的调控作用？在研究企业金融化驱动因素的研究文献中，Demir（2009）、张成思和张步昙（2016）的研究最具代表性，该类文献主要从企业固定资产和金融资产的跨期投资决策角度出发。此外，也有文献探讨传统货币政策（胡奕明、王雪婷和张瑾，2017）、经济不确定性（彭俞超等2018）、利率管制（杨筝等，2019）等宏观因素对企业金融化的影响。然而，作为新型的货币政策工具，中国人民银行沟通的作用越来越明显。2018 年 7 月底，党中央提出的"六稳"中包括"稳预期"这一项要求，这体现了中国人民银行对预期管理的重视。与传统货币政策不同的是，中国人民银行沟通主要通过引导企业对未来经济、通胀和信贷环境等的预期而产生作用。因此，我们提出两个问题：中国人民银行沟通是防范企业过度金融化的有效工具吗？如果是，那么其对企业金融化如何产生影响？

为了解答以上两个问题，本文在张成思和张步昙（2016）的理论框架下，实证分析中国人民银行沟通对企业金融化的影响及传导机制，并提出针对性的政策建议。研究发现，中国人民银行宽松倾向的言辞沟通能够抑制企业金融化行为，其主要通过降低企业对"金融—实物"资产相对风险的规避程度。通过政策非对称性研究发现，中国人民银行言行一致以及紧缩的言辞沟通的政策效果更明显。通过企业异质性研究发现：融资约束严重的企业金融化受中国人民银行沟通的影响更明显。本文的贡献主要体现在二个方面：第一，在企业跨期投资决策模型的基础上，分析中国人民银行言辞沟通对企业金融资产配置行为预期引导的作用机制，能够认清企业金融化的内在成因以及中国人民银行沟通的具体微观传导机制，拓展了宏观经济政策的微观企业行为传导渠道领域的研究。第二，从言行是否一致以及是否存在"推绳子"效应两个方面探讨言辞沟通对企业金融化影响进行研究，更深层次地揭示了中国人民银行言辞沟通的政策非对称特征，能够为提高货币政策的有效性提供可借鉴依据。第三，从企业融资约束程度探讨中国人民银行沟通的政策效应的差异性，能够为提高货币政策针对性提供理论依据。

二、文献回顾与评述

近年来，随着我国非金融企业投资率不断下滑，一批文献开始从企业金融化角度探讨实业投资率下降的成因，主要从金融资产的"蓄水池"和"挤出"两个效应解释企业金融化作用机制。一是与固定资产相比，短期金融资产的具有流动性较强的优势。当外部不确定冲击导致实业投资资金暂时短缺时，实业投资的直接调整成本较大，可以出售短期持有的金融资产，充当"蓄水池"作用，以缓解资金困难问题（胡奕明、王雪婷和张瑾，2017），平滑企业投资波动（刘贯春、刘媛媛和张军，2019）。二是金融资产配置和实业投资具有此消彼长的替代关系。在投资组合理论中，非金融企业投资金融资产行为可能受固定资产和金融资产投资的收益率差异和风险影响，增加金融资产的配置会挤出实业投资规模（Demir，2009；张成思和张步昙，2016），还会对企业的研发创新（王红建等，2017；亚琨、罗福凯和李启佳，2018）、资本结构（刘贯春、张军和刘媛媛，2018；刘贯春、刘媛媛和闵敏，2019）和未来主业业绩（杜勇、张欢和陈建英，2017）等企业行为的影响。

企业金融化的本质是企业金融资产配置扭曲的现象，其对微观企业决策行为的作用以及产生的经济后果，不仅受"蓄水池"和"挤出"效应的影响，还受企业所处的货币政策环境的影响。胡奕明、王雪婷和张瑾（2017）研究发现，货币政策的宽松程度与企业金融化存在显著正相关关系，企业在宽松的货币政策环境下为了预防储备会持有大量现金，而投资其他非现金类的金融资产一定程度上存在"替代"动机。杜勇、张欢和陈建英（2017）发现，宽松的货币政策环境还会加剧金融化对未来主业业绩发展的损害。张成思和张步昙（2016）发现，企业金融化虽然拓宽了企业投资获利的渠道，但在一定程度上会削弱货币政策传导的效力，其没能引导短期宽松货币政策所释放的资金流向实体经济，只是在金融体系领域内部"空转"。需要注意的是，尽管已有文献探讨货币政策对企业金融化影响，但该类文献只是简单利用单一指标（如 M2 变动、法定存款准备金变动、贷款基础利率等）衡量货币政策环境，探讨不同货币政策环境下企业金融化所导致的经济后果。

一般情况下，宽松的货币政策能够刺激企业投资，该结论在学术界中已被广泛认可。传统货币政策传导理论认为，货币政策对企业实业投资的影响渠道主要有：信贷渠道、利率渠道、资产价格渠道和汇率渠道。其中，信贷渠道可分为狭义的信贷渠道（借贷渠道）和广义的信贷渠道（资产负债表渠道），狭义的信贷渠道认为，宽松的货币政策能够降低商业银行的代理成本，提高企业的投资规模。而广义的信贷渠道理论认为，宽松的货币政策会通过提高企业权益价格，增加企业的净值，同时会降低短期名义利率，使企业资金流动性变好、资产负债表修复，从而增加企业的投资意愿（Bernanke and Blinder，1989；Bernanke and Gertler，1995）；利率渠道认为，宽松的货币政策会降低企业的融资成本而提高企业的投资（Keynes，1936；Taylor，1993）；资产价格渠道理论认为，货币政策会通过影响金融资产价格，如股票价格，提高企业的 Q 值，影响企业家的投资意愿（Tobin，1969）；汇率渠道认为，宽松的货币政策使本国货币贬值，本国商品相对外国商品更便宜，需求和净出口增加，企业投资随之增加（Obstfeld and Rogoff，1995）。

随着中国人民银行加大对市场沟通的频率与力度，货币政策对企业投资决策的预期传导渠道的作用也日益显现，这凸显了中国人民银行预期管理对稳定公众预期的重要性。Morris 和 Shin（2008）研究表明，传统预期管理主要关注实际行动，而现在的预期管理则更偏向于言辞沟通，并逐渐成为现代货币政策的核心。关于中国人民银行沟通的实证研究主要聚焦于短期的金融市场波动和长期的通货膨胀预期的研究，中国人民银行言辞沟通的微观预期传导的研究还只是凤毛麟角。就我们知道，徐光伟和孙铮（2015）的实证研究表明，中国人民银行通过信息披露发出的货币政策信号能够有效影响企业的微观投资行为。但其所表述的"货币政策信号"指标并没能准确刻画中国人民银行的言辞沟通。在此基础上，王宇伟等（2019）通过构造更符合实际的言辞沟通指数，发现宽松的言辞沟通会显著刺激企业实业投资。

回顾并梳理现有文献，我们发现，已有研究主要遵循两个方向，一个是企业金融化与实体投资、创新和绩效等企业特征变量的关系研究，另一个是常规货币政策对企业投资的影响研究。两类文献研究取得的丰硕成果，为本文研究提供了理论基础和经验支撑。但我们并未发现有文献探讨中国人民银行沟通是否及如何影响企业"脱实向虚"的行为，因此，本文旨在弥补该方面研究的空缺。

三、机理分析和实证假说

Demir（2009）提出的企业金融资产与实物资产的投资决策模型，很好地解释了微观企业投资率下降的直接和间接原因，但 Demir（2009）假设金融资产是无风险资产与实际情况不相符，其没有考虑实体企业除了持有国债等无风险金融资，还持有包括基金、股票等具有高风险资产。之后，张成思和张步昙（2016）改进了该理论模型，将金融资产假设为风险资产，考虑了两类资产的风险比重和资产利差对企业金融化的影响，更好地贴近企业投资活动的实际情况。因此，本文将在张成思和张步昙（2016）提出的基础理论框架下，进一步探讨中国人民银行言辞沟通对企业金融化影响的机理、假设并进行实证检验。

基本假设：假设 t 时期非金融企业同时持有两类同质性资产，即固定资产 I_t^k 和金融资产 I_t^f，且两类资产是收益率分别为 r_t^k 和 r_t^f 的风险资产，均服从正态分布 $r_t^i \sim N$（E（r_t^i），Var（r_t^i））；$i \in \{k, f\}$；假设代表性企业关于总财富 C_t 的效用满足常系数绝对风险厌恶效用函数，即 U（C_t）= － exp（－γC_t）。

在上面两个基本假设下，代表性的非金融企业的最优投资决策问题可表示为：

$$\underset{C_t}{\mathrm{Max}}E\left[\sum_{t=0}^{\infty}\beta_t U(C_t)\right]$$

$$s.t.\ C_t = C_0(1 + r_t^f) + I_t^k(r_t^k - r_t^f)$$

其中，β_t 为贴现因子，$C_0 = I_t^f + I_t^k$ 表示初始资本，可以求解得到一阶条件：

$$E[U'(C_t)(r_t^k - r_t^f)] = 0$$

进一步，可以根据协方差的定义将上面等式表示为：

$$E[U'(C_t)]E[(r_t^k - r_t^f)] + Cov[U'(C_t),(r_t^k - r_t^f)] = 0$$

利用 Stein′引理[①]可以得到资产收益率差异与风险的关系为：

$$E[(r_t^k - r_t^f)] = \gamma[-I Var(r_t^f) + I_t^{k**}[Var(r_t^k) + Var(r_t^f)]]$$

进一步化简可以得到：

$$\frac{I_t^k}{I} = \frac{E[(r_t^k - r_t^f)]}{\gamma I[Var(r_t^k) + Var(r_t^f)]} + \frac{Var(r_t^f)}{[Var(r_t^k) + Var(r_t^f)]}$$

其中，$\gamma = -\dfrac{U''(C_t)}{U'(C_t)}$ 为投资者的固定不变的风险厌恶水平，$Var(r_t^f)$ 和 $Var(r_t^k)$ 为金融资产和实物资产投资收益率的波动。当 $r_t^f = r^f$ 为固定不变的常数时，$Var(r^f) = 0$，即为 Demir（2009）所描述的具有无风险金融资产与风险实物资产投资的最优投资组合。

从式（1）中可以发现，非金融企业金融化除了受投资和风险厌恶水平两个驱动力影响外，还受以下两方面因素驱动：一方面，与实物资产投资的相对风险有关。在其他变量既定的情况下，当实物资产投资风险的比重越大时，非企业的金融化程度越高，反之亦然。另一方面，还与经风险调整后的"固定—金融"资产利差有关。在其他变量不变的情况下，当金融资产收益率相对于固定资产收益率越大时，非金融企业的金融化程度越高。因此，在张成思和张步昙（2016）理论框架下，企业金融化的核心驱动因素的计量模型可以表示为：

$$\frac{I_{i,t}^f}{I_{i,t}} = \alpha + \beta_1 \cdot \frac{E_{i,t}^{f-k}}{Var_{i,t}} + \beta_2 \cdot \frac{Var_{i,t}^f}{Var_{i,t}} + 控制变量 + 随机误差项 \tag{1}$$

---

① Stein′引理：如果 X 和 Y 是联合正态分布，并且 g：R→R 可微，满足 $E(|g'(Y)|) < \infty$，那么 $Cov(X, g(Y)) = E(|g'(Y)|)Cov(X, Y)$。

本文关注的问题是，中国人民银行沟通是否也是影响企业资产投资组合一个关键的因素？其对企业金融化核心驱动因素是否会产生影响？

（一）中国人民银行言辞沟通的调节效应

我国货币政策正从数量型调控向价格型调控转型，受人民币贷款不足和利率市场化的影响，货币政策的有效性大幅度下降，而中国人民银行的预期管理发挥着重要作用（郭豫媚、陈伟泽、陈彦斌，2016）。货币政策行动所包含的信息并未能完全表达中国人民银行的政策立场，比如，中国人民银行调整准备金利率并不是完全为了控制商业银行的流动性，常常是为了对冲外汇储备。当中国人民银行的货币政策行动的信息内涵不够透明时，企业无法准确预判中国人民银行政策的意图，也就无法准确预知未来的信贷环境。此时，企业出于"预防"动机，会选择持有更多现金或者金融资产以应对未来不确定信贷冲击。相反，中国人民银行更为透明的言辞沟通能够使企业正确领会未来政策的方向与力度，能够减少企业持有多余的现金或者金融资产，使资金更多流向实体经济。当中国人民银行对公众实行宽松（紧缩）倾向的言辞沟通，意味着未来企业将面临宽松（紧缩）的信贷环境，这会刺激企业投资行为（王宇伟等，2019）。根据资产配置理论，实体投资与金融资产投资具有相互替代的特征，企业实体投资意愿的提高势必能够抑制不良金融化倾向。据此，本文提出：

H1.1：宽松倾向的言辞沟通能够显著降低企业金融化对实体投资的"挤出"效应。

根据企业跨期投资组合模型可以发现，企业在实体和金融投资两方面做选择时主要考虑相对收益和相对风险两个因素，但哪个因素起主导作用还与企业所处的宏观环境有关。与其他发展中国家不同，我国企业金融化的主要驱动力在于金融和固定资产收益风险的相对差异，而非资产利差，这说明我国实体企业"脱实向虚"的主要目的在于规避风险，而非寻求高收益的获利渠道（张成思和刘贯春，2018）。企业家的风险厌恶水平，侧面反映了企业风险承担的意愿。如果企业选择具有高风险的项目，企业的风险承担就高。已有文献均表明，宽松的货币政策会增加企业风险承担的水平（胡育蓉、朱恩涛和龚金泉，2014；林朝颖等，2015；周彬蕊、刘锡良和张琳，2017）。企业家信心在货币政策传导中发挥着重要的桥梁作用，货币政策如果不能够有效地增加企业家的信心，那么就很难控制最终目标

（张成思和孙宇辰，2018）。中国人民银行的言辞沟通能够提高货币政策的透明度和可信度，减少市场主体预期的分歧，尤其是宽松的言辞沟通预示着未来具有宽信贷的环境，能够提振实体经济发展的信心，减少企业家对投资风险的顾虑，债务融资的可能性也就越大（苏冬蔚和曾海舰，2011），实物资产投资力度也将提升（韩国高和胡文明，2014）。据此，本文提出：

H1.2：在中国人民银行言辞沟通环境下，企业"金融化—相对风险"的敏感性将降低，即企业风险规避动机降低、风险承担意愿上升。

（二）中国人民银行言辞沟通的调节效应：政策非对称视角

与政策规则分类一样，中国人民银行的预期管理可以分为目标导向的预期管理和政策导向的预期管理。目标导向的预期管理能否起作用，关键在于中国人民银行能否坚持自己原定目标，不会因为追求最优目标而放弃原先的承诺。中国人民银行实施目标制的预期管理，有利于稳定公众对货币政策最终目标的预期（李拉亚，2016）。Kydland 和 Prescott（1977）首次提出了政策时间不一致概念，该概念的提出让人们意识到了政策制定者遵守"承诺"的重要性。Barro 和 Gordon（1983）在此基础上详细解释了货币政策时间不一致问题产生的原因，他们认为，中国人民银行进行规则行事优于相机抉择地制定货币政策。相对于目标导向的预期管理，政策导向的预期管理是中国人民银行根据实际经济状况，采取政策工具引导公众的预期。中国人民银行要引导、协调和稳定公众的预期关键在于，引导公众的政策预期与中国人民银行的政策目标达成一致。从预期管理的理论来看，公众在做决策时会受公共信息和私人信息的影响，如果公共信息不能比私人信息更准确，则增加政策或信息的公开性和透明度会降低公众决策的质量（Morris and Shin，2002）。中国人民银行的言辞沟通作为预期管理的重要手段，能够传播货币政策动向的公共信息，其可信度越高、准确度越强，对公众预期的影响能力越明显（卞志村和张义，2012）。如果中国人民银行沟通能够与中国人民银行的实际行动保持一致，那么可以增加中国人民银行在货币调控的公信力，增强公众货币政策方向和力度的判断能力，最终提高货币政策对企业微观行为的传导效力。现有文献表明，中国人民银行"言行一致"对中国货币政策实现最终目标有着重要作用（王曦等，2016），其能够显著提高言辞沟通对企业实体投资行为的影响（徐光伟和孙铮，2015；王宇伟等，2019）。同理，我们坚信中国人民银行"言行一致"也会提高言辞沟通对企业资产配置的影响作用。据此，本文提出：

H2.1："言行一致"时，中国人民银行言辞沟通对企业金融化影响会显著强于"言行不一"。

凯恩斯提出流动性陷阱理论时，就发现货币政策具有"推绳子"效应——通过"拉绳子"可以拉动货物，但很难通过"推绳子"推动货物。国内不少学者发现，我国货币政策对企业微观决策行为，比如投资效率、现金持有（杨兴全等，2014）和杠杆率水平等也具有"推绳子"效应，但他们关注的焦点在于中国人民银行的实际行动。与之不同的是，中国人民银行沟通主要通过向企业披露经济发展和货币政策等信号，引导企业的预期，进而影响企业的投融资行为。当经济低迷时期，即使中国人民银行披露出未来会执行宽松的货币政策以刺激经济的意愿，但大部分企业具有预防动机持有金融资产，受悲观情绪的主导，投资者仍然不愿意主动调整资产结构的配置。而且，中国人民银行披露宽松货币政策意愿时，往往伴随对经济萧条的描述，这可能进一步强化投资者的悲观情绪，使宽松程度越大的沟通对企业的资产配置的影响可能越小。相反，当经济过热、通胀够高时，经过中国人民银行紧缩的沟通企业更加意识到未来信贷环境会发生变化，这种硬性约束的变化，使投资者不得不改变资产配置的比重（王宇伟等，2019）。归结起来，由于存在"失去的恐惧往往大于得到的欲望"心理现象，紧缩沟通具有更强的预期引导作用，但这猜想是否正确还需要实证进一步验证。为此，本文提出：

H2.2：中国人民银行的言辞沟通对企业金融化的影响具有"推绳子"效应，即紧缩的言辞沟通对企业金融化影响更显著。

（三）中国人民银行言辞沟通的调节效应：企业异质性视角

麦金农和肖的金融抑制理论表明，在实际利率的时候，银行为了降低信贷的风险，可能执行信贷配给，更愿意将资金贷款给投资项目更安全的企业，为此会产生歧视性的融资约束。就我国而言，一些国有企业和大型企业往往是融资约束较轻的企业，而民营企业和小微企业的融资约束较为严重。与民营企业不同的是：国有企业长期和银行保持着长期的信贷关系，可以降低银行信息搜寻的成本；国有企业还肩负着重要的社会责任，企业的破产可能涉及资产流失并危及社会稳定，因此，政府部门及其官员出于政绩考核往往会通过政府担保、财政救助等方式向国有企业"输血"；国有企业的控股股东一般以中央或地方国资委为主，不仅可以提前掌握政策动态，创造商业信息，还可以凭借政治关联的天然优势，索取发展所需要的条件和资源，更具有生存发展空间，增加了银行的放贷意愿。与小微企业不同的是，大型企业上市时间较长，经营比较稳定，信息披露质量较好，企业与市场之间的信息不对称较低，受外部融资溢价的影响较小；同时，大型企业贷款抵押品的价值相对比较高，银行更加愿意为其提供贷款。

根据预防储蓄理论可知，当面临未来经济政策不确定冲击时，融资约束较为严重的企业由于资金流动性不足更容易陷入财务困境，因此需要持有更多的短期流动性较强金融资产以预防流动性危机的发生。而融资约束较低的企业，容易从金融机构中得到流动性补充，具有充裕的存量资金，不易出现财务困境。当经济政策不确定性较强时，中国人民银行会更加谨慎地进行风险评估，放贷意愿相对较低，但具有政府隐性担保的国有企业还是能够获得充裕的贷款资金（纪洋等，2018）。相反，当面对经济政策不确定上升时，融资约束严重的企业对此反应会更加敏感，风险规避的行为会更加突出，投资决策行为会更加谨慎（彭俞超等，2018）。相应地，中国人民银行沟通能够向企业披露宏观经济、政策等信息，能够减轻企业与市场间的信息不对称问题。融资约束严重的企业为了把握投资的机会和规避投资风险，会更加积极地配合中国人民银行的沟通，主动调整资产结构的配置以应对信贷供给的变动。为此，本文提出如下假设：

H3：中国人民银行沟通对企业金融化的影响具有融资约束异质性特征，其中融资约束严重的企业更为凸显。

四、研究设计

（一）研究思路

从模型（1）可以看出影响企业金融化的两个主要因素为：经风险调整后的资产利差和实物资产投资风险占比。而本文主要研究中国人民银行的言辞沟通能否以及如何抑制企业金融化，因此，用来检验假设的计量模型可以表示为：

$$fk_{i,t} = \alpha + \beta_1 gap_{i,t} + \beta_2 risk_{i,t} + \beta_3 CI_t + \beta_{13} CI_t \cdot gap_{i,t} + \beta_{23} CI_{i,t} \cdot risk_{i,t} +$$

$$\gamma X_{i,t} + \zeta Y_t + \nu_i + \varepsilon_{i,t} \tag{2}$$

其中，$fk_{i,t}$ 为企业金融化程度；gap 为经风险调整后的金融—固定资产利差；risk 为固定资产收益风险占总风险的比重；CI_t 为中国人民银行的沟通指数；$X_{i,t}$ 为企业的财务特征变量；Y_t 为宏观经济变量，包括中国人民银行的实际行动指数 AI_t；ν_i 为企业的个体固定效应；$\varepsilon_{i,t}$ 为随机误差项。

计量分析的具体思路为：在检验假设 H1.1 时，先不保留 CI 与 gap、risk 的交互项，对模型进行计量回归，判断 β_3 是否显著为负值；在检验假设 H1.2 时，直接利用模型（2）计量回归，判断 β_{23} 是否显著为负值；在验证假设 H2.1、H2.2 和 H3 时，根据产权性质、言行是否一致和融资约束程度分别将样本数据分为两部分，利用简约计量模型进行分类回归，利用统计检验判断不同样本下的回归系数是否显著差异。

（二）数据来源与变量设定

考虑到 2007 年中国上市企业开始实施会计新准则，且基本完成了股权分置改革。为了避免由于财务口径和股权带来的实证偏差，本文以 2007~2018 年的非金融类 A 股上市企业季度数据作为研究对象。同时，为了消除异常值带来的估计偏差，对原始数据进行如下处理：①剔除 ST 和 PT 上市企业；②剔除总资产和股东权益为负的企业；③对所有变量进行 1% 水平的 Winsorize 处理。企业的财务数据均来自国泰安（CSMAR）数据库；中国人民银行言辞沟通指数和行动指数数据来自王宇伟等（2019），来源于《中国工业经济》网站（http://www.ciejournal.org）附件。

1. 言辞沟通和实际行动指数

借鉴王宇伟等（2019）等做法，利用中国人民银行提供的信息，构造出中国人民银行的言辞沟通和实际行动指数。其中，从《货币执行报告》以及中国人民银行官网公布的重要新闻、货币政策解读、在线访谈、图文直播等栏目与货币政策有关的沟通内容中，提取目标文本、进行关键词选取，构造出中国人民银行言辞沟通指数：

$$CI_t = \sum_{i=1}^{n} \frac{fre(x_{it}) - mean(x_i)}{sd(x_i)} \times \alpha_i$$

其中，$fre(x_{it})$ 表示第 i 类措辞在 t 时期出现的频数；$mean(x_i)$ 和 $sd(x_i)$ 为其对应的均值和标准差，α_i 为措辞 i 赋予的权重。CI 越大表示在该段时间，中国人民银行的言辞沟通越偏向于宽松，即释放出宽松的货币政策信号，如表 1 所示。

表 1　货币政策措辞及赋值

货币政策基调	货币信贷环境	经济增长	物价水平	α_i
宽松	货币信贷增长过慢	衰退	通货紧缩	1.0
适度宽松	货币信贷增长偏慢	增长有所放缓	价格下行压力	0.5
中性、稳健	货币信贷适度增长	平稳健康	物价稳定	0.0
适度紧缩	货币信贷增长偏快	经济增长偏快	通货膨胀压力	−0.5
紧缩	货币信贷增长过快	经济过热	加尔过快上涨	−1.0

资料来源：王宇伟等（2019）。

对于中国人民银行的实际行动指数，利用中国人民银行官网上的货币政策工具栏目中所列的七类操作工具构造中国货币政策的综合行动指标，具体包括利率政策、存款准备金政策、中央银行贷款、公开市场操作（OMO）、常备借贷便利（SLF）、中期借贷便利（MLF）和抵押补充贷款（PSL）。

$$AI_t = \sum_{i=1}^{n} \frac{\mathrm{diff}(y_{i,t})}{\max(\mid \mathrm{diff}(y_i) \mid)} \times \beta_i$$

其中，AI 表示实际行动指数，$\mathrm{diff}(y_{i,t})$ 表示第 i 种货币政策工具在 t 时期的调整幅度，β_i 为货币政策工具的类型信息，紧缩类型 β_i 取值为 −1，宽松型 β_i 取值 1。$\max(\mid \mathrm{diff}(y_i) \mid)$ 表示第 i 种货币政策工具的调整幅度的绝对值的最大值。中国人民银行行动指数小于 0，意味该段时间内中国人民银行表现出紧缩性货币政策的干预行动，取值越小表示紧缩程度越强。

2. 固定资产和金融资产投资

将非金融企业购置的固定资产、无形资产和其他长期资产支付的现金作为企业实物资产投资的代理变量，并用总资产进行标准化。由于固定资产收益率在会计上并没有统一的标准，因此，用主营业务收益率作为代理变量，具体表达式为：r_t^k =（营业收入 − 营业成本 − 营业税金及附加 − 期间费用 − 资产减值损失）／（营运资本 + 固定资产 + 无形资产等长期资产的净值）。

根据 Demir（2009）、张成思和张步昙（2016）、刘贯春等（2018）等文献的做法，结合会计准则界定，将狭义口径的金融资产（Fah）包括货币资金、持有至到期投资、交易性金融资产、衍生性金融资产、可供出售的金融资产以及应收股利和应收利息。然而，广义口径的金融资产（Fahs）还包括企业的长期股权投资，均用总资产进行标准化处理，该变量在后文中主要用于稳健性检验。金融投资的收益率 r_i^f 定义为：金融渠道获利/金融资产。将（投资收益 + 公允价值变动损益 + 其他综合收益 − 从联营和合营企业的投资收益）作为金融渠道获利的代理变量。

金融资产和固定资产的投资风险：参考 Demir（2009）、张成思和张步昙（2016）和张成思和郑宁（2018）的做法，利用 GARCH（1，1）对资产收益率进行建模得到的条件方差作为投资风险的代理变量。具体表达式如下：

$$r_{i,t} = c_i + u_{i,t}$$
$$\sigma_{i,t}^2 = \delta_{i,0} + \delta_{i,1}\sigma_{i,t-1}^2 + \delta_{i,2}u_{i,t-1}^2 ; \ i \in \{k, \ f\}$$

其中，$r_{i,t}$ 为资产投资收益率，c_i 和 $\delta_{i,0}$ 分别是均值方程和方差方程的常数项，$\delta_{i,1}$ 和 $\delta_{i,2}$ 为系数，μ_t 是随机扰动项。$\sigma_{i,t}^2$ 是 $u_{i,t}$ 的条件方差，也就是本文资产投资风险的代理变量。

3. 其他控制变量

对于控制变量的选择，本文参考张成思和张步昙（2016）的做法，控制了企业财务特征变量包括：企业规模（Size）= ln（总资产）；企业的融资约束水平（Cf）=经营性现金净流量/企业总资产；企业的财务杠杆率 = 企业总负责/总资产；企业投资机会（Tq）即托宾 Q =（股票市值 + 债务账面值）/总资产账面价值；净资产收益率（Roe）=净利润/净资产；企业成长性（Sales）=营业收入同比增长率。

五、实证结果与分析

（一）描述性统计分析

表 2 是回归变量的描述性统计，可以发现，与实物资产投资的收益率（rf）相比，金融资产投资的收益率（rk）均值和风险都较小，表明非金融

企业投资于金融市场的目标并不一定在于追求更高的收益，而可能在于规避实体经济的市场风险。中国人民银行的言辞沟通指数（CI）的均值为1.97，实际行动的指数（AI）均值为 - 0.06，表明在样本区间内，中国人民银行的沟通偏向于稳健偏松的货币政策，而实际干预行动却偏向稳健偏紧的货币政策，这说明中国人民银行的"言行"存在一定程度的偏差。

表 2 描述性统计

变量	均值	标准差	最小值	最大值	样本数
Fah	0.219	0.160	0.0143	0.765	110000
Fahs	0.219	0.160	0.0143	0.765	110000
CI	0.0186	0.0744	- 0.256	0.365	110000
AI	- 0.0004	0.0101	- 0.0225	0.0475	110000
r^f	0.0185	0.0559	- 0.0330	0.393	110000
r^k	0.0417	0.119	- 0.541	0.469	110000
risk	0.861	0.291	0.0012	1.00	100000
gap	- 0.0425	17.41	- 110	111.7	100000
Size	21.93	1.312	19.25	25.87	110000
Cf	0.0128	0.0634	- 0.177	0.205	110000
Lev	0.440	0.216	0.0438	0.903	110000
Tq	2.761	1.977	0.892	11.97	110000
Roe	0.0315	0.0419	- 0.0808	0.188	110000
Sale	0.412	0.819	- 0.904	3.244	110000

（二）实证结果分析

1. 基准模型回归结果

考虑到中国人民银行言辞沟通和实际干预的政策效果具有滞后性，因此利用言辞沟通和实际行动指数的一阶滞后项进行回归分析；同时，考虑同期的企业财务具有互为因果问题，因此对控制变量中 Size、Cf 和 Sales 外的其他财务特征变量也取一阶滞后项。根据豪斯曼检验支持选择固定效应的面板模型进行实证分析，得到的结果如表 3 所示。

表 3   基准模型的回归结果

	（1）	（2）	（3）
risk	0. 021 ***	0. 021 ***	0. 022 ***
	（0. 002）	（0. 002）	（0. 002）
gap	− 0. 000	− 0. 000	− 0. 000
	（0. 000）	（0. 000）	（0. 000）
CI		− 0. 016 ***	− 0. 015 ***
		（0. 003）	（0. 003）
AI		− 0. 092 ***	− 0. 090 ***
		（0. 014）	（0. 015）
CI × risk			− 0. 063 ***
			（0. 017）
CI × gap			− 0. 000
			（0. 000）
样本数	90007	90007	90007
企业数	2461	2461	2461
R^2	0. 139	0. 139	0. 139
X	YES	YES	YES
FQY	YES	YES	YES

注: 括号内为聚类到行业层面的稳健标准误; ***、**和*分别表示在1%、5%和10%水平下显著, X 为企业财务特征变量, FQY 为企业个体、季度和年度虚拟变量。

从表3中第（1）列可以看出，"实物—金融"资产投资的相对风险比重（risk）的系数为 0. 021 在 1% 的水平下显著为正，而经风险调整后的"金融—实物"资产投资收益率缺口（gap）的系数在 10% 的水平下不显著。这表明我国企业金融化的主要驱动力源于企业为了规避生产经营所形成的风险，而非为了追求投资收益率差异形成的套利。该结果再次验证了张成思和郑宁（2018）的研究结论，但与 Demir（2009）的研究结论形成了鲜明对比，他们的研究发现，非金融企业的金融化不仅与投资的风险比重有关，还与投资组合的收益率差异有关。差异形成的原因可能是 Demir（2009）的模型假设金融资产的收益率恒定，固其风险为零，为此没能检验相对风险（风险比重）对企业金融化的影响，而仅仅检验绝对风险（风险值）的作用效果。

本文主要关注的是，企业金融化程度除了受不同资产的相对风险的大小的影响外，是否会受中国人民银行言辞沟通这一宏观经济政策工具的影响。从表 3 中的第（2）列可以看出，在控制相对风险和收益率缺口后，引入中国人民银行的言辞沟通指数（CI）和实际行动指数（AI）回归得到的系数分别为 -0.016 和 -0.092，且在 1% 的水平下显著。这说明为了促进实体经济发展，中国人民银行进行宏观调控时所实施的多项政策中，除了宽松的实际货币政策干预以外，具有宽松倾向的言辞沟通也能降低企业的金融资产持有水平，减轻企业金融化程度。该结论验证了假设 H1.1。

至此，我们已经知道中国人民银行的言辞沟通会影响企业的金融资产持有水平，但其是否会因为通过降低企业对资产收益相对风险的敏感性形成了该经济现象？从表 3 第（3）列的报告可以发现，言辞沟通指数（CI）、实际行动指数（AI）、实物资产投资的相对风险比重（risk）和金融—实物资产投资收益率缺口（gap）四个变量的系数的符号和显著性没有发生实质性改变，而新加入的言辞沟通对相对风险的调节项 CI × risk 为 -0.063，且在 1% 的水平上显著为负值。这说明中国人民银行的言辞沟通指数会对企业"金融化—相对风险"敏感性起到逆向调节作用，侧面表明，中国人民银行进行宽松倾向的言辞沟通能够减轻企业由于规避经营性风险所导致的"脱实向虚"现象。该结论与假设 H1.2 相契合。

2. 政策非对称检验结果

进一步，为了探索中国人民银行言辞沟通的可信度是否会对以上结论产生异质性影响，本文将前一期的言辞沟通与本期的实际干预方向相同的时期定义为"言行一致"时期；反之定义为"言行不一致"时期，分别进行回归分析。结果如表 4 左半部分所示，可以发现，"言行一致"时期，中国人民银行言辞沟通（CI）及其对相对风险的调节作用项（CI × risk）的系数仍然在 1% 水平上显著为负值；在"言行不一"时期，两个系数为正值，但在 5% 的水平上不显著。进一步，Chow 检验表明，对比言行一致与言行不一，CI 和 CI × risk 两项的差异性均通过 5% 水平的显著性检验。这表明，中国人民银行沟通的可信度会影响企业对金融资产和实物资产投资决策行为，中国人民银行言行一致有利于提高言辞沟通的可信度，增强公共信息对微观企业金融资产持有水平的影响，提高货币政策的有效性。中国人民银行言行不一致，不仅降低了中国人民银行言辞沟通对企业微观决策行为的引导作用，甚至可能加深企业资产配置的扭曲程度。

表4 政策非对称检验结果

	言行是否一致				"推绳子"效应			
	言行一致		言行不一		紧缩区制		宽松区制	
CI	−0.031***	−0.024***	0.003	0.002	−0.019***	−0.017***	−0.002	−0.002
	(0.006)	(0.007)	(0.004)	(0.004)	(0.006)	(0.006)	(0.003)	(0.003)
AI	−0.245**	−0.236**	−0.115***	−0.117***	0.078	0.079	−0.049*	−0.050*
	(0.114)	(0.114)	(0.031)	(0.031)	(0.119)	(0.119)	(0.029)	(0.029)
risk	0.025***	0.024***	0.022***	0.020***	0.021***	0.018***	0.023***	0.022***
	(0.004)	(0.004)	(0.003)	(0.003)	(0.004)	(0.004)	(0.003)	(0.003)
CI×risk		−0.330***		0.042*		−0.084***		0.024
		(0.036)		(0.025)		(0.026)		(0.027)
gap	−0.000	−0.000	−0.000	−0.000	−0.000	−0.000*	−0.000	−0.000
	(0.000)	(0.000)	(0.000)	(0.000)	(0.000)	(0.000)	(0.000)	(0.000)
样本数	34482	34482	57611	57611	21996	21996	70097	70097
企业数	2484	2484	2481	2481	2476	2476	2481	2481
R^2	0.098	0.102	0.089	0.090	0.156	0.157	0.132	0.132
X	YES	YES	YES	YES	YES	YES	YES	YES
FQY	YES	YES	YES	YES	YES	YES	YES	YES

注：同表3。

为了探索中国人民银行言辞沟通是否具有"推绳子"效应。本文根据言辞沟通指数的符号对样本进行分组回归，其中，将言辞沟通指数大于0的季度定义为"宽松区制"，将小于0的季度定义为"紧缩区制"。表4右半部分的结果显示，当中国人民银行言辞沟通处于"紧缩区制"时，中国人民银行言辞沟通（CI）及其对相对风险的调节作用项（CI×risk）的系数仍然在1%水平上显著为负值；而当言辞沟通处于"宽松区制"时，两个系数均在10%水平上不显著。进一步，Chow检验表明，对于不同政策区制，CI和CI×risk两项的差异性均通过5%水平的显著性检验。结果表明，紧缩的言辞沟通显著抑制了企业金融化程度，宽松的言辞沟通对企业金融化的影响不显著，表明中国人民银行的言辞沟通具有如同"推绳子"性质一样的非对称特征。这一结果验证了假设H2.2。

3. 企业融资约束异质性检验

虽然学术界中已经存在较多衡量融资约束的指标，但哪种指标更为可靠？却未达成一致。国内外普遍采用KZ（Kaplan and Zingales，1997）、WW（Whited and Wu，2006）和SA（Hadlock and Pierce，2010）三种指数衡量企业融资约束程度。其中，KZ 指数和 WW 指数涉及很多内生性财务指标，而 SA 只用到企业规模和年限两个指标。结合中国客观实际，A 股上市企业的股利属于半强制支付，因此不适合用 KZ 指数和 WW 指数衡量我国 A 股上市企业的融资约束程度；由于 SA 的指标系数是通过美国数据计算的，直接将该指标应用于中国数据也不合适（刘贯春等，2019）。对我国信贷环境而言，国有企业享有预算软约束的福利，更容易获取银行的贷款（张成思和刘贯春，2015），同时金融机构向企业发放贷款时会将企业的规模作为核心考察指标（张成思和刘贯春，2016）。为此，我们直接利用企业所有制和企业规模两个指标衡量企业的融资约束程度。

根据企业的实际控制人将地方国有企业和中央国有企业视为国有企业，将民营企业、集体企业、公众企业、外资企业和其他企业视为非国有企业，分别得到 1052 家和 1663 家企业。利用分样本进行回归分析，结果如表 5 左半部分所示。表 5 结果显示，国有企业和非国有企业的金融化受中国人民银行沟通的影响存在明显差异。一方面，无论有无加入 CI × risk 项，非国有企业分类样本的中国人民银行沟通 CI 的系数都表现出统计显著性，而国有企业分类样本则未表现该特征；另一方面，加入的 CI × risk 项系数只有在非国有企业分类样本中表现出统计显著性。根据企业的规模，将规模在 75% 以上的企业归类为低融资约束组，将规模在 25% 以下的企业归为高融资约束组，分别得到 1133 家和 1185 家企业。进行分样本的回归结果如表 5 右半部分所示，可以发现：同所有制分类回归结果相似，规模小的企业受中国人民银行沟通的影响更为突出，CI 和 CI × risk 项两项的系数均在 5% 水平上显著，而规模大的企业则不具有统计性显著。进一步通过 Chow 检验表明，两组企业的 CI 和 CI × risk 两项的差异性均通过 5% 水平的显著性检验。可见，中国人民银行沟通对企业金融化的影响在企业融资约束程度上存在明显的差异，融资约束企业的金融化受中国人民银行沟通影响更突出，这与假设 H3 相契合。

表 5 企业异质性检验结果

	企业所有制				企业规模			
	非国有企业		国有企业		小规模企业		大规模企业	
CI	-0.026***	-0.023***	0.001	0.001	-0.012**	-0.009**	-0.002	-0.002
	(0.003)	(0.003)	(0.002)	(0.002)	(0.005)	(0.004)	(0.006)	(0.005)

续表

	企业所有制				企业规模			
	非国有企业		国有企业		小规模企业		大规模企业	
AI	−0.165***	−0.164***	0.068***	0.069***	−0.178***	−0.176***	0.173***	0.174***
	(0.019)	(0.018)	(0.018)	(0.019)	(0.052)	(0.051)	(0.045)	(0.044)
risk	0.028***	0.029***	0.015***	0.016***	0.039***	0.041***	0.013***	0.013***
	(0.002)	(0.002)	(0.003)	(0.003)	(0.006)	(0.006)	(0.002)	(0.002)
CI×risk		−0.074***		−0.021		−0.048**		−0.005
		(0.016)		(0.023)		(0.017)		(0.036)
gap	−0.000	−0.000	0.000	0.000	−0.000	−0.000	0.000	0.000
	(0.000)	(0.000)	(0.000)	(0.000)	(0.000)	(0.000)	(0.000)	(0.000)
样本数	47468	47468	37376	37376	19315	19315	24407	24407
企业数	1663	1663	1052	1052	1185	1185	1133	1133
R^2	0.198	0.199	0.089	0.089	0.192	0.192	0.094	0.094
X	YES	YES	YES	YES	YES	YES	YES	YES
FQY	YES	YES	YES	YES	YES	YES	YES	YES

注: 同表3。

4. 稳健性检验

为了检验实证分析结果的稳健性, 本文从以下两个方面进行检验:

第一, 替换主要核心变量。中国人民银行沟通、资产收益风险和企业金融化变量的替换。我们分别利用主观赋值的方法得到的中国人民银行沟通指数代替中国人民银行沟通的综合指数; 利用企业广义金融化代替狭义金融化。结果如表6第 (1)、(2) 栏所示。

表6   稳健性检验

	(1)	(2)	(3)
L. fah			
ci	−0.016***	−0.015***	−0.008***
	(0.003)	(0.003)	(0.002)
ai	−0.089***	−0.090***	−0.088***
	(0.014)	(0.015)	(0.018)
risk	0.021***	0.022***	0.019***
	(0.002)	(0.002)	(0.002)

续表

	(1)	(2)	(3)
gaps	−0.000	−0.000	−0.000
	(0.000)	(0.000)	(0.000)
CI × risk	−0.009***	−0.063***	−0.045**
	(0.001)	(0.017)	(0.016)
gap	0.000	−0.000	−0.000
	(0.000)	(0.000)	(0.000)
样本数	90007	90007	64775
R²	0.139	0.139	0.155
企业数	2461	2461	2461
X	YES	YES	YES
FQY	YES	YES	YES

第二，采用观测值子样本建模。2015 年底，我国正式实施去杠杆政策，到 2018 年我国经济出现去杠杆。考虑到这一政策对企业的投融资的影响较为明显。因此本文剔除 2015 年之后的数据进行实证分析，回归结果如表 6 第（3）栏所示。结果显示的系数仍然显著未负值，其他系数也基本保持稳定不变。

六、结论与启示

企业作为宏观经济的微观主体，其投资决策行为往往会受到宏观经济政策的影响。在经济"脱实向虚"的大背景下，我们结合资产投资决策模型，探讨中国人民银行言辞沟通这一管理工具对企业金融化的影响及其作用机制。研究发现，中国人民银行宽松倾向的言辞沟通能够降低企业的金融化程度，内在影响机制主要在于，其能够降低企业投资决策对"实物—金融"资产相对风险的敏感性。进一步，通过对中国人民银行沟通的非对称性分析发现，言行一致以及紧缩的言辞沟通能够增强中国人民银行沟通对微观企业金融资产配置的预期引导；通过企业融资约束异质性角度发现，融资约束严重的企业对中国人民银行沟通行为变动的敏感性更强。

结合理论分析和实证结果，本文得出以下几点重要政策启示：

第一，重视中国人民银行沟通对微观企业的预期引导作用，引导企业

"脱虚向实"。前文研究表明，中国人民银行沟通可以影响企业规避风险的行为，通过预期引导企业合理进行资产配置，起到有效防范企业过度金融化的作用。因此，中国人民银行在引导资金流向实体经济时，可以通过沟通手段引导公众的预期，提高货币政策的有效性。

第二，着力增强中国人民银行沟通与实际干预的一致性，提高中国人民银行沟通的可信度。根据本文得出的结论可以知道，中国人民银行言行会影响中国人民银行沟通的公信力，如果中国人民银行经常言行不一，其不但不能正确引导企业的预期，反而会增加市场"信息噪声"误导企业投资决策。因此，中国人民银行应该保持沟通和实际行动的一致性，通过提高中国人民银行的公信力以增强货币政策的有效性。

第三，打好预期管理和经济金融政策的"组合拳"，提高货币政策的有效性。研究结论显示，当经济处于低迷时期，投资者情绪较为悲观，此时，单靠偏向宽松的中国人民银行沟通很难达到刺激实体投资需求。因此，中国人民银行应该寻求同其他政策相配合，打好推动实体经济健康发展的"组合拳"，把握好中国人民银行沟通的时机和力度。

第四，改变以产权和规模为主导的信贷配置模式，加大对小微和民营企业支持力度。本文研究发现，非国有企业和小规模企业由于融资约束严重对政策变动的敏感性越强，风险规避的行为更明显。因此可以通过深化金融供给侧结构性改革，定向支持小微和民营企业，着力解决企业"融资难、融资贵"问题，激发这些企业的投资欲望。

参考文献

[1] 卞志村，张义. 中国人民银行信息披露、实际干预与通胀预期管理[J]. 经济研究，2012，47（12）：15 - 28.

[2] 杜勇，张欢，陈建英. 金融化对实体企业未来主业发展的影响：促进还是抑制[J]. 中国工业经济，2017（12）：113 - 131.

[3] 郭豫媚，陈伟泽，陈彦斌. 中国货币政策有效性下降与预期管理研究[J]. 经济研究，2016，51（1）：28 - 41 + 83.

[4] 胡奕明，王雪婷，张瑾. 金融资产配置动机："蓄水池"或"替代"？——来自中国上市公司的证据[J]. 经济研究，2017，52（1）：181 - 194.

[5] 胡育蓉，朱恩涛，龚金泉. 货币政策立场如何影响企业风险承担——传导机制与实证检验[J]. 经济科学，2014（1）：39 - 55.

[6] 纪洋，王旭，谭语嫣等. 经济政策不确定性、政府隐性担保与企业杠杆率分化

[J].经济学（季刊），2018，17（2）：449-470.

[7] 李建军，韩珣.非金融企业影子银行化与经营风险［J］.经济研究，2019（8）：21-35.

[8] 李拉亚.宏观审慎管理的理论基础研究［M］.经济科学出版社，2016.

[9] 林朝颖，黄志刚，杨广青.基于微观视角的货币政策风险传导效应研究［J］.国际金融研究，2014（9）：25-33.

[10] 刘贯春，刘媛媛，闵敏.经济金融化与资本结构动态调整［J］.管理科学学报，2019，22（3）：71-89.

[11] 刘贯春，刘媛媛，张军.金融资产配置与中国上市公司的投资波动［J］.经济学（季刊），2019，18（2）：573-596.

[12] 刘贯春，张军，刘媛媛.金融资产配置、宏观经济环境与企业杠杆率［J］.世界经济，2018，41（1）：148-173.

[13] 彭俞超，韩珣，李建军.经济政策不确定性与企业金融化［J］.中国工业经济，2018（1）：137-155.

[14] 彭俞超，黄志刚.经济"脱实向虚"的成因与治理：理解十九大金融体制改革［J］.世界经济，2018，41（9）：3-25.

[15] 苏冬蔚，曾海舰.宏观经济因素、企业家信心与公司融资选择［J］.金融研究，2011（4）：129-142.

[16] 王红建，曹瑜强，杨庆，杨筝.实体企业金融化促进还是抑制了企业创新——基于中国制造业上市公司的经验研究［J］.南开管理评论，2017，20（1）：155-166.

[17] 王曦，王茜，陈中飞.货币政策预期与通货膨胀管理——基于消息冲击的DSGE分析［J］.经济研究，2016，51（2）：16-29.

[18] 王宇伟，周耿，吴瞳，范从来.中国人民银行的言辞沟通、实际行动与企业投资行为［J］.中国工业经济，2019（5）：118-135.

[19] 徐光伟，孙铮.货币政策信号、实际干预与企业投资行为［J］.财经研究，2015，41（7）：54-67.

[20] 亚琨，罗福凯，李启佳.经济政策不确定性、金融资产配置与创新投资［J］.财贸经济，2018，39（12）：95-110.

[21] 杨兴全，曾义，吴昊旻.货币政策、信贷歧视与公司现金持有竞争效应［J］.财经研究，2014，40（2）：133-144.

[22] 杨筝，王红建，戴静，许传华.放松利率管制、利润率均等化与实体企业"脱实向虚"［J］.金融研究，2019（6）：20-38.

[23] 张成思，孙宇辰.中国货币政策的信心传导机制［J］.财贸经济，2018，39（10）：59-74.

[24] 张成思，张步昙.中国实业投资率下降之谜：经济金融化视角［J］.经济研究，

2016, 51 (12): 32 - 46.

[25] 张成思, 郑宁. 中国非金融企业的金融投资行为影响机制研究[J]. 世界经济, 2018, 41 (12): 3 - 24.

[26] 周彬蕊, 刘锡良, 张琳. 货币政策冲击、金融市场化改革与企业风险承担[J]. 世界经济, 2017, 40 (10): 93 - 118.

[27] Barro R J, Gordon D B. Rules, Discretion and Reputation in a Model of Monetary Policy [J]. Journal of monetary economics, 1983, 12 (1): 101 - 121.

[28] Bernanke B, Gertler M. Agency Costs, Net Worth, and Business Fluctuations [J]. American Economic Review, 1989, 79 (1): 14 - 31.

[29] Bernanke B S, Gertler M. Inside the Black Box: The Credit Channel of Monetary Policy Transmission [J]. Journal of Economic Perspectives, 1995, 9 (4): 27 - 48.

[30] Demir, F. Financial Liberalization, Private Investment and Portfolio Choice: Financialization of Real Sectors in Emerging Markets [J]. Journal of Development Economics, 2009, 88 (2): 314 - 324.

[31] Hadlock C J, Pierce J R. New Evidence on Measuring Financial Constraints: Moving Beyond the KZ Index [J]. The Review of Financial Studies, 2010, 23 (5): 1909 - 1940.

[32] Kaplan S N, Zingales L. Do Investment - cash flow Sensitivities Provide Useful Measures of Financing Constraints? [J]. The Quarterly Journal of Economics, 1997, 112 (1): 169 - 215.

[33] Keynes J M. The General Theory of Employment [J]. Quarterly Journal of Economics, 1937, 51 (2): 209 - 223.

[34] Kydland F E, Prescott E C. Rules Rather than Discretion: The Inconsistency of Optimal Plans [J]. Journal of Political Economy, 1977, 85 (3): 473 - 491.

[35] Morris S, Shin H S. Financial Regulation in a System Context [J]. Brookings Papers on Economic Activity, 2008 (2): 229 - 261.

[36] Morris S, Shin H S. Social Value of Public Information [J]. American Economic Review, 2002, 92 (5): 1521 - 1534.

[37] Obstfeld M, Rogoff K. Exchange Rate Dynamics Redux [J]. Journal of Political Economy, 1995, 103 (3): 624 - 660.

[38] Taylor, J. B., Discretion Versus Policy Rules in Practice [J]. Carnegie - Rochester Conference Series on Public Policy, 1993 (39): 195 - 214.

[39] Tobin J. A General Equilibrium Approach to Monetary Theory [J]. Journal of Money Credit & Banking, 1969, 1 (1): 15 - 29.

[40] Whited T M, Wu G. Financial Constraints Risk [J]. The Review of Financial Studies, 2006, 19 (2): 531 - 559.

国家安全、经济高质量发展与水资源承载力①

王喜峰

摘　要　维护国家安全是我国发展的根本保障，目前非传统国家安全上升到影响国家安全的主要方面。国家粮食安全、能源安全、生态安全、产业安全关系到国家安全与社会稳定，高质量发展关系国家的发展安全，这些安全背后都有水资源的支撑，都有水资源的纽带关系。保障这些安全要符合区域水资源承载力的要求。本文以保障国家安全和高质量发展任务重的东北地区作为典型区，利用基于投入产出模型的结构分解分析研究保障国家安全、高质量发展与水资源承载力之间的关系。根据研究发现，第一，经济高质量发展内涵下的产业结构优化调整，技术进步、绿色发展是抵消经济规模增加带来突破水资源承载力灾难的主要因素。同时也是为增加粮食产量而水资源承载力未突破的主要因素。黑龙江、吉林、辽宁这三个省份制造业结构总体上都不利于水资源承载力的增加。采掘业，电力热力、水的生产与供应业，建筑业、服务业内部的结构调整基本上有利于水资源承载力的增加。三次产业结构调整都有利于水资源承载力的提升。农业生产技术是农业用水减少的最主要驱动力。灌溉技术水平是农业用水减少的第二大驱动力。对于制造业来说，节水型技术进步是主要的驱动因素。也就是说，通过节水型技术进步，区域的水资源承载力增加。能源投入的技术进步是次要的驱动因素。黑龙江、吉林、辽宁急需要转变制造业的发

①　本文受到国家重点研发计划课题"东北粮食主产区水—能源—粮食纽带关系及保障技术"（2017YFC0404603）的资助。

展方式，调整制造业内部的产业结构，同时制造业朝着价值链更高端方向发展，使增加值比重进一步增加。

关键词　粮食安全；能源安全；高质量发展；水资源承载力

National Security，High – quality Economic Development and Water Resources Bearing Capacity

Wang Xifeng

Abstract：Maintaining national security is the fundamental guarantee of China's development. At present，non – traditional national security has risen to the main aspects affecting national security. National food security，energy security，ecological security and industrial security are related to national security and social stability，and high – quality development is related to national development security. Behind these security，there is water resources support and water resources link. To ensure these security，it is necessary to meet the requirements of regional water resources carrying capacity. In this paper，Northeast China，which has a heavy task of ensuring national security and high – quality development，is taken as a typical area. The relationship between national security，high – quality development and water resources carrying capacity is analyzed by using structural decomposition analysis based on input – output model. According to the research，firstly，under the connotation of high – quality economic development，the optimization and adjustment of industrial structure，technological progress and green development are the main factors to offset the disaster of breaking through the water resources carrying capacity caused by the increase of economic scale. At the same time，it is the main factor that has not broken through in carrying capacity of water resources in order to increase grain production. In general，the manufacturing structure of Heilongjiang，Jilin and Liaoning provinces is not conducive to the increase of water resources carrying capacity. The structural adjustment in the mining industry，the production and supply of electric power，water，construction industry and service industry is basically conducive to the increase of water resources carrying capacity. Three industrial restructuring are conducive to the improvement of water resources carrying capacity. Agricultural production technology is the main driving force for the reduction of agricultural water use. Irrigation technology is the second major driving force for the reduction of agricultural water use. For manufacturing industry, water – saving technological progress is the main driving factor, that is to say, through water – saving technological progress, regional water resources carrying capacity increases. Technological progress in energy input is a secondary driver. Heilongjiang, Jilin and Liaoning urgently need to change the development mode of manufacturing industry, adjust the industrial structure of manufacturing industry, and at the same time, the manufacturing industry is developing towards the higher end of the value chain, which further increases the proportion of added value.

Key Words：food security; energy security; high – quality development; water resources carrying capacity

一、前言

维护国家安全是坚持和发展中国特色社会主义，实现"两个一百年"奋斗目标和中华民族伟大复兴"中国梦"的根本保障。在新的历史时期，国家安全的内涵和外延越来越丰富，时空领域越来越宽广，内外因素越来越复杂。在当今国际体系，尽管在地理范围、权力结构、交往规则和价值规范等方面已经发生了巨大变化，但可以肯定的是，基于威斯特伐利亚体系的本质并没有发生实质改变，国际体系以民族主权国家为主体，并基本处于无政府状态（石斌，2014）。国家安全是各主权国家所珍视的首要价值。随着冷战的结束，主权国家间直接对抗已不多见，长期被两极格局下领土安全、主权安全、军事安全、核安全等传统的国家安全因素所掩盖的非传统国家安全因素暴露出来，成为影响国家安全的重要方面，并且其影响的广度和深度逐渐增加。

2018 年 9 月 24 日，美国对中国 2000 亿美元出口到美国商品征收 10%的关税，中国随即对美国出口到中国的 600 亿美元商品征收 10%或 5%的关税。这次中美经济贸易摩擦对我国依赖进口的粮食安全和能源安全有一定的潜在威胁。2018 年 9 月 25~28 日，习近平总书记对东北三省进行了考察，强调东北地区是我国重要的工业和农业基地，维护国家国防安全、粮食安全、生态安全、能源安全、产业安全的战略地位十分重要，关乎国家发展大局。

粮食安全、生态安全、能源安全、产业安全背后的纽带是水资源。粮食生产本身就是水资源的保障和支撑。能源安全中火电、核电都需要大量水资源投入，油气开采需要水资源作为动力条件，煤化工和油化工都需要大量水资源投入。生态安全本身就是水安全的一部分。产业安全与水资源和水环境更是密不可分。在保障这些国家安全的背后的制约因素是区域水资源承载能力。在现有发展阶段的情况下，如果突破水资源承载力，生态安全就难以保障，如果不突破，粮食安全、能源安全、产业安全就难以兼顾。解决这个问题需要区域的高质量发展。本文正是在这个背景下研究国家安全、水资源承载力和高质量的关系，以保障这些安全任务繁重的东北地区为例，提出相应的政策建议。

二、高质量发展与水资源承载力

党的十九大报告指出：“我国经济已由高速增长阶段转向高质量发展阶段，正处在转变发展方式、优化经济结构、转换增长动力的攻关期，建设现代化经济体系是跨越关口的迫切要求和我国发展的战略目标。”高质量发展是当前和今后一个时期经济发展的根本要求，一个原因是我国已不具备高速增长的客观条件，包括需求结构变化，消费升级、劳动年龄人口减少、技术积累以及资源环境压力等（杨伟民，2018）。我国高质量发展须具备以下特征，分别是第三产业的贡献、创新的贡献、消费的贡献对经济增长显著增加，经济结构优化、普惠式包容性增长（冯俏彬，2018）。黄群慧（2018）认为，我国目前经济增长速度与资源环境承载力不平衡，绿色发展不充分。虽然我国一直在实施资源环境友好型新工业化道路，但资源、环境问题突出，难以承受高速增长。为解决资源环境问题，必须推动高质量发展，将清洁生产工艺、节能节水技术等有益于环境的技术转化为生产力，走环境可持续的发展模式。陈诗一和陈登科（2018）认为，环境问题会通过城市化和人力资本两个路径降低经济增长质量。从上述文献梳理来看，高质量发展的内涵包括产业结构的高质量调整、最终需求的高质量调整以及技术进步驱动、产业的绿色发展等方面。

水资源承载能力对于我国来说是非常重要的资源环境约束。作为生产要素，区域可用水量对于发展约束明显；作为环境要素，水体对于区域排污约束明显。一旦突破约束，就会造成严重的水危机。目前水资源短缺、水污染严重、水生态退化的形势已与我国高质量发展的要求严重不符。为了使区域发展限制在水资源承载力之内，需要节水技术进步、生产技术进步、结构调整、高质量发展的综合调整（王喜峰和李富强，2018）。然而对于保障国家粮食安全、能源安全的区域，其水资源承载效率一般比较低（王喜峰，2018），这主要是粮食生产和能源生产过程中都消耗大量的水资源，并且其附加值都相对较低。也就是说，这些区域"牺牲"高质量发展的部分"空间"，为其他区域高质量发展创造安全条件。东北地区是肩负我国粮食安全、能源安全的重要区域，同时也有自身东北老工业基地转型升级的任务，而东北地区水资源禀赋并不突出。那么，应该采用什么方式进行高质量发展。本研究从国家安全、水资源承载力的角度进行分析。

三、研究方法和研究数据

为了将水资源承载力与经济系统结合起来，本文利用资源环境经济学领域常用的投入产出模型作为基本的研究工具。构建东北三省可比价非竞争混合投入产出模型。

投入产出模型的基本公式为：

$$X = (I - A)^{-1} Y = LY$$

其中，X 为总的产出；A 为总的技术系数矩阵；Y 为最终需求（其中，最终需求内为省外净调出、净出口）。L 为里昂惕夫逆矩阵，反映各部门最终使用对其他部门的消耗；

考虑到用水在投入产出表中的关联：

$$W = C^i X$$

其中，W 为行业生产的用水；C^i 为各行业水资源的投入强度（行业用水技术系数），体现的是各行业的用水技术水平。

将 X = LY 代入到上式，得到：

W = C^{i}LY

为研究发展方式转变，这里以最终需求矩阵来考察经济发展方式转变的结构。Y 为最终需求的矩阵，可以将 Y 分为最终需求总量和各需求结构矩阵的乘积。即：

Y = MNOSUG

其中，M 为最终需求衡量的制造业产业结构；N 为最终需求衡量的第二产业结构矩阵；O 为最终需求衡量的三次产业结构；S 为反映产业间需求结构的矩阵；G 为最终需求净总量；U 为根据非竞争模型核算的进口率加 1；UG 的乘积为 y^d。

为了分析粮食安全和能源安全，将 C^i 根据各行业用水特点进行进一步分解，其中农业分为节水性技术进步和生产性技术进步；制造业分为节水性技术进步、节能性技术进步以及生产性技术进步。将以上各因素按照矩阵处理，最后矩阵相乘得到 C^i。

考虑到每个投入产出表只刻画一年的特征，本次研究利用比较静态分析，将投入产出模型之间分析年份间国家安全、水资源承载力和高质量发展之间的相对变化。比较静态分析采用结构分解方法（SDA）。结构分解分析（Structural Decomposition Analysis，SDA）是通过将经济系统中某因变量的变动分解为与之相关的各独立自变量变动的和，以测度其中每一自变量变动对因变量变动贡献的大小。基于投入产出技术的结构分解分析方法是通过对投入产出模型中的关键参数变动的比较静态分析而进行主要因素变动原因分析的一种方法。

通过投入产出分析进行结构分解分析的条件是具有某一经济体两个年份以上的时间序列投入产出表，并经过不变价处理，或者具有同一时间不同经济体的截面投入产出表。

以下分别介绍投入产出技术中常用的分解，对总产出变动的分解和对最终需求变动的分解，总产出的分解以两因素分解为例，最终需求分解以三因素分解为例。

总产出变动的分解：

根据投入产出模型，X = LY，其中 X 表示总产出向量，L 表示里昂惕夫逆矩阵，Y 表示最终需求列向量。对于不同的两个时期有：0 代表基准期，1 代表计算期。

$X_0 = L_0 Y_0$，$X_1 = L_1 Y_1$

$$\Delta X = X_1 - X_0$$
$$= L_1 Y_1 - L_0 Y_0$$
$$= L_1 (Y_0 + \Delta Y) - (L_1 - \Delta L) Y_0$$
$$= (\Delta L) Y_0 + L_1 (\Delta Y)$$

其中，$(\Delta L) \, Y_0$ 表示由于经济技术变动导致总产出变动的效应，$L_1 (\Delta Y)$ 表示最终需求变动对总产出变动的效应。

可以看出，结构分解计算的结果并不唯一，容易得到：

$$\Delta X = L_1 Y_1 - L_0 Y_0$$
$$= (L_0 + \Delta L) Y_1 - L_0 (Y_1 - \Delta Y)$$
$$= (\Delta L) Y_1 + L_0 (\Delta Y)$$

最终需求变动的分解：

在投入产出表中最终需求包括最终消费、资本形成、出口等，某一时期影响最终需求的因素主要有：最终需求总量，最终需求分布和最终需求系数矩阵。可以将最终需求变动影响分解为需求水平、分布和方式的变动。

即 $Y = yMD$

其中，M 是最终需求系数矩阵，D 是最终需求分布矩阵。

$$\Delta Y = Y_1 - Y_0 = y_1 M_1 D_1 - y_0 M_0 D_0$$

$$\Delta Y = \frac{1}{2} (\Delta y)(M_1 D_1 + M_0 D_0) + \frac{1}{2} [y_0 (\Delta M) D_1 + y_1 (\Delta M) D_0] +$$

$$\frac{1}{2} (y_0 M_0 + Y_1 M_1)(\Delta D)$$

第一项为最终需求水平变动效应，第二项为最终需求系数变动效应，第三项为最终需求分布变动效应。

除了上述结构分解之外，对于技术系数 C^i 来说，根据上述方法，得到分解结果。最后得到如表 1 所示各因素的相对变化。

表 1　各分解因素内涵及效应情况

效应	考虑因素	具体指标
规模效应	经济规模	经济总量、最终消费额
替代效应	通过进口高污染高耗水产品替代本地生产	进口替代

续表

效应	考虑因素	具体指标
结构效应	三产结构及三产各内部结构	灌溉面积占比（A1）、农业生产结构（A4）、中间投入占比、最终需求衡量的制造业产业结构、第二产业结构、第三产业结构、最终需求结构
生产技术效应	技术进步，中间投入关系	农业生产系数（A3）、能源投入占比（B2）、中间投入技术系数（B3）
节水技术效应	节水技术进步	灌溉用水系数（A2）、单位能源投入用水（B1）、其他行业用水系数（C1）

从东北三个省份统计局收集了黑龙江、吉林、辽宁 2002 年、2007 年、2012 年投入产出表，从各省水利厅收集到各省对应年份的《水资源公报》，其他相关数据来自各省份对应的统计年鉴。

四、结果分析

（一）绝对结果分析

根据上述模型得出黑龙江、吉林、辽宁结构分解分析的结果（见表2），其中，A1～A4 为表征粮食安全相关的用水变化情况，B1～B3 为制造业用水用能技术驱动用水变化的情况，C、L、M、N、O、S、G 为经济高质量发展驱动的用水变化情况。在区域水资源相对稳定的情况下，用水减少而产出增加，意味着水资源承载力的增加。其中，G 表征在经济发展质量不变的情况下，经济总量增加与用水呈线性关系，即以黑龙江 2007 年相对于 2002 年为例，经济总量增加能够使用水增加 142.12 亿立方米。其他省份和年份分别为 178.34 亿立方米、88.159 亿立方米、51.18 亿立方米、87.009 亿立方米、98.183 亿立方米（见表2）。在这种情况下，区域水资源难以承载区域经济发展。

在发展过程中，产业结构调整、最终需求结构调整、生产的技术进步、节能减排节水的技术进步等都是高质量发展的体现。这些经济高质量发展的因素反映到水资源承载力上，就是降低水资源的利用。例如，产业结构的调整，如若朝着更加节水的产业方向调整产业结构，那么在同样的产出规模下，水资源利用更少。这里用三个层次研究产业结构调整是否有利于水资源利用的降低，M 表示制造业内部的产业结构调整、N 表示除制造业、农业外内部产业结构调整、O 表示三产之间的结构调整。从这三个产业结构因素来看，2007～2012 年，三产结构的调整对于黑龙江来说是不利于区域水资源承载力的，这主要是因为，从 2009 年开始，我国在黑龙江实行增产 1000 亿斤的政策，为保障国家粮食安全，增加了耕地面积，使农业生产高于其他产业，从而使三产结构不利于区域水资源承载力。从黑龙江灌溉面积比例（A1）看，2007～2012 年，该因素驱动水资源利用增加了 78 亿立方米，远远大于其他省份。除黑龙江该年份之外，吉林和辽宁的三产结构调整都有利于水资源承载能力的增加。

表2　东北三省驱动用水的分解分析　　　　单位：亿立方米

省份	年份	C	L	M	N	O	S	G	C1
黑龙江	2002～2007	-110.97	27.73	-24.34	34.007	-25.013	-9.883	142.12	-42.377
黑龙江	2007～2012	-126.48	-48.153	59.198	18.854	73.632	-104.5	178.34	-54.94
吉林	2002～2007	-62.476	1.227	24.573	-25.93	-215.75	179.39	88.159	-16.398
吉林	2007～2012	-20.911	-30.394	-17.63	53.816	-24.402	-7.376	51.18	-18.844
辽宁	2002～2007	-45.773	-15.775	19.258	-1.593	-21.26	-11.86	87.009	-20.065
辽宁	2007～2012	-75.79	-11.611	20.615	8.969	-17.367	-17.5	98.183	-44.488

省份	年份	A1	A2	A3	A4	B1	B2	B3
黑龙江	2002～2007	44.406	-34.76	-123.15	0.343	-21.684	-15.31	1.548
黑龙江	2007～2012	78.948	-46.076	-121.39	0.517	-41.116	10.604	-4.966
吉林	2002～2007	2.032	-22.965	-37.194	0.118	-11.387	-2.671	-1.06
吉林	2007～2012	-15.46	12.412	-22.456	0.177	-9.039	-2.446	0.078
辽宁	2002～2007	-3.306	8.407	-57.519	0.158	-19.275	-1.496	-0.352
辽宁	2007～2012	-2.294	-13.604	-31.653	0.184	-25.641	2.572	0.355

从制造业内部的结构调整（M）看，三个省份总体上都不利于水资源承载力的增加。从第二层次的结构调整（N）看，除黑龙江外，其他省份都基本上有利于水资源承载力的增加。黑龙江这两个时间段，结构调整对于水资源承载力是十分不利的，这也说明黑龙江急需高质量发展，改变不利的

局面。

从总体技术进步（C）看，都呈现改善水资源承载力的趋势，相对于经济总量来说，能够基本上抵消经济总量增加带来的水资源承载力降低的能力，大约能够抵消 60% 以上的效应。除了吉林 2007～2012 年外，其他两个省份的全部时段都呈现较大的绝对值，可以看出，总体技术进步对提升区域水资源承载力有很大的作用。

生产技术进步（L）与总体技术进步（C）不同，L 是里昂惕夫逆矩阵，其意义是产出的行业中间投入，表征的是中间投入的技术进步。中间投入品生产过程中也消耗水资源，对中间投入品的消耗也是对水资源的消耗。在结构相同的情况下，中间投入品越大，对水资源消耗越大。在规模一定的情况下，中间投入品的生产越偏向耗水较多的产品，对水资源消耗越大。从具体数值看，2002～2007 年，黑龙江和吉林其数值为正，这个时期生产技术进步不利于区域水资源承载力。其他年份都为负，表明生产技术进步有利于区域水资源承载力。其中，黑龙江最高，吉林其次，辽宁最后。

从对总体技术效应（C1）分解看，在农业方面，农业生产结构影响相对不大，农业生产结构为种植业占农业总体的比重，从其具体数值看，农业生产结构变动不大。农业生产技术（A3）是农业用水减少的最主要驱动力，其含义是亩均产值，从数值来看，黑龙江在 100 亿立方米以上，吉林在 20 亿立方米以上，辽宁在 30 亿立方米以上。其意义是，在同等农业产值的情况下，进步后的农业技术已不需要那么多的耕地，减少耕地的使用就是减少水资源的利用。灌溉技术水平（A2）是农业用水减少的第二大驱动力，其绝对值低于农业生产技术的，从具体数值看，吉林（2007～2012 年）、辽宁（2002～2007 年）为正值，体现了这两个年份对应省份的灌溉技术有一定的退步。虽然总体上农业用水在减少，其驱动力可能是其他因素造成的，而不是灌溉技术进步。其他年份，三个省份的灌溉技术都是进步的。从灌溉面积比例（A1）可以看出，吉林（2007～2012 年）的灌溉面积比例在下降，这主要是由 2007～2009 年灌溉面积下降造成的。辽宁在 2002～2012 年都有轻微的下降。黑龙江则是 2002～2012 年大幅增加，其中 2007～2012 年增加得最多。

对于制造业来说，节水型技术进步（B1）是其主要的驱动因素。也就是说，通过节水型技术进步，区域的水资源承载力增加，其中，黑龙江最高，辽宁其次，吉林最后。能源投入的技术进步（B2）是次要的驱动因素，其中，黑龙江和辽宁在 2007 ~ 2012 年的驱动值为正，说明这个时期能源投入效率降低，反映到水资源上，则是水资源投入的增加。从增加值的技术进步（B3）看，其影响较小，说明这个时期区域制造业的升级不明显。

采掘业，电力热力、水的生产与供应业，建筑业、服务业的用水技术（C1）是除了农业和制造业之外的用水技术进步，其在三个省份均为负，表明了这个时期的技术进步，其中黑龙江的绝对值最高、辽宁其次、吉林最小。

（二）相对结果分析

将经济规模作为 100%，其他因素的相对结果如表 3 所示。总体技术进步是其主要的抵消因素，其能够抵消大约 60% 的经济规模增加带来的用水增加。其中，黑龙江两个时段分别是 78.08% 和 70.92%，吉林的两个时段分别是 70.87% 和 40.86%，辽宁分别是 52.61% 和 77.19%。结构因素是次要的抵消因素，各个省份的各个时段其结构因素不一致，例如制造业的产业结构调整（M）只有黑龙江的 2002 ~ 2007 年和吉林的 2007 ~ 2012 年为抵消用水增长，其他省份其他时间段都为增加用水的情况。采掘业，电力热力、水的生产与供应业，建筑业、服务业的结构调整（N）多为增加用水的情况，只有吉林的 2002 ~ 2007 年和辽宁的 2002 ~ 2007 年为抵消用水增加的效应。三产结构（O）基本上都是抵消用水的效应，只有黑龙江的 2007 ~ 2012 年为增加用水的效应。最终需求的结构（S）基本上都呈现抵消用水增加的效应。生产技术进步（L）基本上为抵消用水增加的效应，基本在 30% 左右。

表 3　各因素驱动用水改变的相对结果　　　　　单位:%

省份	年份	L	M	N	O	S	A1	A2
黑龙江	2002 ~ 2007	19.51	− 17.13	23.93	− 17.60	− 6.95	31.25	− 24.46
	2007 ~ 2012	− 27.00	33.19	10.57	41.29	− 58.60	44.27	− 25.84
吉林	2002 ~ 2007	1.39	27.87	− 29.41	− 244.73	203.48	2.30	− 26.05
	2007 ~ 2012	− 59.39	− 34.45	105.15	− 47.68	− 14.41	− 30.21	24.25
辽宁	2002 ~ 2007	− 18.13	22.13	− 1.83	− 24.43	− 13.63	− 3.80	9.66
	2007 ~ 2012	− 11.83	21.00	9.13	− 17.69	− 17.82	− 2.34	− 13.86

续表

省份	年份	A3	A4	B1	B2	B3	C
黑龙江	2002~2007	-86.65	0.24	-15.26	-10.77	1.09	-78.08
	2007~2012	-68.07	0.29	-23.05	5.95	-2.78	-70.92
吉林	2002~2007	-42.19	0.13	-12.92	-3.03	-1.20	-70.87
	2007~2012	-43.88	0.35	-17.66	-4.78	0.15	-40.86
辽宁	2002~2007	-66.11	0.18	-22.15	-1.72	-0.40	-52.61
	2007~2012	-32.24	0.19	-26.12	2.62	0.36	-77.19

对技术进步的分解看，农业生产技术进步能够解释较多的抵消效应，黑龙江两个时段分别是 86.65% 和 68.07%，吉林分别是 42.19% 和 43.88%，辽宁分别是 66.11% 和 32.24%。灌溉技术进步是第二大的抵消效应，基本在 20% 左右，其中吉林（2007~2012 年）、辽宁（2002~2007 年）为增加用水效应，分别增加了 24.25% 和 9.66%。灌溉面积比例是其主要的增水效应。农业结构调整基本上效应不大。对于制造业来说，用水技术进步的抵消效应在 20% 左右，能源技术进步的抵消效应在 10% 以下，增加值基本无效应。

五、结论及政策建议

国家安全和区域经济高质量发展与用水的纽带效应联系在一起，由于水资源承载力的硬约束，区域保障国家安全和区域高质量发展具有协同效应。本文以保障国家粮食安全、能源安全和生态安全的重点区域东北地区为例，利用投入产出模型结构分解分析，分析国家安全和经济高质量发展的因素对水资源承载力的影响。得出以下结论：

第一，经济高质量发展内涵下的产业结构优化调整，技术进步、绿色发展是抵消经济规模增加带来突破水资源承载力灾难的主要因素。同时也是为增加粮食产量而水资源承载力未突破的主要因素。从绝对量看，如果经济质量不变，经济规模的增加使黑龙江、吉林、辽宁 2002~2007 年以及 2007~2012 年分别增加 142.12 亿立方米、178.34 亿立方米、88.159 亿立方米、51.18 亿立方米、87.009 亿立方米、98.183 亿立方米的用水，这严重突破了当地的水资源承载力，使发展不可持续，同时技术进步分别抵消了110.97亿立方米、126.48亿立方米、62.476亿立方米、20.911亿立方米、45.773亿立方米、75.79亿立方米，分别占－78.08%、－70.92%、－70.87%、－40.86%、－52.61%、－77.19%。同期结构因素分别为－17.75%、26.45%、－42.79%、8.61%、－17.76%、－5.38%。也就是说，除黑龙江和吉林的2007~2012年为增加外，其他都是抵消效应，基本上解释20%左右。

第二，黑龙江、吉林、辽宁这三个省份制造业结构总体上都不利于水资源承载力的增加。从采掘业，电力热力、水的生产与供应业、建筑业、服务业内部的结构调整看，除黑龙江外，其他省份都基本上有利于水资源承载力的增加。黑龙江在这两个时间段内，结构调整对于水资源承载力是十分不利的。从三次产业结构调整来看，整体上都有利于水资源承载力的提升。

第三，在粮食安全方面。农业生产技术是农业用水减少的最主要驱动力，从数值来看，黑龙江在100亿立方米以上，吉林在20亿立方米以上，辽宁在30亿立方米以上。灌溉技术水平是农业用水减少的第二大驱动力，其绝对值低于农业生产技术。从灌溉面积比例可以看出，吉林在2007~2012年的灌溉面积比例在下降，这主要是由2007~2009年灌溉面积下降造成的。辽宁在2002~2012年有轻微的下降。黑龙江在2002~2012年大幅增加，其中2007~2012年增加得最多。

第四，对于制造业来说，节水型技术进步是主要的驱动因素。也就是说，通过节水型技术进步，区域的水资源承载力增加，其中，黑龙江最高，辽宁其次，吉林最后。能源投入的技术进步是次要的驱动因素，其中，黑龙江和辽宁在2007~2012年的驱动值为正，说明这个时期能源投入效率降低，反映到水资源上是水资源投入的增加。从增加值结构看，其影响较小，说明这个时期区域制造业的升级不明显。

对于这些结论，可以得出以下政策启示：

第一，对于高质量发展来说，黑龙江、吉林、辽宁亟须转变制造业的发展方式，调整制造业内部的产业结构，同时制造业朝着价值链更高端方向发展，使增加值比重进一步增加。制造业的发展依靠创新驱动，而不是资源驱动。

第二，对于保障粮食安全来说，这三个省份在稳步合理增加灌溉面积比重的同时，要加大节水灌溉的投入力度，使节水灌溉技术成为提升水资源承载力第一驱动力。进一步加大粮食生产的科技投入，进一步推动农业生产技术的提升。

第三，在制造业方面，形成节水技术和节能技术协同发展的局面，在节水就是节能、节能也是节水，在技术上、在经济结构上形成高质量发展的态势，真正做到绿色发展。

参考文献

[1] 杨伟民. 贯彻中央经济工作会议精神　推动高质量发展[J]. 宏观经济管理，2018（2）：13－17.

[2] 冯俏彬. 我国经济高质量发展的五大特征与五大途径[J]. 党政干部参考，2018（1）：59－61.

[3] 黄群慧. 浅论建设现代化经济体系[J]. 经济与管理，2018（1）：1－5.

[4] 陈诗一，陈登科. 雾霾污染、政府治理与经济高质量发展[J]. 经济研究，2018（2），20－34.

[5] 王喜峰. 考虑区域承载力的水资源效率研究[J]. 城市与环境研究，2018，16（2）：99－112.

[6] 王喜峰，李富强. 经济发展方式转变对水资源承载能力影响研究——基于北京市相关数据的实证分析[J]. 价格理论与实践，2018（2）：106－110.

中国混频 FCI 的构建及其对宏观经济变量的影响分析[①]

肖　强　　轩媛媛

摘　要　本文选取了我国大量金融变量，首先基于混频动态因子模型处理混频数据，然后对处理过的数据构建动态因子模型，利用提取出来的共同因子对通货膨胀的冲击效应构建了金融状况指数（FCI）。通过 FCI 与宏观经济变量的相关谱分析验证了所构建的金融状况指数的有效性及其与宏观经济的关联性。最后利用马尔科夫区制转换模型识别了 FCI 的两个区制，并探究了不同状态的 FCI 对宏观经济变量的冲击效应。研究结果表明，本文所构建的金融状况指数与宏观经济变量之间不仅存在高度的相关性而且它们的波动周期大致相同；此外，我国 FCI 还领先于宏观经济变量约 7 个月。本文通过研究不同区制下的 FCI 对宏观经济变量的影响发现：金融状况良好时 FCI 对宏观经济的发展有一定的促进拉动作用，金融状况恶化时 FCI 对宏观经济的发展有较大的阻碍作用。

关键词　混频动态因子模型；金融状况指数；谱分析；马尔科夫区制转换

---

① 主持基金项目：国家自然科学基金《基于混频 FASTVAR 模型的 FCI 构建及其应用》（71763016），国家统计局科研项目《基于混频和结构动态因子模型的 FCI 构建及其应用研究》（2018823），兰州财经大学青年学术英才项目（2017）。

The Construction of Chinese Mixing FCI and Its Impact on Macroeconomic Variables

Xiao Qiang　Xuan Yuanyuan

Abstract：This paper selects a large number of financial variables in China. Firstly, the mixing dynamics model is used to process the mixing data. Then the dynamic factor model is constructed for the processed data. The financial condition index is constructed by using the extracted common factors to influence the inflation (FCI). Then, through the correlation analysis between FCI and macroeconomic variables GDP and CPI, the validity of the constructed financial status index and its correlation with macroeconomics are verified. Finally, the Markov system conversion model is used to identify the two regional systems of FCI, and the impact of different states of FCI on macroeconomic variables is explored. The results show that there is not only a high correlation between the financial status index and macroeconomic variables constructed in this paper, but their volatility cycle is roughly the same; in addition, China's FCI is still ahead of the macroeconomic variables for about 7 months. Finally, this paper studies the impact of FCI on macroeconomic variables under different district systems and finds that FCI has a certain role in promoting macroeconomic development when financial conditions are good. FCI has a greater impediment to macroeconomic development when financial conditions deteriorate effect.

Key Words：mixing dynamic factor model; financial condition index; spectral analysis; Markov regional conversion

一、引言

近几十年来，随着全球经济的高速发展，伴随而来的经济危机也让人猝不及防。特别是2008年国际金融危机影响颇广，我国的经济发展也因此处于不稳定的状态，后来经过政府宽松货币政策的调整，才缓慢复苏并维持在稳健水平。由此我们深刻认识到，在新时代背景下，金融和经济的发展已经深深渗透到社会发展的每个角落，我们只有实时掌握金融的发展状况，才能制定出适合我国经济发展的政策。这就需要一个能够及时反映和预测金融状况信息的综合指标，为政府工作的开展、政策的制定，提供有效的参考价值。因此，金融状况指数就成了研究热点。

美国最早制定了反映金融状况的指标，货币条件指数（MCI），是为了提供关于经济和货币市场的信息，由再融资利率和汇率两个指标构成。后来，由于金融与经济之间关系的错综复杂，仅仅依赖于个别变量已经远远不能判定金融的发展趋势及其对经济的实时影响。为了能更加全面、准确地得到这些预测信息就需要运用多种金融变量来构建能实时反映经济发展状况的金融状况指数。FCI 的构建引入了影响经济主体运行和货币政策制定的各类金融条件指标，相比传统 MCI 拓展了度量范围，因而能更准确反映金融状况。当今很多国家都已经编制出适合自己国情的金融状况指数，我国对于这方面的研究还在继续深化。综观国内外关于 FCI 构建的研究，各种方法层出不穷，有静态的、动态的、线性的、非线性的，但我国对于 FCI 的研究近十年才刚刚起步，所以始终未找到适合我国发展状况的金融状况指数。因此，对于我国 FCI 的研究具有重大的经济意义和现实意义。

通过梳理国内外关于金融状况指数（FCI）的相关参考文献，发现学者的研究大致在以下三个方面：

首先是构建 FCI 的变量选取问题。构建 FCI 是为了反映货币政策的传导效应和宏观经济的实时运行状态，因此选择金融变量也要同时以这几个原则为基准。在我国，金融市场瞬息万变，各要素互相影响；利率和货币供应量影响社会投资结构，引发市场供给变化；汇率影响进出口额与物价变动，同时影响着资本流动；股票市场和房地产市场影响着通货膨胀水平，对货币政策的制定有着重要的影响，所以以这五种指标为代表构建的 FCI 可视为政府实时监控金融市场变动及时制定合理货币政策的重要参考指标。但也不乏许多学者选择构建金融状况指数的理论基础和目的不同，在此基础上添加其他的金融变量，致使金融状况指数的研究有了多方面延伸和扩展。

其次是国内外学者构建 FCI 所选取的方法。国外关于构建 FCI 的研究发展得十分迅速，Goodhart 和 Hofmann（2001）最早使用了 VAR 模型构建 FCI，后来学者又将总需求缩减方程、主成分分析、因子分析等模型应用于构建 FCI。另外，有的学者在 FCI 的权重确定方面有所突破构造了动态权重形式的 FCI，如 Mehmet Balcilar（2018）。近年来，混频模型日渐兴起，Banbura M（2005）提出了适合月季混频数据的 MF – DFM 模型；Aruoba（2009）等提出了适合日月混频数据的 MF – DFM 模型；Mariano 和 Murasawa（2010）提出了适合月季混频数据的 MF – VAR 模型。混频模型在 FCI 构建中的应用，是金融状况研究的一大创新性进步。

国内对于金融状况指数的研究还在进一步深入。刘任重和刘冬冬（2016），肖强和司颖华（2015），宋国军（2016），卞志村（2012）等学者借鉴国外的研究方法分别利用 VAR 模型、总需求缩减模型、主成分分析、状态空间模型构建了我国 FCI；另外，有的学者在构建 FCI 的权重、参数方面深入研究，构建了动态权重与可变参数的 FCI，通过对比研究发现，利用动态方法比用静态方法构建的 FCI 有更好的先行性与预测性，如屈军和朱国华（2016），余辉和余剑（2013）。混频数据模型近几年才在国内兴起，周德才（2018）、栾惠德和侯晓霞（2015）、李欢（2016）等都是借鉴国外 Mariano 和 Murasawa（2010），Aruoba（2009）等提出的方法构建了我国混频数据模型的 FCI，并验证了所构建的 FCI 相对于通货膨胀的领先性。

最后是对所构建的 FCI 的应用，大部分学者通过构建的金融状况指数对货币政策、通货膨胀和经济增长的关联度及预测力来验证 FCI 对金融状况预测的有效性，如 Solikin M. Juhrol 和 Bernard Njindan Iyke2（2019），肖强和白仲林（2015），John Nkwoma Inekwe（2019）。同时，还有学者用多种方法比较了不同模型构建的 FCI 的预测能力，如 Mehmet Balcilar（2018），George Kapetanios（2018）。此外，还有学者将 FCI 与股市投资热度进行预测性检验，发现 FCI 对股市投资有重要的参考价值，如刘任重和刘冬冬（2016）等。这都是以学者的相关研究目的为导向的。

通过梳理以上国内外关于金融状况指数构建的参考文献，我们了解到学者构建 FCI 的多样性与灵活性。本文对比国内外相关文献，发现我国对于 FCI 的研究仍然存在待改进的地方。首先，在金融指标的选择方面，大部分的学者都没有选择国内生产总值（GDP）这个宏观经济变量，GDP 是反映经济发展的一个重要的衡量指标，对于金融状况的研究有着举足轻重的影响。在以往的研究中，虽然有一些学者考虑到了 GDP 这个影响因素，但由于这个指标只有季度数据，很多学者采用了各种插值法进行了填补，这无疑会丢失部分原有数据特征。其次，在关于混频模型在金融研究领域的应用方面，国内学者利用混频动态因子模型构建 FCI 的研究屈指可数。

所以本文基于以上考虑，在以下几个方面有所改进：首先在指标的选取方面：本文加入了 GDP 这个季度宏观经济变量，同时尽量选择了更多的金融变量希望能更加充分地反映金融状况的信息。其次在金融状况指数构建方法的选择方面，本文一改传统建模方法，为了能更好地利用加入的季度数据所包含的信息，构建了关于低频季度数据的混频动态因子模型预测其高频数据，并将得到的包含原始数据信息的高频数据与我们所选取的其他月度金融变量一起构建动态因子模型，以提取的共同因子构建我国金融状况指数。

考虑到谱分析能够更准确地反映变量的周期变化及交互影响关系，本文利用谱分析探究了所构建的 FCI 与宏观经济变量之间的关联性。

二、混频动态因子模型

（一）GDP 混频动态因子模型

本文为了利用动态因子模型构建 FCI，需要对所选取的混频数据进行处理，由于所选取的变量中只有 GDP 为季度数据，其他都为月度数据。因此为了将 GDP 低频数据转换为高频数据，本文借鉴了 Banbura M（2005）提出的混频动态因子模型，利用已知的 GDP 季度数据与大量已公布的影响GDP 变化的高频月度数据预测出我国 GDP 的月度数据。

假定动态因子模型如下所示：

$$x_t = \Lambda f_t + \xi_t, \ \xi_t \sim N(0, \sum_\xi) \quad \Lambda = \begin{pmatrix} \Lambda_{N,G} & \Lambda_{N,N} & 0 \\ \Lambda_{R,G} & 0 & \Lambda_{R,R} \end{pmatrix}, \ f_t = \begin{pmatrix} f_t^G \\ f_t^N \\ f_t^R \end{pmatrix}$$

$$f_t = \sum_{i=1}^p A_i f_{t-1} + \zeta_t \qquad \Lambda_i = \begin{pmatrix} \Lambda_{i,G} & 0 & 0 \\ 0 & \Lambda_{i,N} & 0 \\ 0 & 0 & \Lambda_{i,R} \end{pmatrix}, \ I_q = \begin{pmatrix} I_{q,G} & 0 & 0 \\ 0 & I_{q,N} & 0 \\ 0 & 0 & I_{q,R} \end{pmatrix}$$

$$\zeta_t = B\eta_t, \ \eta_t \sim N(0, I_q)$$

Banbura M（2005）为了提高估计精度将变量分为三个相互独立的因子，分别称为全局因子、实际因子和名义因子。将所有的变量分类，其中实际变量和名义变量分别载荷于实际因子 R 和名义因子 N，所有的变量载荷于全局因子 G。

本文将我国季度 GDP 表示为 GDP_t^Q，$t = 3，6，9，\cdots$，我们将季度 GDP 用其不可观测的月度数据表示如下：

$$GDP_t^Q = GDP_t^M + GDP_{t-1}^M + GDP_{t-2}^M，t = 3，6，9，\cdots$$

假定 GDP 季度同比增长率为：

$$y_t^Q = Y_t^Q - Y_{t-3}^Q，t = 6，9，12，\cdots$$

并对上式进行如下近似：

$$y_t^Q = Y_t^Q - Y_{t-3}^Q \approx (Y_t^M + Y_{t-1}^M + Y_{t-2}^M) - (Y_{t-3}^M + Y_{t-4}^M + Y_{t-5}^M)$$

$$= y_t^M + 2y_{t-1}^M + 3y_{t-2}^M + 2y_{y-3}^M + 4y_{t-4}^M$$

将月度数据因子模型与 GDP 预测方程结合如下：

$$y_t^M = \mu_{GDP} + \Lambda_{GDP} f_t + \varepsilon_{GDP,t}$$

$$\varepsilon_{GDP,t} = \beta_{GDP} \varepsilon_{GDP,t-1} + e_{GDP,t} + e_{GDP,t} \sim N(0，\delta_{GDP}^2)$$

令 $z_t = (y^Q，x_t)'$，$a_t = (f_t，\cdots，f_{t-p}，u_t'，\cdots，u_{t-q}')'$，将季度 GDP 与其他月度变量构成如下形式的状态空间模型：

$$z_t = W * a_t + u_t，u_t \sim N(0，\sum_N)$$

$$a_t = T * a_{t-1} + v_t，v_t \sim NID(0，\sum_v)$$

$u = (u_1，u_2)'$，$v_t = (v_{1,t}，v_{2,t})'$ 经过对比发现 $p = 1$，$r = 1$，$q = 1$ 时预测效果较好。模型参数由对估计因子进行 OLS 回归估计得到，在第一次迭代时将使用平衡数据得到的主成分作为因子，然后由卡尔曼平滑器在不平衡面板上更新对因子和预测指标的估计。

（二）变量的选取和处理

本文构建 GDP 月度混频动态因子模型选取了我国 2000～2018 年的五类指标。

调查指标：制造业与非制造业采购经理人指数。

进出口和物价指标：进出口额、居民消费价格指数（CPI）和生产者物价指数（PPI）。

金融指标：货币供应量（M0，M1）、金融机构各项存贷款余额当月增减额。

生产、投资、消费等指标：工业增加值、固定资产投资完成额、房地产开发企业投资完成额、发电量、货运量、原油量、邮电总量和社会消费品零售总额 8 类。

财政指标：国家当期财政收入和财政支出。

数据处理：对于 CPI，我们利用国家统计局公布的同比增速及近期的环比增速计算出 CPI 定基序列，将得到的序列进行 X – 12 季节调整并取对数和一阶差分，将结果作为该指标的环比增速。另外，有些指标，例如 M1、工业产品产量等指标，国家统计局只公布其水平值和同比增速，本文同样对这些指标进行 X – 12 季节调整并取对数一阶差分，将其作为该指标的环比增速。经过单位根检验，通过以上处理的数据都是平稳序列，可以进行混频动态因子模型的构建。

（三）预测结果分析

本文通过构建混频动态因子模型并结合 EM 算法进行估计，实现了对潜在月度 GDP 增长速度的预测，实际 GDP 与预测 GDP 环比增长速度如图 1 所示。（图 1 中 y 为实际季度 GDP 的环比增长速度，month_ y 为预测的月度 GDP 环比增长速度）

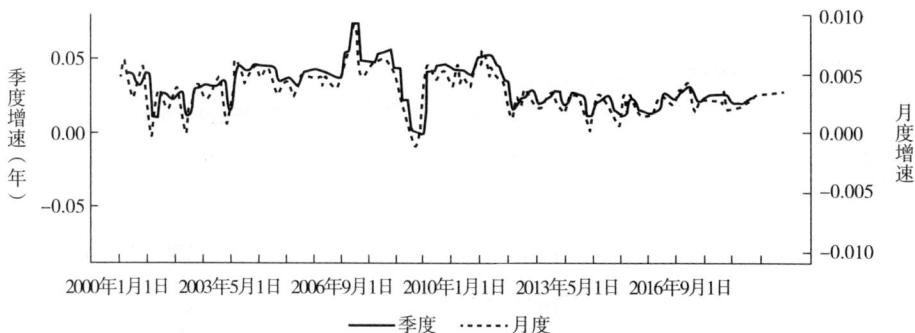

图 1　预测的月度 GDP 增速与实际 GDP 季度增速趋势

由图 1 可知，本文构建的 GDP 混频动态因子模型能很好地通过相关经济变量预测出实际 GDP 增长水平。

三、我国金融状况指数（FCI）的构建

（一）变量的选取和处理

参考国内外学者构建 FCI 的相关研究并结合我国金融市场的基本现状。本文在以往学者研究的基础上扩大了样本容量，增加了样本长度，选取了影响我国金融市场的变化的 26 个金融指标 2002～2018 年的月度数据，利用动态因子模型构建了我国金融状况指数，具体选择的变量如下：

利率指标。市场利率与社会总储蓄和总投资的变化密切相关，从而对通货膨胀水平的变化也有重要的影响。本文主要选取了不同期限的银行间同业拆借与银行间债券质押回购的加权平均利率（共选取 14 类），为了消除了通货膨胀的影响，都减去了定基 CPI。（以 2002 年环比 CPI 为基期，结合以后的同比 CPI 计算出定基 CPI）

汇率指标。汇率会影响进出口额及物价的变动，进而导致通货膨胀水平的变化。本文选取了国际清算银行公布的名义有效汇率和人民币对美元汇率。

资产价格指标。包括股票和房地产市场，占据了大部分的金融市场。本文选取了股票市场的上证指数及股票总股本，房地产市场的国房景气指数和房地产开发企业商品房销售面积，并对所选取的指标都除以了定基 CPI。

货币供应量指标。控制货币供应量是中国人民银行通过调节市场消费和投资需求进而调控物价水平的重要手段，主要包括 M0、M、M2 等，本文主要选取了这三个指标；同样，对于这三个指标都除以了定基 CPI。

宏观经济变量。本文选取了前文利用 GDP 混频动态因子模型得到的月度 GDP 数据来反映宏观经济的变动，并将其除以定基 CPI。

实证分析之前，需要对这 26 个指标进行预处理：本文对存在季节因素的变量采取了 X-12 季节调整，消除了变量的季节因素；对于不平稳的数据采用 HP 滤波去除长期趋势，取对数或差分的方法将其转化为平稳数据；为了消除量纲的影响，又对所有的数据进行了标准化处理。

研究思路：本文采用动态因子分析的方法从 26 个金融变量中提取出共

同因子（降维），利用提取出来的金融因子与 CPI 构建 VAR 模型，通过各个金融因子对通货膨胀的冲击大小来确定所提取的金融因子在金融状况指数中的权重。

（二）基于动态因子模型的 FCI 构建

在进行动态因子分析前首先对所有的变量进行 KMO 和 Bartlett 检验。由表 1 可知 KMO 检验值为 0.944，超过了 0.8 很适合做因子分析，Bartlett 球型度检验 Sig. 为 0.000 小于显著性水平 0.05，与单位矩阵有显著差异，所以可以进行因子分析，如表 1 所示。

表 1　KMO 和 Bartlett 检验

取样足够度的 Kaiser – Meyer – Olkin 度量		0.944
Bartlett 的球形度检验	近似卡方	9214.107
	Sig.	0.000

结合碎石图与数据特征根大于 1 的准则本文提取了五个共同因子；又由表 2 可以看出，提取出的五个共同因子能解释总方差的 82.976%。说明提取的这些共同因子能很好地反映总指标所包含的信息。

表 2　共同因子方差贡献率

成分	Factor1	Factor2	Factor3	Factor4	Factor5	累计%
解释方差的百分比	62.309	7.538	4.772	4.431	3.928	82.976

在以上动态因子分析中我们提取了五个共同因子来代替选取的 20 多个变量，达到了降维的目的。为了利用所提取的共同因子构建我国 FCI，本文构建了五个因子和通货膨胀代理变量 CPI 的 VAR 模型，通过这五个共同因子对 CPI 的脉冲响应冲击的大小来确定各自在 FCI 中所占的权重。在构建 VAR 模型前，首先需要对这五个金融因子和 CPI 进行单位根检验，判断它们是否为平稳序列，经检验这六个变量都为平稳序列。然后根据 AIC 和 SC 等信息准则选择最优两阶滞后的 VAR 模型，并进行相关脉冲响应分析。

由图 2 脉冲响应函数图可以看出，本文提取的五个共同因子都对 CPI 有一定的影响，其中 FC1、FC3 对 CPI 的冲击影响最大，FC2 次之，FC5 最小，接近于零，这里就认为 FC5 对 CPI 的影响可以忽略不计。参考类似已有文献的做法，由每个共同因子对 CPI 冲击的绝对值的平均值所占的比重，确定它们在 FCI 中所占的权重，计算结果如下：

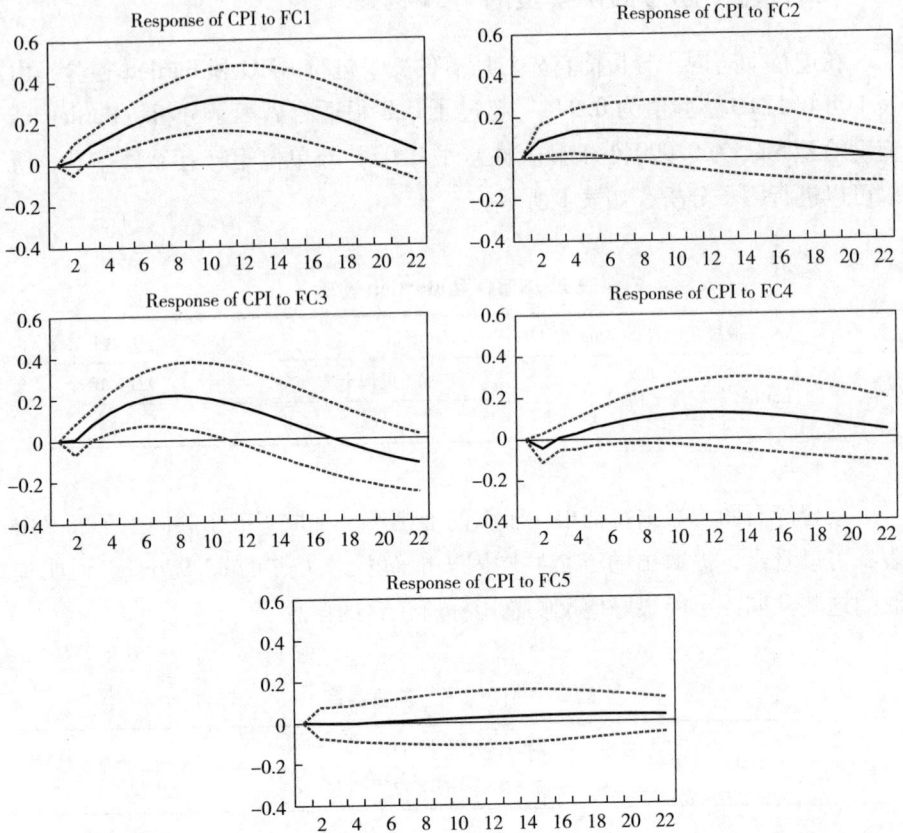

图 2 脉冲响应

$$FCI_t = 0.3910FC_{1,t} + 0.2232FC_{2,t} + 0.2240FC_{3,t} + 0.1618FC_{4,t}$$

由上面所构建的金融状况指数表达式可知，金融状况指数就是这四个金融因子的加权平均。下文利用所构建的 FCI_t 来研究金融市场的状况对宏观经济变量的影响。

四、FCI 与宏观经济变量的关联性分析

（一）FCI 与宏观经济变量的因果检验

为了研究所构建的 FCI 与宏观经济之间的关系，本文就选取通货膨胀和 GDP 增长率作为宏观经济变量的代理变量进行以下相关的分析。

首先我们对 ADF 检验后的平稳变量 FCI、CPI、GDP 进行格兰杰因果检验，来检验 FCI 与宏观经济变量之间是否有影响关系，检验结果如表 3 所示。

表3　格兰杰因果检验

Null Hypothesis：	F – Statistic	Prob.
CPI does not Granger Cause FCI	20. 476	0. 000
FCI does not Granger Cause CPI	26. 792	0. 000
GDP does not Granger Cause FCI	1. 171	0. 312
FCI does not Granger Cause GDP	8. 987	0. 000
GDP does not Granger Cause CPI	17. 047	0. 000
CPI does not Granger Cause GDP	9. 050	0. 000

检验结果显示，FCI 是 GDP 和 CPI 的格兰杰原因，CPI 也是 FCI 的格兰杰原因，但 GDP 却不是 FCI 的格兰杰原因，说明了 FCI 对金融变量 CPI 和 GDP 都有一定的影响，FCI 和 CPI 互相影响。由此初步判定 FCI 与 CPI 和 GDP 之间是存在一定的相互影响关系的，为了能更加准确、客观地探究这一影响关系，我们进行如下谱分析。

（二）FCI 与宏观经济变量的关联性谱分析

本文选择谱分析中的单变量 AR 谱，平方相干谱及相谱分析来研究前文所构建的 FCI 对 GDP 和 CPI 之间的领先与滞后关系。

变量选取：本文选取做频域分析的变量有动态因子模型构建出来的 FCI、混频动态因子预测出来的月度 GDP，及我国通货膨胀率记为 CPI。谱

分析前我们需要对这些数据进行预处理：首先对 FCI、CPI、GDP 这三个指标进行 X – 12 季节调整，然后利用 HP 滤波去除这三个数据的长期趋势，最后进行平稳性检验，如表 4 所示。

表 4　ADF 检验

原序列	t – Statistic	Prob. *
GDP	– 6.840	0.000
FCI	– 8.959	0.000
CPI	– 4.053	0.002

由表 4 可知，GDP、FCI、CPI 三个变量的 P 值均小于显著水平 0.05，即序列平稳，可以进行谱分析。谱分析前我们首先通过这三个变量的时间序列趋势大致了解 FCI 和金融变量的变化趋势，如图 3 所示。

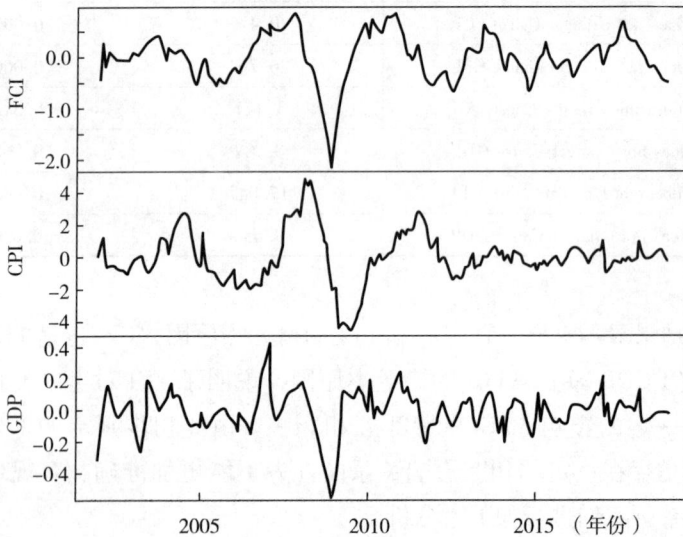

图 3　FCI、CPI、GDP 趋势

由图 3 可以清晰地看出变量 FCI、CPI、GDP 在 2002 ~ 2018 年有着大致相同的变化趋势，如 2008 年我国金融危机导致的金融恶化在三个变量的变化趋势中都反映出明显的下降波动。并且大致能看出 FCI 的波动是领先于

CPI 与 GDP 的。由此得知，FCI 与宏观经济的波动趋势大致相同，能反映其基本信息。

为进一步确定这三个变量的周期，本文采用了能消除样本谱方差的 AR 谱估计，得到如下 FCI（AR20）、CPI（AR23）、GDP（AR22）对应的样本谱如图 4 所示。

由图 4AR 谱图可知，首先可以看出这三个经济变量是平稳的，且趋向很规则，适合进行谱分析。其次可以了解到 FCI 和这两个宏观经济变量对应的主周期长度；其中 CPI 第一个波峰对应频率 0.026，周期 38 个月；GDP 第一个波峰对应频率 0.026，周期 38 个月；FCI 第一个波峰对应频率 0.027，周期 37 个月。它们的主周期长度几乎相同，同时为了探究 FCI 与 GDP 和 CPI 的相互影响关系，本文又分析了 FCI 与 GDP 和 CPI 的平方相干谱图，如图 5 所示。

由图 5 可知，FCI 与 CPI 和 GDP 的平方相干谱的纵坐标是两变量相关系数的平方，代表着两个变量的相关程度。因此，由图 5 可以看出 FCI 与 CPI 和 GDP 的相关性，其中 FCI 与 CPI 的平方相干谱的值在频率小于 0.079 时较大，即周期大于 13 个月时两者的相关性较大；在频率为 0.019 处达到最大值 0.919，即周期为 54 个月时候 FCI 与 CPI 的相关性最大；之后在频率为 0.100、0.260、0.440、0.480 附近时两者的平方相干谱值又达到高峰说明短期内两者的波动也有一定的相关性。FCI 与 GDP 在平方相干谱的频率小于 0.125 时较大，即周期大于 8 个月时两者的波动相关性较大，且在接近 0 处相关性达到最大值 0.938，表明 FCI 与 GDP 在长周期上的波动相关性最大，类似地在短周期上也有明显的相关性。由此，我们知道了 FCI 对宏观经济变量 CPI 与 GDP 既存在长期波动的相关性，又存在短期波动的相关性。

确定了 FCI 与 GDP、CPI 的相关性特征，本文又进一步研究了 FCI 对宏观经济变量 CPI 和 GDP 的领先与滞后关系，我们得到 FCI 与 CPI 和 GDP 的相位谱，如图 6 所示。

图 6 中 FCI 与 CPI 和 GDP 的相位谱纵轴代表的是相位偏移的角度，从它们不断波动的变化特征中可以看出 FCI 与 CPI 和 GDP 的领先与滞后关系是随着周期的变化而不断变化的。这正是由于宏观经济波动的不确定性造成的。由 FCI 与 CPI 相位谱图可以看出，在频率小于 0.133，即周期大于 7 个月时两者的相谱为正，说明长期来看，FCI 的波动明显领先于 CPI 的波动，且领先时间为 7 个月。由 FCI 与 GDP 的相位谱图可以看出，在频率小于

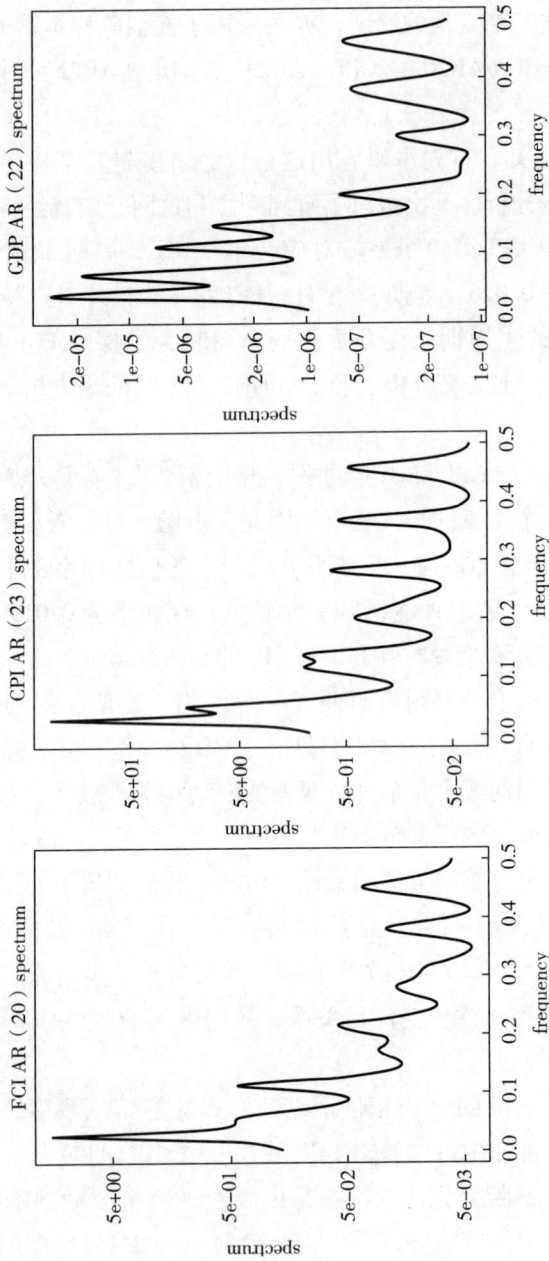

图 4 AR 谱图

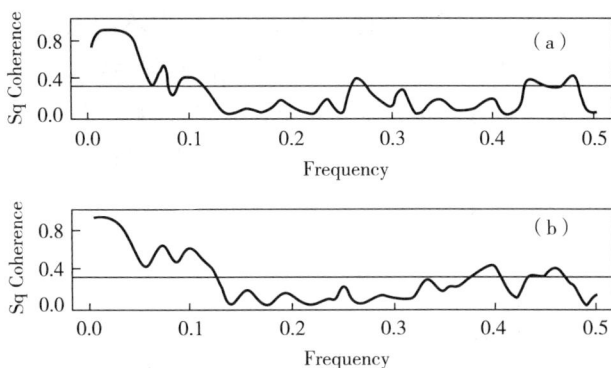

图 5 FCI 与 CPI 和 GDP 的平方相干谱图

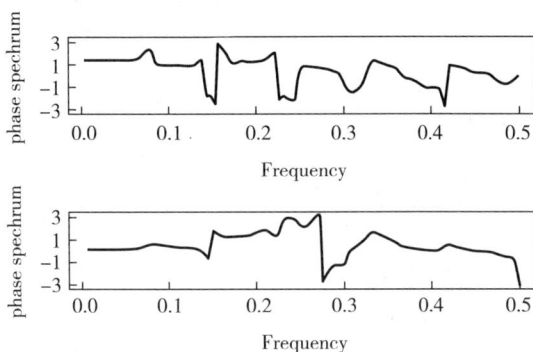

图 6 FCI 与 CPI 和 GDP 的相谱

0.125，即周期大于 8 个月时两者的相谱为正，说明长期来看，FCI 的波动同样领先于 GDP 的波动，领先时间为 8 个月。由此来看，本文所构建的 FCI 的变化是领先于宏观经济变量的变化的，验证了本文所构建的 FCI 的有效性，所以 FCI 能作为宏观经济的先行指标。

五、不同的金融状态对宏观经济的影响

（一）FCI 的马尔科夫转换模型

由于实际经济市场的不稳定性，金融状况也分为良好与恶化两个状态。本文在此就运用 MS 模型来研究 FCI 的不同区制问题。MS 是在基本转换回归模型的基础上，通过利用极大似然估计各变量在不同区制间转换概率的一阶马尔科夫形式，研究变量在不同时段之间的转换特征。

以中国金融状况指数 FCI 为研究对象，设定金融状况良好 $s_t = 1$ 和金融状况恶化 $s_t = 2$ 两个区制，时间区间为 2002 年 1 月 ~ 2018 年 12 月，构建均值随区制不同的马尔科夫区制转换模型，模型如下式所示：

设定：$FCI_t = \mu_t(s_t) + \varepsilon_t$

$P[s_t = 1 \mid s_{t-1} = 1] = q$

$P[s_t = 2 \mid s_{t-1} = 2] = p$

经估计得到结果如表 5 所示。

表 5　FCI 的马尔科夫转换模型估计结果

分类	Variable	Coefficient	Std. Error	z – Statistic	Prob.
金融状况良好区制均值	$\mu_t(s_t = 1)$	0.381	0.043	8.895	0.000
金融股状况恶化区制均值	$\mu_t(s_t = 2)$	– 0.401	0.044	– 9.174	0.000
金融状况良好区制维持概率	P	0.947	0.053		
金融状况恶化区制维持概率	Q	0.048	0.952		

由表 5 中区制 1 和区制 2 均值的估计结果可知，模型很好地识别了金融状况良好和金融状况恶化两个区制，对应的金融状况指数的均值分别为 0.381 和 – 0.401。进一步地，由两个区制的维持概率可知，第 $t + 1$ 期维持第 t 期状态的概率值均很高，显示出较为稳定的特征。

为了进一步了解我国 2002 ~ 2018 年各个时间段的金融状况，本文分析了 FCI 的两区制平滑概率图。依据我国发展过程中各个时间段处于某个区制的平滑概率（见图 7）的大小以判断我国某时刻所处的金融状态。

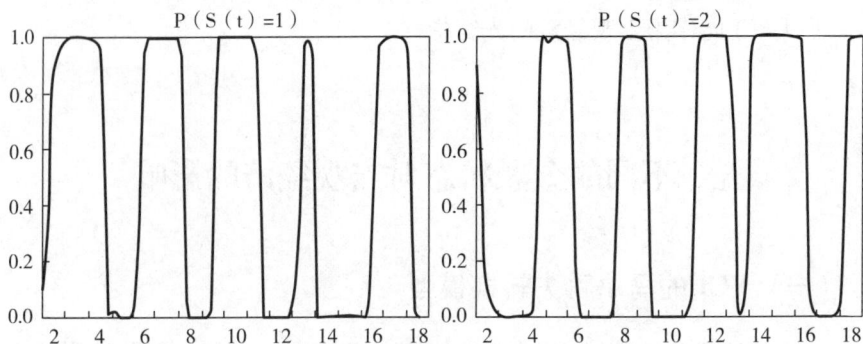

图 7　FCI 的两区制平滑概率

图 7 中 FCI 的区制平滑概率图反映了在某时间内我国金融状况处于哪个区制，其中，第一区制代表我国金融处于良好状态，第二区制代表我国金融处于恶化状态。从图 7 中可以清楚地看出，我国在 2002～2018 年（2005 年、2008 年、2012 年、2014 年、2015 年、2018 年）是金融状况恶化时期。其中，2008 年受国际金融危机影响，我国经济出现了不景气现象。2012 年是继 1997 年亚洲金融危机后首次出现资本金融账户逆差现象，金融状况显露危机。2015 年又出现了股市突然坍塌，中国再次陷入股市危机，金融状况持续走低。经过国家政策调整和市场的发展 2016 年和 2017 年经济状况发展良好，但 2018 年经济又出现了疲软状况，主要是股市下跌，中美贸易战，外需受制，内需虚进实退，导致了我国在 2018 年下半年经济增速下行。由此总体来说，本文构建的马尔科夫区制转换模型对于前文构建的金融状况指数的区制划分与现实的金融发展状况是一致的。

（二）不同金融状态对宏观经济的冲击影响

通过对以上金融状况指数 FCI 的 MS 模型的研究，我们大致了解了我国各个时期经济金融发展的状态，为了进一步探究不同状态下的金融状况对于宏观经济的影响作用，本文又构建了 VAR 模型研究不同区制下的金融状况指数对宏观经济变量 GDP 和 CPI 的影响。选取的变量有 GDP 产出缺口、CPI、FCI。同样地，对于这几个指标在建模前进行了平稳性检验和处理，依据 AIC 和 SC 准则选择三阶滞后 VAR 模型，并对其进行广义脉冲响应分析，如图 8、图 9 所示。

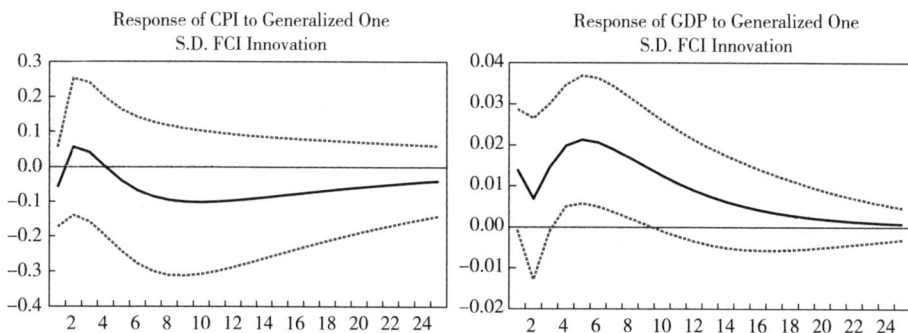

图 8　金融状况良好时 FCI 对 CPI 与 GDP 的脉冲响应

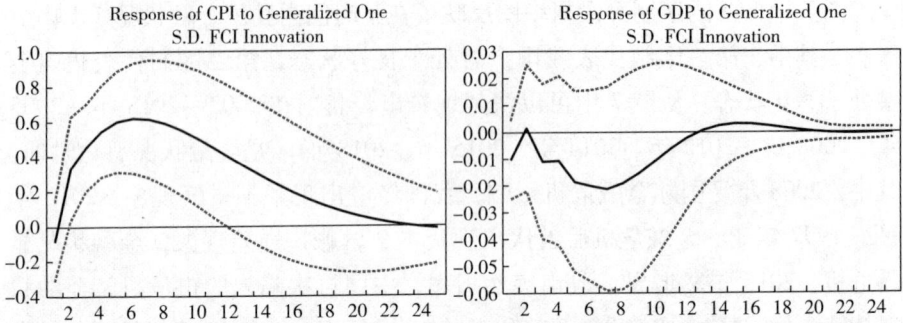

Response of CPI to Generalized One
S.D. FCI Innovation

Response of GDP to Generalized One
S.D. FCI Innovation

图 9　金融状况恶化时 FCI 对 CPI 与 GDP 的脉冲响应

　　由两个区制的 FCI 对宏观经济 CPI 和 GDP 的广义脉冲响应我们可以得到其分区制的影响。如图 8 所示，我国 FCI 在第一个区制，即金融状况良好的时候，金融状况指数对价格（CPI）一个正标准差的冲击，前 3 个月会对价格产生较小的正效应，使价格小幅上涨，在第 3 个月达到最大为 0.047，3 个月后这种正效应就会逐渐减弱，在第 4 个月减小为零后变为负向影响效应，这种负向效应在第 9 个月达到最大值 - 0.1，随后负向效应又逐渐减小至趋于零。金融状况指数对产出（GDP）一个正标准差的冲击，会对其产生正向的冲击效应，在第 5 个月时候这种影响效应达到最大，为 0.025，之后正向效应逐渐减弱在第 18 期以后趋于零。

　　如图 9 所示，在金融状况恶化时。金融状况指数对价格（CPI）一个正标准差的冲击，会对价格产生较大幅度的正向影响效应，这种正向效应在第 6 个月的时候达到最大值 0.6，第 6 期以后便逐渐减小直至第 20 期以后趋于零。金融状况指数对产出（GDP）一个正标准差的冲击，会对其产生负向影响，负向影响在第 7 个月时候达到最大值 - 0.022，之后便逐渐减小直至第 12 个月时减小为零，随后在伴有几个月的小幅正效应后趋于零。

　　通过以上分区制的广义脉冲响应我们可以发现，在金融状况良好的时候，金融状况指数会对产出有显著的正向影响效应，而且对通货膨胀有一定的抑制作用；在金融状况恶化的时候会对产出产生显著的负向影响效应，同时可能会出现通货膨胀。

六、结论和建议

本文主要通过构建动态因子模型来构造我国金融状况指数，其间利用了混频动态因子模型对低频数据进行预测得到高频数据，这种方法比一般的把低频数据换成高频数据的方法能更好地提取信息。本文研究了 FCI 与 GDP 和 CPI 的谱分析，以此来反映 FCI 与宏观经济变量的关联性。本文分析了分区制的 FCI 对宏观经济变量的影响状况，得到相关结论如下：

第一，由 FCI 与 CPI 和 GDP 的时间序列趋势图反映出三者的趋势大致相同。由 AR 谱图我们了解到 FCI、CPI、GDP 对应的波动周期分别是 37 个月、37 个月、39 个月，也大致相同。由平方相干谱图我们知道了 FCI 与 GDP 和通货膨胀都存在长期高度相关，短期波动相关的情况，即所构建的 FCI 与宏观经济变量有很强的相关性，可以反映出宏观经济的波动信息。

第二，由相位谱图分析可知 FCI 在长周期上是领先于 GDP 和通货膨胀水平的。具体的 FCI 领先 CPI 7 个月，领先 GDP 8 个月，因此，FCI 可以作为宏观经济的先行指标，同时也佐证了本文所构建的 FCI 是有效的。

第三，由 FCI 的马尔科夫转换模型我们了解到，我国发展过程中不同时期的金融状况，并通过分析不同区制下的金融状况对宏观经济变量的影响。发现金融状况良好的时候会对宏观经济的发展有一定的促进作用，如会增加产出，抑制通货膨胀。而金融状况恶化时会对宏观经济的发展有一定的抑制作用，比如会使产出减少，还有可能引起通货膨胀。

针对以上对 FCI 的相关研究及结论，本文提出以下有利于经济发展的建议：

第一，从本文所构建的金融状况指数看，通过大量金融变量构建的金融状况指数与宏观经济变量有很强的关联性，并且能作为宏观经济变量的先行指标。考虑到金融状况指数对我国经济发展和货币政策制定的重要性，我国应参考国内外学者的相关研究及早构建出适合我国国情的金融状况指数，并且将其运用于对宏观经济的预测中，便于我们对未来经济的不确定性做好预警。

第二，在金融状况指数的构建中应充分考虑到 GDP 对其的影响作用才能更加准确地掌握金融状况信息。混频模型在预测月度 GDP 数据的时候能充分利用现有的信息将低频数据转化为高频数据，有利于构建包含更多金融信息的金融状况指数。

第三，我们还应该注意到不同区制的金融状况对宏观经济的不同影响，充分地利用良好的金融状况对经济的拉动作用，同时警惕金融状况恶化时对经济的负面影响，做好双重准备，稳定发展经济。

参考文献

[1] Mehmet Balcilar, Rangan Gupta, Reneé van Eyden, Kirsten Thompson, Anan Damayee Majumdar. Comparing the Forecasting Ability of Financial Conditions Indices: The Case of South Africa [J]. Quarterly Review of Economics and Finance, 2018 (69): 245 – 259.

[2] George Kapetanios, Simon Price, Garry Young. A UK Financial Conditions Index Using Targeted Data Reduction: Forecasting and Structural Identification [J]. Econometrics and Statistics, 2018 (7): 1 – 17.

[3] Banbura M., Giannone D., Reichlin L. Nowcasting. In Clements M P, Hendry DF (ed.) The Oxford Handbook of Economic Forecasting [M]. Oxford: Oxford University Press, 2011.

[4] Mariano R. S., Murasawa Y. A., Coincident Index, Common Factors, and Monthly Real GDP [J]. Oxford Bulletin of Economics and Statistics, 2010, 72 (1): 27 – 46.

[5] Aruoba S. B., Diebold F. X., Scotti C., Real – Time Measurement of Business Conditions [J]. Journal of Business & Economic Statistics, 2009, 27 (4): 417 – 427.

[6] John Nkwoma Inekwe, Yi Jin, Maria Rebecca Valenzuela, Financial conditions and economic growth [J]. International Review of Economics and Finance, 2019 (61): 128 – 140.

[7] Solikin M. Juhro1, Bernard Njindan Iyke2, Monetary Policy And Financial Conditions in Indonesia [J]. Bulletin of Monetary Economics and Banking, 2019 (21): 283 – 302.

[8] 屈军，朱国华. 动态金融状况指数构建与应用研究[J]. 商业研究，2016 (1): 101 – 107.

[9] 刘任重，刘冬冬. 基于 VAR 构建的金融状况指数及经验研究[J]. 经济体制改革，2016 (3): 159 – 164.

[10] 肖强，白仲林. 我国 FCI 的构建及其对宏观经济的非对称性冲击[J]. 中国经济问题，2015 (5): 27 – 34.

[11] 余辉，余剑. 我国金融状况指数构建及其对货币政策传导效应的启示——基于时变参数状态空间模型的研究[J]. 金融研究，2013 (4): 85 – 98.

［12］周德才，邓姝姝，左玥．中国金融状况指数混频编制与应用研究——基于 MS – MF – VAR 模型的一个经验分析［J］.南开经济研究，2018（2）：148 – 163.

［13］肖强，司颖华．我国 FCI 的构建及对宏观经济变量影响的非对称性［J］.金融研究，2015（8）：95 – 108.

［14］卞志村，孙慧智，曹媛媛．金融形势指数与货币政策反应函数在中国的实证检验［J］.金究，2012（8）：44 – 55.

［15］栾惠德，侯晓霞．中国实时金融状况指数的构建［J］.数量经济技术经济研究，2015，32（4）：137 – 148.

［16］李欢．基于混频模型的中国金融状况指数构建［D］.西南财经大学博士学位论文，2016.

基于 StoNED 模型的城市全要素
生产率测算研究

——以长三角地级以上城市为例

程开明　王　颖

　　摘　要　全要素生产率提升是驱动经济高质量发展的重要途径，也是推动城市经济转型升级的基本动能。本文在综合已有文献基础上，根据 2000～2017 年长三角地区 41 个地级以上城市的面板数据，利用结合了数据包络分析（DEA）和随机前沿分析（SFA）优势的 StoNED 模型测算了长三角地级以上城市的全要素生产率及动态变化情况。结果表明：①长三角地级以上城市全要素生产率上海市居首，江苏、浙江次之，安徽省居后，但整体全要素生产率水平在逐步趋于稳定；②安徽省的各大城市同江浙沪城市的全要素生产率还存在较大差距，安徽省要想融入长三角一体化城市进程中，还需要积极转变经济发展方式，促进产业结构升级，切实提高生产力水平；③同等城市规模下，大城市中全要素生产率排名靠前的城市主要来自江浙两省，且生产率普遍较高，排名靠后的城市均来自安徽省。安徽省应加强与周边江浙地区发达城市的联系，进一步提高经济资源配置的效率；④通过对长三角城市全要素生产率进行的时空分析可知，长三角地级以上城市生产率位序变动比较平稳；江苏省和长三角整体地区的全要素生产率变化有明显的收敛趋势，而浙江省和安徽省的全要素生产率收敛趋势不明显。

　　关键词　全要素生产率；StoNED 模型；长三角城市群

Measurement of Urban Total Factor Productivity Based on StoNED Model

—Take the Yangtze River Delta City Cluster as an Example

Cheng Kaiming Wang Ying

Abstract：To improve the total factor productivity is significant for driving economic development, and it can also promote the transformation and upgrading of the urban economy. Based on the existing works, we use the StoNED model to measure the TFP of 41 cities in the Yangtze River Delta. The results show that：(1) Shanghai has the highest TFP, followed by Jiangsu , Zhejiang, and Anhui Province, and the overall factor productivity is gradually stabilizing. (2) There is still a big gap between the major cities in Anhui and the ones in other regions. Thus, Anhui needs to actively transform the economic development mode, promote the upgrading of industrial structure, and effectively improve the productivity. (3) The cities with higher TFP are mainly from Jiangsu and Zhejiang while those with lower TFP are mainly from Anhui. So Anhui should strengthen its links with the surrounding cities in Jiangsu and Zhejiang to further improve the efficiency of economic resource allocation. (4) Through the spatial – temporal analysis of TFP, it can be seen that the order of the cities in the Yangtze River Delta is relatively stable. The TFP in Jiangsu and the whole Yangtze River Delta has a clear convergence trend, while the convergence trend of Zhejiang and Anhui is not obvious.

Key Words：Total factor productivity；StoNED model；Yangtze river delta city cluster

一、引言

进入 21 世纪以来，中国经济不仅在总发展速度上，同时在经济结构、创新能力等方面均取得了跨越式发展，尤其是近年来以技术创新驱动的全要素生产率提升，逐渐成为我国经济可持续增长的重要源泉。已有关于全要素生产率的研究成果比较丰富，主要集中于全要素生产率对经济增长的贡献率，当然由于选取指标和测度方法的不同，也带来测度结果的较大差异。基本可以达成一致的是，改革开放以后全要素生产率对我国经济经济增长的贡献率明显提升。

已有全要素生产率的测度方法主要包括以数据包络分析（Data Envelopment Analysis，DEA）为代表的非参数方法和以随机前沿分析（Stochastic Frontier Approach，SFA）为代表的参数方法，二者在全要素生产率的测算上均存在一些不足。DEA的不足是缺乏统计特性，即从样本观测点到生产前沿面之间的残差只包含非有效部分而没有考虑随机误差或者噪声，从而导致忽视随机误差，对效率的估计偏低。SFA的模型在估计生产函数的相关参数时，不恰当的函数形式设定或误差项分布假设可能潜在地将设定误差与效率估计相混淆，而且该方法不适应多投入多产出的情况，对样本容量有较高要求。

为充分利用DEA和SFA测算全要素生产率的优势，一些学者（Kuosmanen，2006；Kuosmanen和Kortelainen，2007）提出一种效率测度的新方法——随机非参数数据包络方法（Stochastic Nonparametric Envelopment of Data，StoNED）。该方法是一种半参数前沿面分析方法，很好地综合了数据包络分析（DEA）和随机前沿分析（SFA）的优点，使全要素生产率测算形式更为灵活，操作性更强。StoNED模型把SFA的残差分解为无效率项和随机噪声项，将其与DEA的非参数分段线性前沿理念整合于一个分析框架，消除参数和非参数方法之间的差距，有效解决了全要素生产率的测算问题。

在我国社会经济发展中城市的重要性日益凸显，2017年，仅地级以上城市地区生产总值就达到52.1万亿元，占到全国的63.0%。因为城市是人力资本、资金、技术、信息等的集聚地，是区域经济增长的主要载体。鉴于城市层面的部分数据缺乏，以及测度方法存在的局限性，已有成果中科学、准确测算城市全要素生产率的不多，为寻求推动城市经济高质量发展的有效路径，采用科学方法准确测算城市全要素生产率尤为必要。2019年，中央审议通过了《长江三角洲区域一体化发展规划纲要》，对长三角一体化发展进行了顶层设计，要求形成高质量发展的城市集群。

故而，本文以长三角地区地级以上城市为研究对象，将非参数方法DEA与参数方法SFA相结合构建StoNED模型，通过科学的指标选择和数据处理，对长三角地区三省一市的地级以上城市全要素生产率进行测算，结合长三角地区的城市全要素生产率动态变化及城市、地区之间的对比分析，找出不同地区、不同规模城市全要素生产率所表现出的特点，结合长三角城市一体化发展规划纲要，从创新驱动视度提出长三角地区域全要素生产率提升路径，为助推经济高质量发展供参考。

二、城市全要素生产率测算的 StoNED 模型

（一）全要素生产率测算方法

近年来，测算全要素生产率的研究很多，大多采用两类方法——参数方法或非参数方法，主要区别在于是否构造一个"生产前沿面"。参数方法根据不同假设选定生产函数的不同形式并对其中的参数进行估计，而非参数方法无须估计前沿生产函数的具体形式及参数。代表性分析技术有两种，一是数据包络分析法（DEA），属于非参数方法；二是随机前沿法（SFA），属于参数方法。其中，DEA 是一种运用线性规划的数学过程，用于评价生产决策单位的效率，目的是构建一条非参数的包络前沿线，有效点位于生产前沿上，无效点处于前沿的下方；SFA 是把生产前沿面看作随机的生产边界而采用统计方法求解参数的随机性参数前沿生产函数法。

鉴于 DEA 和 SFA 各具优点及不足，没有经验研究表明哪一种方法更为有效，一些学者探讨如何改进和将两者相结合，以得到更好的效率评价方法。Fan 等（1996）、Kumbhakar 等（2004，2007）、Henderson 和 Simar（2005）等利用核回归和局部极大似然法，对随机前沿面进行非参数或半参数估计。后来，又有学者将其扩展到面板数据和多产出的情形。Banker 和 Maindiratta（1992）首先提出将 SFA 参数的、由效率损失项和随机误差项组成的合成误差项和非参数的、凹性的、分段线性前沿形式的 DEA 综合到一起。在此基础上，Kuosmanen（2006）、Kuosmanen 和 Kortelainen（2007）提出了测度效率的新方法——随机非参数数据包络方法（StoNED），DEA 和 SFA 均可看作是有约束 StoNED 的一个特例，可通过两阶段步骤来估计该模型。在不引入新概念和工具的情况下，StoNED 将 DEA 和 SFA 的优点结合到了一起。

StoNED 方法不同于 SFA 法，事先没有假定具体的函数形式，而是内生地选择函数 f，这样，确定部分的生产函数采用与 DEA 法相同的非参数处理技术。而与 DEA 不同的地方在于，StoNED 方法引入随机成分，这一随机成分遵循 SFA 的通常设定。决策单位 i 产出的观察值 y_i 不同于 f（x_i）合成残差 $\varepsilon_i = v_i - u_i$，其中 u_i 为无效率项，v_i 为误差项。即：

$$y_i = f(x_i) + \varepsilon_i = f(x_i) - u_i + v_i (i = 1, \cdots, n) \tag{1}$$

该方法很好地综合了 DEA 和 SFA 的优点，分析更为全面，并且形式灵活、操作性强。StoNED 方法将 SFA 的残差分解为无效率项 u_i 和随机噪声项 v_i，以及 DEA 的非参数分段线性前沿这两种理念整合在一个前沿分析框架内，最大可能地忠实于两种方法的思路来评估效率，且能够很方便地将样本特征、环境变量和乘法误差等一些因素纳入模型。因此，该方法可以消除参数和非参数方法之间的隔阂，利用两种方法的优势来解决效率评估问题。

（二） StoNED 模型的构建

对 StoNED 模型的构建采用三个步骤：

（1）对残差 $\hat{\varepsilon} = (\hat{\varepsilon}_1, \hat{\varepsilon}_2, \cdots, \hat{\varepsilon}_n)$ 的最小二乘估计。

（2）无效率项 $\hat{u}$ 的估计。

（3）效率值 E 的估计。

第一步，首先对模型进行最小二乘估计。StoNED 模型采用非参数回归技术［称为凹面非参数最小二乘法（Concave Nonparametric Least Squares，CNLS］代替普通最小二乘法 OLS。与 OLS 比较，CNLS 考虑了单调和凹回归函数的更一般非参数形式，具有更好的估计效果。CNLS 模型可以改写为一个二次规划问题：

$$\begin{cases} \min_{\alpha, \beta, \hat{\varepsilon}} \sum_{i=1}^{n} \hat{\varepsilon}_i^2 \\ \text{s. t.} \\ y_i = \alpha_i + \beta'_i x_i + \hat{\varepsilon}_i, \forall i = 1, 2, \cdots, n \\ y_j \leq \alpha_i + \beta'_i x_j + \hat{\varepsilon}_j, \forall i = 1, 2, \cdots, n \\ \beta'_i \geq 0, \forall i = 1, 2, \cdots, n \end{cases} \tag{2}$$

对比普通最小二乘法 OLS 估计，CNLS 允许截距和斜率随着样本个数变化而改变，与 SFA 模型相似之处在于该模型也具有 n 个不同斜率向量。随机参数模型采用相同、特定的函数形式来估计 n 个不同斜率向量，而对于一个事先未设定的函数形式，CNLS 模型采用一种非特定的生产函数形式来估计 n 个切超平面，斜率 β'_i 代表投入 i 的边际产出。

同 SFA 模型的随机参数模型相似，有 n 种不同的斜率向量 β'_i，$i = 1$，2，$\cdots$，n。然而，随机参数模型通过从一个相同的预先指定的函数形式中估计出 n 种不同的生产函数，CNLS 回归方程则估计出一个未知生产函数的 n 种相切的超平面。斜率系数 β'_i 代表投入的边际产品。第一个约束条件为线性回归方程，其中，斜率 β'_i 代表投入要素 i 的边际产出。第二个约束条件通过应用一系列不等式形式（被称为 "Afriat inequalities"）对生产函数施加凹性限制。第三个约束条件对函数施加了单调递增性限制。这一步可以使用高级计量软件 GAMS 计算出 CNLS 模型残差 $\hat{\varepsilon}_i$。

第二步，$\hat{u}_i$ 的估计。从残差中分离出效率损失 u_i 和随机干扰 v_i。在效率损失服从半正态分布的假定下，当残差存在显著偏倚时可以通过两种方法计算参数 σ_u^2 和 σ_v^2，即矩方法和极大似然估计法。矩方法通过式（3）和式（4）分别计算出残差的二阶中心矩和三阶中心矩：

$$m_2 = \frac{\sum_{i=1}^{n} (\hat{\varepsilon}_i - E(\hat{\varepsilon}_i))^2}{n} \tag{3}$$

$$m_3 = \frac{\sum_{i=1}^{n} (\hat{\varepsilon}_i - E(\hat{\varepsilon}_i))^3}{n} \tag{4}$$

m_2，m_3 分别是真实矩 μ_2 和 μ_3 的一致估计量，依赖于效率损失项和随机干扰项的方差。

$$\mu_2 = \left(\frac{\pi-2}{\pi}\right)\sigma_u^2 + \sigma_v^2 \tag{5}$$

$$\mu_3 = \left(\sqrt{\frac{2}{\pi}}\right)\left(1 - \frac{4}{\pi}\right)\sigma_u^3 \tag{6}$$

因此，方差 σ_u^2 和 σ_v^2 可以通过 m_2 和 m_3 简单地估计出来。这个估计以合成误差 ε 的分布的偏斜为基础，它是由于无效率项导致的。因此，三阶矩 m_3 理论上应该为负，而实际中可能会出现 CNLS 的残差向错误方向歪斜（m_3 为正），在这种情况下对无效率项的最大似然估计是 $\hat{u} = 0$。根据格林（Greene，1999）理论，人们会把这个视为内在的表现，因为这种情况很可能会出现在一个未详细说明的模型中或一种不适当的应用方式中。也可能会出现偏斜是大得以至于获得的 σ_u^2 估计大于 m_2，因此可能造成 σ_v^2 为负。在这种情况下，Kumbhakar 和 Lovell（2000）建议使用 $\sigma_v^2 = 0$，并把所有的误差都归结于无效率项。

以残差 ε 的分布偏倚为基础求解出：

$$\sigma_u = \sqrt[3]{\frac{m_3}{\left(\sqrt{\frac{2}{\pi}}\right)\left(1 - \frac{4}{\pi}\right)}} \tag{7}$$

$$\sigma_v = \sqrt{m_2 - \left(\frac{\pi - 2}{\pi}\right)\sigma_u^2} \tag{8}$$

Jondrow 等（1982）指出，u_i 在已知 ε_i 情况下的条件分布服从均值为 u^*，方差为 σ_*^2 的截断正态分布，其中：

$$u^* = \frac{-\varepsilon_i \sigma_u^2}{\sigma_u^2 + \sigma_v^2} \tag{9}$$

$$\sigma_*^2 = \frac{\sigma_u^2 \sigma_v^2}{\sigma_u^2 + \sigma_v^2} \tag{10}$$

作为 u_i 的一个点估计量，我们可以使用条件均值 $E(u_i \mid \hat{\varepsilon}_i)$ 作为无效率项的值。也即：

$$E(u_i \mid \hat{\varepsilon}_i) = \mu^* + \sigma^* \left[\frac{\Phi(-\mu^*/\sigma^*)}{1 - \phi(-u^*/\sigma^*)}\right] \tag{11}$$

其中，ϕ 是标准正态密度函数，Φ 是标准正态累积分布函数。式(11) 的条件均值有一直观解释：条件分布的众数 μ^* 和标准差 σ^* 与正态危险函数 $\frac{\Phi(-\mu^*/\sigma^*)}{1 - \phi(-\mu^*/\sigma^*)}$ 的乘积之和。作为可供选择的点估计，可能在条件分布的众数 μ^* 和 0 两者中选择较小者。同样，能够得到基于条件分布的无效率项的区间估计置信度为 $100(1 - a)\%$ 的置信区间为 $[-\mu^* - Z_L \sigma^*, u^*, -Z_U \sigma^*]$，其中 $Z_L = \Phi^{-1}(1 - (a/2)\Phi(\mu^*/\sigma^*))$，$Z_U = \Phi^{-1}(1 - (1 - a/2)\Phi(\mu^*/\sigma^*))$

第三步，效率值 E 的估计。在式（1）中，由无效率项 u_i 和误差项 v_i 组成的合成残差 ε_i，使决策单位的产出 y_i 观测值会与 $f(x_i)$ 值出现差异，同时给方程两边除以 $f(x_i)$，由于两者之间的差异是无效率项引起的，而不是误差项，因此决策单位的效率计算公式为：

$$E = y_i/f(x_i) = 1 - \frac{E(u_i)}{y_i + E(u_i) - E(v_i)} + \frac{E(v_i)}{y_i + E(u_i) - E(v_i)} (i = 1, \cdots, n) \tag{12}$$

因为 E (v_i) =0，最终得到决策单位的效率值计算公式为：

$$E = \frac{y_i}{f(x_i)} = 1 - \frac{E(u_i)}{y_i + E(u_i)}, \quad i = 1, 2, \cdots, n \tag{13}$$

三、变量选取和数据说明

本文使用 2000～2017 年长三角地区三省一市 41 个地级以上城市的全市口径数据，其中安徽省巢湖市由于 2011 年被撤销建制而不在样本范围内。城市层面的数据来自历年《中国城市统计年鉴》，部分缺失的数据来自上海市及三省的统计年鉴，三省一市的固定资产投资价格指数来自《中国统计年鉴》。

（一）产出指标

采用各城市的地区生产总值作为衡量总产出的基本指标。中国各地级以上城市的地区生产总值来自各年《中国城市统计年鉴》，且以 2000 年为基年，将各年度的名义 GDP 数值换算为可比价 GDP。

（二）投入指标

（1）劳动投入指标。生产过程中劳动者运用劳动工具，直接或间接作用于劳动对象，使产品从原材料的最初形态最终变成产成品。因此，测算全要素生产率，投入指标中必然包含劳动投入要素，考虑到劳动投入的类型及数据可得性，本文的劳动投入要素采用从业人员数代表。城市从业人员人数为各城市的城镇单位从业人员人数、私营和个体从业人员人数的加总。

（2）资本投入指标。资本投入的数据处理有多种方法，这些方法都有一定的合理性，采用不同的方法对最终结果也会有不同程度的影响。此处的资本投入是严格意义上的物质资本投入，不包含人力资本和土地。

目前，已被普遍采用的资本存量测算方法是戈德史密斯（Goldsmith）1951 年开创的永续盘存法。由于中国没有大规模的资产普查，所以，本文中所采用的方法是估计一个基准年后运用永续盘存法按不变价格计算各城市的资本存量。由于缺乏城市层面的固定资产投资价格指数数据，在此根据各城市所在省份的固定资产投资价格指数，基于 2000 年的不变价格估算各城市 2000 ~ 2017 年实际固定资产投资总额。借鉴单豪杰（2008）的做法，经济折旧率选取 10.96%，并根据基期物质资本存量估算方法即 2001 年实际固定资产投资总额除以折旧率加上选定时期内实际投资年均增长率之和，得到基期年份 2000 年的物质资本存量，再根据永续盘存法估算 2001 ~ 2017 年各城市的物质资本存量：

$$K_{i,t} = K_{i,t-1}(1-\delta) + I_{i,t} \tag{14}$$

其中，$K_{i,t}$ 和 $K_{i,t-1}$ 分别表示 i 城市 t 时期和 t-1 时期的物质资本存量，$I_{i,t}$ 表示 i 城市 t 时期的实际固定资产投资总额，δ 表示经济折旧率。

（三）指标描述统计量

样本为 2000 ~ 2017 年长三角地区 41 个地级以上城市的数据，共 697 个观测结果。表 1 给出了各指标数据的描述统计量。

表 1 主要指标的描述统计量

变量	指标	样本数	均值	标准差	最小值	最大值
产出	GDP（亿元）	697	1531.15	2261.00	58.12	22116.66
劳动投入	从业人数（万人）	697	122.05	157.77	10.72	1346.71
资本投入	资本存量（亿元）	697	1149.21	2656.28	68.83	20564.04

四、城市全要素生产率测算结果分析

利用 StoNED 模型对 2000 ~ 2017 年长三角地区地级以上城市全要素生产率进行测算，结合式（2），设定为以下形式：

$$
\begin{cases}
\min\limits_{\alpha,\beta,\hat{\varepsilon}} \sum\limits_{i=1}^{n} \hat{\varepsilon}_i^2 \\
\text{s. t.} \\
y_i = \alpha_i + BL(i) \times L(i) + BK(i) \times K(i) + \hat{\varepsilon}_i, \\
\quad \forall i = 1, 2, \cdots, n \\
y_h \leqslant a_i + BL(i) \times L(h) + BK(i) \times K(h) + \hat{\varepsilon}_h, \\
\quad \forall i, j = 1, 2, \cdots, n \\
BL(i) \geqslant 0,\ BK(i) \geqslant 0,\ \forall i = 1, 2, \cdots, n
\end{cases} \tag{15}
$$

其中，L（i）表示劳动投入，K（i）表示资本投入。BL（i）表示边际劳动产出，BK（i）表示边际资本产出，模型（15）可以运用 GAMS 软件进行求解和相关参数估计，最终得到 2000～2017 年长三角 41 个地级以上城市全要素生产率及历年平均值。

（一）长三角城市全要素生产率总体特征

运用 StoNED 模型测算出 2000～2017 年 41 个地级以上城市全要素生产率，为考察长三角城市全要素生产率的变动趋势及差异特征，首先根据测算结果求出长三角所有城市主要年份的全要素生产率均值、标准差及离散系数，具体如表 2 所示。图 1 显示了长三角历年城市全要素生产率的变化趋势情况。

表 2 主要年份长三角地级以上城市全要素生产率描述性指标

年份	2000	2002	2004	2006	2008	2010	2012	2014	2016	2017
均值	0.8259	0.8067	0.8216	0.8496	0.8225	0.8176	0.7886	0.8580	0.7907	0.8187
标准差	0.1059	0.1123	0.1007	0.1369	0.0959	0.0960	0.1109	0.0805	0.1032	0.0973
标准差系数	0.1283	0.1392	0.1226	0.1611	0.1165	0.1174	0.1406	0.0938	0.1305	0.1189

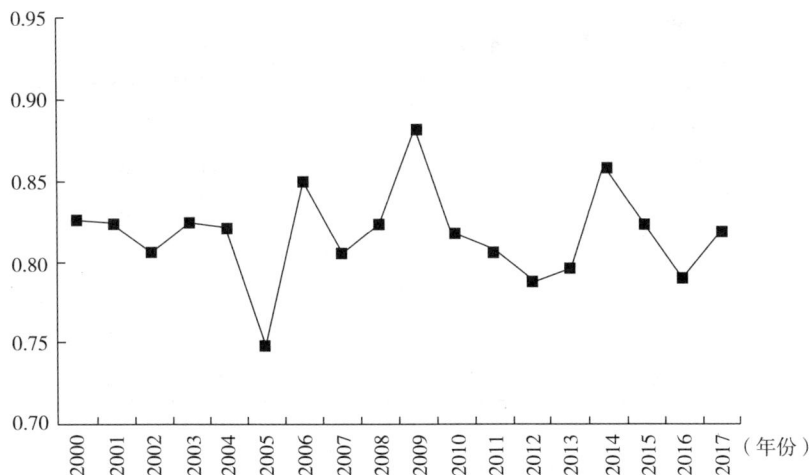

图 1 长三角城市全要素生产率变化情况

分析表 2 和图 1 可知，历年的长三角城市全要素生产率呈现出一定的波动，前期2000～2004年的波动较为平缓，而2004～2005年全要素生产率出现急剧下降的情形，接着大幅上升，并于2006年达到极值0.8496。在随后几年，全要素生产率出现了短暂的下降后又有了上升的迹象，于2009年达到峰值0.8811。2010～2014年，全要素生产率经历小幅的下降后，呈现出上升趋势，于2014年达到极值0.8580。最终在短暂的下降后，全要素生产率于2017年又呈现出上升趋势。

（二）三省一市的城市全要素生产率分析

为进一步分省市考察城市全要素生产率之间的差异特征及历年变动情况，分别计算三省一市城市全要素生产率的平均值及标准差，如表3所示。

表3 主要年份长三角三省一市城市全要素生产率情况

		2002年	2005年	2008年	2011年	2014年	2017年	历年平均
长三角	均值	0.8067	0.7488	0.8225	0.8059	0.8580	0.8187	0.8170
	标准差	0.1123	0.1279	0.0959	0.0992	0.0805	0.0973	
	标准差系数	0.1392	0.1708	0.1165	0.1231	0.0938	0.1189	
上海	均值	0.9904	0.9636	0.9859	0.9811	0.9799	0.9893	0.9831
	标准差	0.0000	0.0000	0.0000	0.0000	0.0000	0.0000	
	标准差系数	0.0000	0.0000	0.0000	0.0000	0.0000	0.0000	
江苏	均值	0.8776	0.8178	0.8901	0.8801	0.9152	0.8886	0.8857
	标准差	0.0680	0.1028	0.0562	0.0607	0.0381	0.0573	
	标准差系数	0.0775	0.1257	0.0632	0.0690	0.0416	0.0645	
浙江	均值	0.8528	0.8055	0.8586	0.8331	0.8879	0.8468	0.8533
	标准差	0.0873	0.1195	0.0778	0.0804	0.0671	0.0820	
	标准差系数	0.1023	0.1484	0.0906	0.0965	0.0756	0.0968	
安徽	均值	0.7060	0.6402	0.7326	0.7159	0.7835	0.7321	0.7259
	标准差	0.0743	0.0524	0.0496	0.0527	0.0507	0.0562	
	标准差系数	0.1052	0.0819	0.0678	0.0736	0.0647	0.0768	

由表3可知，长三角地区各省市的城市全要素生产率的标准差趋于缩小，表明各省市的城市全要素生产率总体趋于平衡。分析各省市历年标准差系数可知，这些系数均小于1并且接近于0，说明历年来长三角各省市的城市全要素生产率的离散程度较小，且其均值的代表性较大，有可参考性。

纵向对比可知，长三角整体的标准差系数较各省市而言明显偏大，说明从长三角整体区域来看，各省市之间还存在一定的差异，可能存在发展不平衡的现象。

本文对 2000～2017 年长三角地区各省市历年的全要素生产率取均值后绘制趋势如图 2 所示。

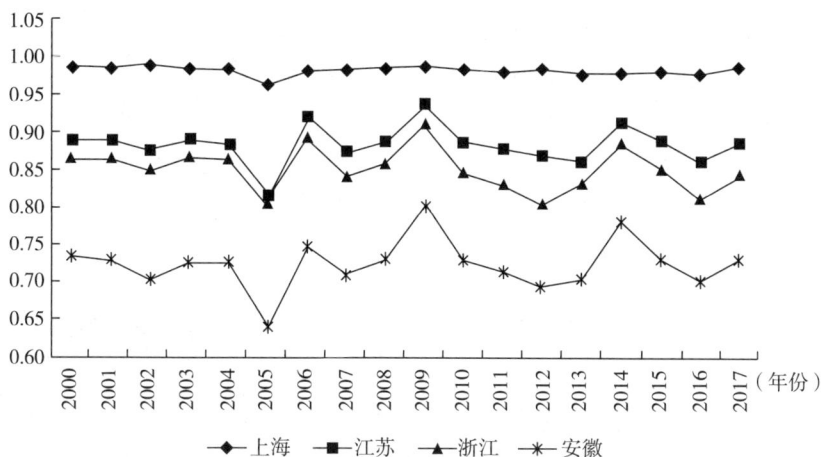

图 2　2000～2017 年三省一市城市全要素生产率变化趋势

对照分析表 3 和图 2 可知，长三角地区中，上海市 2000～2017 年来的历年平均生产率最高，达到 0.9827，其次是江苏省和浙江省。而安徽省的平均生产率较江苏省、浙江省以及上海市均存在些许差距，其历年平均生产率仅为 0.7259，比其他省市低 20%～30%。由趋势图可知，2000～2017年上海市的全要素生产率相对于其余三省处于较平稳的状态。江苏省、浙江省以及安徽省的全要素生产率的趋势大致相同，但总体全要素生产率呈现出江苏省＞浙江省＞安徽省的结果。

与同为前沿非参数分析方法的数据包络分析（DEA）相比，StoNED 与 DEA 有着许多相似之处，例如两者都是非参数的数据包络方法，都无须假设产出函数的具体形式，得出的效率值都为相对值等。因此，本文通过采用 DEA 方法，选取与 StoNED 相同的数据，测出各城市历年的全要素生产率的结果，以对比分析两种方法的优劣。同样地，对于 DEA 法下测出的效率值，本文也分省市进行比较，求出各省历年平均生产率，其历年生产率变化趋势如图 3 所示。

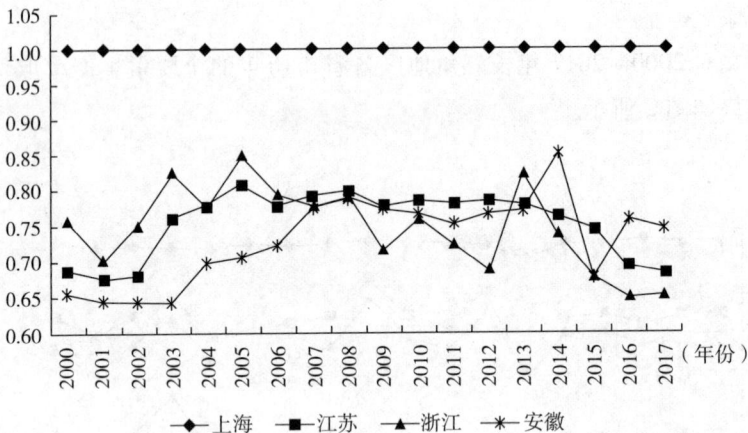

图 3 DEA 方法计算的 2000～2017 年三省一市城市全要素生产率变化趋势

由图 3 可知，上海市的历年平均生产率始终位于长三角地区各城市之首，除个别极端值外，江浙两省的历年全要素生产率在总体上略高于安徽省，这与使用 StoNED 模型得出的结论类似，说明这两种方法在效率评价上具有一致性。

另外，StoNED 方法比 DEA 方法有更高的区分度，表现在以下两点：

（1）上海市的效率值始终为 1，即完全有效。然而，这种理想状态在现实中永远无法达到，而使用 StoNED 方法可以很好地避免这种情况的出现。

（2）可以注意到，江浙皖三省的历年平均生产率处于较低的区间，大多位于 0.65～0.85，与 StoNED 方法测出来的效率值相比偏低。究其原因在于，用 DEA 法测效率值时，从样本观测点到生产前沿面之间的残差只包含非有效部分而没有考虑随机错误或者噪声，从而导致忽视随机误差，对效率的估计偏低。因此，使用 StoNED 方法测出的效率值相对而言更有效。

（三）不同规模城市全要素生产率比较

对历年来各地级市的全要素生产率求算数平均值，并作出各城市规模与其全要素生产率的散点图。如图 4 所示，可见，当城市规模逐渐增大时，全要素生产率呈现出逐渐增高的趋势，说明城市规模与全要素生产率存在一定的正相关性。

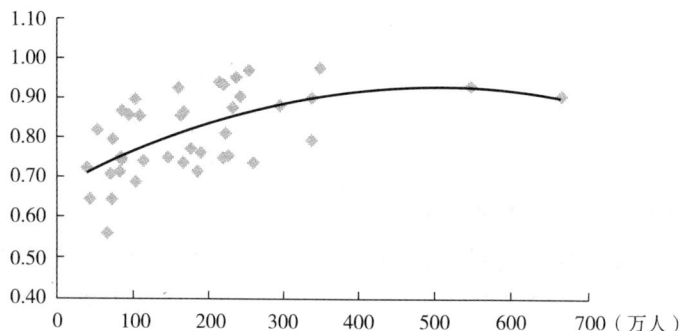

图4 各城市规模与其全要素生产率

根据各城市历年平均全要素生产率，按照城市规模对各城市进行分类，最后列出各分类下平均全要素生产率的情况如表4所示。

表4 各规模城市平均全要素生产率情况

规模类别	全要素生产率
超大城市	0.9831
特大城市	0.9219
Ⅰ型大城市	0.8928
Ⅱ型大城市	0.8319
中等城市	0.7484
小城市	0.6881

由前述图表可知，作为超大城市的上海市，其历年平均生产率除2012年、2013年稍低于苏州市的生产率排序为第二外，其余年份排名均为第一。上海市无论在生产力水平上，还是在产业结构升级上，在长三角地区的各大城市中均独占鳌头。

超大城市中，南京市和杭州市作为省会，是长三角经济带的重要中心城市，经济发展既有共性又各展所长。近年来，杭州市依托信息经济优势，加快产业转型，经济结构不断优化，城市综合竞争力全面提升。而南京市则凭借丰富的高校资源，大力发展高新技术产业，经济增长动力强劲，发展质量和效益不断提升。自 2015 年起，杭州市信息软件、电子商务等优势产业快速发展，成为经济重回升势的重要动力，增速反超南京市，因此出现杭州市历年平均生产率高于南京市的现象。

Ⅰ型大城市中，苏州市的历年平均生产率赶超上海市，而同等规模的淮安市，其生产率低于长三角地区整体平均生产率，属于较低的层次。无论在经济发展，还是技术进步方面，苏北城市依旧存在较大的提升空间。

Ⅱ型大城市中，生产率排名前六位均分别来自江浙两省，而排名倒数的几位均来自安徽省。可见，在同等城市规模的前提下，安徽省部分地级市的经济发展状况与江浙两省仍存在较大的差距。从具体城市看，无锡市、宁波市、南通市的生产率较为靠前，其历年平均生产率均远远高于长三角地区整体平均生产率。无锡市作为江苏地区综合经济实力仅次于苏州市、南京市的城市，大量的世界五百强企业选择在无锡市落户，促进了无锡市经济的高速健康发展。宁波市作为浙江省副省级城市，有着良好的对外贸易和引进外资政策，在同等规模城市中也始终保持着较佳的经济地位。南通市近几年来发展迅速，政府的大力扶持以及各种招商引资使南通慢慢开始崭露头角，随着交通运输行业的发展，受上海市的经济辐射影响，经济水平平稳增长，有着良好的发展态势。

中等城市中，虽属于同等规模，位于榜首的嘉兴市与排名最后的池州市的历年平均生产率相差高达 30%，两城市之间的生产率差距也在某种程度上是两省的缩影，体现了浙皖两省之间生产力水平存在的差异之大。而排名较安徽省内其他城市靠前的滁州市，其有着较佳的地理位置，与合肥市相邻，和南京市相近。江皖两省省会皆具备较佳的综合经济发展实力，拥有优质丰富的资源，并且会向滁州市辐射，带动促进其生产力的发展。因此，总的来看滁州市仍有着较大的发展空间及潜力。

丽水市和黄山市均属于小城市范畴，且两者地势均以山地为主，地理条件较差，区域经济发展存在不平衡的问题，城市功能对于带动经济发展的作用较弱，经济发展较为缓慢，远落后于周边一些发达地区，因此其全要素水平处在较低的位置。

综上所述，根据城市规模对比可以发现长三角同等规模城市全要素生产率的对比情况。可以注意到，大城市中全要素生产率排名靠前的城市主要来自江浙两省，且生产率普遍较高，大多在 0.9～1.0，而同等规模下，排名靠后的城市均来自于安徽省；长三角地区中等城市和小城市分布在浙江、安徽两省，浙江省地级以上城市中，除了衢州市、舟山市排名靠后，其余城市均排名靠前，且生产率普遍在 0.8 以上，而安徽省的城市中除了滁州市、安庆市，其余城市均处于靠后的位置，显示同等规模条件下，安徽省的地级以上城市与江浙地区仍存在不小的差距。

五、长三角城市全要素生产率的时空特征分析

（一）城市全要素生产率的位序等级钟演变

等级钟理论也是研究城市个体在整个城市体系中的位序随时间变化趋势的一种研究方法。等级钟的概念和绘制方法都是由英国著名的地理学家 M. Batty 提出的，通过利用位序等间隔的同心圆作为等级钟面，由最高等级位序的圆心开始，向外依次等间隔递减位序，直至设定的最低位序；与此相应，通过所研究的时间跨度将圆面均分为若干个扇面，利用设定的时间节点和与之对应的城市位序，在绘制好的位序等级钟面上画出位序等级随时间变化的由圆心向外伸展的螺旋曲线。

对于长三角城市的全要素生产率而言，绘制各个城市的生产率的位序等级钟，可以给出各城市在 2002~2017 年内的生产率位序上升或下降的尺度，将各城市的生产率发展变化给我们以直观的展现，便于我们进一步地分析各城市的效率变化情况，从而基于此作出相应的决策建议。

因此，本文利用等级钟理论，根据各地级市的全要素生产率绘制出 2002~2017 年各城市全要素生产率的位序等级钟。

由图 5 可知，2002~2017 年长三角地级以上城市的生产率位序发生了较为明显的变化，部分城市的生产率位序有较大幅度的提升或下降，因此，在等级钟的位序变动轨迹中呈现出交叉点。需要指出的是，在城市生产率位序不断变动的背景下，特大城市和超大城市生产率位序变动较小，如上海市、南京市、杭州市等；中等位序城市由于生产率逐步提高，有较大的发展空间，故其位序变动普遍较大，如盐城市、嘉兴市、芜湖市等；而低位序城市由于生产率较低、增速有限，导致其位序跃迁能力较弱，如丽水市、池州市、黄山市等。

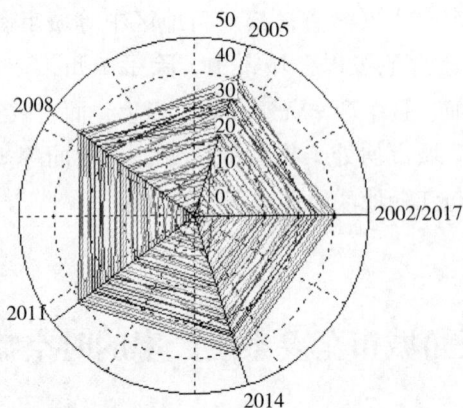

图 5 长三角地级以上城市全要素生产率的位序等级钟

进一步地，本文通过计算各个地级城市不同时间阶段的生产率位序变动距离，发现长三角地级以上城市在近年间最大的位序变动距离为 3.6098，而绝大部分城市的位序变动距离都在 3 以内，说明长三角地级以上城市生产率位序变动比较平稳，位序跳跃性相对较弱，全要素生产率随时间变化而趋于平衡。但在这种情况下，对生产率值相对落后的城市不太有利，此类城市应当适当改进，合理调整产业结构，促进生产力发展，进而逐渐减小与全要素生产率较高的城市之间的差距。

表 5 2002～2017 年长三角城市全要素生产率位序变化的平均距离

时间节点 t－1（年）	时间节点 t（年）	平均距离 d（t）
2002	2005	3.0488
2005	2008	3.6098
2008	2011	1.1951
2011	2014	1.3414
2014	2017	1.3171

$$d = \sum_{t=1}^{T} \frac{d(t)}{T} = 2.1024 \tag{16}$$

（二）长三角城市全要素生产率的空间收敛性

通过前文的研究，我们对长三角 41 个城市 2000～2017 年全要素生产率的整体变化和内部差异做了初步分析。为更加动态、全面地反映 41 个城市全要素生产率差异的变化轨迹和趋势特征，本文将对 41 个城市全要素生产率进行收敛性研究。收敛性分析有助于厘清长三角城市全要素生产率的趋同（发散）情况。如果全要素生产率出现收敛性，则说明当前的经济、环境政策有助于缩小落后地区和发达地区间的差距；如果不存在收敛性，则说明当前局势下，落后地区与发达地区的环境全要素生产率差距会进一步增大，因而需要适当调整经济、环境政策，进一步加强对落后地区的政府财政补贴与技术扶持力度。目前，文献中有关收敛性分析的方法一般有 σ 收敛性检验和 β 收敛性检验，本文分别运用并进行研究。

1. σ 收敛性分析

σ 收敛性检验的方程为：

$$\sigma_t = \sqrt{\frac{\sum_{i=1}^{n}\left(\ln IE_{it} - \overline{\ln IE_{it}}^2\right)}{n}} \tag{17}$$

其中，IE_{it} 表示 t 时期第 i 个城市的全要素生产率；σ 表示全要素生产率取对数后的标准差。如果随着时间 t 的变化 σ_t 逐渐减小，即 $\sigma_{t+1} < \sigma_t$，表示这 n 个样本之间存在 σ 收敛性，即地区间的全要素生产率有接近的趋势。相反，则表示 σ 收敛性不存在。

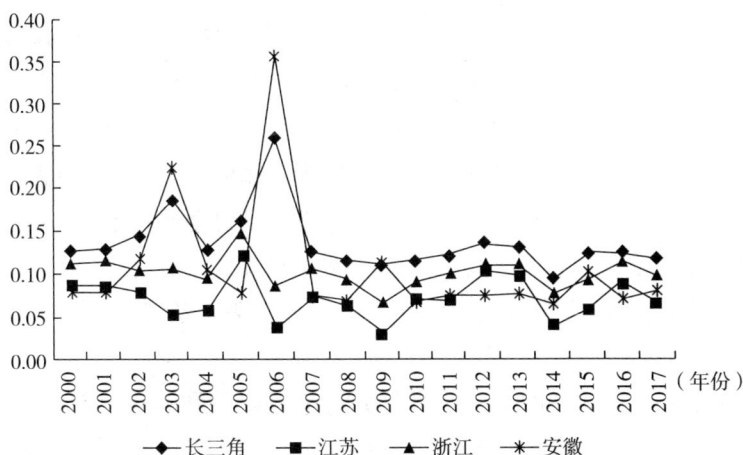

图 6　2000~2017 年各省全要素生产率 σ 值变化趋势

图6显示了长三角地区、江苏省、浙江省以及安徽省全要素生产率σ值随时间的变化轨迹（上海市由于只有一个地市故此处不单独作建模研究），也体现了不同地区不同时期全要素生产率σ值的差异特征。起初，长三角整体的全要素生产率σ值最高，其次是浙江省，而安徽省的全要素生产率σ值最小。从时间变化看，长三角全要素生产率σ值有明显波动，2000~2003年逐步上升，达到0.1884，此后呈现出小幅下降趋势，而在2004~2006年出现大幅增长，达到峰值0.2583。此后于2007年后波动相对平缓，并于2016年后全要素生产率σ值出现小幅下降，且2017年的终值小于2000年的初始值，因此长三角全要素生产率σ值有收敛趋势。

对于江苏省和浙江省来说，两者整体变化趋势相似，2000~2003年均呈现小幅下降趋势，此后于2004年开始逐渐回升，在2005年均达到两者的峰值，分别为0.1235和0.1500，此后江浙两省波动较为平稳，2016年后两者的全要素生产率σ值均有下降趋势。其中，对于江苏省来说，其2017年的终值比初始值降低了0.02377，浙江省的σ值则小幅下降了0.01303，这表明江浙两省城市间的全要素生产率差距在2000~2017年整体有所缩小，且呈收敛特征。

就安徽省而言，在2000~2017年其全要素生产率σ值有较为明显的波动，2000~2003年，其全要素生产率σ值呈现上升趋势，在2003年达到极值0.2263，后面经历了短暂的下降趋势后，于2006年达到峰值0.3580，此后小幅下降，σ值于2008年又开始呈现上升趋势，接着安徽省的全要素生产率σ值在2014年时又一次有所增加，接着略微下降后，最后全要素生产率σ值增加到2017年的终值0.0800，呈现出发散趋势，并且相对于2000年的初始值0.0791，σ值有略微上升趋势，因此安徽省总体呈现出发散的趋势。

总的来说，长三角地区、江苏省以及浙江省的全要素生产率在2000~2017年总体均呈收敛态势，各城市全要素生产率差异正逐步缩小。而安徽省的全要素生产率σ值波动最大，且总体呈现出发散趋势。

2. β收敛分析

现有关于β收敛性的文献，将其分为绝对收敛和相对收敛。绝对收敛是指每一个经济体的被研究指标（如GDP）会达到完全相同的稳态增长速度和增长水平；条件收敛是指不同的稳态存在于经济体被研究指标（如GDP）之中，即差距会持续存在于不同经济体之间。本文选用β绝对收敛对长三角全要素生产率进行检验。

以长三角地级以上城市的全要素生产率为研究对象（上海市由于只有一个地市故此处不单独作建模研究），研究时期为 2000～2017 年。

β 绝对收敛检验方程为：

$$\frac{\ln\dfrac{IE_{it}}{IE_{i0}}}{T} = \alpha + \beta \ln IE_{i0} + \varepsilon_t \tag{18}$$

其中，IE_{it} 表示第 i 个城市的全要素生产率的期末值，IE_{i0} 表示第 i 个城市的全要素生产率的初始值，α 为常数项，ε_t 为一系列不相关的随机扰动项，β 为收敛系数。当 β 小于 0，代表着区域间的全要素生产率趋向于收敛；反之则趋向于发散。进一步可通过式（18）测算出收敛速度。其公式为：

$$\beta = -(1 - e^{-\lambda t})/T \tag{19}$$

其中，λ 为收敛速度。

表 6 列出了长三角、江苏省、浙江省以及安徽省全要素生产率 β 收敛模型的回归结果。结果显示，长三角、江苏省、浙江省以及安徽省的收敛系数 β 均为负，且均通过显著性检验，而浙江省和安徽省的收敛系数 β 虽为负，但并未通过显著性检验。这表明，江苏省和长三角的全要素生产率变化有明显的收敛趋势，而浙江省和安徽省的收敛趋势不明显。进一步可以看出，江苏省的收敛趋势最为显著，通过了 0.01 的显著性检验，收敛速度亦最高，达到 2.4290%。长三角地区 β 系数通过了 0.05 的显著性检验，收敛速度为 0.8535%。而浙江省和安徽省虽有 1% 左右的收敛速度，但并未通过显著性检验。综上所述，长三角和江苏省全要素生产率在 2000～2017 年整体呈现收敛特征，浙江省和安徽省的收敛趋势不明显，这基本与 σ 收敛检验的结果相符合。

表 6　城市全要素生产率回归结果

	长三角	江苏	浙江	安徽
β	−0.0079 **	−0.0197 ***	−0.0108	−0.0158
常数 α	−0.0020 **	−0.0024 **	−0.0029 *	−0.0051
R^2	0.1244	0.5092	0.2203	0.1367
调整后 R^2	0.1020	0.4646	0.1337	0.0750
λ	0.0085	0.0243	0.0120	0.0186

注：*** 表示显著性概率≤0.01；** 表示显著性概率≤0.05；* 表示显著性概率≤0.1。

六、结论和对策

（一）主要结论

本文结合参数方法 SFA 和非参数方法 DEA 构造出 StoNED 模型，利用 GAMS 软件测算了 2000~2017 年我国长三角 41 个城市的全要素生产率。研究的结论和政策启示主要有：

（1）长三角地级以上城市全要素生产率上海市居首，江苏省、浙江省次之，安徽省居后，但整体全要素生产率水平在逐步趋于稳定。

（2）通过 StoNED 模型测算可以发现，安徽省地级以上城市中除少数城市（如滁州市、安庆市）的生产率尚可外，大部分城市维持在 0.7 附近，而江浙沪地区除个别城市外，其余城市全要素生产率普遍达到 0.8~1.0，安徽省同江浙沪城市的生产率还存在较大差距。

（3）基于时间序列纵向对比各省市可以发现长三角地区全要素生产率发展的趋势，安徽省的历年平均生产率值明显低于江浙沪地区，即使是省内生产率排名靠前的城市，其生产率仍然属于较低的层次，体现出安徽省要想融入长三角一体化城市进程中，还需要积极发挥自身优势，加强与周边江浙地区发达城市的联系，进行资本、人才、技术、市场等要素交流，进一步提高经济资源配置的效率。

（4）通过对长三角城市全要素生产率进行绘制位序等级钟可知，长三角地级以上城市生产率位序变动比较平稳，位序跳跃性相对较弱，全要素生产率随时间变化而趋于平衡。通过收敛性分析可知，江苏省和长三角的全要素生产率变化有明显的收敛趋势，且江苏省的收敛速度达到 2.429%，而浙江省以及安徽省的全要素生产率收敛趋势不明显。

（二）若干启示

本文发现，从历年全要素生产率的趋势来看，长三角各省市除上海市处于较平稳的变化外，其余三省总体均呈现出正弦曲线变化，但近几年略有下降趋势，因此，各省还应当努力加大科研投入，不断提高技术水平。上海市作为首位城市，对城市群的引领作用举足轻重，需进一步努力加强对周边城市的辐射和带动功能。

对于江苏省来说，应当继续发挥苏州市、南京市、无锡市的经济优势，同时提高其对周边城市的经济辐射能力，以达到相互提高、共同进步的目的。要与经济发展较落后的地区之间进行资本、人才、技术、市场等要素交流，相互提高，进一步提高经济资源配置的效率。

对于浙江省来说，对于欠发达地区，应该提高政策扶植的力度，如降低相应的税，提高财政资源的投入，提高其教育水平。要实现全省人才的合理化布局，各市按照其经济发展水平，相应地引进各行各业的人才，以促进产业升级。同时，还应优化各地区的交通基础设施的情况，改善各地区的教育水平、医疗水平，以促进省内各市均衡发展。

安徽省可以利用自身的区位基础、资源基础、产业基础、交通基础和合作基础等优势，加快融进长三角并与长三角相得益彰地发展。在长三角地区，安徽的地位虽然不及江浙两省，但安徽省应把握自身的地理位置，加强与周边发达省市的合作交流，积极转变经济发展方式，促进产业结构升级，切实提高生产力水平。

参考文献

［1］Jondrow J, Lovell C A K, Materov I S, et al. On the Estimation of Technical Inefficiency in the Stochastic Frontier Production Function Model ［J］. Journal of Econometrics, 1982, 19 (2 – 3): 233 – 238.

［2］Kuosmanen T. Stochastic Nonparametric Envelopment of Data: Combining Virtues of Sfa and DEA in a Unified Framework ［J］. Discussion Papers, 2006 (3): 7 – 14.

［3］Kuosmanen T, Kortelainen M. Stochastic Nonparametric Envelopment of Data: Cross – Sectional Frontier Estimation Subject to Shape Constraints ［J］. Social Science Electronic Publishing, 2007, 38 (1): 11 – 28.

［4］Mátyás, László, Sevestre P. The Econometrics of Panel Data Volume 46 ‖ Stochastic Frontier Analysis and Efficiency Estimation ［J］. Advanced Studies in Theoretical and Applied Econometrics, 2008, 10 (21): 697 – 726.

［5］Kuosmanen, Timo. Stochastic Semi – nonparametric Frontier Estimation of Electricity Distribution Networks: Application of the StoNED Method in the Finnish Regulatory Model ［J］. Energy Economics, 2012, 34 (6): 2189 – 2199.

［6］Olesen O B, Petersen N C. Stochastic Data Envelopment Analysis – A Review ［J］. European Journal of Operational Research, 2015, 251 (1): 2 – 21.

［7］Afsharian M . Metafrontier Efficiency Analysis with Convex and Non – convex Metatechnologies by Stochastic Nonparametric Envelopment of Data ［J］. Economics Letters，2017（160）：7 – 14.

［8］Kuosmanen T ，Kortelainen M . Stochastic Non – smooth Envelopment of Data：Semi – parametric Frontier Estimation Subject to Shape Constraints ［J］. Journal of Productivity Analysis，2012，38（1）：11 – 28.

［9］籍艳丽，赵丽琴 . 一种效率测度的新方法：随机非参数数据包络分析法［J］. 统计与决策，2011（5）：33 – 34.

［10］李双杰，秦轶翀 . 开放式基金绩效实证分析——StoNED 与 DEA 方法的比较［J］. 经济论坛，2009（8）：10 – 13.

［11］曹阳 . 基于随机非参数数据包络（StoNED）的我国高技术产业技术创新效率研究［D］. 天津财经大学博士学位论文，2013.

［12］杨晓彤 . 中国养老服务业效率及其影响因素的实证分析［D］. 浙江工商大学博士学位论文，2018.

［13］范德成，杜明月 . 高端装备制造业技术创新资源配置效率及影响因素研究——基于两阶段 StoNED 和 Tobit 模型的实证分析［J］. 中国管理科学，2018，26（1）：13 – 24.

［14］单豪杰 . 中国资本存量 K 的再估算：1952～2006 年［J］. 数量经济技术经济研究，2008，25（10）：17 – 31.

［15］庄燕杰 . 长三角城市体系规模分布测度及时空演进特征研究［D］. 浙江工商大学博士学位论文，2012.

［16］张自然 . TFP 增长对中国城市经济增长与波动的影响——基于 264 个地级及地级以上城市数据［J］. 金融评论，2014，6（1）：24 – 37 + 123 – 124.

［17］王佳 . 城市蔓延对城市全要素生产率的影响——基于地级市面板数据的分析［J］. 城市问题，2018（8）：48 – 58.

［18］董旭，吴传清 . 中国城市全要素生产率的时空演变与影响因素研究——来自 35 个主要城市 2000～2014 年的经验证据［J］. 学习与实践，2017（5）：5 – 16.

［19］吕凯波，任志成 . 新人口红利、生产性服务业发展与城市生产率——基于长三角城市群的实证研究［J］. 南京社会科学，2017（1）：31 – 38.

［20］王剑，李锐 . 长三角智慧城市群建设探讨——促进长三角地区更高质量一体化发展［J］. 上海城市规划，2019（2）：11 – 17.

［21］李培 . 中国城市经济运行的特征分析［J］. 财经研究，2007（5）：84 – 95.

［22］徐丽 . 长三角城市群 16 城市经济效率及影响因素研究［D］. 复旦大学博士学位论文，2010.

［23］薛以硕 . 长三角区域创新效率差异性研究［D］. 南京财经大学博士学位论

文，2017.

［24］翁欣月.长三角地区商贸流通业空间溢出及收敛性研究［D］.浙江工商大学博士学位论文，2017.

附表 1 各城市历年全要素生产率

	2000 年	2001 年	2002 年	2003 年	2004 年	2005 年	2006 年	2007 年	2008 年
上海市	0.9869	0.9867	0.9904	0.9855	0.9846	0.9636	0.9825	0.9829	0.9859
南京市	0.9474	0.9028	0.9615	0.9010	0.8775	0.7878	0.9327	0.8976	0.9035
无锡市	0.9643	0.9657	0.9661	0.9663	0.9708	0.9732	0.9755	0.9755	0.9736
徐州市	0.8891	0.8968	0.9023	0.9045	0.8907	0.7885	0.9362	0.8954	0.9163
常州市	0.8785	0.8892	0.8731	0.9030	0.8811	0.7741	0.9256	0.8621	0.8761
苏州市	0.9864	0.9783	0.9824	0.9754	0.9772	0.9994	0.9793	0.9707	0.9759
南通市	0.9695	0.9747	0.9224	0.9306	0.9330	0.9658	0.9506	0.9372	0.9454
连云港市	0.7473	0.7499	0.7893	0.8413	0.8320	0.7090	0.8840	0.8056	0.8331
淮安市	0.7615	0.7516	0.7662	0.8383	0.8178	0.6877	0.8827	0.7817	0.8018
盐城市	0.9375	0.9253	0.8797	0.9014	0.8893	0.8180	0.9304	0.8905	0.9020
扬州市	0.9063	0.9103	0.8473	0.8860	0.8783	0.7951	0.9202	0.8684	0.8875
镇江市	0.9271	0.9390	0.8868	0.8882	0.8909	0.8759	0.9197	0.8914	0.8997
泰州市	0.8761	0.8842	0.8537	0.8749	0.8703	0.7824	0.9096	0.8525	0.8714
宿迁市	0.7862	0.7988	0.7782	0.7956	0.7906	0.6741	0.8541	0.7561	0.7851
杭州市	0.9499	0.9490	0.9440	0.9592	0.9560	0.9341	0.9695	0.9019	0.9080
宁波市	0.9603	0.9637	0.9556	0.9559	0.9602	0.9884	0.9671	0.9500	0.9409
温州市	0.8762	0.8714	0.8430	0.9070	0.8704	0.7718	0.9377	0.8604	0.8982
嘉兴市	0.8423	0.8394	0.8792	0.9011	0.8865	0.7419	0.9194	0.8451	0.8745
湖州市	0.8748	0.8856	0.8758	0.8699	0.8753	0.8284	0.9046	0.8592	0.8605
绍兴市	0.9640	0.9665	0.9253	0.9379	0.9411	0.9527	0.9559	0.9391	0.9371
金华市	0.9218	0.9239	0.8732	0.9002	0.8808	0.7848	0.9111	0.8289	0.8721
衢州市	0.7391	0.7400	0.7522	0.7693	0.7646	0.6729	0.8142	0.7467	0.7634
舟山市	0.7443	0.7411	0.6884	0.6719	0.7189	0.6596	0.7233	0.7001	0.7119
台州市	0.9662	0.9593	0.9193	0.9202	0.9177	0.8990	0.9484	0.9330	0.9330
丽水市	0.6999	0.6919	0.7250	0.7692	0.7504	0.6274	0.8097	0.6942	0.7446
合肥市	0.7041	0.6955	0.7130	0.8169	0.7762	0.5893	0.8749	0.7017	0.7514
芜湖市	0.7208	0.7074	0.7250	0.8010	0.7753	0.6424	0.8405	0.7532	0.7702
蚌埠市	0.7459	0.7351	0.7391	0.7747	0.7543	0.6388	0.8111	0.7263	0.7481

续表

	2000 年	2001 年	2002 年	2003 年	2004 年	2005 年	2006 年	2007 年	2008 年
淮南市	0.6932	0.7048	0.7105	0.7428	0.7313	0.6162	0.7843	0.6978	0.7257
马鞍山市	0.7612	0.7452	0.7101	0.7215	0.7007	0.6514	0.7337	0.6926	0.7102
淮北市	0.6356	0.6253	0.6637	0.7579	0.7166	0.5686	0.7950	0.6747	0.7081
铜陵市	0.6853	0.6836	0.6381	0.6223	0.6616	0.5883	0.6623	0.6370	0.6563
安庆市	0.8019	0.7720	0.7702	0.8204	0.8008	0.6548	0.8629	0.7866	0.8046
黄山市	0.7057	0.7132	0.6178	0.6225	0.6340	0.6076	0.5855	0.6286	0.6398
滁州市	0.8642	0.8891	0.8135	0.7995	0.8068	0.7953	0.8225	0.7918	0.8066
阜阳市	0.7194	0.7043	0.7336	0.8007	0.7742	0.6047	0.8482	0.7438	0.7731
宿州市	0.7969	0.8072	0.7581	0.7481	0.7608	0.6957	0.7869	0.7419	0.7518
六安市	0.7617	0.7586	0.7462	0.7724	0.7621	0.6528	0.8142	0.7359	0.7543
亳州市	0.7281	0.7187	0.7301	0.7730	0.7469	0.6713	0.7894	0.7279	0.7422
池州市	0.6432	0.6603	0.4829	0.3136	0.5287	0.6018	0.1889	0.6083	0.6401
宣城市	0.7919	0.7815	0.7433	0.7417	0.7475	0.6644	0.7908	0.7280	0.7394

	2009 年	2010 年	2011 年	2012 年	2013 年	2014 年	2015 年	2016 年	2017 年	均值
上海市	0.9893	0.9855	0.9811	0.9846	0.9773	0.9799	0.9812	0.9778	0.9893	0.9831
南京市	0.9662	0.9015	0.9170	0.9353	0.8519	0.9198	0.9125	0.9302	0.9412	0.9104
无锡市	0.9771	0.9751	0.9678	0.9709	0.9873	0.9774	0.9725	0.9746	0.9740	0.9726
徐州市	0.9512	0.9204	0.9040	0.9085	0.8996	0.9358	0.9160	0.8872	0.9110	0.9030
常州市	0.9465	0.8775	0.8821	0.8633	0.8643	0.9281	0.9058	0.8781	0.9010	0.8839
苏州市	0.9825	0.9785	0.9760	0.9891	0.9680	0.9716	0.9721	0.9713	0.9680	0.9779
南通市	0.9574	0.9544	0.9339	0.9632	0.9206	0.9395	0.9257	0.9098	0.9240	0.9421
连云港市	0.9049	0.8295	0.8153	0.7962	0.8078	0.8724	0.8366	0.7893	0.8300	0.8152
淮安市	0.9119	0.7900	0.7944	0.7315	0.7634	0.8693	0.8263	0.7648	0.8140	0.7975
盐城市	0.9432	0.8984	0.8945	0.9106	0.9155	0.9305	0.9108	0.8988	0.9100	0.9048
扬州市	0.9353	0.8854	0.8711	0.8805	0.8359	0.9066	0.8752	0.8342	0.8710	0.8775
镇江市	0.9271	0.8948	0.8707	0.8758	0.9165	0.9145	0.8907	0.8724	0.8870	0.8983
泰州市	0.9264	0.8667	0.8497	0.8215	0.7950	0.8931	0.8567	0.7993	0.8440	0.8571
宿迁市	0.8846	0.7675	0.7646	0.6965	0.6824	0.8386	0.7908	0.7217	0.7760	0.7745
杭州市	0.9745	0.8709	0.8917	0.9245	0.8880	0.9600	0.9377	0.9317	0.9510	0.9334
宁波市	0.9644	0.9369	0.9324	0.9254	0.9511	0.9608	0.9528	0.9424	0.9260	0.9519
温州市	0.9559	0.8724	0.8317	0.7707	0.8567	0.9248	0.8968	0.7884	0.8850	0.8677
嘉兴市	0.9393	0.8705	0.8698	0.8468	0.8540	0.9129	0.8839	0.8505	0.8790	0.8687

	2009 年	2010 年	2011 年	2012 年	2013 年	2014 年	2015 年	2016 年	2017 年	均值
湖州市	0.9169	0.8614	0.8359	0.7787	0.8364	0.8847	0.8497	0.8109	0.8400	0.8583
绍兴市	0.9572	0.9279	0.9090	0.8913	0.9317	0.9387	0.9147	0.8837	0.9200	0.9330
金华市	0.9393	0.8530	0.8533	0.7657	0.7935	0.8951	0.8385	0.7641	0.8230	0.8568
衢州市	0.8456	0.7536	0.7365	0.7008	0.7208	0.7994	0.7560	0.7069	0.7490	0.7517
舟山市	0.7892	0.7106	0.6847	0.6835	0.6947	0.7694	0.7194	0.6746	0.6990	0.7103
台州市	0.9503	0.9332	0.9035	0.8943	0.9340	0.9346	0.9127	0.9006	0.9100	0.9261
丽水市	0.8252	0.7340	0.7151	0.6855	0.6912	0.7860	0.7430	0.6851	0.7330	0.7283
合肥市	0.9103	0.7347	0.7362	0.6439	0.6477	0.8358	0.7715	0.6881	0.7510	0.7412
芜湖市	0.8723	0.7491	0.7522	0.6915	0.6823	0.8159	0.7860	0.7254	0.7770	0.7548
蚌埠市	0.8253	0.7446	0.7311	0.6974	0.7311	0.7927	0.7545	0.7221	0.7420	0.7452
淮南市	0.8310	0.7161	0.7095	0.6805	0.6961	0.7716	0.7172	0.6932	0.7170	0.7188
马鞍山市	0.7742	0.7135	0.6953	0.7017	0.7030	0.7748	0.7255	0.6936	0.7140	0.7179
淮北市	0.8341	0.6907	0.6906	0.6339	0.6410	0.7712	0.7214	0.6650	0.7120	0.6947
铜陵市	0.6726	0.6508	0.6285	0.6408	0.6484	0.6936	0.6474	0.6351	0.6390	0.6495
安庆市	0.8923	0.7998	0.7871	0.7947	0.8153	0.8429	0.8069	0.7939	0.7990	0.8003
黄山市	0.6723	0.6547	0.6386	0.6510	0.6610	0.7003	0.6476	0.6383	0.6440	0.6479
滁州市	0.8643	0.8114	0.7871	0.8202	0.8182	0.8466	0.8076	0.7951	0.8070	0.8193
阜阳市	0.8649	0.7688	0.7574	0.7129	0.7407	0.8301	0.7855	0.7191	0.7700	0.7584
宿州市	0.8225	0.7610	0.7361	0.7613	0.7732	0.7992	0.7666	0.7353	0.7660	0.7649
六安市	0.8251	0.7553	0.7407	0.7025	0.6954	0.7911	0.7692	0.7202	0.7620	0.7511
亳州市	0.8123	0.7398	0.7335	0.6960	0.7124	0.8006	0.7499	0.7173	0.7540	0.7413
池州市	0.5883	0.6383	0.5967	0.6201	0.6284	0.6763	0.5345	0.6063	0.6050	0.5646
宣城市	0.8001	0.7449	0.7338	0.6904	0.6883	0.7925	0.7490	0.7227	0.7540	0.7447

多维度邻近下 ICT 对知识溢出
影响的实证研究[①]

叶阿忠 陈丛波

摘 要 伴随信息技术（ICT）发展远程交流效率的提高，ICT 对跨区域知识溢出的促进作用受到关注。较多研究认为，由于隐性知识，信息时代的跨区域知识溢出仍受到地理邻近的重要限制。但是，仅从单一地理邻近维度视角考察 ICT 对跨区域知识溢出的促进作用过于简化，忽视了知识溢出的其他路径。通过引入认知邻近、技术邻近和地理邻近，从多维度邻近视角构建空间权重矩阵，带入半参数全局向量自回归模型分析了 ICT 发展对我国省际知识溢出的促进作用。研究发现，ICT 发展与省际知识溢出表现出非线性关系。模型结果验证了单一地理邻近下 ICT 对省际知识溢出促进作用放缓，表明 ICT 发展不能使知识溢出完全突破地理距离的阻碍；认知邻近视角下 ICT 对知识溢出保持了持续的强促进作用；技术邻近视角下促进作用次之。因此，后发省份应更关注从认知邻近程度最优的外部省份获取溢出成果，加强与这些省份的远程信息交流。

关键词 知识溢出；邻近；通信信息技术；半参数全局向量自回归模型

---

①基金项目：国家自然科学基金项目"半参数全局向量自回归模型的理论研究及其运用"（71571046）。

A Spatial Econometric Analysis of Impact of ICT on Knowledge Spillover of Types of Proximities

Ye Azhong Chen Congbo

Abstract：Promotion of remote communication efficiency by ICT made more focus on cross – regional knowledge spillover（KS）facilitated by ICT. Recently a number of scholars argued that the restrictive role of geographical proximity for KS in information age still remains crucial due to tacit knowledge. Hoverer，investigation on cross – regional KS by ICT in the single view of geographical proximity seems overly – simplied so that other paths of KS would be neglected. This paper constructs spatial weight matrices with types of proximities including cognitive，technological and geographical proximities and then applies the matrices into SG-VAR model to analyses ICT's impacts on interprovincial KS of China. Our results show the non – linear relationship between ICT development and KS. We test the deceleration trend of interprovincial KS affected by ICT in the single view of geographical proximity suggesting that distance remains barrier to KS affected by ICT while we also test that there is sustainable and large promotion on KS by ICT in the view of cognitive proximity and the one in the view of technological proximity seconds. Therefore，developing provinces should choose external provinces with optimal cognitive proximity to obtain spillover effect and enhance remote communication with those provinces.

Key Words：Knowledge spillover；Proximity；ICT；SGVAR

数字技术在全球迅速普及，标志着信息经济的成熟与发展。自 20 世纪 60 年代开始，知识和信息为基础的经济变化、服务业的重要性日益提高，显示了经济范式的转变方向。2005～2015 年，全球互联网用户从 10 亿用户增加到 32 亿用户，增加了 2 倍多。我国互联网用户居世界首位，通信信息技术（ICT）大大方便了民众的联系。2014 年经济合作与发展组织的高收入国家中，近 90% 的企业有互联网宽带连接，中等收入国家的比例约为 70%，低收入国家则约为40%。2014年，联合国所有的193个成员国都建立了国家网站；我国政府网站运行总数2019年已达到17220个。

信息经济的发展为空间知识溢出的研究带来了新的研究课题。目前，已经有大量文献研究了城市和空间知识溢出的各种作用机制，包括知识人才流动、研发合作、企业家创业、贸易投资等，但较少研究涉及ICT进步对知识溢出的影响。进入信息时代以来，以数字技术为代表的ICT的快速发展首先在国外研究中受到关注。一般认为，由于隐性知识需要通过面对面交流才能有效传播，而较近的地理距离才可能保证足够频繁地面对面交流，所以信息时代知识溢出依然具有显著的空间局限性。隐性知识理论基于的前提是隐性知识的传播必须以面对面交流为基础，在互联网发展的早期，互联网交流更多的是指电子邮件，这一前提符合当时的实际。然而，随着数字技术的发展和应用深度、广度的进步，网络视频会议等交流方式与面对面交流的差距已经大大缩小，某些隐性知识的跨越距离限制的传播成为可能。以Boschma等为代表的法国动力学派提出了地理邻近之外包含认知邻近、制度邻近、社会邻近、组织邻近的多维度邻近的分析框架。虽然多维度邻近与区域创新是国外空间科学的关注热点，但是，关于ICT与区域创新的研究多围绕单一的地理邻近维度展开，少有研究涉及其他邻近维度下ICT对区域创新绩效的作用。本文以此为主题展开研究，可分解为以下两个关键问题：

第一个关键问题是讨论多维度邻近在跨区域知识溢出过程中起到的作用。在知识溢出引入多维度邻近的研究中，较多研究在地理邻近基础上加入其他维度邻近，注重多个单一维度邻近下知识溢出的对比。国外已经有较多研究讨论了多维度邻近下的知识溢出，Parent和Lesage构建空间自回归模型，测算技术邻近、地理邻近、交通邻近以及两个邻近交互对知识溢出的作用；Caragliu和Nijkamp发现在欧洲各国多维度邻近对知识溢出的影响中，认知邻近和地理邻近起到最大的影响；Li等采用社会、组织、认知、地理邻近解释了知识溢出在知识网络中的作用，得出社会和组织邻近性更加重要。在认知邻近维度上，李琳等（2011，2015）从高学历员工比重角度定义了认知邻近，并分析了地理邻近和认知邻近在企业层面对创新绩效的影响；毛崇峰等把认知邻近细分为三个维度，认为目标认知邻近性、竞争关系认知邻近性与技术联盟创新绩效之间存在正相关关系；党兴华和弓志刚（2013）用中国30个区域专利数据进行实证研究后认为，区域间认知邻近过高限制了跨区域创新合作。在技术邻近维度上，王庆喜等发现，在技术邻近维度下我国高技术产业的省际溢出效应略高于地理邻近维度下的溢出效应。在制度邻近维度上，陶长琪和彭永樟（2018）采用空间杜宾模型检验得出制度邻近水平与知识势能溢出损耗成反比。刘承良等（2018）计算得出地理邻近、技术邻近、社会邻近、产业邻近对城际技术转移均有正向影响，其中社会邻近的影响最显著。现有的多维度邻近的实证研究对各维度邻近性的理论进行了验证，但由于计量方法、数据可得性、邻近指标定义不同等问题，区域创新方面的实证研究还有待发展。

第二个关键问题是解释 ICT 发展对知识溢出的影响。Leamer 和 Storper 认为，由于隐性知识需要面对面传播，互联网时代地理邻近仍然是知识溢出的主要影响因素；Rallet 和 Torre 最早提出了临时地理邻近的概念，把 ICT 的发展作为解决地理限制的一条思路；Paunov 和 Rollo 采用分位数回归发现，不同企业对使用 ICT 的知识溢出效应存在差别；Marsh 等发现，企业吸收能力制约了 ICT 知识溢出，产业内 ICT 知识溢出同时具有负面影响；Poeri 等对经合组织行业样本的研究表明，ICT 对行业间的溢出效应效果显著。国内相关的研究还相对缺少，Lin 等发现，中国互联网发展促进了经济增长，但互联网溢出效应受地理邻近影响在东部和西部地区存在较显著的空间差异；方远平等构建空间计量模型研究 ICT 对服务业创新的空间效应，结果表明，ICT 对服务业创新具有促进作用以及扩散效应具有空间局限性；徐德英和韩伯棠（2015）引入信息化邻近构建空间关联矩阵计算省际知识溢出，在单一维度下地理邻近仍是知识溢出最主要影响因素，但信息化与交通便利度交互邻近下知识溢出可以突破地理邻近的制约。目前的研究主要关注了 ICT 对地理邻近维度下知识溢出的影响，在其他邻近维度下的 ICT 对知识溢出影响的研究尚未发现。此外，由于 ICT 影响知识溢出的机制如何还没有得到充分的解释，实证研究大多采用的参数模型没有共识的理论依据，可能使实证结果出现偏差。因此，本文试图引入半参数方法用于 ICT 对知识溢出的实证研究。从多维度邻近视角并应用半参数计量模型研究 ICT 对知识溢出的影响是本文的主要创新。

为了解释上述问题，本文根据现有研究测算了 2000~2016 年中国 30 个省市的认知、技术及地理维度的邻近程度，并把测算结果标准化为关联矩阵，构建了半参数全局变量自回归模型（SGVAR）用于测算城市间知识溢出中互联网的贡献。第二部分阐述了构建 SGVAR 模型测算多维度邻近视角下互联网对跨区域知识溢出贡献的方法：首先，建立各个省份的 SVARX* 模型，之后基于区域间多维度邻近程度建立空间关联矩阵，联立各省 SVARX* 模型建立 SGVAR 模型，同时对表征各经济变量的指标和数据来源进行说明。第三部分采用 SGVAR 模型对中国地区间的知识溢出进行了实证研究，实证结果支持了多维度邻近对跨区域知识溢出作用机制的理论研究，并且邻近程度制约了 ICT 进步对省际知识溢出的促进作用。最后，本文给出了互联网发展背景下促进区域知识溢出的一些政策建议。

一、模型构建与数据来源

（一）模型构建

1. 理论依据

在创新产出的研究中，知识生产函数把创新产出作为因变量，而自变量则包括较多复杂因素。Jaffe 扩展了 Griliches 的知识生产函数，构建了 Griliches–Jaffe 知识生产函数（KPF），Zhang 等（2003）将 R&D 投入分为 R&D 人员和 R&D 支出两部分，构建了柯布—道格拉斯形式的知识生产函数其基本模型如下：

$$Y = aK^{a_1}L^{a_2} \tag{1}$$

其中，Y 是创新产出，K，L 分别表示创新的资本投入和劳动投入，a、a_1、a_2 分别表示创新活动效率及资本投入、劳动投入的产出弹性，对式（1）两边取对数，可得：

$$\ln Y = a + a_1 \ln K + a_2 \ln L \tag{2}$$

式中，区域的创新产出主要由创新活动的资本投入和劳动投入决定。在实证中，由于知识的外部性特征，区域创新产出还会受到其他区域创新投入和产出的影响，知识空间溢出效应也会对创新产出产生影响。式（2）忽视了溢出效应的影响可能会对估计结果有较大偏差。知识溢出效应一般难以直接观察，不能够把知识溢出作为新的自变量加入模型，因此，需进一步考虑知识溢出的作用机制。

即使进入信息时代，地理距离仍被认为是决定知识溢出的重要因素。但是，当用地理距离解释知识溢出时，已经暗含了空间以外其他因素的作用，因为来自同一地区的创新主体往往具有相似的特征。为了区分地理因素和其他因素对知识溢出的影响，借助法国邻近动态学派的框架，本文引入了认知邻近和技术邻近的概念。认知邻近是根据经济体间共享相同基础知识和专业知识的程度确定的，而技术邻近则反映了经济体专业技术构成的相似程度。认知邻近和技术邻近对知识溢出产生影响的原因在于知识溢出需要接收者具有识别、解释和利用新知识的吸收能力。接收者对新知识的吸收需要其具备最低要求的知识储备，并且新知识越复杂，接收者最低要求知识储备的门槛越严格。接受者和溢出者知识储备差异越大，接收者为满足最低要求的知识储备需要付出的成本越大，溢出的可能性随之降低。换言之，知识溢出需要接收者和溢出者存在一定程度的认知邻近或技术邻近。但是，邻近程度和知识溢出的关系并不简单地表现出线性关系。即使接收者和溢出者邻近程度达到最大值时，表示两者共享完全相同的知识储备，由于缺少新奇性，接收者也很难从外部创新主体吸收足够新颖的知识。

ICT 是知识溢出的另一个重要因素，一些学者甚至认为 ICT 技术进步和信息产业发展是对知识溢出的一次空间革命，"距离已死"就是该类观点的一个总括。但是，在实证研究中观察到的信息时代创新的空间集聚特征显然是对"距离已死"观点的一次重击。ICT 对知识溢出的影响被过分夸大了，ICT 构建的信息网络虽然让地理位置分散的创新活动可以几乎零成本的交流，但由此认为 ICT 可以让知识溢出突破地理限制显然是把 ICT 发展初期对知识溢出的促进作用当作单调的线性过程。本文认为，应把 ICT 对知识溢出的作用当作非线性的：一是因为隐性知识在知识构成中占据了很大部分。相比于易编码的显性知识，隐性知识更多的是个体具体能力的体现，难以用文字表述，因此隐性知识主要通过面对面交流的形式传播，很难进行远程传播。二是来自上文中认知邻近和技术邻近的限制。ICT 仅仅提高了空间邻近性，并不能让认知邻近和技术邻近不满足溢出条件的经济主体间产生知识溢出。这就好像让分处两地的鸡和鸭通过互联网交流，只能得到鸡同鸭讲的结果。基于这两方面原因，本文认为 ICT 对知识溢出的促进作用存在上界，对于隐性知识和共享知识储备不能满足知识溢出条件的经济主体，ICT 无力促进这些部分的知识溢出。

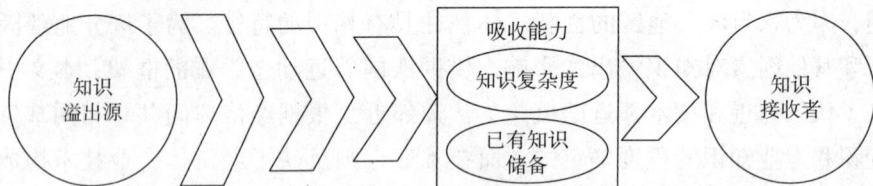

图 1   从溢出源至接收者的知识溢出过程

图 1 展示了知识溢出的发生过程，V 型箭头的高度表示了知识溢出的强度。靠近知识溢出源一侧高度最高的箭头表示了未损耗的知识溢出，其强度由溢出源和接收者之间知识储备的差异程度决定。两者知识差异越显著，未损耗的知识强度就越大。知识溢出源于吸收能力之间的 V 型箭头表示了知识扩散路径中发生的衰减，溢出源与接收者空间距离越远，知识扩散需要经过的路径越长，知识衰减越剧烈。ICT 进步是影响扩散路径长度的另一个因素，当两者可以使用互联网交流时，扩散路径缩短。但是，ICT 的影响很难将扩散路径的长度缩短为零，因为即使在信息时代，面对面交流仍然是交流的主要方式之一。吸收能力决定了接收者端的实际知识溢出强度，而吸收能力由知识复杂度和接收者已有知识储备决定。知识复杂度包括了知识的类型为隐性或显性知识以及组成某项知识的基本元素的多少、组成方式等。接收者已有知识储备则和其与溢出源知识储备的差异程度成反比。根据上述分析，建立知识溢出的方程如下：

Knowledge Spillover$_{ij}$

$$= f \ (\text{LosslessKS}_{ij}, \ 1/\text{Distance}_{ij}, \ \text{AbsorptiveCapacity}_{ij}) \tag{3}$$

式中，ij 表示两个不同的区域，i 为知识溢出接收者，j 为知识溢出源。方程右边包括三个变量，无损失的知识溢出、扩散路径长度的倒数、接收者对溢出源的吸收能力，变量的函数形式为乘积形式，故当任一变量趋向 0 时，函数输出趋向 0。变量 Lossless KS、AbsorptiveCapacity 为未损耗的知识溢出强度和吸收能力，这两个变量均可以表示为认知邻近与技术邻近的函数：

$$\text{LosslessKS}_{ij} = l_0 + l_1 \text{cog} + l_2 \text{tech} \tag{4}$$

$$\text{AbsorptiveCapacity}_{ij} = a_0 + a_1 \text{cog} + a_2 \text{tech} \tag{5}$$

假设函数形式为简单的有截距项的线性函数，且 cog，tech 在式（4）中系数 l_1、l_2 为负，在式（5）中系数 a_1、a_2 为正。将式（4）、式（5）相乘，可得：

$$l_0 a_0 + (l_0 a_1 + l_1 a_0)\, cog + (l_0 a_2 + l_2 a_0)\, tech + (l_1 a_2 + l_2 a_1)\, cog \cdot tech +$$
$$l_1 a_1 cog^2 + l_2 a_2 tech^2 \tag{6}$$

由于式（3）中空间距离变量与 cog，tech 无关，函数 f 对 cog，tech 的一阶偏导即为式（6）的一阶偏导，即

$$\frac{\partial f}{\partial cog} = (l_0 a_1 + l_1 a_0) + (l_1 a_2 + l_2 a_1)\, tech + 2l_1 a_1 cog \tag{7}$$

$$\frac{\partial f}{\partial tech} = (l_0 a_2 + l_2 a_0) + (l_1 a_2 + l_2 a_1)\, cog + 2l_2 a_2 tech \tag{8}$$

显然可见，函数 f 对 cog，tech 的二阶偏导为负数，故知识溢出受认知邻近、技术邻近影响下图像类似为凸性的二次函数，即知识溢出最大时，认知邻近、技术邻近介于最大邻近和最小邻近中间某处。该结论符合了 Boschma 关于"邻近悖论"的解释，但仍难以据此确定最优邻近程度。因为式（4）、式（5）基于简化原则假设的函数形式仅表明了变量的变化趋势以用于分析，而未必能够很好地拟合现实。在统计模型中，本文采用空间相关矩阵来引入认知邻近、技术邻近的影响，以避免欠拟合对估计结果产生的影响。

式（3）中扩散路径 Distance 变量由地理距离 geo 和 ICT 决定，假设函数形式为：

$$Distance_{ij} = C + \frac{geo_{ij}}{jct} \tag{9}$$

C 为截距项，表示其他因素对知识传播的阻碍作用，如制度冲突、不信任、网络信息传播存在的安全威胁等。显然，$\frac{1}{Distance}$ 对地理距离导数为负，对 ICT 导数为正。类似对认知邻近、技术邻近的分析过程，知识溢出对 ICT 一阶导数为正。由于认知邻近、距离邻近，将式（9）代入式（3）后，对 ICT 求一阶偏导：

$$\frac{\partial f}{\partial ict} = f_1(cog,\ tech,\ geo) \tag{10}$$

由式（10）可知，ICT 对知识溢出的促进作用与认知邻近、技术邻近、地理邻近相关。根据式（6），cog，tech 在 f_1 中存在高次项。所以，本文在计量模型中采用非参数技术来估计 ICT 对知识溢出的促进作用以避免不符合实际的函数形式带来的误差。

2. 半参数全局向量自回归模型构建

为了在知识生产函数中考察知识溢出的影响，空间计量模型逐渐引起关注。根据空间自相关性在模型中的体现，空间计量模型可以分为空间滞后模型（SAR）和空间误差模型（SEM）两大类。在区域创新的实证研究中，SAR 模型使用较为普遍：李婧等（2010）构建了滞后一阶的区域专利空间面板计量模型，并与静态面板模型相比较，结果显示动态空间面板模型能够更准确描述创新的空间自相关性；郭炬等（2012）基于 Anselin 和 Florax 提出的准则比较了 SAR 和 SEM，得出结论 SAR 模型能够更好地描述技术创新投入产出要素之间空间影响。相比于单方程空间计量模型和向量自回归模型（VAR），Pesaran 等（2004）提出的全局向量自回归模型（GVAR）构建了一个相互独立的 VARX* 模型组成的全局系统，并考虑了各系统的相互关联。在区域创新实证研究中，创新产出的空间溢出效应可以通过 GVAR 模型的脉冲响应函数反映，该函数还可以反映某地区创新投入和产出的冲击在时间上对其他地区相应变量的动态影响。本文的模型中传导途径可以分为三类：①各省创新产出、创新投入变量受其他省份相对应变量当期值和滞后值的影响；②各省经济变量受全局变量 ICT 发展水平的共同影响；③不同省份变量当期冲击的相互影响，体现在误差的协方差矩阵中。

在 GVAR 模型的基础上，考虑到 ICT 与区域创新产出之间的线性关系还缺乏理论论证，不同于现有实证研究中大多采用的线性模型，本文试图把 ICT 发展水平作为全局变量，并采用半参数方法估计其偏导图。构建单个地区的 SVARX* 回归模型如下：

$$x_{it} = a_i + \sum_{p_i=1}^{p} \Phi_{ip_i} x_{i,t-p_i} + \sum_{q_i=0}^{q} \Gamma_{iq_i} x_{i,t-q_i}^* + g_i(I_t) + \varepsilon_{it} \tag{11}$$

式中，x_{it} 表示第 i 个省份的内生变量，包括创新产出、创新的资本投入和劳动投入，参照式（2）取为对数形式，分别表示为 $\ln Y_{it}$，$\ln K_{it}$，$\ln L_{it}$；x_{it}^* 表示第 i 个省份对应的其他省份的变量，同样包括创新产出、创新的资本投入和劳动投入，取对数后分别表示为 $\ln Y_{it}^*$，$\ln K_{it}^*$，$\ln L_{it}^*$；p，q 分别表示第 i 个省份自身和其他省份的滞后阶数，通过 AIC 准则确定；I_t 表示全国 ICT 发展水平，为模型中的全局变量，参照吴晓云和李辉（2013）的做法，选取互联网普及率和电信业务总量进行衡量；模型中考虑到全国 ICT 发展水平对区域创新产出的非线性影响，把 $g_i(\cdot)$ 作为未知非参数函数，反映 I_t

与第 i 个省份创新产出的非线性关系。

记 $Z_{it} = \begin{bmatrix} X_{it} \\ X_{it}^* \end{bmatrix}$，取 $\lambda = \max$（p，q），则式（11）可重写为：

$$A_i Z_{it} = a_i + \sum_{z=1}^{\lambda} B_{iz} Z_{i,t-z} + g_i(I_t) + \varepsilon_{it} \tag{12}$$

式中，$A_i = (I_{ki,} - \Gamma_{i0})$，$B_{iz} = (\Phi_i - \Gamma_{iz})$。在本文中，通过认知邻近、技术邻近、地理邻近的方式构建空间邻近权重矩阵，将 W 分别代入 GVAR 模型计算，此处为表述方便均用 W 表示。通过空间邻近权重矩阵 W 将各省份的 VARX* 联立起来建立 SGVAR 模型，表示为：

$$G_0 x_t = a_0 + \sum_{i=1}^{\lambda} G_i x_{t-i} + g_i(I_t) + \varepsilon_t \tag{13}$$

3. 多维度邻近性空间权重矩阵

SGVAR 模型构建的一个关键在于空间邻近权重矩阵。较多 GVAR 模型研究从地理邻近维度的视角确定权重矩阵。这种权重矩阵设置方法只考虑了地理邻近维度对变量的影响，根据多维度邻近概念，本文分别对认知邻近、技术邻近、地理邻近进行测算，并将测算结果标准化处理后建立省际权重矩阵。由于不同学者对多维度邻近的认识存在交叉，多维度邻近的框架还没有统一的认识，各邻近维度的计算方法也有不同，因此，本文选择各维度下省际多维度邻近计算公式如表 1 所示。

表 1　多维度邻近测算方法

邻近维度	测算公式
认知邻近	$\mathrm{cog} = \dfrac{\sum_{k=1}^{19} (I_{ikt} \cdot I_{jkt})}{\sqrt{\sum_{k=1}^{19} I_{ikt}^2 \cdot \sum_{k=1}^{19} I_{jkt}^2}}$
技术邻近	$\mathrm{tech} = \dfrac{\sum_{k=1}^{8} (P_{ikt} \cdot P_{jkt})}{\sqrt{\sum_{k=1}^{8} P_{ikt}^2 \cdot \sum_{k=1}^{8} P_{jkt}^2}}$
地理邻近	$\mathrm{geo} = 1 - \dfrac{d_{ij}}{\max d_{ij}}$

参照 Caragliu 和 Nijkamp（2016）的做法，通过省际产业分工差异程度

测算省际的认知距离。由于我国产业分工方式与国外不同，选择《中国统计年鉴》中 19 个行业在各省份的从业人数，以此计算省际认知距离。式中，I_{ikt} 表示省份 i 在年份 t 第 k 个行业的从业人数，cog 取值介于 0～1，当两区域在各行业从业人数完全相同时，认知邻近程度为 1，取值越大，表明省份产业结构越相近。

技术邻近的量化方法可以采用 Jaffe 提出的测算邻近地区专利技术相似性的指标。参照 Benner 和 Waldfogel（2008）以及张丽华和林善浪（2011）的做法，通过省份在八大类别申请专利量的相近程度测算技术距离。式中，P_{ikt} 表示城市 i 在年份 t 第 k 个专利分类中的实用新型专利申请数量，该数据来自《中国科技统计年鉴》。根据公式，若两区域在八类专利中专利数量完全相同，则技术邻近程度为 1；tech 越大表示城市间技术邻近程度越大。

地理邻近是指省份在地理空间上的距离。制度主义方法认为地理邻近处于变化之中，涉及交通运输成本和 ICT 发展程度；互动主义方法认为地理邻近仅指物理邻近性。由于本文已经把 ICT 发展水平作为模型的全局向量，此处地理邻近采用后一种定义，仅考虑物理邻近性。式中，d_{ij} 用省会城市间的直线距离表征省际地理距离；max d_{ij} 表示样本中省际最大距离。geo 越大表示省际地理邻近程度越大。

将计算出的所有省份之间的多维度距离作权重处理后，得到基于多维度邻近的关联矩阵 $cogW_{ij}$、$techW_{ij}$、$geoW_{ij}$。

（二）数据来源

互联网技术进步和电信业务量的提高是 ICT 进步和普及的重要表现，鉴于我国互联网普及率数据从 2000 年开始统计，本文选取的数据时间跨度为 2000～2016 年，包括了 30 个省（区市），未包括西藏、港、澳、台地区。在关于地区创新产出的研究中，自 20 世纪 70 年代以来，专利数量是表征创新产出的一种较常见的指标。地区创新产出主要以专利和非专利的形式体现，但由于非专利形式的创新产出属于企业商业机密，数据很难获得，因此，本文选取专利数量衡量地区创新产出。专利数量包括专利申请数和授权数，在衡量创新产出上两者各有利弊，经过权衡，本文选取专利申请数指标衡量地区创新产出。在创新投入的研究中，创新投入主要包括资金投入和人才投入，参照古利平等（2006）以及李婧等（2010）的做法，本文采用基础研究、应用研究和试验发展的经费支出来衡量资金投入，采用

R&D 人员全时当量来衡量人才投入。

本文使用的各项数据来自《中国科技统计年鉴》、中国互联网络信息中心（CNNIC）和各省统计年鉴。

二、分析结果

（一）模型估计结果

经过 ADF 单位根平稳性检验可知，在 5% 的显著性水平上，我国各地区的所有内生变量、外生变量和全局变量原阶不平稳，故对所有变量进行差分处理为平稳变量后代入 SGVAR 模型计算。对各变量进行外生性检验显示，变量符合弱外生性假设，故可对估计结果进行脉冲响应分析。

（二）广义脉冲响应分析

为比较多维度邻近下省际创新产出的相互影响，本文选取上海作为冲击源进行分析。上海创新产出受到正向冲击后，多邻近维度下各省市创新产出均受到影响。

在认知邻近维度下，给上海创新产出一个正向冲击后对国内其他省份创新产出除山西、江西、贵州、宁夏外，其余省份均受到正向影响。由此认为，认知邻近对省际知识溢出主要表现出正向促进作用。在受到正向影响的省份中，与上海邻近程度最小的海南几乎没有受到明显的正向影响；天津与上海邻近程度最大，但天津受到的冲击并没有在所有省份中表现最显著的正向影响；甘肃受上海创新产出的冲击影响在所有省份中有最显著的正向促进作用。海南、天津、甘肃创新产出受上海创新产出冲击影响脉冲响应如图 2 所示。为了得出创新冲击的误差范围，在 SGVAR 分析时采用自举法（Bootstrapping）执行 100 次抽样。图 2 中，海南受冲击的误差界部分低于 0 值，难以判定上海创新产出对海南产生了正向的冲击；天津、甘肃误差界均高于 0 值，因此可以认为上海创新产出对两者存在正向冲击。天津上界和中值在 1 期出现最大值，上限值为 0.020316，中值为 0.010775；甘肃上界和中值最大值也在第 1 期出效，上限值为 0.034469，中值为 0.018976。从数值及图像可以看出甘肃受到上海创新产出的正向冲击比天津、海南更为显著。因此，认知邻近是省际知识溢出的重要决定因素，但是，邻近程度增加对知识溢出水平的影响不是单调递增的，过高和过低的邻近程度都不利于省际知识溢出。该结果也符合 Boschma（2004）对"邻近悖论"现象的解释。

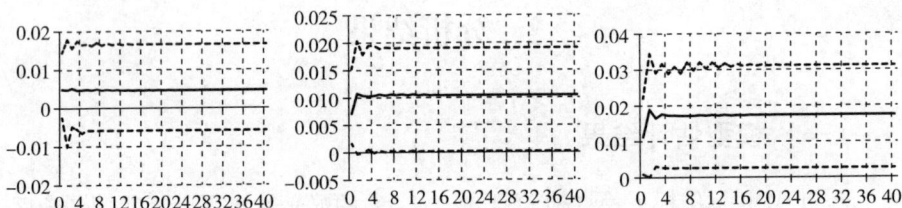

图2 海南、天津、甘肃创新产出受上海创新产出的冲击（认知邻近）：
自举法中值估计与90%误差界

在技术邻近维度下，上海创新产出受到正向冲击后对其他省份创新产出大多为正向影响，受到负向影响的省份与认知邻近下受到负向影响的省份相同，为山西、江西、贵州、宁夏四省份。其余省份中，选择与上海技术邻近程度最小的广西、邻近程度最大的四川以及脉冲响应最显著的陕西作为分析对象。在 SGVAR 分析时采用自举法（Bootstrapping）执行 100 次抽样，得出创新冲击90%的误差范围，结果如图3所示。在图3中，广西、四川受冲击后下限均趋近于0，上限最大值广西为 0.008981，四川为 0.014575，均出现在第1期，中值与上限类似，四川的最大值也高于广西。陕西省上限、中值及下限在计算的 40 期中最大值分别为 0.016435、0.011004、0.004641。可以看出，技术邻近维度视角下，省际知识溢出也表现出与认知邻近类似的"邻近悖论"现象，即邻近程度最大的四川并没有表现出最显著的正向响应。知识溢出效应最显著的省份陕西在邻近程度上界于广西与四川之间。

对比认知邻近和技术邻近视角下对上海创新产出冲击表现出正向响应省份，认知邻近和技术邻近都对省际知识溢出主要表现出正向促进作用；认知邻近视角下脉冲响应最大值明显高于技术邻近视角下脉冲响应的最大值，因此，可以认为认知邻近视角下正向知识溢出效应较技术邻近视角下的正向知识溢出更为显著。

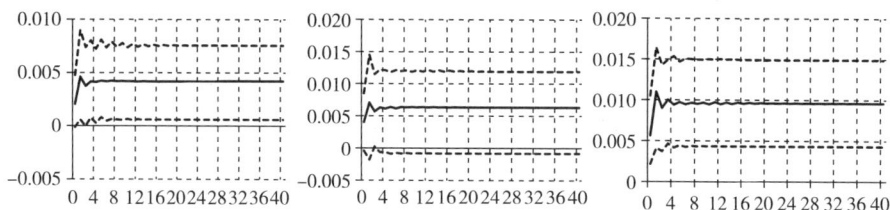

图3　广西、四川、陕西创新产出受上海创新产出的冲击（技术邻近）：
自举法中值估计与90％误差界

（三）偏导图分析

互联网普及率和电信业务量是较常见的表征ICT发展水平的指标，考虑到已有研究分析了互联网接入对我国省际溢出的影响，故本文把互联网普及率仅作为模型的全局变量，在传统GVAR模型基础上，引入电信业务量作为非参数项，构建了SGVAR模型。采用局部线性方法估计模型中的非参数项，得出了电信业务量对省份创新产出的导数图，借以考察信息技术发展对区域创新产出的影响。SGVAR模型是由每个省份的$SVARX^*$模型组合得出的，故每个省份均可以独立地得出电信业务量对创新产出的导数图。多次测算后，选择浙江为研究对象，为考察ICT进步对省际知识溢出在多维度邻近视角下的促进作用，空间权重矩阵分别根据地理邻近维度、认知邻近维度、技术邻近维度生成。图4分别为三种邻近维度下电信业务量对浙江省创新产出的导数图，横轴为电信业务量，纵轴表示电信业务量变化对浙江省创新产出的影响。图中出现负值是由于本文对数据进行了差分处理，所以图4不能表示电信业务量对创新产出的直接影响。

总体上，图4都表现出较明显的非线性关系，表明ICT发展水平对省份创新产出的影响更可能是非线性的，因此更适合引入非参数或半参数的方法测算ICT发展对创新产出的促进作用。从图4峰值对比看，多维度邻近视角下ICT发展水平对创新产出的影响存在较明显差异。认知邻近维度下电信业务量对创新产出导数的最大值明显高于地理邻近和技术邻近维度下的最大值，表明ICT发展更有利于认知邻近视角下的知识溢出。结合前文的结论，可以推断当省际认知邻近处于最大化知识溢出的程度时，ICT发展水平提升应能够最有效地促进省际的知识溢出。从图4的趋势来看，地理邻近维度和技术邻近维度下的曲线趋势较为类似，在x轴（0，+0.1）的区间在x

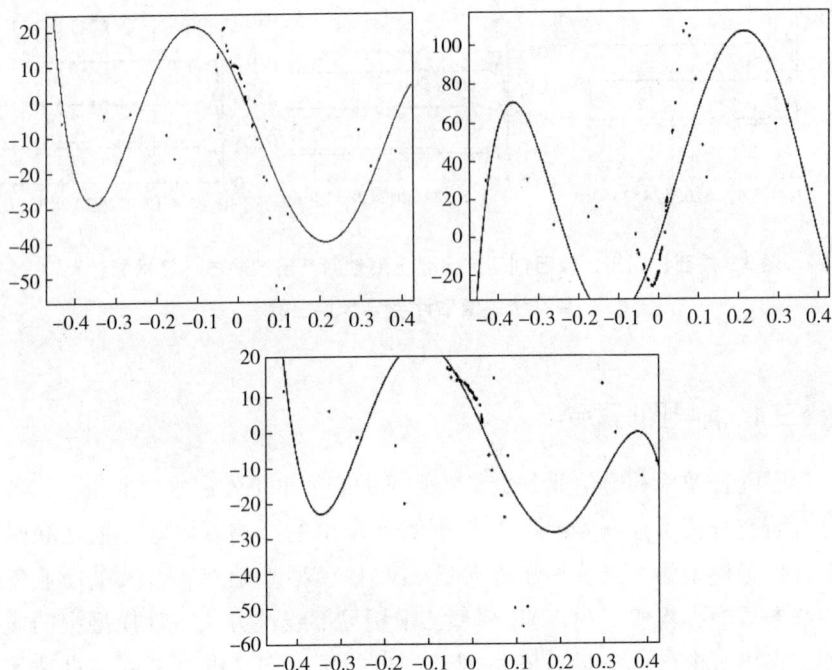

图 4   地理邻近（左）、认知邻近（中）、技术邻近（右）维度下
电信业务量对创新产出的导数

值约为 0.02 处，y 值由正值转为负值。y 值为正时，可认为 ICT 对创新产出
促进作用的强度在增加。该结果表明地理邻近和技术邻近视角下，ICT 发展
初期阶段，对创新产出的促进作用主要呈放缓趋势。这一区间内，认知邻
近维度下曲线趋势呈现快速上升的趋势，且在 x 值为 0.018 处 y 值由负值转
为正值，表明认知邻近视角下 ICT 发展初期阶段对创新产出的促进作用主要
呈现加速趋势。在 x 轴（+0.3，+0.4）区间内，地理邻近视角下 y 值均为
负值，表明 ICT 发展较成熟后，其对创新产出的促进作用放缓；认知邻近视
角下，y 值均为正数，ICT 发展较成熟后，加速了其对创新产出的促进作用；
技术邻近视角下，存在正值和负值，难以判断。

从分析结果推断，ICT 发展初期阶段，多维度邻近视角下 ICT 发展均能
够促进省份创新产出从其他省份创新产出中获取正向溢出效应，该结论与
徐德英等（2015）的结论一致，也符合一些学者在国家层面对 ICT 的观察。
本文的研究将进一步讨论 ICT 促进跨区域知识溢出的路径。根据偏导图的分

析结果，ICT 发展较成熟后，其对省份创新产出导数为负，其促进作用的增幅在降低，表明地理邻近视角下 ICT 发展对创新产出的促进作用有其极限。对多维度视角进行比较发现，认知邻近视角下，ICT 发展对创新产出的促进作用明显较地理邻近下强烈；技术邻近视角下 ICT 发展的促进作用介于地理邻近视角和认知邻近视角之间。省际认知邻近程度达到最优时，ICT 对区域创新产出的促进作用最为显著，其次为技术邻近。因此，信息时代，在单一地理邻近视角下 ICT 没有使知识溢出突破地理因素的限制，跨区域知识溢出主要依赖于认知邻近和技术邻近决定的溢出机制。

这提醒我们，伴随 ICT 发展，区域创新应更关注地理邻近之外其他邻近视角下的知识溢出，有意引导经济主体从最优认知邻近程度的外部省份中吸纳创新成果，构建这些省份间更通畅的信息交流渠道。

三、结论

本文选择中国各地区研发活动人力、资金投入、创新产出以及表征 ICT 发展水平的电信业务总量和互联网普及率作为变量，根据多维度邻近概念测算了省际认知邻近、技术邻近、地理邻近的数值，并据此建立标准化的空间关联矩阵代入 SGVAR 模型，并计算了在认知邻近、技术邻近和地理邻近视角下省际知识溢出效应和互联网发展对省份创新产出的影响，根据脉冲响应函数的分析结果，得出如下结论：

（1）选择上海作为冲击源，认知邻近视角下，上海对国内其他地区存在正向的知识溢出，其中甘肃溢出效应最显著，而甘肃与上海认知邻近程度并不是所有省份中最大的。该结果验证了认知邻近视角下，我国省际知识溢出存在一定程度的"邻近悖论"，即相比使知识溢出效应最大的最优邻近程度，过高和过低的认知邻近均会阻碍省际知识溢出。但是，在本研究中邻近程度与溢出水平的关系并没有表现出如预期的二次曲线的关系，这可能由于多维度邻近之间存在交互效应，在单一邻近维度下最优邻近程度的确定比"邻近悖论"的理论解释更为复杂。

（2）技术邻近视角下，上海对国内其他省份创新产出影响大多为正向，知识溢出效应最明的陕西与上海技术邻近程度同样低于最大值。因此，技术邻近对我国省际知识溢出影响也应受"邻近悖论"影响。对比认知邻近与技术邻近，认知邻近对知识溢出的影响更为强烈，表明认知邻近是决定我国省际知识溢出的最主要因素。

（3）ICT 发展对省份创新产出的影响表现出非线性的正向促进作用。ICT 发展初期阶段，地理邻近和技术邻近视角下，ICT 对创新产出的促进作用主要呈放缓趋势；而认知邻近视角下 ICT 对创新产出的促进作用主要呈现加速趋势。ICT 发展较为成熟后，在多维度邻近视角下对创新产出的促进则存在较明显的差异：地理邻近视角下，ICT 的促进作用放缓，表明 ICT 的发展并不能使知识溢出完全突破地理的限制；认知邻近视角下 ICT 对知识溢出的促进作用最为显著，技术邻近视角下促进作用次之。因此，信息时代，在单一地理邻近视角下 ICT 没有使知识溢出突破地理因素的限制，跨区域知识溢出主要依赖于认知邻近和技术邻近决定的溢出机制。

现阶段，我国区域经济相关研究更多注重地理维度间的联系，按照地理邻近程度方式划分研究对象，提出区域发展政策。伴随信息化发展，根据本文的结论，区域创新在地理邻近视角下溢出效应有限，进一步的研究和政策制定应更关注从认知邻近程度最优的外部省份获取溢出成果，加强与这些省份的远程信息交流。

参考文献

［1］徐德英，韩伯棠. 地理、信息化与交通便利邻近与省际知识溢出［J］.科学学研究，2015，33（10）：1555－1563.

［2］赵勇，白永秀. 知识溢出：一个文献综述［J］.经济研究，2009，44（1）：144－156.

［3］Gertler M S. Tacit Knowledge and the Economic Geography of Context，or The Undefinable Tacitness of Being（There）［J］. Journal of Economic Geography，2003，3（1）：75－99.

［4］Torre A. On the Role Played by Temporary Geographical Proximity in Knowledge Transmission［J］. European Planing Studies，2008，42（6）：869－889.

［5］Boschma R A. Proximity and Innovation：A Critical Assessment［J］. Reginal Studies，2005，39：61－74.

［6］李琳，雒道政. 多维邻近性与创新：西方研究回顾与展望［J］.经济地理，2013，33（6）：1－7＋41.

［7］Parent O，Lesage J P. Using the Variance Structure of the Conditional Autoregressive Spatial Specification to Model Knowledge Spillovers［J］. Journal of Applied Econometrics，2008

（23）：235 – 256.

［8］ Caragliu A，Nijkamp P. Space and Knowledge Spillovers in European Regions：The Impact of Different Forms of Proximity on Spatial Knowledge Diffusion ［J］. Journal of Economic Geography，2016，16（3）：749 – 774.

［9］ Li D D，Wei Y D，Wang T. Spatial and temporal evolution of urban innovation network in China ［J］. Habitat International，2015（49）：484 – 496.

［10］李琳，韩宝龙. 地理与认知邻近对高技术产业集群创新影响——以我国软件产业集群为典型案例［J］. 地理研究，2011，30（9）：1592 – 1605.

［11］李琳，张宇. 地理邻近与认知邻近下企业战略联盟伙伴选择的影响机制——基于 SIENA 模型的实证研究［J］. 工业技术经济，2015，34（4）：27 – 35.

［12］毛崇峰，周青，禹献云. 认知邻近性对技术联盟创新绩效的影响［J］. 技术经济，2016，35（7）：12 – 18 + 70.

［13］党兴华，弓志刚. 多维邻近性对跨区域技术创新合作的影响——基于中国共同专利数据的实证分析［J］. 科学学研究，2013，31（10）：1590 – 1600.

［14］王庆喜. 多维邻近与我国高技术产业区域知识溢出——一项空间面板数据分析（1995 ~ 2010）［J］. 科学学研究，2013，31（7）：1068 – 1076.

［15］陶长琪，彭永樟. 制度邻近下知识势能对区域技术创新效率的空间溢出效应［J］. 当代财经，2018（2）：15 – 25.

［16］刘承良，管明明，段德忠. 中国城际技术转移网络的空间格局及影响因素［J］. 地理学报，2018，73（8）：1462 – 1477.

［17］ Leamer E E and Storper M. The Economic Geography of the Internet age ［J］. Journal of International Business Studies，2001，32（4）：641 – 665.

［18］ Torre A，Rallet A. Proximity and Localization ［J］. Regional Studies，2005，39（1）：47 – 59.

［19］ Paunov C，Rollo V. Has the Internet Fostered Inclusive Innovation in the Developing World？［J］. World development，2016（78）：587 – 609.

［20］ Marsh IW，Rincon – Aznar A，Vecchi M，Venturini F. We See ICT Spillovers Everywhere but in the Econometric Evidence：A Reassessment ［J］. Industrial and Corporate Change，2017，26（6）：1067 – 1088.

［21］ Poeri F，Vecchi M，Venturini F. Modelling the Joint Impact of R&D and ICT on Productivity：A Frontier Analysis Approach ［J］. Research Policy，2018，47（9）：1842 – 1852.

［22］ Juan Lin，Zhou Yu，Yehua Dennis Wei et al. Internet Access，Spillover and Regional Development in China ［J］. Sustainability，2017（9）：946 – 963.

［23］方远平，谢蔓，林彰平. 信息技术对服务业创新影响的空间计量分析［J］. 地

理学报，2013，68（8）：1119 – 1130.

［24］Zhang Anming，Zhang Yimin and Zhao Ronald. A Study of the R&D Efficiency and Productivity of Chinese Firms［J］. Journal of Comparative Economics，2003，31（3）：444 – 464.

［25］李婧，谭清美，白俊红. 中国区域创新生产的空间计量分析——基于静态与动态空间面板模型的实证研究［J］. 管理世界，2010（7）：43 – 55 + 65.

［26］郭炬，叶阿忠，陈泓. 基于半参数空间计量模型的技术创新能力区域聚集效应研究［J］. 科学学与科学技术管理，2012，33（11）：62 – 70.

［27］Pesaran M. H.，Schuermann T.，Weiner S. M. Modeling Regional Interdependencies Using a Global Error – correcting Macroeconometric Model［J］. Journal of Business & Economic Statistics，2004，22（2）：129 – 162.

［28］Jaffe AB. Technological Opportunity and Spillover of R&D：Evidence From Firms' Patent，Profits，and Market Value［J］. American Economic Review，1986（76）：984 – 1001.

［29］Benner M，Waldfogel J. Close to you? Bias and Precision in Patent – based Measures of Technological Proximity［J］. Research Policy，2008，37（9）：1556 – 1567.

［30］张丽华，林善浪. 技术距离对于我国区域技术创新产出的影响——基于省级面板数据的研究［J］. 研究与发展管理，2011，23（2）：1 – 7.

［31］Abraham B P，Moitra S D. Innovation Assessment Through Patent Analysis［J］. Technovation，2001，21（4）：245 – 252.

［32］孙凯. 基于 DEA 的区域创新系统创新效率评价研究［J］. 科技管理研究，2008（3）：139 – 141.

［33］刘迎春. 中国战略新兴产业技术创新效率实证研究——基于 DEA 方法的分析［J］. 宏观经济研究，2016（6）：43 – 48 + 57.

［34］古利平，张宗益，康继军. 专利与 R&D 资源：中国创新的投入产出分析［J］. 管理工程学报，2006（1）：147 – 151.

［35］吴晓云，李辉. 我国区域创新产出的影响因素研究——基于 ICT 的视角［J］. 科学学与科学技术管理，2013，34（10）：69 – 76.

3. 金融、资本市场

大数据在股票投资中的应用研究

——基于中国 A 股市场的实证分析

何诚颖　陈　锐　苗宇松　陈　薇

摘　要　人工智能的时代已经到来，它影响着社会的方方面面，金融行业也不例外。通过量化分析、智能投资等方法，人工智能在股票投资中的作用越来越明显。在中国 A 股市场中，人工智能的基础大数据也得到应用，这些参与实际投资的大数据基金利用百度、新浪、淘宝、360、银联、腾讯、京东等不同渠道的各种大数据，为基金管理者认识市场提供新的维度，利用更及时、更快捷的信息获取和处理技术挖掘投资者情绪、深挖实体经济行业变化趋势或者挖掘投资者投资智慧来获取投资价值。实证研究表明，大多数大数据基金都明显倾向于投资小盘股，有1/2的大数据基金倾向于投资成长股，这些基金中有半数能够跑赢与自己投资风格相符的市场基准，表明大数据在中国 A 股市场股票投资中的应用价值。

关键词　人工智能；大数据；量化投资；FF3 模型

Research on the Application of Big Data in Stock Market Investment

He Chengying　Chen Rui　Miao Yusong　Chen Wei

Abstract：The era of artificial intelligence has arrived，it affects all aspects of society，and the financial industry is no exception. The role of artificial intelligence in stock investment is becoming more and more obvious through quantitative analysis, intelligent investment and other methods. In China's A – share market, the basic big data of artificial intelligence has also been applied. The big data funds participating in actual investment use various channels of big data, such as Baidu, Sina, Taobao, 360, UnionPay, Tencent and Jingdong. These big data provide new dimensions for the fund managers to recognize the market through more timely and faster information acquisition and processing technology to explore investor sentiment, to dig deep into the real economy industry trends or tap investors' investment wisdom to obtain investment value. Empirical studies show that most big data funds are obviously inclined to invest in small – cap stocks, and half of them tend to invest in growth stocks. Half of these funds can outperform their benchmarks of the similar investment style, indicating the application value of big data in China's A – share stock market investment.

Key Words: artificial intelligence; big data; quantitative investment; FF – 3 factor model

一、引言

人工智能的时代已经到来，它影响着社会的方方面面，其中一个很重要的应用领域便是金融投资，证券行业也不例外。通过量化分析、智能投资等方法，人工智能在股票投资中的作用越来越明显。人工智能给全世界带来了新的机遇与挑战，各国政府和企业都认识到了人工智能的重要性，并在这一领域中展开了新的竞争（王哲，2019）。金融机构和研究院纷纷涉足人工智能和金融投资的研究，并将两者结合，从而产生了智能金融的概念（陈永伟，2018）。

大数据是人工智能的基础，在证券投资领域，如何利用大数据，以优化投资策略，是当前众多基金公司和券商关注并尝试解决的重要命题（徐英瑾，2017）。吴俊等（2016）指出，大数据或大数据挖掘服务于优化投资策略的逻辑在于：通过降低投融资双方的信息不对称程度，可以帮助我们更科学、更准确地捕捉投资热点，进而指导我们的投资决策；可极大地提高投资者的投资决策效率，使我们的投资决策更及时且可以做到同时覆盖更多的投资标的；可通过辨别数据的真实性，从而提高投资决策的科学性，例如，可尝试对企业的盈余管理做出辨别；可以带来差异化的投资策略并实现竞争优势和投资价值。无论是从挖掘投资者情绪的角度，还是从深挖实体经济行业变化趋势的角度，又或者是挖掘优异投资者投资智慧的角度，当前包括百度、新浪、阿里、雪球、银联、360、搜房网等不同渠道的各种大数据均为投资者认识市场提供了新的维度，并以更及时、更快捷的信息获取和处理技术为投资者赢得投资价值。

那么在中国 A 股市场的实际投资中，人工智能能否跑赢人类智慧？本文将分析总结人工智能在金融投资中的主要算法和应用模型；通过分析大数据指数及其编制方法来探讨人工智能的基础大数据在中国 A 股市场的应用；并分析在中国 A 股市场参与实际投资的大数据基金的绩效来解答人工智能在投资中能否跑赢人类智慧的问题。

二、文献综述

人工智能在 A 股投资中的应用解决了国内分析师无法解决的一些难题，也提高了投资的有效性。A 股市场充满着各种各样的信息，资产价格的变动取决于对各种信息的反应，传统的金融分析依靠于分析师的判断，但分析师需要对海量信息进行收集、筛选、分析，人工智能炒股可以很大程度上帮助分析师快速解决投资问题，迅速有效地做出投资决策。

人工智能在很大程度上解决了 A 股投资中信息抓取和分析的难题。随着 A 股市场的发展变化和信息化速度提高，我们正在经历一个数据爆棚的年代。公司年报、公告、社会新闻、网络资料无时无刻不在更新，另外，社交媒体如微博、微信和各种论坛里的消息也都对资本市场产生着影响。随着互联网和信息技术的发展，这些非结构化数据在未来还会呈指数级增长。分析师在面对海量数据时可谓捉襟见肘，尤其是在短时间内分析大量数据可谓不可能完成的任务。即使拥有大量时间，分析师对数据的收集和整理也将消耗大量人力和时间成本。人工智能在自然语言方面的技术突破很大程度上解决了人类分析师对信息获取、采掘和分析的难度（李文哲，2019）。人工智能能够用复杂的机器学习、知识图谱等技术手段较为快速和准确地判断和预测市场行情，这在很大程度上减少了 A 股分析员在投资中的误判和迷茫（胡蝶，2018）。

与此同时，人工智能在我国的投资应用也遇到很多问题。杨东（2018）指出，目前我国人工智能技术发展还不完善，因此在投资决策中仍然会出现一些错误。人工智能的基础是大数据，然而人工智能系统在收集、筛选和整理数据的过程中就可能出现疏漏，进而导致数据的偏差。数据的偏差最终会导致结果的偏差，这使预测和判断无效。人工智能在做决断时需要多个步骤的协同，然而衔接好每个步骤并保证完全无误是一项艰巨的任务，现有的技术手段无法完全保证在无人监控的条件下人工智能能够独自连接所有任务。Matteo 等（2016）发现，人工智能在很多发展中国家市场的应用存在同质化的倾向，这阻碍了人工智能算法的作用。如果市场大范围采用人工智能进行投资，此前人工智能的制胜策略这时可能将会失效。人工智能炒股能够跑赢大盘的关键点在于拥有超越一般人类的智能化技术和量化模型，但当所有市场参与者都改用人工智能做股票投资的时候，这种人工智能超越人类的制胜优势也就随即消失了。此外，何诚颖（2018）指出，人工智能的分析要依靠大数据为基础，数据的丰富可能会与公司信息保护和个人隐私等原则相冲突，监管机构如何平衡这两者也是一项难题。虽然我们看到现行的法律和原则鼓励信息披露，但我们也不应忽视一些公司由于信息披露和核心情报泄露所导致的损失。

现有研究为本文的研究奠定了良好基础，但还存在以下不足：一是现有研究没有明确解答人工智能是否能在投资中跑赢人类智慧；二是目前缺少对人工智能的基础大数据，尤其是投资中的大数据及其收集整理方法的深入研究；三是相比于海外市场，目前人工智能在国内市场的应用分析相对缺乏。基于以上不足，本文将从人工智能的应用、大数据基金和实证研究等多个维度弥补先前研究的不足，利用国内市场的最新数据分析解答人工智能及其应用的相关问题。

本文的研究结构如下：第三部分从人工智能概念出发，进而分析汇总人工智能在金融投资中的主要算法和应用模型；第四部分探讨人工智能的基础大数据，着重分析大数据指数及其编制方法；第五部分给出检验大数据基金能否跑赢基准的实证模型与数据；第六部分阐述分析实证结果，解答人工智能在投资中是否能够跑赢人类智慧的问题；第七部分为主要结论。

三、人工智能在金融投资中的应用

（一）人工智能的发展

人工智能可以被定义为能够让计算机系统模拟人类行为的技术手段，并在云计算和区块链等技术的共同协助下完成智能化任务。就最终目的而言，我们希望人工智能能够达到人类智慧甚至超越人类智慧，不过目前人工智能离这一目标还有一定距离。马文·明斯基被认为是人工智能之父，他在 1956 年将人工智能这一理念推向世人，他同时也是虚拟现实的最早倡导者。

人工智能的早期意义是让机器模仿人的行为，其目的在于能够创造出与人类相似的机器。而近期新的思潮则认为，人类思维仅仅是一种解决问题的思路，人类智能并不一定要模仿人类的思维，而应联合不同的思维和模式来解决问题。机器学习是人工智能的核心，机器使用不同的算法来分析解码数据，从中找出规律为事后的预测和决定提供服务。根据学习的特点，机器学习可以大致分为三种：有监督学习、无监督学习以及深度学习。有监督学习是通过对有标签的数据样本进行分析研究，对数据的输出和输入进行观察，从而找出其中的逻辑关系。无监督学习的数据样本是没有标记的，机器学习需要对大量的输出和输入的数据进行观测，在庞杂的数据结构中找出隐藏的内在逻辑关系。此外，更高层次的机器学习方法是深度学习，深度学习是通过多层神经网络进行学习，从而组合各层特征分析得出抽象的特征属性或内在逻辑。

中国政府和企业也高度重视人工智能技术的发展。2016 年，中国人工智能产业的投资总额仅占全球投资总额的约 10%，而到了 2017 年，这一比例就大幅提升至 50%。从国家的顶层设计看，人工智能技术的发展从 2016 年起便得到了高度重视，国务院和相关部委都发文明确要求重视发展人工智能技术，为人工智能发展做了结构化的长远布局，并为相关行业提供有力的资金支持和法律保障。

（二）人工智能在投资中的应用

人工智能在股票投资中的核心是智能量化投资：量化投资的概念虽然在很早之前就已出现，但近些年的技术发展才使量化投资真正实现智能化。量化投资依托于海量数据而生。海量数据的来源广泛，包括但不限于资本市场变化情况、上市公司调研报告、公司财务数据、金融市场政策文件、新闻资讯等。支持量化投资的主要技术有机器学习、自然语言处理和知识图谱。量化投资的主要途径有两种：一种是对财务信息、交易数据进行分类汇总进而建立分析模型，利用传统的机器学习回归算法分析建立交易策略；另一种是建立专家系统，模拟专家的投资决策行为，通过深度学习建立相应的投资决策方法（见表1）。量化投资的基本流程分为四个部分，分别是策略识别、策略回测、执行系统和风险控制，其交易策略主要有量化选股、量化择时、期货套利、算法交易、期权套利等。此外，量化投资还采用事件驱动、行业轮动、多空策略和市场中性等手段。可见，量化投资具有纪律性、系统性、套利性、概率性等特征。

表 1　应用于股票投资的主要机器学习算法

任务场景	任务剖析	机器学习算法	应用方法
商品期货价格预测	通过对历史数据的学习，找到能够对价格走势产生影响的变量。传统的 OLS 算法往往因为数据高度相关而产生一定的误差	Lasso 回归	Lasso 回归通过加入惩罚因子来增加模型复杂程度，减少了病态数据的干扰。从宏观层面筛选出可能对商品期货产生影响的因素，首先可通过相关性分析找到各解释变量的滞后窗口，再对期货价格和变量指标进行模拟训练和预测
预测财务造假概率	解决这个问题首先要找出历史数据中每个影响财务造假的因素以及与是否财务造假的相关度，然后通过决策树算法预测未来的造假概率	决策树	首先应找出公司参与年报造假的动机，并初步筛选出特征指标，剔除一些相关度大并且相关变量较多的指标。通过不同程度的决策树算法学习历史数据的影响因素并得到相关度，最终得到预测财务造假数据的模型

续表

任务场景	任务剖析	机器学习算法	应用方法
多因子选股	由于不断有新的因子被挖掘，多因子选股的计算量也越来越大。现在的量化选股讲求效率，因此亟须提高运算速度	集成学习	从实践出发，机器学习是在现有因子的数据集上建立模型，通过对股票收益率进行拟合运算，分析得出评估模型。单个学习器的预测能力有限，集成学习可构建多个学习模块来完成学习任务
趋势动量模式聚类选股模型	主要采用聚类的方法，找出短期内表现较为强劲的股票以及动量特征来构建投资组合，目标是使组合能在较短周期内取得较好的收益	聚类算法	在 t 时刻，计算股票在 t – 20 时刻的动量和趋势指标，并进行 K – means 聚类得到 M 个股票组，进而得出 20 天内收益最高的股票组的指标向量。以此为中心可计算其他所有股票的指标向量，从中选择出前 20 的股票并在持有 20 天后卖出，此策略以此为基础逐日滚动
优化投资组合权重	量化投资环境变化无常，面临高风险和高不确定性等因素，这将要求在不同阶段频繁调整不同股票的投资比例	Q – learning	Q – learning 算法会不断试错，并在试错中优化调整。系统的基本原理在于调整股票投资比例，某个股票在 t 时刻表现好于预期，则算法会增加该股票的投资比例；反之，系统会减少该股票的投资比例
指数择时	择时是指利用量化投资方法在合适的时点做出买入或卖出交易。量化投资会选取环境特征和技术指标来选择正确时点做出投资决策	隐马尔科夫模型	策略假设系统执行多头策略。系统将先前时期对应的多头策略收益由高到低排列成三组，分别代表上涨、横盘震荡以及下跌，并以 1、0、– 1 代替。系统会计算样本内的相应指标如胜率、夏普比例等，以此不断重复筛选出胜率和夏普比例最高的投资时机

续表

任务场景	任务剖析	机器学习算法	应用方法
股票走势状态分类	利用因子特征分析来判断股票走势的强弱程度。在整个样本中，如果要确定整体走势的强弱，就需要首先确认个股的走势情况	KNN 算法	KNN 算法主要是通过检验归纳某个样本在特征空间内的 K 个相似相量。如果其中绝大多数相量有相似特征，算法就会把这个样本归为特定的类别。K 取值的不同会让分类样本不同。K 取值越小，分类样本边界越弯曲；反之亦然。如果过度弯曲，算法会造成过度拟合；反之则会造成欠拟合。为弥补这个不足，系统会通过交互验证的方法来寻找最优的 K 相量
价差预测	套利交易的关键是价差预测，对于价差走势的判断是套利成功的关键。其实质是预测未来价差的情形，以此来决定当前价差套利的执行决断	贝叶斯统计	利用贝叶斯统计方法对未来价差做出统计判断。预测价差可与当前价差做对比，如果当前价差明显低于预测价差，系统将做多价差。如果不是，系统将做空价差，直至价差达到预期值后平仓了结

资料来源：Stephen 和 Peter（2019）。

四、人工智能在中国 A 股市场的应用：大数据指数

（一）大数据在证券投资中的应用逻辑

人工智能的基础是大数据。大数据具备三个显著特征，即大容量（Volume）、高速率（Velocity）、多样性（Variety）。大容量使我们的数据从小样本过渡到大样本，高速率使我们的数据处理从低效率过渡到高效率，而包括结构化数据和非结构化数据的数据多样性使我们的思考视角从低维度过渡到高维度。正因如此，大数据技术的快速发展也为证券投资领域提供了新的商机。在投资研究中，大数据带来了覆盖面广、刻画准确、分析高效三个明显优势，令原有研究框架得到深化。

（二）大数据在证券投资中的应用现状

当前，大数据在我国证券投资领域的应用主要体现在三个方面：一是诸多大数据指数和大数据基金相继成功推出；二是诸多券商开始依托大数据优化自身投研体系；三是基于大数据选股的智能 APP 应用。

1. 现有的大数据指数

目前，国内的大数据指数一般指的是基于社交媒体和互联网搜索引擎等大数据来源而编制的策略指数（见表 2）。由于大数据来源渠道的限制，这类指数往往需要基金公司与互联网公司进行合作。大数据的基本来源包括以下渠道：电商、门户网站、搜索网站、社交平台等。当前，广发基金、南方基金、博时基金、大成基金、天弘基金等基金公司已联合不同的互联网企业发布了较多的大数据指数。根据合作方的不同，主要的大数据来源包括百度、新浪、阿里、雪球、银联、360、搜房网等不同渠道。

表 2　现有的大数据指数

基金公司	互联网合作方	大数据指数	代码	大数据因子
广发基金	百度	百发 100	h30373. CSI	关注百度搜索总量和增量
南方基金	新浪财经	i100	399415. SZ	关注新浪财经的股票页面访问热度和新闻报道正负面影响、股票在微博上的正负面文章影响
		i300	399416. SZ	
博时基金	蚂蚁金服	淘金 100	h30537. CSI	关注线上电商大数据
	银联	银智 100	930729. CSI	关注线下消费
	奇虎 360	"360 互联 +"	930734. CSI	关注 360 搜索量环比

注：银智 100 指数包括中证银联智惠大数据 100 指数、中证银联智策大数据 100 指数和中证银联智策消费大数据指数。"360 互联 +" 指数包括中国制造 2025 主题指数、中证 "互联网 + 主题指数"、中证 "360 互联网 + 大数据 100 指数"。

不同渠道获得的数据其特征各不相同，所编制的大数据指数其背后逻辑也有所差异。根据不同的大数据来源，现有大数据应用于编制投资策略指数的逻辑主要有：

第一，百度、新浪、360 等搜索引擎或新闻媒体数据可以及时反映投资者对概念板块或个股的关注热度（或投资者情绪），进而可以通过预测投资者的投资行为来判断市场走势，捕捉市场热点。

第二，阿里等电商平台或搜房网等行业门户的线上数据可以及时反映实体经济的行业景气程度和公司运行状况，进而可以通过预测行业或公司经营环境变化来提早布局行业板块投资。

第三，银联等线上、线下支付平台数据可以及时反映消费热点，进而可以通过预测社会需求走向来捕捉增长个股。

第四，雪球等金融社交平台数据不仅可以反映一般投资者的关注度，还可以反映投资成绩优异的投资者其投资策略，进而可以通过跟随优异投资者的投资策略，利用他们的投资智慧来实现超额投资收益。

总的来说，不论是从投资者情绪的角度，还是从深挖实体经济行业变化趋势的角度，又或者是挖掘优异投资者投资智慧的角度，各种大数据均为投资者认识市场提供了新的维度，并以更及时、更快捷的信息获取和处理技术为投资者赢得投资价值。

2. 现有的大数据指数编制原理

现有的大数据指数在编制上都利用了互联网的数据挖掘技术而选股或形成量化因子，兼顾互联网、大数据和量化分析的三种属性，对传统指数编制方法进行了新的探索和革新。例如，南方—新浪大数据系列指数（包含 I100 指数和 I300 指数）在选股中综合财务、市场驱动、大数据三大因子，精选出 A 股市场综合排名靠前的 100 只和 300 只股票组成指数样本股。如图 1 所示。

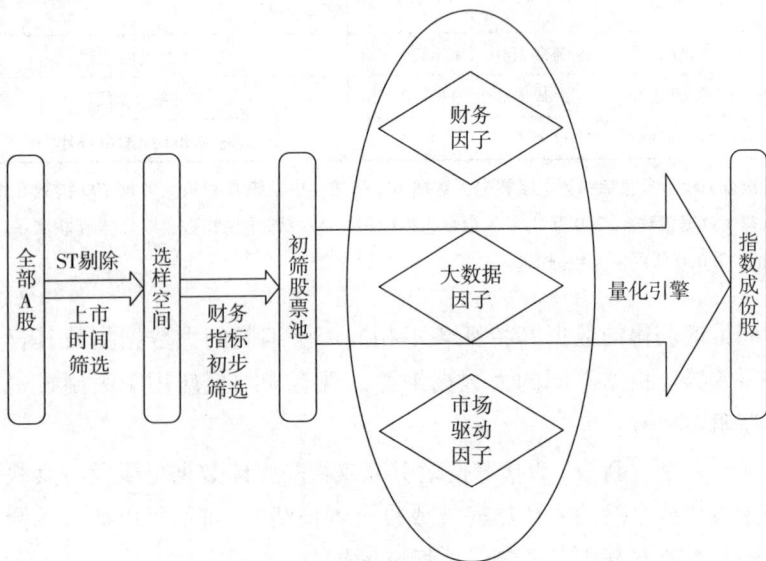

图 1　南方—新浪大数据系列指数（包含 I100 指数和 I300 指数）编制框架

　　总的来说，当前用于投资策略的大数据因子主要关注以下几个方面：一是个股搜索热度或新闻热度，例如，百度、新浪财经、360 搜索引擎等；二是电商线上交易数据或支付端线下数据，例如阿里的淘金数据和银联的支付数据；三是社交平台的评论数据，例如新浪微博数据和雪球的股评推荐；四是行业大数据，例如搜房网提供的房地产行业相关数据。

　　具体来看，百发 100 基于最直接的全网搜索与全门类的服务入口选取热点股票，百度在大数据搜索引擎和百度大脑等人工智能领域的发展与百度长期以来形成的数据挖掘和处理优势相结合，产生满足基金公司产品策略和投资需求的数据服务；南方大数据（i100 和 i300）则基于新浪财经频道下股票页面点击量包括新闻报道的正负面影响，并通过微博等因素去挖掘投资者情绪、衡量投资者对单只股票评价，同时考量股票基本面与市场交易情况，精选出具有超额收益预期的股票；博时淘金大数据基于淘宝、天猫等自有平台上的电商数据与订单交易数据，结合平台上的细分行业成交与电商交易趋势进行大数据分析；博时银智 100 大数据基于银联消费类消费金额、交易次数等趋势特征考察各消费行业的景气程度；博时 CS 房天下大数据基于搜房网提供的房地产行业包括销售情况、土地储备情况、去化情况等的大数据资源，精选房地产行业的个股；大成"360 互联＋"大数据基于 360 搜索引擎反映的短期和长期搜索热度对"互联网＋"企业进行精选。

　　值得注意的是，雪球网作为"金融＋社交"模式的投资社交平台，其大数据资源备受青睐。分别与博时基金、大成基金和天弘基金均有合作。不同的是：与博时基金合作推出的雪球智选侧重于雪球用户的自选股覆盖情况；与大成基金合作推出的雪球精选则侧重于拥有众多粉丝的"雪球大V"的投资理念和个股评论所反映的行业或个股热度；与天弘基金合作推出的雪球领先 100 则先筛选出得到用户认可的大 V，然后对其研究能力和投资能力进行量化，再对其股票综合评分，选取高分组合。

五、实证模型与数据

（一）实证模型

本文采用 CAPM 和 Fama 和 French（1993）的三因子模型（FF3 模型）

来检验大数据基金能否战胜对应的基准指数，其中 CAPM 为：

$$R_{pt} - r_{ft} = \alpha + \beta_1 \left(R_{mt} - r_{ft} \right) + \varepsilon_t \tag{1}$$

其中，R_{pt}、r_{ft} 和 R_{mt} 分别为第 t 日基金、无风险资产和市场指数的收益率。FF3 模型则是在 CAPM 的基础上增加规模因子和价值因子收益率：

$$R_{pt} - r_{ft} = \alpha + \beta_1 \left(R_{mt} - r_{ft} \right) + \beta_2 R_{SMB,t} + \beta_3 R_{HML,t} + \varepsilon_t \tag{2}$$

其中，$R_{SMB,t}$ 和 $R_{HML,t}$ 则分别是第 t 日规模因子和价值因子的收益率。参数 β_1、β_2 和 β_3 为基金在市场因子、规模因子和价值因子上的风险暴露。如果基金在市场因子上的风险暴露显著大于 1，则表示其有高于市场基准的风险；反之其市场风险低于基准水平。如果基金在规模因子上的风险暴露显著为正，那么基金倾向于投资小盘股；反之若基金在规模因子上的风险暴露显著为负，则基金偏好投资大盘股。同样，如果基金在价值因子上的风险暴露显著为正，那么基金偏好投资价值股；反之若基金在价值因子上的风险暴露显著为负，则基金倾向于投资成长股。若式（1）中参数 α 显著大于 0，则表示基金能获取超市场基准的额外收益，否则基金无法获取超额收益；若式（2）中参数 α 显著大于 0，则表示基金在考虑规模和价值风格风险溢价后，还能明显获取超额收益，否则基金则无法获取除规模和价值风格风险溢价之外的超额收益。本文采用 OLS 方法对式（1）和式（2）进行估计，并用 Newey – West 方法对参数估计值的标准误进行修正。

（二）大数据基金样本筛选

本文从 Wind 开放式基金分类中，筛选基金全称包含"大数据"的基金，剔除重复的基金（比如博时淘金大数据 100A 和博时淘金大数据 100C），剔除到期日在 2019 年前的基金，同时要求基金当期复权单位净值涨跌幅数据自赎回日之后不存在缺失，再加上广发中证百发 100A 这只大数据基金，总共 16 个样本，分别是广发中证百发 100A、南方大数据 100A、博时淘金大数据 100A、南方大数据 300A、大成互联网＋大数据 A、博时银智大数据 100A、嘉实腾讯自选股大数据、招商财经大数据策略、天弘云端生活优选、东方红京东大数据、广发百发大数据 A、广发百发大数据策略成长 A、泰达宏利同顺大数据 A、浙商大数据智选消费、广发百发大数据策略价值 A、广发东财大数据精选。

（三）数据来源

本文所用到的数据主要是上述大数据基金的当期复权单位净值增长率

与基准指数涨跌幅和无风险利率的数据，均来源于 Wind。

无风险利率的数据，我们采用一年期银行定期存款利率作为近似替代，并按照 365 天折算成日收益率。比如年利率 2%，如果第 t－1 期与第 t 期只相差 N 个日历日，那么第 t 期的日利率为 2%/365 × N。具体而言，如果上周五有交易，那么这周一的日利率为 2%/365 × 3，而周二至周五每天的日利率为 2%/365。

（四）　基准指数的选择与因子收益率的构建

本文采用标普中国指数系列来构建市场因子、规模因子和价值因子收益率序列（见表 3）。其中，市场因子收益率用标普中国 A 股 300 总收益指数收益率，该指数用于描述市场的总体趋势，样本股是中国 A 股上市公司中市值最大、最具流动性且财务稳健的 300 家公司，市值份额约 60%。

表 3　市场、规模与价值因子的构建

风格	构造方法
市场因子	标普中国 A 股 300 指数
规模因子	小盘指数 － 300 指数
价值因子	（小盘纯价值 ＋ 300 纯价值）/2 － （小盘纯成长 ＋ 300 纯成长）/2

规模因子收益率采用标普中国 A 股小盘总收益指数收益率减去标普中国 A 股 100 总收益指数收益率来衡量。其中，标普中国 A 股小盘指数反映的是 A 股市场小盘股（按市值大小衡量）的市场表现，该指数代表相对较小的市值份额，约 10%。

价值因子收益率用标普中国 A 股 300 和小盘的纯价值指数收益率的平均值减去相应纯成长指数收益率的平均值。纯价值指数和纯成长指数的构建是在账市比的基础上添加了更多维度来综合度量股票的风格表现。度量股票价值的指标包括每股盈利/价格、每股营运现金流/价格、每股营业收入/价格、股息收益率和账市比；度量股票成长的指标包括近 3 年 EPS 增长率、近 3 年 BPS 增长率、净资产收益率和长期债务/股东权益。价值与成长风格指数系列将每一只主指数按样本个数平分为成长和价值指数，覆盖了主指数中的所有股票，使用传统且节约成本的市值权重法；将主指数分为三个成份股数目均等的子集，其中每只成份股或属于纯成长，或属于纯价值，或不属于任何纯子集，将属于后者具有混合风格特征的股票的市值在成长和价值指数之间进行分配。

（五）因子收益率的统计性描述

考虑到大数据基金在 2014 年底才开始发行，一半基金经历了 2015 年的大幅波动，而另一半基金没有。为了让基金的评价结果具有稳健性和截面可比性，我们的样本剔除了中国 A 股熔断及其之前的样本，从 2016 年 3 月初开始至 2019 年 9 月 24 日。

表 4 给出了各个因子收益率的年化日均收益率，t 统计量用来检验因子收益率在样本区间是否存在显著的风格溢价。表 4 中显示，市场因子在样本区间内有 13.2% 的年化收益率，但不显著。规模因子的年化日均收益率为 −12.0，有较为显著的风格负溢价。价值因子的年化日均收益率为 7.45%，有显著的风格溢价。

表 4　因子收益率的统计量

	市场因子	规模因子	价值因子
年化日均收益率	13.2	−12	7.45
t 统计量	1.47	−1.88	1.97

表 5 给出了因子收益率的相关系数，上三角是 Pearson 相关系数，下三角是 Spearman 相关系数。表中显示，市场因子与规模因子的相关度是非常低的，但价值因子与市场因子和规模因子都存在一定程度的负相关。

表 5　因子收益率的相关系数

	市场因子	规模因子	价值因子
市场因子		0.0198	−0.274
规模因子	−0.0424		−0.314
价值因子	−0.226	−0.29	

需要注意的是，规模因子在样本区间内具有显著的负溢价，这主要是由于我们样本数据区间只有最近 3 年的数据所致。长期来看，中国 A 股的规模因子也是具有显著的风险溢价的。在短期规模因子负溢价的情况下就

会存在这样一个问题，若基金具有显著的规模因子暴露，那么在 CAPM 下基金的超额收益要小于 FF3 模型下的超额收益。这与在长期规模因子正溢价的情况下正好相反，这时 CAPM 下基金的超额收益要大于 FF3 模型下的超额收益，因此，在检验基金是否有超额收益时，不仅需要检验其在 CAPM 下的超额收益是否显著，更需要检验其 FF3 模型下的超额收益是否显著，因为 CAPM 下的超额收益可能是来自于规模因子的风险溢价。而本文则可能会出现基金在 CAPM 下的超额收益不显著而在 FF3 模型下的超额收益显著的情况，若出现这种情况，我们以 FF3 模型下的结论为准，认为基金在相较于更符合自己投资风格的市场基准相比时仍能获取超额收益。

六、实证结果与分析

（一）简单超额收益率分析

本文的样本除了剔除了市场熔断及其之前的时间阶段外，对于每只基金来说，还要选取其自赎回日之后或者基金净值有明显波动之后的样本。比如"大成互联网＋大数据 A 基金"，它的赎回日是 2016 年 2 月 19 日，从赎回日至 2016 年 3 月 22 日，它的净值的日涨跌幅都是 0.0% 或 0.1%，表明该基金在这段时间内没有配置股票，可能只配置了债券，因此，对于大成互联网＋大数据 A 基金来说，其样本空间为 2016 年 3 月 22 日之后的时间区间。

我们考虑的大数据基金如表 6 所示，表 6 进一步给出了大数据基金的简单超额收益（基金复权净值涨跌幅与基准指数收益率之差），我们统计的是各个基金的年化日均超额收益，并给出了 t 统计量来检验基金收益率在样本区间是否显著高于市场基准指数收益率。我们发现，没有任何大数据基金能明显跑赢市场基准指数，有部分大数据基金甚至明显跑输市场基准指数，比如南方大数据 100A 和招商财经大数据策略基金，年化日均超额收益为 −13.1% 和 −15.2%，对应的 t 统计量的值为 −2.07 和 −2.25，都达到 5% 的显著性水平。其他大数据基金的收益率则与市场基准指数收益率的差异不明显，虽然有些基金跑输基准指数有年化 10% 以上，但 t 统计量仍没有达到 10% 的显著性水平。

表6　大数据基金的简单超额收益

基金简称	类型	发行日	赎回日	起始日	超额收益	t统计量
广发中证百发100A	被动	20141030	20141124	20160301	0.0842	0.0128
南方大数据100A	被动	20150424	20150528	20160301	−13.1	−2.07
博时淘金大数据100A	被动	20150504	20150605	20160301	−0.523	−0.0991
南方大数据300A	被动	20150624	20150915	20160301	−2.6	−1
大成互联网＋大数据A	被动	20160203	20160219	20160323	−6.17	−0.594
博时银智大数据100A	被动	20160520	20160523	20160524	−0.965	−0.261
嘉实腾讯自选股大数据	普通	20151207	20160204	20160301	−5.68	−0.93
招商财经大数据策略	普通	20161102	20161118	20161121	−15.2	−2.25
天弘云端生活优选	灵活	20150317	20150518	20160301	−3.5	−0.508
东方红京东大数据	灵活	20150731	20151023	20160301	−0.231	−0.0533
广发百发大数据A	灵活	20150914	20151116	20160301	−8.33	−1.46
广发百发大数据策略成长A	灵活	20151118	20160108	20160301	−6.75	−1.07
泰达宏利同顺大数据A	灵活	20160223	20160422	20160504	−2.76	−0.524
浙商大数据智选消费	灵活	20170111	20170213	20170214	3.44	0.634
广发百发大数据策略价值A	灵活	20170616	20170710	20170825	−11.8	−1.59

（二）CAPM

表7是CAPM的估计结果，从超额收益α的t统计量来看，结果与表6类似，没有任何大数据基金有明显的超额收益，南方大数据100A和招商财经大数据策略基金明显跑输市场基准指数。超额收益α的估计值大多数为负，与表6中的结果相差不大。

表7　大数据基金的CAPM估计

		A		β_1		adj. R^2
	类型	估计值	t统计量	估计值	t统计量	
广发中证百发100A	被动	−1.07	−0.16	1.10	3.60	70.97
南方大数据100A	被动	−12.79	−2.03	0.98	−0.73	66.76
博时淘金大数据100A	被动	−1.04	−0.20	1.04	1.79	75.35
南方大数据300A	被动	−1.85	−0.75	0.94	−5.03	92.81

	类型	A		β_1		adj. R^2
		估计值	t 统计量	估计值	t 统计量	
"大成互联网 + 大数据 A"	被动	− 5. 77	− 0. 55	0. 95	− 1. 07	48. 20
博时银智大数据 100A	被动	− 1. 05	− 0. 28	1. 01	0. 54	87. 88
嘉实腾讯自选股大数据	普通	− 4. 76	− 0. 78	0. 92	− 2. 76	68. 38
招商财经大数据策略	普通	− 15. 01	− 2. 22	0. 97	− 1. 62	74. 75
天弘云端生活优选	灵活	− 1. 77	− 0. 27	0. 85	− 4. 29	56. 56
东方红京东大数据	灵活	1. 65	0. 40	0. 84	− 8. 42	80. 12
广发百发大数据 A	灵活	− 7. 46	− 1. 33	0. 93	− 2. 59	71. 37
广发百发大数据策略成长 A	灵活	− 4. 04	− 0. 70	0. 77	− 7. 32	60. 46
泰达宏利同顺大数据 A	灵活	− 2. 36	− 0. 45	0. 96	− 2. 03	77. 40
浙商大数据智选消费	灵活	4. 86	1. 01	0. 83	− 7. 12	81. 36
广发百发大数据策略价值 A	灵活	− 11. 44	− 1. 57	0. 92	− 1. 94	77. 80
广发东财大数据精选	灵活	1. 35	0. 14	0. 83	− 3. 63	70. 67

从市场因子风险 β_1 的 t 统计量（检验 $\beta_1 = 1$）来看，只有广发中证百发 100A 和博时淘金大数据 100A 基金的 β_1 显著大于 1，60% 以上的基金的 β_1 显著小于 1。这与基金的类型有关，灵活型的平均仓位一般在 75% 左右，普通型的是 85%，只有被动指数基金的仓位在 95%，因此我们可以看到，β_1 显著大于 1 的都是被动指数型基金，而灵活型和普通型的基金的 β_1 则基本上都显著小于 1。

从调整的拟合优度来看，所有大数据基金的 adj. R^2 的平均值为 72. 55%，其中南方大数据 300A 拟合得最好，有高达 92. 81% 的 adj. R^2，"大成互联网 + 大数据 A" 的拟合度最低，其 adj. R^2 只有 48. 2%。可见 CAPM 对大数据基金的收益率已有很强的解释能力。

（三）FF3 模型

表 8 是 FF 模型的规模和价值因子风险的估计结果。规模因子风险 β_2 的估计值几乎都显著大于 0，表明大多数大数据基金都明显倾向于投资小盘股。

考虑到规模因子收益率是利用标普中国 A 股小盘指数收益率减去标普

中国 A 股 300 指数收益率构建的，因此，他们倾向于投资的小盘股并非那些全市场市值规模最小的股票，需要根据他们的规模因子风险估计值 β_2 来判断其投资股票规模的平均大小：若 $\beta_2 > 1$，则他们投资股票的平均规模小于标普中国 A 股小盘指数成份股；若 $\beta_2 = 1$，则他们偏好投资于规模大小与标普中国 A 股小盘指数成份股相似的股票；而那些 $\beta_2 < 1$ 的基金，则倾向于投资的股票规模会比标普中国 A 股小盘指数成份股大的股票。

表 8　大数据基金的 FF 模型估计

		β_2		β_3		adj. R^2	ΔR^2
	类型	估计值	t 统计量	估计值	t 统计量		
广发中证百发 100A	被动	0.707	12.9	− 0.274	− 4.71	86.9	15.93
南方大数据 100A	被动	0.917	31	0.098	1.69	93.4	26.64
博时淘金大数据 100A	被动	0.774	24.5	0.0733	1.68	94.2	18.85
南方大数据 300A	被动	0.222	9.61	0.141	4.75	95	2.19
"大成互联网 + 大数据 A"	被动	1.27	34.8	− 0.228	− 3.55	88.9	40.7
博时银智大数据 100A	被动	0.332	9.82	− 0.0125	− 0.269	92.1	4.22
嘉实腾讯自选股大数据	普通	0.801	17.5	0.0373	1.01	92.2	23.82
招商财经大数据策略	普通	0.496	6.06	− 0.0261	− 0.331	83.5	8.75
天弘云端生活优选	灵活	0.474	11.1	− 0.354	− 4.33	67.9	11.34
东方红京东大数据	灵活	0.333	15.3	− 0.157	− 3.81	87.3	7.18
广发百发大数据 A	灵活	0.221	3.96	− 0.251	− 3.43	74.5	3.13
广发百发大数据策略成长 A	灵活	0.48	11.9	− 0.372	− 6.09	75.9	15.44
泰达宏利同顺大数据 A	灵活	0.608	15	− 0.0959	− 2.4	92.1	14.7
浙商大数据智选消费	灵活	0.165	4.94	− 0.297	− 7.15	84.6	3.24
广发百发大数据策略价值 A	灵活	− 0.0149	− 0.325	− 0.107	− 1.14	77.8	0
广发东财大数据精选	灵活	0.217	2.69	− 0.153	− 1.43	72.6	1.93

　　表 8 中除"大成互联网 + 大数据 A"外，其他大数据基金的规模因子风险估计值 β_2 都小于 1，表明大数据基金投资股票的平均规模至少不会小于标普中国 A 股小盘指数成份股。而标普中国 A 股小盘指数的成份股的平均规模仍远大于在整个市场中市值排名靠后的那些小规模股票。

　　表 8 中价值因子风险 β_3 的估计值一半都显著小于 0，表明大数据基金更倾向于投资成长股。只有南方大数据 100A、博时淘金大数据 100A 和南方

大数据300A表现出明显地对价值股的偏好，特别是南方大数据300A。

从拟合优度看，FF3 模型的 adj. R^2 比 CAPM 平均高出 12.4%，表明 FF3 模型对大数据基金的收益率明显强于 CAPM。对"大成互联网 + 大数据 A"基金的 adj. R^2 提升得最多，高达 40.7%，从原来 48.2% 的 adj. R^2 提高到 88.9% 的 adj. R^2；而对广发百发大数据策略价值 A 等 6 个大数据基金 adj. R^2 的提升不足 5%。可见 FF3 模型好于 CAPM 主要是因为其大幅提升部分基金的 adj. R^2。在 FF3 模型下，拟合最好的仍然是南方大数据 300A，adj. R^2 高达 95%；最差的已经不再是在 CAPM 下 adj. R^2 为 48.2% 的"大成互联网 + 大数据 A"，而是天弘云端生活优选，adj. R^2 也高达 67.9%。

表9 是 F3F 模型下各基金的 β_1，并与 CAPM 下的 β_1 进行比较，我们发现 FF3 $-\beta_1$ 比 CAPM $-\beta_1$ 要小，但差别不大（见表9 的 $\Delta\beta_1$ 列）。FF $-\beta_1$ 显著异于1的基金有所增加，比如南方大数据 100A 和"大成互联网 + 大数据 A"基金，它们的 CAPM $-\beta_1$ 并没有显著异于1。

表 9　大数据基金的 FF 模型估计的 β_1

	类型	FF $-\beta_1$		CAPM $-\beta_1$		$\Delta\beta_1$
		估计值	t 统计量	估计值	t 统计量	
广发中证百发 100A	被动	1.06	2.74	1.1	3.6	− 0.04
南方大数据 100A	被动	0.975	− 2.04	0.98	− 0.73	− 0.005
博时淘金大数据 100A	被动	1.04	2.54	1.04	1.79	0
南方大数据 300A	被动	0.947	− 5.74	0.94	− 5.03	0.007
"大成互联网 + 大数据 A"	被动	0.926	− 3.35	0.95	− 1.07	− 0.024
博时银智大数据 100A	被动	1.01	0.825	1.01	0.54	0
嘉实腾讯自选股大数据	普通	0.914	− 4.77	0.92	− 2.76	− 0.006
招商财经大数据策略	普通	0.987	− 0.614	0.97	− 1.62	0.017
天弘云端生活优选	灵活	0.811	− 6.52	0.85	− 4.29	− 0.039
东方红京东大数据	灵活	0.819	− 12	0.84	− 8.42	− 0.021
广发百发大数据 A	灵活	0.898	− 3.52	0.93	− 2.59	− 0.032
广发百发大数据策略成长 A	灵活	0.726	− 8.9	0.77	− 7.32	− 0.044
泰达宏利同顺大数据 A	灵活	0.953	− 3.53	0.96	− 2.03	− 0.007
浙商大数据智选消费	灵活	0.802	− 9.16	0.83	− 7.12	− 0.028
广发百发大数据策略价值 A	灵活	0.907	− 2.19	0.92	− 1.94	− 0.013
广发东财大数据精选	灵活	0.821	− 3.76	0.83	− 3.63	− 0.009

表 10 是 FF3 模型下各基金的 α 收益，并与 CAPM 下的 α 收益进行比较，我们发现在 FF3 模型下，有约半数基金的 α 收益有显著大于 0；而在 CAPM 下，各基金的 α 收益都没有显著大于 0 的。这主要是因为 FF3 模型考虑了规模和价值因子收益率，大多数基金都倾向于投资小盘股和成长股，而在样本期间内小盘股的收益显著低于大盘股，价值股的收益率又显著高于成长股，因此，在 FF3 模型下比较基准的收益率会出现明显降低，从而使得在 CAPM 下跑不赢基准的基金在 FF 模型下能跑赢市场基准。特别是对于那些在规模因子风险 β_3 估计值非常大的基金来说，由于规模因子年化收益率低至 -12%，FF3 模型下的超额收益相对于 CAPM 下的超额收益会要高出不少，比如"大成互联网 + 大数据 A"，$\Delta\alpha$ 高达 18%。

表 10　大数据基金的 FF 模型估计的 α

	类型	FF − α		CAPM − α		Δα
		估计值	t 统计量	估计值	t 统计量	
广发中证百发 100A	被动	9.89	1.99	− 1.07	− 0.16	10.96
南方大数据 100A	被动	− 2.47	− 0.735	− 12.79	− 2.03	10.32
博时淘金大数据 100A	被动	7.75	2.77	− 1.04	− 0.2	8.79
南方大数据 300A	被动	− 0.36	− 0.174	− 1.85	− 0.75	1.49
"大成互联网 + 大数据 A"	被动	12.5	2.69	− 5.77	− 0.55	18.27
博时银智大数据 100A	被动	3.49	1.17	− 1.05	− 0.28	4.54
嘉实腾讯自选股大数据	普通	4.68	1.64	− 4.76	− 0.78	9.44
招商财经大数据策略	普通	− 7.25	− 1.39	− 15.01	− 2.22	7.76
天弘云端生活优选	灵活	7.05	1.24	− 1.77	− 0.27	8.82
东方红京东大数据	灵活	7.07	2.28	1.65	0.4	5.42
广发百发大数据 A	灵活	− 2.6	− 0.476	− 7.46	− 1.33	4.86
广发百发大数据策略成长 A	灵活	5	1.11	− 4.04	− 0.7	9.04
泰达宏利同顺大数据 A	灵活	6.83	2.06	− 2.36	− 0.45	9.19
浙商大数据智选消费	灵活	9.21	2.18	4.86	1.01	4.35
广发百发大数据策略价值 A	灵活	− 11	− 1.53	− 11.44	− 1.57	0.44
广发东财大数据精选	灵活	3.29	0.348	1.35	0.14	1.94

七、主要结论

本文总结了人工智能在金融投资中的主要算法和应用模型，探讨了人工智能的基础大数据在中国 A 股市场的应用，并通过对大数据基金的绩效分析解答了人工智能在投资中是否能够跑赢人类智慧的问题。主要结论如下：

第一，人工智能在股票投资中的核心是智能量化投资，具有纪律性、系统性、套利性、概率性等特征。量化投资依托于海量数据而生，海量数据的来源广泛，包括但不限于资本市场变化情况、上市公司调研报告、公司财务数据、金融市场政策文件、新闻资讯等。主要技术有机器学习、自然语言处理和知识图谱。其实现途径，可以是对财务信息、交易数据进行分类汇总进而建立分析模型，利用传统的机器学习回归算法分析建立交易策略；也可以是建立专家系统，模拟专家的投资决策行为，通过深度学习建立相应的投资决策方法。

第二，人工智能的基础大数据具有覆盖面广、刻画准确、分析高效等明显优势，在中国 A 股市场投资决策中主要是大数据指数基金，它主要是利用百度、新浪财经、淘宝、360、银联、腾讯、天弘基金、京东、东方财富等不同渠道的各种大数据，为基金管理者认识市场提供新的维度，利用更及时、更快捷的信息获取和处理技术获取投资价值，包括挖掘投资者情绪、深挖实体经济行业变化趋势或者挖掘投资者投资智慧等。

第三，大多数大数据基金都明显倾向于投资小盘股，有一半的大数据基金倾向于投资成长股，对价值股表现出明显偏好的不足 1/5。在小盘股显著跑输大盘股，成长股显著跑输价值股的样本期间内，这些大数据基金在以大盘股为基准的 CAPM 下都没有明显的超额收益，甚至有 2/16 的基金明显跑输市场基准，而在以小盘股为基准的 FF3 模型下则有约半数基金拥有显著的超额收益，表明大数据基金能够跑赢与自己投资风格相符的市场基准。

参考文献

[1] Fama, E. F. , & French, K. R. Common Risk Factors in the Returns on Stocks and

Bonds ［J］. Journal of Financial Economics，1993，33（1）3 – 56.

［2］Matteo，B. et al.，Artificial Intelligence in the Real World ［R］. London：The Economist，2016.

［3］Stephen A.，Peter A. B. A Survey of Feature Selection Methods for Gaussian Mixture Models and Hidden Markov Models ［J］. Artificial Intelligence Review，2019，52（3）：1739 – 1779.

［4］陈永伟. 人工智能与经济学：近期文献的一个综述 ［J］. 东北财经大学学报，2018（3）.

［5］何诚颖. 智能金融变革 ［M］. 北京：中国财经出版社，2018.

［6］胡蝶. 人工智能在金融领域的应用研究 ［J］. 金融纵横，2018.

［7］李文哲. 人工智能正在改变证券行业 ［J］. 中国战略新兴产业，2019（9）.

［8］王哲. AI 100 榜单折射人工智能发展新态势 ［J］. 中国工业和信息化，2019（7）.

［9］吴俊，陈亮，高勇. 国外人工智能在金融投资顾问领域的应用及对我国启示 ［J］. 金融纵横，2016（6）.

［10］徐英瑾. 从哲学维度看人工智能与大数据 ［J］. 竞争情报，2017（5）.

［11］杨东. 监管科技：金融科技的监管挑战与维度建构 ［J］. 中国社会科学，2018（5）.

多维偿债能力框架下的地方政府隐性债务违约风险评估与化解[①]

洪　源　孟然然　胡争荣

摘　要　本文采用投资需求侧和融资供给侧两种思路对地方政府隐性债务规模进行系统估测，据此设立多维偿债能力框架来构建相应的 KMV 修正模型，进而开展地方政府隐性债务违约风险的实证评估。研究发现，在省级层面，当偿债能力乐观情形取值时，2018～2020 年各省（市、区）的隐性债务违约风险属于在基本可控范围内，但当偿债能力保守情形取值时，隐性债务违约率有了大幅提高，面临着较明显的违约风险；在地级市层面，隐性债务违约风险的总体趋势和区域分布与省级层面大致相同；在考虑债务展期和利率调整债务重组之后，隐性债务违约率都有了明显的大幅下降，这表明债务展期能实现存量隐性债务偿还中"以时间换空间"的目的，进而有效降低债务短期违约风险；2018～2022 年，三类偿债能力不同期望增长率变化对隐性债务违约风险有着不同的动态影响，按影响程度从小到大的顺序依次为项目经营收益、地方政府预算可支配财力、地方可处置存量国有资产；各地区应结合不同隐性债务安全限额覆盖率情况，制定出相应的存量隐性债务违约风险化解计划。

关键词　地方政府隐性债务；多维偿债能力；违约风险；KMV 修正模型

①　本文受到国家自然科学基金面上项目"风险链视阈下的地方政府债务风险：多维评估、先导预警与常态治理研究"（71673077）、国家社科基金项目一般项目"地方政府有序推进社会组织分类发展的路径研究"（17BSH107）、教育部人文社科研究青年基金项目"多维度视阈下地方政府债务绩效评估与优化治理研究"（15YJC790027）的资助。

The Assessment and Resolution of Local Government Implicit Debt Default Risk under the Framework of Multidimensional Solvency

Hong Yuan   Meng Ranran   Hu Zhengrong

Abstract: Based on the two ideas of investment demand side and financing supply side, this paper makes a systematic estimation of the implicit debt scale of local government, and establishes the multidimensional solvency framework to construct the KMV modified model, and then carries out the empirical evaluation of local government implicit debt default risk. The results of the study include the following aspects: At the provincial level, the implicit debt default risk of the provinces in 2018 – 2020 is basically controllable, but when the solvency is conservative, the implicit debt default rate has been greatly increased, facing a relatively obvious default risk. At the municipal level, the overall trend and regional distribution of implicit debt default risk are roughly the same as those at the provincial level; after considering debt extension and interest rate adjustment, the implicit debt default rate has significantly decreased, which indicates that debt extension can achieve the purpose of "time for space" in the stock implicit debt repayment, thus effectively reducing the short – term default risk of debt. During 2018 – 2022, the change of different expected growth rates of three types of solvency had different dynamic effects on the implicit debt default risk. The order of impacts from small to large is project operating income, local government disposable financial resources and local disposable stock of state – owned assets. All regions should formulate corresponding plans for resolving the implicit debt default risk according to the coverage of different security limits of implicit debt.

Key Words: Local Government Implicit Debt; Multidimensional Solvency; Default risk; KMV Modified Model

一、问题的提出

2015 年修订的《预算法》正式实施，按照新的政策规定，地方政府举债只能采取发行债券的方式，地方政府债务也被全部纳入预算管理。然而，在实际中由于每年地方政府债券规模受到中央的严格限制，在靠负债投资拉动增长的政绩观下，现行债券的形式难以满足地方政府日益增长的投融资需求。因此，即使在 2015 年，很多地方政府仍然通过融资平台或当地企事业单位等违规举债。与此同时，在 2015 年各地大力推进 PPP 项目的背景下，一些地方政府更是通过 PPP、政府购买服务以及政府性基金等形式进一步变相举债进行公益性项目建设。这些项目没有收入来源，无具体运营内容，举债大多是靠政府的信用，最终大多需政府埋单。从整体上观察，上述没有纳入地方政府预算的法定债务限额中，但又直接或承诺以财政资金偿还以及提供担保等方式举借的债务，都属于 2015 年后的地方政府隐性债务范畴。根据国际清算银行（BIS）公布的数据，若将地方政府融资平台的隐性债务计入中国政府债务杠杆，中国政府债务其实在 2017 年年中已经占 GDP 的 65% 左右，即超过了国际公认的风险警戒线①。可以说，相对于显性债务，地方政府隐性债务风险或将成为我国经济高质量发展过程中最大的"灰犀牛"。

基于此，国家已意识到地方政府隐性债务潜在的巨大风险并出台一系列债务管理政策来积极应对。党的十九大报告提出，要坚决打好防范化解重大风险攻坚战。2017 年 7 月 24 日，中央政治局会议强调，"有效规范地方政府举债融资，坚决遏制隐性债务增量"，这是中央层面上首次公开提出对地方政府"隐性债务"的关注。2017 年 12 月，财政部在《关于坚决制止地方政府违法违规举债遏制隐性债务增量情况的报告》中明确了坚持中央不救助原则，坚决打消地方政府认为中央政府会"埋单"的"幻觉"。2018 年 8 月，《中共中央国务院关于防范化解地方政府隐性债务风险的意见》和《地方政府隐性债务问责办法》两份文件的下发，传递了中央治理隐性债务、化解风险的决心。2018 年 12 月，全国财政工作会议在部署 2019 年重

---

① 地方债高悬之忧：隐性债务的水有多深？［EB/OL］. 财经网，2018 – 07 – 09.

点工作时强调，要严格控制地方政府隐性债务，有效防范化解财政金融风险。与此同时，随着财政部陆续下发《财政部地方全口径债务清查统计填报说明》和《政府隐性债务认定细则》等文件，各地已开展地方政府隐性债务的摸底和统计监测工作，为防范化解债务风险，清查监管力度在不断加大。

在上述财政纪律与金融监管双管齐下的管理措施实施背景下，以下问题则迫切需要回答：第一，在当前坚持"谁举债谁负责"，严格落实地方政府债务属地管理责任的情况下，清晰地把握地方政府隐性债务规模分布以及其对应的偿债能力构成非常必要。只有对此有了全面系统的把握之后，才能为有针对性防范化解地方政府隐性债务风险打下基础。第二，中央坚持不救助原则，隐性债务的"刚性兑付"预期也将被打破，在以往最常用的"借新债还旧债"的偿还方式变得异常困难的情况下，可以预见，随之而来需要面对的是地方政府隐性债务可能出现的违约现象。因此，如何针对实际的偿债能力来开展准确的地方政府隐性债务违约风险评估成为一项重要的研究课题。

从已有国内外文献来看，开展地方政府债务风险评估的研究主要形成了三种路径：第一种路径侧重于设计地方政府债务风险评估指标体系，并通过多元统计分析法（含因子分析法、粗糙集法、熵值法）（冉光和等，2006；裴育和欧阳华生，2007；郭玉清，2015）以及层次分析法（张同功，2015；宋良荣和侯世英，2018）对债务风险状况进行识别排序和综合判断。第二种路径侧重地方政府债务风险发展趋势的预警系统，并通过预警信号灯法（Kaminsky 和 Reinhar，1999；Ma，2003；伏润民等，2008）、人工神经网络法（刘骅和卢亚娟，2014；吕函枰和马恩涛，2017）、支持向量机法（李斌等，2016；刘骅，2017）、非线性先导预警法（Manasse 和 Roubinni，2009；洪源等，2018）对债务风险进行动态监控和趋势预测。上述两种研究路径对我国地方政府债务风险评估都有较强的应用性和可操作性，但更侧重于对债务风险进行临界值下的排序评估，而无法通过给出量化的债务违约概率来对偿还环节的债务违约风险进行有效评估。第三种路径，即利用未定权益分析法（Contingent Claims Analysis，CCA）来构建 KMV 模型测度债务违约概率，成为当前开展政府债务违约风险评估的主流方向。其中，KMV 模型的实质是利用债务人相对的偿债能力与对应债务规模来测度债务的违约距离与概率（张海星和靳伟凤，2016）。Merton（1977）首先利用改进的 Black – Scholes 期权定价模型将 CCA 方法引入政府债务信用风险的分析中。穆迪 KMV 公司（1997）则提出了建立在期权定价理论基础上的信用监测模型——KMV 模型，并将该模型用于实际的地方债券信用风险评估中。在国内，韩立岩等（2003）、李腊生（2013）、徐占东和王雪标（2014）通过分析估算地方政府的可偿债财政收入，从流量的视角基于 KMV 模型对地方政府债务违约风险进行评估。沈沛龙和樊欢（2012）、刁伟涛（2016）则从存量的视角出发，通过分析估测政府可流动性资产的市场价值并运用未定权益分析法对政府（含地方政府）债务的违约概率进行了测度。洪源和胡争荣（2018）则基于流量和存量双重维度，建立 KMV 模型对考虑存量显性债务置换情景下的地方政府债务违约概率和规模偏离率进行了测度。

上述构建 KMV 模型评估政府债务违约风险的研究路径，具有较强的参考和应用价值，但目前这类研究主要针对的是我国地方政府的显性债务或公开发行的债券，还鲜有针对 2015 年之后规模快速增长的地方政府隐性债务而开展违约风险研究。基于此，本文拟基于当前我国地方政府债务管理中出现的新问题，在综合考虑地方政府隐性债务的规模、区域分布以及其对应的多维度偿债能力的基础上，运用修正的 KMV 模型来开展新时期地方政府隐性债务违约风险评估研究。具体在研究方法上，已有研究大多是在假设债务偿债资金来源于单一维度（例如政府财政收入或者资产变现）并服从统一扩散过程的前提下，构建相应的债务违约 KMV 模型。然而，考虑到我国地方政府隐性债务形式的多样性和复杂性，实际上地方政府隐性债务的偿债来源很难如显性债务那样明确和单一。因此，本文拟构建基于隐性债务运作特征的多维度地方政府偿债能力框架，通过将地方政府偿债能力分解为项目经营收益、地方政府预算可支配财力以及地方可处置存量国有资产三个部分，并在体现三个维度偿债能力的增长率和波动率差别的基础上，建立相应的 KMV 修正模型，以此反映出不同偿债能力所具有的不同变动特征对于隐性债务违约概率的影响，进而得出更为科学准确的隐性债务违约风险评估结果，为有效化解地方政府隐性债务风险提供有参考价值的政策建议。

二、地方政府隐性债务的规模估测与区域分布特征

要开展对地方政府隐性债务违约风险的评估，在界定识别隐性债务的基础上对其存量规模进行全面把握是其必要前提条件。根据世界银行 Hana Polackova Brixi（1998）提出的财政风险矩阵中的界定，政府隐性债务是指非由法律或合同规定的，而是政府会计主体向其他方表明其将承担，并且其他方也合理预期政府将履行的债务。目前我国认定隐性债务主要是基于"实质重于形式"以及"穿透"两大原则（吉富星，2018）。基于上述两个原则，地方政府隐性债务的实质是指法定政府债务限额以外，直接约定或承诺以财政资金偿还，或违规提供担保，或以承救助责任等方式举借的债务或表外负债。简言之，地方政府隐性债务认定的核心在于是否以财政资金作为"还款来源"，或推定构成"财政兜底"。从形式上看，2015 年后我国提出的地方政府隐性债务与地方政府信用密不可分，主要通过不合规操作（如对融资平台进行担保、出具承诺函）或变相举债（伪 PPP、包装成政府购买等）产生。在 2015 年初财政部对地方政府性债务存量进行清理甄别时显示，地方政府负有担保责任和一定救助责任的或有债务规模（即当前的隐性债务）为 8.6 万亿元。在这之后，由于地方政府隐性债务目前还处于统计口径争议和实际情况摸底的过程中，因而中央相关部委还没有公布有关地方政府隐性债务的权威统计数据。

从地方政府隐性债务的形成过程看，地方政府往往先有基础设施建设或公益性项目的投资需求，然后通过地方融资平台的银行贷款、发行债券、非标融资以及 PPP 项目等各种途径进行担保性融资，融资后形成相应的隐性债务。因此，系统估测地方政府隐性债务规模，一方面可以从债务形成的投资需求侧出发来进行；另一方面可以从债务形成的融资供给侧出发来进行。下面具体从这两方面开展我国地方政府隐性债务规模的系统估测。

（一）基于投资需求侧的地方政府隐性债务规模估测思路

从投资需求角度看，地方政府的举债融资是为了投向城市基础设施项目（交通运输、市政建设、地下管廊等）和公益性项目（棚改、保障性住

房、扶贫项目等）。根据 2013 年 6 月审计署公布的全国政府性债务审计结果公告可知，地方政府性债务（包括政府直接负有偿还责任的债务和或有债务）的资金用于基础设施建设和公益性项目的支出占总债务规模的 88.6%。其中，地方政府或有债务（即当前的地方政府隐性债务）的投向领域主要为交通运输设施建设（41%）、市政建设（30%）、科教文卫（7%）等。这说明了地方政府隐性债务的投向是为了满足地方政府基础设施项目和公益性项目投资的需要。因此，我们可以根据吕健（2015）、洪源等（2018）提出债务资金恒等式方法，基于以下公式来从投资需求侧开展地方政府隐性债务规模估测：

当期地方政府隐性债务新增规模 = 当期地方政府基础设施及公益性项目投资额 − 当期地方政府自有可投资财力 − 地方政府新增显性债务规模 = 当期地方政府基础设施及公益性项目投资额 − （一般公共预算内固定资产投资资金 + 土地出让收入用于投资资金 + 地方政府投资项目的盈利现金流入）− 地方政府显性债务新增规模　　　　　　　　　　　　　　　　　(1)

式中，对于地方政府基础设施及公益项目投资额，按照我国目前的中央与地方政府事权划分规定，结合全社会固定资产按行业的分类，将电力、热力、燃气及水生产和供应业，交通运输、仓储和邮政业，科学研究、技术服务和地质勘查业，水利、环境和公共设施管理业，教育，卫生和社会工作，公共管理和社会组织 7 个行业的固定资产投资作为由地方政府来承担的投资领域，故将各地区当期上述 7 个行业的固定资产投资额加总作为地方政府基础设施及公益性项目投资额；对于土地出让收入可用于投资资金，用当期土地出让价款减去征地拆迁等成本性支出后的土地出让纯收益表示；对于地方政府投资项目的盈利现金收入，本文将当期地方政府基础设施及公益项目投资领域的固定资产折旧率乘以上一期相应领域固定资产投资总额所得出的固定资产折旧额来表示。对于地方政府显性债务新增规模，即 2015 年后已纳入政府预算的一般债务和专项债务的新增规模，则根据各地区公开发行的债券资料以及各地政府公布的债务限额报告来获得。

（二）基于融资供给侧的地方政府隐性债务规模估测思路

地方政府进行融资的主要渠道包括发行地方政府债券、通过地方融资平台进行银行贷款和非标融资（包含信托、券商资管计划、基金子公司、保险债权投资计划等）、发行城投债、PPP 项目以及政府性基金等。其中，除了发行地方政府债券外，其余融资渠道都可能导致形成地方政府隐性债务。特别是地方融资平台通过银行贷款、发行城投债以及非标融资形成的债务是其中的主要部分。PPP 项目及政府性基金虽然是政府鼓励的融资方式，但在实际操作中出现了一些异化，如一些 PPP 项目存在承诺固定保底收益、约定回购投资本金、明股实债等违规现象，这些不规范的 PPP 项目所造成的变相举债也可以视为隐性债务的范畴。因此，我们可以根据地方政府隐性债务的融资渠道及融资主体，按照以下公式从融资供给侧开展地方政府隐性债务规模估测：

当期地方政府隐性债务余额规模 = 当期银行贷款渠道债务余额 + 当期发行城投债渠道债务余额 + 当期非标融资渠道债务余额 + PPP 项目渠道债务余额 + 政府性基金渠道债务余额 = 当期地方融资平台带息债务余额 + 当期PPP 项目及政府性基金渠道债务余额　　　　　　　　　　　　　　（2）

式中，鉴于隐性债务融资渠道中的银行贷款、发行城投债以及非标融资的融资主体主要为地方政府融资平台，并且考虑到数据的可获得性，我们采用当期地方融资平台的带息债务余额表示上述三个融资渠道形成的隐性债务余额。其中，地方融资平台的范围是在 Wind 数据库中发行过城投债且有公开信息披露的融资平台，融资平台的带息债务余额是指融资平台的长期借款、短期借款、应付债券以及应付票据的余额总和。与此同时，对于其他渠道形成的隐性债务，由于数据的可获得性，目前主要选取由 PPP 项目以及政府性基金形成的债务数据。其中，考虑到 PPP 项目的政府资本主要是通过政府性基金（包括政府引导基金和专项建设基金）投入，因此PPP 项目和政府性基金这两类融资渠道形成的隐性债务规模可以合并在一起进行估测。在此参考张明和朱子阳（2018）的做法①，以各地区当期的 PPP投资额为基础，通过设定相应的 PPP 投资额的隐性债务转化率来对上述融资渠道形成的隐性债务余额进行估测。具体来看，将显性债务负债率在30% 以上的地区划为地方政府偿债压力高的地区，在这些地区，PPP 项目可能无法维持，进而 PPP 投资转化为隐性债务的可能性也更高，在此将上述

---

① 中国政府债务规模究竟几何？［EB/OL］. 财经网，2018 – 07 – 09.

地区的当期 PPP 投资额扣除一般公共预算支出 10% 之后的余额作为转化基数①，对上述地区以转化基数的 50% 计入隐性债务；将显性债务负债率在 30% 以下的地区划为地方政府偿债压力低的地区，对上述地区转化基数的 30% 计入隐性债务。其中，2015 年后各地区 PPP 投资额主要来源于 PPP 综合信息平台项目管理库。

（三）两种估测思路下的 2015～2017 年地方政府隐性债务规模对比和区域分布特征

根据上述投资需求侧和融资供给侧估测思路，我们可以分别估测出 2015～2017 年我国 30 个省份的地方政府隐性债务规模，并对两种估测思路下的隐性债务规模进行对比②。从表 1 中可以看出，2015～2017 年投资需求侧思路下估测的全国汇总隐性债务余额规模分别为 20.77 万亿元、31.58 万亿元、41.27 万亿元，融资供给侧思路下估测的全国汇总隐性债务余额规模分别为 19.43 万亿元、28.45 万亿元、35.68 万亿元。由此可见，从全国汇总角度看，两种思路下估测的隐性债务余额规模比较接近，这印证了两种思路估测方法的可行性。进一步从表 1 所示的地方政府隐性债务分区域分布情况看，两种估测思路下东部地区的隐性债务规模占全国的比重一直最高，西部地区和中部地区的隐性债务规模占全国的比重则基本相当。从 2015～2017 年的隐性债务增长率看，2015 年，东部地区的隐性债务增长率最高，2016 年和 2017 年，东、中、西部地区的隐性债务增长率都呈明显下降趋势，但西部地区的隐性债务增长率相对最高。综上可以看出，从全国区域分布看，东部地区的地方政府隐性债务存量规模是最大的，但从债务增量看，2015～2017 年，西部地区的地方政府隐性债务规模增长较快，需要引起高度重视。

---

①　由于 2015 年财政部印发的《政府和社会资本合作项目财政承受能力论证指引》中规定，每一年度全部 PPP 项目需要从预算中安排的支出责任，占一般公共预算支出比例应当不超过 10%。同时，2018 年财政部进一步明确了当期一般公共预算支出 10% 限额以内的 PPP 支出责任为政府和社会签订的依法合规合同范畴，不属于隐性债务。因此，我们在计算 PPP 项目的隐性债务转化基数时，先将这部分从 PPP 项目投资额中扣除。

②　具体来看，由于投资需求侧思路下估测的是隐性债务新增规模，因此，如果要与融资供给侧思路下估测的隐性债务余额规模进行对比，还需要进行相应的数据处理。在此，我们以 2014 年底各省份清理甄别后的地方政府负有担保责任和一定救助责任的债务余额作为 2014 年地方政府债务隐性债务余额的基数，通过将该基数与投资需求侧思路下估测出的 2015～2017 年隐性债务新增规模相加，则可以进一步得到投资需求侧思路下估测得出的 2015～2017 年隐性债务余额规模。

表1 2015～2017年两种估测思路下地方政府隐性债务区域分布情况

单位：亿元

地区	全国				东部			
估测项目	隐性债务规模		隐性债务增长率		隐性债务规模		隐性债务增长率	
估测思路　年份	融资供给侧	投资需求侧	融资供给侧	投资需求侧	融资供给侧	投资需求侧	融资供给侧	投资需求侧
2015	194288.675	209707.933	0.848	0.896	114997.219	101422.980	1.094	0.847
2016	284513.342	319763.058	0.464	0.520	161920.878	151348.163	0.408	0.482
2017	356758.120	418802.141	0.254	0.307	191956.369	185829.857	0.176	0.261

地区	中部				西部			
估测项目	隐性债务规模		隐性债务增长率		隐性债务规模		隐性债务增长率	
估测思路　年份	融资供给侧	投资需求侧	融资供给侧	投资需求侧	融资供给侧	投资需求侧	融资供给侧	投资需求侧
2015	35195.519	57508.817	0.758	0.891	44095.93619	50776.135	0.692	0.949
2016	54553.374	88611.240	0.550	0.541	68039.08939	79803.654	0.542	0.571
2017	73677.784	117412.343	0.351	0.325	92626.96634	109432.941	0.361	0.371

从图1所示的2017年各省隐性债务余额规模看，两种估测思路下的各省隐性债务余额规模总体都比较接近，其中，除了广东、浙江、江苏、上海、天津、海南等东部地区省份之外，其余省份在融资供给侧思路下估测的债务规模都要低于投资需求侧思路下估测的债务规模。这可能是由于东部地区隐性债务的融资更依赖于融资平台和PPP两个渠道，故融资供给侧思路下估测的隐性债务规模的遗漏部分较少。与此同时，东部地区省份的土地出让收入规模普遍较高，从而造成了在式（1）中测算出的土地出让收入中可用于投资的部分也普遍偏高，故投资需求侧思路下估测的隐性债务规模相对于中、西部地区偏低。综合两种思路所估测的债务余额规模平均值来看，2017年，地方政府隐性债务余额规模最高的5个省份是江苏、浙江、四川、北京、山东，除四川之外，都属于东部地区省份。进一步地，从图2所示的2015～2017年各省隐性债务规模平均增长率看，两种估测思

路下各省隐性债务规模的增长率也有大致相同的趋势，当某省在投资需求侧思路下估测的隐性债务规模增长率较高时，在融资供给侧思路下估测其增长率也通常较高。综合两种估测思路下的隐性债务平均增长率看，2015～2017年，隐性债务平均增长率最高的 5 个省份是天津、贵州、四川、江苏、云南，隐性债务平均增长率较高的省份主要分布在东部和西部地区。

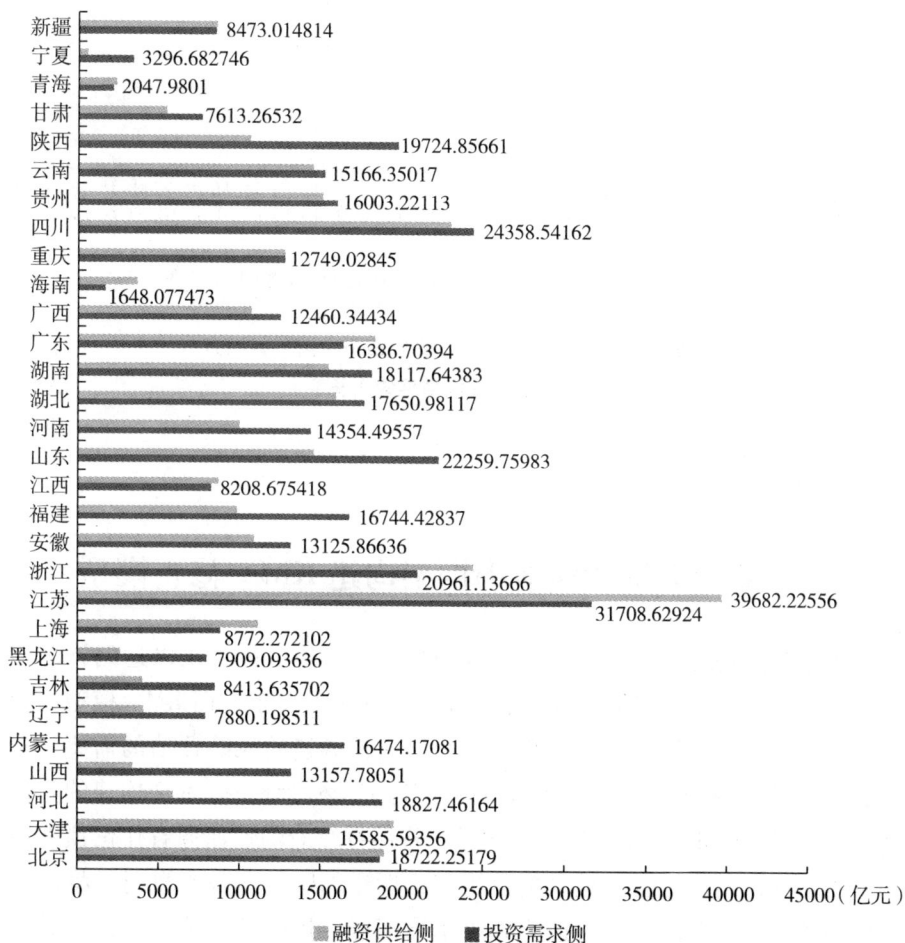

省份	融资供给侧（亿元）
新疆	8473.014814
宁夏	3296.682746
青海	2047.9801
甘肃	7613.26532
陕西	19724.85661
云南	15166.35017
贵州	16003.22113
四川	24358.54162
重庆	12749.02845
海南	1648.077473
广西	12460.34434
广东	16386.70394
湖南	18117.64383
湖北	17650.98117
河南	14354.49557
山东	22259.75983
江西	8208.675418
福建	16744.42837
安徽	13125.86636
浙江	20961.13666
江苏	39682.22556
上海	31708.62924
上海	8772.272102
黑龙江	7909.093636
吉林	8413.635702
辽宁	7880.198511
内蒙古	16474.17081
山西	13157.78051
河北	18827.46164
天津	15585.59356
北京	18722.25179

■融资供给侧 ■投资需求侧

图1　2017 年两种估测思路下的全国各省地方政府隐性债务规模余额对比

注：图中仅列出了各省在融资供给侧思路下的隐性债务规模数据。

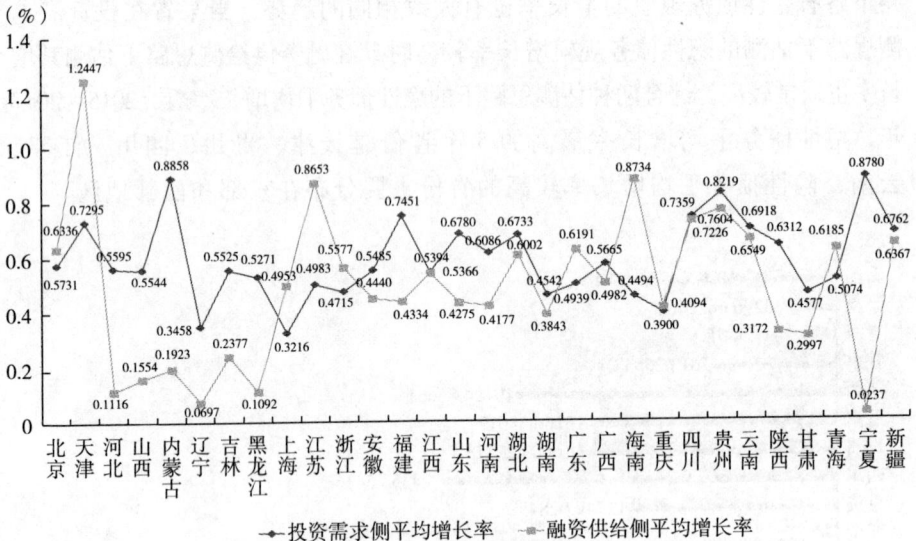

图 2　2015 ~ 2017 年两种估测思路下全国各省地方
政府隐性债务规模平均增长率

三、基于多维偿债能力框架构建 KMV 修正模型

　　鉴于我国缺乏地方政府隐性债务的长时期样本数据，难以达到许多债务风险评估模型在测算中所需大量时序统计样本的要求，而 KMV 模型具有所需历史时序数据较少的特点则能满足研究债务违约风险评估的需要，故本文采用 KMV 模型进行地方政府隐性债务违约风险评估。本文构建的隐性债务违约风险 KMV 模型的基本思想是：将地方政府隐性债务看作偿债能力的看涨期权，当偿债能力足以覆盖当期应偿还的隐性债务本息时，将避免隐性债务违约；反之，当偿债能力小于当期应偿还的隐性债务本息时，则发生隐性债务违约。具体的 KMV 模型构建思路如图 3 所示。从模型中可以看出，由于偿债能力服从某一函数分布的随机扩散过程，这一特性会使得当预期偿债能力小于到期应偿还的隐性债务本息时，就会发生违约，而模型中测度的期望债务违约概率及距离则可用来进行隐性债务违约风险评估。

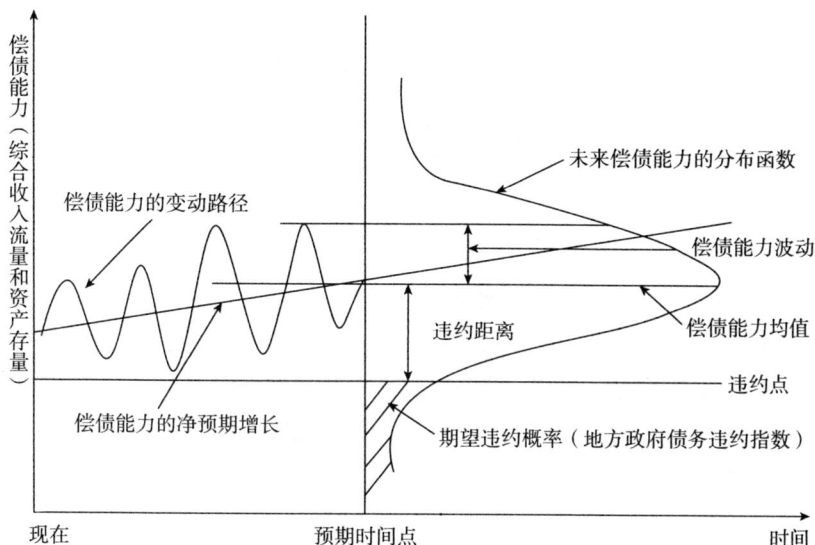

图 3　地方政府隐性债务违约风险 KMV 模型

由上述 KMV 模型构建思路可知，地方政府隐性债务对应的偿债能力是测度隐性债务违约风险的关键。因此，下面先就地方政府隐性债务所对应的偿债能力框架进行具体分析。

（一）设立地方政府隐性债务的多维偿债能力框架

从偿债来源看，不同于地方政府显性债务（包括一般债务和专项债务）主要通过地方政府财政预算资金来偿还，地方政府隐性债务的形成及融资渠道的多元性和复杂性决定了其偿债来源也需要从多维度视角来进行考虑。根据 2018 年 8 月财政部下发的《地方全口径债务清查统计填报说明》中提到的 6 种存量隐性债务化解方式，包括安排财政资金偿还、利用项目结转资金以及经营收入偿还、出让政府股权以及经营性国有资产权益偿还、合规转化为企业经营性债务、借新还旧及债务展期、采用破产重整或清算方式化解。在上述 6 种存量隐性债务化解方式中，前 3 种方式实际上对应于存量隐性债务的不同偿还来源，即财政资金、项目经营收益以及国有资产处置收入。

首先，从隐性债务形成的特殊性看，考虑到地方政府隐性债务是凭借地方政府信用而形成的，地方政府对于隐性债务负有担保责任或财政资金支持偿还责任，因而地方政府的可支配财力将成为隐性债务的一项主要偿债来源①。

其次，鉴于地方政府隐性债务的举债融资主体为地方政府融资平台及地方国有企业，由举债融资的运作原理可知，对于这些举债融资主体开展的项目经营收益，显然应该成为隐性债务的一项偿债来源。

最后，《地方政府性债务风险应急处置预案》中明确指出，在中央政府不救助的原则下，必要时可采用处置政府存量资产的方式来解决债务问题。同时，参考企业在债务重组时通常以其资产作为债务的最后偿债来源，因此，当前面的项目经营收益以及政府可支配财力无法满足偿债需要时，地方可处置的存量国有资产将成为不可忽视的重要偿债来源。

根据上述对于地方政府隐性债务的偿债来源分析，我们可以从流量与存量相结合的多维度视角来设立隐性债务的偿债能力框架②，如表 2 所示。下面将对多维偿债能力框架中每个维度偿债能力的样本数据来源做具体分析。

表 2　地方政府隐性债务的多维偿债能力框架

偿债能力	地方政府隐性债务
①流量视角	①地方融资平台通过各种融资渠道形成的债务
项目经营活动收益	银行贷款渠道形成的债务
地方政府预算可支配财力	发行城投债渠道形成的债务
——公共预算和政府性基金预算可支配财力	非标融资渠道形成的债务
②存量视角	②其他融资渠道形成的债务
地方可处置的存量国有资产	PPP 项目渠道形成的债务
——地方所属经营性国有资产变现	政府性基金渠道形成的债务
地方政府隐性债务净值 =（债务 – 偿债能力）	

① 需要说明的是，此处用于偿还当期存量隐性债务的"地方政府可支配财力"与前面从投资需求侧估测当前隐性债务新增规模的式（1）中的"地方政府自有可投资财力"有关联但并不冲突。式（1）在测算 2015～2017 年隐性债务新增规模时，在此期间地方政府实际并不需考虑存量隐性债务的偿还问题，因此，公式中的"地方政府自有可投资财力"也没有偿还当期存量隐性债务的部分。而如果要估测 2018 年后的隐性债务新增规模，式（1）中的"地方政府自有可投资财力"仍然适用，但是需要先考虑这部分财力用于偿还存量债务规模之后的余额才是可以用于投资的部分。

② 在本文设立的偿债能力框架中，并没有考虑将"借新还旧"方式纳入。主要是通过借新债来偿还旧债，并不会从根本上消除隐性债务的偿还责任，从长期来看并不构成真正的偿债能力。同时，类似于显性债务开展债券置换的借新还旧方式，在当前严控隐性债务增量的背景下，对于隐性债务也并没有现实可操作性。

1. 项目经营收益的样本数据来源与处理

在当前地方政府隐性债务的举债融资主体开展的各类项目中，具有经营收益的领域主要在地方融资平台运营项目和 PPP 项目。因此，我们主要从这两个方面获取当期项目经营收益的样本数据。

首先，对于地方融资平台运营项目的经营收益来说，考虑到发行过城投债的融资平台相关年报数据及财务数据都能通过 Wind 数据库获取，因此，我们选取各地区融资平台的当期净利润作为当期融资平台运营项目经营收益的样本数据来源，并且以该数据作为偿债能力也能与前面统计的融资平台当期带息债务余额形成较好的对应关系。与此同时，鉴于 2014 年国务院下发《关于加强地方政府性债务管理的意见》后，虽然空壳融资平台逐渐被清理，但融资平台主要投向公益性或准公益性项目的资金投向也决定了其经营性活动的盈利性较弱，因此为了维持融资平台的正常运营，地方政府实际上支付了大量的财政补贴，对融资平台的利润贡献较大。上述融资平台利润中的政府财政补贴实际上并非为融资平台自身的经营收益，且波动性较大。因此，我们将样本数据中每年各地区地方融资平台经营收益最终分为乐观和保守两种情形，其中，乐观情形下的地方融资平台经营收益 = 地方政府融资平台净利润；保守情形下的地方融资平台经营收益 = 地方融资平台净利润×(1 - 地方政府财政补贴净利润占比)。参考郑春荣 (2016) 的大型城市政府融资平台调查报告数据，政府补助占净利润的比重在 50% 左右，故我们进一步提出：保守情形下的地方融资平台经营收益 = 地方融资平台净利润×(1 - 50%)。在上述测算公式中，每年各地区的融资平台净利润数额来源于 Wind 数据库中的已发行城投债的融资平台公司年报汇总。

其次，对于 PPP 项目的经营收益来说，根据 PPP 综合信息平台项目管理库截至 2017 年 12 月的统计信息，PPP 项目主要投向的是市政工程类、交通运输类以及环境保护和生态建设类，合计占项目库的 71.6%。故我们通过这三类行业的加权平均 EBITDA 率（息税折旧摊销前利润/总资产）来测算出各地区当期 PPP 项目的投资净收益，以此作为当期 PPP 项目经营收益的样本数据来源。具体公式为：PPP 项目投资净收益 = PPP 项目投资额×三类行业的加权平均 EBITDA 率。与此同时，根据 PPP 综合信息平台项目管理库的统计，在 2016 年 1 月至 2017 年 12 月，在 PPP 项目不同汇报机制中，使用者付费项目的投资额占总投资额的平均比重为 40.5%；而政府付费项目和可行性缺口补助项目的投资额占总投资额的平均比重为 59.6%。显然，与前面融资平台经营收益的取值思路类似，实际上只有使用者付费项目的投资收益才能真正作为今后用于偿债的来源，因此，我们也将样本数据中每年各地区PPP项目经营收益分为乐观和保守两种情形，乐观情形下的PPP项目经营收益=PPP项目投资净收益；保守情形下的PPP项目经营收益=PPP项目投资净收益×40%。

综上所述，我们可以做如下设定：乐观情形下的项目经营收益=地方融资平台净利润+PPP项目投资净收益；保守情形下的项目经营收益=（地方融资平台净利润×50%）+（PPP项目投资收益×40%）。

2. 地方政府预算可支配财力的样本数据来源与处理

从地方政府预算的可支配财力看，具体将地方政府一般公共预算和政府性基金预算中可用于偿债收入作为样本数据来源。根据2014年修订的《预算法》，当前我国地方政府的收入主要包括四大部分：一般公共预算收入、政府性基金预算收入、国有资本经营预算收入以及社会保险基金预算收入。其中，由于国有资本经营预算收入规模相对很小且缺失2013年以前的数据，同时，社会保险基金预算收入只能专款专用，故本文主要将一般公共预算和政府性基金预算总收入①作为当期地方政府能够用于偿债的可支配财力范畴。当然，上述地方政府两部分预算总收入在实际中并非全部能用于偿还当年债务，我们还需要对能够用于偿债的部分进行具体分析。

一方面，对于政府的一般公共预算总收入来说，从我国地方政府财政运行实践来看，每年各地政府需要在一般公共预算收入中先行扣除维持机构运行以及社会经济发展所必需的刚性支出之后，剩余部分才能作为地方政府可能偿债的收入。而根据公共支出理论，并参考国际上通行做法，我们将一般公共服务、国防、公共安全、社会保障和就业、教育、医疗卫生等12项支出作为地方政府刚性支出的范畴②。在此基础上，进一步根据洪

---

① 文中的一般公共预算总收入包括了上级的税收返还和转移支付收入在内，但不包括2015年以后的一般政府债券收入。政府性基金预算总收入也包括了上级的基金补助收入，不包括2015年以后的专项债券收入。

② 参考大公国际在地方政府信用评级报告中的做法，结合我国地方财政支出的科目分类，我们认为一般公共服务、外交、国防、公共安全支出是维系政府和社会正常运转的必须支出，而教育、社会保障和就业、医疗卫生、节能环保、文化体育与传媒、科学技术支出，跟民生有着密切或直接的关系，刚性很大，一般只能逐年增加，此外，城乡社区事务支出为地方政府社区公共管理支出的必要开支，而农林水事务支出，事关"三农"问题，刚性也很大。故将上述12项刚性支出作为了地方政府刚性支出范畴。

源和胡争荣（2018）估测的2011～2015年地方政府刚性支出占一般公共预算收入的比重稳定在80%左右，我们可以设定为，一般公共预算中可用于偿债收入＝一般公共预算总收入×（1－刚性支出占比）＝一般公共预算总收入×20%。

另一方面，对于政府性基金预算总收入来说，鉴于土地出让收入自2007年纳入政府性基金预算以来，其在地方政府基金性预算本级收入中一直保持在85%左右的高占比，并且考虑到政府性基金中其他类收入的支出结构信息的缺失，因此，我们主要利用土地出让收入的支出情况来分析政府性基金预算中可用于偿债的比例。根据洪源和胡争荣（2018）的测算，2011～2015年征地拆迁等成本性支出占土地出让收入的比例一直稳定在80%左右，显然只有扣除这部分支出之后的剩余土地收益才能用于安排偿债，因此，在假设地方政府性基金预算收入中的其他部分有着和土地出让收入类似的支出比例情况下，我们可进一步设定，政府性基金预算中可用于偿债收入＝政府性基金预算总收入×（1－征地拆迁等成本性支出占比）＝政府性基金预总算收入×20%。

综上所述，我们可以做如下设定：可偿债的地方政府预算可支配财力＝（一般公共预算总收入＋政府性基金预算总收入）×20%。在此基础上，需要进一步考虑的是，上述地方政府预算可支配财力实际上为乐观情形下的设定。由于考虑到2014年国务院下发《关于加强地方政府性债务管理的意见》明确地方政府的一般债务由一般公共预算收入偿还，专项债务由政府性基金预算收入和专项收入偿还。因此，前面我们设定的地方政府预算可支配财力在实际中并不能全部用于隐性债务的偿还，还必须考虑显性债务（包括一般债务及专项债务）的偿还问题。为此，我们进一步将地方政府隐性债务与显性债务的余额规模之比作为全部地方政府预算可支配财力中可用于两类债务偿还的比例，依据2017年本文估测的全国地方政府隐性债务余额规模与2017年财政部公布的全国地方政府显性债务余额规模之比约等于2:1，故我们可以将保守情形下的地方政府预算可支配财力设定为：可偿债的地方政府预算可支配财力＝（一般公共预算总收入＋政府性基金预算总收入）×20%×2/3。

3. 地方可处置存量国有资产的样本数据来源与处理

从地方可处置存量国有资产来看，具体将地方经营性国有资产变现作为样本数据来源。在我国地方政府拥有的国有资产中，由于非经营性国有资产（例如行政事业单位资产）是政府履行其行政及社会管理职能所必需的，一般不可售卖。而资源型国有资产只能转让开发使用权，并且这些资源往往已通过各种形式形成资源型收益纳入政府收入体系中，例如，国有土地资源已通过土地使用权转化为土地出让收入纳入政府性基金预算中。因此，上述两类国有资产不应计入地方政府可用于变现清偿隐性债务的资产范畴中。而地方所属经营性国有资产是指国有企业中的国有权益，通过变卖所持有上市国有企业的股份，这部分资产才是地方政府真正能够动用变现且用于偿债的资产。

对于地方所属经营性国有资产变现样本数据的获取，我们分别根据《中国财政年鉴》和《中国国有资产监督管理年鉴》中的"地方国有企业国有资产总额"和"全国地方国有企业资产负债率"的数据，通过公式净资产 = 资产总额 × (1 - 资产负债率)，来估测地方经营性国有资产净值的样本数据。在此基础上，选择我国 A 股全市场行业净值率[①]，并通过公式：市场价值 = 净资产 × 净值率，来估测地方经营性国有资产的市场价值，并以此设定：乐观情形下的地方可处置存量国有资产 = 地方经营性国有资产市场价值。与此同时，考虑到 2011 ~ 2014 年我国容易变现的工业及商业净资产大约占总净资产的比重为 50%[②]，因此，我们进一步设定：保守情形下的地方可处置存量国有资产 = 地方经营性国有资产市场价值 × 50%。

在此需说明的是，相较于预算可支配财力等流量形式的偿债能力可以在每期都有新的数额用于偿债，由于国有资产作为存量形式的偿债能力，如果上一期有部分存量国有资产用于偿债后，下一期可用于偿债的存量国有资产就会相应地减少。因此，对于后续 KMV 修正模型中使用的期初时期可处置国有资产样本数据，都采用如下公式：期初时期地方可处置国有资产 = 当期可处置国有资产总额/平均存量债务偿还期限，来进行存量资产偿债的平滑处理。

综上所述，隐性债务三类偿债能力在保守情形和最大情形的取值情况如表 3 所示。

---

① 全市场行业市净率是从 2012 年 2 月开始发布的，因而目前只能查询到 2011 年以后的相关数据。在此，我们用 2011 ~ 2017 年的市净率平均值来测算 2011 年以前样本国有资产市场价值。

② 求解地方债 [EB/OL].金融界网，2014 - 06 - 06.

表3　地方政府三类偿债能力的保守情形取值和乐观情形取值

偿债能力 取值类型	项目经营收益	地方政府预算 可支配财力	地方可处置存量 国有资产
乐观情形	（地方融资平台净利润 + PPP 项目投资净收益）	（一般公共预算收入 + 政 府性基金预算收入）× 20%	经营性国有资产市场 价值
保守情形	（地方融资平台净利润 × 50%）+（PPP 项目投资 收益 ×40%）	（一般公共预算收入 + 政 府性基金预算收入）× 20% ×2/3	经营性国有资产市场 价值 ×50%

（二）构建地方政府隐性债务违约风险的 KMV 修正模型

在构建多维偿债能力框架后，显然传统的 KMV 模型对于偿债资金单一来源的假设不能满足我们开展隐性债务违约风险分析的需要。因此，需要从以下步骤来构建符合多维偿债能力实际的 KMV 修正模型：

1. 假设三类偿债能力分别服从随机扩散过程

与已有的传统 KMV 模型假设用于偿债的收入整体服从统一扩散过程不同，我们根据表1所示的多维偿债能力框架的三部分，假设三类偿债能力分别服从随机扩散过程。在此基础上，假设 F_{1t} 代表 t 时刻项目经营收益，F_{2t} 代表 t 时刻预算可支配财力，F_{3t} 代表 t 时刻地方可处置存量国有资产。μ_1 和 σ_1 代表 F_{1t} 的期望对数增长率和用标准差来表示的波动率，μ_2 和 σ_2 代表 F_{2t} 的期望对数增长率和波动率，μ_3 和 σ_3 代表 F_{3t} 的期望对数增长率和波动率。dZ_{1t}、dZ_{2t} 和 dZ_{3t} 代表三类偿债能力的维纳过程增量。当期初时刻为 0 时刻时，则 F_1、F_2、F_3 为期初时刻三类偿债能力的初始值。利用伊藤引理求解三类偿债能力的随机扩散过程，并对等式两边取对数，可得：

$$\begin{cases} \ln F_{1T} = \ln F_1 + \mu_1 T - \sigma_1^2 T/2 + \sigma_1 \sqrt{T} dZ_{1T} \\ \ln F_{2T} = \ln F_2 + \mu_2 T - \sigma_2^2 T/2 + \sigma_2 \sqrt{T} dZ_{2T} \\ \ln F_{3T} = \ln F_3 + \mu_3 T - \sigma_3^2 T/2 + \sigma_3 \sqrt{T} dZ_{3T} \end{cases} \tag{3}$$

其中，$\ln F_{1T}$（i=1，2，3）服从如下正态分布：

$$\Phi\left[\ln F_i + (\mu_i - \sigma_i^2/2) T, \sigma_i \sqrt{T}\right] \quad (i=1, 2, 3) \tag{4}$$

2. 总体偿债能力的均值和方差进行设定

令 F 表示期初时刻地方政府总体偿债能力，则有：$F = \sum F_i = F_1 + F_2 +$

F_3。F_T 表示未来 T 时刻地方政府总体偿债能力，则有：$F_T = \sum F_{iT} = F_{1T} + F_{2T} + F_{3T}$。在此基础上，将总体偿债能力看作是三类偿债能力的投资组合，则可以利用投资组合原理，将总体偿债能力的期望增长率 μ 表示成项目经营收益、预算可支配财力和可处置存量国有资产三类偿债能力的期望增长率加权和，即：

$$\mu = \sum c_i u_i = c_1 \mu_1 + c_2 \mu_2 + c_3 \mu_3 \tag{5}$$

其中，c_1、c_2、c_3 为三类偿债能力增长率的权重系数，即 $c_i = \dfrac{F_i}{\sum F_i}$。

在式（5）的基础上，我们可以进一步得到总体偿债能力波动率 σ 与三类偿债能力波动率的关系为：

$$\sigma = \sqrt{\sum c_i c_j \theta_{ij} \sigma_i \sigma_j} (i = 1,2,3; j = 1,2,3) \tag{6}$$

式中，θ_{ij} 表示三类偿债能力之间的相关系数。在此基础上，假设总体偿债能力同样服从随机扩散过程，即：

$$dF_t = \mu F_t dt + \sigma F_t dZ_t \tag{7}$$

则根据伊藤引理两边取对数后可得：

$$\ln F_T = \ln F + \mu T - \sigma^2 T/2 + \sigma \sqrt{T} dZ_T \tag{8}$$

将前面通过三类偿债能力增长率和波动率表示的总体偿债能力增长率和波动率的式（5）和式（6）代入式（8），可以进一步得到总体偿债能力的均值 $E(\ln F_T)$ 和方差 $Var(\ln F_T)$ 的表达式为：

$$\begin{cases} E(\ln F_T) = \ln \sum F_i + \sum c_i \mu_i T - \sum c_i c_j \theta_{ij} \sigma_i \sigma_j T/2 (i = 1,2,3; j = 1,2,3) \\ Var(\ln F_T) = \sum c_i c_j \theta_{ij} \sigma_i \sigma_j T (i = 1,2,3; j = 1,2,3) \end{cases} \tag{9}$$

3. 地方政府隐性债务的违约概率设定

根据 KMV 模型中的违约原理，当 T 时刻偿债能力 F_T 小于 T 时刻需偿还的债务规模 D_T 时，债务将发生违约，其违约距离和违约概率分别为：

$$\begin{cases} DD = -[\ln D_T - E(\ln F_T)] / \sqrt{Var(\ln F_T)} \\ PD = P(F_T < D_T) = N(-DD) = N([\ln D_T - E(\ln F_T)] / \sqrt{Var(\ln F_T)} \end{cases} \tag{10}$$

在式（10）中，DD 代表债务违约距离，PD 为债务违约概率，N（·）为标准正态函数。由于式（10）为总体偿债能力表达的隐性债务违约情况，我们将式（9）代入式（10）的违约概率表达式中，而可以进一步得到由三类偿债能力表达的地方政府隐性债务违约概率：

$$PD = N(\left[\ln D_T - \ln \sum F_i - \sum c_i \mu_i T + \right.$$

$$\left. \sum c_i c_j \theta_{ij} \sigma_i \sigma_j T/2 \right] / \sqrt{\sum c_i c_j \theta_{ij} \sigma_i \sigma_j T}) \tag{11}$$

由式（11）可以看出，与传统 KMV 模型中违约概率估测的式（10）不同，在式（10）中将偿债能力作为一个整体来表示，而式（11）则将地方政府隐性债务的偿债能力从多维度进行分解，从项目经营收益、预算可支配财力、可处置存量国有资产三部分反映出不同偿债能力在增长率和波动率上的差别，进而刻画出在不同偿债能力变动特点和趋势对于隐性债务违约风险的影响。

四、多维偿债能力视角下的地方政府隐性债务违约风险评估

（一）模型参数估计及债务偿还本息样本数据处理

在构建 KMV 修正模型并获得多维偿债能力的样本数据①之后，由式（11）可知，要开展对于地方政府隐性债务违约风险的实证评估，还需要进一步获得 KMV 修正模型中期初时期（0 时期）的各地区三类偿债能力的期望增长率和波动率数据，同时还需要获得期初时期到未来 T 时期间的隐性债务还本付息样本数据。考虑到样本数据的可获得性以及开展分析的需要，在此我们以 2017 年作为期初时期，同时设定 T = 1、2、3，以此开展 2018 ~ 2020 年的地方政府隐性债务风险评估。下面将就各地区期望增长率和波动率数据的测算思路以及隐性债务还本付息数据的处理思路做具体介绍。

首先，对期初时期各地区偿债能力的期望增长率，我们采用如下公式测算：

---

① 对于偿债能力中的地方可处置存量国有资产的样本数据，参考我国 2017 年地方融资平台发行的城投债存量余额的加权平均期限约为 5 年，故将期初时期地方可处置存量国有资产数额 = 当期地方可处置存量国有资产总额/5，以此进行偿债时期平滑处理。

$$
\begin{cases}
\mu_i = \sum \mu_{it}/T_c \\
\mu_{it} = \ln F_{it} - \ln F_{it-1}
\end{cases}
\qquad (i = 1,2,3) \tag{12}
$$

在式（12）中，某一类偿债能力的期望增长率 μ_i 等于这类偿债能力在某一样本时期跨度内（TC）[①] 每年对数增长率平均值。

其次，可运用如下标准差公式来进一步测算期初时期的三类

$$
\sigma_i = \sqrt{\sum (\mu_{it} - \mu_i)/(T_C - 1)} \tag{13}
$$

利用式（12）和式（13）还可以对式（11）中的相关系数 θ_{ij} 进行测算：

$$
\theta_{ij} = \left[\sum (\mu_{it} - \mu_i)(\mu_{jt} - \mu_j) \right]/(\sigma_i \sigma_j) \tag{14}
$$

最后，对于未来 T 时期的各地区隐性债务还本付息数据，则采用如下公式进行测算：

$$
D_T = r_T \sum DV + (1 + r_T)DV_T \tag{15}
$$

在式（15）中，$\sum DV$ 代表当期未到期的隐性债务余额规模，DV_T 代表当期将到期的隐性债务本金，r_T 代表隐性债务的平均利率。其中，对于各地区当期将到期的隐性债务本金数额，由于缺乏对 2017 年各地区整体隐性债务余额中未来到期偿还情况的数据，在此先估测出 Wind 数据库中 2017 年各地区城投债余额在 2018～2020 年到期债务本金的比例，然后将此比例作为 2017 年各地区隐性债务余额在 2018～2020 年到期的比例，进而估测出各地区 2018～2020 年将到期的隐性债务本金数据。在此基础上，将 2017 年隐性债务余额依次减去 2018～2020 年到期的隐性债务本金，就可以得到 2018～2020 年未到期的隐性债务余额。最后，对于式（15）中隐性债务平均利率，我们则根据 Wind 数据库中 2017 年各地区城投债存量的平均票面利率来表示，平均票面利率在 4.7%～6.61% 的范围内。依据上述数据，运用式（15），可获得各地区 2018～2020 年隐性债务还本付息样本数据。

（二）省级层面的地方政府隐性债务违约风险评估

2018 年 8 月 29 日，财政部部长当日向十三届全国人大常委会第五次会

---

　① 本文采用期初时期前的某一时期跨度样本数据来测算期初时期偿债能力的期望增长率。设定时期跨度 Tc 的思路是，基于数据可获得性和债务期限间隔的综合考虑，参考我国 2017 年地方融资平台发行的城投债存量余额的加权平均期限约为 5 年，因此我们设定 Tc = 5，即测算各地区期初时期增长率的样本数据时期跨度是 2012～2017 年。

议作《国务院关于今年以来预算执行情况的报告》时提出：要妥善化解隐性债务存量，省级政府对本辖区隐性债务负总责，省级以下政府各负其责，重点加强对高风险地区隐性债务化解力度。因此，本文首先从省级层面出发，通过开展地方政府隐性债务违约风险评估，对隐性债务违约风险的区域分布和走势进行分析。具体来看，将 2017 年作为期初时期，并将期初时期全国 30 个省（市、区）的三类偿债能力样本数据以及根据式（12）至式（15）测算的模型参数和隐性债务偿还本息样本数据都输入到建立的 KMV 修正模型式（11）中，据此我们可以测算出如表 4 所示的 2018～2020 年全国 30 个省（市、区）隐性债务违约概率。

表 4　不同情形取值下 2018～2020 年 30 个省（市、区）隐性债务违约概率

取值情景	投资需求侧（乐观情形取值）模型 1			投资需求侧（保守情形取值）模型 2			融资供给侧（乐观情形取值）模型 3			融资供给侧（保守情形取值）模型 4		
年份　省份	2018	2019	2020	2018	2019	2020	2018	2019	2020	2018	2019	2020
北京	0.000	0.000	0.001	0.004	0.038	0.067	0.000	0.000	0.001	0.005	0.042	0.072
天津	0.006	0.058	0.116	0.342	0.467	0.511	0.038	0.145	0.219	0.537	0.575	0.579
河北	0.012	0.014	0.025	0.109	0.195	0.288	0.000	0.001	0.006	0.095	0.162	0.231
山西	0.016	0.035	0.037	0.387	0.447	0.492	0.000	0.030	0.036	0.186	0.231	0.372
内蒙古	0.002	0.006	0.011	0.018	0.024	0.049	0.001	0.005	0.009	0.014	0.019	0.035
辽宁	0.052	0.143	0.225	0.426	0.454	0.503	0.069	0.174	0.192	0.317	0.415	0.483
吉林	0.180	0.261	0.383	0.517	0.584	0.684	0.115	0.197	0.248	0.484	0.573	0.657
黑龙江	0.012	0.028	0.066	0.289	0.361	0.387	0.001	0.018	0.044	0.116	0.170	0.214
上海	0.000	0.005	0.028	0.002	0.038	0.102	0.000	0.012	0.049	0.008	0.075	0.159
江苏	0.000	0.000	0.001	0.001	0.018	0.042	0.000	0.005	0.017	0.112	0.223	0.262
浙江	0.000	0.000	0.000	0.000	0.008	0.023	0.000	0.001	0.002	0.002	0.027	0.054
安徽	0.000	0.001	0.007	0.012	0.068	0.113	0.000	0.001	0.023	0.001	0.023	0.052
福建	0.001	0.014	0.035	0.166	0.268	0.298	0.000	0.000	0.082	0.082	0.093	0.099
江西	0.000	0.000	0.001	0.001	0.016	0.034	0.000	0.000	0.002	0.002	0.022	0.043
山东	0.002	0.018	0.033	0.203	0.256	0.251	0.000	0.001	0.004	0.110	0.143	0.163
河南	0.001	0.014	0.018	0.209	0.228	0.274	0.000	0.000	0.001	0.212	0.227	0.248
湖北	0.093	0.191	0.230	0.468	0.519	0.573	0.049	0.133	0.176	0.646	0.628	0.595
湖南	0.026	0.087	0.105	0.285	0.364	0.425	0.005	0.045	0.085	0.268	0.327	0.397

续表

取值情景	投资需求侧（乐观情形取值）模型 1			投资需求侧（保守情形取值）模型 2			融资供给侧（乐观情形取值）模型 3			融资供给侧（保守情形取值）模型 4		
年份 省份	2018	2019	2020	2018	2019	2020	2018	2019	2020	2018	2019	2020
广东	0.000	0.000	0.000	0.002	0.005	0.009	0.000	0.000	0.000	0.000	0.002	0.004
广西	0.000	0.000	0.002	0.052	0.125	0.146	0.000	0.000	0.000	0.008	0.045	0.067
海南	0.001	0.021	0.061	0.035	0.138	0.216	0.098	0.112	0.192	0.210	0.283	0.308
重庆	0.000	0.000	0.000	0.017	0.059	0.072	0.000	0.000	0.000	0.011	0.046	0.049
四川	0.036	0.094	0.113	0.429	0.526	0.631	0.000	0.057	0.097	0.363	0.493	0.611
贵州	0.002	0.018	0.046	0.265	0.316	0.407	0.001	0.014	0.035	0.202	0.309	0.311
云南	0.003	0.023	0.050	0.320	0.404	0.416	0.002	0.017	0.040	0.259	0.355	0.376
陕西	0.027	0.051	0.196	0.480	0.557	0.589	0.112	0.191	0.271	0.455	0.475	0.517
甘肃	0.063	0.111	0.125	0.342	0.334	0.307	0.017	0.050	0.068	0.156	0.196	0.197
青海	0.173	0.241	0.225	0.510	0.547	0.572	0.185	0.277	0.282	0.546	0.570	0.639
宁夏	0.064	0.082	0.097	0.229	0.238	0.252	0.074	0.081	0.101	0.200	0.205	0.214
新疆	0.042	0.113	0.162	0.317	0.433	0.498	0.054	0.107	0.175	0.426	0.503	0.564

　　首先，从表 4 中的模型 1 和模型 3 看，在三类偿债能力乐观情形取值下，2018～2020 年各省（市、区）的隐性债务违约风险属于基本可控范围内。参考穆迪公司得出的信用等级与违约率之间的关系，我们将 0.4% 地方政府隐性债务违约风险的警戒线①。基于投资需求侧估测思路下获取的隐性规模样本数据，2018 年有 16 个省（市、区）的隐性债务违约率低于警戒线，2019 年为 8 个，2020 年为 7 个。基于融资供给侧估测思路下获取的隐性规模样本数据，2018 年有 18 个省（市、区）的隐性债务违约率低于警戒线，2019 年为 11 个，2020 年为 10 个。综合来看，基于两种估测思路下的隐性债务违约率数额差距不大，趋势也大致相同，并且融资供给侧估测思路下的债务违约率总体上要略低于投资需求侧估测思路下的债务违约率。与此同时，从时间维度看，2018～2020 年各省（市、区）的隐性债务违约

---

　　① 穆迪公司测度出债券信用等级与预期违约概率之间的关系：信用等级在穆迪 Baa3 以上的公司债券很少出现违约情况。本文认为地方政府隐性债务至少应达到公司债券所评的较好信用等级，也即隐性债务至少要达到穆迪 Baa3 以上的信用等级，即预期违约概率在 0.4% 以下，才是安全的。

率大部分都有所提高，主要是由于在此期间每年的隐性债务到期需偿还本金比例不断提高所致，预计到 2020 年会到达存量隐性债务的到期还本付息的高峰。

其次，从表 4 中的模型 2 和模型 4 看，相对于乐观情形取值，在三类偿债能力保守情形取值下，2018～2020 年各省（市、区）的隐性债务违约风险有了较明显的大幅提高。除了融资供给侧估测思路下的广东的债务违约率低于警戒线之外，其余省（市、区）的债务违约率都已经超过警戒线。其中，保守情形取值下的隐性债务违约率在两种隐性债务规模估测思路下都有了明显提高。例如，2020 年，乐观情形取值下的北京的隐性债务加权平均违约率①为 0.001，而在保守情形取值下的北京的隐性债务加权平均违约率则大幅提高到了 0.069。上述情况说明，在本文前面设定的偿债能力保守情形取值下，地方政府隐性债务面临着较明显的违约风险，这印证了自2017 年以来我国提出坚决遏制隐性债务增量并严格控制地方政府债务隐性风险的必要性和正确性。同时，保守情形取值与乐观情形取值下的隐性债务违约率明显差别也表明，隐性债务违约风险对于偿债能力的变动有较强的敏感性，在今后化解隐性债务风险的过程中要高度关注不同偿债能力变动对于隐性债务违约风险的动态影响。

最后，结合表 4 中的模型 1 至模型 4 所示的 2018～2020 年各省（市、区）的隐性债务违约率总体情况，可以进一步对 30 个省（市、区）的隐性债务违约风险进行排名。具体来看，将不同估测思路以及不同偿债能力取值情形估测的隐性债务违约率全部进行加权平均排名。排名的结果显示：隐性债务违约风险最高的 10 个省（市、区）分别为青海、吉林、四川、天津、新疆、湖北、陕西、辽宁、湖南、云南。从区域分布来看，虽然东、中、西部地区都有涉及，但西部地区的省（市、区）最多，占 5 个，中部地区次之，占 3 个，东部地区最少，占 2 个。西部地区的省（市、区）隐性债务风险较高的原因在于，一方面隐性债务规模的增长速度较快，例如，在前面 2015～2017 年全国隐性债务平均增长率最高的 5 个地区中就有四川和云南。另外，西部地区的偿债能力（特别是融资平台净利润和一般公共预算收入）普遍基数低且增速较慢，进而导致隐性债务违约风险也处于高

---

① 这里的隐性债务加权平均违约率是通过将同时期投资需求侧和融资供给侧估测思路下的隐性债务违约率进行加权平均得出。

位。东部地区的省（市、区）虽然隐性债务规模存量较大，但例如广东、北京、浙江、上海等省（市、区）的偿债能力普遍较强，特别是近年来项目经营收益和可处置国有资产存量的增速也保持稳步提高，进而隐性债务违约风险相对也能得到总体控制。

（三）考虑债务展期和债务货币化情景下的地方政府隐性债务违约风险评估

由上面偿债能力保守取值情形下的隐性债务违约风险评估结果可知，各省（市、区）隐性债务都面临着不可忽视的违约风险。对于上述存量隐性债务风险如果不进行有效化解，在今后债务的偿还过程中极有可能会演化为区域性的债务违约危机。鉴于 2018 年 10 月国务院下发《关于保持基础设施领域补短板力度的指导意见》，明确提出："在不增加地方政府隐性债务规模的前提下，对存量隐性债务难以偿还的，允许融资平台公司在与金融机构协商的基础上采取适当展期、债务重组等方式维持资金周转。"实际上，要想在未来较长一段时间内通过市场方式来逐渐、稳妥地化解掉可能在近两三年内逐渐到期的隐性债务，则必然需要采取借新还旧或债务展期的方式，而这种方式操作本质上需要金融机构参与到存量隐性债务的化解中来。毕竟在当前不存在债务"刚性兑付"的背景下，相对于债务到期违约进而引致系统性金融风险来说，少获取一些债务偿还收益以避免债务违约，对于金融机构来说是一种成本最低的策略选择。

基于上述考虑，本文构建了一个由作为承债主体的金融机构和作为举债主体的融资平台在协商之后，进行债务展期以及利率调整债务重组的情景。在该情景下，一方面，我们假设 2018～2020 年到期的存量隐性债务偿还本金能通过债务展期，不再需要在到期当年立即偿还，而计入当年尚未偿还的隐性债务存量余额中，债务平均期限也由此延长到 10 年；另一方面，假设通过债务重组，2017 年各省（市、区）的存量隐性债务的平均利率调整为各省（市、区）对应的专项债券平均利率，即由 4.7%～6.61% 下降为 2.06%～5.16%。

在进行上述调整后，我们可以基于 KMV 修正模型式（11），测算出如表 5 中模型 1 和模型 2 所示的 2018～2020 年各省（市、区）隐性债务经过债务展期之后的违约概率情况。从模型 1 和模型 2 中可以看出，通过债务展期和利率调整，即使在偿债能力保守取值情形下，隐性债务违约率都有了非常明显的大幅下降，北京、上海、广东、广西、江西、安徽等 10 个省（市、区）的债务违约率都下降到 0.4% 的警戒线以下，而除了天津、吉林、湖北、湖南、四川及陕西外，其余省（市、区）的债务违约率也都大幅下降到 1% 以下。表明从短期看，债务展期能通过避免到期债务大规模集中偿还和降低债务偿还利息成本，实现存量隐性债务偿还中"以时间换空间"的目的，进而有效降低债务短期违约风险。但也要注意到，这种债务展期的本质上实际类似于借新还旧，只是将当期需要偿还的债务展期到未来偿还，虽然会通过优化债务期限结构和减少债务利息负担来降低隐性债务短期爆发危机的可能性，但从长期看并不会从根本上消除隐性债务的偿还责任和存在的债务违约风险。

**表 5　债务展期和债务货币化情景下的 2018～2020 年
30 个省（市、区）隐性债务违约概率**

取值情景	投资需求侧（保守情形取值）模型 1：债务展期			融资供给侧（保守情形取值）模型 2：债务展期			投资需求侧（保守情形取值）模型 3：债务货币化			融资供给侧（保守情形取值）模型 4：债务货币化		
年份 省份	2018	2019	2020	2018	2019	2020	2018	2019	2020	2018	2019	2020
北京	0.000	0.000	0.000	0.000	0.000	0.000	0.003	0.031	0.058	0.004	0.036	0.067
天津	0.048	0.050	0.057	0.062	0.064	0.068	0.298	0.387	0.489	0.496	0.508	0.535
河北	0.006	0.004	0.003	0.000	0.000	0.000	0.092	0.165	0.237	0.087	0.154	0.214
山西	0.005	0.010	0.016	0.001	0.008	0.012	0.355	0.407	0.452	0.168	0.205	0.348
内蒙古	0.005	0.003	0.001	0.003	0.002	0.001	0.013	0.017	0.041	0.010	0.015	0.032
辽宁	0.018	0.021	0.024	0.015	0.016	0.020	0.401	0.412	0.485	0.284	0.394	0.467
吉林	0.068	0.083	0.089	0.068	0.076	0.081	0.489	0.576	0.627	0.457	0.569	0.638
黑龙江	0.003	0.007	0.011	0.002	0.005	0.009	0.245	0.324	0.364	0.109	0.152	0.207
上海	0.000	0.004	0.006	0.001	0.003	0.003	0.001	0.032	0.099	0.006	0.062	0.144
江苏	0.000	0.000	0.000	0.001	0.003	0.004	0.017	0.039	0.108	0.108	0.214	0.256
浙江	0.000	0.000	0.000	0.000	0.000	0.000	0.006	0.019	0.001	0.001	0.022	0.050
安徽	0.000	0.001	0.001	0.000	0.000	0.000	0.010	0.064	0.107	0.000	0.019	0.039
福建	0.007	0.011	0.012	0.000	0.000	0.000	0.151	0.242	0.269	0.075	0.084	0.091
江西	0.000	0.000	0.000	0.000	0.000	0.000	0.000	0.012	0.029	0.001	0.020	0.038
山东	0.008	0.009	0.011	0.000	0.000	0.001	0.184	0.237	0.241	0.098	0.128	0.142

续表

取值情景	投资需求侧（保守情形取值）模型 1：债务展期			融资供给侧（保守情形取值）模型 2：债务展期			投资需求侧（保守情形取值）模型 3：债务货币化			融资供给侧（保守情形取值）模型 4：债务货币化		
省份　　　年份	2018	2019	2020	2018	2019	2020	2018	2019	2020	2018	2019	2020
河南	0.005	0.004	0.002	0.000	0.000	0.000	0.204	0.222	0.269	0.208	0.219	0.255
湖北	0.092	0.089	0.086	0.087	0.079	0.072	0.437	0.496	0.554	0.626	0.619	0.584
湖南	0.019	0.023	0.036	0.014	0.017	0.021	0.263	0.355	0.408	0.215	0.296	0.341
广东	0.000	0.000	0.000	0.000	0.000	0.000	0.000	0.004	0.007	0.000	0.000	0.003
广西	0.000	0.000	0.000	0.000	0.000	0.000	0.047	0.114	0.128	0.006	0.036	0.051
海南	0.002	0.004	0.007	0.000	0.006	0.009	0.031	0.129	0.205	0.199	0.271	0.300
重庆	0.000	0.000	0.000	0.000	0.000	0.000	0.011	0.048	0.065	0.008	0.037	0.041
四川	0.042	0.047	0.049	0.031	0.034	0.037	0.414	0.485	0.581	0.321	0.448	0.585
贵州	0.006	0.008	0.011	0.004	0.007	0.010	0.184	0.266	0.352	0.174	0.244	0.260
云南	0.011	0.014	0.019	0.009	0.013	0.015	0.305	0.392	0.399	0.233	0.338	0.342
陕西	0.036	0.038	0.042	0.024	0.029	0.034	0.436	0.508	0.553	0.407	0.419	0.473
甘肃	0.009	0.012	0.017	0.000	0.005	0.007	0.294	0.308	0.266	0.112	0.145	0.148
青海	0.085	0.091	0.094	0.075	0.079	0.088	0.464	0.481	0.515	0.477	0.510	0.598
宁夏	0.014	0.010	0.009	0.006	0.005	0.003	0.217	0.224	0.246	0.179	0.182	0.195
新疆	0.075	0.069	0.068	0.080	0.079	0.072	0.305	0.412	0.484	0.404	0.495	0.547

鉴于国外在化解政府存量债务中普遍存在的债务货币化手段，本文还进一步考虑了存在债务货币化的情景下，隐性债务违约风险的变动情况。其中，对于债务货币化的处理，借鉴李腊生等（2013）的思路，假设当期居民所能承受的最高铸币税对应于财富增加值为 0 的情形，则可以通过增收铸币税来进行隐性债务货币化的最大偿债能力是当期新增居民储蓄额 R 与 CPI 上涨率 m 的乘积，即 Rm。进一步将该铸币税 Rm 纳入到本文前面构建的隐性债务多维偿债能力框架中，即 $F = \sum F_i = F_1 + F_2 + F_3 + Rm$，则根据式（11）可以测算出如表 5 中模型 3 和模型 4 所示的 2018～2020 年各省（市、区）考虑债务货币化调整之后的隐性债务违约率情况。从模型 3 和模型 4 中可以看出，虽然相较于债务货币化调整前，偿债能力保守情形下的各省（市、区）的隐性债务违约率虽然整体都有一定程度的降低，但这种违

约率的下降幅度非常有限，无法明显改变各省（市、区）的隐性债务风险的总体走势。从我国实际来看，由于近年来居民储蓄率持续下降，居民储蓄额增速也出现明显下滑，从 2010 年以前的 16% 下降到 2017 年的 7.7%，因此通过增收铸币税来进行化解存量隐性债务的空间越发有限。与此同时，在当前中央政府明确强调对隐性债务"中央不救助、政府不兜底"原则的背景下，这种寄希望于中央通过增发货币向居民新增储蓄征收一定比例的"铸币税"，进而向银行注资或剥离银行坏账来进行隐性债务兜底偿还的方式也并不具有现实可操作性。

（四）地级市层面的地方政府隐性债务违约风险评估

我国地级市地方政府是城市基础设施投资建设的主力，以地级市融资平台为主体举借的相关隐性债务占比较大，地级市层面的隐性债务违约风险不容忽视。根据国泰君安证券研究所（2018）对于城投债的发行人行政级别的统计，2017 年省级发行人发债规模占比为 48%，地级发行人发债规模占比为 37%。而根据中国人民银行发布的《中国金融稳定报告（2018）》数据显示，从债务分布看，市本级隐性债务占整个省份隐性债务总额的比重超过 40%。因此，有必要进一步运用本文构建的 KMV 修正模型，对于地级市层面的地方政府隐性债务违约风险进行评估和分析。

在地级市层面的隐性债务规模估测中，由于较多省份并没有公布地级市层面的全社会固定资产按行业分类的统计数据，因此无法按照本文前面的投资需求侧思路进行债务规模估测。在此，我们主要依据前面的融资供给侧思路，采用和省级层面隐性债务估测类似的思路，用地级市层面的融资平台带息债务余额与 PPP 投资债务转化额之和来作为某一地级市政府隐性债务规模。在此基础上，结合各地级市城投债余额在 2018～2020 年到期债务本金的比例以及城投债存量的平均票面利率，进一步获得 2018～2020 年到期的隐性债务还本付息数据。与此同时，在地级市偿债能力样本数据方面，项目经营收益仍然通过 Wind 数据库整理各地级市地方融资平台净利润以及 PPP 综合信息平台项目管理库中 PPP 投资额数据来获取。地方政府预算可支配财力则通过各地级市财政局每年公布的全市预算执行情况获取，具体包括一般公共预算收入和政府性基金预算收入的数据。地方可处置存量国有资产则根据各地级市国资委公布的国资委监管企业的净资产进一步获得经营性国有资产市场价值。

考虑到篇幅限制，我们选取了广东、湖南以及四川3省中发行过城投债的共53个地级市为样本地区，对上述地级市层面的隐性债务违约风险进行评估分析。之所以选取这3个省份，首先是由于这3个省份分别处于东、中、西部地区，且在前面的省级层面隐性债务违约风险评估中，广东为隐性债务违约风险较低的地区，而湖南和四川则属于隐性债务违约风险较高的地区，对于这3个省份中的地级市隐性债务违约风险进行评估，会具有较强的代表性和可对比性。其次，由于这3个省份在投资需求侧和融资供给侧两种估测思路下的隐性债务规模数额相差不大，从侧面说明了对这3个省份的地级市隐性债务规模采用融资供给侧思路进行估测，其结果将比较稳健可信。基于此，我们将上述3省的53个地级市的相关隐性债务和偿债能力样本数据输入到建立的KMV修正模型式（11）中，据此可以测算出如图4所示的2018~2020年53个地级市（自治州、计划单列市）隐性债务加权平均违约概率。

从图4中可以看出：

第一，地级市层面的隐性债务违约风险与省级层面在总体趋势方面大致相同。对于在省级层面隐性债务违约风险明显高于广东的四川和湖南，无论是在偿债能力乐观情形还是保守情形取值下，这两个省份中的地级市层面隐性债务风险都普遍较广东更高，这说明同一个省份内，地级市之间的举债行为具有较强的空间竞争关系，从而导致了省内的各地级市之间隐性债务违约风险具有一定的趋同性。

第二，从各省份内部的地级市隐性债务违约风险分布来看，广东除湛江和广州的隐性债务违约风险较高之外，其余地级市都保持在较低水平。湖南除湘潭、株洲和邵阳的隐性债务违约风险稍显突出外，其余各地级市的隐性债务违约风险都保持在大体一致水平，各地级市间的风险离散程度不显著。四川各地级市之间隐性债务违约风险有着较明显的区分度和离散度，特别是广安、德阳和凉山州与其他地级市之间的隐性债务违约风险差别较大。综合来看，与省级层面中体现出越是经济相对落后的地区其隐性债务违约风险越高的特征有所不同，在地级市层面中，同一个省内越是经济发达的地区，其隐性债务违约风险越高。

第三，对比偿债能力在乐观情形取值和保守情形取值下的隐性债务违约风险的区别，可以发现，与省级层面类似，保守情形下的地级市层面隐性债务违约风险要较乐观情形下有了大幅度提升，说明在地级市层面隐性

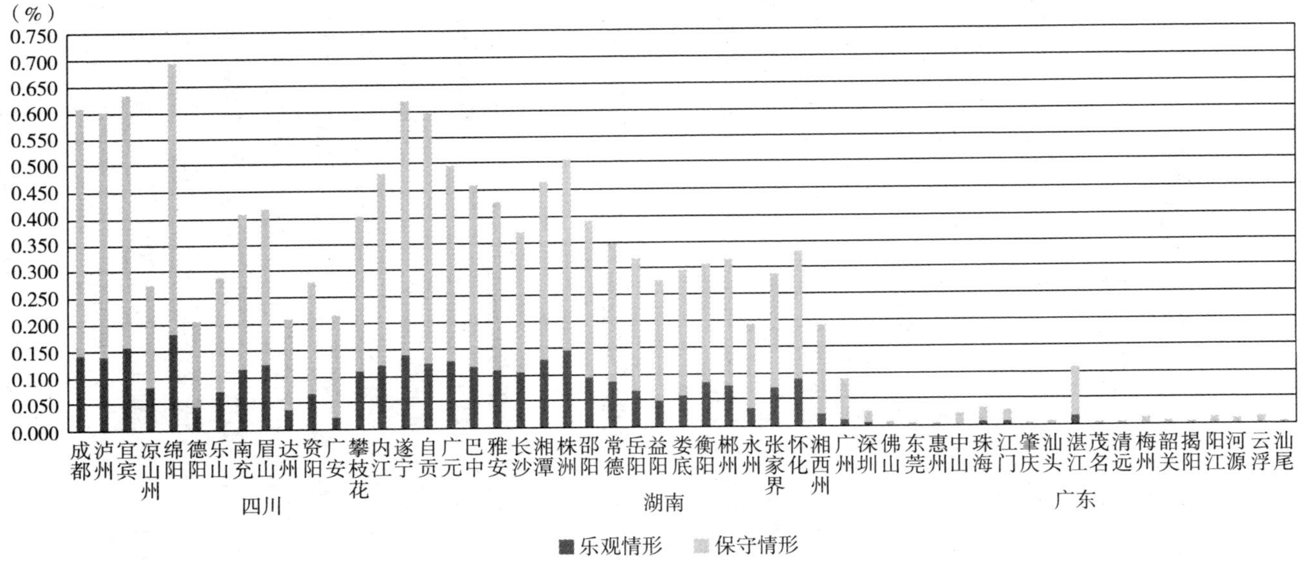

图 4 2018～2020 年 53 个地级市（自治州、计划单列市）的隐性债务加权平均违约概率情况

债务违约风险对于偿债能力变动仍然具有较强的敏感性，密切监测偿债能力的动态变化趋势对于今后防控隐性债务违约风险很有必要。

五、基于偿债能力动态变化和隐性债务安全限额的扩展性探讨

通过本文前面的分析可知，在各地区隐性债务都普遍存在一定违约风险的背景下，各期偿债能力和存量债务到期偿还规模的动态变化将会直接决定隐性债务违约风险的走势。因此，在今后防范化解地方政府隐性债务违约风险的过程中，我们需要进一步回答以下问题：一方面，鉴于隐性债务的三类偿债能力都具有各自的变化特点，那么这三类偿债能力对于隐性债务违约风险发展走势究竟有怎样的不同动态影响；另一方面，如何借鉴地方政府显性债务实行限额管理的做法，通过统筹偿债能力和违约风险等因素来科学设定存量隐性债务的安全限额？下面将针对上述两个问题开展扩展性探讨和分析。

（一）三类偿债能力的不同增长率变化对隐性债务违约风险的动态影响分析

考虑到篇幅限制以及分析方便，在此仍然选取东部地区的广东、中部地区的湖南以及西部地区的四川为样本，进而动态模拟当项目经营收益、地方政府预算可支配财力以及地方可处置存量国有资产三类偿债能力的期望增长率变化时，未来隐性债务违约风险将受到怎样的动态冲击效应。具体在动态模拟设计中，对于 KMV 修正模型我们仍然设定 2017 年为期初时期，同时，考虑到在保守情形取值下的隐性债务违约率变动更具有敏感性和区分度，因此采用三类偿债能力的保守情形取值作为期初时期的样本值。与此同时，对于 3 个省份未来隐性债务偿还本息规模的测算，我们仍然在参考地方融资平台发行的城投债期限基础上，假设 2017 年 3 个省份的隐性债务余额存量将在未来 5 年平均到期偿还[①]，即 2018～2022 年每年的隐性债务

---

① 考虑到 2017 年融资平台城投债中 7 年期、5 年期、3 年期、1 年期以下的债券占比分别为 21.27%、52.23%、24.29% 及 2.21%，加权平均期限为 4.85 年，故假设 2017 年隐性债务余额存量将在未来 5 年平均到期偿还。

到期本金为 2017 年债务存量余额除以 5。然后．结合 2017 年 3 个省份城投债存量的平均票面利率，根据式（15）测算出 3 个省份每年的债务偿还本息额。此外，对期初时期地方可处置存量国有资产的数额，仍然采用 2017 年地方可处置存量国有资产总额除以 5 来进行这部分偿债能力的偿债时期平滑处理。对于 3 个省份偿债能力的期望增长率，则分别设置了 20%、0、−20% 三种情景，在此基础上，利用 KMV 修正模型的式（11）进一步测算出 3 个省份 2018～2022 年（T = 1、2、3、4、5）的隐性债务违约率。图 5 模拟显示了 3 个省份在偿债能力处于在不同期望增长率变化情景下的隐性债务违约率动态发展趋势。

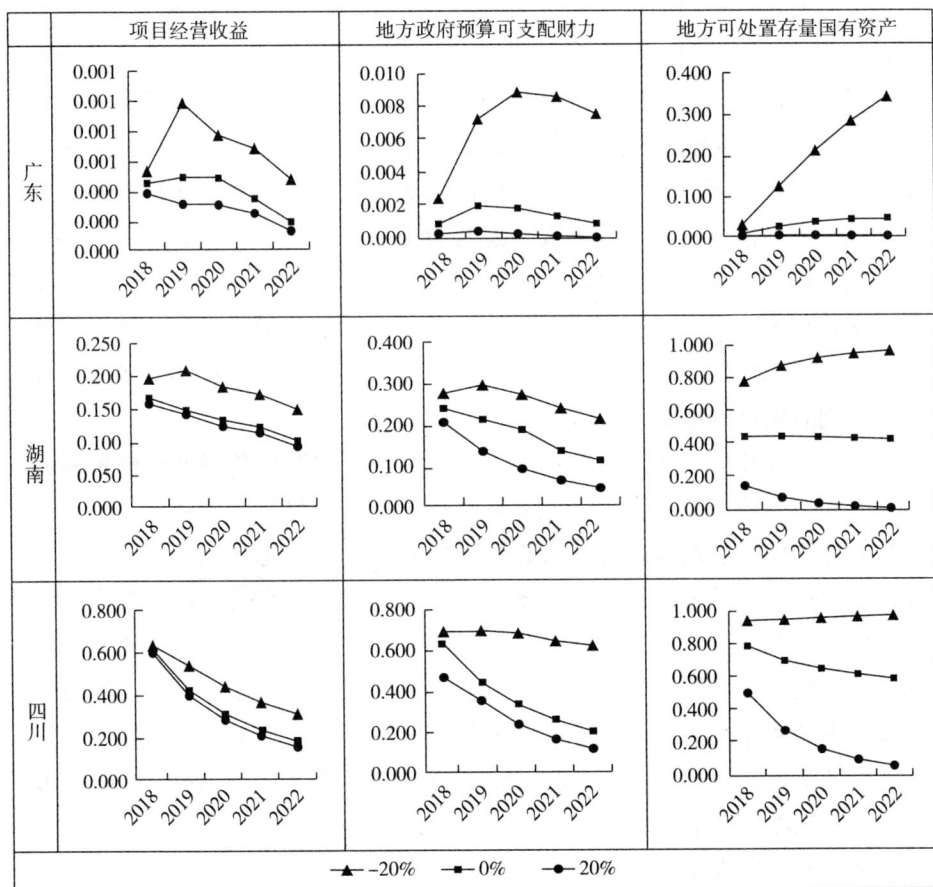

图 5 三类偿债能力不同变化影响地方政府隐性
债务违约风险的动态模拟分析

从图 5 中可以对比发现以下结论：

第一，在三类偿债能力的不同期望增长率情景下，隐性债务违约率随着时期推移而呈现出不同的动态发展趋势。首先，对于项目经营收益来说，虽然在期望增长率在 − 20% 时，债务违约率会高于其他两种期望增长率（20% 和 0）情景，但是不同期望增长率下的债务违约率动态发展趋势并没有明显差异。这表明隐性债务违约风险对于项目经营收益的增长率变动并不具有显著的敏感性。当然，这应该和当前隐性债务举债主体（主要是地方融资平台）的净利润普遍较少，且与占整个偿债能力总额的比重较低有密切关系。其次，对于地方政府预算可支配财力来说，其总体情况和项目经营收益类似，不同期望增长率下的债务违约率动态发展趋势的差异仍然不够显著。特别是期望增长率在 − 20% 时，虽然隐性债务违约率在前两期会有所提高，但从第三期开始就会出现下降，进一步说明了隐性债务违约风险对于地方政府预算可支配财力的增长率变动的敏感性有限。最后，对于地方可处置存量国有资产来说，与前面两类偿债能力有很大不同，在三种期望增长率下债务违约率动态发展态势有着显著差异。在增长率为 − 20% 时，债务违约率会在整个时期段内不断提高，在增长率为 0 时，债务违约率基本保持稳定，而在增长率为 20% 时，债务违约率会持续下降，并在第五期即 2022 年时基本处于 0 的水平。这说明隐性债务违约风险对于地方可处置存量国有资产的增长率变动有着显著的敏感性。

第二，隐性债务违约风险对于三类偿债能力预期增长率变化的敏感程度差异在不同地区中也存在区域异质特征。对于项目经营收益来说，除了在广东隐性债务违约风险对其增长率变化有一定的敏感性之外，湖南和四川的敏感性都不显著。对于地方政府预算可支配财力来说，在广东隐性债务违约风险对其增长率变化已经具有较显著的敏感性，而湖南和四川虽然这种敏感程度也已经相较项目经营收益更为明显，但总体来看，这种敏感程度并不能明显改变隐性债务违约风险的发展趋势。对于地方可处置存量国有资产来说，3 个省份隐性债务违约风险对其增长率变化都有着显著的敏感性，并且相对东部地区的广东来说，中部地区的湖南和西部地区的四川所体现出的敏感程度要更为明显。

综合上述结论，从三类偿债能力不同期望增长率变化对于隐性债务违约风险的动态影响程度看，从小到大的顺序依次为：项目经营收益 < 地方政府预算可支配财力 < 地方可处置存量国有资产。这个结论对于今后制订

地方政府存量隐性债务偿还计划，化解隐性债务违约风险无疑具有重要参考价值。结合财政部下发的《地方全口径债务清查统计填报说明》中提到的存量隐性债务偿还化解的三种方式：利用项目结转资金以及经营收入偿还、安排财政资金偿还、出让政府股权以及经营性国有资产权益偿还。这三种偿还方式实际上对应了本文上面提出的三类偿债能力。显然，根据本文的结论，今后如何确保地方可处置存量国有资产稳步增长，并且地方政府能通过出让这些具有收益性的资产转化为与债务偿还匹配的现金流，是化解隐性债务违约风险的关键所在。

（二）预期偿债能力情景下的存量隐性债务安全限额测度与设定

从世界各国防范化解政府债务风险的实践经验看，设定当期债务余额的安全限额是普遍通行的做法。随着 2015 年 12 月财政部《关于对地方政府债务实行限额管理的实施意见》，我国对于包含一般债务和专项债务在内的地方政府显性债务余额已经实行限额管理。通过设定债务余额限额，能够有效控制债务规模的快速无序膨胀，特别是地方政府债务在采用借新还旧方式偿还时，余额限额管理能直接通过设定债务存量规模的"红线"，确保债务能够到期及时足额偿还，避免债务违约现象的发生。考虑到当前存量规模庞大的地方政府隐性债务不可能在短期内就能通过依靠既有的偿债能力去全部偿还，必然需要在未来较长一段时间内采取类似"借新还旧"或债务展期的方式去逐步、稳妥地化解。因此，参考地方政府显性债务实行限额管理的做法，统筹考虑偿债能力状况和违约风险程度等因素来科学设定存量隐性债务安全限额具有很强的现实指导意义。

本文对于存量隐性债务安全限额的总体测度思路是：首先，以 2017 年作为期初时期，同时将各地区 2017 年三类偿债能力额作为期初时期的偿债能力初始值。然后，根据地方政府预算计划和偿债能力发展趋势，预测出各地区下一年度即 2018 年的三类偿债能力额。其次，将 2018 年各地区隐性债务还本付息额按照当年预测的偿债能力总和的不同占比来进行测算，并根据构建的 KMV 修正模型的式（11）进一步测算出相应不同占比规模下的隐性债务违约概率。最后，将隐性债务违约概率处于违约临界点 0.4% 时的数值作为当期隐性债务的安全还本付息额，在设定存量隐性债务平滑到期的前提下，通过公式：当期存量隐性债务安全限额 = 当期隐性债务安全还本付息额×存量隐性债务平均偿还期限,可以得到预期偿债能力情景下的存量隐性债务安全限额。

根据上述测度思路,我们仍然以广东、湖南、四川 3 个省份的样本数据为基础,对 2018 年 3 个省份存量隐性债务限额进行测度和设定。在此需要注意的是,由于测度思路中,如何预测 2018 年 3 个省份的三类偿债能力额是其中的关键,因此,需要结合 3 个省份的政府预算计划和偿债能力发展趋势来开展预测。具体来看,对于 2018 年 3 个省份偿债能力中的预算可支配财力部分,可以通过 3 个省份的《2017 年预算执行情况和 2018 年预算草案报告》中提出的 2018 年一般公共预算收入和政府性基金预算收入的预计增长率为标准来进行预测。而对于 2018 年 3 个省份中偿债能力中的地方可处置存量国有资产额和项目经营收益的预测,则参考陈共荣等(2016)采用的三次指数平滑法具体进行预测,并对于 2018 年 3 个省份的地方可处置存量国有资产额并结合 3 个省份国资委公布的 2018 年 12 月末国资监管企业资产总额来进行了修正。与此同时,对于当期存量隐性债务安全限额测度公式中的债务平均偿还期限,仍然参考地方融资平台发行的城投债期限,将债务平均偿还期限设定为 5 年。

在明确测度思路和样本数据来源后,依据构建的 KMV 修正模型的式(11),可以测度出如表 6 所示的 2018 年 3 个省份在预期偿债能力情景下的存量隐性债务安全限额。例如,对于东部地区的广东来说,在保守情形取值下,当债务到期偿还规模与预期偿债能力总额的比重(即表 5 中的 D/F)达到 60% 时,隐性债务违约率达到临界值 0.3%,此时的 2018 年存量隐性债务安全限额为 6614.4×5 = 33072 亿元。同理,在乐观情形取值下,当 D/F 达到 50% 时,广东 2018 年存量隐性债务安全限额为 10459.4×5 = 522097 亿元。

表 6 预期偿债能力情景下的地方政府隐性债务安全限额测度

	临界点	D/F(%)	10	20	30	40	50	60	70	80	90	100
保守情形	广东	D∗5	5512	11024	16536	22048	27560	33072	38584	44096	49608	55119
		PD(%)	0.0	0.0	0.0	0.0	0.0	0.3	1.4	4.5	10.7	20.0
	湖南	D∗5	2490	4980	7470	9959	12449	14939	17429	19919	22409	24898
		PD(%)	0.0	0.0	0.0	0.0	0.2	1.0	3.9	9.7	18.9	30.6
	四川	D∗5	4536	9072	13608	18144	22680	27216	31751	36287	40823	45359
		PD(%)	0.0	0.0	0.0	0.1	0.7	2.9	7.5	14.9	24.4	35.2

续表

临界点		D/F（%）	10	20	30	40	50	60	70	80	90	100
乐观情形	广东	D＊5	10459	20919	31378	41837	52297	62756	73215	83675	94134	104593
		PD（%）	0.0	0.0	0.0	0.0	0.0	0.5	1.8	5.4	11.8	21.0
	湖南	D＊5	4845	9690	14535	19380	24225	29070	33915	38760	43605	48450
		PD（%）	0.0	0.0	0.0	0.0	0.2	1.2	4.2	10.3	19.5	31.0
	四川	D＊5	8864	17728	26592	35456	44320	53184	62048	70911	79775	88639
		PD（%）	0.0	0.0	0.0	0.1	0.9	3.2	8.0	15.5	25.0	35.6

注：①D 代表当期隐性债务安全还本付息额，F 代表当期三类偿债能力总额，PD 代表隐性债务违约概率；②存量隐性债务规模为处于违约率临界点 0.4％时的数额。

在今后我国对于隐性债务风险管理遵循"坚决遏制隐性债务增量，妥善化解隐性债务存量"的总体思路下，考虑到未来不会再出现新的地方政府隐性债务的增量，因此，我们可以进一步将本文测度的 2018 年各省存量隐性债务安全限额与 2017 年采用融资供给侧思路估测的各省实际隐性债务余额做一个对比。具体来看，我们设计了隐性债务安全限额覆盖率这一指标，即隐性债务安全限额覆盖率＝隐性债务实际存量余额/隐性债务安全限额。显然，如果隐性债务安全限额覆盖率大于 100％，则说明当期实际的地方政府存量隐性债务规模已经超过了预期偿债能力情景下的存量隐性债务安全限额，这表明当期总体偿债能力已经无法完全覆盖当期存量隐性债务实际规模，今后对于隐性债务风险的管理则不仅需要严控隐性债务增量不再有任何增加，而且需要尽快采取相应措施去化解已存在的隐性债务存量。相反，如果隐性债务安全限额覆盖率小于 100％，则说明当期总体偿债能力能够完全覆盖当期存量隐性债务规模，则今后对于已有的存量隐性债务可以采取较为平稳的化解方式去处理。

依据上述隐性债务安全限额覆盖率的公式，可以进一步得出如图 6 所示的 2018 年 3 个省份的隐性债务安全限额覆盖率情况。具体来看，东部地区的广东，无论是在偿债能力保守情形还是乐观情形取值下，其隐性债务安全限额覆盖率都显著超过 100％，分别为 181％和 286％。这说明在预期偿债能力情景下，2018 年广东的总体偿债能力能够完全覆盖当期存量隐性债务规模，因而今后可以运用市场化手段来分类分步稳妥推进其存量隐性债务化解。而中部地区的湖南和西部地区的四川，在偿债能力保守情形取值下，湖南和四川的隐性债务安全限额覆盖率已经低于100%，分别为81%和79%。这说明2018年湖南和四川的总体偿债能力并不能有效覆盖当期存量隐性债务规模，存在一定的隐性债务违约风险，因而今后在上述省份出现局部存量隐性债务难以偿还时，应通过债务展期及债务重组等方式以及合适期限的金融工具来应对到期存量隐性债务违约风险。

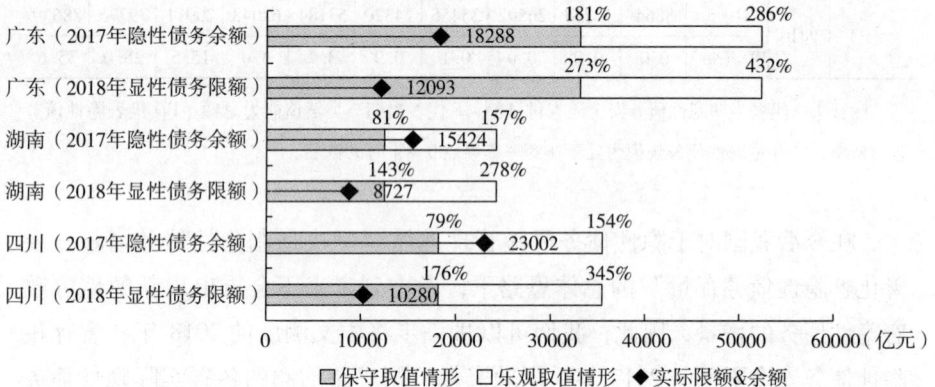

图6 三个省份2018年地方政府隐性债务安全限额覆盖率情况

此外，在图6中，我们还将3个省份2018年政府预算规定的地方政府显性债务（包括一般债务和专项债务）限额与同期存量隐性债务安全限额进行了对比，显然，3个省份中，即使是在偿债能力保守情形下的存量隐性债务安全限额也要明显超过存量显性债务限额，一方面说明当前我国各地区的地方政府存量隐性债务规模要明显高于存量显性债务规模的实际情况；另一方面说明由于隐性债务的偿债来源较显性债务要更加多元化，其总体偿债能力也要更强（特别是相对于一般债务），因而今后各地将存量隐性债务安全限额设定高于当期的存量显性债务限额也具有其必要性和合理性。

六、结论与建议

本文针对地方政府隐性债务形成和运作特征，采用投资需求侧和融资供给侧两种思路对隐性债务规模进行了系统估测和区域分布特征分析。在此基础上，通过建立地方政府隐性债务的多维偿债能力框架，进一步构建了相应的 KMV 修正模型来开展地方政府隐性债务风险的评估和化解研究。研究发现：

（1）从地方政府隐性债务规模估测的结果来看，运用投资需求侧和融资供给侧两种思路估测的隐性债务规模比较接近，其中，2015～2017 年汇总全国 30 个省（市、区）的隐性债务余额规模在投资需求侧估测思路下分别为 20.77 万亿元、31.58 万亿元和 41.27 万亿元，而在融资供给侧估测思路下分别为 19.43 万亿元、28.45 万亿元、35.68 万亿元。与此同时，从地方政府隐性债务的区域分布特征看，隐性债务存量规模最高的省份主要集中在东部地区，而 2015～2017 年隐性债务规模增长最快的省份则主要集中在西部地区，需要引起高度重视。

（2）从运用 KMV 修正模型开展 2018～2020 年我国地方政府隐性债务违约风险评估的结果看，首先，在省级层面，当三类偿债能力乐观情形取值下，各省（市、区）的隐性债务违约风险属于基本可控范围内，但当三类偿债能力保守情形取值下，各省（市、区）的隐性债务违约率有了大幅提高，面临着较明显的违约风险，并且西部和中部地区各省（市、区）的隐性债务违约风险要普遍高于东部地区。其次，在考虑债务展期和利率调整债务重组之后，即使在偿债能力保守取值情形下，隐性债务违约率都有了明显的大幅下降，这表明从短期来看，债务展期能实现存量隐性债务偿还中"以时间换空间"的目的，进而有效降低债务短期违约风险。与此同时，在"中央不救助"的背景下，通过债务货币化手段来化解地方政府存量隐性债务违约风险的效果则十分有限。最后，在地级市层面，隐性债务违约风险的总体趋势和区域分布与省级层面大致相同，与省级层面类似，保守情形下的地级市隐性债务违约风险要较乐观情形下有了大幅度提升，这说明在地级市层面隐性债务违约风险对于偿债能力变动同样具有较强的敏感性。

（3）从 2018～2022 年三类偿债能力不同期望增长率变化对隐性债务违约风险的动态影响结果来看，按照动态影响程度从小到大的顺序依次为项目经营收益、地方政府预算可支配财力、地方可处置存量国有资产。因此，对于化解地方政府隐性债务违约风险来说，关注地方可处置存量国有资产稳步增长比一味重视地方政府可支配财力（特别是土地出让收入）更有价值，确保地方政府能通过出让这些具有收益性的国有资产转化为与债务偿还匹配的现金流，是化解地方政府隐性债务违约风险的关键所在。

（4）从预期偿债能力情景下的存量隐性债务安全限额测度与设定结果看，东部地区的广东，无论是在偿债能力保守情形还是乐观情形取值下，其隐性债务安全限额覆盖率都显著超过 100%，因而今后可以运用市场化手段来稳妥推进其存量隐性债务化解。而中部地区的湖南和西部地区的四川，在偿债能力保守情形取值下，其隐性债务安全限额覆盖率已经低于 100%，因而今后在上述省份出现局部存量隐性债务难以偿还时，应通过债务展期及债务重组等方式以及合适期限的金融工具来应对到期存量隐性债务违约风险。今后各地区应结合不同隐性债务安全限额覆盖率情况，制定出相应的存量隐性债务违约风险化解计划。

根据上述研究结论，可从以下方面进一步提出化解地方政府隐性债务风险的建议：

（1）针对当前我国地方政府隐性债务规模大，面临违约风险高的实际情况，化解隐性债务风险的总体思路必须遵循"坚决控制增量，妥善化解存量"的原则。一方面，通过督促整改政府投资基金、PPP、政府购买服务中的不规范行为，严禁各种违法违规担保和变相举债，确保不再新增地方政府隐性债务增量；另一方面，从多维度偿还能力视角出发，通过统筹安排地方政府预算可支配财力、利用举债融资主体开展项目的经营活动收益、处置存量国有资产等方式妥善推进存量地方政府隐性债务的偿还化解。根据本文的研究结论，特别是在地方融资平台的项目经营活动收益有限以及以土地出让收入为主的地方可支配财力波动较大的情况下，应通过国有资产证券化、成立地方资产管理公司处置国有资产以及引进 TOT 特许经营社会资本化等市场化方式来盘活地方国有资产存量，并最终形成与存量隐性债务偿还相匹配的现金流。

（2）在化解地方政府隐性债务风险的具体策略步骤上，应针对不同地区面临的不同债务违约风险状况，采用分类分步的化解思路。其中，针对隐性债务违约风险较小的地区，可以侧重采用分类稳妥推进的策略，例如，对于地方融资平台经营性债务，有稳定经营性收入来源的融资平台可以通过引入社会资本参与股权投资来提高经营水平进而提高偿债能力，而没有稳定经营性收入来源的融资平台则可以通过处置存量资产的方式进行债务偿还。针对隐性债务违约风险较大的地区，应侧重通过债务展期及债务重组等方式来应对到期存量隐性债务可能出现的违约问题。根据本文的研究结论，今后可通过试点推进地方融资平台与金融机构协商之后的存量隐性债务展期和重组。其中，对于参与的金融机构方面，可以有国开行等政策性银行，可以有商业银行，鼓励它们与融资平台公司协商，采取市场化方式，通过合适期限的金融工具应对到期存量隐性债务违约风险，从而在未来较长一段时间内稳妥地化解掉短期内到期的隐性债务。具体在被置出隐性债务的选择上，可以优先置换剩余期限短、利率高的品种，而在置入的贷款方面，优先选择期限在 10 年及以上的品种，同时配合适当的增信手段，使得相应的贷款利率能保持在中长期基准利率水平或适当上浮水平。通过上述措施，可以尽快缓解地方政府偿债压力和避免偿债资金断裂，同时能最大限度地优化地方隐性债务期限结构，降低其利息负担。

（3）参考地方政府显性债务（包括一般债务和专项债务）实行限额管理的做法，今后应统筹考虑各地当期偿债能力状况和债务违约概率等因素来设定存量隐性债务安全限额。通过设定地方政府隐性债务安全限额，能够最直观地通过控制债务规模来防范债务风险，特别当隐性债务采用借新还旧方式偿还时，安全限额的设定能确保到期债务及时足额的偿还，避免因偿债资金断裂而产生的债务违约现象。具体在存量隐性债务安全限额的设定上，考虑到当前存量隐性债务的规模普遍高于显性债务，并且隐性债务的偿债来源更加多元化，因而各地实际设定的存量隐性债务安全限额可以高于同期的显性债务限额。

参考文献

［1］冉光和，李静，管洪. 地方政府负债风险的生成机理与预警研究［J］. 中国软科学，2006（9）：29 - 37.

［2］裴育，欧阳华生. 我国地方政府债务风险预警理论分析［J］. 中国软科学，2007（3）：110 - 119.

［3］郭玉清. 中国各省区财政偿债能力的比较与演进：2005—2012［J］. 财贸研究，2015（1）：80 - 90.

［4］张同功：新常态下我国地方政府债务风险评价与防范研究［J］. 宏观经济研究，2015（9）：134 - 143.

［5］宋良荣，侯世英. 我国地方政府性债务风险评价研究——基于资产负债视角［J］. 经济体制改革，2018（3）：146 - 152.

［6］Kaminsky, G. L. , Reinhart, C. M. , The Twin Crises：The Causes of Banking and Balance of Payments Problems［J］. The American Economic Review, 1999, 89（3）：473 - 500.

[7] MA, J., Monitoring Fiscal Risks of Subnational Governments: Selected Country Experience [M]. Oxford: Oxford University Press, 2003.

[8] 伏润民, 王卫昆, 缪小林: 我国地方政府债务风险与可持续性规模探讨[J]. 财贸经济, 2008 (10): 82 - 87.

[9] 刘骅, 卢亚娟. 地方政府融资平台债务风险预警模型与实证研究[J]. 经济学动态, 2014 (8): 63 - 69.

[10] 吕函枰, 马恩涛. 我国地方政府债务风险预警系统研究[J]. 东北财经大学学报, 2017 (6): 59 - 65.

[11] 李斌, 郭剑桥, 何万里. 一种新的地方政府债务风险预警系统设计与应用[J]. 数量经济技术经济研究, 2016 (12): 96 - 112.

[12] 刘骅. 地方政府融资平台贷款风险等级分类真实性的审计研究[J]. 山东财经大学学报, 2017 (2): 1 - 8.

[13] Manasse, P., Roubini, N., "Rules of Thumb" for Sovereign Debt Crises [J]. Journal of International Economics, 2009, 78 (3): 192 - 205.

[14] 洪源, 王群群, 苏知立. 地方政府债务风险非线性先导预警系统的构建与应用研究[J]. 数量经济技术经济研究, 2018 (6): 95 - 113.

[15] 张海星, 靳伟凤. 地方政府债券信用风险测度与安全发债规模研究——基于 KMV 模型的十省市样本分析[J]. 宏观经济研究, 2016 (5): 48 - 65.

[16] Mrtyon, R. C., On the Pricing of Corporate Debt: The Risk Structure of Interest Rates [J]. Journal of Finance, 1977, 29 (2), 449 - 470.

[17] KMV, KMV and Credit Metrics [M]. San Francisco: KMV Corporation Press, 1997.

[18] 韩立岩, 郑承利, 罗雯, 杨哲彬. 中国市政债券信用风险与发债规模研究 [J]. 金融研究, 2003 (2): 85 - 94.

[19] 李腊生, 耿晓媛, 郑杰. 我国地方政府债务风险评价[J]. 统计研究, 2013 (10): 30 - 29.

[20] 徐占东, 王雪标. 中国省级政府债务风险测度与分析[J]. 数量经济技术经济研究, 2014 (12): 38 - 54.

[21] 沈沛龙, 樊欢. 基于可流动性资产负债表的我国政府债务风险研究[J]. 经济研究, 2012 (2): 93 - 105.

[22] 刁伟涛. 国有资产与我国地方政府债务风险测度——基于未定权益分析方法 [J]. 财贸研究, 2016 (3): 99 - 105.

[23] 洪源, 胡争荣. 偿债能力与地方政府债务违约风险[J]. 财贸经济, 2018 (5): 21 - 37.

[24] BRIXI, H., Contingent Government Liabilities: A Hidden Risk for Fiscal Stability

［R］. World Bank Policy Research Working Paper，1998.

［25］吉富星. 地方政府隐性债务的实质、规模与风险研究［J］. 财政研究，2018
（11）：62－70.

［26］吕健. 地方债务对经济增长的影响分析——基于流动性的视角［J］. 中国工业
经济，2015（11）：16－31.

［27］郑春荣. 我国大型城市政府融资平台调查报告［J］.公共治理评论，2016（2）：
85－108.

［28］国泰君安证券研究所. 新旧交替　去伪求真——城投债 2017 年回顾与 2018
年展望［J］.债券，2018（1）：34－40.

［29］陈共荣，万平，方舟. 中美地方政府债务风险量化比较研究［J］. 会计研究，
2016（7）：74－80.

中国智能制造业市场表现及投资价值研究

——基于中国 A 股高成长企业遴选的五维评价体系

张立超　徐向阳　卢宗辉

摘　要　当前智能制造板块具有较大潜力，其活跃度强于整体上证 A 股平均水平。通过对营业收入、净利润、资产负债率、净资产收益率等财务指标分析，发现智能制造板块的成长性明显高于主板整体平均水平，未来行业成长性良好。根据海外智能制造业的发展经验，利用资本市场为智能制造业引进资金是重要手段，以金融资本带动产业资本发展，两者结合共同推动新技术革命，进而推进智能制造业向前发展。未来，政策驱动、市场拉动、成本推动以及产业升级的内在要求，是拉升中国智能制造产业景气度持续走高的主要动因。在此基础上，应着重从公司业绩成长、估值、布局等方面，筛选出产业链中较为出色的公司作为推荐标的。投资标的的选择，重点在于内在价值发掘，确定其具有中长期上升潜力方可列为标的选择范围。以价值分析为手段，建立中国智能制造企业高成长企业遴选的五维评价体系，积极关注布局进入发展快车道的成长性企业，确认其价格变动中枢及估值上下限，把握智能制造产业的主题性机会。

关键词　智能制造；市场表现；盈利能力；商业价值；成长性

一、中国智能制造产业的市场表现

（一）市场规模情况

目前全球正掀起一轮新的工业技术革命浪潮，美国、德国、日本、巴西、印度等国家已经先后制定了未来工业发展战略，制造业的格局正发生悄然改变。在新时代、新经济背景下，中国传统制造业不断向先进制造业转型，人工智能、大数据等新技术兴起，为国内制造业进一步升级提供了可能性。以"互联网＋"为代表的新行业、新商业模式为制造业带来了新的活力，借助互联网平台、大数据、人工智能等科技手段，相关行业大大拓宽了业务渠道和市场规模，企业盈利水平不断改善，企业市场价值得到大幅提升。事实上，智能制造主题于 2014 年底在资本市场开始发酵，自 2015 年以来，在智能制造一系列政策的推动下，板块走势强劲。目前来看，总市值超过 100 亿元的企业有 25 家，排名前三的分别是美的集团、工业富联和格力电器，2018 年底的总市值分别达到了 2456 亿元、2282 亿元和 2147 亿元，是行业的领导者。如表 1、图 1、图 2 所示。

表 1　智能制造行业总市值 TOP10（2018 年 12 月 31 日）

证券代码	证券简称	总市值（亿元）	总股本（亿股）	流通股合计（亿股）
000333. SZ	美的集团	2455.99	66.63	43.04
601138. SH	工业富联	2282.69	196.95	11.18
000651. SZ	格力电器	2147.01	60.16	43.38
000725. SZ	京东方 A	915.20	347.98	235.37
600690. SH	海尔智家	882.03	63.68	35.94
600406. SH	国电南瑞	849.35	45.84	15.57
000938. SZ	紫光股份	456.15	14.59	1.97
600588. SH	用友网络	408.50	19.18	9.09
300124. SZ	汇川技术	335.16	16.64	10.09
002008. SZ	大族激光	323.96	10.67	8.07

资料来源：Wind。

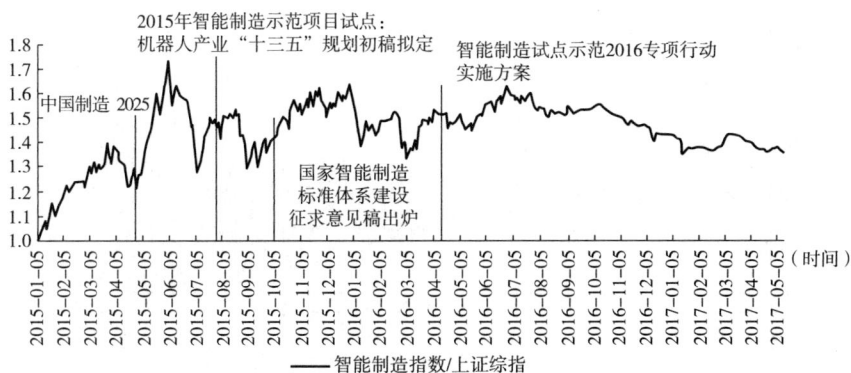

图 1　自 2015 年以来智能制造主题演绎的市场行情

资料来源：Wind。

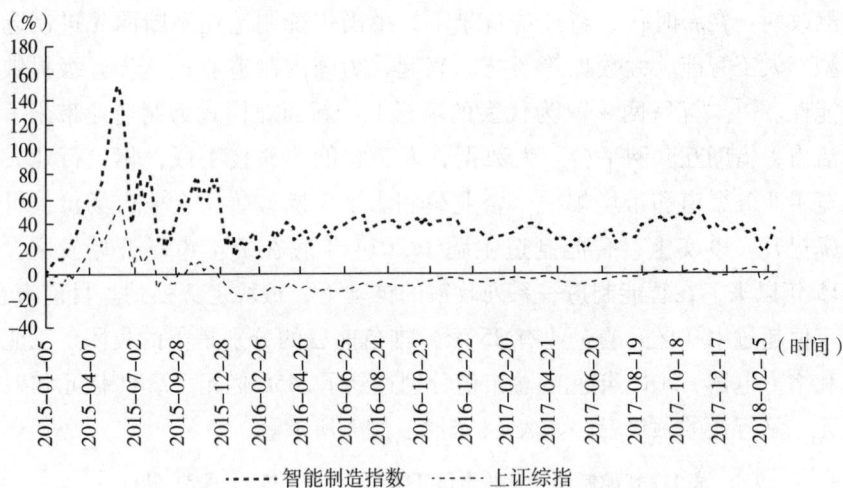

图 2　自 2015 年以来智能制造指数相对于上证指数的表现

资料来源：Wind。

（二）市场交易情况

从成交量来看，2018 年 12 月 28 日智能制造板块周成交量 51.97 亿股，成交金额 504.5 亿元。自 2015 年以来，成交量基本在 50 亿股左右，除了 2015 年 6 月达到最高峰水平的 102.53 亿股，成交金额 3681.43 亿元。之后随着整体市场的回落而回落，周成交量基本在 50 亿股以内，周成交额除了 10 月 16 日那一周，基本都在 1000 亿元附近。如图 3、图 4 所示。

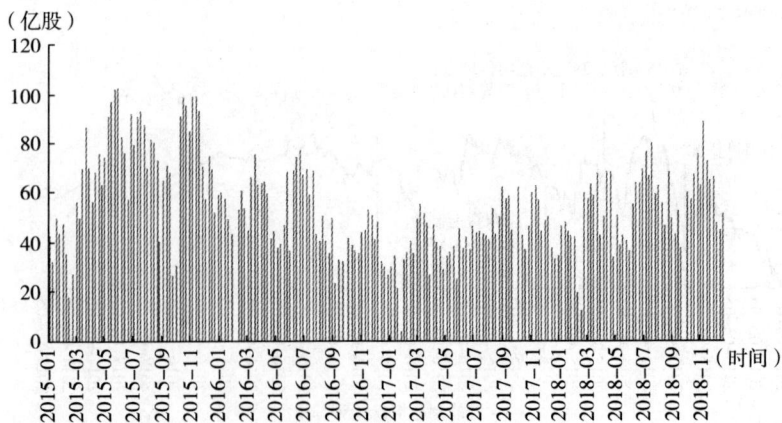

图 3　智能制造周成交量

资料来源：Wind。

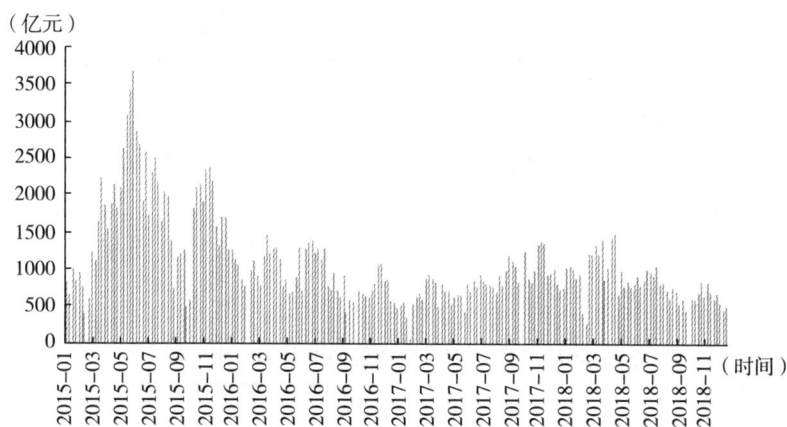

（亿元）

图 4　智能制造周成交额

资料来源：Wind。

从换手率看，智能制造具有较大潜力，其活跃度强于整体上证 A 股平均水平的潜力正在被市场挖掘。当市场整体趋于好转，流动性较好时，智能制造的周换手率都高于 A 股市场整个板块。比如，在 2016 年 5 月的反弹行情当中，智能制造的月换手率高达 5.92%，比新三板 2.96% 高出 100%。

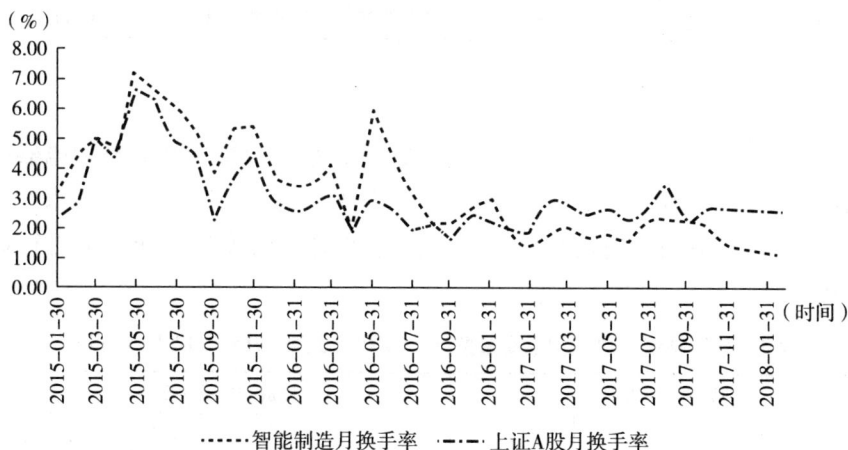

（%）

————智能制造月换手率　—·—·上证A股月换手率

图 5　智能制造与上证 A 股月换手率

资料来源：Wind。

研究智能制造板块区间涨跌幅排名前十个股，不难发现：2018 年全年板块内涨幅最大个股为宇信科技，2018 年累计上涨 118.02%，业绩的持续高增长是股价上行的主要动力。除此之外，中贝通信、天永智能同样涨幅居前，分别取得 91.86% 以及 38.56% 的区间涨跌幅。跌幅居前个股包括长园集团、华昌达、银禧科技等，由于缺乏足够的业绩支撑，加之前期涨幅较大，自 2018 年初以来股价表现不尽如人意，其中长园集团累计下跌幅度达到 72.01%，如表 2 所示。

表 2 2018 年智能制造板块区间涨跌幅前十个股

证券代码	证券简称	区间涨跌幅（%）	证券代码	证券简称	区间涨跌幅（%）
300674. SZ	宇信科技	118.02	600525. SH	长园集团	−72.01
603220. SH	中贝通信	91.86	300278. SZ	华昌达	−66.65
603895. SH	天永智能	38.56	300221. SZ	银禧科技	−66.22
600588. SH	用友网络	31.45	600172. SH	黄河旋风	−65.22
603666. SH	亿嘉和	29.48	300279. SZ	和晶科技	−61.06
600845. SH	宝信软件	13.07	300097. SZ	智云股份	−60.54
300400. SZ	劲拓股份	11.19	300115. SZ	长盈精密	−58.90
300457. SZ	赢合科技	4.45	300337. SZ	银邦股份	−57.26
600775. SH	南京熊猫	4.20	300613. SZ	富瀚微	−57.06
600406. SH	国电南瑞	3.73	002529. SZ	海源复材	−55.88

资料来源：Wind。

从个股成交情况看，京东方 A 周均成交量为 248992 万股，格力电器周均成交金额 1218502 万元，位列第一（见表 3）。浪潮信息、海尔智家、工业富联、美的集团、用友网络、汉得信息等成交也较为活跃，位居行业前 10。

表 3 智能制造板块周均成交量情况 TOP10（截至 2018 年 12 月 31 日）

周成交量（万股）				周成交额（万元）				
排序	代码	简称	成交量	排序	代码	简称	成交额	
1	000725. SZ	京东方 A	248992.17	1	格力电器	000651. SZ	1218501.51	
2	000651. SZ	格力电器	26823.06	2	京东方 A	000725. SZ	1119477.18	
3	000977. SZ	浪潮信息	20395.48	3	美的集团	000333. SZ	705791.98	
4	600690. SH	海尔智家	19517.35	4	浪潮信息	000977. SZ	455657.64	

周成交量（万股）				周成交额（万元）			
排序	代码	简称	成交量	排序	代码	简称	成交额
5	002185. SZ	华天科技	16687. 17	5	中科曙光	603019. SH	432237. 67
6	601138. SH	工业富联	14225. 86	6	用友网络	600588. SH	358116. 41
7	000333. SZ	美的集团	14206. 54	7	海尔智家	600690. SH	352885. 31
8	600588. SH	用友网络	12447. 54	8	大族激光	002008. SZ	340587. 31
9	000961. SZ	中南建设	12186. 98	9	工业富联	601138. SH	245510. 90
10	300170. SZ	汉得信息	11943. 76	10	汉得信息	300170. SZ	162686. 36

资料来源：Wind。

二、中国智能制造产业盈利能力分析

（一）财务情况

根据智能制造企业 2018 年披露的年报，从财务数据来看，智能制造总体取得了较好的收益。数据显示，2018 年，智能制造总计实现营收 16569. 52 亿元，同比增长 84. 38%；净利润总额达 973. 37 亿元，同比增长 26. 47%；资产负债率为 61. 98%，同比增长 0. 19 个百分点；净资产收益率为 - 1. 27%，同比增长 11. 94 个百分点，如图 6 ~ 图 9 所示。

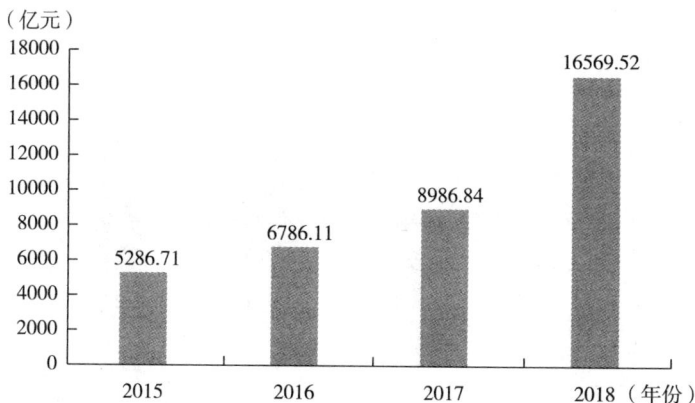

（亿元）

图 6 **2015 ~ 2018 年智能制造板块营业收入情况**

资料来源：Wind。

（亿元）

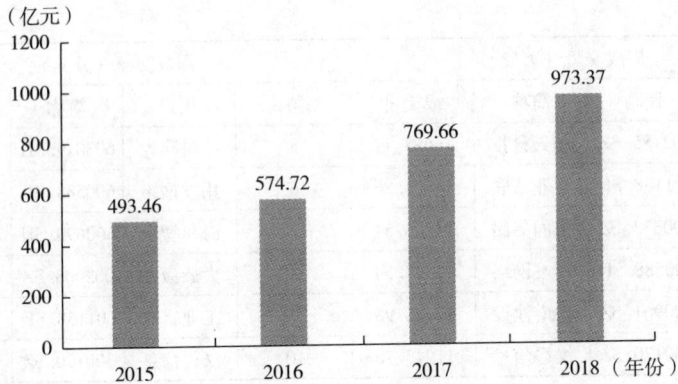

图7　2015～2018 年智能制造板块净利润情况

资料来源：Wind。

（%）

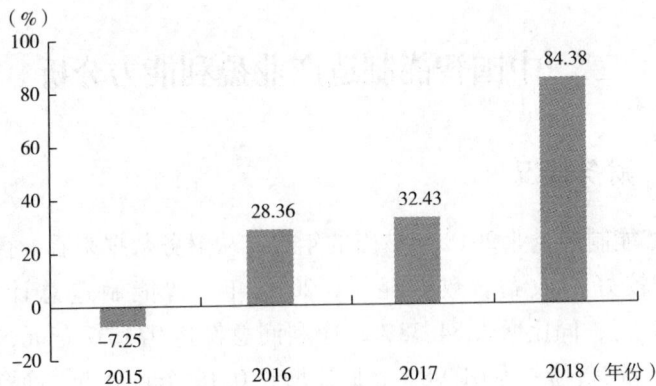

图8　2015～2018 年智能制造板块营收同比增速情况

资料来源：Wind。

（%）

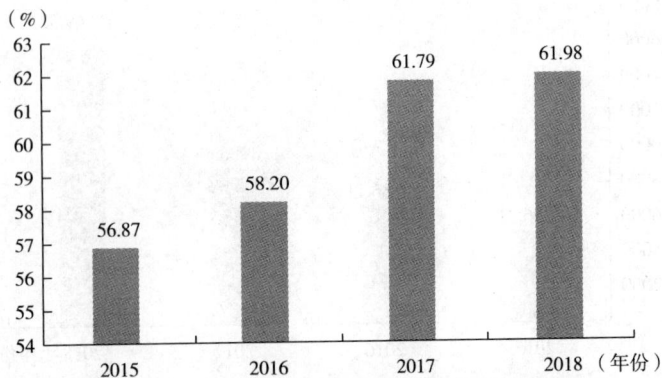

图9　2015～2018 年智能制造板块资产负债率情况

资料来源：Wind。

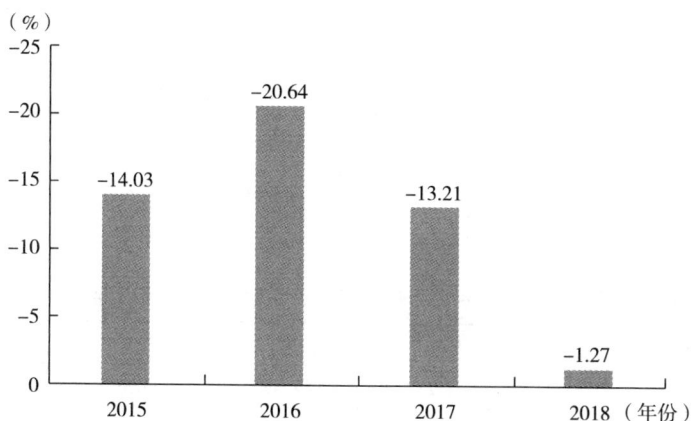

图10　2015～2018 年智能制造板块净资产收益率情况

资料来源：Wind。

相对于制造业和信息技术业，如表 4 所示，2018 年全年，智能制造平均营业收入 165.70 亿元，平均净利润 9.73 亿元，平均净资产收益率 13.50%，同比分别增长 62.26%、11.20% 和 −16.72%，营收和利润能力高于制造业和信息技术业，低于主板整体平均水平，但成长性明显高于主板整体平均水平。

表 4　智能制造板块相关财务指标情况

财务指标	2018 年报				2017 年报			
	智能制造	制造业[①]	信息技术[②]	上证 A 股	智能制造	制造业[①]	信息技术[②]	上证 A 股
平均营业收入（亿元）	165.70	69.08	36.66	230.53	102.12	60.65	33.89	206.46
平均净利润（亿元）	9.73	3.89	0.22	21.03	8.75	4.13	1.48	20.21
资产负债率（%）[③]	61.98	53.12	40.82	85.84	61.79	52.68	41.79	86.23
平均 ROE（%）[④]	13.50	8.84	0.03	10.70	16.21	10.53	4.90	11.21

注：①、②按照证监会 CSRC 行业分类法；③、④均采用整体法计算。

资料来源：Wind。

（二）估值情况

以智能制造的细分行业机器人为例，如表5所示，机器人行业公司平均营业收入、平均净利润均高于同期的传感器、机器视觉、无人机行业，净资产收益率为9.09%，远远高于同期的传感器、机器视觉以及无人机行业。

表5 智能制造细分行业主要财务数据和估值对比（截至2018年12月31日）

细分行业	机器人	传感器	机器视觉	无人机
平均营业收入（亿元）	74.28	45.35	53.89	24.81
平均净利润（亿元）	3.89	-0.33	2.47	1.15
平均销售毛利率（%）	28.94	30.64	35.04	26.59
营业收入同比增长率（%）	16.10	10.07	78.66	13.19
资产负债率（%）[1]	60.47	54.83	56.89	45.05
ROE（%）[2]	9.09	-0.96	7.84	3.86
PE[3]	23.31	29.41	36.38	31.21

注：[1]、[2]均采用整体法计算；[3]采用整体法，剔除负值，报告期为2018年报，时间为2018年12月31日。

资料来源：Wind。

从估值水平看，以表5所述的智能制造的细分行业为例，2018年12月31日，机器人、传感器、智能汽车、无人机的市盈率分别为23.31、29.41、36.38和31.21。

三、行业发展驱动因素/制约因素分析

（一）行业发展的驱动因素

1. 新时代、新经济的影响

早在1996年，美国《商业周刊》发表的一组文章中就提到"新经济"，主要指借由全球化浪潮所诞生的信息技术革命驱动、以高科技产业为龙头的经济体系。随着信息技术的广泛应用和经济全球化的快速发展，"互联网＋"、大数据、人工智能等成为当前新经济的重要特征。中国经济在长期发展过程中，经历了传统产业向新经济的转变。传统产业主要指劳动力密集型的、以制造加工为主的行业，如制鞋、制衣、光学、机械制造等。但传统产业由于生产效益较低、管理相对落后，部分产业出现高污染、高耗能、高排放的特点，不利于中国经济可持续发展，难以为继。

近年来，伴随"中国制造2025"等规划陆续落地，制造业转型升级的顶层设计已较为充分，"新经济"将成为中国转型期经济增长的重要发力点。面向未来，适应于全球市场需求的制造能力将成为新时代国家竞争力的重要体现，统筹利用国际国内两个市场两种资源，发展高端制造业，通过供给侧结构性改革推动需求真正释放将是中国制造"跨越式发展"的必由之路。2018年的《政府工作报告》将实施"中国制造2025"纳入"加快新旧发展动能接续转换"的主要任务，以先进制造、消费升级等为代表的"新经济"将加速推进。在新时代、新经济背景下，以智能制造引导中国制造业走向新时代，将成为中国经济"由高速增长阶段转向高质量发展阶段"的重要驱动力。

2. 供给侧结构性改革的影响

供给侧结构性改革在新时代的窗口下，既要"破旧"，更要"立新"，破旧旨在优化存量资源配置，立新意指扩大优质增量供给，二者共同作用实现供需的动态平衡。预计今后供给侧结构性改革的目标在于突出服务"实体经济"，"三去一降一补"仍会持续，但重点将从三去转向一降一补，即降成本、补短板。自2016年以来，供给侧改革去产能与去库存的力度尤为强大。在去产能政策的作用下，传统行业产品价格持续回升，传统行业经营环境也在不断改善。而降成本和补短板的力度则相对较小，以降成本为例，2016年之前，营改增累计实现减税6412亿元。2016年全年营改增的减税总规模达到5225亿元，在2016年全国税收收入中占比仅4.51%，在2016年全国财政收入中占比仅3.27%。企业受惠于减税的规模不足以抵消企业因利率上行所增加的利息负担。考虑到美国减税政策的影响与全球税收竞争加剧趋势，中国在降成本特别是减税方面将会有相关政策推出。因此，未来一段时期内供给侧改革还将逐步深化，重点转向降成本和补短板，同时依托深入推进"互联网+"和实施"中国制造2025"等，加快培育新动能，增强经济的创新力与竞争力。

3. "中国制造2025"的影响

"中国制造2025"明确了智能制造是建设制造强国的主攻方向，这是中国政府实施制造强国战略的第一个十年行动纲领，并提出三步走战略：到2025年迈入制造强国行列；到2035年达到世界制造强国阵营的中等水平；到中华人民共和国成立百年之际，综合实力进入世界制造强国前列。目前，中国的通信设备、轨道交通装备、电力装备三大产业整体步入世界领先行列，而且创新模式将由跟随进入并行，进而跨入引领阶段。这三大产业的崛起将是中国成为制造强国的重要表征。在此过程中，中国的五代移动通信（5G）、绿色智能轨道交通技术、特高压输变电技术、高性能大型关键金属构件增材制造技术等一批重大技术将实现突破，处于世界领先水平。预计到2025年，通信设备、轨道交通装备、电力装备、海洋工程装备和高技术船舶四个领域将整体步入世界领先行列，成为技术创新的引导者；航天装备、高档数控机床、机器人、新能源汽车、智能网联汽车、农业装备、前沿新材料、生物制药等大部分优先发展方向将整体步入世界先进行列。

4. "一带一路" 倡议的影响

作为世界上最重要的经济体之一，中国以"一带一路"建设为统领打开对外开放新格局，为推动世界发展注入强大动力。"一带一路"倡议打破了资本、信息、人员、技术等生产要素的全球流通渠道，以互联互通和产能合作打破了目前全球化面临的困局，不仅为欠发达地区提供了加入世界经济分工的机会，同时也为中国的可持续发展打开新的战略空间。从目前来看，全球化与新技术的交汇，也是中国大力发展制造业的一个新契机。伴随着中国制造业水平的不断提升，以运输设备、通信和电力设备等为代表的高端制造业已经达到国际领先水平。其中，高铁和核电凭借其世界领先的技术标准、低廉的造价和高效的建设速度，已经成为"中国制造"走向世界的两张名片。通信设备有望与高铁和核电共同成为中国的"国家名片"，推动中国企业"走出去"发挥重要作用。在此背景下，中国资本市场国际化的进程必将持续推进，提升资本市场的国际水准，增强服务实体经济的能力。

（二）行业发展的制约因素

1. 中美贸易摩擦升级带来的冲击

长期以来，中国处于全球制造业产业链的中低端，美国处于高端，中美经济具有很深的互补性。当前，中国布局高端制造领域有助于打破西方发达国家在相应领域的垄断格局，使中国从附属者成为他们的竞争者。中国欲打破由西方发达国家建立起的世界制造业供应链格局，必然会遭到各方阻力，美国对中国的"301调查"也直指"中国制造2025"，彰显其维护现有世界分工格局的意图。这意味着旨在推动高新技术制造业，提升国际竞争力的行动纲领"中国制造2025"也引发了美国的担忧。事实上，"中国制造2025"涉及的五大工程和十大领域，与"301调查"中针对的航空航天、通信信息技术、机械制造高度重合，也是美国最为担心的领域。

从目前中国各行业出口美国的占比来看，中低端制造业可能受影响的行业是电机、电器、音响设备、家具、机械器具、纺织服装、玩具、运动用品等。高端制造业根据美国参议院财政委员会公布的相关产品，预计主要包括航空、现代铁路、新能源汽车、信息通信技术等。此外，中国的中低端制造业由于人力成本的提升，加上如今美国的出口限制，国内供给价格可能下降，对利润形成挤压效应，国内低端制造业有可能向东亚、非洲等劳动力更廉价的地方转移。

2. **标准体系和产业政策存在缺位**

目前，中国智能制造领域由于标准体系缺乏主要存在以下两个问题：

第一，从国家层面尚没有构建统一规范的智能制造顶层框架。目前，主要发达国家都相继完成了智能制造顶层框架设计的任务。例如，日本的工业价值链参考框架 IVRA、美国工业物联网的参考框架 IIRA1.8、德国"工业4.0"的参考框架 RAMI 4.0 等。虽然中国在 2016 年出台了自己的智能制造架构体系——《工业互联网体系架构 V1.0》，但缺少更加顶层的系统化架构框架。

第二，与智能制造相关的传感器、机器人、物联网、大数据、云平台等关键技术的发展路径不清晰，不同企业的产品兼容性比较差，企业跨平台、跨系统集成应用时，不同系统之间不能实现无缝对接，浪费企业大量资源来解决繁杂的标准对接问题，有时甚至需要企业重新建立平台或系统。例如，由于物联网应用标准缺失，导致设备不兼容，甚至造成许多企业内部不同的信息系统也无法集成。此外，从当前智能制造产业政策看，由于智能制造涉及产业链较长，跨越多个产业，难以形成协同效应，总体显得零散、缺乏系统性，政策扶持效果并不理想。

3. **产品同质化布局现象严重**

智能制造产业应该是新技术与新产业的高度融合，对新进入企业有比较高的技术和资本要求，进入门槛应该是比较高的。但由于在中国很多智能制造产业领域企业不具有核心技术，对于智能制造产业偏重于制造环节，准确地说是偏重于组装，导致整个产业进入者过多过滥，低价竞争，一哄而起，一哄而散。例如，在机器人领域，过去三年，各地园区和政府为了促进"机器换人"，对购买机器人的企业给予补贴，然而，拥有核心技术的进口机器人大幅降价，导致这个过程的"马太效应"凸显，内资机器人企业反而被市场挤压。当前国内冠名"机器人产业园"的园区现在多达35个，比较典型的专业园区包括昆山、徐州、唐山、哈尔滨、青岛、上海宝山、常州、天津、重庆等，机器人企业的数量、规模越来越大。在产业布局方面，园区企业"散、小、杂"、产品附加值低、差异性小的状况尤为突出。以重庆的智能装备产业园为例，部分"机器人企业"前身为家庭作坊式的汽摩、机械制造公司，进入园区后只是开发简单的可编程设备或提供初级的系统集成服务。因此，现阶段智能制造领域技术同质化、市场同质化现象严重，将不利于形成产业集群效应。

4. 关键核心技术亟须苦练内功

中国智能制造的关键元部件主要依赖进口，如工业机器人领域的高性能交流伺服电机和高精密减速器、数控机床领域的功能性部件和3D打印机的核心部件激光器，创新能力不足，关键技术难以突破，导致国产智能制造企业成本居高不下。如在数控领域，中国数控机床行业经历了50年的漫长发展历程，在国外的长期封锁中艰难前行。数控精密机床的销售比率显示出一个国家的整体制造业水平和技术先进性。根据弗若斯特沙利文数据，中国数控高精密机床的销售比率由2011年的19.4%提升至2016年的24.0%，在2021年预计可以达到30.7%的水平，但这一比例仍然远低于世界发达国家水平（见图11）。目前，国内中高档数控机床70%~80%进口，高档数控系统90%以上依赖进口，其中核心零部件如电主轴、数控系统以及检测装置是最大的制约。特别是伺服驱动电机和运动控制器，以及检测装置中使用的数显量具量仪更是在很大程度上需要依赖国外进口，这也是国内高端数控机床实现整机国产化的最大障碍。事实上，中国高端数控系统市场被发那科、西门子等国外巨头占据，国内只有南京埃斯顿、广州数控、华中数控等少数企业具备生产能力。由于核心元件具有高技术和高附加值的行业特性，国外企业往往借此抬高产品的价格，中国数控机床整机的发展也因此受到严重制约。

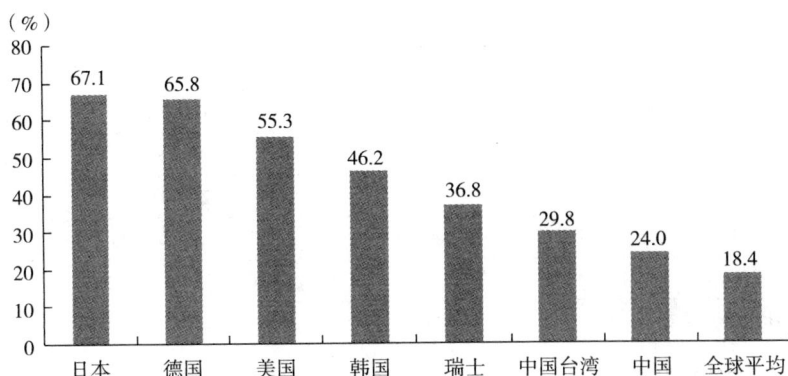

图 11　中国机床数控率仍大幅落后发达国家或地区水平

资料来源：弗若斯特沙利文。

又如工业机器人领域，其核心部件精密减速器 75% 的市场被日本的纳博特斯克和哈默纳科垄断，其中纳博生产 RV 减速器，约占 60% 的份额，哈默纳科生产谐波减速器，约占 15% 的份额。目前，减速器在国产机器人的成本结构中占比最大，同样吨位级别的工业机器人，一台 165 千克焊接机器人国外的总成本约为 16.86 万元，国内的成本高达 29.9 万元。实际上机器人本体方面制造成本差异不大，主要就来源于核心零部件，其中以减速器成本差异最大（见表 6）。一台减速器在国外的成本为 2 万～5 万元，而国内进口这类产品的成本为 7 万～12 万元，国内的进口价格是国外价格的 4 倍多，进口成本高昂。作为一种小体积、大传动比、零背隙、超高传动/体积比的减速器，内部完全是由高精度的元件，齿轮相互啮合，对材料科学、精密加工装备、加工精度、装配技术、高精度检测技术等提出了极高的要求，而国产的减速器其噪声和发热量明显高于进口品牌纳博的减速器。

表 6　165 千克级六轴关节机器人国内外成本对比

	国外	成本占比（%）	国产	成本占比（%）
总成本（元）	16.86 万		29.90 万	
机械本体（元）	47040	28	65269	22
减速器（元）	20840	12	91813	31
伺服电机（元）	25475	15	42816	14
伺服驱动（元）	19000	11	37053	12

续表

	国外	成本占比（%）	国产	成本占比（%）
运动控制器（元）	5000	3	13000	4
其他电气部分（元）	26050	15	26050	9
装配与调试（元）	25200	15	23000	8
钕铁硼材料成本（元）	5095		8563	
N35SH 售价（元/千克）	220		220	
单体用量（千克）	23		39	

资料来源：公司调研。

四、关于未来行业规模需求的定量测算

（一）以制造业从业人员数量进行测算

国际经验表明，美国、日本等国的工业化进行到 20 世纪中期以后，第二产业的就业人数占比达到峰值 35% 即开始下降，工业自动化进入快速普及阶段。2012 年中国第二产业就业人数占比达到 30%。参照美日历史规律，中国最迟于 2018 年进入工业自动化快速普及阶段。根据国家统计局的普查结果，中国目前制造业从业人员共 9892 万人。结合草根调研，工厂智能化方案定价一般可按照智能化改造后被替换掉的工人的约 3 年平均社会成本来计算。根据 Wind 提供的上市公司员工构成比例，假定生产岗位员工数占比 60%，则国内制造业从事生产的工人总数约为 5935 万人。根据调研所得，假定工厂智能化改造后，有一半从事生产的工人会被替换，以此估计，将有 2967.5 万工人被替代。结合国家统计局统计的近几年制造业城镇单位就业人员工资情况表明工资增速放缓，2014 年和 2015 年的增速分别为 10.6% 和 7.7%，后续会进一步放缓。根据中国历年制造业平均工资水平，2016 年平均工资在 5.9 万元左右，平均一个工人的三年社会成本约为 18 万元，如表 7 所示。

表7 国内制造业法人单位和从业人员

细分行业	企业法人单位（万个）	从业人员（万人）
食品制造业	4.7	289.5
酒、饮料和精制茶制造业	3.8	219.3
烟草制品业	0.04	21.8
纺织业	10.8	663.7
纺织服装、服饰业	12.1	750.8
皮革、毛皮、羽毛及其制品和制鞋业	5.6	441.9
木材加工和木、竹、藤、棕、草制品业	7.0	265.4
家具制造业	4.6	199.1
造纸和纸制品业	5.4	219.8
文教、工美、体育和娱乐用品制造业	7.5	371.6
化学原料和化学制品制造业	10.2	655.3
医药制造业	1.9	242.7
化学纤维制造业	0.6	56.2
橡胶和塑料制品业	13.9	547.1
金属制品业	19.1	663.9
通用设备制造业	21.7	789.4
专用设备制造业	14.3	580.2
汽车制造业	5.4	529.2
铁路、船舶、航空航天和其他运输设备制造业	2.6	236.6
电气机械和器材制造业	13.8	844.2
计算机、通信和其他电子设备制造业	7.3	1028.3
仪器仪表制造业	3.0	157.7
其他制造业	2.3	78.3
金属制品、机械和设备修理业	1.3	40
合计	178.94	9892

资料来源：国家统计局。

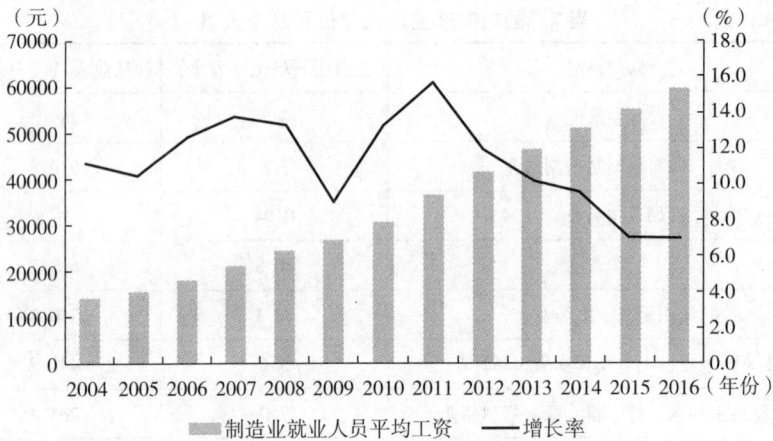

图 12　中国历年制造业平均工资

资料来源：国家统计局。

基于以上假设，中国智能制造市场总规模（一半工人被替代）= 被替代工人数 × 工人的 3 年社会平均成本 = 2967.5 万 × 18 万元 = 5.34 万亿元。

（二）以"中国制造 2025"中提出的十大重点行业领域进行测算

根据本文第三部分涉及的几个方面驱动因素，结合"中国制造 2025"中提出的十大重点行业领域按照往年市场增长率来进行测算，考虑到技术发展和市场变化速度，综合当前中国智能制造领域应用水平现状及制造业未来的增长空间，预计 2016～2020 年中国智能制造市场的年均复合增长率达到 15%。其中，到 2020 年子行业中新一代信息技术的市场规模为 3160 亿元，高档数控机床和机器人的市场规模为 2285 亿元，航空航天装备的市场规模为 7180 亿元，海洋工程装备及高技术船舶的市场规模为 6200 亿元，先进轨道交通装备的市场规模为 6500 亿元，节能与新能源汽车的市场规模为 2330 亿元，电力装备的市场规模为 360 亿元，新材料的市场规模为 1530 亿元，农业机械装备的市场规模为 4000 亿元，生物医药及高性能医疗设备的市场规模为 14500 亿元。综合来看，到 2020 年中国智能制造市场十大重点行业的总体规模将达到 5.4 万亿元，如表 8 所示。

表8 2016～2020年国内智能制造十大重点行业市场规模综合测算

单位：亿元

大类行业	子行业	2016	2017	2018	2019	2020
新一代信息技术	信息通信设备	230	250	280	310	350
	操作系统及工业软件	720	810	900	990	1080
	集成电路及专用设备	1180	1320	1460	1600	1730
高档数控机床和机器人	高档数控机床及关键部件	60	80	100	120	140
	增材制造	80	85	95	110	130
	机器人及关键部件	867	1085	1345	1685	2015
航空航天装备	航空飞行器平台	680	750	850	1000	1200
	航空发动机	400	460	520	600	700
	先进机载设备及系统	160	184	208	240	280
	航天装备	2000	2500	3000	4000	5000
海洋工程装备及高技术船舶	海洋工程装备	1200	1250	1300	1350	1400
	高技术船舶	5200	5200	5000	4900	4800
先进轨道交通装备	先进轨道交通装备系统	2200	2900	3800	5000	6500
节能与新能源汽车	节能汽车	1380	1550	1750	2000	2300
	新能源汽车	2800	3300	3600	4000	4500
	汽车制造核心软硬件	100	120	140	160	190
电力装备	发电设备	25	30	38	50	60
	输变电设备	190	210	230	260	300
新材料	先进基础材料及加工装备	160	220	300	450	630
	战略前沿材料	250	350	460	650	900
农业机械装备	先进农机装备	2500	2800	3200	3700	4000
生物医药及高性能医疗设备	生物医药	5500	6000	6800	7600	8500
	高端医疗器械	3550	4200	4700	5300	6000
合计		31432	35854	40776	47075	53905

资料来源：Wind。

五、智能制造产业高成长股遴选策略：中国智能制造企业五维评价体系

（一）选股策略

成长性是衡量上市公司经营状况和发展前景的一项非常重要的指标。从短期市场表现看，高成长股就是其股价高速增长，在股市的一波行情之中（牛市或熊市）股价涨幅最高的股票；从长期市场表现看，在股市的长期行情中股价涨幅最高的股票。在一般情况下，认为成长性股票一般应具有以下特征：

第一，在具有发展前途的行业，产品、劳务和技术优良，具有开发新产品与新市场的潜力、产品价格弹性好、高报酬、财务状况可靠、回收比率较高、会计处理较保守、不易受政治社会与环境的压力或干扰、对于进口竞争能良好应对。

第二，基于成长性股票一般的理论基础，结合中国股市特点，成长性股票的净资产收益率、主营业务收入和利润增长应达到15%左右。综合已有的研究文献来看，关于寻找高成长股的方法是仁者见仁，智者见智，都强调了在选择高成长股不应该忽视主营业务增长率和净资产收益率等财务指标（见表9）。但是，智能制造产业公司往往处于高速增长阶段，历史财务数据不稳定，未来发展弹性很大，无论是历史数据的可比性，还是未来数据预测的准确性都大打折扣。因此，找到一套合理的评价体系对智能制造业相关企业的成长性进行客观有效的评判是重点和难点所在。

表9　国内外关于高成长股的研究

	代表人物	核心观点
国外	彼得·林奇	第一步对股票进行分类分析，通过考察收益的变化，把可投资的公司分为六种类型（稳定缓慢增长型公司、大笨象型公司、快速增长型公司、周期性公司、资产富余型公司、起死回生型公司）；第二步按分类对股票进行详细的再分析，从中选择高成长的股票

续表

	代表人物	核心观点
国外	巴菲特	主要依据竞争优势原则、现金流量原则、市场先生原则、安全边际原则、集中投资原则、长期持有原则六大原则
	菲利普·费舍	主要从企业的成长潜力、企业的盈利能力、管理层的能力、市场影响力和管理层的诚信度入手
	威廉·欧耐尔	CANSLIM 选股投资法则：C，最近一季度报表显示的盈利（每股收益）；A，每年度每股盈利的增长幅度；N，新产品，新服务，股价创新高；S，该股流通盘大小，市值以及交易量的情况；L，该股票在行业中的低位，是否为龙头；I，该股票有无有实力的庄家，机构大流通股东；M，大盘走势如何，如何判断大盘走向
	路易斯·纳维里尔	持续获利的选股八大指标，即正盈利预测调整、正面的盈余惊喜、持续的销售额增长、不断扩大的营业利润率、强大的现金流、盈利增长、正盈利动量及高权益报酬率
国内	王国庆	从每股税后利润的增长情况、主营业务收益增长率、净利润增长率、主营业务利润率、净资产收益、资产负债率、企业近几年偿债能力七个方面发现有价值的高成长股
	秦洪	从旺盛的行业景气和产能扩张两条路径寻找高成长股
	谢江	根据估值指标、盈利能力、盈利质量、成长能力、负债水平等指标选择出成长型的优质股票
	陈思郁	从年净利复合增长率在30%以上、净资产收益率超过10%、市值在800亿元以下及估值不宜过高四个方面寻找细分行业的高成长股
	何诚颖	从股票的市场表现出发，研究了在四次牛市中的高成长股和长期高成长股的特征，并按照预测每股收益、预测净资产收益率、预测主营业务收入增长率，预测主营业务利润比重，以及预测 PEG 等指标，筛选出未来可能的高成长股

成长性是投资智能制造产业的最核心标准。研究发现，智能制造上市公司股票价格要高于市场平均水平，成长基础较好，需要积极寻找其背后的原因。在此背景下，"好行业""好企业"的内涵与外延都发生了明显的甚至是根本性的变化。因此，应着重从公司业绩成长、估值、布局等方面，筛选出产业链中较为出色的公司作为推荐标的。投资标的的选择，重点在于内在价值发掘，确定其具有中长期上升潜力方可列为标的选择范围。以

价值分析的手段，需积极关注布局进入发展快车道的成长性企业，确定其价格变动中枢及估值上下限，把握智能制造产业的主题性机会。现阶段，选择智能制造领域高成长股有五大衡量标准：第一，公司的治理结构；第二，行业增速和发展空间；第三，行业的竞争格局；第四，公司盈利模式的可复制性；第五，财务指标及估值水平，如图 13 所示。

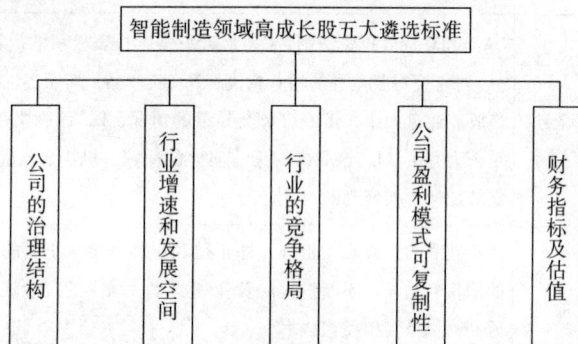

图 13　选择智能制造领域高成长股的五大衡量标准

1. 公司的治理结构

公司治理结构就如同上市公司的基因，决定了上市公司这颗种子能否长成参天大树，主要考察这类公司是否有清晰合理的发展战略、合理的治理结构以及团结高效且具备进取精神的管理团队。公司经营说到底是人的问题，缺少良好治理结构的公司很难给股东带来长期利益；好的公司治理可以在资本市场上给公司带来更高估值、更低的融资成本。围绕智能制造领域选股，主要从股东治理、董事会治理、经理层治理、信息披露、利益相关者治理等方面对上市公司治理状况进行分析，需重点关注：①控股股东与少数股东的利益冲突；②管理层的价值取向与股东之间的利益冲突；③内部人控制及如何看待。

可以用排除法对上市公司的治理结构进行筛选，以下条件可排除：

·国有企业并且无激励机制；

·管理层过去三年频繁离职，尤其重视财务负责人的更换；

·管理层历史上有过欺骗投资者或未履行承诺的行为；

·管理层大比例抛售股票情况；

·公司曾受到监管部门处罚。

在关注、分析单个公司治理的同时，还应对上市公司治理指数及上市公司治理排名进行了解（见图 14）。作为国内最早发布并被誉为上市公司治理状况"晴雨表"的公司治理指数，每年都会由南开大学中国公司治理研究院发布"中国上市公司治理指数"。如《2015 中国上市公司治理指数》显示：2003～2015 年中国上市公司治理水平不断提高，经历了 2009 年的回调后，趋于逐年上升态势，并在 2015 年达到新高 62.07。另外，中国社科院公司治理研究中心则会对中小板、创业板公司治理排行榜进行发布，在《2015 中国中小上市公司治理 50 强榜单》中，众生药业（002317）、新时达（002527）、鼎龙股份（300054）、华策影业（300133）、苏交科（300284）、史丹利（002588）等上市公司排名居前。

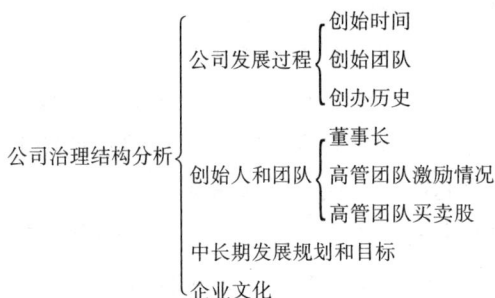

图 14 公司治理结构的主要分析框架

2. 行业增速和发展空间

智能制造领域公司所处的行业成长性很重要，即该行业增速和发展空间至少要大于 GDP 的增速（一般来说大于 10% 以上，排除负增长的行业）。优秀的成长型公司往往孕育于发展潜力巨大的行业之中，只有行业的发展前景足够大，企业才有足够的发展空间持续地高速成长。例如，科技板块中的成长股层出不穷；相反，那些成长空间有限的传统行业，如钢铁板块则较难产生高成长性的公司。实际上，行业如果不增长，也会有公司成长，但公司的增长会比较辛苦，要侵占对手的份额，竞争将会是"零和游戏"；同样，要在这样的行业中选出优秀的公司也会比较困难。

3. 行业的竞争格局

公司在行业中的相对竞争力是决定投资价值的重要依据。主要考察公司在产业竞争中所处的优势，是否有品牌护城河，是否有较强的研发或渠道壁垒，是否会受益于行业集中度提升。垄断意味着高门槛，而高门槛则反映的是高毛利和高的超额利润。但是，并不是说行业竞争格局比较分散就一定不能投资，行业虽然很分散，但有集中的过程也可以，比如当年房地产很分散，在集中过程中，行业龙头形成，如万科就上涨很多。

4. 公司盈利模式的可复制性

重点关注智能制造领域公司盈利模式的属性以及成熟程度，考察核心竞争力的不可复制性、可持续性、稳定性，这类公司盈利的增长不应受到外界因素的干扰。公司盈利模式的可复制性通常受制于：

（1）较大资本开支。例如面板、造纸行业。

（2）上游原材料的资源限制。例如片仔癀受制于天然麝香产量等。

（3）国家政策限制。例如原料药生产、印染等重污染行业。

5. 财务指标及估值水平

财务指标和估值水平评判便于选择在有足够的安全边际的情况下介入的时机。之所以称为高成长股，则意味着市场对其未来的成长空间给予了巨大的预期，与之对应的就是要求其能够实现超预期的业绩增长。财务指标可以结合规模、盈利能力、成长性等来判断。成长型的企业最重要的特点是广阔成长空间带来的收入高速增长，以及产品和服务的稀缺性带来的高毛利率水平。其他的指标如盈利和估值可能在成长周期的不同阶段或者不同公司之间各有差异，但高收入增速和毛利率却是成长股的最主要特征也是需要具备的必要条件，如图 15 所示。

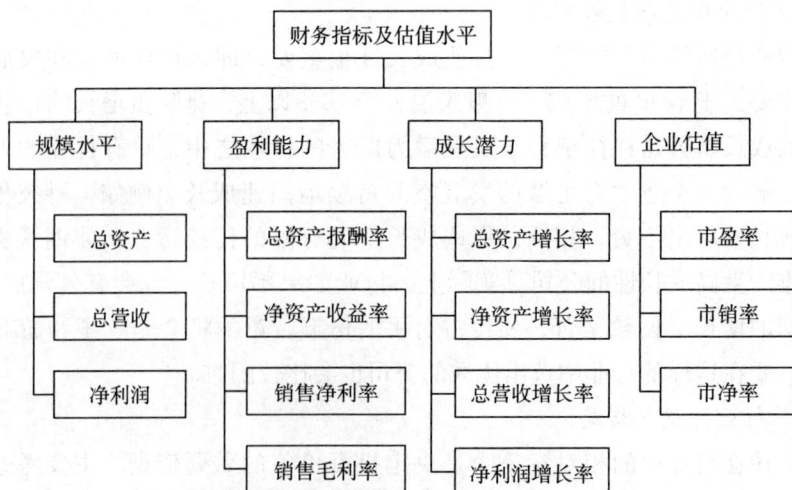

图 15　财务指标及估值水平的主要分析框架

事实上，在投资决策时，除了对资产负债表、利润表、现金流量表和所有者权益变动表组成财务报告中的一手财务状况历史数据进行关注外，更应关注公司的现状及未来发展。因此，需要对会计报表中的数据进行处理，得出一些有用的财务指标。这些指标可以反映企业现在和未来的规模水平、盈利能力、营运能力、现金流量能力和股东获利能力等，帮助投资者更好地了解企业，预测企业的未来发展前景。此外估值方法有多种，具体而言，以 P/E、P/B、P/S 等比来看，估值水平高的公司被归类为成长型。应当结合行业容量、未来收入与市值规模的空间、行业进入壁垒、企业市场地位等综合评价。

需积极关注布局进入发展快车道的成长性企业，确定其价格变动中枢及估值上下限，获取高增长带来的 EPS 和 PE 双重提升收益；同时，密切关注尚处在初创期的何时突破瓶颈。智能制造产业投资应该以未来业绩和估值作为行业配置的根本依据，同时把握驱动事件择时。对于 EPS 推动型的成长股来说，选股重于选时，适宜长期投资，每一次调整都是买入时机；对于 PE 推动型的成长股来说，建议积极关注其估值影响因素的变化，把握时机在安全边际较高时点介入。

（二）筛选步骤

结合上述智能制造领域高成长股五大遴选标准，具体的筛选流程如图 16 所示。

第一步，中国智能制造企业范围的确定：A 股市场＋非上市智能制造公司。

第二步，中国智能制造企业的筛选标准：以核心指标的数据标准为基础，主要考察国内新一代信息技术、高档数控机床和机器人、航空航天装备、海洋工程装备与高技术船舶、先进轨道交通装备、节能与新能源汽车等领域的企业，若企业符合下列条件则进入初选样本池。

（1）管理层稳定，无重大风险诉讼事件；

（2）所处的行业近三年产值平均增速≥10％；

（3）所处的行业集中度≥20％；

（4）企业拥有核心专利或技术壁垒；

（5）企业近三年营收增速≥10％，净资产收益率≥15％。

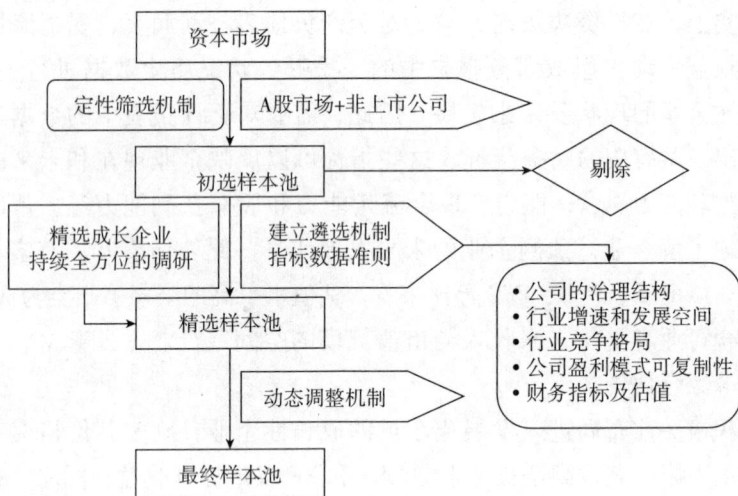

图 16　中国智能制造企业样本筛选流程

第三步，围绕初选样本池，精选成长企业，开展持续且全方位的调研，调研的重点涵盖：一是公司在产业竞争中所处的优势，是否有品牌护城河，是否有较强的研发或渠道壁垒，是否会受益于行业集中度提升；二是公司的盈利模式，重点关注企业盈利模式的属性以及成熟度，考察核心竞争力的不可复制性、可持续性、稳定性；三是公司治理，考察上市公司是否有清晰、合理、可执行的发展战略，是否具有合理的治理结构，管理团队是否团结高效、经验丰富，是否具有进取精神等。

第四步，在调研的基础上，对初选样本池的企业按照图 17 所示的五维评价体系进行精选，得到相应的优质企业。数据处理上采用国家流行的标杆分析法，即洛桑国际竞争力评价采用的方法，对智能制造企业筛选池中的各类指标原始值分别进行指标的无量纲归一化处理。无量纲化是为了消除多指标综合评价中，计量单位上的差异和指标数值的数量级、相对数形式的差别，解决指标的可综合性问题。

（三）重点企业

结合上述的选股策略及评价体系，按照治理结构、行业增速、竞争格局、盈利模式、财务指标五个维度对中国智能制造企业优劣程度开展评价，得到当前中国智能制造重点企业精选样本池如表 10 所示。

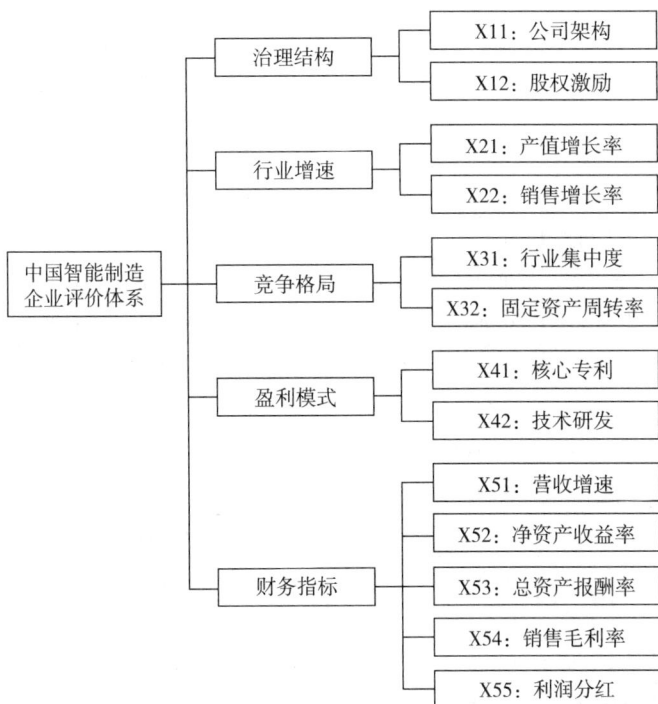

图 17 中国智能制造企业五维评价体系

表 10 中国智能制造重点企业精选样本池

证券代码	证券简称	治理结构	行业增速	竞争格局	盈利模式	财务指标	综合得分
300613. SZ	富瀚微	0.502	0.212	0.572	0.647	0.652	0.491
000938. SZ	紫光股份	0.522	0.201	0.448	0.639	0.412	0.484
300222. SZ	科大智能	0.440	0.532	0.503	0.220	0.542	0.465
002232. SZ	启明信息	0.739	0.672	0.528	0.145	0.597	0.459
000662. SZ	天夏智慧	0.521	0.251	0.425	0.210	0.420	0.430
300278. SZ	华昌达	0.471	0.239	0.472	0.161	0.526	0.419
300367. SZ	东方网力	0.469	0.201	0.419	0.216	0.457	0.381
300353. SZ	东土科技	0.486	0.208	0.428	0.175	0.478	0.379
300450. SZ	先导智能	0.475	0.229	0.409	0.321	0.440	0.378
000961. SZ	中南建设	0.894	0.180	0.341	0.168	0.312	0.370
300221. SZ	银禧科技	0.579	0.229	0.398	0.213	0.438	0.358

续表

证券代码	证券简称	治理结构	行业增速	竞争格局	盈利模式	财务指标	综合得分
300115. SZ	长盈精密	0.752	0.202	0.359	0.213	0.367	0.352
600699. SH	均胜电子	0.721	0.194	0.310	0.134	0.272	0.347
300607. SZ	拓斯达	0.584	0.194	0.356	0.306	0.372	0.341
000977. SZ	浪潮信息	0.637	0.183	0.361	0.295	0.384	0.337
000997. SZ	新大陆	0.545	0.193	0.380	0.306	0.423	0.337
300279. SZ	和晶科技	0.565	0.242	0.313	0.144	0.291	0.334
002747. SZ	埃斯顿	0.878	0.184	0.311	0.160	0.291	0.331
300403. SZ	汉宇集团	0.633	0.191	0.315	0.222	0.304	0.326
300134. SZ	大富科技	0.774	0.186	0.269	0.120	0.220	0.317
600525. SH	长园集团	0.586	0.199	0.325	0.166	0.335	0.316
300378. SZ	鼎捷软件	0.769	0.180	0.350	0.130	0.385	0.315
002156. SZ	通富微电	0.688	0.213	0.327	0.125	0.341	0.312
300457. SZ	赢合科技	0.427	0.201	0.334	0.212	0.358	0.310
603203. SH	快克股份	0.522	0.195	0.339	0.300	0.369	0.309
300024. SZ	机器人	0.588	0.189	0.354	0.155	0.401	0.308
300400. SZ	劲拓股份	0.549	0.191	0.311	0.218	0.316	0.306
603380. SH	易德龙	0.470	0.199	0.318	0.351	0.332	0.304
300307. SZ	慈星股份	0.811	0.180	0.283	0.125	0.263	0.304
603019. SH	中科曙光	0.626	0.205	0.336	0.169	0.368	0.303
603421. SH	鼎信通讯	0.423	0.187	0.342	0.286	0.382	0.303
000333. SZ	美的集团	0.669	0.196	0.284	0.271	0.267	0.301
300007. SZ	汉威科技	0.493	0.190	0.322	0.136	0.343	0.301
002869. SZ	金溢科技	0.392	0.201	0.335	0.330	0.369	0.301
000821. SZ	京山轻机	0.482	0.226	0.316	0.136	0.333	0.300
300124. SZ	汇川技术	0.487	0.191	0.332	0.268	0.367	0.298
002008. SZ	大族激光	0.528	0.200	0.312	0.207	0.328	0.297
300508. SZ	维宏股份	0.477	0.183	0.329	0.208	0.364	0.293
600690. SH	海尔智家	0.802	0.186	0.272	0.205	0.251	0.293
300514. SZ	友讯达	0.426	0.184	0.300	0.329	0.308	0.293
600588. SH	用友网络	0.750	0.174	0.278	0.124	0.266	0.291
600406. SH	国电南瑞	0.385	0.186	0.357	0.303	0.424	0.291

续表

证券代码	证券简称	治理结构	行业增速	竞争格局	盈利模式	财务指标	综合得分
300619.SZ	金银河	0.500	0.188	0.299	0.222	0.307	0.290
603005.SH	晶方科技	0.639	0.179	0.268	0.121	0.246	0.290
300097.SZ	智云股份	0.486	0.188	0.305	0.170	0.322	0.287
002444.SZ	巨星科技	0.715	0.197	0.286	0.204	0.285	0.286
002689.SZ	远大智能	0.792	0.181	0.274	0.138	0.262	0.285
603416.SH	信捷电气	0.450	0.191	0.309	0.255	0.334	0.283
300078.SZ	思创医惠	0.437	0.193	0.339	0.175	0.395	0.283
002230.SZ	科大讯飞	0.440	0.164	0.171	0.030	0.079	0.283
300034.SZ	钢研高纳	0.715	0.188	0.295	0.154	0.307	0.282
002063.SZ	远光软件	0.459	0.180	0.352	0.179	0.423	0.281
002611.SZ	东方精工	0.386	0.194	0.314	0.149	0.348	0.280
603025.SH	大豪科技	0.508	0.185	0.311	0.236	0.344	0.277
300216.SZ	千山药机	0.401	0.185	0.287	0.161	0.299	0.276
002079.SZ	苏州固锝	0.604	0.218	0.299	0.168	0.324	0.275
600172.SH	黄河旋风	0.485	0.195	0.282	0.136	0.289	0.275
600775.SH	南京熊猫	0.680	0.197	0.287	0.139	0.301	0.273
300245.SZ	天玑科技	0.381	0.184	0.347	0.168	0.421	0.272
300543.SZ	朗科智能	0.493	0.192	0.274	0.243	0.278	0.271
603960.SH	克来机电	0.453	0.187	0.317	0.218	0.362	0.271
300170.SZ	汉得信息	0.387	0.191	0.300	0.218	0.330	0.271
000988.SZ	华工科技	0.503	0.267	0.305	0.153	0.339	0.271
002185.SZ	华天科技	0.566	0.194	0.289	0.158	0.309	0.269
300331.SZ	苏大维格	0.460	0.238	0.266	0.125	0.266	0.266
600835.SH	上海机电	0.601	0.191	0.262	0.271	0.258	0.265
000651.SZ	格力电器	0.597	0.194	0.252	0.293	0.238	0.265
002334.SZ	英威腾	0.435	0.178	0.285	0.153	0.309	0.262
300223.SZ	北京君正	0.483	0.153	0.307	0.108	0.354	0.260
300227.SZ	光韵达	0.450	0.182	0.280	0.122	0.305	0.255
002577.SZ	雷柏科技	0.786	0.175	0.237	0.115	0.221	0.254
603050.SH	科林电气	0.394	0.186	0.290	0.192	0.330	0.251
002161.SZ	远望谷	0.505	0.169	0.258	0.122	0.268	0.248

续表

证券代码	证券简称	治理结构	行业增速	竞争格局	盈利模式	财务指标	综合得分
002011. SZ	盾安环境	0.622	0.184	0.226	0.117	0.204	0.247
300161. SZ	华中数控	0.552	0.185	0.268	0.116	0.289	0.246
600288. SH	大恒科技	0.577	0.196	0.260	0.142	0.275	0.245
002224. SZ	三力士	0.453	0.192	0.243	0.218	0.245	0.242
600765. SH	中航重机	0.674	0.189	0.231	0.122	0.221	0.240
002009. SZ	天奇股份	0.459	0.197	0.240	0.131	0.243	0.238
002559. SZ	亚威股份	0.396	0.187	0.253	0.165	0.273	0.234
002031. SZ	巨轮智能	0.470	0.177	0.218	0.104	0.208	0.228
000969. SZ	安泰科技	0.600	0.178	0.220	0.110	0.214	0.225
002406. SZ	远东传动	0.452	0.185	0.244	0.141	0.268	0.221
000837. SZ	秦川机床	0.511	0.186	0.210	0.103	0.201	0.220
300276. SZ	三丰智能	0.464	0.181	0.210	0.120	0.210	0.210
601717. SH	郑煤机	0.647	0.177	0.173	0.111	0.139	0.206
300486. SZ	东杰智能	0.460	0.162	0.193	0.045	0.183	0.204
300076. SZ	GQY 视讯	0.563	0.136	0.180	0.082	0.171	0.189
002073. SZ	软控股份	0.423	0.000	0.112	0.003	0.099	0.125

数据来源：Wind，公司年报，调研访谈，按高成长企业遴选的五维评价体系进行测算。

根据中国智能制造重点企业精选样本池，按照处于成长期的行业和板块进行分类，结合估值水平进行动态调整，最终得到中国智能制造领域优质投资标的池，如表 11 所示。其中，行业处于成长期意味着行业内的公司增速普遍较快，市场空间巨大。如果公司营收增速超过行业产值增速，意味着公司不仅享受行业发展带来的成果，而且市场份额不断扩大，说明公司具备较强的竞争力。

表 11　智能制造各成长期的子行业板块和代表性公司

行业	子行业名称	产值增速（%）	板块名称	代表公司	公司营收增速（%）
新一代信息技术	信息设备	17	光通信	烽火通信	17.69
			主设备	中兴通讯	8.29
	集成电路封测	20	封测	长电科技	25.99
	半导体	10	IDM	士兰微	14.17
	工业软件	17	数据监控类	国电南瑞	24.10

续表

行业	子行业名称	产值增速 （%）	板块名称	代表公司	公司营收 增速（%）
高档数控 机床和机器人	3D 打印	32	3D 打印	奥瑞德	69.65
	机器人	42	工业机器人	新松机器人	10.56
			减速机	上海机电	4.38
			控制系统	弘讯科技	4.97
			系统集成	卧龙电气	20.34
航空航天装备	航空装备	40	飞机制造	洪都航空	20.63
			直升机制造	中直股份	13.36
海洋工程装备 与高技术船舶	海洋工程装备	75	海工装备	中国重工	114.38
				中国船舶	98.73
先进轨道 交通装备	铁路运输 设备制造	11	信号系统	众合科技	25.20
			整车制造	中国中车	14.05
			轨交门	康尼机电	13.60
			铁路车轴	晋西轴承	6.14
节能与新 能源汽车	节能与新 能源汽车	109	新能源整车	长安汽车	35.18
			电机电控	均胜电子	16.63
			充电设备	骆驼股份	19.20
电力装备	输配电一次设备	12	输配电一次设备	特变电工	23.65
	输配电二次设备	12	输配电二次设备	国电南瑞	24.10
农业装备	农林牧渔 专用机械	11	柴油机	全柴动力	3.80
			农业机械制造	星光农机	8.38
新材料	半导体材料	47	硅材料	奥瑞德	69.65
	有机硅材料	15	有机硅	新安股份	31.08
	树脂	12	树脂	金发科技	11.65
	人工晶体	16	金刚石	黄河旋风	17.87
	半导体材料	47	新型半导体	京运通	12.83
	耐火材料	13	化纤	皖维高新	15.48
生物医药	中成药	18	中成药	云南白药	23.17
	生物制药	17	生物制药	中源协和	23.06
	医疗器械	17	医疗器械	复星医药	22.41

数据来源：Wind。

六、结论：智能制造奏响"创新驱动、
转型升级"的华美乐章

尽管当前中国仍然处在城市化和投资驱动增长的浪潮末端，但产业迭代创新和新经济的萌芽开始出现。以机器人、数控机床、自动化设备为代表的智能装备企业逐鹿中原，国内诸如沈阳新松、新时达等都是重要的参与者。在靠近消费端的消费电子、家用电器、汽车等制造业领域，自主品牌出现了明显的研发创新能力和制造能力升级的趋势，如小米、大疆、格力、美的、吉利、比亚迪等。在人工智能、移动互联网、新能源等新经济领域，中国制造也开始成为创新引领者，如科大讯飞、蚂蚁金服、滴滴摩拜、宁德时代等。因此，国家"十三五"规划确立的新兴行业诸如先进半导体、机器人、增材制造、智能系统、储能与分布式能源、高端材料等正逐步成长，有望推动中国经济从"投资驱动、规模扩张、出口导向"走向"创新驱动、质量增长、市场主导"的新时代。传统需要转型，时代呼唤变革，可以预见在不久的将来，智能制造业必将催生出一系列新的经济业态、服务范式、商业模式与价值形态。预计，"中国制造2025"、战略性新兴产业、现代服务业、新一代高速光纤网络、先进泛在的无线宽带网、大数据产业，将成为国内资本市场今后5年的着力点，并将衍生出一系列的主题投资机会。

参考文献

[1] Adizes I. Corporate lifecycles: How and why corporations grow and die and what to do about it [M]. The Adizes Institute, 1990.

[2] Aharony J, Falk H, Yehuda N. Corporate life cycle and the relative value – relevance of cash flow versus accrual financial information [EB/OL]. Working paper. http://Www. Bus. Brocku. Ca/Faculty/Documents/Corporate – Life – Cycle. Pdf, 2006.

[3] Brettel M, Friederichsen N, Keller M, et al. How virtualization, decentralization and network building change the manufacturing landscape: An Industry 4. 0 Perspective [J]. International Journal of Science, Engineering and Technology, 2014, 8 (1): 44.

[4] Gort M, Klepper S. Time paths in the diffusion of product innovations [J]. The Economic Journal, 1982, 92 (367): 630 – 653.

［5］IHS. World Market for Wearable Technology［R］. 2013 – 10.

［6］IMS Research. World Market for Wearable Technology – A Quantitative Market Assessment – 2012［R］. 2012.

［7］Lawrence R Z. Recent Manufacturing Employment Growth：The Exception That Proves the Rule［R］. National Bureau of Economic Research，2017.

［8］Lee J，Kao H A，Yang S. Service innovation and smart analytics for industry 4. 0 and big data environment［J］. Procedia CIRP，2014（16）：3 – 8.

［9］Sirkin H，Zinser M，Rose J. The shifting economics of global manufacturing［R］. 2014. Boston：The Boston Consulting Group，Inc.

［10］Stickney C P，Brown P R. Financial Report and Statement Analysis：A Strategic Perspective［R］. Economic Research，1999.

［11］陈丽娟. 我国智能制造产业发展模式探究——基于工业 4. 0 时代［J］. 技术经济与管理研究，2018（3）：109 – 113.

［12］陈思郁，章秀奇，王成. 寻找细分行业成长股——2008 年中期中小板策略报告［R］. 国泰君安证券，2008.

［13］杜传忠，杨志坤. 德国工业 4. 0 战略对中国制造业转型升级的借鉴［J］. 经济与管理研究，2015（7）：82 – 87.

［14］国家制造强国建设战略咨询委员会，中国工程院战略咨询中心.《中国制造2025》重点领域技术创新绿皮书：技术路线图（2017）［M］. 北京：电子工业出版社，2018.

［15］何诚颖. 证券投资圣经［M］. 北京：中国财政经济出版社，2017.

［16］何诚颖. 中国股市，轮回中的涅槃［M］. 北京：中国财政经济出版社，2009.

［17］李永红，王晟. 互联网驱动智能制造的机理与路径研究——对中国制造 2025的思考［J］. 科技进步与对策，2017（16）：56 – 61.

［18］路甬祥. 智能制造新特点，全球合作新机遇［C］. 2016 智能制造国际会议论文集，2016：2 – 4.

［19］吕铁，韩娜. 智能制造：全球趋势与中国战略［J］. 人民论坛·学术前沿，2015（11）：6 – 17.

［20］孟凡生，赵刚. 传统制造向智能制造发展影响因素研究［J］. 科技进步与对策，2018（1）：66 – 72.

［21］秦洪. 寻找高速成长股［N］. 中国证券报，2007 – 10 – 31.

［22］史永乐，严良. 智能制造高质量发展的"技术能力"：框架及验证——基于CPS 理论与实践的二维视野［J］. 经济学家，2019（9）：83 – 92.

［23］唐德淼. 智能制造产业发展影响因素与趋势研究［J］. 产业与科技论坛，2017，

16 (2)：15 - 17.

[24] 王国庆. 如何发现有价值的高成长股[J]. 中国统计，2001 (3)：32 - 33.

[25] 王友发，周献中. 国内外智能制造研究热点与发展趋势[J]. 中国科技论坛，2016 (4)：154 - 160.

[26] 谢江. 数量化选股系列研究——精选 50 只成长股 [R]. 联合证券研究报告，2007.

[27] 周济. 走向新一代智能制造[J]. 中国科技产业，2018 (6)：20 - 23.

[28] 左世全. 智能制造的中国特色之路[J]. 中国工业评论，2015 (4)：48 - 55.

金融业真的是系统性风险最重要的行业吗？

——基于中国股票市场的实证研究[①]

陈守东　李岳山

摘　要　守住不发生系统性金融风险的底线，是党的十九大对金融工作明确的顶层设计。对于监管部门而言，明确系统性风险重要性行业无疑是精准施策、防范化解风险的重要内容。本文从行业风险贡献的角度构造CES指标，在此基础上测度我国资本市场近年来各行业系统风险贡献并结合历史走势作出预测分析。研究发现，中国股市中系统重要性的行业正随着时间的推移发生变化：金融业虽然在样本区间仍为系统风险重要性行业，但工业在样本期近30%的时间内对系统风险的贡献超过了金融业，尤其在2015年典型的资本市场异常波动期间，工业的系统风险贡献占据主导地位，并在其后两年时间内维持这种态势。因此，监管部门应更多关注各行业系统风险贡献地位历年的交替情况，适时地采取行业特定审慎监管措施，更有效地监控和遏制系统性金融风险。

关键词　系统性风险；CES；系统重要性；行业风险贡献

维持金融系统的稳定性，避免大规模系统性风险事件的发生是我国金融监管机构所面临的最重要内容之一。随着我国金融市场的飞速发展与互联网的广泛普及，金融市场交易不断便捷，金融与各行各业间的联系也更加紧密。正是这种变革，系统性风险爆发的概率大大提高，波及范围越发广泛，监管和防范系统性风险已经成为我国维持金融系统稳定的重要任务

---

①　国家社科基金重点项目（16AJY024）和教育部哲学社会科学研究重大课题攻关项目（17JZD016）。

和永恒主题。众所周知，2015 年中国股票市场的异常波动引发了资本市场全局性的系统性风险，此事件无论对银行、证券等金融机构的直接冲击，还是对实体经济的间接冲击抑或是投资者情绪，都造成了深远的不利影响。

对于监管部门，预防总在救助先，若想"治未病""防未然"，准确测度金融系统性风险则是预防重大金融风险事件发生的"一剂良药"。研究普遍认为，银行、保险等金融类行业是系统性风险贡献的重要行业，理论上，金融业能够直接影响到某一国家或整体经济社会的债务关系问题，金融行业的高杠杆率直接映射了整体经济系统的高风险，加之 2008 年美国雷曼兄弟的破产激起全球次贷风波与金融海啸，顺理成章会将研究的重心固定在金融行业的划分上。因此，在研究视角上，现有文献多数研究金融业与整体资本市场系统风险的传染效应，或是研究各个金融机构对整体系统风险的贡献程度，或是采用指标测度各个金融机构的系统性风险。

关于系统性风险（Systemic Risk）的定义多种多样，也有学者将其称为"不可分散风险"，此类定义过分强调系统性风险造成的结果，却淡化了其成因。孙彦林等将系统性风险注入新的内涵重新定义为：关键性风险因素的积聚扩散及其造成的全局性金融危机。在这一观点的启发下，本文推测在系统性风险的积聚过程中，除金融业外仍有其他关键性行业在资本市场爆发系统性风险的"阵痛期"甚至"剧痛期"起到了不可忽视的作用。

中国作为工业制造大国，素来享有"世界工厂"的盛誉。王茵田等通过实证研究发现，工业增长率对资本市场风险具有十分显著的解释能力。立足中国自身国情实际以及与西方发达国家不同的经济结构，本文认为，金融业对整体系统性风险的贡献对于中国自身而言很大可能小于工业制造业。因此，本文采用班尔斯丘（Banulescu）等提出的系统性风险贡献测度指标 CES（Component Expected Shortfall）度量各个行业的风险贡献，比较识别出系统重要性行业。并且，观察近十年来包括中美贸易摩擦升级以来，中国股票市场中各个行业对系统性金融风险贡献程度所发生的"此消彼长"的微妙变化，遴选出不同时期下系统性风险"关键性"行业，以便监管机构"对症下药"，也有助于政府部门"精准施策"，瞄准最具系统重要性的行业进行监管、扶持及改革，这是本文的创新点与主要贡献。

一、文献综述

在度量系统性风险的众多方法中，在险价值（Value at Risk，VaR）因其概念直观、计算简单等特点而成为20世纪90年代度量系统风险的主要工具。可是，VaR存在一些与生俱来的缺陷，如不满足风险可加性条件、不能有效利用分布总体信息以及对极端损失状况迟钝等。鉴于VaR的各种不足，阿尔兹那（Artzner）等提出了使用预期不足（Expected Shortfall，ES）的方法，受到国内外学者的广泛关注。陈守东等研究发现，相对于VaR，ES能够更加明确地给出极端情况发生时损失了多少，因此ES在尾部测度方面就较VaR有更明显的优势。阿德里安（Adrian）等在VaR的基础上提出了条件在险价值（CoVaR），通过计算单个机构在某种状态的条件下的CoVaR与金融体系VaR的差值来代表其系统性风险的贡献度。但这种方法过分强调了损失分布的α分位数，因此对门限值下极端情况的尾部风险的说服力有限，并且各个机构的CoVaR贡献之和却不等于总体系统性风险。为解决系统性风险可加性的问题，塔拉希维（Tarashev）等提出将Shapley值法应用于单个机构分配系统性风险上，但研究发现，Shapley法测量有效性的基础依赖整个体系风险是一组固定事件，由于排列组合的方法会使可能情形呈指数扩张。简言之，随着参与个体的增加，Shapley法在计算上的实现将成为一大难题。

边际期望MES（Marginal Expected Shortfall）和系统性期望损失SES（Systemic Expected Shortfall）方法是阿卡利亚（Acharya）等学者在2010年提出的。该方法是对ES测度方法的一次革命性的改进，不仅度量了门限值以外的损失，而且计算简单直接、具备可加性，一举解决了CoVaR和Shapley法的不足之处。对MES的方法的改进，目前学术上流行的是布朗利斯（Brownlees）等所提出的系统性风险指数（SRISK），该指数的优点在于：SRISK的构造纳入了金融机构的规模、杠杆率、关联性等系统性风险重要的影响因素，形成了SRISK的预期敞口，该缺口直接受到金融机构本身经营状况好坏的影响，与此同时，外部大环境的波动和政策影响也会对指标的大小造成一定程度上的冲击。梁琪等基于SRISK指标提出了界定系统重要性金融机构的标准，并确定了系统重要性金融机构的名单。但SRISK存在

比较严格的假设：公司的负债在危机爆发的期间仍是恒定的，即杠杆率在季度内是不变的。鉴于此，若要刻画出短期内系统性风险爆发时的剧烈波动，SRISK 便稍显逊色。更重要的是，SRISK 可以说是为金融行业所"量身定做"的指标，其纳入的系统风险因子都具有相当程度的"金融属性"，仅适合衡量金融机构的系统性风险大小，不适合用于衡量其他行业。这对于金融业在资本市场中所占比重与其他行业相差悬殊的国家（例如美国）而言，SRISK 的确是非常良好的系统性风险衡量指标，然而，基于中国自身国情考虑，中国的资本市场构成中金融业尚未占据绝对主导地位，工业制造业依旧占有相当程度的比重。基于此，本文选用班尔斯丘（Banulescu）等提出的系统风险测量方法 CES（Component Expected Shortfall），该指标既包含对边际风险的刻画，同时又纳入了 SRISK 中的权重因素；既能刻画出短期系统性风险爆发时期的波动，又能刻画出各行业对系统性风险的贡献。另外，该方法能很好地与宏观审慎监管理论结合，从而实现对系统性风险的有效预警和防范。

本文拟从各个行业部门角度出发，度量其在全样本期内和在系统风险爆发时期内系统性风险的贡献度，遴选出系统性风险重要行业并观察近十年来系统性风险重要行业对整体金融市场系统性风险贡献的变化，据此提出政策监管实施建议。

二、系统性风险贡献的测度方法

（一）边际期望损失（MES）的计算

阿卡利亚（Acharya）等将期望损失（ES）推广到了整体金融系统，提出了边际期望损失（MES）的概念，用来测度市场未发生金融危机时期和系统性危机时期金融机构对整个金融系统或损失的边际贡献程度。

假设金融系统是由 N 个金融机构组成，那么整体金融系统的收益 r_{mt} 可以分解为单个金融机构的收益 r_{it} 的加权和，即 $r_{mt} = \sum_{i=1}^{N} w_{it} r_{it}$，其中 w_i 为单个金融机构占整个系统的权重，定义 C 为当出现超过给定阈值 α 的负冲击时的预期下行损失，是一个负的常数。于是整个金融系统的期望损失可以

表示为：

$$\mathrm{ES}_{\alpha,t}(C) = -\sum_i w_{it} E[r_{it} \mid r_{mt} \leqslant C] \tag{1}$$

每个机构对整体系统性风险的边际贡献被确定为边际预期缺口（MES）：

$$\mathrm{MES}^{\alpha}_{it}(C) = \frac{\partial \mathrm{ES}_{\alpha,t-1}}{\partial w_{it}} = -E[r_{it} \mid r_{mt} \leqslant C] \tag{2}$$

因此，我们将上述概念扩展到股票市场指数，即行业指数加权和。并扩展 Achary 等（2017）的方法，计算出每个行业的 MES 对整个市场系统性风险的贡献。

对于 MES 的计算，本文通过构建二元动态条件异方差模型和非参数估计法（GARCH/DCC/非参数核估计）进行建模，该方法的一个明显优势在于没有特定的假设分布，更适用于一般化的情形，根据其定义的收益率模型，市场指数收益率与单个部门收益率如下：

$$r_{mt} = \sigma_{mt}\varepsilon_{mt}$$
$$r_{it} = \sigma_{it}\rho_{imt}\varepsilon_{mt} + \sigma_{it}\sqrt{1-\rho_{imt}^2}\,\zeta_{it} \tag{3}$$
$$(\varepsilon_{mt}, \zeta_{it}) \sim F$$

其中，r_{mt}、r_{it} 分别表示市场指数收益率和股票收益率，σ_{mt}、σ_{it} 分别表示市场指数收益率的条件标准差和行业收益率的条件标准差，ρ_{imt} 表示市场和行业 i 间的动态条件相关系数，$(\varepsilon_{mt}, \zeta_{it})$ 表示均值为 0，方差为 1，协方差为 0 的扰动项，F 为一个未指定具体分布的二变量分布函数。结合式（2）、式（3）可推导单个行业 MES 表示为：

$$\begin{aligned}\mathrm{MES}^{\alpha}_{it}(C) = &-\sigma_{it}\rho_{imt}E_{t-1}(\varepsilon_{mt} \mid \varepsilon_{mt} \leqslant C/\sigma_{mt}) \\ &-\sigma_{it}\sqrt{1-\rho_{imt}^2}E_{t-1}(\zeta_{it} \mid \varepsilon_{mt} \leqslant C/\sigma_{mt})\end{aligned} \tag{4}$$

其中，σ_{mt}、σ_{it}、ρ_{imt} 通过构建 DCC – GJR – GARCH（1，1）模型运用极大似然估计法得到，而尾部期望 $E_{t-1}(\varepsilon_{mt} \mid \varepsilon_{mt} \leqslant C/\sigma_{mt})$ 与 $E_{t-1}(\zeta_{it} \mid \varepsilon_{mt} \leqslant C/\sigma_{mt})$ 则需采用斯卡雷特（Scaillet）提出的非参数估计量 k 进行计算得到，其中 $k = \dfrac{C}{\sigma_{mt}}$，阈值 C 为 5% 极端状况下的风险价值，本文采用历史模拟法得到在 5% 极端状况下的风险价值 C = −2.3439。

$$E_{t-1}(\varepsilon_{mt} \mid \varepsilon_{mt} \leqslant k) = \frac{\sum\limits_{t=1}^{T}\varepsilon_{mt}K_h\left(\dfrac{k-\varepsilon_{mt}}{h}\right)}{\sum\limits_{t=1}^{T}K_h\left(\dfrac{k-\varepsilon_{mt}}{h}\right)}$$

$$E_{t-1}(\varepsilon_{it} \mid \varepsilon_{mt} \leqslant k) = \frac{\sum_{t=1}^{T} \zeta_{it} K_h\left(\dfrac{k - \varepsilon_{mt}}{h}\right)}{\sum_{t=1}^{T} K_h\left(\dfrac{k - \varepsilon_{mt}}{h}\right)} \tag{5}$$

$$K(t) = \int_{-\infty}^{t} k(\mu)\,du \tag{6}$$

其中，k（μ）为非参核函数，本文选用标准正态分布密度函数作为核函数。h 为正的带宽参数，将其固定在 $T^{\frac{1}{5}}$，最后合并计算得到 MES 值。

（二）成分预期损失（CES）的度量优势

班尔斯丘（Banulescu）等认为，在评价各组成部分对系统总风险的相对重要性时，权重因素是具有决定性意义的因素。因此，他们在 MES 的基础上引入权重 ω_{it}，提出了 CES 的概念：

$$\begin{aligned} CES_{it}^{\alpha} &= -\omega_{it} E\left[r_{it} \mid r_{mt} \leqslant C\right] \\ &= -\omega_{it}\left\{ \begin{array}{l} \sigma_{it}\rho_{imt}E_{t-1}\ (\varepsilon_{mt} \mid \varepsilon_{mt} \leqslant C/\sigma_{mt}) \\ + \sigma_{it}\sqrt{1 - {\rho_{imt}}^2}E_{t-1}\ (\zeta_{it} \mid \varepsilon_{mt} \leqslant C/\sigma_{mt}) \end{array} \right\} \end{aligned} \tag{7}$$

该指标有三个优点：第一，CES 将 "Too Interconnected To Fail" 和 "Too Big To Fail" 的双重逻辑完美地融合到了一起，同时又不像 SRISK 指标那样包含了太多 "金融属性"，是一个适用范围更广的一般化指标；第二，CES 能够评估特定行业在确切日期内对系统性风险的贡献，保留了 MES 对相对变化敏感性刻画的优点；第三，CES 衡量的是特定企业或行业对整体金融系统风险预期损失的 "绝对贡献"，是一个绝对值的概念，市场中所有企业对应的加总即为系统总的期望损失，即 $ES_{m,t-1}(c) = \sum_{i=1}^{N} CES_{it}(C)$。

除此之外，还使用调整 CES 指标，它等于 $\dfrac{CES_{it}}{\sum_i CES_{it}}$，表示企业 i 在 t 时刻所引起的系统风险的比例，计算为按总损失归一化的成分损失：

$$CES\%_{it} = \frac{CES_{\alpha}^{i}}{ES_{\alpha}^{i}} = \frac{\omega_{it}E[r_{it} \mid r_{mt} \leqslant C]}{\sum_i \omega_{it}E[r_{it} \mid r_{mt} \leqslant C]} \times 100 \tag{8}$$

研究选择 CES 和 CES% 方法来分析中国股市系统性风险的行业贡献。

三、实证结果与分析

本文研究样本包括了 Wind 行业数据库中共 11 个行业 2009 年 6 月 1 日至 2019 年 6 月 11 日[①]十年日指数收盘价，并计算其对数收益率：

$$r_{it} = \ln\left(\frac{p_{it} - p_{it-1}}{p_{it-1}} + 1\right) \times 100$$

其中，p_{it} 是指部门 i 在第 t 日指数收盘价。市场收益率选用沪深 300 指数收益率，权重 w_i 的计算采用各行业指数所对应的成分股流通市值总和，之所以选用流通市值而非总市值是因为流通市值与资本市场波动的联系更为密切，且流通市值在一定程度上也隐含了资本市场的流动性风险。

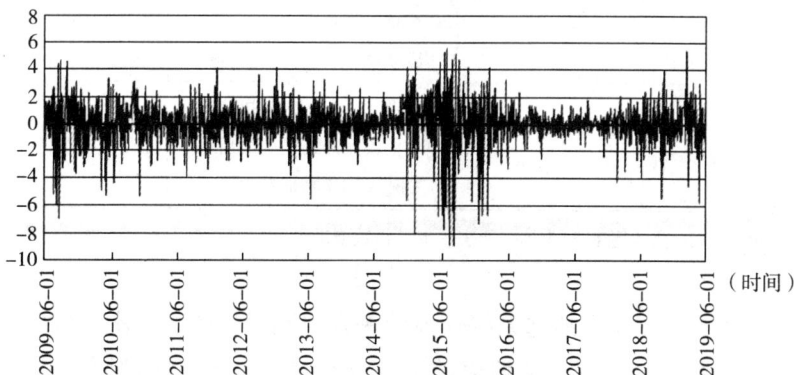

图 1　上证综指日对数收益率

系统性风险是由积聚到爆发再到扩散造成的全局性风险，集聚的过程是"漫长而平静"的，但爆发的过程却是"短暂且剧烈"的。月度收益率波动反映的信息连续性相比日度波动会逊色很多，所以单从主板市场周或月情况来测度收益率会严重低估系统性风险爆发的"短暂且剧烈"的特点。

---

① 本期间数据样本可以避开 A 股历史上两次重大 IPO 事件：第一次是 2007 年 11 月 5 日中国石油天然气股份有限公司（PetroChina）上市；第二次是 2006 年 10 月 27 日中国工商银行（ICBC）上市。这两次事件都会导致相关行业的权重呈现明显的结构性变化，排除在样本期内以免影响 CES 的结果。

结合图 1 看，本文选用 2009 年 8 月 3 ~ 31 日，2015 年 6 月 15 日 ~ 7 月 14 日，2016 年 1 月 4 日 ~ 2 月 1 日，2019 年 4 月 22 日 ~ 5 月 23 日四次交易日①内系统风险爆发的时期，值得注意的是所选的四次样本分别代表着四种主要风险引发的资本市场剧烈动荡的原因，在此样本下的研究结果具有更全面的说服力。

表 1　系统性风险爆发时期及事件驱动

样本时期	样本期间涨跌幅	对应事件	原因分类
2009 年 8 月 3 ~ 8 月 31 日	− 21.81% − 744.31	美国次贷危机背景下的全球金融海啸	外在全球性普遍风险
2015 年 6 月 15 日 ~ 7 月 14 日	− 24.04% − 1241.86	2015 年 6 月 17 日迎来最大规模申购，预计冻结资金 7 万亿元	内在证券市场资金流动性风险
2016 年 1 月 4 日 ~ 2 月 1 日	− 24.03% − 850.33	2016 年 1 月 4 日"指数熔断"机制正式实施	内在政策异质波动风险
2019 年 4 月 22 日 ~ 5 月 23 日	− 12.79 − 418.28	美国单方面宣布对中国价值 2000 亿美元的输美商品所征收的关税从 10% 增加到 25%	外在突发性利空风险

注：第二列样本期间涨跌幅中第二行表示上证指数变动点数。

　　表 1 中列举了本文所选系统性风险爆发时间段样本、样本期间涨跌幅、对应事件及其原因分类。从原因的纵向分类看，主要有两种原因——内部因素和外部因素。从横向比较看，内部因素可再细分为两类，分别是内在资本市场资金流动性风险和国内政策方面异质波动风险；外部因素也可划分为两类，分别是全球性金融危机的传染连带作用和国外突发性利空事件冲击风险。从样本期间涨跌幅来看，显然内在因素对市场造成的波动最大，21 个交易日内高达 − 24% 以上，因此，这两次系统性风险爆发过程中的关键性行业将具有很强的代表性意义。鉴于此，防范化解重大金融系统性风险重心应转向国内市场的平稳健康发展，对于上市公司监管和投资者的自身素质应"两手抓，两手都要硬"。

---

　　①　样本选用的四次系统性风险爆发时间段，每段包括 21 个交易日，代表系统性风险释放时间整一个月。

表 2 行业收益描述性统计

	均值	极小值	极大值	标准差	方差	偏度	峰度	J. B.
能源	0.016	−9.918	8.437	1.793	3.216	−0.445	4.294	2024.117
材料	0.045	−9.684	9.796	1.940	3.764	−0.635	3.931	1794.242
工业	0.044	−9.783	9.899	1.840	3.387	−0.692	4.949	2783.084
可选消费	0.063	−9.885	9.894	1.808	3.267	−0.649	4.432	2239.952
日常消费	0.077	−9.705	9.779	1.681	2.825	−0.514	3.851	1678.596
医疗保健	0.073	−9.817	9.960	1.787	3.193	−0.453	4.079	1838.141
金融	0.059	−9.461	8.194	1.640	2.691	−0.172	4.381	2030.555
信息技术	0.084	−9.929	9.906	2.160	4.667	−0.507	3.009	1060.998
电信服务	0.037	−10.038	10.067	2.094	4.386	−0.122	3.598	1369.999
公用事业	0.035	−9.947	9.912	1.646	2.709	−0.671	7.335	5849.711
房地产	0.059	−9.474	9.864	2.006	4.024	−0.439	3.069	1073.862

对 Wind 行业划分的 11 个行业总体样本期内收益率做描述性统计（见表2），发现信息技术行业的平均回报率明显高于其他行业，同时信息技术部门的波动性也最高，标准偏差达到了 2.160。相比较而言，能源行业的回报率最低，平均日收益率仅有 0.016%，金融行业的收益率标准差为 1.640，是行业最低水平。但值得注意的是，日常消费行业的日平均回报率很高为 0.077%，仅次于信息技术行业，同时波动程度较小，仅有 1.681，是相对稳定增长的行业，这可能与中国市场巨大的消费潜力的进步与资本市场公认的"白马""蓝筹"企业的示范效应相关。此外，所有行业的收益率峰度均大于3，且 J. B. 统计量值很大，这意味着各行业收益呈现显著的高狭峰形态。

（一） 系统性风险测度与系统重要性行业识别

我们记 2009 年 8 月 3~31 日、2015 年 6 月 15 日~7 月 14 日、2016 年 1 月 4 日~2016 年 2 月 1 日、2019 年 4 月 22 日~5 月 23 日四次异常波动时期分别为 B1、B2、B3、B4，通过 GARCH/DCC/非参数核估计和行业流通市值权重计算出样本时期内各个行业 CES 日均值列于表3。表3结果表明，平均而言金融业的系统性风险仍然是所有行业中最高的为 6.533，工业与材料行业紧随其后，分别为 5.352 和 3.618，从 CES 值上看金融业并没有占据绝对的主导地位，这点与本文的推断相契合。

表3 系统性风险爆发时期各行业CES日均值

	CES值Mean	Mean_ B1	Mean_ B2	Mean_ B3	Mean_ B4
能源	3.327	4.024	6.473	4.661	2.135
材料	3.618第三	8.557第二	7.362	6.507	3.784
工业	5.352第二	7.480第三	15.434第一	12.879第一	5.967第二
可选消费	2.895	3.310	7.520第三	7.675第三	3.912
日常消费	1.326	1.792	2.979	2.767	2.841
医疗保健	1.262	1.139	3.410	3.636	2.153
金融	6.533第一	9.932第一	13.188第二	11.641第二	8.396第一
信息技术	2.343	1.697	6.345	6.891	4.215第三
电信服务	0.158	0.627	0.310	0.246	0.143
公用事业	0.849	2.314	2.776	2.048	0.819
房地产	1.560	3.575	3.155	3.607	1.760

注：Mean_ Bi（i＝1，2，3，4）分别为四次系统性风险爆发时期各行业对应CES日均值，其最大值都用第一标记，次高值用第二标记，第三高用第三标记。

在系统性风险爆发的四个样本时间段内，B2、B3时期为内部因素引起的最严重也最具代表性的两次系统性风险爆发时期（见表1），而在此期间，金融业的系统性风险贡献却小于工业。根据系统性风险重要行业[①] CES时序图（见图2），认为在2015年6月至2017年6月长达两年的时间内，工业对于整体系统性风险的贡献均高于金融业，在此期间工业对金融系统总体风险的贡献维持在20%以上（见图3），工业俨然成了资本市场整体系统性风险的主要行业。这是由于2015年后中国工业增速显著放缓，制造业增速持续减弱，2015年全年GDP增速6.9%，GDP增速正式"破7"，同比下降0.4%，正式宣布进入"6的时代"，工业系统风险值呈现显著攀升并超过金融业。同年12月，我国围绕供给侧结构性改革，针对性地提出"三去一降一补"[②] 五大任务，金融业在"去杠杆"的背景之下，经历了"过热—低迷—逐渐回暖"的变化。简言之，在2015年我国资本市场重大系统性风险

[①] 本文将总样本期内日平均CES值前3的行业记为系统性风险重要行业。

[②] "三去一降一补"即去产能、去库存、去杠杆、降成本、补短板五大任务。

爆发到扩散过程中，工业明显成了所有行业中系统风险贡献最大的行业。然而最重要的是，工业增速的放缓与工业内在风险的积聚是中国股票市场全局性崩盘直接原因和内在因素。

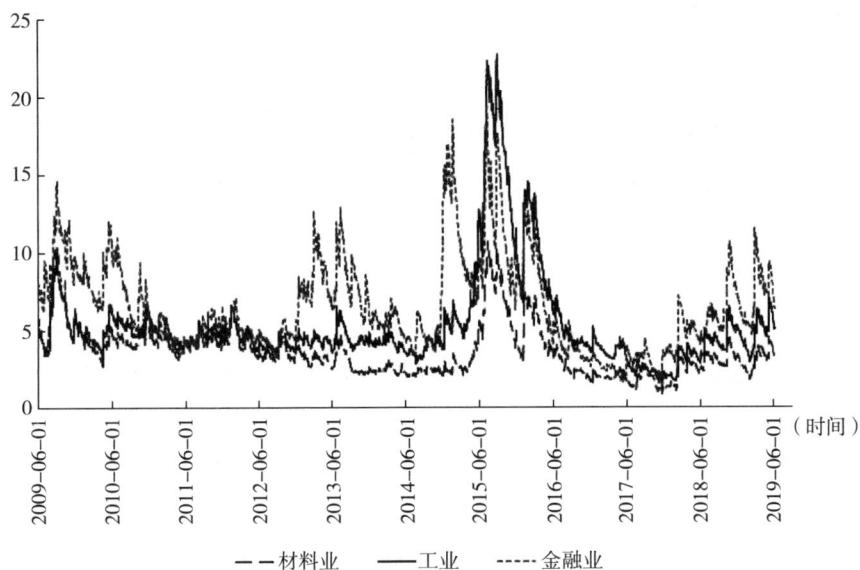

图2 系统风险重要行业 CES 时序图

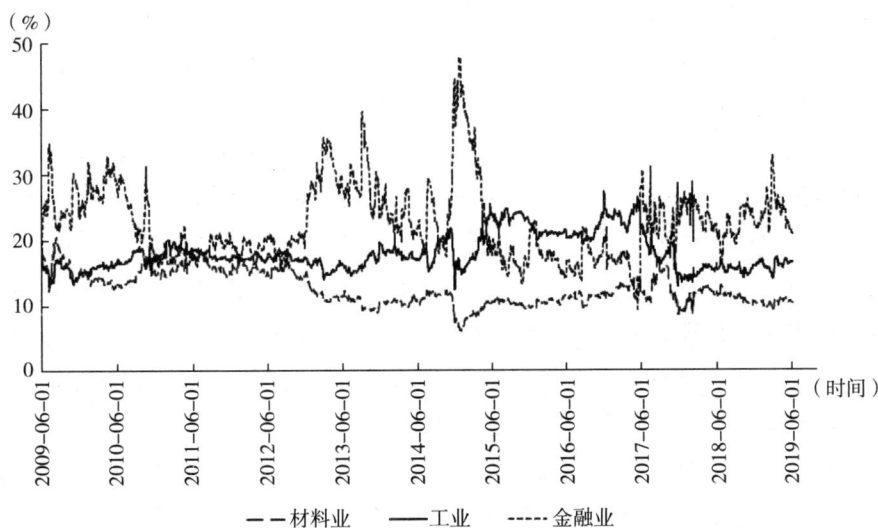

图3 系统风险重要行业对整体系统风险的贡献（CES%）

值得一提的是，在 B4 时期信息技术产业首次跻身为系统风险前三的行业，这与该时期系统性风险爆发的原因（见表 1）相吻合。B4 时期美国单方面升级中美贸易摩擦，意味着我国长期依赖于进口零部件进行生产的信息技术行业面临停工、涨价等严峻挑战，致使信息技术行业对总体系统风险的贡献在此期间跃至第三。

（二）系统风险重要行业对整体风险贡献趋势分析

通过行业系统性风险（见表 3）分析认为，我国证券市场中最具系统重要性的行业随着时间的推移发生了显著变化，从 2009～2019 年日平均 CES 结果看，电信服务业与公用事业日平均 CES 均小于 1，在讨论系统风险重要行业对整体风险贡献时将其剔除，并将剩下的 9 个行业作为系统性风险重要行业进行研究，与此同时，结合其系统性金融风险贡献历史趋势对未来进行预测。

预测显示（见图 4），能源行业自 2011 年以来对系统性风险的贡献呈持续显著的下行态势，从 30.1% 的整体系统风险贡献持续 8 年下滑至 5.15%，这是由于 2008 年全球金融危机后，国际原油价格持续低迷，给中国市场的能源行业带来了很大的不确定性。类似地，材料行业也呈现较为明显的下降趋势，而与之不同的是，2013～2017 年末出现了一定程度的反弹，这种现象的原因可能是在 2013 年 "一带一路" 倡议刺激下，与基建相关的水泥、钢铁、建材等周期性行业迎来了一定程度的繁荣，增加了材料业对整体系统性风险的贡献。2015 年末，中央经济工作会议正式提出 "去产能" 并列为 2016 年五大结构性改革任务之首，对于工业与材料业来说，去产能的推进能够有效化解产能过剩带来的风险，降低其对总体系统性风险贡献度。然而，中国作为制造业第一大国，工业增长速度依然强劲，工业对系统性金融风险的贡献长期内仍将维持高位震荡向上的趋势不变。我们注意到，医疗保健行业、日常消费行业以及信息技术行业呈显著的上升态势，其中日常消费业对总体系统性风险贡献的增长最稳健，说明在国民经济的 "三驾马车" 中，消费仍然是稳定的驱动力，中国自有的内需市场依然庞大；信息技术产业系统风险贡献波动最大，这与创业板的剧烈波动密不可分。近年来，中美贸易摩擦的不确定性导致信息技术行业的系统风险攀升，在未来一段时期内仍不尽乐观；同样受影响与美国关税压力的医疗保健行业也有类似的趋势发生，但其行业本身随着 "补短板" 与 "健康中国" 政策的向前推进，加之行业自身高毛利率的特点，整体行业在逐步扩张，未来相当一段时期内将继续保持增长趋势。

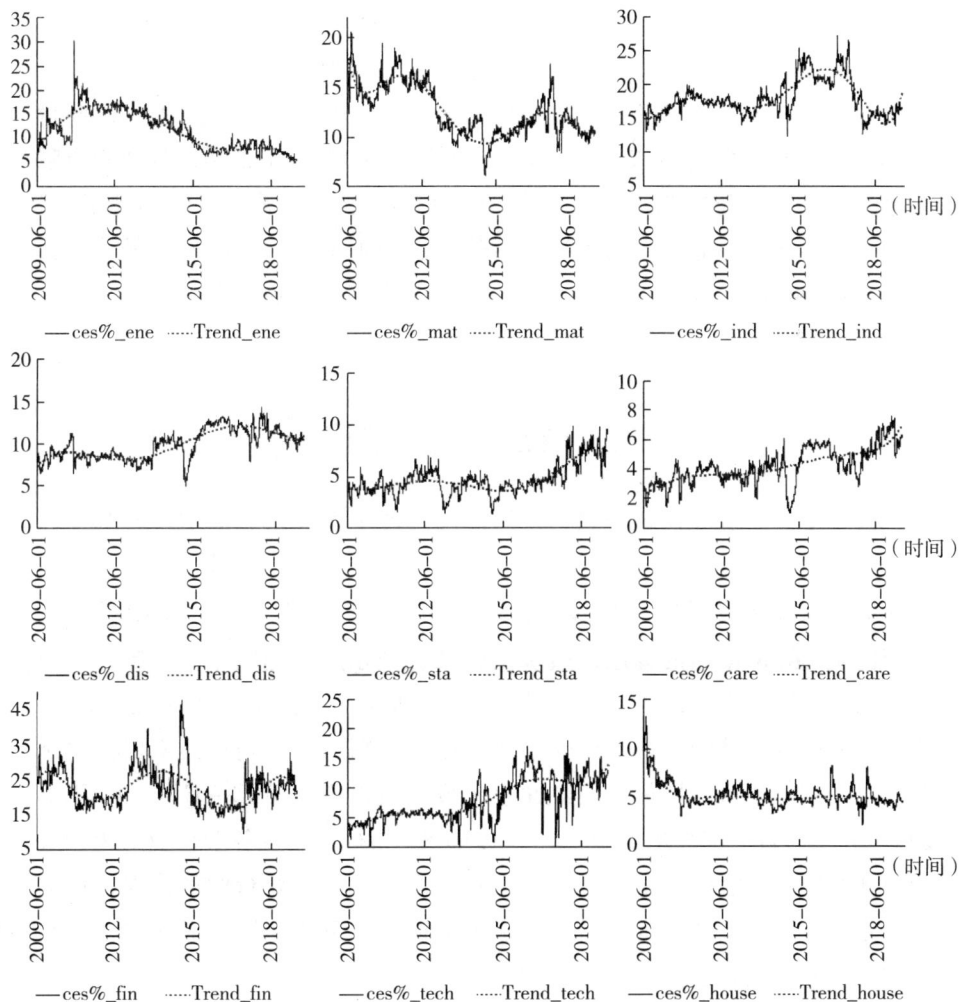

图4　行业系统风险贡献历史走势

注：ene、mat、ind、dis、sta、care、fin、tech、house 分别表示能源、材料、工业、可选消费、日常消费、医疗保健、金融、信息技术、房地产行业。

随着 2015 年末去杠杆化的逐步推进，金融行业对资本市场系统性风险的贡献连续两年维持在历史低位，我国资本市场在充分释放风险后也迎来了长达两年的"健康牛"。然而，一味的去杠杆化很难促进实体经济的快速发展，同时过于保守的杠杆率也会催生影子银行和地方性债务等。简言之，金融业风险防范的重心应该在供给侧而不是在需求侧，实行金融供给侧改革，提供合理的杠杆资金给需要的企业不但不会增大金融业的系统性风险，反而会推动实体经济健康平稳发展，所以，在当前和未来一段时期内，金融行业仍会维持历史较低的系统性风险贡献。有趣的是，房地产行业自2008年全球次贷危机泡沫破灭以来，长期维持在5%左右的系统性风险贡献水平上，上述特点意味着未来房地产市场稳定性依然较高，在"房住不炒"的政策背景下，房地产市场短期内过热或过冷现象出现可能性都较小，大概率会维持现状，这一观点与孙彦林等研究结果也相一致。

四、结论与政策建议

随着中国经济进入新常态，我国经济发展正处在从高速增长转为中高速增长的"换档期"，经济结构不断调整，产业结构不断优化，人民生活质量不断改善。然而，近年来伴随我国改革进入"攻坚期"和"深水区"，同时伴随全球经济增速的普遍放缓和国际社会关系的日趋紧张，中国经济下行压力加大。对系统性风险的防控也成为现阶段中国金融经济稳定运行的重大现实问题，其中对系统风险重要行业的识别与监管则是其重要前提条件。本文从行业系统性风险贡献角度出发，通过构建 DCC – GJR – GARCH（1，1）模型计算时变的 MES、CES 和 CES% 指标，测度各个行业对中国股市整体系统性风险的贡献程度，在识别出系统风险重要行业的同时，依据历史走势给出未来的预测分析，为宏观调控与政策实施提供操作的依据与方向。研究结论如下：

（1）本文认为系统性风险爆发时期的原因有内部因素和外部因素之分，相比而言，对中国资本市场造成冲击与危害更大的是内因。因此，防范化解重大金融系统性风险应立足国内，通过识别系统风险重要性行业，从而进行有效监管。

（2）通过系统风险重要行业的时变 CES 认为，中国股票市场中最具系统风险重要性的行业正随着时间的推移而发生变化。金融业在2008年金融危机后的十年间，虽然大部分时间仍为系统性风险最重要行业，但工业在近30%的时间内对整体系统风险的贡献超过了金融业，尤其在资本市场异常波动幅度最大的 B2、B3 时期，工业对资本市场整体系统风险贡献最大，并在其后两年多时间里维持在金融业之上。

（3）近年来面临"去产能"风险的压力，工业增长率出现了一定程度的放缓甚至衰退，这被认为是股票市场系统性风险和不确定性的一个重要来源。在 2015 年我国资本市场异常波动过程中，工业已然成为所有行业中系统风险贡献最大的行业，然而最重要的是，工业增速的放缓与工业内在风险的积聚成为该时期内中国股票市场崩盘的直接原因和内在因素。

（4）本文在各行业系统性风险贡献历史走势中发现，受国际原油价格和中东局势的不确定性，能源行业自 2011 年以来对系统性风险的贡献呈持续显著的下行态势，对整体系统性风险的贡献萎缩高达83%，而与之恰恰相反的是信息技术产业、日常消费行业以及医疗保健行业正处在扩张期，代表着未来一段时期内，这些行业成为我国关键性行业的更替与新的经济增长潜力点。金融业在"去杠杆"和"金融供给侧改革"背景下，其系统性风险贡献已明显降低，而工业与制造业等受周期性波动影响，未来一段时间内可能仍会有比较强劲的增长动能。

综合上述结论，提出以下政策建议：首先，对于系统重要性已经出现显著下降的行业，应给予政策扶持，例如鼓励能源行业上市公司并购重组，或者补贴新能源产业链等，避免系统风险向其他行业过度集中；其次，由于我国资本市场系统性风险内因的驱动力强于外因，所以，上市公司应增强自身抵御风险能力，提高经营水平，监管机构应实行更为严格的退市制度，以保障企业向平稳健康方向发展；最后，监管机构与政策制定者应更多关注各行业系统风险贡献地位随时间推移的交替变动情况，适时适度地采取对特定行业针对性地审慎监管措施，更有效地监控和遏制系统性金融风险。

参考文献

　[1] 刘金全，陈德凯. 理解中国货币政策调控模式："稳杠杆"还是"降杠杆"？——基于 TVP - VAR 模型的实证研究[J]. 西安交通大学学报（社会科学版），2017，37（6）：1 - 8.

　[2] 孙彦林，陈守东. 基于关键性风险因素的中国金融状况指标体系构建研究[J]. 南方经济，2019（5）：1 - 16.

［3］王茵田，朱英姿. 中国股票市场风险溢价研究［J］. 金融研究，2011（7）：152 – 166.

［4］Banulescu G D，Dumitrescu E I，Which are the SIFIs? A Component Expected Shortfall approach to systemic risk ［J］. Journal of Banking & Finance，2015（50）：575 – 588.

［5］Artzner P. ，Delbaen F. ，Eber J. M. ，Heath D. ，Coherent measures of risk ［J］. Math Finance，1999（9）：203 – 228.

［6］陈守东，孔繁利，胡铮洋. 基于极值分布理论的 VaR 与 ES 度量［J］. 数量经济技术经济研究，2007（3）：118 – 124，133.

［7］Adrian T. ，H. S. Shin，Liquidity and Leverage ［J］. Journal of Financial Intermediation，2010，19（3）：418 – 37.

［8］Adrian T. ，Markus B. ，CoVaR，Federal Reserve Bank of New York ［D］. Working Paper，2009.

［9］Tarashev N，Claudio B，Kostas T，Attributing Systemic Risk to Individual Institutions ［R］. BIS Working Papers，2011.

［10］范小云，王道平，方意. 我国金融机构的系统性风险贡献测度与监管——基于边际风险贡献与杠杆率的研究［J］. 南开经济研究，2011（4）：3 – 20.

［11］Acharya V. ，Pedersen L. ，Philippon T. ，Richarkson M. ，Measuring Systemic Risk ［R］. NYU Working Paper，2010.

［12］Acharya V. ，Pedersen L. ，Philippon T. ，Richardson M. ，Measuring Systemic risk ［J］. Rev. Financ. Stud. ，2017（30）：2 – 47.

［13］白雪梅，石大龙. 中国金融体系的系统性风险度量［J］. 国际金融研究，2014（6）：75 – 85.

［14］赵进文，张胜保，韦文彬. 系统性金融风险度量方法的比较与应用［J］. 统计研究，2013，30（10）：46 – 53.

［15］Brownlees C. ，Robert E. ，Volatility，Correlation and Tails for Systemic Risk Measurement ［R］. NYU – Stern Working Paper，2011.

［16］梁琪，李政，郝项超. 我国系统重要性金融机构的识别与监管——基于系统性风险指数 SRISK 方法的分析［J］. 金融研究，2013（9）：56 – 70.

［17］Scaillet O. ，Nonparametric Estimation of Conditional Expected Shortfall ［J］. Insurance and Risk Management Journal，2005（74）：639 – 660.

4. 企业、产业经济

高铁开通是否促进了技术进步

赵　昕　刘　静　丁黎黎

　　摘　要　近年来中国高铁迅猛发展，引发的经济效应也日益显著。本文基于 SBM – Malmquist 指数法测算了中国 282 个城市 2008～2017 年的技术进步及分解项，并进一步采用倾向得分匹配双重差分法模型（PSM – DID）检验了高铁开通对技术进步的影响。结果表明，高铁开通对技术进步有显著的促进作用。进一步考察实现路径发现，高铁主要通过促进中性技术进步来间接对技术进步产生正向影响。同时，高铁开通对不同区域技术进步的影响存在异质性，表现为对东部地区技术进步有促进作用，对中西部无显著影响。本文研究为中国高铁修建规划和城市经济的高质量发展提供了有益启示。

　　关键词　高铁；技术进步；PSM – DID

一、引言

　　自 1978 年改革开放以来，中国的经济取得了快速的增长，国内总产值始终保持着年均近 10% 的增长率，被誉为"中国增长奇迹"。而在这背后，技术进步对于全要素生产率的贡献是不可忽视的。自 20 世纪 50 年代起，索洛在经济增长核算模型中就提出，技术进步是国民经济增长的重要源泉。因此，促进技术进步率的增长，提升技术创新能力，是推动国民经济长期平稳增长的必然选择。技术进步是嵌套在各种生产要素之中的知识改进，它与要素投入和要素技术变革存在着密切联系。高铁的开通重塑了区域经济增长的格局，有利于降低高素质人才等创新要素的流动成本，在一定程度上促进了经济、信息、劳动力和技术的流动，加快了科技创新和要素技术变革。显然，高铁开通与技术进步间存在着重要关联。作为世界上高铁在建规模最大、拥有动车组列车最多、运营最繁忙的国家，我国对于高铁的建设十分重视。自 2007 年首趟高铁开通以来，截至 2017 年底，我国高铁的运营里程已经达到 2.5 万千米，占全球高铁总里程的 66%。根据 2016 年国务院颁布的《中长期铁路规划》显示，到 2020 年底我国高铁里程将达到 3 万千米，并形成"八横八纵"的高铁网络基本骨架。那么在当前我国大力推行高铁建设的背景下，高铁开通对技术进步会产生何种影响？其影响机制是什么？从区域异质性的角度来看，高铁开通是否会对发达地区的技术进步表现为促进作用，对落后地区的技术进步表现为抑制作用？本文对这些问题进行了重点研究。

基于上述分析，本文从当前中国高铁快速发展的现实背景出发，以高铁开通作为准自然实验，探讨了高铁开通对技术进步的影响以及造成这种影响的内在机制。采用 2008～2017 年中国 282 个地级市的数据，运用倾向得分匹配双重差分模型（PSM‐DID），实证检验了高铁对技术进步的影响效应。研究发现，高铁开通对技术进步有显著的促进作用。进一步考察该促进作用的影响机制发现，高铁开通主要是通过促进中性技术进步而不是偏向性技术进步来对技术进步产生影响的。高铁开通对不同区域的技术进步影响存在异质性，表现为对东部地区的技术进步有显著促进作用，对中西部无显著影响。

本文余下部分结构安排如下：第二部分为文献综述；第三部分为研究设计和数据说明；第四部分报告了主要实证结果并讨论了影响机制；第五部分为研究结论与政策建议。

二、文献综述

与本文紧密相关的文献主要有两部分：一是高铁开通的经济效应，二是技术进步及偏向的定义与测度。本文对这两部分的梳理如下：

（一）高铁开通的经济效应

近年来，有关交通基础设施对经济增长的影响研究层出不穷，研究对象包括高速公路、铁路、机场、港口等，研究问题涵盖了城乡收入差距、企业库存、城市生产率等多个方面。学者们从多个角度研究了交通基础设施对经济增长的影响，并得到了比较一致的观点，交通基础设施促进了经济发展（庞虹和晏克非，2008；刘正桥和张亚斌，2013；肖挺，2018）。高铁作为一种新型的交通工具，不仅能够优化区域原有的交通网络，缩小区域之间的时间距离（Vickerman and Ulied，2006），还具有载客量大、速度快、准点率高、安全性好的优势（杜兴强和彭妙薇，2017），其经济效应相对于传统交通设施来说也更明显。总体来看，高铁建设能够显著地促进经济增长，同时也对周边城市带来了积极的外溢效应（刘勇政和李岩，2017）。从就业与收入的角度看，高铁建设的"时空压缩"效应引起城市可达性的增加，这会带来周边地区更好的生活条件和较低的交通运输成本，同时提升了高技能劳动力流动效率，一方面增强了高铁城市的就业水平（董艳梅和朱英明，2016a）；另一方面缩小了城乡收入差距（余泳泽和潘妍，2018）。从区域创新角度看，高铁的开通能够促进知识和技术的流动，这有利于产生知识溢出（Chen，2012；张金月和张永庆，2019），从而促进区域创新水平的提升（卞元超等，2019）。此外，高铁也在一定程度上拉大了区域经济差异，重塑了中国的经济空间布局（董艳梅和朱英明，2016b），主要原因为高铁开通使中心区域能够进一步吸引落后区域的优质要素，进而可以促进本地区的经济增长；落后地区由于本身的经济发展环境较差，生产要素可能会进一步流失（卞元超等，2018）。张克中和陶东杰（2016）也证实了高铁"虹吸效应"的存在，即高铁开通增强了中心城市的经济集聚，使经济要素由沿途地级市向中心城市转移。综上所述，高铁实质上是一把"双刃剑"，既能加速人、财、物生产要素向高铁新城集聚，也能带来诸如"虹吸效应""错配效应"及"过道效应"等问题，造成生产要素的流失。因此，经济发展落后城市一定不能盲目模仿发达城市，做出高铁建设的决策时需要三思而后行（唐荣和顾乃华，2018）。

尽管学者们对高铁的经济效应进行了各方面的考察和分析，但现有研究主要集中于对经济表象的探索，这体现在两个方面：一方面，被解释变量的构造比较简单，一般选取经济指标作为被解释变量，例如 GDP 增长率、专利指标、城乡收入比、就业密度等；另一方面，现有研究多是对经济发展状态而不是经济发展动因的研究，主要体现在研究问题多是对静态经济指标的考察，很少对动态指标进行探索。技术进步作为经济发展的重要推动力，是经济增长的内在动因，并且反映的是连续动态的变化，因此有必要对高铁开通对技术进步的影响进行考察。

（二）技术进步的分解与测度

技术进步源于 Hicks（1932）的《工资理论》一书，他按照技术进步对收入分配的不同效应将技术进步分为三种类型："节约劳动"技术进步、"节约资本"技术进步和"中性"技术进步。而对技术进步最早的分解和测度是索洛（1957）提出的，他将技术进步表示为产出增长率扣除劳动和资本贡献之后的余额，即索洛余值法。索洛余值法不强调具体生产函数的形式，只关注函数的性质，这使该方法在技术进步测度方面具有一定的普适性。国内一些学者用此方法对我国的全要素生产率（TFP）进行了测算并分解得到了技术进步率（郭庆旺等，2005；杜希双，1998）。由于索洛余值法对于技术进步的假定过于严苛，要求必须符合外生性、非体现性、Hicks 中性等假设，现实中难以满足，因此，随后的部分学者对其进行了修正和拓展。Jorgenson 和 Grilliches（1967）采用了超越对数生产函数模型将要素投入进行了分解具体测度了 TFP。在此理论上，国内学者也将一些新变量引入索洛模型（彭国华，2007；王玲等，2008）。比较有代表性的有徐瑛等（2006）将产业结构变动、资本空间集聚、人力资本积累等因素引入技术进步贡献率的计量模型并测度了 1987~2003 年中国的技术进步状况。近 30 年来，随着随机前沿生产函数理论（SFA）以及数据包络分析理论（DEA）的突破性发展，利用 SFA 方法和 DEA 方法测算全要素生产率并分解得到技术进步成为研究热点。这两种方法对于技术进步的测算都是建立在 Malmquist 指数的基础上进行的。该指数由 Caves、Christense 和 Diewert（1982）在 Malmquist 数量指数与 Shepherd 距离函数的基础上构造。SFA 方法属于参数法，要求先估计出随机前沿生产函数中的参数，再根据 Kumbhakar（2000）的方法将从全要素生产率中分解出技术进步，常用的生产函数主要有超越对数生产函数和 CD 生产函数。目前，绝大部分相关文献都采用超越对数生产函数（王班班和齐绍洲，2014；Shao et al.，2016）。比较有代表性的如 Snstad 等（2006）利用超越对数成本模型对印度、韩国和美国的能源增进型技术进步进行了测算；张月玲和叶阿忠（2014）从要素替代弹性视角分析了1996~2016年中国技术进步方向的变化。DEA方法属于非参数法，由于具有投入产出比重不受主观影响而由模型计算产生的优点，近年来被广泛应用于全要素生产率的测度。Färe等（1994）在Malmquist指数和BBC模型的基础上进一步将全要素生产率分解为技术进步、纯技术效率和规模效率。在此框架上Färe（1997）从技术进步中分解出了中性技术进步项、投入偏向性技术进步项和产出偏向性技术进步项。目前，DEA-Malmquist方法已经成为测度技术进步及偏向性技术进步的主流方法。如Song和Wang（2016）运用此方法对中国2003~2013年的环境技术进步偏向进行了测算。王兵和颜鹏飞（2007）运用序列DEA方法测算了1960~2004年APEC 17个国家的技术进步，并证明了技术进步对APEC经济增长有分散效应。杨翔等（2019）在考虑能源投入和环境污染的基础上对中国工业的技术进步指数进行分解，研究表明，中国工业的技术进步类型以中性技术进步为主。

尽管学者们对技术进步的分解与测度做了很多有益的探索，但以下两个方面国内研究仍然比较缺乏：一是对技术进步及偏向的测度多集中在省级及国家层面或者以行业为研究对象，对于地级市的测度和分解却常常忽略，但即使是同一省份的不同地级市在技术进步及偏向也会存在不同。二是现有文献多把技术进步放在影响因素的位置上，以分析技术进步对全要素生产率或者经济增长的影响，很少有文献对影响技术进步的因素进行探讨。

综上所述，本文的研究贡献主要有以下几点：首先，本文以技术进步为切入点，探讨了高铁开通对技术进步的影响，并进一步考察了对区域技术进步的异质性，丰富了高铁的经济影响效应的研究视角和研究体系。其次，本文从"偏向性技术进步"的角度系统分析了高铁对技术进步影响的内在机制，研究了高铁开通对于投入偏向性技术进步以及中性技术进步的影响，有利于更加全面地理解高铁对于技术进步的具体路径。最后，大部分的研究侧重于省级和国家层面的技术进步，忽略了地级市上的技术进步。事实上，即使是同一省份的城市，下辖城市也会呈现出不同的技术进步程度及偏向。本文采用SBM-Malmquist指数模型测算了2008~2017年全国282个地级市的技术进步及偏向性技术进步，为中观层面的技术进步测度提供了参考。

三、研究设计与数据说明

（一）技术进步及其偏向性测度

本文采用非参数的 SBM – Malmquist 方法求解技术进步项。技术进步难以直接观测，但可以根据全要素生产率的跨期变动来反推出技术进步的方向和大小。这里面要解决的两大问题是生产率的测度和跨期变动的衡量。本文采用 SBM 模型来测度全要素生产率，SBM 采取了非径向的松弛模型，摒弃了径向 DEA 模型要求同比例缩减投入的严格假定，因此用它测度全要素生产率更为合适。设有 n 个城市，将每个城市看成一个决策单元（DMU）。每个 DMU 都有相同的 m 项投入和 s 项产出。设其投入和产出向量分别为 $x = (x_1, x_2, \cdots, x_m)$ 和 $y = (y_1, y_2, \cdots, y_s)$。则 t 年被评估的 DMU 的全要素生产率可通过式（1）所示的 SBM 模型求解得出：

$$\min D^t(x^t, y^t) = \left(1 - \frac{1}{m}\frac{s_x^{t-}}{x^t}\right) \Big/ \left(1 + \frac{1}{r}\frac{s_y^{t+}}{y^t}\right)$$

subject to：

$$\sum_{i=1}^{n} \lambda_i^t x_i^t + s_x^{t-} = x^t \tag{1}$$

$$\sum_{i=1}^{n} \lambda_i^t y_i^t - s_y^{t+} = y^t$$

$$\lambda_i^t \geqslant 0；s_x^{t-} \geqslant 0；s_y^{t+} \geqslant 0$$

其中，强度向量（intensity vector）λ 用于链接所有的 DMU 来形成生产前沿面。S 表示非负松弛变量。$D^t(x^t, y^t)$ 代表了被评估的 DMU 在 t 时刻的生产前沿面下获得的全要素生产率。

下面通过 Malmquist 指数方法来得到全要素生产率的跨期变动，并进一步分解出技术进步。M 指数被表示为后一期与前一期的 DMU 在前一期生产前沿面下获得的效率比值，为了避免参考单一生产前沿面所造成的效率偏误，一般利用前一期和后一期 DMU 分别在前后一起生产前沿面下获得效率比值的乘积的几何平均作为 M 指数。具体如式（2）所示。M 指数衡量 DMU 的全要素生产率的从 t 期到 t + 1 期的跨期变动，即全要素生产率指数（TFPCH）。

$$M = \left(\frac{D^t\ (x^{t+1},\ y^{t+1})}{D^t\ (x^t,\ y^t)} \times \frac{D^{t+1}\ (x^{t+1},\ y^{t+1})}{D^{t+1}\ (x^t,\ y^t)} \right)^{1/2} \tag{2}$$

技术进步可由 M 指数分解得到，具体如式（3）所示，其中 TC 代表技术进步项，EC 表示效率改变。

$$M = TC \times EC = \left[\left(\frac{D^t\ (x^{t+1},\ y^{t+1})}{D^{t+1}\ (x^{t+1},\ y^{t+1})} \right) \left(\frac{D^t\ (x^t,\ y^t)}{D^{t+1}\ (x^t,\ y^t)} \right) \right]^{1/2} \times$$
$$\left(\frac{D^{t+1}\ (x^{t+1},\ y^{t+1})}{D^t\ (x^t,\ y^t)} \right) \tag{3}$$

因此，技术进步项如式（4）所示。特别的，当技术发生进步时，TC 值大于 1；当技术发生退步时，TC 则处于 0 到 1 之间；技术不发生变化时，TC 将等于 1。

$$TC = \left[\left(\frac{D^t\ (x^{t+1},\ y^{t+1})}{D^{t+1}\ (x^{t+1},\ y^{t+1})} \right) \left(\frac{D^t\ (x^t,\ y^t)}{D^{t+1}\ (x^t,\ y^t)} \right) \right]^{1/2} \tag{4}$$

我们下面进一步从 TC 中分解出偏向性技术进步与中性技术进步项。根据 Färe 等的研究，技术进步项可分解为中性技术进步项（MTC）和偏向性技术进步项（BTC），偏向性技术进步项可进一步分解为产出偏向性技术进步项（OBTC）和投入偏向性技术进步项（IBTC），如式（5）所示。

$$TC = MTC \times BTC = MTC \times OBTC \times IBTC$$
$$= \left[\left(\frac{D^t\ (x^t,\ y^t)}{D^{t+1}\ (x^t,\ y^t)} \right) \right] \times \left[\left(\frac{D^t\ (x^{t+1},\ y^{t+1})}{D^{t+1}\ (x^{t+1},\ y^{t+1})} \right) \left(\frac{D^{t+1}\ (x^{t+1},\ y^t)}{D^{t+1}\ (x^t,\ y^t)} \right) \right]^{1/2} \times$$
$$\left[\left(\frac{D^{t+1}\ (x^t,\ y^t)}{D^t\ (x^t,\ y^t)} \right) \left(\frac{D^t\ (x^{t+1},\ y^t)}{D^{t+1}\ (x^{t+1},\ y^t)} \right) \right]^{1/2} \tag{5}$$

（二）政策效果评估模型构建

本文主要研究高铁的开通对技术进步的影响，鉴于各地级市的高铁开通是逐年进行的，因此可以将高铁开通视为一项"准自然实验"。高铁建设开通的经济效应可归纳为"时间效应"与"政策处理效应"两部分，而倍差法（Differences in Differences）能比较一项政策实施的前后效果，有效分离以上两种效应，因此本文选择用双重差分法（DID）评估高铁开通对技术进步的影响。国内学者在评估高铁建设对宏观经济影响的相关问题时，也通常采用此方法估计（李红昌等，2016）。

本文将开通高铁的城市作为处理组，未开通高铁的城市作为控制组。由于处理组城市与控制组城市在高铁开通时点之前各方面特征存在显著差异，不满足 DID 的平行趋势假设，所以，两组技术进步的差异并不能作为高铁开通对技术进步的平均处置效应。为了解决这个问题，进行双重差分之前最好对样本进行匹配，使得处理组与控制组除"是否开通高铁"这一差别外，其他特征极为相似。Heckman（1976）等发展的倾向得分匹配法（PSM）能够很好地对处理组和控制组进行匹配，因此，本文采用了 PSM 与 DID 结合的方法，以便更精确地估计高铁对技术进步的影响。其基本假设模型为：

$$TC_{it} = \beta_0 + \beta_1 city_{it} + \beta_2 year_{it} + \beta_3 city_{it} \times year_{it} + \gamma_j X_{jit} + \delta_i + u_i + \varepsilon_{it} \qquad (6)$$

其中，TC_{it} 为技术进步率，由 Malmquist 指数分解得到，下标 i 和 t 分别表示第 i 个地级市和第 t 年；$city_{it}$ 为个体虚拟变量，第 t 年开通高铁的城市取值为 1，未开通的为 0；$year_{it}$ 为时间虚拟变量，高铁开通之前的年份取值为 0，高铁开通之后的年份取值为 1；$year_{it} \times city_{it}$ 交互项表示高铁开通后的城市虚拟变量，其系数 β_3 反映了高铁开通对技术进步的净效应；X_{jit} 表示本文选取的 j 个控制变量，t 为相应的系数；δ_i 控制了个体固定效应；μ_i 控制了时间固定效应；ε_{it} 为残差项。

为了进一步探究高铁开通对技术进步的分解项的影响，本文的基本假设模型为：

$$MTC_{it} = \beta_0 + \beta_1 city_{it} + \beta_2 year_{it} + \beta_3 city_{it} \times year_{it} + \gamma_j X_{jit} + \delta_i + u_i + \varepsilon_{it} \qquad (7)$$

$$IBTC_{it} = \beta_0 + \beta_1 city_{it} + \beta_2 year_{it} + \beta_3 city_{it} \times year_{it} + \gamma_j X_{jit} + \delta_i + u_i + \varepsilon_{it} \qquad (8)$$

其中，MTC_{it} 为中性技术进步率，$IBTC_{it}$ 为投入偏向性技术进步率，都由技术进步率分解得到；其他变量与前文相同。

（三）变量选取及数据说明

1. 变量选取

被解释变量：本文主要考察高铁对技术进步的影响，因此被解释变量选择了技术进步率。当前对技术进步率的测度有多种方法，我们采用 SBM - Malmquist 指数方法测度技术进步具有如下优点：一是 SBM - Malmquist 指数模型属于非参数法，这有效避免了参数法测度技术进步可能带来的生产函数设定偏误问题。除此之外，非参数下技术进步衡量了生产前沿面的跨期移动，这一点也是参数法难以做到的。二是 SBM - Malmquist 方法能够将技术进步分解成中性技术进步项和偏向性技术进步项。这有助于我们进一步考察技术进步对高铁的影响究竟是通过中性技术进步还是偏向性技术进步引致的。

技术进步的投入和产出指标测算如下：①投入要素中的资本投入指标选取资本存量，参照张军等（2004）的研究成果，采用"永续盘存法"进行估算，计算公式为：$K_t = K_{t-1}(1-\delta) + I_t/P_t$。其中，$K_t$ 和 K_{t-1} 分别表示 t 期和 t-1 期的资本存量，初始资本存量采用基年的固定资产投资额除以 10%；δ 为折旧率，本文取 9.6%（张军，2004）；I_t 为 t 期的固定资产投资额；P_t 为地级市所在省份 t 期的固定资产价格指数。投入要素中的劳动投入指标选取从业人数。②产出指标选取各地级市生产总值（GDP），并以 2007 年为基期进行平减得到实际生产总值。

核心解释变量：本文的核心变量解释变量为高铁开通。具体操作为若某地在 2008～2017 年的某年份首次开通高铁，则将该地该年份及之后年份的解释变量取值为 1，否则取值为 0。需要指出的是，对于高铁的研究主要有"高铁建设"与"高铁开通"两方面，本文探究的是高铁开通后对技术进步的影响，因此主要关注"高铁开通"。另外，本文对于地级市开通高铁与否主要依据该地级市是否具有高铁站进行确定。

控制变量：虽然双重差分（DID）能在一定程度上消除内生性问题，但为确保估计结果的准确性，本文借鉴高铁开通的经济效应评估相关文献引入以下控制变量。考虑到经济产出变动、科技支出变动、产业结构优化、对外开放深入、人口规模变动均会对技术进步产生较大影响，而铁路客运量会影响某地是否建设高铁，因此本文对这六个变量进行控制。具体包括：

①经济产出变动（gdpch），本文首先选取了样本期内中国各地级市区的生产总值（GDP）并以 2007 年为基期进行平减得到实际生产总值。最终的经济产出变动指标为后一年的实际生产总值与前一年的比值。

②科技支出变动（resch），本文选取了各地级市科技支出的跨期变动值（后一年状态量与前一年的比值）。

③工业占比变动（indch），本文选取了第二产业增加值的跨期变动。

④对外开放深入（fdich），本文选取了实际使用的外商直接投资的跨期变动值。其中外商直接投资是以美元为计价单位的，需要将其换算成人民币，本文选取当年的人民币对美元年平均基准汇率作为换算汇率。

⑤人口规模变动（popch），本文选取了人口密度的跨期变动值。

⑥铁路客运量变动（hwfch），本文选取了铁路客运量的跨期变动值。

2. 数据说明

根据 Shaw 等 (2014) 的研究，中国高铁发展大体经历了四个阶段，分别为 2008 年 8 月以前的传统铁路服务阶段；2009～2010 年的高铁建设早期阶段；2011～2012 年的高铁降速阶段；2012 年至今的新高铁服务阶段。因此，中国大部分研究高铁经济效应的文献都将 2011 年作为时间节点（董艳梅和朱英明，2016；唐荣和顾乃华，2018）。本文将样本区间设定为 2008～2017 年，选取 2011 年作为政策实行的时间节点，将 2011 年前建成高铁的城市作为处理组。鉴于 2011 年后每年还有城市逐渐开通高铁，若将剩余的 2011 年之前未建高铁城市全部作为控制组则具有不合理性，所以，本文将研究期内 2011 年之后开通高铁的城市从控制组删除。

本文的宏观经济数据主要来源于 2008～2017 年的《CEIC 中国经济数据库》《中国城市统计年鉴》和《中国统计年鉴》，高铁数据主要来源于相关网站资料整理所得。在样本的选择方面，本文剔除了考察期内在地级市层面上发生过行政区划调整的样本，同时考虑到部分城市统计数据缺失，最终确定了 282 个地级市作为基准样本。

四、实证分析

（一）技术进步速率与实现路径结果分析

为了探究高铁开通对技术进步的影响及造成这种影响的内在机制，本文对技术进步率及实现路径进行了考察。具体操作为基于 2008～2017 年 282 个地级市的投入产出数据，采用 SBM – Malmquist 指数法测算出全要素生产率指数（TFPCH），并参照式（3）分解为技术效率变动（EC）和技术进步（TC）。进一步根据式（5）将技术进步分解为中性技术进步（MTC）、投入偏向性技术进步（IBTC）与产出偏向性技术进步（OBTC）三大部分。由于本文仅考虑一种产出，产出方向上不存在技术偏向，所以产出偏向性技术进步 OBTC = 1，技术进步主要源于中性技术进步与投入偏向性技术进步两种途径（Färe et al. ，1997；Barros and Weber，2009）。下面将对上述评估值展开分析。

如表 1 所示，整个样本期内全要素生产率指数呈先下降后上升的趋势，根据该趋势可以将中国的经济增长划分为三个阶段。

第一阶段是 2008～2012 年，该阶段 TFPCH 均显著大于 1，表明经济增长呈现快速上升的迹象。可能的原因是 2008 年经济危机之后，中国政府出台了许多经济刺激政策，类似"四万亿投资"计划、"十大产业振兴"规划等，这使得全要素生产率保持着一个不错的增长水平。

第二阶段是 2012～2013 年，该阶段指数小于 1，表明经济增长整体出现下滑。这一方面可能是由于前期依靠投资拉动需求的经济刺激模式难以维持；另一方面是由于低效和无效的供给导致资源无法很好地被利用，诸如各种过剩产能难以被消化等。

第三阶段是 2013～2017 年，该阶段 TFPCH 大于 1 且逐年上升，表明中国经济正在恢复快速增长的趋势。

表 1　全要素生产率指数、技术效率变动与技术进步及其偏向性结果

时期	TFPCH	EC	TC	MTC	IBTC
2008～2009 年	1.086089	0.958802	1.137282	1.13933	0.999857
2009～2010 年	1.083516	1.042407	1.053334	1.052538	1.001042
2010～2011 年	1.054219	0.995321	1.05906	1.059452	1.000049
2011～2012 年	1.036417	0.972074	1.066192	1.066189	1.00027
2012～2013 年	0.988576	0.951799	1.039052	1.039561	1.000015
2013～2014 年	1.015396	0.962765	1.054778	1.055731	0.999375
2014～2015 年	1.023203	0.942257	1.085704	1.086445	0.999807
2015～2016 年	1.025221	0.948509	1.080864	1.081811	0.99981
2016～2017 年	1.044286	0.963829	1.087278	1.088275	1.000358

注：各时期数值为该时期全部样本的算术平均值。

TFP 的上述变动是技术进步和技术效率变动共同作用的结果。其中技术进步效应一直居于主导地位。特别是在样本后期，技术进步的增加拉动了全要素生产率的回升。如图 1 所示，从时序特征看，技术进步在整个样本期内均显著大于 1，说明技术水平在样本期内是逐渐进步的，并且没有发生技术后退的现象。此外，从 TC 值的时期分布上讲，技术进步在样本前期和末期的值维持在高位，而在样本中期的值较小（尽管也大于 1）。而对于技术效率而言，在样本期内除 2009～2010 年技术效率变动值为 1.042 以外，其

余期间均小于 1，表明技术效率总体来说是随着时间推移而减弱的，在一定程度上导致了 TFP 的损失。综上所述，技术进步和技术效率作为推动全要素生产率增长的两大动力，但两者却没有表现出协同作用，不能共同促进全要素生产率改善。这意味着我国在经济资源管理、产业政策导向以及市场环境营造等方面还存在许多不足的地方。

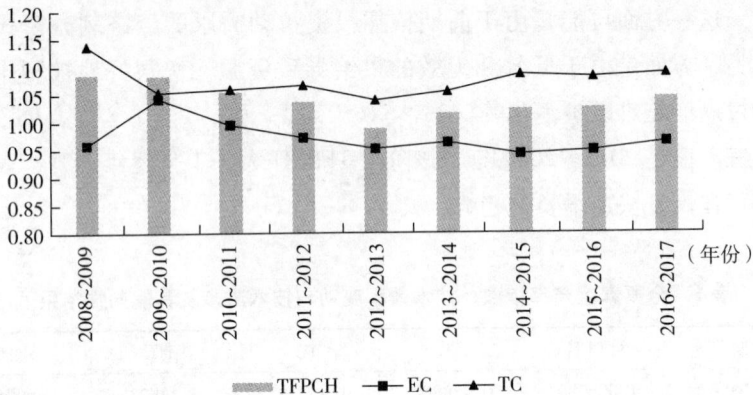

图 1　中国 Malmquist 全要素生产率指数及其分解（2008～2017 年）

　　进一步对技术进步的分解项进行分析。由表 1 和图 2 可以看出，在整个样本期内 MTC 的变动趋势与 TC 高度一致，其数值由 2008～2009 年的 1.139 波动下降到 2012～2013 年的 1.039，随后保持缓慢上升趋势。而 IBTC 在样本期内有很强的稳定性，且总体上非常接近 1，说明技术进步偏向效应较为微弱。由此可见，技术进步的增长主要依靠中性技术进步的贡献，偏向性技术进步对此的作用相对较小。该发现与杨冕和杨福霞（2017）的研究结论相一致，进一步证明了结果的可靠性。

　　为了探究技术进步及其分解项在不同区域的异质性，本文对东、中、西三个地区的年平均技术进步、中性技术进步、投入偏向性技术进步进行了绘图以方便比较。如图 3 所示，首先，尽管三大区域的技术进步较为接近，但技术进步和中性技术进步仍然满足东部 < 中部 < 西部的规律。这是因为东部地区的经济最为发达，中部次之，西部最差，而技术进步满足与此相反的关系。该结果说明，落后地区的技术进步存在追赶效应，但这种追赶效应较为微弱。其次，从图 3 中可以看到投入偏向性技术进步非常接近

1，但小于1。这表明三大区域的技术进步都是依靠中性技术进步推动的而不是偏向性技术进步，并且投入技术进步偏向整体上并不能促进全要素生产率的改善。

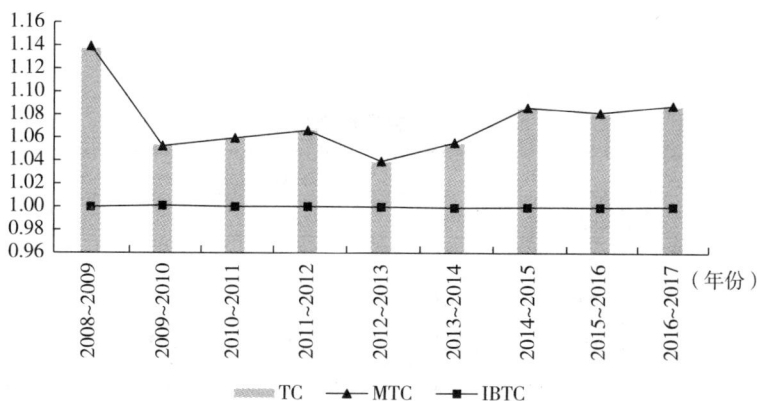

图2　中国技术进步率及其分解（2008～2017年）

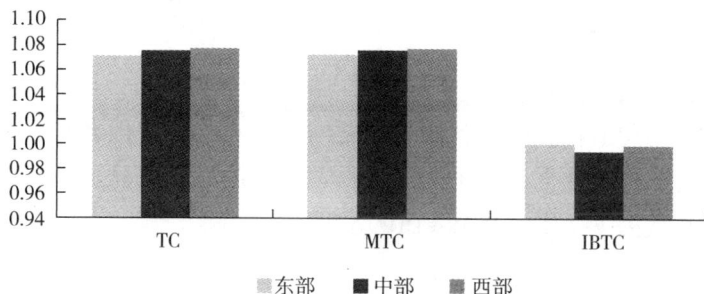

图3　东中西三大区域年平均技术进步及其分解项

（二）倾向得分匹配处理与平衡性检验

根据研究设计，选择2011年前建成高铁的城市作为处理组，并将研究期内2011年之后建成高铁的城市样本删除作为控制组，对其进行匹配。具体地，采用Logit模型，从经济产出变动（gdpch）、科技支出变动（resch）、工业占比变动（indch）、对外开放深入（fdich）、人口规模变动（popch）和其他交通客运量（hwfch）6个控制变量对处理组和控制组城市进行匹配。采用核匹配的方法来确定权重，并施加了"共同支持"条件。在进行 PSM - DID 之前，还需要进行平衡性检验。平衡性检验主要是为了验证匹配后协变量在处理组与控制组间是否均衡，即匹配后处理组和控制组的各协变量均值是否无显著差异，若无显著差异，则满足使用 PSM - DID 的前提条件。平衡性检验结果如表 2 所示。

表 2 平衡性检验结果

变量	均值		处理组与控制组的差分	t - test	
	控制组	处理组		| t |	P > | t |
pgdpch	1. 163	1. 154	− 0. 009	1. 04	0. 2984
fdich	1. 109	1. 165	0. 055	1. 07	0. 2872
rdch	1. 269	1. 287	0. 019	0. 50	0. 6166
popch	1. 565	1. 583	0. 018	0. 05	0. 9566
hwfch	1. 048	1. 082	0. 034	1. 42	0. 1559
indch	1. 186	1. 180	− 0. 006	0. 56	0. 5733

注：＊＊＊、＊＊、＊分别表示在1%、5%、10%的显著性水平下通过检验。

由各控制变量的 t 检验结果及其对应的 p 值可以看出，经过匹配后，所有控制变量的均值在处理组和控制组之间均不存在显著性差异。即匹配后处理组与控制组的数据已经平衡，不存在总体的显著差异。证明该匹配是有效的，该数据支持使用 PSM - DID 方法。

（三） PSM - DID 回归结果分析

依上文所言，本文使用 Stata 15 软件对方程（1）进行 PSM - DID 回归以探究高铁开通对技术进步的影响。由表 3 可知，高铁开通后与高铁开通前的双重差分系数为正，且在 5% 的显著性水平下显著。这表明高铁开通对技术进步造成了显著影响，且影响方向为正，即高铁的开通能够显著促进技术进步。相对于传统的交通运输方式，高铁最大的特点就是缩短了区域之间的时间距离（Yin et al.，2015），即高铁的开通能够促进地区相对可达性的增加（董艳梅和朱英明，2016）。一方面，使高技能劳动力受到高铁开通影响向该地区集聚（余泳泽和潘妍，2019），从而使得该地区劳动力市场上高素质人才的供给增加，最终使管理水平提高；另一方面，高铁的开通能够促进知识和技术的流动，从而促进了知识溢出，有利于区域创新活动的开展（Chen，2012；龙玉等，2017），使科技水平提高。同时，本文还认为地区可达性的增加也会吸引企业来此地区投资，从而能够引致产业集聚，这促进了科技水平的提高，而科技水平的提高和管理水平的提高是技术进步的两个重要方面。

表 3　高铁开通对技术进步影响的 PSM – DID 结果

时间段	组别	技术进步率	S. Err.	| t |	P > | t |
高铁开通前	控制组（C）	1.095			
	处理组（T）	1.079	0.005	3.10	0.002 ***
	T – C	− 0.016			
高铁开通后	控制组（C）	1.069			
	处理组（T）	1.068	0.004	0.36	0.720
	T – C	− 0.001			
双重差分系数		0.014	0.006	2.33	0.020 **

注：*** 、** 、* 分别表示在 1% 、5% 、10% 的显著性水平下通过检验。

为进一步探究高铁开通对技术进步的促进作用的影响机制，继续考察高铁开通对技术进步的分解项即中性技术进步和投入偏向性技术进步的影响。同样，我们使用 Stata 15 软件对方程（2）、方程（3）进行了相应的 PSM – DID 回归。由于处理组和控制组及其控制变量均与前文相同，因此对于 PSM – DID 的平衡性检验结果这里不再赘述，可直接参考前文。PSM – DID 的回归结果如表 4 所示。

由表 4 可知，对于中性技术进步而言，高铁开通后与高铁开通前的双重差分系数为正，且在 5% 的显著性水平下通过检验。这表明高铁开通对中性技术进步有显著影响，且影响方向为正，即高铁的开通能够显著促进中性技术进步。另外，对于投入偏向性技术进步，尽管双重差分系数为正，但非常接近 0，仅为 0.003，而且并未通过参数显著性检验，其 P 值达到了 0.498，说明高铁开通并没有对投入偏向性技术进步造成显著影响。因此，通过对技术进步分解项的进一步回归我们可以得到结论，高铁开通对技术进步的促进作用主要是通过对中性技术进步的促进作用来实现的。这意味着在样本期内，高铁开通使得技术前沿面平行向外移动，即促进了中性技术进步。同时，高铁的开通没有促进投入偏向性技术进步的发生，暗示着高铁开通并没有诱发要素投入结构的变动，也没有使技术前沿面发生偏转。上一部分已经分析了高铁开通对技术进步的促进作用主要来源于科技水平与管理水平两个途径。在资本方面，高铁的开通吸引了外来投资和产业集聚，使得生产设备更新升级，提升了科技水平；在劳动方面，高铁的开通吸引了高素质劳动力向高铁开通地区的集聚，使所在地区劳动力市场的管理水平提升。这部分的结果进一步验证了高铁开通对于科技水平和管理水平的促进程度是无显著差别的，即同等地促进资本利用和劳动及管理改善，从而在不改变投入要素结构的前提下使得技术前沿面同比例向外扩张，产生中性技术进步。

表4 高铁开通对 MTC、IBTC 影响的 PSM – DID 结果

时间段	组别	MTC	|t|	P > |t|	IBTC	|t|	P > |t|
高铁开通前	控制组（C）	1.095			1.000		
	处理组（T）	1.079	3.21	0.001 ***	1.000	0.02	0.982
	T – C	0.016			0.000		
高铁开通后	控制组（C）	1.071			0.997		
	处理组（T）	1.068	0.68	0.498	1.000	1.46	0.145
	T – C	0.002			0.003		
双重差分系数		0.014	2.22	0.027 **	0.003	0.82	0.411

注：***、**、*分别表示在1%、5%、10%的显著性水平下通过检验。

（四）区域异质性分析

高铁的开通加强了各个区域的联系，同时促进了生产要素的流动。这种流动既包括人才的跨区域流动，也包括资本与技术的交流共享，而这势必会对技术进步造成一定的影响。为了进一步考察高铁开通对不同区域技术进步的影响，本文同样在 PSM – DID 基础上将282个城市按地理区位划分为东中西三部分进行异质性分析。回归结果如表5所示。

由表5可知，东部地区的双重差分系数为正，且在5%的显著性水平通过检验，这表明高铁开通将显著促进东部地区的技术进步。而对于中部地区和西部地区，双重差分系数非常小且并没有通过显著性检验，表明高铁

开通对中西部城市的技术进步不产生显著影响。出现上述结果的原因可能为：

表 5　高铁开通对技术进步影响的区域异质性分析 PSM – DID 结果

时间段	组别	东部地区	中部地区	西部地区
高铁开通前	控制组（C）	1. 107	1. 087	1. 092
	处理组（T）	1. 070	1. 090	1. 093
	T – C	− 0. 036 ***	0. 003	0. 001
		（0. 011）	（0. 005）	（0. 005）
高铁开通后	控制组（C）	1. 069	1. 068	1. 070
	处理组（T）	1. 065	1. 071	1. 071
	T – C	− 0. 004	0. 003	0. 002
		（0. 008）	（0. 003）	（0. 004）
双重差分系数		0. 032 **	− 0. 000	0. 001
		（0. 014）	（0. 006）	（0. 006）

注：***、**、* 分别表示在 1%、5%、10% 的显著性水平下通过检验；各变量中括号上方数值表示其估计系数，括号内数值为标准误。

（1）东部地区相对于中西部城市来说，本身就具有优越的地理位置以及良好的基础设施，对于发展要素有更大的吸引力。当前中国大量的创新城市，创新企业都汇聚于此，给东部城市提供了更好的创新环境（卞元超等，2019）。高铁的开通打破了时间、空间观念，使企业的管理半径大为扩展，加强了东部城市的"虹吸效应"，使东部地区成为优质要素的聚集地。同时，高铁的开通也促进了东部地区内部的要素流动，这都有利于东部地区的技术进步。

（2）高铁的开通同样也会给中西部城市带来正面影响，能够促进对优质要素的吸引和内部要素的流动。但我们也应看到，由于中西部城市基础设施建设相对东部而言比较落后，高铁的开通也进一步增加了优质要素流失的可能性，交通的便利使得企业与人才更容易被"拐跑"。因此，高铁的开通在中西部城市往往也会衍生出"过道效应"，使得一些沿线城市无法从中获利。综合来看，正反两方面的效应使得高铁开通对中西部城市的技术进步没有产生显著影响。

（五）稳健性检验

1. 改变时间窗口

前面的实证研究中，划分处理组的时间区间为 2008～2011 年，为了进一步检验实证结果的可靠性，本文通过改变时间窗口来进行稳健性检验。具体操作为：将处理组的划分区间缩短为 2009～2010 年，即处理组为 2009～2010 年开通高铁的城市，控制组仍为 2008～2017 年未开通高铁的城市。同样采用 Stata 15 软件对其进行回归来考察高铁开通对技术进步的影响。回归结果如表 6 所示。回归结果显示，双重差分系数为正且在 10% 的显著性水平下通过检验。表明高铁开通确实对技术进步产生了促进作用，与前文的分析结论基本一致，证实了结果的稳健性。

表 6　改变时间窗口的 **PSM – DID** 结果

时间段	组别	技术进步率	S. Err.	|t|	P > |t|
高铁开通前	控制组（C）	1.091	0.005	2.16	0.031 **
	处理组（T）	1.080			
	T – C	− 0.011			
高铁开通后	控制组（C）	1.069	0.004	0.04	0.965
	处理组（T）	1.068			
	T – C	− 0.000			
双重差分系数		0.011	0.006	1.73	0.083 *

注：***、**、*分别表示在 1%、5%、10% 的显著性水平下通过检验。

2. 安慰剂检验

安慰剂检验通常有两个思路：一是改变政策发生的时间点，二是重新构建虚拟的处理组和控制组。本文参考卞元超（2019）等的研究思路，通过构建虚拟的处理组和控制组来重新估计高铁对技术进步的影响，若双重差分系数变小或者不再显著，则正文结果稳健。由于在中国当前的城市层次体系中，省会城市和副省级城市经济水平发展较高，对高铁的需求较大，因此，本文依据该城市是否为省会城市和副省级城市确定虚拟处理组。具体操作为：在原有处理组和控制组样本中若该城市为省会城市和副省级城市，则为虚拟处理组，否则为虚拟控制组。同样采用 Stata 15 软件对其进行回归来考察高铁开通对技术进步的影响。回归结果如表 7 所示。回归结果显示，双重差分系数相比主回归而言更小，且在 10% 的显著性水平下仍然不显著。即构建虚拟处理组和控制组后，高铁开通对技术进步没有影响，这在一定程度上证明了前文结果的稳健性。

表 7　安慰剂检验的 PSM – DID 结果

时间段	组别	技术进步率	S. Err.	|t|	P > |t|
高铁开通前	控制组（C）	1.088			
	处理组（T）	1.078	0.006	1.90	0.058 *
	T – C	− 0.011			
高铁开通后	控制组（C）	1.069			
	处理组（T）	1.067	0.004	0.34	0.735
	T – C	− 0.001			
双重差分系数		0.009	0.007	1.34	0.179

注：***、**、* 分别表示在 1%、5%、10% 的显著性水平下通过检验。

五、结论及启示

本文以高铁开通作为准自然实验，利用 2008～2017 年中国 282 个地级市的数据，探讨了高铁开通对技术进步的影响以及造成这种影响的内在机制。本文首先采用 SBM – Malmquist 指数法测度分解得到 282 个地级市的技术进步及偏向性技术进步，之后运用倾向得分匹配双重差分模型（PSM – DID）检验了高铁开通对技术进步的效应及影响机制。研究结果显示：高铁开通对技术进步有显著的促进作用，其影响机制主要是通过促进中性技术进步而不是偏向性技术进步来对技术进步产生影响。分地区来看，高铁开通对不同区域的技术进步影响存在异质性，对东部地区的技术进步有显著促进作用，对中西部地区无显著影响。高铁开通产生的这些叠加的正向效应有力地支持了政府将高铁建设作为当前国家发展战略之一的重要举措。

基于上述结论，本文得出如下启示：第一，高铁开通有利于促进技术进步，因此国家仍要因地制宜推动高铁建设，加大高铁投资。但应该看到高铁机遇绝非普惠制，特别是对于发展相对落后的中西部地区来说，高铁在带来人流、物流、资金流、信息流的冲击的同时，更容易催化产生"过道效应""虹吸效应"。因此提高本地的基本设施建设，推动差别化发展，彰显城市特色，才是避免自身的优质资源被中心城市"虹吸"的硬道理。第二，以"虹吸效应过度"的大城市，降低功能集中，实施一定的功能疏解，来促使溢出效应的产生，辐射带动中小城市发展。第三，知识和技术在各区域间的充分流动是促进技术进步的重要途径，要进一步消除限制要素流动的体制机制障碍，促进知识溢出，鼓励区域创新活动的开展，提升科技水平与管理水平。

参考文献

[1] Barros C P, Weber W L. Productivity growth and biased technologicalchangein UKairports [J]. Transportation Research Part E: Logistics and Transportation Review, 2009, 45 (4): 642 – 653.

[2] Caves D W, Christensen L R, Diewert W E. The Economic Theory of Index Numbers and the Measurement of Input, Output, and Productivity [J]. Econometrica, 1982, 50 (6): 1393 – 1414.

[3] Chen C L. Reshaping Chinesespace – economythroughhigh – speedtrains: opportunities and challenges [J]. Journal of Transport Geography, 2012, 22 (none): 310 – 316.

[4] Färe R, Grosskopf S, Zhang N Z. Productivity Growth, Technical Progress, and Efficiency ChangeinIndustrialized Countries [J]. The American Economic Review, 1994, 84 (1): 66 – 83.

[5] Färe R, Grifell – TatjeE, Grosskopf S, et al. Biased Technical Change and the Malmquist Productivity Index [J]. Microeconomics, 1995, 99 (1): 119 – 127.

[6] Heckman J J. Thecommonstructure of statisticalmodelsoftruncation, sampleselectionandlimiteddependentvariablesandasimpleestimatorforsuchmodels [M] //Annals of Economic and Social Measurement, Volume5, number4. NBER, 1976: 475 – 492.

[7] Hicks J R, The Theory of Wages [M]. Macmillan, 1932.

[8] Jorgenson D W, Griliches Z. The Explanation of Productivity Change [J]. Review of Economic Studies, 1967, 34 (3): 249 – 283.

[9] Kumbhakar S C, Denny M, Fuss M. Estimation and decomposition of productivity changewhenproductionisnotefficient: apaneldataapproach [J]. Econometric Reviews, 2000, 19 (4): 312 – 320.

[10] Sanstad A H, Roy J, Sathaye J A. Estimatingenergy – augmentingtechnological-

changeindevelopingcountryindustries［J］. Energy Economics，2006，28（5－6）：720－729.

　［11］ Shaw S L，Fang Z，Lu S，et al. Impacts of highspeedrailonrailroadnetwor-kaccessibilityin China［J］. Journalof Transport Geography，2014（40）：112－122.

　［12］ Solow R M. Technical Change And The Aggregate Production Function［J］. Review of Economics and Statistics，1957，39（3）：7－14.

　［13］ Song M，Wang S. Canemploymentstructurepromoteenvironment － biasedtechnical-progress?［J］. Technological Forecasting and Social Change，2016：S004016251600065.

　［14］ Vickerman R，Ulied A. Indirectandwidereconomicimpactsofhighspeedrail［J］. Economicanalysisofhighspeedrailin Europe，2006，23（3）：3－13.

　［15］ Yin M，Bertolini L，Duan J. Theeffects of the high－speed railway onurbandevelop-ment：Internationa lexperience and potentialim plications for China［J］. Progressin Planning，2015（98）：1－52.

　［16］卞元超，吴利华，白俊红. 高铁开通、要素流动与区域经济差距［J］. 财贸经济，2018，39（6）：149－163.

　［17］卞元超，吴利华，白俊红. 高铁开通是否促进了区域创新［J］. 金融研究，2019（6）：132－149.

　［18］董艳梅，朱英明. 高铁建设能否重塑中国的经济空间布局——基于就业、工资和经济增长的区域异质性视角［J］. 中国工业经济，2016（10）：92－108.

　［19］董艳梅，朱英明. 高铁建设的就业效应研究——基于中国285个城市倾向匹配倍差法的证据［J］. 经济管理，2016（1）：7－8.

　［20］杜兴强，彭妙薇. 高铁开通会促进企业高级人才的流动吗?［J］. 经济管理，2017（12）：91－109.

　［21］杜希双. 对当前科技进步贡献率测算中几个问题的认识［J］. 统计研究，1998，15（4）：51－53.

　［22］郭庆旺，赵志耘，贾俊雪. 中国省份经济的全要素生产率分析［J］. 世界经济，2005（5）：46－53.

　［23］龙玉，赵海龙，张新德等. 时空压缩下的风险投资——高铁通车与风险投资区域变化［J］. 经济研究，2017（4）：197－210.

　［24］刘勇政，李岩. 中国的高速铁路建设与城市经济增长［J］. 金融研究，2017（11）：33.

　［25］李红昌，Tjia L，胡顺香. 中国高速铁路对沿线城市经济集聚与均等化的影响［J］. 数量经济技术经济研究，2016（11）：127－143.

　［26］刘正桥，张亚斌. 中国交通基础设施与农村经济增长的实证研究［J］. 财经理论与实践，2013，34（3）：98－102.

　［27］庞虹，晏克非. 交通设施建设投资对经济发展的影响［J］. 交通科学与工程，

2008，24（2）：66－71.

[28] 彭国华. 我国地区全要素生产率与人力资本构成[J]. 中国工业经济，2007（2）：54－61.

[29] 唐荣，顾乃华. 高铁建设与上游生产性服务业发展——基于 PSM－DID 的实证检验[J]. 经济与管理研究，2018，39（7）：58－68.

[30] 王玲，Adam Szirmai. 高技术产业技术投入和生产率增长之间关系的研究[J]. 经济学（季刊），2008，7（3）：913－932.

[31] 王兵，颜鹏飞. 技术效率、技术进步与东亚经济增长——基于 APEC 视角的实证分析[J]. 经济研究，2007（1）：3－4.

[32] 王班班，齐绍洲. 有偏技术进步、要素替代与中国工业能源强度[J]. 经济研究，2014（2）：115－127.

[33] 肖挺. 交通设施、居民的消费区域流向与消费结构——来自我国省际层面的经验证据[J]. 财贸研究，2018，29（9）：16－31.

[34] 徐瑛，陈秀山，刘凤良等. 中国技术进步贡献率的度量与分解[J]. 经济研究，2006（8）：93－103.

[35] 余泳泽，潘妍. 高铁开通缩小了城乡收入差距吗？——基于异质性劳动力转移视角的解释[J]. 中国农村经济，2019，409（1）：81－97.

[36] 杨冕，杨福霞. 中国技术进步实现路径及其时空分异规律[J]. 中国人口·资源与环境，2017（11）：24－33.

[37] 杨翔，李小平，周大川. 中国制造业碳生产率的差异与收敛性研究[J]. 数量经济技术经济研究，2015（12）：10－12.

[38] 张金月，张永庆. 高铁对区域知识溢出效应的影响——基于 PSM－DID 方法的实证检验[J]. 科技与经济，2019，32（1）：65－69.

[39] 张克中，陶东杰. 交通基础设施的经济分布效应——来自高铁开通的证据[J]. 经济学动态，2016（6）：62－73.

[40] 张月玲，叶阿忠. 中国的技术进步方向与技术选择——基于要素替代弹性分析的经验研究[J]. 产业经济研究，2014（1）：92－102.

[41] 张军，吴桂英，张吉鹏. 中国省际物质资本存量估算：1952—2000[J]. 经济研究，2004（1）：11－13.

中国软件产业发展与数字经济增长

焦云霞

摘　要　本文利用 2008～2018 年我国软件产业发展和数字经济增长的历史数据，对相关变量进行单位根检验和协整分析，并通过 VAR 模型的测算结果来建立软件产业发展与数字经济增长间的误差修正模型，并对软件产业发展和数字经济增长进行 Granger 因果关系检验。分析结果表明：中国软件产业产值每增加 1%，数字经济产值便会增加 0.511241%，说明我国软件产业的发展对数字经济增长具有比较显著的促进作用。在 90% 的置信水平下，在滞后期为 1 年或 3 年时，软件产业发展和数字经济增长间存在单向的因果关系，即二者间存在长期的均衡关系。

关键词　软件产业；数字经济；协整检验；VAR 模型

一、引言及文献综述

进入 21 世纪后，信息技术快速发展，技术、产品、工艺、应用、业态等创新层出不穷，并且与人类社会生产生活快速交汇融合，对世界各国的经济发展？社会进步和人民生活的方方面面产生了重大影响，世界各国都把推进经济信息化、数字化作为实现创新发展的重要动能。软件技术作为信息技术的灵魂，在经济信息化、数字化的过程中发挥着重要作用，我国软件产业在经济发展中起到了"风向标"和"火车头"作用。目前，数字经济蓬勃发展，有效地驱动了世界经济增长，中国也已然进入数字经济引领经济发展的新时代，据统计，2018 年我国数字经济规模已达 31.3 万亿元，约占 GDP 的 34.8%。党的十九大报告明确提出，要优化经济结构，大力推进发展数字经济等新兴产业，逐步建立起智慧社会和数字中国。数字经济是人类发展过程中出现的一种全新经济模式，它既不同于传统的农业、工业经济，也不同于服务经济。作为全新经济模式的数字经济，能够为软件产业发展构筑全新生态环境，中国软件业的发展也将迎来新的发展契机。同时，软件产业作为创新型信息技术产业的重要代表，在我国获得了迅猛发展，为我国数字经济的核心部分，对数字经济增长做出了重要贡献。

数字经济与信息化、信息经济等概念不同，学界对于数字经济的认识目前还处在一个不断深化的过程。"数字经济"（Digital Economy）一词最早出现在 1994 年。1995 年，美国经济学家唐·塔普斯科特出版了《数字经济》，在该专著中首次提出了数字经济的概念，并进行了相关描述。1998年，美国商务部在报告《浮现中的数字经济》中首次将数字经济定义为信息技术产业和电子商务，之后陆续发布系列报告深入分析数字经济发展状况。2016 年，中国杭州 G20 峰会的与会国领导人共同发起《二十国集团数字经济发展与合作倡议》，明确指出，数字经济是以使用"数字化的知识和信息作为关键生产要素，以现代信息网络作为重要载体，以信息通信技术的有效使用作为效率提升和经济结构优化的重要推动力的一系列经济活动"[1]。虽然数字经济的内涵不断丰富，但对数字经济的理解仍然存在很大分歧。1999 年 10 月，美国统计局认为数字基础建设、电子化企业、电子商务、计算机网络四部分构成了数字经济。而 2003 年，英国的标准行业代码将数字经济分为两类：一类是信息通信技术、数字内容，另一类是信息通信技术系统、硬件、软件和与此相关的服务。2017 年，中国信息通信研究院提出，数字经济是信息经济和信息化发展的高级阶段，包括两大部分：数字产业化和产业数字化。从目前的相关研究文献看，对数字经济的概念定义与分类还没有达成一致共识，其演进方向仍然具有很强的不确定性。目前，关于数字经济的研究正如火如荼，但并未形成系统性的理论架构，对其自身发展规律和相关影响因素的分析需要进一步的推进。

随着世界软件产业的快速发展，国内外专家学者对软件产业的经济影响的研究已经取得了一定的学术成果。大量研究结果表明，软件产业发展

---

① 中国网信网. 二十国集团数字经济发展与合作倡议 [EB/OL]. https：//www.cac.gov.cn/2016 – 09/29/c_ 1119648520. htm, 2016 – 09 – 29.

显著促进了经济增长。Oliner 和 Sichel（2000）把信息产业的各项投资①对经济的贡献进行比较，指出软件产业对经济发展的贡献作用越来越大。Jorgenson（2001）分析了信息产业与其他产业之间的关系，认为信息产业产品（包括软件产品）价格下降，会使该种产品逐渐替代其他生产要素在其他产业中的应用，因此提高整个社会的全要素生产率，从而推动国民经济的快速发展。Arora 和 Athreye（2002）在数据分析的基础上，评价了软件产业对印度经济发展的贡献和作用，尤其考察了软件产业对就业的吸收作用。Carmel（2003）通过对美国、印度、爱尔兰和西欧部分国家软件产业的研究，分析了软件出口对国家福利的影响。施莉和胡培（2008）估算了计算机硬件、软件业、通信业生产效率提高对中国全要素生产率增长的贡献，发现该贡献主要集中在硬件部门，而软件业的贡献明显低于发达国家。李德升（2012）研究表明，软件产业通过自身发展、带动新兴产业发展、改造提升传统产业和优化产业结构等多种方式，软件产业的发展在很大程度上能促进经济增长。

以往的研究并未详细阐述软件产业发展对数字经济增长促进机制，故本文聚焦于分析中国软件产业对数字经济增长作用机制，并进一步进行实证研究，测度软件产业发展对数字经济增长的贡献程度，以期为相关政策的制定提供理论与实证依据。

二、软件产业发展对数字经济增长的作用机制

（一）软件产业发展对数字经济增长的贡献

数字经济可分为数字产业化和产业数字化，其中，软件产业与电子信息制造业、电信业、广播电视业和互联网行业共同构成数字产业化部分。近几年，中国数字经济的数字产业化部分持续快速发展，已经慢慢成为促进数字经济增长的先导力量。自 2000 年以来，作为战略性新兴产业的重要组成部分，软件产业技术水平显著提升，产业规模迅速扩大，并保持较高

---

① 信息产业的投资分为计算机硬件、软件投资和通信设备制造投资与其他资本投资以及劳动力资本投资。

的增长水平，有力地推动了国家信息化建设，在数字产业化部分中的作用越来越明显。

另外，由于软件技术创新加快，其产品和服务广泛扩散并渗透到各行各业中，从而加深软件产业与其他产业的深度融合，产生了更多的产品、服务、模式的创新形式，引发了更多的市场需求，扩大了整体市场规模，从而带动其他相关产业乃至整个数字经济的增长。比如，软件技术与生物工程技术、新能源技术、新型制造技术等融合，产生新的科技成果，推动了生物、能源、生产制造等产业的发展；软件技术在医疗、金融、银行等领域的广泛应用，催生了网络医疗、电子金融、电子银行等多种新型业态。通过上述分析可以看出，软件产业发展通过直接和间接两种途径对数字经济增长产生影响，进而为数字经济的增长做出贡献，并且随着软件技术的进一步发展，该贡献会越来越重要。

（二）软件产业发展促进传统产业的数字化改造

传统产业进行信息化改造已经成为大势所趋，但传统产业的信息化改造达到一定程度后，不可避免地会遇到一些瓶颈，此时，软件技术和产品的应用可以带来新的生机，进而能够产生更高程度的创新效应，产生进一步的扩散效应，促使传统产业产生新的产业生态，使传统产业自身逐渐向数字化转型，进而优化整体产业结构。

不管是传统制造业，还是高科技制造业，企业的生产制造环节越来越离不开软件技术的使用。CAM、CAD、CAPP、CIMS等成为生产制造领域密不可分的部分，因为这些软件技术的应用，才能使企业生产效率得以大幅度提高、产品生命周期缩短、应变性更趋灵活机动。软件技术与生产制造的紧密结合是应对激烈竞争环境的需要。嵌入式软件等软件技术与传统制造技术相结合产生新型的数字化制造设备，能够促进生产技术装备的进步和机器设备的改良；嵌入式软件等软件技术通过对传统产品的数字化、智能化、高端化的改造，能够提高传统产品的科技含量，提高各种电子产品功能的集成度，使产品不断向高端迈进。现代软件技术大大加快了传统企业生产管理现代化的进程，主要体现在以管理信息系统为特征的管理技术的发展。依托软件技术，企业具有了全球配置资源的能力，如"虚拟制造"生产模式和"网络化总装模式"，都是凭借先进的信息通信、联络手段去整合全球范围内的资源、生产能力，并以独有的核心能力进行整体策划或资源调配；全球优化配置的一项新内容是利用世界各国的知识和智力资源，大型研发设计项目通过全面采用新型数字化信息处理技术，从设计到试验定型完全在计算机上模拟进行，能够使设计项目得以分解，子项目间进行无缝衔接，充分利用了各国的智力资源、提高了设计水平、降低了成本。

软件技术和产品的应用能够带来产业模式的创新，从而使传统产业的生产活力得到进一步的增强，并帮助产业释放出更多的发展潜能，进而实现传统产业的数字化转型升级。通常来说，一个产业创新能力的大小并不是仅仅由技术与模式创新来决定，而是需要整个产业系统得到全面的迭代升级。软件技术和产品的应用能够不断扩大数字化的渗透领域和覆盖范围，从而帮助传统产业更好地进行技术研发和产品设计，进一步创造出新的产品，拓展新的业务领域，探索新的发展模式，最终形成全新的产业生态发展体系。

（三）软件产业促进产业间数字化融合

专业分工是社会生产活动到一定阶段的产物，能够使得各生产部门专精于自己的生产领域，在提高生产效率的同时也给不同部门间划定了固定边界，该边界的存在使得产业间无法进行信息和知识的顺畅流通。但随着信息技术，尤其是软件技术的发展，该边界被不断打破，将过去割裂的产业连接起来，使各产业能够深度融合发展。

20 世纪 90 年代中期之后，互联网迅速普及，以软件为核心的电子信息技术对传统产业的影响发生了革命性的变化。通过基于互联网的各种软件应用，企业极大地扩展了与外界的信息沟通，获得各种有价值的市场和客户信息，也使得企业对外各种信息传播更加便捷快速。软件使得企业的虚拟边界大大地超出了企业的有形边界，密切了与上下游企业之间的联系和信息沟通，促进了企业业务流程的无缝衔接和信息共享，从而能够在很大程度上降低企业的制造和经营成本，增强市场竞争力。更进一步的发展，企业通过电子商务可以使企业的业务真正地在网上运行，通过 B2B 软件实现各种信息（物流、制造过程、资金、人员等）全部通过网络来流动，通过 B2C 软件可以实现消费者通过互联网进行商品采购和消费，直接省去了传统条件下必须存在的各种中间环节，从而能够在很大程度上降低企业不必要的运行费用，使得企业和消费者都能够从中受益匪浅。

三、我国软件产业的发展现状以及对数字
经济增长的贡献

（一）我国软件产业的发展现状

自 2000 年以来，在国家和各级地方政府的产业政策的大力扶持下，我国软件产业快速发展，历经 10 多年的快速增长，其产业规模不断扩大，软件技术水平明显提升，现在我国软件产业已经进入稳定发展的新阶段。2008～2018 年，我国软件产业的年均增长率为 24.5%，其中 2011 年增速最高，达 38.7%（见图 1）。爆发式增长带来了产业规模迅速扩大，从 2011 年开始，我国软件产业已成为电子信息产业的第一大子产业，2018 年，全国软件业务收入 6.3 万亿元，同比增长 14.2%，实现利润总额 8079 亿元，同比增长 9.7%。根据国家统计局数据可知，2018 年，我国信息传输、软件和信息服务业增加值比上一年同期增长了 30.7%，该增速在国民经济各产业中最高，并且占 GDP 比重达到 3.6%，已经成为推动我国经济实现平稳快速

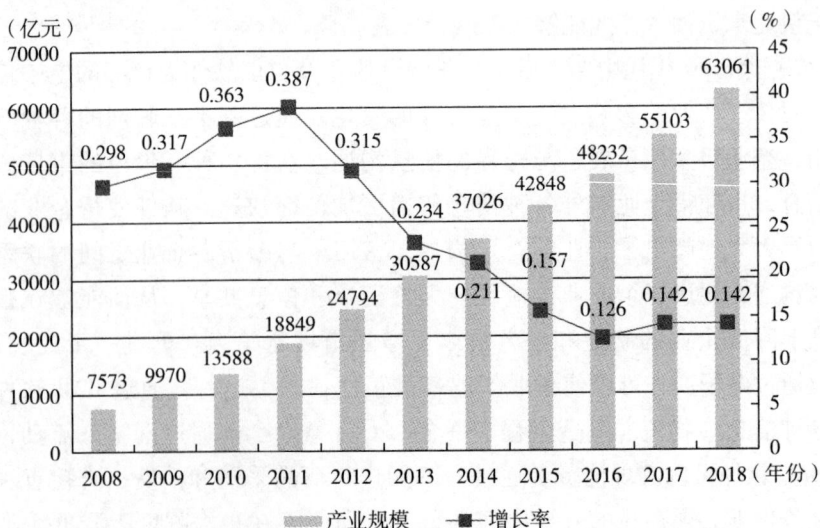

图 1　2008～2018 年中国软件产业规模

增长的重要力量。2018 年，我国软件产业实现出口达 554.5 亿美元，同比增长 0.8%，约占整个产业业务收入的 6%，其中软件外包服务出口约增长 5.1%。

随着软件产业的快速增长，软件产业对国民经济社会的贡献也在不断增强。从研发投入看，2018 年，软件业投入研发经费 6267 亿元，比上年增长 11.5%；研发投入强度（研发经费占主营业务收入比重）达 7.9%，比上年提高 0.4 个百分点。从创新产出看，2018 年，我国软件著作权登记量突破 110 万件，同比增长超过 48.22%，继续呈爆发式增长。从促进就业看，2018 年底，软件业从业人员达 645 万人，比上年增加 27 万人，增长 4.4%。从新业态发展看，云服务、大数据服务、人工智能、区块链等新兴业态已经成为产业新的增长点。

（二）软件产业对数字经济增长的贡献

为进一步分析软件产业发展在数字经济增长中的促进作用，本文通过历史数据测算软件产业对数字经济增长的贡献。可以通过两种方法来测算软件产业发展对数字经济增长的贡献：一种是由软件产业在数字经济中的份额反映，另一种是直接计算软件产业对数字经济增长的贡献率。

本文采用 S 表示软件产业规模，DE 表示数字经济规模，a 表示软件产业对数字经济增长的贡献率。按照定义，软件产业对数字经济的贡献率 a 可以表示为：

$$a = \frac{\Delta S}{\Delta DE} \times 100\% = \frac{S_t - S_{t-1}}{DE_t - DE_{t-1}} \times 100\% \qquad (1)$$

其中，ΔS 代表软件产业规模的增加量，ΔDE 代表数字经济规模的增加量，S_t 代表本年度的软件产业规模，S_{t-1} 代表上一年度的软件产业规模，DE_t 代表本年度的数字经济规模，DE_{t-1} 代表上一年度的数字经济规模。根据上述公式和相关数据，计算出软件产业对数字经济增长的贡献率 a，如表 1 所示。

表 1　中国软件产业对数字经济的贡献　　　　单位：亿元、%

年份	S	DE	S/DE	a
2005	3906	29204	13.37	16.51
2006	4801	34326	13.99	17.47

续表

年份	S	DE	S/DE	a
2007	5834	41307	14.12	14.80
2008	7573	48092	15.75	25.63
2009	9970	64799	15.39	14.35
2010	13588	76670	17.72	30.48
2011	18849	94896	19.86	28.87
2012	24794	111928	22.15	34.90
2013	30587	136095	22.47	23.97
2014	37026	161640	22.91	25.21
2015	42848	186301	23.00	23.61
2016	48232	225823	21.36	13.62
2017	55103	272028	20.26	14.87
2018	63061	313307	20.13	19.28

由表1可以看出，无论是软件产业在数字经济中份额角度，还是从软件产业对数字经济增长的贡献率的角度，我国软件产业对数字经济增长的贡献都在10%以上，尤其是在2009年世界金融危机以后，由于电子信息制造业的增长速度放慢，与此同时，软件产业保持了快速增长趋势，因此，软件产业对数字经济增长的贡献率大幅度增加，2010年约34.9%，超过了30%。在两种计算方法下，软件产业对数字经济增长的年均贡献率分别为18.75%和21.68%，可见，软件产业已经成为对数字经济增长具有重要影响的产业。

四、软件产业对数字经济增长促进作用的实证分析

（一）变量确定与数据

在我国的现有统计资料中，由于对软件产业增加值和数字经济增加值的统计年份都很短，并且部分年份的统计数据存在一些问题，所以本文仅采用软件产业产值和数字经济产值作为本文的分析样本。本文以2005～2018年中国软件产业产值和数字经济规模的统计数据作为研究对象，以此

分析中国软件产业发展和数字经济增长二者间可能存在的促进关系。本文使用的各指标数据来源于《中国软件和信息服务业发展报告》《中国电子信息产业统计年鉴（软件篇）》《中国数字经济发展白皮书》等。

在本文的实证分析中，用 S 表示软件产业产值，DE 表示数字经济规模。为防止在实证分析中出现异方差问题，同时减小时间序列波动的影响，另外基于取自然对数原函数的单调性不变的性质而且取对数后的变量仍然具有经济学意义，因此对软件产业产值和数字经济规模同时取自然对数，记作 lnS 和 lnDE。

（二） 单位根检验

在实证分析中发现，大多数的时间序列不是平稳的，如果对不平稳的时间序列直接进行回归分析很容易出现"伪回归"现象，回归分析的结果也没有实际意义，所以，应该在进行回归分析之前先对时间序列进行平稳性检验。如果平稳性检验的结果显示变量不是平稳的时间序列，我们还要对时间序列进行平稳化处理。本文采用 ADF 方法（即增广的迪基—富勒检验方法）来检验变量是否均为一阶单整的时间序列。

假设 $(X_{1t}, X_{2t}, \cdots, X_{kt})$ 为 d 阶单整的时间序列，如果存在向量 $\alpha = (\alpha_1, \alpha_2, \cdots \alpha_k)$，能够使 $Z_t = \alpha X'_t \sim I(d-b)$，其中 $0 < b \leqslant d$，$X_t' = (X_{1t}, X_{2t}, \cdots, X_{kt})'$，就可以说 $(X_{1t}, X_{2t}, \cdots, X_{kt})$ 为 (d, b) 阶单整时间序列，记为 $X'_t = CI(d, b)$，α 为协整向量。通过协整分析表明，即使两个变量自身都是不平稳的时间序列，但是两个变量间的关系也有可能是平稳的。ADF 检验模型包含常数项线性时间趋势项，其模型形式可以表示为：

$$\Delta X_t = c + \delta_t + \gamma X_t + \sum_{i=1}^{p} \varphi_i \Delta_{t-i} + \varepsilon_t \qquad (2)$$

$$t = 1, 2, \cdots, T$$

检验假设为：$\begin{cases} H_0: \gamma = 0 \\ H_1: \gamma < 0 \end{cases}$

其中，ε_t 表示一个稳定过程，而且 $E(\varepsilon_t) = 0$。

本文使用计量软件 Eviews 7.0 进行单位根检验，检验的具体结果如表 2 所示。

由表 2 的单位根检验结果可以看出，lnS 和 lnDE 的 ADF 值都大于 1%、

5%、10% 的临界值，因此接受原假设 H_0，说明 lnS、lnDE 水平序列不平稳；一阶差分后 lnS 和 lnDE 的 ADF 值仍大于对应的临界值，因此接受原假设 H_0，说明一阶差分后的序列仍然不平稳；继续对变量进行差分，由结果可知二阶差分后的 ADF 值都小于 1%、5%、10% 的临界值，因此拒绝原假设 H_0，说明二阶差分后的 lnS、lnDE 时间序列平稳，也就是说 lnS 和 lnDE 两个变量都是二阶单整序列。在本文的单位根检验中，虽然原序列和一阶差分序列不平稳，但是已经符合协整的必要条件，可以进行后续的实证分析。

表 2　单位根检验结果

变量	ADF 值	1% 临界值	5% 临界值	10% 临界值	检验形式	是否平稳
lnS	-1.5877	-4.5231	-3.6146	-3.3245	(C, T, 2)	否
DlnS	-1.4467	-3.8274	-3.0691	-2.7634	(C, 0, 2)	否
D^2lnS	-5.3717	-2.7365	-1.8749	-1.7247	(0, 0, 1)	是
lnDE	-2.3081	-4.6757	-3.7345	-3.3179	(C, T, 3)	否
DlnDE	-2.1439	-3.9332	-2.7657	-1.6681	(C, 0, 3)	否
D^2lnDE	-3.2987	-2.7274	-1.9857	-1.6471	(0, 0, 2)	是

（三）协整检验

两个或多个非平稳序列的线性组合，也有可能是平稳的，也就是说存在协整关系。若非平稳的序列间存在平稳的线性关系，则被认为变量间具有长期稳定的均衡关系，该均衡关系可以通过协整检验来进行验证。本文选用的协整检验方法是 Johanson 检验，该方法由 Johanson 和 Juselius 在 1990 年提出，采用向量自回归模型进行检验。在本文的研究中，由于 lnS、lnDE 两个变量都是通过含截距的单位根过程生成，所以，本文设定协整向量中含有截距。表 3 中的检验结果表明，在 5% 显著水平下，lnS 和 lnDE 间存在一个协整关系。

由表 3 中的结果可知，经过标准化的协整向量（lnS，lnDE）是（1.000000，-0.511241），两个变量对应的协整关系 u_t 可以表示为：

$$u_t = \text{lnDE} - 0.511241 \times \text{lnS} \tag{3}$$

$$\delta = 0.01705$$

式（3）中的 δ 为标准差。协整关系 u_t 反映了变量 lnS 和 lnD 之间存在长期稳定趋势，即趋向于长期均衡。也就是说，lnS、lnD 两个变量间存在稳定的线性关系，回归方程式（3）的边际系数 0.511241 表示变量 lnS 每增加 1%，lnDE 就会增加 0.511241%，即中国软件产业产值每增加 1%，数字经济产值便会增加 0.511241%，如表 3 所示。

表 3 标准协整系数

lnDE	lnS
1.000000	− 0.511241
	(0.01705)

（四） 自回归误差修正模型

接下来，本文分析软件产业的发展对数字经济增长的短期和长期影响及其贡献度。依据 2005 ~ 2018 年的我国软件产业和数字经济的相关数据，本文采用向量自回归模型（Vector Autoregressive Model，VAR）对软件产业产值 lnS 和数字经济规模 lnDE 两个变量间的关系进行实证研究。

向量自回归模型是由 Sims（1980）提出，Sims 考虑到变量间可存在相互影响的关系，将系统中的每一个内生变量作为系统中所有内生变量滞后值的函数来构建模型，以得到合理的结果。VAR 模型是两个或多个自回归模型的联立形式，因此称为向量自回归模型。假设两个变量 x_{1t} 和 x_{2t} 之间存在一定的关系，若分别建立自回归模型，那么就无法捕捉到两个变量 x_{1t} 和 x_{2t} 之间的关系。但是若采用联立方程组的形式，就能够将两个变量之间的关系体现出来。VAR 模型的结构与两个参数有关：一个是所含模型所含变量的个数为 n，另一个是变量的最大滞后阶数为 p。含有 n 个变量的 VAR 模型可以表示为：

$$X_t = C + \alpha_1 Y_{t-1} + \alpha_2 Y_{t-2} + \cdots + \alpha_p Y_{p-1} + \varepsilon_t \tag{4}$$

$$\varepsilon \sim IID\ (0,\ \Omega)$$

其中，X_t 表示 n × 1 阶时间序列列向量，C 表示 n × 1 阶常数项列向量，α_1，α_2，…，α_p 均为 n × n 阶参数矩阵。ε 表示 n × 1 阶随机误差列向量，服从 IID（0，Ω），而每一个元素都是非自相关的，但不同方程对应的随机误差项之间有可能存在相关关系。

本文利用计量软件 Eviews7.0 进行 VAR 模型的估计，得到的测算结果如表 4 所示。由回归结果可以看出，VAR 模型中两个回归方程的拟合优度都在90%以上，说明该模型的整体拟合效果很好，由此可见，我国的软件产业发展在数字经济增长过程中发挥了很重要的作用。基于 VAR 模型的测算结果，本文建立能够表述软件产业产值与数字经济规模之间由短期波动向长期均衡调整的误差修正模型，该模型可以表示为：

$$\ln DE = 0.215438 \times \ln DE(-1) - 0.178452 \times \ln DE(-2) - 0.11597 \times \ln S(-1) + 0.428674 \times \ln S(-2) + 3.83754 \tag{5}$$

$$\ln S = 0.461657 \times \ln S(-1) - 0.30729 \times \ln S(-2) + 1.296475 \times \ln DE(-1) - 0.51764 \times \ln DE(-2) - 5.75411 \tag{6}$$

表 4   向量自回归模型的计算结果

	lnDE	lnS
lnDE（-1）	0.215438	0.461657
	（-0.6722）	（-0.5781）
lnDE（-2）	-0.178452	-0.30729
	（-2.14273）	（-0.32478）
lnS（-1）	-0.11597	1.296475
	（-1.37842）	（-3.22784）
lnS（-2）	0.428674	-0.51764
	（-2.155778）	（-0.811472）
C	3.83754	-5.75411
	（-4.57841）	（2.77549）
调整 R^2	0.92311	0.94787

注：（ ）中为 t 统计量。

由表 4 结果可知，软件产业产值 lnS 对数字经济规模 lnDE 具有正向的相关性，lnS 的滞后一期和滞后二期对当期的 lnDE 的增长都有正的弹性系数，lnDE 的滞后一期和滞后二期对当期的 lnDE 的增长也有正的弹性系数。同时，lnDE 对 lnS 有正向的相关性，lnDE 的滞后一期和滞后二期对当期的 lnDE 的增长有正的弹性系数，lnS 的滞后一期和滞后二期对当期 lnS 的增长有正的弹性。

（五）格兰杰因果检验

由自回归误差修正模型的分析可以看出，软件产业发展与数字经济增长之间确实存在一定的长期均衡关系，但还不能据此确定两者之间构成因果关系，也就是说，是由软件产业的发展带来了数字经济的增长，还是由数字经济的增长带来软件产业的发展，这种因果关系的确定还需要进一步验证。本文采用格兰杰因果关系检验方法来分析软件产业发展与数字经济增长之间的因果关系，该检验方法由格兰杰于1969年提出。在时间序列情形下，两个变量 X 和 Y 之间的格兰杰因果关系可以定义为：如果在包含了两个变量 X 和 Y 的过去信息的状况下，对变量 Y 的预测效果要优于仅仅单独由变量 Y 的过去信息对 Y 进行的预测效果，那么也就是说变量 X 的加入有助于解释变量 Y 未来的变化，由此可以确认变量 X 是引致变量 Y 的格兰杰原因。

在本文中，格兰杰因果检验模型可以表示为：

$$Y_t = \alpha + \sum_{i=1}^{q} \alpha_i \Delta Y_{t-i} + \sum_{j=1}^{p} \beta_j \Delta X_{t-j} + \varepsilon_t \tag{7}$$

该检验的零假设为：H_0：$\beta_1 = \beta_2 = \cdots = \beta_p = 0$。如果零假设被接受，则有：

$$Y_t = \alpha + \sum_{i=1}^{q} \alpha_i \Delta Y_{t-i} + \varepsilon_t \tag{8}$$

式（8）中，ε_t 表示白噪声序列，α、β 表示回归系数，t 表示样本量，q、p 分别表示 X_t、Y_t 变量的滞后阶数。记不受约束的残差平方和为 ESS_1，受约束的残差平方和为 ESS_0，构造统计量表示为：

$$F = \frac{(ESS_0 - ESS_1)/q}{ESS_1/(n - p - q - 1)} \sim F(n - p - q - 1) \tag{9}$$

式（9）表示的统计量服从自由度为（$n - p - q - 1$）的 F 分布。如果 F 检验值大于标准 F 分布的临界值，那么就拒绝原假设 H_0，说明变量 X 是变量 Y 的格兰杰原因；如果 F 检验值小于标准 F 分布的临界值，那么就接受原假设，说明变量 X 不是变量 Y 的格兰杰原因

本文利用 Eviews 7.0 进行格兰杰因果检验，测算结果如表5所示。

由表5结果可知，滞后期为2年或4年时，不能拒绝数字经济增长不是软件产业发展的格兰杰原因，同时也无法拒绝软件产业发展不是地区生产总值的格兰杰原因，即软件产业发展与数字经济增长间不存在中期和长期

的因果关系。在滞后期为 1 年或 3 年时，拒绝软件产业发展不是数字经济增长的格兰杰原因，但不拒绝数字经济增长不是软件产业发展的格兰杰原因，即软件产业发展和数字经济增长间存在单向的因果关系，我国软件产业发展对数字经济增长存在显著的推动作用，但数字经济增长目前还不能有效地拉动我国软件产业的发展。

表 5　格兰杰因果关系检验结果

滞后长度	零假设	F 值	P 值	结论
1	lnS 变化不是 lnDE 变化的格兰杰原因	6.89	0.02	拒绝
	lnDE 变化不是 lnS 变化的格兰杰原因	0.1	0.91	不拒绝
2	lnS 变化不是 lnDE 变化的格兰杰原因	3.05	0.09	不拒绝
	lnDE 变化不是 lnS 变化的格兰杰原因	0.07	0.89	不拒绝
3	lnS 变化不是 lnDE 变化的格兰杰原因	3.79	0.04	拒绝
	lnDE 变化不是 lnS 变化的格兰杰原因	0.04	0.98	不拒绝
4	lnS 变化不是 lnDE 变化的格兰杰原因	1.78	0.26	不拒绝
	lnDE 变化不是 lnS 变化的格兰杰原因	0.39	0.71	不拒绝

五、研究结论

数字经济是一种全新的经济形态，以数字化的知识和信息作为关键生产要素，以信息网络作为重要载体，以信息通信技术的有效使用作为效率提升和经济结构优化的重要驱动力。当前，以人工智能、工业互联网、大数据、区块链为代表的新一代信息技术加速突破应用，软件产业加快了转型发展的步伐，数字产业化、产业数字化的趋势越来越明显。本文利用 2008～2018 年我国软件产业发展和数字经济增长的历史数据，对相关变量进行单位根检验和协整分析，通过 VAR 模型的测算结果来建立软件产业发展与数字经济增长间的误差修正模型，并对软件产业发展和数字经济增长进行格兰杰因果关系检验。分析结果表明：中国软件产业产值每增加 1%，数字经济产值便会增加 0.511241%，说明我国软件产业的发展对数字经济增长具有比较显著的促进作用。在 90% 的置信水平下，在滞后期为 1 年或 3

年时，软件产业发展和数字经济增长间存在单向的因果关系，即二者间存在长期的均衡关系。从产业数字化的进程看，随着互联网的广泛普及与信息化程度的不断加深，传统产业的转型升级需要借助软件技术进行，以期提高传统产业的智能化和数字化水平。在这个过程中，软件通过给传统产业带来新设备、新工艺、新技术，来提升传统产业的生产效率，构建生产新模式，形成数字化新生态，推动传统产业数字化改造。同时，数字经济的进一步发展，又为软件产业提供了新的发展契机，促进软件产业自身向平台化、移动化、网络化方向发展，并在以大数据、人工智能、区块链、工业互联网等为代表的新一代技术的快速发展中找到新的增长点，进一步释放信息技术推动经济增长的潜力。

参考文献

［1］ Arora A., Athreye S., The Software Industry and India's Economic Development ［J］. Information Economics and Policy, 2002, 14（2）, 253 – 273.

［2］ Carmel E., The New Software Exporting Nations: Impacts on National Well – Being Resulting from Their Software Exporting Industries ［J］. The Electronic Journal on Information System Developing Countries, 2003, 13（3）: 1 – 6.

［3］ Christopher G., Jaime M., International Comparisons of Productivity Growth: The role of Information Technology and Regulatory Practices ［J］. Labour Economies, 2004（11）: 33 – 58.

［4］ Etro F., The Economic Impact of Cloud Computing on Business Creation, Employment and Output in Europe ［J］. Review of Business and Economics, 2009, LIV（2）: 179 – 208.

［5］ John H. Ron S. Jarmin., Measuring the Digital Economy ［M］. E. bymjolfsson & B. kahin Understanding the Digital, 1996.

［6］ Jorgenson D. W., Stiroh K. J., Raising the Speed Limit: US Economic Growth in the Information Age ［J］. Brookings Papers on Economic Activity, 2000, 12（1）: 125 – 210.

［7］ Jorgenson D. W., Information Technology and the U. S. Economy ［J］. Harvard Institute of Economic Research Working Papers, 2001, 91（1）: 1 – 32.

［8］ Oliner S. D., Sichel D. E., The Resurgence of Growth in the Late 1990s: Is Information Technology the Story? ［J］. Journal of Economic Perspectives, 2000, 14（4）: 3 – 22.

［9］ Romer. P. M. Endogenous Technological Change ［J］. The Journal of Political Economy, 1990, 98（5）: 71 – 102.

［10］ Solow R. M., A Contribution to the Theory of Economic Growth ［J］. The Quarterly Journal of Economics，1956，70（1）：65 – 94.

［11］Teo T. S. H.，Understanding the Digital Economy：Data，Tools，and Research ［J］．Asia Pacific Journal of Management，2001，18（4）：553 – 555.

［12］Zimmerman H.，Understanding the Digital Economy：Challengers for New Business Models ［J］．Social Science Electronic Publishing，2015（1）：7 – 14.

［13］方慧．经济全球化背景下中国软件产业发展模式研究［M］．北京：中国财政经济出版社，2008.

［14］焦云霞．中国软件产业的经济影响研究［A］//李平，石磊．21 世纪数量经济学（第 19 卷）［C］．北京：经济管理出版社，2019.

［15］康铁祥．中国数字经济规模测算研究［J］．当代财经，2008（3）.

［16］李德升．我国软件产业发展与经济增长分析［J］．商业研究，2012（5）.

［17］赛迪智库软件和信息技术服务业形势分析课题组．软件和信息技术服务业：进入快速迭代关键期［N］．中国电子报，2019 – 01 – 18.

［18］沈家文．数字经济与软件业发展研究［J］．全球化，2018（5）.

［19］施莉，胡培．信息技术对中国 TFP 增长影响估算：1980 ~ 2003 ［J］．预测，2008（3）.

［20］孙晓华，田晓芳．装备制造业技术进步的溢出效应——基于两部门模型的实证研究［J］．经济学（季刊），2011（1）.

［21］王璐，王桓．推动我国软件产业高质量发展的若干建议［J］．中国信息化，2018（9）.

［22］张新红．数字经济与中国发展［J］．电子政务，2016（11）.

［23］张雪玲，焦月霞．中国数字经济发展指数及其应用初探［J］．浙江社会科学，2017（4）.

［24］赵星．数字经济发展现状与发展趋势分析［J］．四川行政学院学报，2016（4）.

［25］中国信息通信研究院．中国数字经济发展与就业白皮书（2018）［R］．北京，2018.

［26］庄丽娟．软件产业及其贸易的经济增长效应——基于美国、印度和中国的比较分析［J］．经济理论与经济管理，2007（2）.

企业管理层的文本披露质量与
上市公司的风险预警[①]

——基于公司年报文本信息的分析研究

李成刚　贾鸿业

摘　要　本文运用计算机语言技术对 2008~2018 年 1297 家上市公司年报的管理层讨论与分析（MD&A）进行文本挖掘，计算 MD&A 文本披露质量包括文本相似度、文本情感值、文本可读性，并采用 Logistic 模型和支持向量机两种方法构建上市公司风险预警模型，对文本 MD&A 所披露信息加入前后模型的预测能力进行实证检验。研究结果表明：①风险预警模型在加入文本披露质量指标后，预测准确度得到显著提升。②Logistic 回归模型的预测准确度在整体上要优于支持向量机模型。③样本比例 1:2 时的预测准确度比样本比例 1:1 时的预测准确度更高。④文本可读性在低样本比例时对预警模型的优化效果最好，文本情感值在高样本比例时对预警模型的优化效果最好。本文从文本披露角度丰富了上市公司风险预警的研究，也丰富了 MD&A 包含的文本增量信息对财务数据的有效补充研究，具有重要的理论与现实意义。

关键词　管理层讨论与分析；文本披露质量；文本分析；风险预警

①　基金项目：国家自然科学基金项目《基于计算实验的货币政策传导系统演化研究：微观基础、演化机制与管理策略》（71561007）。

The quality of text disclosure of enterprise management and the risk warning of listed companies

—Based on the analysis and analysis of the
text information of the company's annual report

Li Chenggang　　Jia Hongye

Abstract: This paper uses computer language technology to conduct text mining on the management discussion and analysis (MD&A) of the annual report of 1297 listed companies in 2008 – 2018, and calculate the quality of MD&A text disclosure including text similarity, text sentiment value, text readability, and logistic The model and the support vector machine are used to construct the risk warning model of the listed company, and the prediction ability of the model before and after the information published by the MD&A is tested. The research results show that: (1) After the risk warning model is added to the text disclosure quality index, the prediction accuracy is significantly improved. (2) The prediction accuracy of the logistic regression model is better than the support vector machine model as a whole. (3) The prediction accuracy when the sample ratio is 1 : 2 is higher than the prediction accuracy when the sample ratio is 1 : 1. (4) The text readability is the best for the early warning model when the sample ratio is low, and the text sentiment value is the best for the early warning model when the sample size is high. This paper enriches the research on risk warning of listed companies from the perspective of text disclosure, and also enriches the effective supplementary research of financial data contained in MD&A. It has important theoretical and practical significance.

Key Words: Management discussion and analysis; text disclosure quality; text analysis; risk warning

一、引言

随着经济全球化，国际经济形势越发复杂，我国上市公司将面临更大的机遇与挑战。面对诸如贸易摩擦问题、欧盟分裂等不稳定经济形势，建立完善的风险预警系统非常必要。一方面，帮助经营者提早发现公司财务问题，及时做出应对与防范；另一方面，保障投资者的利益、维护证券市场的稳定。如何选择合理的风险评测指标，构建合理的风险预警模型，是当前亟待解决的问题。

风险预警模型一般都以上市公司的财务指标作为基础评测指标，根据样本数量选取适当的方法构建风险预警模型。近些年，学者研究发现，上市企业所披露的大量文本文件中，可以提取获得大量有效信息，用来作为传统定量财务指标的有效补充，而年报中的"管理层讨论与分析（MD&A）"作为年报中的重要组成部分，其包含公司管理者对公司历史经营的评价以及未来市场的展望。因此，深度挖掘 MD&A 中所包含的有价值文本信息，可以有效补充公司的财务指标，对公司财务风险进行预测分析（Guay，2016；任宏达和王锟，2019）。然而，目前学者对于 MD&A 文本披露指标的应用还不够全面，只是针对某一个方面，如文本惯性披露、文本语调研究等。文本披露指标也包含多个维度，不同维度的文本披露指标只能反映某一特定的文本信息。是否可以构建一个文本披露质量指标，整合多个维度的文本披露信息，将不同文本披露信息引入风险预警模型优化模型的预测准确度？目前，学者对此尚未进行深入的研究。因此，本文构建文本披露质量指标体系，并引入风险预警模型，提高预警的准确性。

本文的贡献如下：①计算文本披露质量指标。本文将利用多种文本计算方法，构建多个文本披露指标从不同维度充分挖掘 MD&A 文本信息，通过分析每种文本披露指标所包含的文本信息，综合评价 MD&A 所披露文本信息的质量。用文本披露质量指标表述多个维度的文本披露指标。②将文本披露质量引入风险预警模型。将文本披露质量指标引入风险预警模型，对比分析不同文本披露指标对模型的改进效果，实证分析得出文本信息披露对风险预警模型的优化效果。

二、文献综述

（一）上市公司风险预警研究

企业的财务情况是否健康，公司财务是否存在风险一直以来都受到国内外学者的广泛关注，学者们运用不同的方法构建了多种财务预警模型，通过比较研究不断优化企业的风险预警模型。在早期，学者 Beaver（1966）首先提出财务预警模型，他利用单一的财务比率来预测企业财务的风险。在此之后 Altman（1968）通过 Z – score 模型，率先应用多元判别方法对企业风险进行预测。之后几年，Altman（1977）改进 Z – score 模型，在此基础上建立 ZETA 模型，将其应用于公司的财务风险预警，相比于之前模型提升了预测的准确度。Ohlson（1980）则将统计学中的 Logistic 模型引入风险预警模型之中，相较于之前两个模型准确度又有所上升。随着机器学习以及深度学习的发展，Odom（1993）最早将神经网络模型应用于企业风险的预测。Gestel（2006）将支持向量机模型引入公司风险的预测。Shin（2005）对比了 BP 神经网络与支持向量机在风险预警中的表现，研究发现，在样本数量较大时 BP 神经网络的预测效果要优于支持向量机，反之支持向量机预测准确率则更高。国内学者对于企业风险预警的研究相比于国外较晚，但也进行了大量研究。张亮（2015）将信息融合的数据挖掘方法引入到公司的财务预警之中，通过 Logistic 模型与 SVM 模型对比研究，发现基于信息融合的数据挖掘方法的准确率要高于单独 Logistic 和 SVM 模型。方匡南（2016）将网络结构引入 Logistic 模型，在充分考虑变量间网络结构的基础上，构建的风险预警模型更加适合我国国情。顾晓安（2018）将盈余管理变量引入 Logistic 风险预警模型，研究发现加入盈余管理变量后，风险预警的正确率得到提升。陈艺云（2019）将管理层语调信息引入企业风险预警，研究发展管理层语调信息可以作为财务数据的重要补充优化风险预测模型。

（二）文本披露质量研究

上市公司披露的 MD&A 数据是对定量财务数据的有效补充，其中包含大量的有效信息，可用来预测公司是否存在风险。随着计算机技术与网络信息技术的发展，使得大量获取与分析上市公司文本披露数据成为可能，因此，对于上市公司 MD&A 文本披露质量的研究受到国内外学者越来越多的关注，国外学者 Brown（2011）研究了上市公司 MD&A 的惯性披露问题，利用公司前后两年 MD&A 内容变动分值作为信息含量的替代指标。研究发现股票价格与变动分值呈现正相关关系。Tennyson（2008）、Cecchini（2010）通过对比正常企业与财务存在风险企业的 MD&A 文本语调发现其主题会随着企业财务情况的恶化而变化。Lo（2017）将复杂语句与词汇引入 MD&A 文本信息分析，发现过多的复杂语句与专业词汇会使得 MD&A 的可读性降低，公司风险会随着可读性的降低而升高。国内学者蒋艳辉等（2014）将文本惯性披露引入 Fama – French 三因子模型用来改进上市公司的资产定价模型，实证检验得出 MD&A 的相似度与股权资本成本存在正相关关系。孟庆斌（2017）等将 MD&A 信息含量指标引入股价崩盘风险预测，研究发现，MD&A 信息含量越高，未来股价崩盘风险越低。刘逸爽和陈艺云（2018）将管理层语调与财务指标相结合引入上市公司财务风险模型，从实证结果可得，加入管理层语调变量的风险预警模型准确度要明显优于仅选取财务指标的风险预警模型。孙文章（2019）将文本信息披露的可读性引入董事会秘书声誉研究，研究发现，董秘声誉越高，年报可读性越好，具有较高社会影响的董秘会明显减少专业词汇以及复杂语句的使用。

目前国内外学者构建风险预警模型所用到的方法集中在 Logistic 回归模型、支持向量机与神经网络。对 MD&A 文本披露方面的研究可以概括为如下几个维度：①文本惯性披露即文本相似度；②文本语调即文本情感值；③文本信息含量有效性即文本可读性。少部分学者尝试将文本披露指标引入风险预警模型，研究发现，文本信息的加入可以优化模型的预测效果，但学者都只研究某一种文本披露指标对于风险预警模型的改进效果，是否存在其他文本披露指标或多种文本披露指标的组合会更有效地改进预警模型，目前还没有学者进行研究。因此，本文选取文本相似度、文本情感值、文本可读性三个指标来描述文本披露质量，采用 Logistic 回归与支持向量机研究方法，对比研究在不同样本比例下，文本披露质量指标对模型预测准确度的影响以及风险预警模型应选取的最优方法。

三、研究设计

（一） 实证方法选择

对于公司风险预警的研究可以采用多种模型和技术，主要划分为两大类：第一类为基于统计模型的判别分类方法，包括线性判别分析、Probit 回归、Logistic 回归等；第二类为基于机器学习与深度学习的方法，包括决策树、支持向量机、神经网络算法等。为保证所采用的文本披露质量相关指标对公司风险预测的稳健性，本文选择应用最广泛，代表性最强的两种模型，Logistic 回归和支持向量机来进行本文的实证分析。

1. Logistic 回归模型

Logistic 回归模型作为一种非线性概率模型，自变量不需要服从正态分布的假设，模型中的变量可以是连续、离散或者是虚拟变量。模型因变量为二分类变量，只能取 0，1 两个值。Logistic 回归模型为非线性模型可以确保求得的概率值具有意义，常用于数据挖掘、疾病自动诊断、经济预测等领域。因此，本文选用 Logistic 回归构建风险预警模型对上市公司财务风险进行预测。

本文中上市公司风险预警的 Logistic 回归模型表述如下：

$$P = \frac{1}{1 + e^{-s}} \tag{1}$$

$$s = \alpha + \sum_{i=1}^{n} \beta_i x_i \tag{2}$$

其中，$0 \leqslant p \leqslant 1$，p 为企业发生财务风险的概率值；$\alpha$ 为常数项；β_1 为待估计系数；x_i 为财务风险预测的影响因素。Logistic 回归模型的函数图像一般是曲线 s 型分布，且 $s \in (-\infty, +\infty)$，违约概率 P 的表达如下所示：

$$\lim_{s \to +\infty} P = \lim_{s \to +\infty} \frac{1}{1 + e^{-s}} = 1 \tag{3}$$

$$\lim_{s \to +\infty} P = \lim_{s \to +\infty} \frac{1}{1 + e^{-s}} = 0 \tag{4}$$

对于企业，P 值越接近 1，财务风险越大，越接近 0，财务风险越小。Logistic 模型没有严格规定的临界值，本文借鉴吴世农和卢贤义 （2001） 设违约临界值 P 为 0.5，如果 P<0.5，代表违约概率较低，财务风险小；如果 P>0.5，代表违约概率较高，财务风险较大。因此，P 值可以作为企业财务风险预警的一个参考值。

2. 支持向量机模型

支持向量机（SVM）是一种二分类模型，它的目的是寻找一个超平面来对样本进行分割，分割的原则是间隔最大化，最终转化为一个凸二次规划问题来求解。如果一个线性函数能够将样本分开，则称这些数据样本是线性可分的。这样的线性函数统称为超平面。接下来需要计算出间隔数值，使得间隔最大化。支持向量机求解的最优化问题如下所示：

$$\min_{W,b} \frac{1}{2} \| w \|, \text{ s.t. } y_i (w^T \Phi (x) + b) \geqslant 1 \ (i = 1, 2, 3, \cdots, m) \quad (5)$$

其对偶化的函数为：

$$\max_{\alpha} \sum_{i=1}^{m} \alpha_i - \frac{1}{2} \sum_{i=1}^{m} \sum_{j=1}^{m} \alpha_i \alpha_j \varphi(x_i)^t \varphi(x_j) \quad (6)$$

其中，w 为法向量，决定了超平面的方向，b 为位移量，决定了超平面与原点的距离，y_i 表示训练集中的类别，$\varphi(x)$ 表示从输入层到特征层的非线性转换。由于特征空间的维数可能很高，甚至是无穷维，因此直接算 $\varphi(x_i)^T \varphi(x_j)$ 通常是非常困难的，于是转化为如下函数：

$$f(x) = W^T \kappa(x_i, x_j) + b = \sum_{i=1}^{m} \alpha_i y_j \varphi(x_i)^t \varphi(x_j) + b \quad (7)$$

这里的函数 $\kappa(x_i, x_j)$ 就是核函数，核函数有多种，包括线性核函数、Sigmoid 核函数、径向基核函数等。本文所采用的核函数为径向基核函数：

$$\kappa(x_i, x_j) = \exp(-\gamma \| x - x_i \|^2) \ \gamma \ \text{为核参数}, \gamma > 0 \quad (8)$$

（二）企业财务指标

本文借鉴周利国等（2019）的研究，从偿债能力、盈利能力、经营能力、发展能力四个方面选取了 18 个财务指标。由于企业的这些财务指标是一些不可观测的综合指标，本文通过主成分分析法提取各指标间的主成分作为衡量企业微观财务情况的指标，企业财务指标的选择如表 1 所示。

（三）文本披露质量指标

上市公司年度报告文件包含了公司一年之中的业绩、股本与股东情况、董事会报告、监事会报告以及主要财务数据等，如果直接进行文本分析，会存在大量的无用冗余信息而使得重要的信息内容被稀释或忽略。因此，需要对重要信息进行提取，MD&A 是上市公司管理层对企业的历史经营情况的评价与对未来事项的前瞻性评价，因此，提取出 MD&A 的信息，可以有效分析出企业管理层对市场与公司财务情况的评价。基于此，本文将通过 Python 3.6 编写正则表达式，通过相应关键词，从企业年报中提取出MD&A 部分，为后续文本分析做准备。

表 1　企业财务指标

一级指标	二级指标	简称	解释
偿债能力	流动比率	CRO	流动资产/流动负债
	速动比率	QRO	速动资产/流动负债
	现金比率	CARO	（货币资金＋有价证券）/流动负债
	资产负债率	GRO	负债合计/资产合计
经营能力	应收账款周转率	ART	营业收入/应收账款平均占用额
	存货周转率	ITT	营业成本/存货平均占用额
	总资产周转率	TAT	营业收入/平均资产总额
发展能力	总资产增长率	TAGR	本期资产增加额/本期资产期初额
	营业收入增长率	OIGR	本期营业收入增加额/上期营业收入
	所有者权益增长率	OGR	所有者权益总额/流动负债
	固定资产增长率	FAGR	本期固定资产增加额/本期固定资产期初净额
盈利能力	资产报酬率	ROA	净利润/平均资产总额
	总资产净利润率	TNPM	净利润/资产平均总额
	流动资产净利润率	NPM	净利润/［（期初流动资产＋期末流动资产）/2］
	净资产收益率	ROE	净利润/股东权益平均余额
	投入资本回报率	ROIC	息前税后经营利润/投入资本
	营业毛利率	OGPM	（主营业务收入－主营业务成本）/主营业务收入
	营业净利率	ONPM	净利润/营业收入

文本分析的最小单位粒度是词语，并进行分句分词处理。首先根据标点符号进行分句，将分段后的句子进行进一步的分词处理。Python 中的常用分词工具包括盘古分词、Yaha 分词、Jieba 分词、清华 THULAC 等。本文采用 Jieba 分词对 MD&A 进行分词处理，Jieba 分词是一个较好的 Python 中文

分词组件，可以将句子精确切开，适合做文本分析。

1. 文本相似度计算

本文相似度的计算采取基于空间向量模型（VSM）的 TF – IDF 方法，具体如下：首先，对分词后的文本词项进行 TF – IDF 值的计算。其次，将 MD&A 中的文本通过向量的形式表示出来，向量元素为句子中经过分词后的词语出现的频率，即每句话转化为如下表示：$w_i = (w_{i1}, w_{i2}, \cdots, w_{in-1}, w_{in})$，$w_i$ 表示句子，w_{n1} 表示句中某个词语的出现频率。最后，通过计算向量间的余弦角来比较两段文本的相似程度，定义如下：

$$v_i = (w_{i1}, w_{i2}, \cdots, w_{in-1}, w_{in}) \tag{9}$$

$$v_j = (\varphi_{i1}, \varphi_{i2}, \cdots, \varphi_{in-1}, \varphi_{in}) \tag{10}$$

相似度（Sim）得分计算如下：

$$TixSim(v_i, v_j) = wf \times VectSim(v_i, v_j) = wf \times \cos(v_i, v_j)$$

$$= wf \times \frac{v_i}{\| v_i \|} \times \frac{v_j}{\| v_j \|} = wf \times \frac{v_i \cdot v_j}{\| v_i \| \cdot \| v_j \|} \tag{11}$$

其中，wf 表示词语向量 v_i 和 v_j 之间相似度的加权因子。$TixSim(v_i, v_j)$ 表示词语向量 v_i 和 v_j 之间的相似度。通过上式处理可计算得出 MD&A 的相似度指标。

2. 文本情感值计算

文本情感值的计算，主要是对文本进行分类，判断文本是积极的、消极的还是中性的。本文将采用基于情感词典匹配的方法计算 MD&A 情感倾向值，如果得到的分数大于 0，代表文本的情感倾向是积极的；如果得到的分数小于 0，代表文本的情感倾向是消极的如果得到的分数等于 0，说明文本的情感倾向是中性的。传统情感词典的构建主要包括基础词典，否定词词典、程度副词词典，基础词典包括积极情感词与消极情感词，这里只区分积极情感词与消极情感词而忽略了对于相同属性的情感词所带有情感强度的不同，因此本文将采用 BosonNLP[①] 语义情感词典，该词典不仅包含积极词汇与消极词汇，而且利用大数据统计与机器学习技术分析计算得出每个情感词的情感分数，将更精准地测算文本信息的情感值。本文构建的情感词典主要包括 BosonNLP 语义情感词典、否定词词典、程度副词词典，部

---

① BosonNLP 情感词典是由玻森中文语义开放平台对常用情感词做出的权威语义分析，https：//bosonnlp.com/。

分情感词如表 2 所示。

表 2   部分情感词统计

积极情感词	分数	消极情感词	分数	否定词	程度副词	权重
投资	2.112	不足	-0.927	不	百分百	1
增长	1.061	借款	-0.813	不是	倍加	1
竞争力	1.305	欠款	-0.943	不可	非常	0.8
收益	3.303	放慢	-1.086	没有	更加	0.6
优势	1.185	冻结	-2.143	不要	较	0.6

文档的情感倾向计算步骤：首先，读取进行分词处理后的企业 MD&A 数据，依据情感词典记录每个词语的初始情感得分以及当前的位置。其次，往情感词前查找程度词，找到就停止搜寻。依据程度词权值，乘以情感值。再次，往情感词前查找否定词，如果在情感词前存在否定词，则乘以 -1，情感词位置后移，扫描下一个词。最后，计算完所有分句的情感值，用数组（list）记录起来；通过分句计算整篇文档的积极情感分值、消极情感分值以及总的情感得分。获取文档权重的表达式为：

$$w_t = \sum_i^n sentiment\_word_i deny_i degree_i \tag{12}$$

$$posS_t = posS_{t-1} + 1 \times w_t \tag{13}$$

$$negS_t = negS_{t-1} + 1 \times w_t \tag{14}$$

其中，w_t 表示句子的权重值，$posS_t$ 表示第 t 个句子的积极分数，$nosS_t$ 表示第 t 个句子的消极分数。$sentiment\_word_i$ 表示第 i 个情感词分数，$degree_i$ 表示第 i 个情感词前的否定词，如果情感词前存在否定词则取值为 -1，$degree_i$ 表示第 i 个情感词前的程度副词。一般句子的情感值如果大于 0，代表句子的属性是积极的，如果句子的情感值小于 0，则代表句子的属性是消极的，如果句子的情感值等于 0，则代表是中性。将各企业 MD&A 划分为积极的情感评价（Oeme）和消极的情感评价（Peme），积极的 MD&A 情感评价是指企业管理层对企业所处的环境和企业未来的发展呈积极、乐观的态度。消极的 MD&A 情感评价是指企业管理层对当前企业所处的环境和企业未来的发展不看好，呈消极、悲观的态度。

3. 文本可读性计算

国外学者 Loughran 和 McDonald（2014），Lo（2017）指出，文本长度、

句子数、字符数、句子长度、专业术语会影响句子的可读性。基于此，本文参考《金融专业词汇词典》《汉语水平词汇与汉字等级大纲》与《现代汉语》等典籍，引入金融专业词汇与复杂词作为评价指标。通过 Python 3.6 将 MD&A 中出现的相关词汇进行统计计数，汇总一篇 MD&A 中使用金融专业词汇与复杂词汇的数量。然后获取每篇 MD&A 电子文件的内存大小，通过电子文件内存的大小表示文本的长度与句子数量。最终，文本可读性可以表示为：

$$\text{文本可读性（RAB）} = \frac{\text{金融专业词汇} + \text{复杂词}}{\text{文本大小}} \tag{15}$$

文本可读性指标数值越大，反映了文章中专业术语与复杂词应用越多，可读性越低，反之可读性越高。

四、实证分析

（一）样本选择与来源

本文选取 2008～2018 年 1297 家上市公司，根据国内因公司财务异常情况对上市公司信用风险做出的特别处理（ST），筛选出 1297 家上市企业在十年中被标记为 ST 公司的企业共 216 家。为保证实证结果的稳健性，借鉴刘逸爽和陈艺云（2018）研究方法，采用配比原则选取与 ST 公司行业相同、资产规模相近、财务健康的非 ST 公司作为配对样本，配比比例分别为 1∶1 和 1∶2。由于我国上市公司公布其当年年报的截止日期为下一年的 4 月 5 日，故上市公司 t−1 年的年报公布与其在 t 年是否被特别处理这两个事件是同年发生的。

考虑到以上情况，同时为了避免高估模型预测能力问题，本文参照石晓军等（2006）的做法，采用上市公司 t−2 年的财务数据信息建立模型来预测其是否会在 t 年违约。本文最终选取 216 家被 ST 的上市公司作为研究样本。选取行业相同、规模相近的 532 家非 ST 公司作为配对样本。利用这些企业 2009～2016 年财务数据、文本披露质量等信息观测其 2011～2018 年是否被标记为 ST。

本文的企业财务数据来源于国泰安数据库（CSMAR）、Wind 数据库。

管理层讨论与分析的文本数据来源于各上市公司发布的年度报告，年度报告文件主要通过和讯网下载，部分缺失企业数据通过新浪财经、上市公司官方网站进行补充下载。

（二）描述性统计

本文所选取的统计数据包括 18 个财务指标和通过文本分析计算所得的 4 个文本披露质量指标，本文将采用 Wilcoxon Mann – Whitney U 方法对财务情况存在风险（ST）的公司与财务情况健康（非 ST）的公司是否存在显著差异进行统计检验。Whitney U 检验结果和各指标的描述性统计结果如表 3 所示。从表 3 可知，本文所选取的 18 个财务指标与 4 个文本披露质量指标非参数检验显著性水平均小于 0.05。因此，本文所选取的全部指标可以显著区分 ST 公司与非 ST 公司。对比各财务指标的 ST 均值与非 ST 均值，可以看出非 ST 公司各财务指标整体要优于 ST 公司。观察文本披露质量的 4 个指标可以发现，ST 公司的文本相似度要明显高于非 ST 公司；ST 公司的积极情感语调与消极情感语调均低于非 ST 公司；ST 公司的文本可读性指标高于非 ST 公司，说明 ST 公司的文本可读性相较于非 ST 公司要低。基于此，ST 公司与非 ST 公司年报中 MD&A 所传递的信息存在显著差异。

表 3　描述性统计结果

变量	最小值	最大值	均值	标准差	非 ST 均值	ST 均值	Mann – Whitney U 检验
CRO	0.012	190.674	2.622	5.180	2.879	1.841	0.000
QRO	0.009	179.225	2.185	4.926	2.431	1.470	0.000
CARO	−20.023	259.682	1.155	5.057	1.263	0.541	0.000
GRO	−0.002	29.697	0.446	0.411	0.417	0.611	0.000
ART	0.000	805.954	1.554	11.552	1.476	5.313	0.003
ITT	0.000	9321.055	12.810	187.048	11.737	27.196	0.003
TAT	0.000	134.366	0.183	1.260	0.172	0.248	0.000
TAGR	−0.778	36.156	0.083	0.613	0.086	0.061	0.000
OIGR	−1.000	89.144	−0.126	1.292	−0.058	0.036	0.000
OGR	−13.350	46.240	0.125	0.883	0.136	0.048	0.000

变量	最小值	最大值	均值	标准差	非 ST 均值	ST 均值	Mann – Whitney U 检验
FAGR	-1.000	71.646	0.039	1.079	0.039	0.043	0.000
ROA	-1.808	0.541	0.012	0.028	0.014	0.003	0.000
TNPM	-0.519	0.543	0.031	0.051	0.032	-0.001	0.000
NPM	-1.808	1.030	0.058	0.144	0.059	-0.004	0.000
ROE	-21.130	23.336	0.011	0.341	0.016	-0.077	0.000
ROIC	-2.392	1.169	0.039	0.107	0.041	0.001	0.000
OGPM	-11.182	1.169	0.013	0.035	0.160	-0.006	0.000
ONPM	-156.701	278167.6	24.254	2588.762	25.377	0.750	0.000
Sim	0.001	0.838	0.179	0.101	0.174	0.206	0.000
Oeme	0.128	10.825	4.168	0.613	4.169	4.082	0.000
Peme	-2.647	-0.002	-0.592	0.193	-0.582	-0.635	0.000
RAB	0.062	24.790	6.313	2.093	6.257	6.861	0.000

（三）实证结果分析

为了分析得出管理层文本披露质量对公司风险预警产生的作用，本文通过样本外预测方法进行实证分析，选取 2011~2016 年所有 ST 公司和与之配对的非 ST 公司样本作为模型训练集，2017~2018 年所有 ST 公司和与之配对的非 ST 公司样本作为模型测试集。本文采用 Logistic 回归与支持向量机（SVM）构建风险预警模型，参考刘逸爽和陈艺云（2018）的研究方法。通过 AUC、第一类错误、第二类错误以及模型预测准确率 4 个指标判断风险预警模型的预测效果。实证分析分为如下几步：第一步，对 18 个财务指标进行主成分分析。本文选取了 18 个财务指标，若直接进行模型预测分析，指标间会存在多重性与共线性的问题，从而影响模型预测效果，因此本文首先对财务指标进行主成分分析，去除变量之间的相关性问题。第二步，仅以主成分分析后的财务指标进行建模预测。第三步，在模型中加入文本披露质量指标。分别加入文本相似度、文本情感值与文本可读性，通过对比不同文本披露质量指标加入前后模型预测效果的变化，分析得出各文本披露质量对公司风险预警的作用。

1. 信用风险财务指标的主成分分析

本文采用 KMO 统计量与 Bartlett 球形检验来判断主成分分析的必要性与可行性。具体 KMO 统计量与 Bartlett 球形检验结果如表 4 所示。从表 4 可知，样本比例为 1∶1 时 KMO 统计量值为 0.680，Bartlett 球形检验显著为 0，样本比例为 1∶2 时，KMO 统计量值为 0.675，Bartlett 球形检验显著为 0，说明两种样本比例下的财务指标均适合进行主成分分析。

表 4   KMO 统计量与 Bartlett 球形检验结果

样本比例		1∶1	1∶2
KMO 统计量		0.680	0.675
Bartlett 球形检验	近似卡方	12788.589	15553.1742
	自由度	153	153
	显著性	0.000	0.000

样本比例为 1∶1 与 1∶2 的财务指标主成分公因子提取结果如表 5 所示。由表 5 可知，在两种样本比例下均提取 7 个主成分因子，7 个主成分变量的累计方差达到 83.558% 和 83.134%，说明在样本比例为 1∶1 和 1∶2 时，7 个主成分变量可以解释所有指标 83.558% 和 83.134% 的信息。本文采用最大方差法来获取旋转后的因子载荷矩阵，通过原始因子矩阵与旋转因子载荷矩阵比较，得出主成分因子与原始指标的关系，如表 6 所示。由表 6 可知，样本比例为 1∶1 与 1∶2 的情况下，其主成分因子与原始指标的关系相同。第一主成分主要反映流动比率、速动比率、现金比率、总资产增长率、所有者权益增长率，表示企业的偿债能力。第二主成分主要反映资产报酬率、总资产净利润率、流动资产净利润、投入资本回报率，表示企业的盈利能力。第三主成分主要反映资产负债率、营业毛利率、营业净利率，表示企业主营业务能力。第四主成分主要反映固定资产增长率、营业收入增长率，表示企业的发展能力。第五主成分反映净资产收益率，表示企业经营效益。第六主成分反映总资产周转率，表示企业资金周转水平。第七主成分主要反映应收账款周转率、存货周转率，表示企业经营能力。

表5 财务指标方差分解与主成分提取结果

样本比例	1:1			1:2		
	提取载荷平方和			提取载荷平方和		
成分	总计	方差百分比	累计%	总计	方差百分比	累计%
1	4.555	25.307	25.307	4.503	25.018	25.018
2	3.286	18.256	43.563	3.267	18.152	43.170
3	2.342	13.010	56.573	2.338	12.986	56.156
4	1.560	8.665	65.237	1.566	8.697	64.854
5	1.249	6.938	72.176	1.236	6.866	71.719
6	1.046	5.811	77.987	1.052	5.846	77.565
7	1.003	5.572	83.558	1.002	5.569	83.134

表6 主成分与原始指标对应

样本比例1:1				样本比例1:2			
成分	原始指标	成分	原始指标	成分	原始指标	成分	原始指标
F1	CRO	F3	OGPM	F1	CRO	F3	OGPM
	QRO		ONPM		QRO		ONPM
	CARO		GRO		CARO		GRO
	TAGR	F4	FAGR		TAGR	F4	FAGR
	OGR		OIGR		OGR		OIGR
F2	ROA	F5	ROE	F2	ROA	F5	ROE
	TNPM	F6	TAT		TNPM	F6	TAT
	ROIC	F7	ART		ROIC	F7	ART
	NPM		ITT		NPM		ITT

2. 基于 Logistic 回归的分析

通过 Logistics 回归方法构建的上市公司风险预警模型预测结果如表7所示。从表7可知，在样本比例为1:1时，模型 AUC 指数均大于0.9，说明风险预警模型分类效果很好。只选取财务指标构建模型的预测准确度为84.3%，在加入不同文本披露质量指标以后模型预测准确度都有所提升，Sim、RAB、Oeme 与 Peme 指标的加入显著减少了第二类错误，同时加入文本相似度与文本可读性模型预测效果最好，准确度达到85.8%；只加入文本情感值，模型预测效果相对最差，准确度为84.5%；同时加入全部文本披露质量指标，模型预测准确率为85%。在样本比例为1∶2时，AUC指数相比于样本比例为1∶1时具有显著提升，只选取财务指标的预测准确度达到87.5%，在加入不同文本披露质量指标以后模型预测准确度均有所提升，可以看出在样本比例提升以后，第一类错误会有所上升，而第二类错误会显著下降。通过加入文本相似度与文本情感值指标，将显著降低模型预测的第一类错误，从而提升模型预测准确度。同时加入全部文本披露质量指标时，模型准确度最高，达到95.1%，而只加入文本可读性指标，模型预测效果相对最差，预测准确度为88.6%。

因此，通过Logistics回归方法构建的上市公司风险预警模型，在样本数量为1∶2时其预测效果总体优于样本数量为1∶1时的结果。综合来看，各文本披露质量指标均可提升模型预测的准确度，在1∶1的样本比例下，文本相似度与文本可读性对模型的准确度提升较为明显，在1∶2的样本比例下，文本相似度与文本情感值对模型的准确度提升较为明显。

表7　Logistic回归的预测结果

样本比例	变量	AUC	第一类错误	第二类错误	准确率
1∶1	财务指标	0.906	14.1%	17.3%	84.3%
	财务指标 + Sim	0.906	14.8%	14.5%	85.3%
	财务指标 + RAB	0.912	13.9%	15.3%	85.4%
	财务指标 + Oeme、Peme	0.909	14.1%	16.9%	84.5%
	财务指标 + Sim + RAB	0.912	13.9%	14.5%	85.8%
	财务指标 + Sim + Oeme、Peme	0.909	13.7%	16.9%	84.7%
	财务指标 + RAB + Oeme、Peme	0.914	15.1%	15.7%	84.6%
	财务指标 + Sim + RAB + Oeme、Peme	0.914	15.1%	14.9%	85%
1∶2	财务指标	0.918	25.4%	6.1%	87.5%
	财务指标 + Sim	0.924	7.6%	5.5%	90.5%
	财务指标 + RAB	0.921	24.9%	5.3%	88.6%
	财务指标 + Oeme、Peme	0.964	13.3%	4.1%	93%
	财务指标 + Sim + RAB	0.954	16%	5.3%	91.1%
	财务指标 + Sim + Oeme、Peme	0.967	10%	3.1%	94.6%
	财务指标 + RAB + Oeme、Peme	0.967	10.1%	2.7%	94.5%
	财务指标 + Sim + RAB + Oeme、Peme	0.970	5.2%	4.7%	95.1%

3. 基于支持向量机的分析

通过支持向量机构建的上市公司风险预警模型预测结果如表8所示。由表8可知，在样本比例为1:1时，只选取财务指标构建模型的预测准确度为78.7%，AUC指数为0.903，在加入文本披露质量指标后，其准确度有所提升但AUC指数普遍降低，说明在加入文本披露质量指标时，模型的分类效果较之前有所下降。文本相似度、文本情感值与文本可读性指标的加入都显著降低了第一类错误，但使得第二类错误有所上升，同时加入全部文本披露质量指标时，模型的预测准确度最高，为80.9%；同时加入文本相似度与文本情感值时，模型的预测准确度相对最低，为79.7%。在样本比例为1:2时，AUC指数均大于0.9，只加入财务指标构建模型的准确率为84.4%，加入文本披露质量指标时，将显著降低第一类错误，整体准确率都有所提升，同时加入文本相似度与文本情感值时，模型预测效果最好，准确率达到89.9%；只加入文本可读性指标时，模型预测效果相对最差，准确率为84.4%；同时加入全部文本披露质量指标时，准确度为89.1%。因此，通过支持向量机构建的上市公司风险预警模型，在样本数量为1:2时其预测效果更好且模型的分类效果更优。

综合来看，文本披露质量指标的加入会显著提升上市公司风险预测模型的准确度，在1:1的样本比例下，文本相似度、文本情感值与文本可读性对模型预测准确度的提升效果相近，在1:2的样本比例下，文本相似度与文本情感值对模型准确度的提升较为明显。

表8 支持向量机的预测结果

样本比例	变量	AUC	第一类错误	第二类错误	准确率
1:1	财务指标	0.903	29.5%	14.3%	78.7%
	财务指标 + Sim	0.866	18.1%	20.5%	80.6%
	财务指标 + RAB	0.838	20%	18.5%	80.8%
	财务指标 + Oeme、Peme	0.840	19.2%	19.7%	80.6%
	财务指标 + Sim + RAB	0.843	22.4%	16.7%	80.6%
	财务指标 + Sim + Oeme、Peme	0.850	20.4%	20.1%	79.7%
	财务指标 + RAB + Oeme、Peme	0.857	21.2%	18.7%	80.1%
	财务指标 + Sim + RAB + Oeme、Peme	0.849	18.9%	19.2%	80.9%

样本比例	变量	AUC	第一类错误	第二类错误	准确率
1:2	财务指标	0.921	27.8%	9.4%	84.4%
	财务指标 + Sim	0.924	23.6%	6.1%	88.2%
	财务指标 + RAB	0.915	23.7%	10.8%	84.8%
	财务指标 + Oeme、Peme	0.936	14.9%	12.1%	86.8%
	财务指标 + Sim + RAB	0.948	26.2%	5.6%	87.7%
	财务指标 + Sim + Oeme、Peme	0.958	14.5%	8%	89.9%
	财务指标 + RAB + Oeme、Peme	0.953	19.7%	9.1%	87.5%
	财务指标 + Sim + RAB + Oeme、Peme	0.919	22.1%	5.6%	89.1%

五、研究结论与启示

本文以财务存在风险（ST）公司与财务健康（非 ST）公司年报的 MD&A 为样本，经过分词处理后，利用文本挖掘技术，计算得出相似度、文本情感值与文本可读性指标，用以描述上市公司的文本披露质量，将文本披露质量指标与主成分分析所得的财务指标相结合，采用 Logistic 回归与支持向量机构建风险预警模型，对上市公司进行风险预测，对比模型在加入文本披露质量指标前后预测能力的变化进行实证检验，检验结果发现：

第一，在不同样本比例下，两种预测模型在加入文本披露质量指标后，预测能力都得到不同程度的提升，说明文本披露质量指标可以有效提升上市公司信用风险预测的能力，表明年报中 MD&A 中所披露出的文本信息确实包含评价上市公司风险的增量信息，MD&A 所披露的文本信息是对上市公司财务数据的有效补充。

第二，Logistic 回归模型的预测准确度在整体上要优于支持向量机模型。其原因是基于机器学习方法的支持向量机模型需要大量样本进行训练以计算得出超平面对样本进行分类预测，而由于 ST 公司样本数量过少，这必然会影响支持向量机模型的训练效果，从而相比于 Logistic 回归模型预测效果稍弱。

第三，样本比例为 1∶2 时的预测效果要优于样本比例为 1∶1 时的预测效果。在样本比例提升后，模型预测的第一类错误会明显上升，而第二类错误会明显下降，因此，为保证模型的稳定性，需要将样本的比例控制在一定范围内。基于此，训练模型的样本量在合理比例内，越充足模型的预测效果越好。

第四，在两种预测模型之中，文本可读性在样本量为 1:1 时，对模型预测效果提升最为明显，在样本量为 1:2 时对于模型效果的提升不如文本相似度与文本情感值；文本情感值则在样本比例为 1:2 时对预测效果的提升最为明显，在样本比例为 1:1 时不如文本相似度与文本可读性；文本相似度指标不管是在样本比例为 1:1 时还是 1:2 时对模型预测效果的提升都较为显著。

基于以上结论，本文得到以下启示：

（1）对于投资者，在关注公司公布的财务数据同时也应加强对 MD&A 文本数据的关注，MD&A 是公司管理层对公司发展现状的评价与公司未来发展的展望，深入挖掘公司 MD&A 文本数据信息，分析 MD&A 中所表达的管理层语调等信息，将文本披露信息与公司财务数据合理结合，指导投资者做出科学投资决策。

（2）对于上市公司，MD&A 是反映上市公司发展的重要信息，应加强企业的 MD&A 披露质量，真实、有效地反映企业发展情况。对 MD&A 进行披露时应当加强披露内容的可读性、避免惯性披露。提升 MD&A 文本披露质量，不仅保护了股东的利益，也是对企业自身声誉与品牌价值的保证。

（3）对于监管部门，MD&A 文本披露质量指标的加入可以有效提升风险预警模型的效能。因此，相关部门一方面应当加强监管企业 MD&A 文本披露的真实有效性、规范披露内容与格式，提升 MD&A 文本披露质量。另一方面应当将 MD&A 文本披露质量指标加入监管体系之中，增强风险预警效果，提高监管部门的监管水平。

参考文献

［1］Altman E I，Haldeman R G，Narayanan P . ZETATM analysis A new model to identify bankruptcy risk of corporations［J］. Journal of Banking & Finance，1977，1（1）：50 - 54.

［2］Altman E I . Financial Ratios，Discriminant Analysis and the Prediction of Corporate Bankruptcy［J］. The Journal of Finance，1968，23（4）：589 - 609.

［3］ Beaver W H . Empirical Research in Accounting: Selected Studies 1966. Financial Ratios As Predictors of Failure［J］. Journal of Accounting Research, 1966 (4): 71 - 111.

［4］ Brown S V , Tucker J W . Large - Sample Evidence on Firms' Year - Over - Year MD&A Modifications［J］. Journal of Accounting Research, 2011 (49): 309 - 346.

［5］ Cecchini M , Aytug H , Koehler G J , et al. Making words work: Using financial text as a predictor of financial events［J］. Decision Support Systems, 2010, 50 (1): 164 - 175.

［6］ Gestel T V , Baesens B , Suykens J A K , et al. Bayesian kernel based classification for financial distress detection［J］. European Journal of Operational Research, 2006, 172 (3): 979 - 1003.

［7］ Guay W R , Samuels D , Taylor D J . Guiding Through the Fog: Financial Statement Complexity and Voluntary Disclosure［J］. Social Science Electronic Publishing, 2013 (1): 7 - 14.

［8］ Lo K , Ramos F , Rogo R . Earnings management and annual report readability［J］. Journal of Accounting and Economics, 2017, 63 (1): 1 - 25.

［9］ Loughran T , Mcdonald B . Measuring Readability in Financial Disclosures［J］. The Journal of Finance, 2014, 69 (4): 1643 - 1671.

［10］ M. D. Odom, Sharda R . A Neural Network Model for Bankruptcy Prediction ［C］// Neural Networks, 1990. 1990 IJCNN International Joint Conference on. IEEE, 1990.

［11］ Ohlson J A . Financial Ratios and the Probabilistic Prediction of Bankruptcy［J］. Journal of Accounting Research, 1980, 18 (1): 109 - 131.

［12］ Shin K S , Lee T S , Kim H J . An Application of Support Vector Machines in Bankruptcy Prediction Model［J］. Journal of Financial Research, 2006, 28 (1): 127 - 135.

［13］ Tennyson B M , Ingram R W , Dugan M T . Assessing the Information Content of Narrative Disclosures in Explaining Bankruptcy［J］. Journal of Business Finance & Accounting, 2008, 17 (3): 391 - 410.

［14］ 陈艺云 . 基于信息披露文本的上市公司财务困境预测: 以中文年报管理层讨论与分析为样本的研究［J］. 中国管理科学, 2019, 27 (7): 23 - 34.

［15］ 方匡南, 范新妍, 马双鸽 . 基于网络结构 Logistic 模型的企业信用风险预警［J］. 统计研究, 2016, 33 (4): 50 - 55.

［16］ 顾晓安, 王炳蕲, 李文卿 . Logistic 财务预警模型预警正确率提升研究——引入盈余管理变量的分析［J］. 南京审计大学学报, 2018, 15 (4): 45 - 52.

［17］ 蒋艳辉, 马超群, 熊希希 . 创业板上市公司文本惯性披露、信息相似度与资产定价——基于 Fama - French 改进模型的经验分析［J］. 中国管理科学, 2014, 22 (8): 56 - 63.

［18］刘逸爽，陈艺云．管理层语调与上市公司信用风险预警——基于公司年报文本内容分析的研究［J］．金融经济学研究，2018，33（4）：46－54．

［19］孟庆斌，杨俊华，鲁冰．管理层讨论与分析披露的信息含量与股价崩盘风险——基于文本向量化方法的研究［J］．中国工业经济，2017（12）：132－150．

［20］任宏达，王琨．产品市场竞争与信息披露质量——基于上市公司年报文本分析的新证据［J］．会计研究，2019（3）：32－39．

［21］石晓军，任若恩，肖远文．边界 Logistic 违约率模型 Bayes 分析及实证研究［J］．中国管理科学，2006（4）：25－29．

［22］孙文章．董事会秘书声誉与信息披露可读性——基于沪深 A 股公司年报文本挖掘的证据［J］．经济管理，2019，41（7）：136－153．

［23］吴世农，卢贤义．我国上市公司财务困境的预测模型研究［J］．经济研究，2001（6）：46－55，96．

［24］张亮，张玲玲，陈懿冰，腾伟丽．基于信息融合的数据挖掘方法在公司财务预警中的应用［J］．中国管理科学，2015，23（10）：170－176．

［25］周利国，何卓静，蒙天成．基于动态 Copula 的企业集团信用风险传染效应研究［J］．中国管理科学，2019，27（2）：71－82．

产业结构、能源消费与大气污染

——来自动态非竞争混合型投入产出表的经验数据

罗家鑫

摘　要　供给侧结构性改革是解决能源供求矛盾和打赢大气污染攻坚战的关键举措。笔者基于 2000 ~ 2014 年中国动态非竞争型投入产出表，引入能源消费和大气污染物排放模块，构建非竞争混合型投入产出表。在剔除进口产品能源消耗的基础上，通过相关矩阵运算得到经济数学模型。结果表明：中国 2000 ~ 2014 年产业结构的调整并没有减少能源消费总量，对大气污染物和温室气体的减排也没有明显的贡献。同时，从产业结构视角和能源消费视角提出相关建议。

关键词　产业结构；能源消费；大气污染；投入产出模型

Industrial structure, energy consumption and environmental pollution

—Empirical data from dynamic non – competitive hybrid input – output tables

Luo Jiaxin

Abstract：The structural reform on the supply side is the key measure to solve the conflict between energy supply and demand and to win the battle of air pollution. Based on the dynamic non – competitive input – output table of China from 2000 to 2014, the energy consumption and atmospheric pollutant emission plates are introduced to construct the non – competitive input – output table. On the basis of excluding the energy consumption of imported products, the economic mathematical model is obtained by correlation matrix operation. The results show that the adjustment of industrial structure in China between 2000 and 2014 has not reduced the total energy consumption, nor has it contributed significantly to the e-mission reduction of atmospheric pollutants and greenhouse gases. At the same time, from the perspective of industrial structure and energy consumption perspective to put forward relevant recommendations.

Key Words: industrial structure; air pollution; energy consumption; input – output table model

一、引言

在中国经济高速发展的同时，经济发展、能源消费和环境污染之间的矛盾日益显著，三者既相互制约又相互支持。能源作为经济系统的输入端为经济活动提供着原动力，但同时又制约着经济发展、直接影响着环境质量。2015 年 6 月 30 日，中国政府向联合国气候变化框架公约秘书处提交了应对气候变化国家自主贡献文件《强化应对气候变化行动——中国国家自主贡献》，确定 2030 年单位 GDP 二氧化碳排放比 2005 年下降 60% ~ 65%，非化石能源占一次能源消费比重达 15% 左右。在此背景下，研究产业结构调整、能源消费变动、大气污染物排放之间的关系，对于建设"美丽中国"、发展"中国模式"具有十分紧迫的必要性。

由于投入产出模型其本身就具有分析产业结构问题的优势，所以为借助投入产出模型来研究产业结构、能源消费、环境污染三者之间的关系提供了可行性。1968 年，联合国将投入产出法引入 SNA 初期，国外学者率先采用投入产出表进行能源领域的相关研究。Leontief（1970）在竞争型投入产出表中引入环境污染相关模块，为利用投入产出模型来研究经济发展与环境污染之间的关系开创了基石。Lenzen（1998）采用澳大利亚的竞争型投入产出表分析产品生产过程中间接能源消耗与温室气体排放之间的关系。Radomír（2018）使用捷克投入产出表研究了家庭消费对环境的影响。中国学者李立（1994）使用中国 1987 年投入产出表编制环境分析投入产出表，并分析经济结构与环境污染的关系。随后我国学者广泛应用投入产出表来研究经济、能源与环境污染之间的关系。董敏杰（2011）在 2007 年中国投入产出表的基础上加入污染治理成本，测算了环境规制对中国产业国际竞争力的影响。马国霞（2014）通过编制绿色投入产出表研究了治理废水、大气污染物和固体废物的单位成本及经济意义。原毅军（2014）构建了 14 部门环境投入产出表，衡量了技术进步和产业结构变动的污染减排效应。因为进口产品的生产发生在国外，相应的能源消耗和污染物排放也在国外，因此直接采用竞争型投入产出表进行研究，容易高估各项最终需求对国内能源消费、大气污染的影响；部分学者选择使用非竞争型投入产出表通过剔除进口中间产品的影响，以更加精准地剖析一国 3E 系统中的相关问题。Kahrl（2008）按照等比例拆分进口投入品的原则，将竞争型投入产出表改进为非竞争型投入产出表以测算进出口的能源消耗问题。陈雯、李强（2014）利用经济合作与发展组织数据库（OECD Database）提供的中国非竞争型投入产出表，结合 SDA 结构分解方法对出口含能量的变动进行结构分解，以研究中国对外贸易的能源消耗问题，并得到规模因素一直是出口能量变动的首要因素的结论。周国富（2017）应用混合型能源投入产出模型结合结构分解技术（SDA）研究了天津市经济结构、能源消耗与雾霾污染之间的关系。李世奇（2017）基于上海市投入产出表，研究了上海市产业结构调整与能源消费变动对各行业大气污染排放的影响。

通过以上文献回顾，我们可以看出，使用混合型投入产出模型研究 3E 系统，可以在同一张表中剖析经济、能源、环境三者之间的相互联系，保证了方法的一致性，提升了结论的准确性。虽然使用投入产出模型分析 3E 系统，国外已有较为成熟的理论和实证经验，国内的学者也在不断创新扩展，但由于中国的投入产出表每五年才编制一次，大多学者往往以 5 年为间隔进行研究分析。而使用非竞争投入产出数据，基于混合型投入产出模型研究经济—能源—大气环境的文献屈指可数。故本文选择使用 2000 ~ 2014 年连续 15 年的非竞争型投入产出表，构建经济—能源—大气污染动态非竞争混合型投入产出模型，研究产业结构、能源消费与大气污染之间的相互关系。

二、非竞争混合型投入产出表的编制

（一）非竞争混合型投入产出表的结构

非竞争混合型投入产出表（见表1）将国民经济各产业部门分为能源部门和非能源部门，展示了能源部门与非能源部门之间的投入产出关系。能源消费和大气污染模块，则反映出国民经济各部门产出与能源消耗和大气污染之间的关系。其中，x_{ij}代表第j部门生产活动所消耗的i部门的价值量。d_{ij}代表第j部门生产活动所消耗的i部门的能源实物量。c_{ij}代表第j部门生产活动所排放的i部门的污染物（温室气体）排放量。y_i代表i部门最终产品的价值，x_i代表i部门的总产出。u_i代表i部门最终能源消费量，n_i代表i部门的能源消费总量。r_i代表i部门排放的最终污染物排放量，q_i代表i部门排放的污染物总量。本文使用货币计量单位为：百万美元。能源消费和污染物排放模块的实物量单位分别为万吨标准煤、万吨。

表1　非竞争混合型投入产出表基本结构

投入＼产出			中间使用							最终使用	总产出
			能源部门			非能源部门					
			1	2	…	m	m+1	m+2	…	n		
中间投入	能源部门	1	$(x^E_{kj})_{m \times m}$				$(x^E_{kl})_{m \times (n-m)}$				$(Y^E_k)_m$	$(X^E_k)_m$
		2										
		…										
		m										
	非能源部门	m+1	$(x_{ij})_{(n-m) \times m}$				$(x_{il})_{(n-m) \times (n-m)}$				$(Y_i)_{n-m}$	$(X_i)_{n-m}$
		m+2										
		…										
		n										
最初投入			$(V_j)_m$				$(V_l)_{n-m}$					
总投入			$(X_j)_m$				$(X_l)_{n-m}$					

续表

投入 \ 产出		中间使用							最终使用	总产出
		能源部门			非能源部门					
		1	2	…	m	m+1	m+2	…	n		
能源消费	煤炭			d_{1n}						u_1	n_1
	石油			d_{2n}						u_2	n_2
	天然气			d_{3n}						u_3	n_3
	电力			d_{4n}						u_4	n_4
大气污染	二氧化硫			c_{1n}						r_1	q_1
	氮氧化合物			c_{2n}						r_2	q_2
	烟尘			c_{3n}						r_3	q_3
	二氧化碳			c_{4n}						r_4	q_4

（二）非竞争混合型投入产出表的编制方法

首先，将产品部门划分为能源部门和非能源部门，依据中国历年能源消费结构，分解为煤炭、石油、天然气、电力四部门作为能源部门。其次，为确定各国民经济产业部门与能源消费、污染物排放之间的对应关系，根据历年《中国统计年鉴》中的能源平衡表，将国民经济产业部门按照能源平衡表中的项目，通过调整顺序，以实现产业部门与能源消费部门的对应关系。再次，根据能源平衡表所显示的工业、农林牧渔水利业、建筑业、批发零售和住宿餐饮业、交通运输仓储和邮政业、其他行业、生活消费七大项目的能源消费量，按照对应产品部门的价值量之比，将能源消耗分配至各部门。最后，按照中国公布的《节能手册（2006）》和国家发改委能源研究所公布的中国化石燃料大气污染物和二氧化碳排放系数，将能源消耗量转化为大气污染物及温室气体排放量；得到国民经济产品部门、能源消费部门、大气污染物和温室气体排放部门对应的非竞争混合型投入产出表。此表假定进口产品和国内产品的性能不同，不能互相替代，即是非竞争性的；中间投入数据均为中间国内投入数据，剔除了中间进口投入数据。

（三）非竞争混合型投入产出模型的推导

1. 平衡关系

虽然混合型投入产出表在结构等方面比传统投入产出表要复杂，但各种样式的投入产出表均遵循着：各部门总产出 = 各部门总投入的平衡关系。
其具体如下：

产品平衡方程（横表）：中间产品 + 最终产品 = 总产出

价值平衡方程（竖表）：中间投入 + 最初投入 = 总投入

总平衡方程：各部门总产出 = 该部门总投入

$$\sum_{j=1}^{n} x_{kj} + f_k = X_k = \sum_{j=1}^{n} x_{kj} + y_k \tag{1}$$

其矩阵表达形式为：

$$AX + Y = X \tag{2}$$

进而推出：$X = (I - A)^{-1} Y$ $\tag{3}$

$$B = (I - A)^{-1} - I \tag{4}$$

其中，X 为各产业部门的总产出（总投入）矩阵，f 为各产业部门的最终产品矩阵，Y 为各产业部门的最终需求矩阵。A 为直接消耗系数矩阵，B 为完全消耗系数矩阵。

相似的能源消费和大气污染物模块的平衡关系为：

$$D_i + U_i = N_i \tag{5}$$

$$C_i + R_i = Q_i \tag{6}$$

由此可得：

能源的直接消费系数：

$$e_i = \frac{d_{ij}}{X_i} \tag{7}$$

大气污染物的直接排放系数：

$$p_i = \frac{c_{ij}}{X_i} \tag{8}$$

进而可以直接得到能源直接消费系数矩阵 E 和大气污染物直接排放系数矩阵 P。

$$E = \begin{bmatrix} e_{11} & \cdots & e_{1n} \\ \vdots & \ddots & \vdots \\ e_{k1} & \cdots & e_{kn} \end{bmatrix} \quad P = \begin{bmatrix} p_{11} & \cdots & p_{1n} \\ \vdots & \ddots & \vdots \\ p_{m1} & \cdots & p_{mn} \end{bmatrix}$$

则能源消费模块和大气污染物排放模块的矩阵形式分别为：

$$EX + U = N \tag{9}$$

$$PX + R = Q \tag{10}$$

将 $X = (I - A)^{-1}Y$ 代入上式可得：

$$D = E (I - A)^{-1}Y \tag{11}$$

$$C = P (I - A)^{-1}Y \tag{12}$$

设 T^a 为能源的完全消费系数，则 $T^d = E (I - A)^{-1}$ $\tag{13}$

设 T^c 为大气污染物的完全排放系数，则 $T^c = P (I - A)^{-1}$ $\tag{14}$

能源完全消费系数矩阵代表着能源消费与最终需求之间的关系，即 j 部门每生产一单位最终产品所需直接和间接消耗的能源总量。大气污染物完全排放系数矩阵代表着污染物排放与最终需求之间的数量关系，即 j 部门每生产一单位最终产品所需直接和间接排放的污染物和温室气体总量。

2. 模型推导

为了更加准确地研究产业结构调整对大气污染物及温室气体排放的直接影响，对大气污染物完全排放系数公式进一步地进行分解。令 T_0^c 和 T_1^c 分别为连续两年的大气污染物完全排放系数矩阵，A_0、A_1 和 P_0、P_1 分别为连续两年的直接消耗系数矩阵、直接排放系数矩阵。

对 $T_0^c = P_0 (I - A_0)^{-1}$ 两边同乘 $(I - A_0)$，并进行一阶差分

得：$\Delta T^c - \Delta T_0^c \Delta A - \Delta T^c A_0 - \Delta T^c \Delta A = \Delta P$ $\tag{15}$

对 ΔT^c 整理得：$\Delta T^c = T_1^c \Delta A (I - A_0)^{-1} + \Delta P (I - A_0)^{-1}$ $\tag{16}$

式（15）、式（16）中，ΔT^c、$\Delta P \Delta A$ 分别为连续两年完全排放系数矩阵、直接排放系数矩阵和直接消耗系数矩阵之间的差值。$T_1^c \Delta A (I - A_0)^{-1}$ 反映了产业结构调整对大气污染物及温室气体排放的直接影响。原毅军（2014）认为，$\Delta P (I - A_0)^{-1}$ 可以反映技术进步对大气污染物排放的影响，但目前学术界还有不同的声音，本文不再进行进一步的讨论。

（四）数据来源和处理

本文所使用的 2000～2014 年非竞争型投入产出表来源于欧盟资助开发的世界投入产出数据库（World Input - Output Database，WIOD）。能源数据来自《中国能源统计年鉴》和国家统计局网站的数据。

由于 WIOD 提供的非竞争型投入产出表，2000～2011 年为 35 个产品部门而 2012～2014 年为 56 个产品部门，为了保证本文研究的精准性和客观性，取消 2012 年同 2011 年相关数据的比较。

本文所使用的非竞争混合型投入产出表大气污染物排放部分数据是由各国民经济产品部门实际消费能源量换算而来的。因此，在进行环比等取

相对数研究时，其得到的比值是相同的。故将大气污染物二氧化硫、氮氧化合物、烟尘以及温室气体二氧化碳合并列为大气污染物进行相应的分析研究。

本文选取煤炭部门代表能源部门，选取煤炭和建筑部门代表第二产业、餐饮住宿和金融中介部门代表第三产业，研究产业结构调整对能源消费和大气污染物排放的影响。在计算产业结构调整对污染物排放的影响时，以4年为调整周期，分别研究2000~2003年、2004~2007年、2008~2011年、2012~2014年四个时间段产业结构调整对大气污染物排放量的影响。

三、实证分析

（一）基本分析

除个别年份外，煤炭、建筑、餐饮住宿、金融中介部门（以下简称四部门）能源消费及大气污染物排放总体呈逐年增长的趋势。这与中国经济连续增长使得经济体量不断增加有关。经济体量的增大自然会提高能源消费的规模效应。由表2可得煤炭部门从2012年后，对煤炭的使用量逐年减少，对石油、天然气和电力的消费也有放缓趋势。这说明中国推进的优化能源产业结构、深化能源体制改革初见成效。同时，建筑部门从2012年开始，对煤炭、石油、天然气和电力的消费增速明显放缓；餐饮住宿部门则在2012年后，对能源消费需求有了明显的大幅上升。这表明中国优化产业结构的工作成效，经济建设重心由重工业能源部门向第三产业服务业发展。2013年后，四部门对能源消费需求或是减少或是放慢增速，这一时间点恰恰与国务院印发的《能源发展战略行动计划（2014—2020年）》实施时间相吻合，可以看出各地方政府和企业对于深化能源体制改革，建立现代能源体系、保障国家能源安全的决心和执行力。

（二）产业结构变动对能源消费的影响

2000~2014年，四部门的节能效果非常明显。由表3可以发现，金融中介部门的节能效率最为显著，对煤炭、石油、天然气和电力的完全消费系数降低幅度均超过89%，煤炭部门对天然气和电力完全消费系数略有增

表 2　能源消费大气污染物排放量历年变化　　　　　　单位:%

时间	煤炭部门					建筑部门				
	煤炭	石油	天然气	电力	大气污染物	煤炭	石油	天然气	电力	大气污染物
2001	13.22	13.60	24.67	35.70	15.08	0.52	0.85	10.69	20.47	2.17
2002	13.69	16.87	14.37	11.48	14.37	6.23	9.21	6.87	4.17	6.87
2003	51.44	39.26	46.79	29.63	46.79	16.48	7.11	12.90	-0.29	12.90
2004	74.16	75.97	75.18	82.91	75.18	13.81	15.00	14.48	19.53	14.48
2005	39.28	29.07	47.61	37.06	37.06	13.72	5.39	20.52	11.91	11.91
2006	-9.65	-12.62	-3.62	-8.78	-10.05	8.36	4.81	15.60	9.41	7.89
2007	16.37	12.21	35.57	17.82	16.20	9.92	5.99	28.05	11.28	9.76
2008	-0.02	-3.99	9.81	23.31	1.14	-8.69	-12.32	0.29	12.61	-7.63
2009	11.50	4.15	11.67	-4.64	8.81	22.60	14.52	22.79	4.86	19.64
2010	11.78	21.06	28.67	25.75	14.05	18.87	28.74	36.83	33.72	21.28
2011	36.71	-45.76	12.98	35.34	21.25	23.33	-51.07	1.92	22.10	9.38
2013	-18.76	-18.87	-11.89	-13.50	-17.90	9.57	9.43	18.83	16.66	10.73
2014	-2.02	0.93	10.10	17.18	0.93	4.04	7.17	16.91	24.42	7.17

时间	餐饮住宿部门					金融中介部门				
	煤炭	石油	天然气	电力	大气污染物	煤炭	石油	天然气	电力	大气污染物
2001	-4.77	-4.45	4.87	14.14	-3.20	-2.75	-2.43	7.09	16.56	-1.15
2002	7.15	10.15	7.79	5.06	7.79	7.68	10.70	8.33	5.59	8.33
2003	75.55	61.43	70.16	50.27	70.16	-15.76	-22.53	-18.35	-27.89	-18.35
2004	0.64	1.69	1.23	5.70	1.23	28.09	29.43	28.85	34.53	28.85
2005	41.93	31.52	50.41	39.67	39.67	15.65	7.18	22.57	13.81	13.81
2006	-6.34	-9.41	-0.09	-5.44	-6.75	3.63	0.23	10.55	4.63	3.18
2007	6.88	3.06	24.51	8.21	6.73	23.89	19.47	44.33	25.43	23.72
2008	-3.21	-7.06	6.31	19.37	-2.09	6.08	1.87	16.51	30.84	7.32
2009	12.17	4.78	12.35	-4.06	9.47	13.63	6.14	13.80	-2.82	10.88
2010	23.03	33.24	41.62	38.40	25.53	20.21	30.18	38.37	35.22	22.64
2011	33.70	-46.95	10.50	32.37	18.58	25.08	-50.37	3.37	23.83	10.93
2013	74.58	74.36	89.35	85.89	76.44	-58.23	-58.28	-54.69	-55.52	-57.78
2014	0.68	3.71	13.14	20.41	3.71	-0.36	2.64	11.97	19.16	2.64

表3 2000～2014年完全消费系数的变化 单位:%

	煤炭部门	建筑部门	餐饮住宿部门	金融中介部门
煤炭	－41.40	－54.06	－56.77	－94.47
石油	－80.35	－84.59	－85.50	－98.15
天然气	8.55	－14.90	－19.92	－89.76
电力	10.98	－13.00	－18.12	－89.53

加，说明煤炭部门对清洁能源的使用较其他部门而言，呈上升趋势，这也与国家发改委编制的《煤炭工业发展"十一五"规划》所提出的"依靠科技、促进升级，深度加工、洁净利用，节约资源、保护环境"发展方针所一致，表明煤炭部门的能源结构优化初见成效。建筑部门、餐饮住宿部门的煤炭完全消费系数分别下降了54.06%、56.77%，石油完全消费系数分别下降了84.59%、85.50%，而天然气和电力的下降幅度位于13%～20%内，这与建筑部门和餐饮住宿部门对煤炭和石油的依赖远远超过天然气和电力有关。四部门石油完全消费系数下降幅度均超过80%，说明在2000～2014年，各部门对石油利用率的提升工作效果显著，有效地降低了石油消费的单位能耗。

除2004年和2005年外，煤炭部门对化石能源消费均明显下降。由表4可知，2004年煤炭部门对化石能源消费有明显增长，涨幅超过22%，源于受到美英联合军事打击伊拉克的影响，国际能源市场中化石能源的需求被持续拉高，中国化石能源需求也相应地大幅提升。2004年，煤炭部门对煤炭消费需求总量增加了74%，对其他化石能源的需求量环比增长率均超过75%，而煤炭部门的煤炭完全消费系数却上涨了22%，其他化石能源完全消费系数增加了23%左右。这说明在21世纪初，中国能源工业体系中隐藏了大量"三高"企业，一旦有巨大的能源需求，便会释放这些"三高"企业的产能，从而排放出大量的大气污染物和温室气体，严重危害大气环境。在四部门能源完全消费系数和污染物完全排放系数总体下降的趋势下，2013年，建筑部门能源完全消费系数与大气污染物的完全排放系数均出现超过两位数的上涨率。其原因在于：2013年，建筑部门总产值达到159313亿元，是2004年的5.5倍，全国建筑业企业实现利润5575亿元增长16.7%，增速为自2011年连续两年下降后的首次回升，建筑部门巨大的能源需求释放了部分尚未更新换代、提升工艺的企业产能，致使整个建筑部门的单位能耗和单位排污量有了明显提升。

表4　完全消费系数和完全排放系数历年变化　　　　单位：%

时间	煤炭部门					建筑部门				
	煤炭	石油	天然气	电力	大气污染物	煤炭	石油	天然气	电力	大气污染物
2001	-0.49	-0.16	9.58	19.26	1.15	-7.02	-6.71	2.39	11.44	-5.48
2002	-2.73	0.00	-2.14	-4.62	-2.14	-5.88	-3.24	-5.31	-7.71	-5.31
2003	8.17	-0.53	4.85	-7.41	4.85	12.12	3.10	8.68	-4.02	8.68
2004	22.32	23.59	23.03	28.46	23.03	-15.69	-14.81	-14.19	-11.45	-15.19
2005	9.90	1.85	16.47	8.15	8.15	5.91	-1.85	12.25	4.23	4.23
2006	-13.50	-16.34	-7.73	-12.67	-13.88	-15.81	-18.57	-10.19	-15.00	-16.18
2007	-12.97	-16.07	1.39	-11.88	-13.09	-15.56	-18.58	-1.63	-14.51	-15.68
2008	-22.56	-25.64	-14.95	-4.49	-21.66	-20.31	-23.48	-12.48	-1.72	-19.39
2009	-5.41	1.26	-5.56	10.60	-3.07	-3.48	3.33	-3.62	12.86	-1.09
2010	0.00	1.16	15.28	-3.79	-0.44	-1.97	-0.83	13.02	-5.69	-2.40
2011	-4.37	-62.06	-20.97	-5.33	-15.19	-3.40	-61.67	-20.17	-4.36	-14.33
2013	-10.94	-11.05	-3.40	-5.17	-9.99	20.62	20.46	30.82	28.43	21.90
2014	-7.02	-4.22	4.48	11.20	-4.22	-8.04	-5.28	3.33	9.97	-5.28
时间	餐饮住宿部门					金融中介部门				
	煤炭	石油	天然气	电力	大气污染物	煤炭	石油	天然气	电力	大气污染物
2001	-8.27	-7.96	1.02	9.95	-6.75	-8.08	-7.78	1.22	10.17	-6.57
2002	-2.51	0.22	-1.92	-4.40	-1.92	-5.30	-2.65	-4.73	-7.14	-4.73
2003	4.33	-4.16	1.02	-10.78	1.02	-7.16	-14.63	-10.02	-20.53	-10.02
2004	1.21	2.26	1.80	6.29	1.80	0.98	2.03	1.57	6.05	1.57
2005	11.52	3.35	18.19	9.75	9.75	3.25	-4.32	9.42	1.60	1.60
2006	-17.36	-20.07	-11.84	-16.56	-17.72	-22.68	-25.21	-17.52	-21.93	-23.02
2007	-13.96	-17.03	0.24	-12.89	-14.08	-19.62	-22.49	-6.36	-18.62	-19.74
2008	-22.43	-25.51	-14.80	-4.33	-21.53	-19.32	-22.52	-11.38	-0.49	-18.38
2009	-3.41	3.41	-3.55	12.94	-1.02	-0.31	6.72	-0.47	16.56	2.15
2010	-3.02	-1.89	11.80	-6.70	-3.44	-4.18	-3.06	10.47	-7.81	-4.59
2011	-0.08	-60.35	-17.42	-1.08	-11.38	0.08	-60.29	-17.29	-0.92	-11.24
2013	13.72	13.58	23.34	21.09	14.93	-30.22	-30.30	-24.31	-25.70	-29.48
2014	-7.64	-4.86	3.78	10.45	-4.86	-9.80	-7.09	1.36	7.87	-7.09

（三）产业结构调整对大气环境的影响

通过式（16）计算得到各个部门的产业结构调整对大气污染物排放的影响。表 5 分别选取在 2000 ~ 2003 年、2004 ~ 2007 年、2008 ~ 2011 年、2012 ~ 2014 年四个产业结构调整周期内，对二氧化硫、氮氧化合物、烟尘、二氧化碳排放影响程度最高的部门。如表 5 所示，2000 ~ 2003 年，第二产业中的木材和木制品部门、第三产业中的餐饮住宿部门其自身的产业结构调整对于大气污染物和温室气体排放的影响程度最大。但餐饮住宿部门的影响程度均为负值，木材和木制品部门的产业结构调整对大气污染物排放的影响程度均为超过 0.2%，对温室气体排放的影响程度仅为 7.08%。2004 ~ 2007年，橡胶和塑料部门、卫生和社会工作部门分别为第二产业和第三产业部门中产业结构调整对大气污染物、温室气体排放影响程度最大的部门。但这两个部门对大气污染物排放的影响程度均为超过 0.021%，对温室气体的排放程度也未超过 0.9%。2008 ~ 2011 年，皮革鞋业部门的产业结构调整对大气污染物排放的影响程度均为超过 0.002%，对温室气体排放的影响程度仅为 0.0626%；机械电气租赁及其他经营活动部门的产业结构调整对大气污染物排放的影响程度均为超过 0.0006%，对温室气体排放的影响程度仅为 0.0259%。2012 ~ 2014 年，航空运输部门的产业结构调整对大气污染物排放的影响程度均为超过 0.05%，对温室气体排放的影响程度仅为 1.9044%；化学品和化工产品部门的产业结构调整对大气污染物排放的影响程度均为超过 0.04%，对温室气体排放的影响程度仅为 1.5663%。

虽然我国产业结构在 2000 ~ 2014 年发生了显著变化，但在 2000 ~ 2014年连续 4 个产业结构调整周期内，各部门产业结构调整对大气污染物排放的影响程度均未超过 0.2%、对温室气体排放的影响程度未超过 8%。由此可以发现，2000 ~ 2014 年，我国产业结构调整对大气污染物及温室气体的减排贡献有限。大气污染物及温室气体的排放并没有随着第三产业在国民经济中占比的持续上升而减少。这与部分地方政府按照《国务院关于发布实施〈促进产业结构调整暂行规定〉的决定》（国发〔2005〕40 号，简称为《决定》），一味地推进产业结构升级，却忽视了《决定》中提出的"促进一、二、三产业健康协调发展"和"基础产业和制造业为支撑"。林伯强（2009）认为，"由人均收入水平所决定的产业结构是不能被政府或者个人而改变的"单纯的产业结构调整，只是将能源消费重心由第二产业转移到了第三产业，并没有减少能源消费总量。大气环境的改善，不能仅仅寄希望于产业结构调整，还应继续探索，不断提升能源利用率，深化能源体制改革。

表5 产业结构调整引起的大气污染物温室气体排放变化 单位:%

时间	第二产业				第三产业			
	二氧化硫	氮氧化合物	烟尘	二氧化碳	二氧化硫	氮氧化合物	烟尘	二氧化碳
2000 ~ 2003	0.1744	0.1649	0.1015	7.0816	− 0.0016	− 0.0015	− 0.0009	− 0.0638
	木材和木制品部门				餐饮住宿部门			
2004 ~ 2007	0.0204	0.0193	0.0119	0.8285	0.0176	0.0167	0.0103	0.7165
	橡胶和塑料部门				卫生和社会工作部门			
2008 ~ 2011	0.0015	0.0015	0.0009	0.0626	0.0006	0.0006	0.0004	0.0259
	皮革鞋业部门				机械电气租赁及其他经营活动部门			
2012 ~ 2014	0.038	0.0365	0.0224	1.5663	0.0469	0.0443	0.0273	1.9044
	化学品和化工产品部门				航空运输部门			

四、结论与建议

通过上述研究发现：①动态非竞争混合型投入产出模型可以精确到年份、产业部门，更加精准地研究产业结构、能源消费和大气污染之间的关系。②总体上看，2000 ~ 2014 年，我国能源消费总量在逐年增加，除2004年由于受到国际能源市场影响我国能源部门的单位能耗和大气污染物排放量有明显增加外，其余年份部门的单位能耗和单位大气污染物及温室气体排放量总体呈递减趋势；金融中介部门在这15 年间对煤炭、石油、天然气和电力的单位能耗降低幅度均超过89%，对大气污染物及二氧化碳的单位排放量减少了94.88%。③2003 年，中国能源工业体系中仍存在着"三高"企业，随后在能源消费升级中逐步被淘汰；各部门能源消费由化石能源向清洁能源转变的趋势，但优化能源消费结构向非石化能源转型的效果并不明显。④2000 ~ 2014 年，我国的产业结构调整只是将能源消费重心由第二产业转移到了第三产业并未减少能源消费总量，对大气污染物及温室气体的减排并没有显著的效果。

基于以上结论，本文从产业结构、能源消费两个视角对大气污染治理提出以下建议：

从产业结构视角来看。一方面，各地方政府应结合当地实情，综合经济实际发展情况、资源禀赋、市场需求等因素，合理制订产业结构调整方案，对于产业结构优化调整，不应片面追求产值与占比，而要更加注重品质、节能与环保；另一方面，坚持实施创新驱动优化产业内部结构，通过技术进步调整产业结构，对于大气污染治理，产业结构调整只是手段，目的是提升能源利用率。具体而言，通过工艺升级，技术创新优化第二产业内部结构，实现"效率换规模"保证第二产业能源消费总量不增的前提下，升级产业结构；持续优化第三产业内部结构，培养服务行业的节能意识、提高低耗能发展水平。

从能源消费视角来看。首先，要继续深化能源供给侧改革，将化石能源消费转向清洁能源消费方向。通过征收能源税、污染税，实施市场准入制度等手段，提高"三高"企业的生产经营成本，间接提升低耗能、低排污企业的市场竞争力，大力促进清洁生产业、清洁能源业和科技能源业的发展，以控制化石能源消费总量、降低单位能耗和单位排污量。加强中央预算内资金和政府性基金对能源技术创新的支持力度，重点推进能源技术创新的发展进度，提升工艺水平。其次，通过能源价格机制改革，引导人们减少不必要的能源浪费，从而达到控制能源消费总量，减少大气污染物排放的目的。

参考文献

[1] F Kahrl. D Roland – Holst. Energy and exports in China [J]. China Economic Review, 2008，19（4）：649 – 658.

[2] M Lenzen. Primary energy and greenhouse gases embodied in Australian final consumption：an input – output analysis [J]. Energy Policy，1998，26（6）：495 – 506.

[3] Radomír，Weinzettel，Jan，asny，et al. Environmental Impact of Consumption by Czech Households：Hybrid Input – Output Analysis Linked to Household Consumption Data [J]. Ecological Economics，2018：149.

[4] 陈雯，李强. 我国对外贸易的能源消耗分析——基于非竞争型投入产出法的研究[J]. 世界经济研究，2014（4）：26 – 31.

［5］董敏杰，梁泳梅，李钢．环境规制对中国出口竞争力的影响——基于投入产出表的分析［J］.中国工业经济，2011（3）：57 – 67.

［6］李立．使用投入产出法分析中国的能源消费和环境问题［J］.统计研究，1994（5）：56 – 61.

［7］李世奇，朱平芳．产业结构调整与能源消费变动对大气污染的影响——基于上海投入产出表的实证分析［J］.上海经济研究，2017（6）：82 – 89.

［8］林伯强．高级能源经济学［M］．北京：中国财政经济出版社，2009.

［9］马国霞，於方，齐霁等．基于绿色投入产出表的环境污染治理成本及影响模拟［J］.地理研究，2014（12）：2335 – 2344.

［10］原毅军，贾媛媛．技术进步、产业结构变动与污染减排——基于环境投入产出模型的研究［J］.工业技术经济，2014（2）：41 – 49.

［11］周国富，田孟，刘晓琦．雾霾污染、能源消耗与结构分解分析——基于混合型能源投入产出表［J］.经济问题研究，2017（6）：3 – 14.

空间关联视角下特色农业产业集聚的增长贡献研究

——基于甘肃省县域的空间计量分析

毛锦凰　王林涛

摘　要　综合运用空间基尼系数、区位商和空间面板杜宾模型等方法，从空间关联的视角对甘肃省县域特色农业产业集聚及其增长贡献进行了研究。结果表明，甘肃省特色农业产业布局的空间极化程度在持续下降，但县域间特色农业产业集聚水平仍存在较为明显的空间分异，空间面板杜宾模型的实证结果证实甘肃省县域特色农业产业集聚对农业经济增长具有正向和负向两种作用，且负向溢出效应强度要远大于正向直接效应。

关键词　特色农业产业集聚；增长贡献；空间关联视角；甘肃省

Study on the growth contribution of characteristic agricultural industry agglomeration from the perspective of spatial correlation

—spatial econometric analysis based on counties in Gansu Province

Mao Jinhuang　Wang Lintao

Abstract：Based on the methods of spatial Gini coefficient, location quotient and spatial panel dubin model, this paper studies the agglomeration and growth contribution of characteristic agricultural industry in Gansu Province from the perspective of spatial correlation. Results show that the layout of the Gansu Province characteristic agriculture industry spatial polarization degree in continues to decline, but between the county characteristic agriculture industry agglomeration level is still relatively obvious spatial differentiation, doberman spatial panel model empirical results confirmed the county in Gansu Province characteristic agriculture industry agglomeration of agricultural economic growth with a positive and negative two effect, and negative spillover effect intensity is greater than the positive effect directly.

Key Words: characteristic agricultural industry agglomeration; growth contribution; spatial correlation perspective; Gansu Province

引　言

特色农业，是按照市场经济的客观要求，依托当地独特的地理、气候、资源、产业基础和条件形成的相对于常规农业而言的具有一定规模优势、品牌优势和市场竞争优势、主导一定区域农村经济发展的高效农业。在当前我国社会主要矛盾已经转化、农业供给侧结构性改革日趋深入、脱贫攻坚与乡村振兴相衔接的时代背景下，发展特色农业产业成为解决农业领域诸多矛盾的重要抓手。在《农业部关于推进农业供给侧结构性改革的实施意见》《乡村振兴战略规划（2018—2022 年）》以及近几年的中央一号文件等国家重要政策文件中，都提出了要立足各地的农业资源禀赋，大力发展特色优势农业，以增强我国农产品的市场竞争力，增加农民收入。

目前，国内外学术界普遍认为，农业应该借鉴制造业及服务业产业集聚（或集群）① 发展的模式，即通过农业产业集聚来充分挖掘产地优势，实现专业化生产并获得规模经济，从而提高特色农业生产效率和竞争力。国际上农业产业集聚发展比较成功的案例有很多，比如，美国的五大农业带，荷兰的花卉产业带，智利的水果产业带等。我国对农业产业集聚发展的探索起步于 21 世纪初，目前已经实施了两轮国家层面的布局规划，形成了新

---

① 产业集聚与产业集群并无实质性差异，故本文不作区分。

疆棉花带、东北大豆带、山东蔬菜产业区、云南花卉产业区等农业产业集聚区。西北地区凭借其独特的地理环境而成为众多特色农产品的优势产区，但同时该地区也是我国发展相对落后的地区，贫困人口和贫困发生率都处在全国高位，脱贫任务艰巨。如何抓住比较优势，通过发展特色农业来推动农业经济增长和农民增收，进而确保打赢脱贫攻坚战，成为摆在当地政府面前的一道难题。

本文以甘肃省县域为研究区域，在借鉴已有研究的基础上，对县域层面特色农业产业集聚对农业经济增长的贡献大小进行更加科学的探究，以期找出西北地区发展特色农业的合理路径，这对该地区切实打赢脱贫攻坚战，推动乡村振兴具有重要现实意义。

一、文献综述

阿尔弗雷德·马歇尔（1890）是最早对经济活动集聚现象进行系统研究的学者，其认为自然、需求和政治文化等条件是促使经济活动集聚的先决条件，而经济活动集聚又会产生专业化投入品供给更便利、专业化劳动力更可得以及生产知识溢出等外部性，即马歇尔外部性，这些外部性的存在会触发"锁定效应"，使得经济活动集聚进一步加强。继马歇尔之后对经济活动集聚的研究大多集中在区域空间极化和非农产业集聚上，其中影响最大的当数以保罗·克鲁格曼为代表的新经济地理学理论和以迈克尔·波特为代表的竞争优势理论。新经济地理学理论认为，经济活动集聚是众多市场经营主体综合权衡规模报酬递增、运输成本和外部性的结果，并提出了中心—外围模型。竞争优势理论认为，产业集聚可以增强整个产业或国家的竞争优势，并将理想的产业集聚应具备的要素概括为钻石模型。目前，针对农业产业集聚的研究相对较少，研究领域主要集中在农业产业集聚程度测度、演化特征分析、集聚效应分析、影响因素及形成机制分析等方面，而其中关于农业产业集聚效应的研究，主要从农业经济增长和农民收入提高两个视角展开。Winsberg（1980）运用区位商和差异指数（Index of Dissimilarity）等指标方法，对美国 19 种农产品近 40 年的销售数据进行了分析，结果表明，这些农产品生产活动具有明显的集中化和区域专业化趋势，且这些趋势的加强对农业经济增长具有显著的正向促进作用。吕超（2011）

以全国 17 个省域的蔬菜产业为研究对象，运用普通面板模型，分析了集聚对于蔬菜产业的影响，研究表明集聚对区域蔬菜产业产值增加具有显著的促进作用[①]。王艳荣（2011）以区位商作为农业产业集聚的衡量指标，运用误差修正模型，对安徽省砀山县的农业产业集聚与农民收入的关系进行了研究，但其实证结果尚不能有力支持农业产业集聚能够提高农民收入的理论。王艳荣（2012）以安徽省四大农业产业集聚区为研究对象，运用区位商和 CD 生产函数构造普通面板模型，实证研究了农业集聚与产业经济增长之间的关系，研究结果表明，农业产业集聚与产业经济增长之间呈现出显著的正相关关系。Alison Davis（2013）等运用投入产出模型，对肯塔基州费耶特县（Fayette）的农业产业集聚效应进行了研究，研究结果表明，农业产业集聚是费耶特县多样且不断增长的经济的重要组成部分。杨丽君（2013）以新郑市大枣产业为研究对象，运用向量误差修正模型（VECM）对大枣产业集聚与农民收入的关系进行了探究，但并未得出理论分析中农业产业集聚对农民收入具有显著促进作用的结论。贾兴梅（2014）、黄修杰（2017）借助空间基尼系数和区位商来度量农业集聚度，分别分析了全国 12 类农作物和广东省 9 类农作物集聚度的时空变化特征，并采用格兰杰因果检验和误差修正模型等实证方法，验证了农业产业集聚是农业经济增长的重要原因。张哲晰（2018）利用北京市、辽宁省、山东省和山西省 305 个蔬菜专业村的调研数据，从空间相关性和空间异质性的角度，综合运用空间杜宾模型、两部制空间滞后模型和地理加权回归模型，考察了蔬菜专业村之间马歇尔外部性和空间溢出效应的存在性，证实了专业村生产模式能够有效增加农民收入，且这种影响效应具有空间非对称性。

　　综合分析上述文献可以发现，现有关于农业产业集聚效应的实证研究主要运用了时间序列模型、横截面模型、普通面板模型、投入产出模型和空间截面模型等方法，呈现出不断深化的趋势，但仍存在研究结论不一致，研究区域相对宏观、空间计量模型的运用缺乏一定的科学性等问题。本文在借鉴前人研究的基础上，以甘肃省县域为研究对象，将各县域之间的空间交互效应引入普通面板模型，从而构造出空间面板模型，以此考察特色农业产业集聚[①]对农业经济增长的影响，在充实相关研究的同时，为甘肃省

---

　　① 与众多实证研究一样，本文研究的特色农业产业集聚并未包含相关支持产业，只涉及特色农业生产活动在地理上的集中（并不一定是集中连片的），其中，特色农业产业是一个整体概念，包含蔬菜、特色林果（苹果、梨、桃）、马铃薯、中药材 4 类农业产业。

以及西北地区制定特色农业产业发展政策提供科学依据。

二、研究区域与理论框架

（一）研究区概况

甘肃省地处祖国西北地区，介于北纬 32°11′~42°57′、东经 92°13′~108°46′，地形呈狭长状，东西长 1655 千米，国土面积达 45.4 万平方千米，境内地理过渡性极强，地貌及气候类型复杂多样，日照充足，昼夜温差大，具备发展特色农业产业的区域比较优势。甘肃省早在"十五"规划中便确定了 22 个重点发展的农业产业，明确了发展特色农业的方向，目前已拥有"三品一标"认证的农产品达 1759 个①，认证面积占全省耕地面积的 47%，且在空间上形成了以定西马铃薯、陇西中药材及静宁苹果等为代表的特色农业产业集聚区。

（二）理论框架

目前，在农业产业集聚效应的相关研究中，并未形成统一的理论框架来阐述农业产业集聚与农业经济增长的关系，因此本文在进行实证研究前结合研究主题和相关理论，梳理出特色农业产业集聚对农业经济增长贡献的作用机制。由于后续的实证研究中选择农业产值②作为农业经济的代理变量，故本文理论框架的搭建主要围绕特色农业产业集聚对农业产值的影响展开。在借鉴现有研究的基础上，本文从生产和价值两个维度，县域内部和县域之间两个层次来搭建理论框架，具体理论框架如图 1 所示。

1. 提高生产效率

特色农业产业集聚会产生劳动力专业化和生产知识溢出的马歇尔外部性，从而提高生产效率。即随着本地农业生产活动逐渐单一化，农民渐渐

---

① 该数据截至 2017 年底，"三品一标"农产品指无公害农产品、绿色食品、有机农产品、地理标志农产品。

② 农业产值采用"产品法"进行计算，即用各类农产品产量乘以价格求出各种产品的产值，然后加总求得农业产值。农业产值是农业增加值和中间消耗值的加和，但由于县域统计中并未统计农业增加值的调整指数，无法消除价格因素的影响，故将农业产值作为农业经济增长的代理变量。

掌握较为复杂的生产技术，劳动效率随之提高。此外，随着特色农业生产活动的集聚，农业科技公司会在集聚地区宣传推广先进的生产技术或设备，且采用先进生产技术的种植户会产生技术溢出，促进先进生产技术的普及，进而提高整体生产效率。

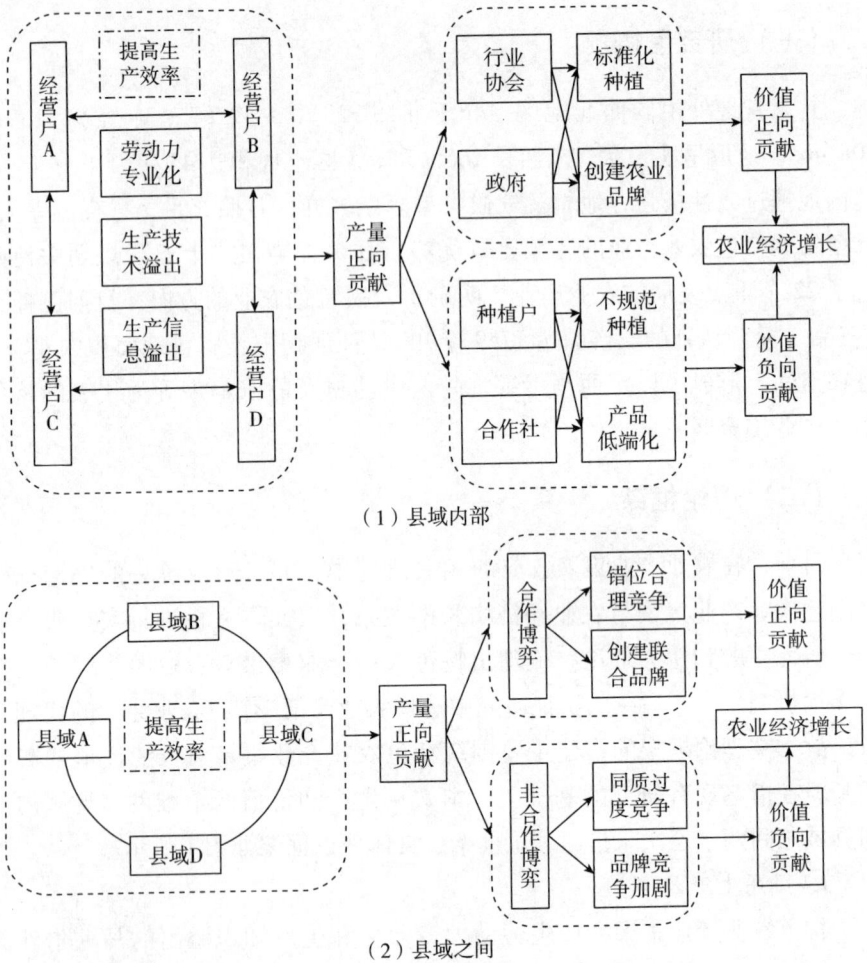

（1）县域内部

（2）县域之间

图1　县域内部和县域之间特色农业产业集聚对农业经济增长贡献的机制分析

2. 影响产品价值

特色农业产业在集聚发展过程中存在合作博弈和非合作博弈两类竞争方式，竞争方式的不同在很大程度上影响特色农产品的市场价值。合作博弈对特色农产品市场价值具有正向影响，即众多经营主体自发或者在行业协会及政府的引导下，通过实行错位竞争、发展标准化生产、创建联合品牌等合作竞争方式来维持或提升农产品市场价值。非合作博弈对特色农产品市场价值具有负向影响，即小、多、散的农业经营主体无法克服在生产上的盲目性，在农产品种植和品牌创建方面引发过度竞争，触发"蛛网效应"，导致特色农产品市场价值的波动或下降。

三、研究方法与数据来源

（一）空间基尼系数

基尼系数是用来测度收入不平等程度的重要指标，后来有学者将基尼系数应用于测度产业的地理分布状况，保罗·克鲁格曼（Paul Krugman）将基尼系数拓展为空间基尼系数，并应用到产业地理集聚的研究中，其式如下：

$$\mathrm{GINI}_k = \frac{1}{2n^2 s_k} \sum_{i=1}^{n} \sum_{j=1}^{n} |x_i^k - x_j^k| \tag{1}$$

其中，GINI_k 表示 k 类型[①]特色农业产业的空间基尼系数，n 表示县域个数，s_k 表示全省各县域 k 类型特色农业产业的平均份额，x_i^k 和 x_j^k 分别表示县域 i 和县域 j 的 k 类型特色农业产业占全省的份额，这里借鉴肖卫东的研究，采用播种面积来表示某类型特色农业产业的生产规模，并以此计算各县域在全省中所占的份额。空间基尼系数的取值范围为 [0，1]，空间基尼系数越大，表明该类型特色农业产业在空间上的极化程度越高。

（二）区位商

区位商又称专业化率，通常被用来衡量某一特定产业在一个区域内的专业化程度，其式如下：

$$\mathrm{LQ}_i = (A_i / E_i) / (A / E) \tag{2}$$

其中，LQ_i 为 i 县域 j 类型农业区位商，A_i 为 i 县域特色农业播种面积，

---

① 指蔬菜、特色林果、马铃薯、中药材和特色农业整体。

E_i 为 i 县域农业总播种面积，A 为甘肃省特色农业播种面积，E 为甘肃省农业总播种面积。

$LQ_i > 1$，i 县域特色农业产业集聚水平高于全省平均水平；

$LQ_i = 1$，i 县域特色农业产业集聚水平与全省平均水平相当；

$LQ_i < 1$，i 县域特色农业产业集聚水平低于全省平均水平。

由于区位商只是某县域特色农业生产规模与全省平均生产规模的比值，并未考虑到县域内特色农业生产的绝对规模，致使可能出现区位商很大，而规模很小的问题，但本文所要研究的只是特色农业生产比重的相对大小与农业产值的关系，所以忽略绝对规模的大小并不影响本文的研究。

(三) 空间权重矩阵

在进行空间面板计量模型估计之前，需要构造合适的空间权重矩阵，当前空间权重矩阵的构造方法十分多样，且由只注重空间溢出效应的纯空间权重矩阵发展为同时兼顾空间和时间双重溢出效应的时空权重矩阵，但运用时空权重矩阵的空间计量模型在估计方法上还不够成熟，故本文在总结众多空间权重矩阵构造理论的基础上，尝试构造多样的纯空间权重矩阵。

(1) 鉴于特色农业生产活动是在连续地理空间上展开的，而空间邻近的县域之间极易产生空间交互效应，故构造经典的地理邻接权重矩阵。地理邻接权重矩阵的构造原则主要有 Queen 邻接、Rook 邻接和距离带邻接，Queen 邻接是指两个空间单元若具有共同的点或边界，则判定两者相邻；Rook 邻接指两个空间单元若有共同边界，则判定两者相邻；距离带邻接则是指定一个带宽，若两个空间单元的空间距离（欧几里得距离、大圆距离、曼哈顿距离等）在带宽之内，则判定两者相邻。由于距离带邻接需要研究者指定带宽，所以主观性太强，而 Queen 邻接和 Rook 邻接在研究现实问题中并无差异，故选择 Queen 邻接原则构建地理邻接矩阵。目前，主流文献中大多采用一阶二元邻接矩阵，但考虑到本文所研究的大部分县域面积较小，使得一阶二元邻接矩阵的范围过小，可能无法充分表现空间交互效应。因此，本文在构造一阶二元邻接矩阵 w_1 的基础上，附加构造二阶二元邻接矩阵 w_2 作为参照，表达形式如下：

$$w_1 = w_{ij} \begin{cases} 1, & \text{空间单元 i 和 j 具有一阶 Queen 邻接关系且 } i \neq j \\ 0, & \text{空间单元 i 和 j 不具有一阶 Queen 邻接关系或 } i = j \end{cases} \quad (3)$$

$$w_2 = w_{ij} \begin{cases} 1, & \text{空间单元 } i \text{ 和 } j \text{ 具有二阶 Queen 邻接关系且 } i \neq j \\ 0, & \text{空间单元 } i \text{ 和 } j \text{ 不具有二阶 Queen 邻接关系或 } i = j \end{cases} \quad (4)$$

（2）地理学第一定律[①]强调了距离是影响空间关联性的重要因素，故通过构建经典的反距离权重矩阵来表现这种空间关联性。本文选择行政区质心间距离[②]来构造反距离权重矩阵 w_2，其表达形式如下：

$$w_3 = w_{ij} \begin{cases} 1/d_{ij}, & d_{ij} \leqslant b \text{ 且 } i \neq j \\ 0, & d_{ij} > b \text{ 或 } i = j \end{cases} \quad (5)$$

其中，d_{ij} 表示 i 县域与 j 县域质心间的距离，b 为带宽，由于研究区域中相邻质心的最远距离接近 154 千米，而最短距离不足 15 千米，在保证每个县域至少有一个空间相关县域的前提下，又要使面积较小县域间不能产生过多的空间相关县域，故将带宽 b 确定为 154 千米。

（3）考虑到农业经济发展水平可能会影响到空间交互效应，往往发展水平接近（经济距离短）的县域更容易产生空间交互效应，而且这种由经济因素产生的空间交互效应并不是对等的，即发展水平较高的县域对发展水平较低的县域会产生较强的溢出效应，而后者对前者产生的溢出效应较弱。本文选择农业生产率作为经济距离的衡量指标，构造原始经济距离权重矩阵 w_e，其表达形式如下：

$$w_e = w_{ij} \begin{cases} 1/ \left(|\overline{e_i} - \overline{e_j}| + 1 \right), & i \neq j \\ 0, & i = j \end{cases} \quad (6)$$

其中，$\overline{e_i}$ 表示 i 县域和 j 县域研究周期内平均农业生产率，$\overline{e_i} = \dfrac{1}{(t_1 - t_0 + 1)} \sum_{t_0}^{t_1} (Y_{it}/L_{it})$（$Y_{it}$ 为 i 县域第 t 期农业产值，L_{it} 为 i 县域第 t 期农业从业人员数量，$\overline{e_j}$ 与之相同），上式分母中加上 1 是为了防止分母为 0，使计算更加方便，由于各县域平均农业生产率的数值较大，故加上 1 并不会对结果产生影响。

通过各县域平均农业生产率与其总体均值的比值来构造对角矩阵，并令 w_e 左乘对角矩阵得到调整后的经济距离权重矩阵 w_s，其表达形式如下：

---

① 美国著名地理学家 Waldo R. Tobler 于 1970 年提出，内容为 "Everything is related to everything else, but near things are more related to each other"。

② 一般文献中采用政府驻地间的距离来构造空间权重矩阵，考虑到县区政府驻地与行政区中心距离过远，并不能很好地体现各县域农业生产活动在空间距离上的相关性，故选择行政区质心间的距离代替政府驻地间的距离。

$$w_S = w_e \text{diag} \ (\overline{e_1}/\overline{e}, \ \overline{e_2}/\overline{e}, \ \cdots, \ \overline{e_n}/\overline{e}) \tag{7}$$

其中，diag（·）表示对角矩阵，$\overline{e} = \dfrac{1}{n} \sum\limits_{i=1}^{n} \overline{e_i}$。

（4）考虑到地理空间权重矩阵与经济距离空间权重矩阵相结合，从而使空间权重矩阵更准确地表现出各县域之间的空间关联性。本文以地理邻接和反距离权重矩阵为基础，令经济距离权重矩阵对其进行调整，在避免复合空间权重矩阵非对角线元素均不为零的前提下，构造出复合空间权重矩阵 w_3 和 w_4[①]，其表达形式如下：

$$w_4 = w_1 \times w_S \tag{8}$$
$$w_5 = w_2 \times w_S \tag{9}$$
$$w_6 = w_3 \times w_S \tag{10}$$

（四）空间面板计量模型

本文借鉴前人的研究，以拓展的柯布—道格拉斯生产函数为基础，取对数后构成非空间面板模型，然后将其拓展为空间面板模型。本文选取农业产值作为因变量，特色农业产业区位商等 5 个要素作为自变量，非空间面板模型形式如下：

$$\ln agdp_{it} = \beta_0 + \beta_1 \ln cluster_{it} + \beta_2 \ln capital_{it} + \beta_3 \ln land_{it} + \beta_4 \ln labor_{it} +$$
$$\beta_5 \ln fertilizer_{it} + \mu_i \ (\text{optional}) + \xi_t \ (\text{optional}) + \varepsilon_{it} \tag{11}$$

其中，β_0 表示常数项，$\beta_1 \sim \beta_5$ 表示各要素投入的产出弹性；$agdp_{it}$ 表示县域 i 第 t 期农业产值；$cluster_{it}$ 表示县域 i 第 t 期特色农业产业区位商；$capital_{it}$ 表示县域 i 第 t 期农业固定资本存量，该值由第一产业固定资本存量乘以农业产值占农林牧渔业总产值的比重得到，其中，第一产业固定资本存量的计算借鉴了王金田（2007）的做法，使用永续盘存法计算第一产业固定资本存量[②]；$land_{it}$ 表示县域 i 第 t 期农作物播种面积；$labor_{it}$ 表示县域 i 第 t 期农业从业人员数量；$fertilizer_{it}$ 表示县域 i 第 t 期化肥施用量；μ_i（optional）表示可能存在的个体效应，ξ_t（optional）表示可能存在的时间效应，ε_{it} 表示服从独立同分布的随机扰动项。

---

① 所有空间权重矩阵在模型估计中均需进行随机标准化，即矩阵中每个元素除以该元素所在行的行元素之和。

② 城关区的计算结果与实际明显不符，故利用该方法计算出兰州市第一产业初始固定资本存量，减去其他区域后得到的结果来代替城关区的计算结果。

目前，主流的空间截面计量模型有 6 种，分别是空间滞后模型（SAR）、空间误差模型（SEM）、空间杜宾模型（SDM）、一般空间模型（SAC）、空间杜宾误差模型（SDEM）和通用嵌套模型（GNS），但空间面板计量模型仍十分有限，研究较多的仅有 SAR、SEM、SDM 和 SDEM。詹姆斯·勒沙杰（2009）和保罗·埃尔霍斯特（2012）建议在 LM 检验无法确定采用哪种模型的情况下，应首先考虑设定空间（面板）杜宾模型（SDM），然后根据 Wald 检验或 LR 检验来判断 SDM 是否可以退化成 SAR 或 SEM[①]。本文参照这种做法，以下分别构造出 SDM、SAR 和 SEM 三种空间面板计量模型：

$$\ln agdp_{it} = \rho \sum_{j=1}^{n} w_{ij} \ln agdp_{jt} + \beta_1 \ln cluster_{it} + \beta_2 \ln capital_{it} + \beta_3 \ln land_{it} +$$

$$\beta_4 \ln labor_{it} + \beta_5 \ln fertilizer_{it} + \theta_1 \sum_{j=1}^{n} w_{ij} \ln cluster_{ijt} + \theta_2 \sum_{j=1}^{n} w_{ij} \ln capital_{ijt} +$$

$$\theta_3 \sum_{j=1}^{n} w_{ij} \ln land_{ijt} + \theta_4 \sum_{j=1}^{n} w_{ij} \ln labor_{ijt} + \theta_5 \sum_{j=1}^{n} w_{ij} \ln fertilizer_{ijt} + \mu_i (optional) +$$

$$\xi_t (optional) + \varepsilon_{it} \tag{12}$$

其中，w_{ij} 表示空间权重矩阵，n 表示研究样本的数量，ρ 表示空间自相关系数，θ 表示变量的空间相关系数，其余参数与式（11）相同。

$$\ln agdp_{it} = \rho \sum_{j=1}^{n} w_{ij} \ln agdp_{jt} + \beta_1 \ln cluster_{it} + \beta_2 \ln capital_{it} + \beta_3 \ln land_{it} +$$

$$\beta_4 \ln labor_{it} + \beta_5 \ln fertilizer_{it} + \mu_i (optional) + \xi_t (optional) + \varepsilon_{it} \tag{13}$$

式中各项参数和式（11）相同。

$$\ln agdp_{it} = \rho \sum_{j=1}^{n} w_{ij} \ln agdp_{jt} + \beta_1 \ln cluster_{it} + \beta_2 \ln capital_{it} + \beta_3 \ln land_{it} +$$

$$\beta_4 \ln labor_{it} + \beta_5 \ln fertilizer_{it} + \mu_i (optional) + \xi_t (optional) + \varepsilon_{it}$$

$$\varepsilon_{it} = \lambda \sum_{j=1}^{n} w_{ij} \varepsilon_{jt} + \upsilon_{it} \tag{14}$$

其中，λ 为随机扰动项的空间相关系数，υ_{it} 同样表示服从独立同分布的随机扰动项，其余参数与式（11）相同。

---

① 因 Wald 检验公式比较烦琐，具体过程可参考相应文献。

（五）数据说明

本文以甘肃省 84 个县域[①]为研究区域，研究年度为 2006 ~ 2016 年，所用到的各项统计数据均来自相应年份的《甘肃发展年鉴》和《甘肃农村年鉴》[②]，矢量地图的源数据来自国家基础地理信息中心数据库。各项变量数据的描述性统计如表 1 所示。

表 1   主要变量数据的描述性统计

变量	均值	标准差	最小值	最大值
农业产值（万元）	65977.07	56183.15	436.02	485080.90
特色农业区位商	0.9800	0.4829	0.0238	2.5762
农业固定资本存量（万元）	121074.40	125904.10	1495.34	1229092.00
农作物播种面积（公顷）	52194.89	39574.06	366.67	169066.70
农业从业人员（人）	61717	45199.63	180	202693
化肥施用量（吨）	9997.21	11050.42	14.40	88811.00

四、实证结果分析

（一）空间基尼系数计算结果与分析

从图 2 可以看出，2006 ~ 2016 年，甘肃省 4 类特色农业在地理空间上均呈现出高度集聚的特征，但这种集聚程度有波动下降的趋势，与各类型特色农业的变化趋势相同，特色农业总体的 GINI 系数也呈稳步下降的趋势。

---

① 甘肃省下辖 12 个地级市、2 个自治州，共 86 个县域，考虑到嘉峪关市没有下辖的区或县，故将其列为县域；兰州市安宁区在 2014 年达到 100% 城镇化，但其辖区内仍有部分农业生产活动，考虑到安宁区的农业生产区域与西固区较近，故在研究中将二者合并；兰州新区于 2012 年批复，其各项农业统计数据在 2014 年与永登县和皋兰县分离，考虑到数据的连贯性，在研究中将永登县、皋兰县和兰州新区合并；由于玛曲县农业种植比例极小，有些年份甚至为零，故在研究中将其排除。

② 由于计算各县域第一产业初始固定资本存量需要 2006 年第一产业固定资产投资数据，而民勤县、宕昌县、西和县和两当县的该年份第一产业固定资产投资为 0，故用 2007 年的数据进行替换，而使 2007 年的该项数据为 0。

从图 3 可以看出，除马铃薯外，其余三类特色农业的种植面积稳步上升。特色农业产业空间极化程度的下降和生产规模的不断增加，说明大部分县域特色农业产业生产规模在逐渐增加，且差距在逐渐缩小，而这种变化有利于后面具体分析全省县域特色农业产业集聚与农业经济增长之间的关系。

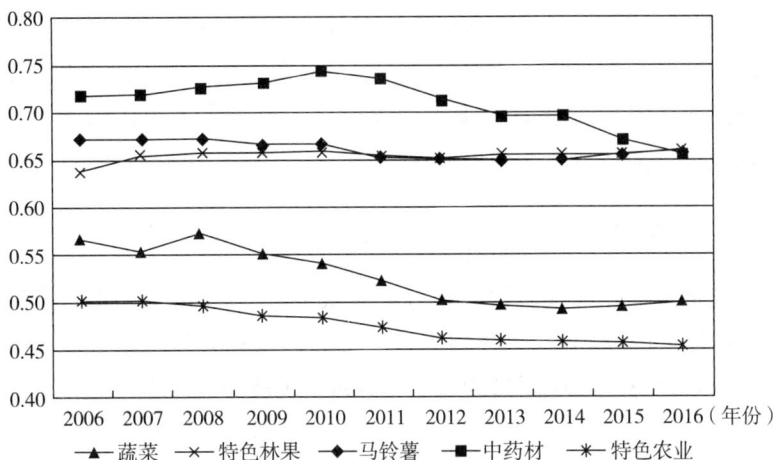

图 2　2006～2016 年甘肃省各类特色农业产业空间基尼系数

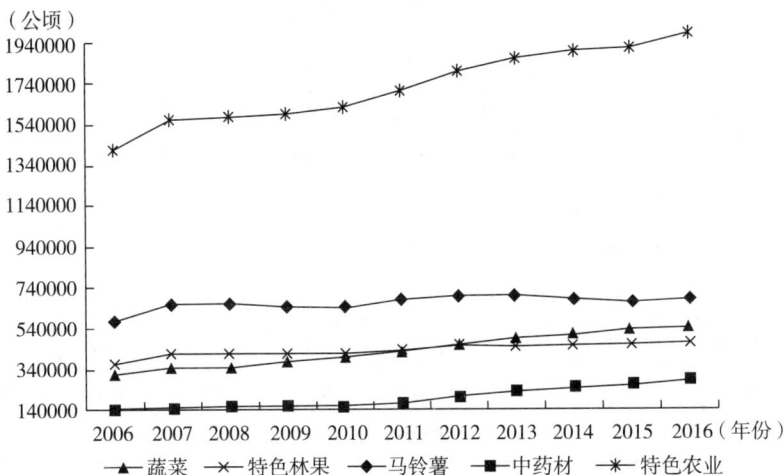

图 3　2006～2016 年甘肃省各类农业产业种植规模

（二）区位商计算结果与分析

限于篇幅，不再展示所有年份区位商的计算结果，这里只呈现 2006 年、2011 年和 2016 年甘肃省县域特色农业区位商的空间分布。

可以得出，2006～2016 年，特色农业区位商大于 1 的县域数量呈现缓慢递增的趋势，从 2006 年的 30 个增加到 2016 年的 38 个；特色农业区位商大于 1 的县域其空间分布涵盖了甘肃省多个地理区域，但以陇中和陇南地区居多，而河西地区作为甘肃省重要的农作区，由于以大田作物为主，所以并未呈现出大范围特色农业集聚的现象。

（三）空间面板计量模型估计结果

空间权重矩阵的遴选（检验）方法有很多种，常用的有 Moran' I 检验、LM 检验（稳健 LM 检验）、LR 检验、信息准则检验和贝叶斯后验概率检验等，其中前两种方法的应用最为普遍。Moran' I 检验和 LM 检验都是基于非空间计量模型的残差展开的，前者只能判断是否应该采用空间计量模型，不能确定空间计量模型的具体形式，而后者则在检验模型是否存在空间关联性的同时，可以判断出模型中空间交互效应的类型。本文采用 LM 检验对空间权重矩阵进行遴选，4 个空间权重矩阵的 LM 检验结果如表 2 所示。

表 2　LM 检验结果

权重矩阵	LM - lag 检验		稳健 LM - lag 检验		LM - error 检验		稳健 LM - error 检验	
	LM 值	P 值	LM 值	P 值	LM 值	P 值	LM 值	P 值
w_1	86.98	0.0000	23.43	0.0000	171.36	0.0000	107.81	0.0000
w_2	90.14	0.0000	49.59	0.0000	122.98	0.0000	82.44	0.0000
w_3	86.59	0.0000	42.22	0.0000	147.32	0.0000	102.95	0.0000
w_4	51.36	0.0000	3.77	0.0521	166.09	0.0000	118.5	0.0000
w_5	39.32	0.0000	9.39	0.0022	109.45	0.0000	79.51	0.0000
w_6	53.18	0.0000	8.92	0.0028	159.66	0.0000	115.4	0.0000

从表 2 可以看出，所有检验的 p 值均小于 0.06，即都能在 10% 的显著性水平上拒绝模型中不存在空间关联性的原假设，故无法从显著性水平的对比上挑选出最佳空间权重矩阵，但能够判定出不能采用空间滞后模型或

空间误差模型。接下来将6个空间权重矩阵代入空间面板杜宾模型中，通过比较模型估计效果来确定空间权重矩阵。与普通面板模型一样，空间面板杜宾模型的估计同样要考虑混合效应、空间固定效应、时间固定效应、双向固定效应和随机效应①，一般采用拟合优度、对数极大似然函数值和贝叶斯信息准则等指标，对模型的估计效果进行评价，以上三项指标的计算结果如表3所示。

表3 SDM 模型拟合效果评价指标计算结果

指标	权重矩阵	混合效应	空间固定效应	时间固定效应	双向固定效应	随机效应
R^2 （+）	w_1	0.9066	0.9931	0.9088	0.9932	0.9922
	w_2	0.8960	0.9918	0.9049	0.9919	0.9906
	w_3	0.8984	0.9925	0.9022	0.9927	0.9914
	w_4	0.9229	0.9927	0.9249	0.9928	0.9916
	w_5	0.9216	0.991	0.9228	0.9912	0.9898
	w_6	0.9270	0.9923	0.9276	0.9925	0.9912
$Log - L$ （+）	w_1	− 392.5130	800.7807	− 376.1733	810.6539	− 435.1904
	w_2	− 419.5621	744.1524	− 378.3011	750.0151	− 226.8832
	w_3	− 410.7267	775.3767	− 391.0724	786.7014	− 202.4280
	w_4	− 322.6889	776.2901	− 305.1641	788.4237	− 248.1831
	w_5	− 309.0360	705.5177	− 298.6983	721.3715	− 121.4846
	w_6	− 288.9355	762.4318	− 288.0106	774.3176	− 380.3711
BIC （−）	w_1	860.1419	− 1533.2742	820.6336	− 1553.0207	938.6680
	w_2	914.2400	− 1420.0177	824.8893	− 1431.7431	522.0534
	w_3	896.5693	− 1482.4663	850.4318	− 1505.1158	473.1432
	w_4	720.4937	− 1484.2931	678.6153	− 1508.5602	564.6532
	w_5	693.1878	− 1342.7482	665.6837	− 1374.4560	311.2564
	w_6	652.9868	− 1456.5765	644.3083	− 1480.3481	829.0293

注：指标一列中括号内的"＋"表示该指标为正向指标，数值越大越好；"－"表示该指标为负向指标，数值越小越好。

---

① 因考虑到特色农业生产在时间上具有连续性和扩张性，故本文的随机效应指空间随机而时间固定。

从表 3 中可以看出，空间固定效应模型和双向固定效应模型的估计效果是最好的，且十分接近，而在这两个模型的估计中，基于矩阵 w_1 的估计效果是最好的，即一阶二元地理邻接矩阵能够较好地表现出各县域之间在农业生产方面的空间关联性，所以采用 w_1 进行最终的模型估计。

在确定好最佳空间权重矩阵之后，要对基于 w_2 估计的双向固定效应模型进行 Wald 检验或 LR 检验，以确定 SDM 是否可以简化为 SAR 或 SEM。此外，面板回归模型中固定效应和随机效应的取舍最终要看豪斯曼检验的结果，这些检验结果如表 4 所示。

表 4　Wald、LR 和豪斯曼检验结果

检验类型		检验结果	P 值
双向固定效应模型检验	Wald 检验空间滞后	52. 6680	0
	LR 检验空间滞后	58. 6752	0
	Wald 检验空间误差	49. 9669	0
	LR 检验空间误差	62. 7424	0
随机效应模型检验	Wald 检验空间滞后	76. 2554	0
	Wald 检验空间误差	47. 0931	0
豪斯曼检验	Hausman 检验	− 107. 2194	0

注：因随机效应模型无法进行 LR 检验，故没有展示。

从表 4 中 Wald 检验和 LR 检验的结果看，SDM 模型的双向固定效应和随机效应均不能简化为 SAR 模型或 SEM 模型，因此对 SDM 模型的双向固定效应和随机效应进行豪斯曼检验，检验结果强烈拒绝采用随机效应的原假设，应该采用双向固定效应模型，模型的估计结果如表 5 所示[①]。

从 SDM 模型估计的结果来看，除化肥施用量以外，其余变量系数均取得预期的符号，且相较于 OLS 模型，SDM 模型估计的变量系数发生了较大变化，且 t 统计量明显增加，在一定程度上说明了忽视空间交互效应会导致估计结果有偏且有效性降低。在普通面板模型中引入空间交互效应之后，特色农业区位商的系数由负转正，且在 1% 的显著性水平上显著，说明在剥

---

① SDM 模型的检验和估计均使用 MATLAB2019a 完成，一同展示的还有普通面板模型的估计结果，其最佳模型为双向固定效应模型。

离周围县域的空间溢出效应后，特色农业产业集聚对本县域农业经济增长具有正向促进作用。

表5　模型估计结果

变量	OLS 双向固定效应	SDM 双向固定效应	变量	OLS 双向固定效应	SDM 双向固定效应
cluster	− 0.017 (− 0.330)	0.057 * * * (2.934)	ρ	—	0.496 * * * (14.512)
capital	0.199 * * * (4.530)	0.142 * * * (12.741)	w * cluster	—	− 0.198 * * * (− 5.395)
land	0.244 * (1.990)	0.363 * * * (5.996)	w * capital	—	0.046 * * (2.142)
labor	0.149 * * * (3.140)	0.132 * * * (5.508)	w * land	—	− 0.314 * * * (− 3.211)
fertilizer	− 0.023 (− 0.660)	− 0.010 (− 0.584)	w * labor	—	− 0.045 (− 1.055)
constant	4.376 * * * (3.000)	—	w * fertilizer	—	0.033 (0.932)

注：*、* *、* * *分别表示在1%、5%、10%的显著性水平上显著，括号内为渐近 t 统计量。

因为空间面板模型考虑了空间交互效应，从而能够估计出空间样本之间可能存在的溢出效应，而这也是解读空间面板模型估计结果的重点。詹姆斯·勒沙杰和凯利·佩斯（2014）提出了平均直接效应和平均间接效应的概念，以此来度量空间样本间的溢出效应。SDM 模型的平均直接效应、平均间接效应和总效应估计结果如表6所示。

表6　平均直接效应、平均间接效应和总效应

	平均直接效应	平均间接效应	总效应
cluster	0.034 [0.106]	− 0.311 * * * (− 4.579)	− 0.278 * * * (− 3.591)
capital	0.158 * * * (14.276)	0.214 * * * (6.358)	0.373 * * * (10.012)

续表

	平均直接效应	平均间接效应	总效应
land	0.345 ***	-0.25	0.095
	(5.689)	[0.156]	[0.633]
labor	0.133 ***	0.038	0.172 **
	(6.021)	[0.559]	(2.624)
fertilizer	-0.0070	0.046	0.039
	[0.711]	[0.486]	[0.616]

注：*、**、***分别表示在1%、5%、10%的显著性水平上显著，圆括号内为渐近t统计量，方括号内为对应的P值。

平均直接效应是指某一空间单元中自变量的变化对本身因变量的平均影响，该值在非空间计量模型中就是自变量的回归系数，但由于空间计量模型考虑了空间交互效应，使得反馈效应[①]得以传递，所以平均直接效应并不等于自变量的回归系数。平均间接效应是指某一空间单元中自变量的变化对其他所有空间单元因变量的平均影响，是判断变量空间溢出效应的标准（而不是空间自回归系数ρ和自变量空间滞后项系数θ）。总效应则是平均直接效应和平均间接效应的加和，表示某一空间单元自变量的变化对所有空间单元因变量的平均影响。

SDM模型中特色农业区位商的平均直接效应为0.034，其符号与理论分析相符，且比较接近10%的显著性水平，而普通面板模型的回归系数仅为-0.0156，说明特色农业产业集聚对农业经济增长的贡献在普通面板模型中被低估了317.95%；SDM模型中特色农业区位商的回归系数为0.058，由此可计算出反馈效应的值为-0.024，该效应导致特色农业产业集聚对农业经济增长的贡献被高估了41.38%，并造成平均直接效应估计值的显著性水平相较于估计系数明显降低；此外，特色农业产业集聚平均间接效应的作用强度大于平均直接效应，进而导致总效应显著为负，而在这种情况下，各县域提高特色农业产业集聚水平并不能推动自身农业经济增长。

甘肃省各县域间特色农业产业集聚所具有的负向溢出效应，是集聚负外部性的体现，其原因可能有以下几点：①初级特色农产品的市场需求仍

---

① 某一县域自变量和因变量的溢出效应传递给相关联的县域，而这些县域把影响传回这个县域本身。

然有限，而各县域农民在选择种植特色农产品时，往往会参考周边地区农产品的市场行情，从而大量种植市场行情好的特色农产品，从而造成产量迅速超过市场需求，导致市场价格下降，产业收益减少；②甘肃省各县域特色农产品的生产仍以销售初级农产品为主，且各县域工业化水平普遍较低，难以形成合作网络，故只能在价格和产量上相互博弈，导致特色农产品的市场价值下降。

五、结论与建议

本文首先通过计算特色农业产业的空间基尼系数和区位商两个指标，分析甘肃省县域特色农业产业的集聚状况，计算结果表明，甘肃省特色农业产业空间极化程度在不断下降，各县域特色农业产业生产规模的差距在逐渐缩小，但特色农业产业集聚仍存在较为明显的空间分异。然后从空间关联性的视角出发，运用空间面板杜宾模型，分析了甘肃省县域特色农业产业集聚对农业经济增长的贡献效应，实证结果验证了之前基于理论分析和发展实际所作出的假设一和假设二的正确性，但否定了假设三的成立。即甘肃省县域特色农业产业集聚对本县域农业经济增长具有正向贡献，对周围相关县域的农业经济增长具有负外部性，且负外部性强度要大于正向贡献，从而导致了在周围相关县域提高特色农业产业集聚水平的情况下，某一县域提高相同比例的特色农业产业集聚水平并不会推动自身农业经济增长。

结合以上结论，对甘肃省及西北地区特色农业产业发展提出以下建议：①以高原夏菜、特色林果、马铃薯和中药材等现有特色农产品重要产区为基础，推动形成以某些县域为中心的优势集聚区，避免大水漫灌式推进；②政府要引导各类特色农业产业集聚区组建行业协会，推动各县域间构建合作网络，开展推广标准化种植，联合申请"三品一标"认证，联合打造共用农业品牌，引进或创办特色农产品深加工企业等合作，以减少同质过度竞争和市场波动的影响。

参考文献

［1］ Alison Davis, Lori Garkovich, Leigh Maynard, etc. The Influence of the Agricultural

Cluster on the Fayette County Economy ［R］. Lexington：University of Kentucky, College of Agriculture, 2013.

［2］ Ana M. Angulo, Jesús Mur. The Likelihood Ratio Test of Common Factors under Non – Ideal Conditions ［J］. Investigaciones Regionales, 2011 (21)：37 – 52.

［3］ Burridge P. Testing for a common factor in a spatial autoregression model ［J］. Environ Plann, 1981, 13 (7)：795 – 800.

［4］ Dawson P J, Lingard J. Management bias and returns to scale in a Cobb – Douglas production function for agriculture ［J］. European Review of Agricultural Economics, 1982, 9 (1)：7 – 24.

［5］ Hayashi F. Econometrics ［M］. Princeton：Princeton University Press, 2000.

［6］ J. 保罗·埃尔霍斯特. 空间计量经济学：从横截面数据到空间面板 ［M］. 肖光恩译. 北京：中国人民大学出版社，2015.

［7］ Morton D Winsberg. Concentration and Specialization in United States Agriculture, 1939 – 1978 ［J］. Economic Geography, 1980, 56 (3)：183 – 189.

［8］ 阿尔弗雷德·马歇尔. 经济学原理 ［M］. 章洞易缩译. 北京：北京联合出版公司，2015.

［9］ 范巧，Hudson Darren. 一种新的包含可变时间效应的内生时空权重矩阵构建方法［J］. 数量经济技术经济研究，2018，35 (1)：131 – 149.

［10］ 黄修杰，钟钰. 农产品区域布局与农业经济增长研究——基于广东省主要农产品空间布局变化的实证检验［J］. 中国农业资源与区划，2017，38 (7)：101 – 107.

［11］ 贾兴梅，李平. 农业集聚度变动特征及其与农业经济增长的关系——我国 12 类农作物空间布局变化的实证检验［J］. 中国农业大学学报，2014，19 (1)：209 – 217.

［12］ 李金良，贺洪海. 必须大力发展特色农业［J］. 经济师，2000 (5)：95.

［13］ 李婧，谭清美，白俊红. 中国区域创新生产的空间计量分析——基于静态与动态空间面板模型的实证研究［J］. 管理世界，2010 (7)：43 – 55，65.

［14］ 林光平，龙志和，吴梅. 我国地区经济收敛的空间计量实证分析：1978—2002 年［J］. 经济学（季刊），2005 (S1)：67 – 82.

［15］ 吕超，周应恒. 我国农业产业集聚与农业经济增长的实证研究——基于蔬菜产业的检验和分析［J］. 南京农业大学学报（社会科学版），2011，11 (2)：72 – 78.

［16］ 秦德智，邵慧敏. 我国农业产业结构调整动因分析——基于扩展的柯布—道格拉斯生产函数［J］. 农村经济，2016 (5)：59 – 63.

［17］ 藤田昌久，雅克－弗朗斯瓦·蒂斯. 集聚经济学：城市、产业区位与全球化［M］. 石敏俊等译. 上海：格致出版社，2015.

［18］ 王金田，王学真，高峰. 全国及分省份农业资本存量 K 的估算［J］. 农业技术经济，2007 (4)：64 – 70.

［19］王守坤．空间计量模型中权重矩阵的类型与选择［J］.经济数学，2013，30（3）：57－63.

［20］王艳荣，刘业政．农业产业集聚对产业增长贡献率的测度与分析［J］.中国农业科学，2012，45（15）：3197－3202.

［21］王艳荣，刘业政．农业产业集聚对农民收入影响效应研究［J］.农业技术经济，2011（9）：50－57.

［22］伍骏骞．经济集聚对农民增收与农村减贫的直接影响和空间溢出效应研究——来自浙江省的证据［D］.浙江大学博士学位论文，2014.

［23］肖光恩，刘锦学，谭赛月明．空间计量经济学——基于 MATLAB 的应用分析［M］.北京：北京大学出版社，2018.

［24］肖卫东．中国种植业地理集聚：时空特征、变化趋势及影响因素［J］.中国农村经济，2012（5）：19－31.

［25］杨海文．空间计量模型的选择、估计及其应用［D］.江西财经大学博士学位论文，2015.

［26］杨丽，王鹏生．农业产业集聚：小农经济基础上的规模经济［J］.农村经济，2005（7）：53－55.

［27］杨丽君．农业产业集聚对农民收入的影响效应探讨［J］.湖北农业科学，2013，52（11）：2708－2716.

［28］尹成杰．新阶段农业产业集群发展及其思考［J］.农业经济问题，2006（3）：4－7，79.

［29］詹姆斯·勒沙杰，凯利·佩斯．空间计量经济学导论［M］.肖光恩等译．北京：北京大学出版社，2014.

［30］张哲晰，穆月英．空间视角下农业产业集聚的增收效应研究——基于蔬菜专业村的实证［J］.农业技术经济，2018（7）：19－32.

［31］郑风田，程郁．从农业产业化到农业产业区——竞争型农业产业化发展的可行性分析［J］.管理世界，2005（7）：64－73，93.

5. 绿色经济、实验经济学

京津冀城市群产业集聚对生态效率的影响

——基于贝叶斯空间分位回归的视角[①]

陈建明　周艳丽　葛翔宇

摘　要　本文运用贝叶斯空间分位数回归方法，从京津冀地区35个城市出发围绕当前京津冀城市群建设主题，探讨产业聚集对生态效率的影响。研究发现，第一类产业集聚、第三类产业集聚以及城市规模对环境生态效率有正向的作用。此外，从贝叶斯空间分位模型中的参数符号和显著性来看，京津冀城市群内部地区之间生态效率差异有显著的空间正相关。

关键词　生态效率；产业集聚；贝叶斯空间分位模型

一、引言与文献评述

随着中国经济的持续快速发展，环境对经济的制约作用越来越大，把产业集聚的相关研究放在生态效率的约束之下就显得十分必要。Schaltegger 和 Stum（1990）将生态效率定义为：$生态效率 = \dfrac{经济增长}{环境效率}$。一般经济学中认为：$生态效率 = \dfrac{投入}{产出}$。

---

① 国家自然科学基金项目（71901222，71974204），教育部人文社会科学研究一般项目青年基金（17YJC630236）

其中，"投入"是企业消耗的所有资源（包括能源）以及因此而引起的环境负担；"产出"则是经济体生产的产品或提供的服务的价值。"效率"，在资源丰富的时候一般只注重经济效率，而在资源稀缺的时候则更多关注生态效率。产业集聚可以用较少的资源环境代价获得更多的经济产出，Marshall（1890）阐述了产业集聚的形态。Hoover（1936）提出"产业集聚有一个最优程度"。Krugman（1991）构建了"中心—外围"模型（Core – Periphery Model）。Varga 和 Schalk（2004）考察知识溢出、集聚和宏观经济增长之间的关系，认为技术进步和经济结构空间分布都可以影响效率。杨林等（2014）发现，产业集聚驱动力在城市化发达地区比欠发达地产业集聚和生态效率的关系方面的研究大多是从理论角度进行定性分析，实证方面的研究，如王海宁、陈媛媛（2010）发现，产业集聚能提高能源效率。顾强（2006）研究了产业集群的类型、阶段和水平因素对生态效率的作用。孙欣等（2016）和游达明等（2016）测算了长江经济带各省市的生态效率。刘习平、盛三化（2016）发现，产业集聚对环境的影响具有"U"型变化规律。焦剑雄（2014）从区域视角对金融集聚和生态效率做了实证研究分析。吴井峰（2016）研究金融集聚与区域生态效率的关系。张云飞（2014）发现，城市群内产业集聚与经济增长之间存在非线性"门槛效应"。谢雄军等（2014）发现，产业集聚能极大强化和促进区域经济的增长。

本文使用贝叶斯分位数回归（Bayesian Quantile Regression）方法研究了产业集聚和生态效率之间的关系。贝叶斯分位数回归是利用自变量和因变量之间的条件分位数关系进行的回归，能更好地反映不同分位层次之间的关系。Koenker 和 Bassett（1978）引入了分位数回归方法，随后 Koenker 和 Basset（1982）解决了模型稳健性检验问题，Koenker 和 Xiao（2002）提出了模型的统计诊断和置信区间构建理论。Mello 和 Perrelli（2003）用分位数回归模型，得出人口集聚与经济发展速度的关系。Yu 和 Moyeed（2001）首次提出贝叶斯分位数回归方法，并用"Asymmetric Laplace Distribution"证明广义"Prior Distribution"条件下参数"Posterior Distribution"的存在性，而 Yu（2002）解决了模型中的拟合过度问题。Yang 和 He（2012）提出了经验似然的贝叶斯分位数回归模型。Kozumi 和 Kobayashi（2011）利用拉普拉斯分布，提出了模型的 Gibbs 算法。朱慧明等（2014）利用 Gibbs – DA 抽样算法对中国能源消耗问题进行了分析。

二、京津冀城市群生态效率

（一）测算模型

简单的效率衡量公式为：效率 = $\dfrac{产出}{投入}$，但该公式只支持单一变量的计算，当有 n 种投入，m 种产出，这个公式就不适用了。数据包络分析是评价复合多项输入、输出指标系统时有效的方法，也是评价多个决策单元（Decision Making Units，DMU）的方法。

Andersen 和 Petersen（1993）引入超效率 DEA 模型，该模型将整个城市生态系统视为一个"投入—产出"系统，能够更加准确地评价城市生态单元的相对有效性。因此，本文采用超效率 DEA 模型来测算京津冀城市群生态效率。

1. 构建三阶段 DEA 模型

Farrell（1957）引入分段线性凸包方法，利用生产边界测算技术效率，然而该方法只能测算"单一投入、单一产出"变量，因此具有很大的局限性。在此之后，Charnes、Rhodes 和 Cooper（1979）对此法进行改进，将应用范围成功扩展到"多投入、多产出"的情况，并命名为数据包络分析（Data Envelopment Analysis，DEA）。它是一个对"多投入、多产出"的多个决策单元的效率评价方法，在业绩评估中有广泛的应用。DEA 特别适用于具有"多投入、多产出"的复合系统，这主要体现在以下几个方面：

（1）DEA 以决策单位各"输入、输出"指标权重为变量，避免确定优先意义下的指标权重。

（2）假定每个"输入"都关联多个"输出"，而"输入""输出"之间存在某种不确定关系，DEA 方法可以不需要确定这些关系的显示表达式。DEA 方法是评价多输入指标和多输出指标的较为有效的方法，将投入与产出进行比较。它的结果包含的意思有：

第一，$\theta = 1$，DEA 有效，表示投入、产出比达到最优。

第二，$\theta < 1$，非 DEA 有效，表示投入、产出比没有达到最优，θ 越大越好。

（3）DEA 分析通过对"投入、产出"指标做线性规划，并求其线性规划的对偶问题最值 θ。

DEA 将决策单元的"投入、产出"指标权重系数作为优化变量，并构建线性规划模型得出每个单元的相对有效性。因为 DEA 参数不需要进行预估，减少了权重赋予时的主观因素影响，所以 DEA 方法能够保证在多样化"输入、输出"的条件下得出不同分类决策单元的有效性。DEA 模型一般分为投入导向型和产出导向型两种类型，投入导向型是控制产出使投入达到最小，产出导向型是控制投入使产出最大。

在探讨城市群建设过程中，对城市生态效率的评价通常是根据其在生产给定的产出时尽量减少投入使用的能力，或在使用给定投入时尽量扩大产出的能力。然而，生产者性能受到三方面因素的影响，即生产活动中的"管理组织效率""生产环境特点"和"运气好坏"。忽略相关变量和因素，则会被收集在随机误差项之中，影响对生产性能评价的有效结果。其中，管理生产活动的组织效率是内生的，而评价对象所处的外界环境以及"运气的好与坏"是外生的。因此，为了更恰当地评价效率，模型不仅要纳入相关的环境因素，而且模型必须是随机的。然而，目前大多数研究者使用的 DEA 模型都是确定性的。本文的目标是建立一个基于 DEA 的生产者效率模型，该模型包含一个随机元素，旨在将运气的影响从管理效率和环境影响中分离出来。本文根据研究内容，选择对投入量影响较大的投入导向型模型进行探究。

三阶段 DEA 第一阶段：假设被评价的决策单元（DUM）有 k 个，记作 $DUM_k = \lambda$，其中 $\lambda = [\lambda_1, \lambda_2, \cdots, \lambda_k]$，且每个决策单元都对应 n 项投入 $X = [X_1, X_2, \cdots, X_n]_{n \times k}$ 以及 m 项产出 $Y = [Y_1, Y_2, \cdots, Y_m]_{m \times k}$，记作：

$$X_j = (x_{1j}, x_{2j}, \cdots, x_{nj})^T, \quad Y_j = (y_{1j}, y_{2j}, \cdots, y_{mj})^T (j = 0, 1, 2, \cdots, k)$$

投入导向模型为：

$$\begin{cases} z^* = \max (\mu^T y_0 + \mu_0) \\ s.t. \\ v^T X_j - \mu^T y_j - \mu_0 \geq 0 \quad (j = 1, 2, 3, \cdots, k) \\ v^T X_0 = 1 \\ v \geq 0, \ \mu \geq 0 \end{cases}$$

其中，$\mu = [\mu_1, \mu_2, \cdots, \mu_m]^T$，$v = [v_1, v_2, \cdots, v_n]^T$。引入非阿

基米德无穷小量 ε（$\varepsilon = 10^{-6}$）后得到线性规划方程：

$$\begin{cases} \max\left[\theta - \varepsilon(\hat{e}^{T}S^{-} + e^{T}S^{+})\right] = \theta^{*} \\ \text{s. t.} \quad \sum_{j=1}^{k} X_{j}\lambda_{j} + S^{-} = \theta X_{0} \\ \quad\quad \sum_{j=1}^{k} Y_{j}\lambda_{j} - S^{+} = Y_{0} \\ S^{-} \geqslant 0, S^{+} \geqslant 0, \lambda_{j} \geqslant 0 (j = 1,2,\cdots,k) \end{cases}$$

其中，$\hat{e}^{T} = (1, 1, \cdots, 1) \in E_{n}$，$e^{T} = (1, 1, \cdots, 1) \in E_{m}$，松弛变量为 $S^{-} = (s_{1}^{-}, s_{2}^{-}, \cdots, s_{n}^{-})^{T}$ 和 $S^{+} = (s_{1}^{+}, s_{2}^{+}, \cdots, s_{m}^{+})^{T}$。

若用 λ^{0}，s^{-0}，s^{+0}，θ^{0} 表示线性规划的最优解，则有：

（1）若 $\theta^{0} = 1$，表明 DMU_{j0} 为 DEA 有效；

（2）若 $\theta^{0} = 1$，且 $s^{-0} = 0$，$s^{+0} = 0$，表明 DMU_{j0} 为 DEA 有效。

第二阶段，我们使用随机前沿分析（SFA）[Aigner et al.，1977）；Meeusen 和 Broeck（1977）] 实现分解。SFA 是基于回归是否能够将管理效率低下与环境效率隔离开，对第二阶段识别出的统计噪声，再次使用 DEA 进行重新评价其生产性能。重新评价提供了改进的管理效率措施。在第二阶段，对 DEA 第一阶段得到的目标投入量与实际投入量的差额利用选取的环境因素指标变量和随机扰动项进行回归，得到管理无效率值和噪声统计值。随机前沿方法（SFA）可考虑环境因素对投入量的效率影响，使决策单元能够去除环境因素的不确定性影响，同时减小随机扰动项对效率值的干扰，得到新的投入量。在此设 DUM 有 k 个，任意决策单元均由 n 种投入组成，设定 p 个环境因素指标，分别对 DUM 对应的投入差额采取随机前沿法进行分析，回归方程具体构建如下：

$$s_{ij} = f^{i}(z_{j}; \beta^{i}) + v_{ij} + \mu_{ij}$$

其中，$i = 1, 2, \cdots, n$；$j = 1, 2, \cdots, k$；s_{ij} 对应第 j 个 DMU 的第 i 项投入变量的松弛变量；$Z_{j} = (z_{1j}, z_{2j}, \cdots, z_{pj})$ 为预先设定的环境因素指标，个数为 p，$\hat{\beta}^{i}$ 分别对应为 p 个环境因素指标的系数估计值，其中，上标 0 值为该函数的常数项；$f^{i}(Z_{j}; \beta^{i})$ 为环境变量对 s_{ij} 的影响方式，取 $f^{i}(Z_{j}; \beta^{i}) = Z_{j}\beta^{i}$。此外，$v_{ij} + \mu_{ij}$ 为所求混合误差项，其中 v_{ij} 表示随机误差，μ_{ij} 表示管理无效率。v_{ij} 和 μ_{ij} 是两个独立且不相关的值。

基于最有效的决策单元进行调整：

$$\hat{x}_{ij} = x_{ij} + [\max_{j}(Z_{j}\hat{\beta}^{i}) - Z_{j}\hat{\beta}^{i}] + [\max_{j}(\hat{v}_{ij}) - \hat{v}_{ij}]$$

其中，$i = 1, 2, \cdots, n$；$j = 1, 2, \cdots, k$，x_{ij}对应第 j 个 DUM 的第 i 项投入指标实际值，将实际值调整后得到 $\hat{x}_{ij}$；$\hat{v}_{ij}$ 是随机干扰项的估计值；$\max_j (Z_j, \beta^i)$ 即剔除环境因素的影响过程，$\max_j (\hat{v}_{ij}) - \hat{v}_{ij}$ 则相应对全部 DUM 的随机误差进行环境因素调整。

第三阶段：利用 DEA 第二阶段处理得到的剔除环境因素影响后的投入数据 $\hat{x}_{ij}$ 替代原始投入量 x_{ij} 进行计算，只改变投入量而保持产出值不变，再次运用 DEA 第一阶段模型重复运算，套用第一阶段的方法进行效率评价，得到去除环境不确定因素以及随机扰动影响的决策单元效率值，该值即为最终值。

2. 计算管理无效率分离公式

本文根据 Jondrow 等（1982）的研究，对管理无效率公式进行推导，分离式如下：

$$E(\mu \mid \varepsilon) = \frac{\sigma_\mu \sigma_v}{\sigma} \left[\frac{\varphi(\varepsilon\lambda/\sigma)}{1 - \Phi(\varepsilon\lambda/\sigma)} - \frac{\varepsilon\lambda}{\sigma} \right]$$

其中，$\sigma = \sqrt{\sigma_\mu^2 + \sigma_v^2}$，$\lambda = \sigma_\mu / \sigma_v$。$\varphi$ 和 Φ 分别代表标准正态密度和分布函数。

随机误差项 v 由下式可以计算出：

$$E[v_{ij} \mid v_{ij} + \mu_{ij}] = s_{ij} - z_j \hat{\beta}^i - E[\mu_{ij} \mid v_{ij} + \mu_{ij}]$$

3. 构建超效率 DEA 模型

决策单元使用 DEA 方法进行技术效率评价时，当存在多个 DUM 都呈现完全有效状态时，无法直接比较大小，需要借助超效率进一步鉴别有效 DUM 间效率值大小。从生产可能性集（PPS）中删除被评价的有效 DUM，度量 DMU 到 PPS 的距离即为超效率，根据距离对有效 DMU 排列。假设决策单元个数为 k，且均满足可比性要求，每个 DUM 有 n 个输入变量和 m 个输出变量，得到超效率的线性规划方程模型：

$$s.t \begin{cases} \theta X_i - \sum_{j=1 j \neq i}^{k} X_j \lambda_j \geq 0 \\ -Y_i + \sum_{j=1 j \neq i}^{k} Y_j \lambda_j \geq 0 \end{cases} \qquad \lambda_j \geq 0 (j = 1, 2, \cdots, k)$$

（二）测算指标

世界可持续发展工商业委员会（World Business Council for Sustainable

Development）给出了："能量、物质、水"消耗、"温室气体"排放、"破坏臭氧层物质"排放5个一般性指标，"酸化气体"排放、"废物总量"2个备选指标。联合国贸易及发展会议的报告则列举了"不可再生能源、水资源"消耗、"温室气体、破坏臭氧层物质"排放、"固体和液体"废弃物5个指标。巴斯夫基于ISO：14040原则在1996年开发出生态效率评价决策工具，迄今为止已经完成了220多项案例分析。它对六类环境进行了评价：

（1）原材料消耗；

（2）能源消耗；

（3）土地利用；

（4）空气、水和固体废物的排放；

（5）使用和释放的物质的毒性；

（6）滥用的可能性和风险的可能性。

巴斯夫对每个类别的生命周期数据进行编译，使用加权方案对结果进行汇总，并对结果进行归一化，生成"生态指纹"（见图1），则最佳的替代方案位于指纹的中心。巴斯夫的这一方法清楚地描述了每一种环境类别中备选方案带来的相对影响。为了解决当前经济的可持续发展问题，他收集了产品生命周期的成本数据，包括但不限于生产、运输、维护、劳动力等成本。通过这种方式，可以评估替代方案的经济影响和可行性。

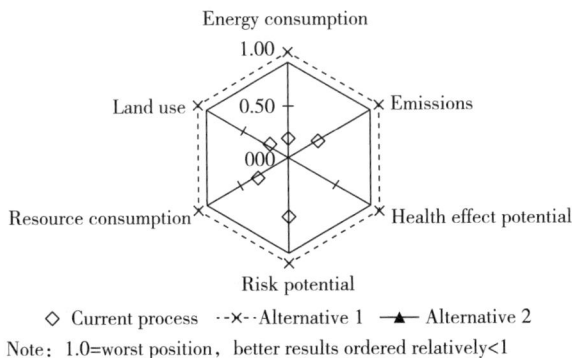

Note：1.0=worst position，better results ordered relatively<1

图1　巴斯夫"生态指纹"

显然，在具体应用"生态效率"评价时，应结合区域实际情况，选取可以获取的指标进行评价，并且因为环境影响无法线性叠加，需要根据不同类型的环境影响分配不同权重，因此具有一定的主观性。Saling（2005）研究了影响生态效率的因素：能源和资源消费（Energy Consumption and Resources Consumption），排放物（Emissions：air、water and waste）。陈傲（2008）分析了环保资金投入、产业结构和环境政策对生态效率的影响，其中，环保资金投入和产业结构均对生态效率的改善有积极影响，而环境经济政策对生态效率的改善不显著。Schaltegger 和 Burritt（2001）用"$\dfrac{\text{产出}}{\text{环境影响增加量}}$"来衡量生态效率；潘兴侠（2014）探究了影响区域生态效率的作用机理。Camarero 等（2013）研究了生态效率受国家经济活动的特性、国际贸易和外国直接投资的影响。

本文根据京津冀城市群生态环境的特点以及相关数据的可获得性，并参考前面学者的研究，构建的京津冀生态效率指标体系如下：

1. 生态效率投入指标 P

在经典生产函数中基本投入要素包括资本和劳动力，其中，土地是重要的生产资料。因此，本文的生态效率投入要素包括劳动投入、土地利用和资本投资存量。其中，劳动力投入用地、县市年末单位从业人员数来衡量，土地以建成区面积表示。资本投资用固定资产投资本年实际到位资金合计来表示，本文用 2004 年作为基期进行价格平减来计算实际资本投资量。生态效率投入指标选取如表 1 所示。

表 1　生态效率投入指标 P

一级指标	二级指标	三级指标
生态效率投入指标 P	资本投入	固定资产投资（本年实际到位资金合计）
		石油、天然气消耗量
	资源投入	城市建设用地面积
		城市供水量
		城镇年末单位从业人员数

2. 生态效率期望产出指标

"期望产出"是指在实际经济活动中对总体目标有益、符合预期的经济产出，例如，金融资本金投入资金，期望利息回报；工人劳动，期望获得预期的工资。期望产出的计算可以使用 GDP，即一国或者某一地区所生产的所有产品或者劳务的市场价值总和。由于 GDP 数据受到价格因素的影响，为了去除这种影响，使数据比较更加客观，这里我们采用 2002 年价格为基期的 GDP。本文考虑到地区之间的规模差异，采用的人均 GDP 指标来衡量期望产出指标。

除此之外，本文还选取了如表 2 所示的城市绿化覆盖率作为生态效率期望产出指标。

表 2　生态效率产出指标

一级指标	二级指标	三级指标
生态效率产出	期望产出	GDP（根据地区价值指数平减后得到）
		城市绿化覆盖率

3. 实证结果与分析

本文对京津冀城市群共 35 个直辖、地、县市的"投入—期望产出"的生态效率进行分析。根据前文，运用调整后的"投入—产出"变量数据再次迭代各决策单元效率，迭代后的效率值减少了环境项（本文环境因素变量用城市建设用地面积与就业人数来衡量）以及随机项的影响，更加真实准确。三阶段 DEA 超效率模型回归结果如表 3 所示。

表 3　三阶段 DEA 超效率模型回归结果

城市	技术效率变动	技术变动	纯技术效率变动	规模效率变动	全要素生产率变动	排名
北京	0.954	1.126	1	0.954	1.073	14
天津	1	1.141	1	1	1.141	2
石家庄	0.98	1.115	0.989	0.991	1.093	10
唐山	1	1.108	1	1	1.108	5
秦皇岛	1.037	0.995	1.004	1.033	1.032	27
邯郸	1.007	1.053	1	1.007	1.061	22
邢台	1	1.036	1.001	0.999	1.037	26
保定	1	1.064	1	1	1.064	18
张家口	1.042	1.002	0.998	1.044	1.044	25
承德	1.023	0.977	1	1.023	1	32
沧州	1	1.097	1	1	1.097	8
廊坊	1	1.009	1	1	1.009	31

续表

城市	技术效率变动	技术变动	纯技术效率变动	规模效率变动	全要素生产率变动	排名
衡水	0.993	1.002	1	0.993	0.995	33
安国	1.179	0.953	0.999	1.18	1.124	3
霸州	1.131	0.969	1	1.13	1.095	9
泊头	1.122	0.945	0.999	1.123	1.061	20
定州	1.113	0.975	0.999	1.113	1.085	12
高碑店	1.145	0.967	1	1.145	1.107	6
藁城	1.096	0.956	1	1.097	1.048	23
河间	1.118	0.95	1	1.118	1.062	19
黄骅	1.152	0.973	1	1.152	1.121	4
冀州	1.027	0.95	1	1.027	0.976	36
晋州	1.083	0.947	0.999	1.084	1.026	29
鹿泉	1.079	0.949	1	1.079	1.024	30
南宫	1.215	0.958	1	1.215	1.164	1
迁安	1.083	0.965	0.999	1.083	1.045	24
任丘	1.114	0.986	0.998	1.116	1.098	7
三河	1.024	0.959	1	1.024	0.981	34
沙河	1.139	0.947	1	1.139	1.078	13
深州	1.03	0.95	0.999	1.031	0.978	35
武安	1.112	0.964	1	1.112	1.071	16
辛集	1.113	0.956	0.998	1.115	1.064	17
新乐	1.105	0.97	1	1.105	1.072	15
涿州	1.082	0.949	1	1.081	1.027	28
遵化	1.087	1.003	0.999	1.088	1.09	11
均值	1.066	0.995	1	1.067	1.061	21

　　以上结果可以反映出，在规模报酬递增的情况下，京津冀地区城市资源同等投入下产出效率（城市绿地覆盖率和生产总值）排名在前十名的分别是南宫、天津、安国、黄骅、唐山、高碑店、任丘、沧州、霸州和石家庄。

　　根据以上结果，本文从方创琳等（2010）对城市群生态效率测算的方法中借鉴并加以改进，得到京津冀共35个城市2003～2016年城市生态效率值，如表4所示。

表 4　京津冀 35 座城市 2003～2016 年生态效率测算值

年份\城市	2003	2004	2005	2006	2007	2008	2009	2010	2011	2012	2013	2014	2015	2016
北京	0.901	1.206	0.836	1.07	1.671	1.089	0.85	1.239	1.008	0.985	0.951	1.031	2.066	0.604
天津	1	1.153	1.304	1.54	1.239	0.833	1.067	1.07	1.184	1.161	1.139	1.123	1.841	0.629
石家庄	1	1.105	1.177	1.213	1.184	1.162	1.004	1.109	1.154	1.109	1.072	1.032	0.906	1.021
唐山	1	1.165	1.168	1.031	1.028	1.209	0.955	1.244	1.248	1.298	1.161	0.975	1.246	0.804
秦皇岛	0.611	1.153	1.019	1.031	1.038	0.932	1.164	1.091	1.007	1.022	1.098	0.921	1.131	0.859
邯郸	0.908	1.17	1.083	1.063	1.188	1.006	1.07	0.99	1.109	1.025	0.984	1.05	1.09	0.993
邢台	0.862	1.074	1.035	1.102	1.2	0.909	1.03	1.05	1.135	0.951	1.005	1.216	1.044	0.801
保定	1	1.083	1.061	1.073	1.132	1.027	1.06	1.055	1.044	1.171	1.066	1.033	1.27	0.818
张家口	0.535	1.12	1.153	1.039	0.913	0.932	1.123	1.138	1.071	1.053	1.012	1.068	1.083	0.91
承德	0.704	0.61	1.004	0.965	1.106	1.202	1.088	1.004	0.969	1.045	1.114	1.041	1.175	0.839
沧州	1	1.114	1.289	1.093	1.131	1.054	1.074	1.234	1.028	1.187	1.029	1.022	1.441	0.73
廊坊	1	0.776	0.991	1.089	1.146	0.964	1.028	1.033	1.042	1.067	0.964	1.06	1.272	0.795
衡水	1	0.517	1.112	0.873	1.131	0.924	1.332	1.201	1.076	1.036	1.045	1.04	1.214	0.761
安国	0.096	3.809	0.997	1.007	1.142	0.737	1.3	1.126	1.083	0.962	0.899	1.017	1.046	0.973
霸州	0.199	1.555	1.021	1.509	1.029	0.903	1.011	1.302	1.075	0.971	0.988	1.032	1.057	0.992
泊头	0.2	1.89	1.08	1.019	1.108	0.625	1.609	0.989	0.961	0.947	1.004	1.054	0.966	1.013
定州	0.204	0.922	1.113	0.965	1.213	0.862	2.461	1.112	1.084	0.943	0.992	1.076	0.946	0.987
高碑店	0.139	2.605	1.008	1.27	1.094	0.749	1.444	0.983	1.07	0.954	0.999	1.012	0.981	0.96
藁城	0.294	1.545	0.874	0.994	1.259	0.862	1.199	1.038	1.033	0.978	0.992	1.002	1.001	1.007
河间	0.222	1.472	1.005	1.004	1.035	0.545	1.79	1.146	1.144	1.125	0.915	0.992	1.049	1.038
黄骅	0.141	1.137	1.1	1.344	1.453	0.849	1.68	1.017	1.222	0.996	1.006	1.013	1.009	0.994
冀州	0.681	0.637	0.998	1	1.067	0.858	1.109	1.18	1.059	0.959	0.995	0.941	0.988	1.019
晋州	0.335	1.143	1.008	0.894	1.199	0.796	1.24	1.088	1.122	0.917	0.985	1.061	0.89	1.097
鹿泉	0.358	0.979	1.134	1	1.088	0.767	1.198	1.103	1.057	1.054	0.992	1.017	1.019	0.976
南宫	0.08	2.656	1.039	1.009	1.04	0.883	1.572	1.719	0.913	1.082	0.903	1.108	1.053	1.004
迁安	0.333	1.559	1.059	1.008	1.205	0.918	0.987	1.067	1.042	0.846	0.982	1.051	1.053	0.951
任丘	0.234	2.239	1.064	0.958	1.147	0.705	1.278	1.02	1.208	1.019	1.028	1.027	1.117	0.968
三河	0.641	0.457	0.995	1.129	1.087	0.945	1.278	1.082	1.101	1.008	0.904	1.035	1.041	0.996
沙河	0.163	1.895	1.023	1.027	1.197	0.893	1.301	1.08	1.073	0.93	1.039	0.811	0.933	1.135
深州	0.647	0.648	0.969	0.992	1.116	0.748	1.351	1.124	1.011	0.797	1.12	0.988	1.066	0.998
武安	0.252	1.99	1.104	1.047	1.057	0.884	1.158	1.004	1.003	0.979	0.952	1.039	1.132	0.89

续表

年份 城市	2003	2004	2005	2006	2007	2008	2009	2010	2011	2012	2013	2014	2015	2016
辛集	0.224	1.78	0.989	1.181	1.114	0.847	1.122	1.007	0.87	0.962	1.07	1.114	1.02	0.998
新乐	0.226	0.54	1.01	1.281	2.008	0.732	1.797	1.509	1.062	1	0.801	0.972	1.062	1.008
涿州	0.302	1.126	1.035	1.178	1.124	0.854	1.158	1.053	0.971	0.876	0.972	1	1.015	1.046
遵化	0.313	1.58	1.054	1.11	1.109	0.934	1.096	1.014	1.105	0.976	1.19	1.118	1.044	0.963

三、京津冀产业集聚与生态效率的贝叶斯分析

分位回归分析基本思想是对传统普通最小二乘估计的一种扩展，是用来估计自变量对因变量条件平均数的效果，其假设是不同分布点自变量的效果是相同的。分位回归其目的在于观察分布中不同分位点上自变量的不同作用程度。与最小二乘估计相比较，分位数回归的优点在于它允许所研究的回归参数依因变量的不同分布点变动，不再局限于较为简单的函数关系式，这有助于我们对现象之间的回归关系进行更为细致的分析，其估计结果由于具有"耐抗性"因而也更加稳健。

（一）模型构建

在已有研究的基础上可知，产业集聚与生态效率之间关系非常复杂，存在非线性关系，城市生态效率往往不是正态分布，因此为探讨京津冀城市群空间产业集聚与生态效率之间的关系，本文以前文测算出的生态效率为被解释变量，以第一产业空间集聚水平、第二产业空间集聚水平和第三产业空间集聚水平为核心解释变量，以及城市自身规模水平等为控制变量，构建如下贝叶斯空间分位模型：

$$Q_{ECO_{it}}(\tau \mid \alpha_i, x_{it}) = \alpha_i + \rho \sum_{j=1}^{N} w_{ij} ECO_{jt} + \beta_{1\tau} JA_{it} +$$
$$\beta_{2\tau} JB_{it} + \beta_{3\tau} JC_{it} + \beta_{4\tau} SCALE_{it}$$

其中，τ表示第τ个分位水平，w_{ij}表示空间权重矩阵 W 的第 i 行第 j 列元素，JA、JB、JC 分别表示第一类产业集聚指标、第二类产业集聚指标、第

三类产业集聚指标，SCALE 表示城市的规模，本文用 35 个城市的 GDP 面板数据进行极值化处理，用以衡量城市的发展规模。

（二）变量选取与数据处理

产业集聚因素必然与空间距离有着密切的联系，本文根据 Traistaru 等（2003）研究欧洲产业集聚时提出的指数加以改进，从京津冀城市群的地理空间出发，针对京津冀 35 个直辖、地、县级市的城域之间距离，计算空间产业集聚指标。根据两个城市之间产业集聚彼此带来的影响是不同的，本文引入了区位熵对 Traistaru 等（2003）产业集聚式加以改进，得到产业集聚式如下所示：

1. 产业集聚式

$$C_{ik} = \frac{1}{N}\left(\frac{\sum_j s_j^k}{\sigma_{ij}} + \frac{s_i^k}{\sigma_{ij}}\right) \times 100$$

$$s_j^k = \frac{\text{第 j 个城市第 k 类产业增加值}}{\text{35 城第 k 类产业增加值总和}} \times \frac{\text{第 j 个城市 GDP 增加值}}{\text{35 城 GDP 增加值}}$$

其中，k 为产业类型（包括第一类、第二类、第三类共 3 类产业）；s_i^k，s_j^k 为第 i，j 地区的第 k 类产业增加值的区位熵；σ_{ij} 为地区首府 i，j 之间的直线距离；σ_{ii} 为地区 i 的区内距离，计算式为 $\sigma_{ii} = \frac{1}{3}\sqrt{\frac{\text{area}_i}{\pi}}$。

2. 变量的描述性统计

本文运用 Stata16 对变量进行描述性统计分析，分析结果如表 5 所示。

表 5　产业集聚与生态效率变量描述性统计

变量	观察数	均值	方差	最小值	最大值
eco	490	1.044112	0.314255	0.08	3.809
GDP 极值化	490	0.067465	0.191015	0	1
第一产业空间集聚指数	490	0.084513	0.044865	−0.03442	0.258961
第二产业空间集聚指数	490	1.060701	0.558472	−0.94466	3.356858
第三产业空间集聚指数	490	1.574716	0.933847	−0.95328	5.623677
cum	490	0.50102	0.28897	0.002041	1

本文对研究变量的概率分布图进行统计分析，得到结果如图 2、图 3、图 4、图 5 所示。

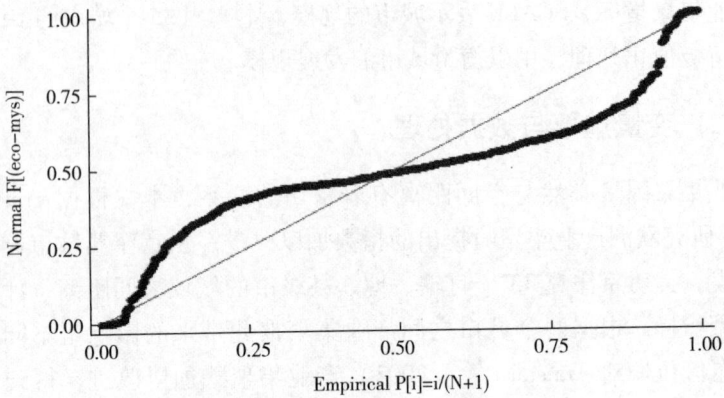

图 2 京津冀 35 城生态效率分布

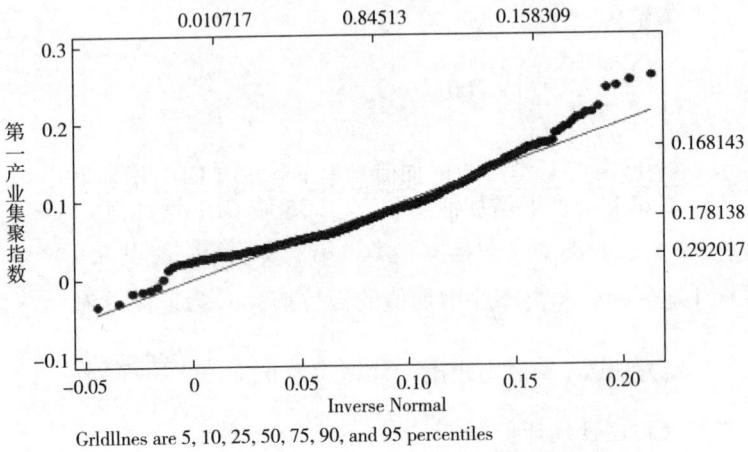

Grldllnes are 5, 10, 25, 50, 75, 90, and 95 percentiles

图 3 京津冀 35 城第一产业集聚指数分布

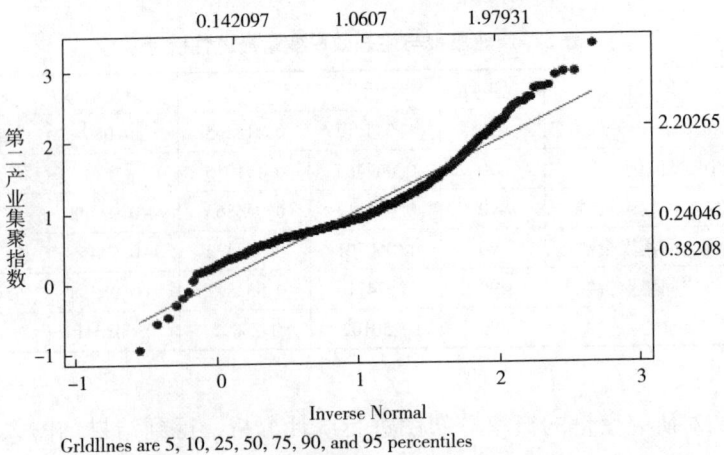

Grldllnes are 5, 10, 25, 50, 75, 90, and 95 percentiles

图 4 京津冀 35 城第二产业集聚指数分布

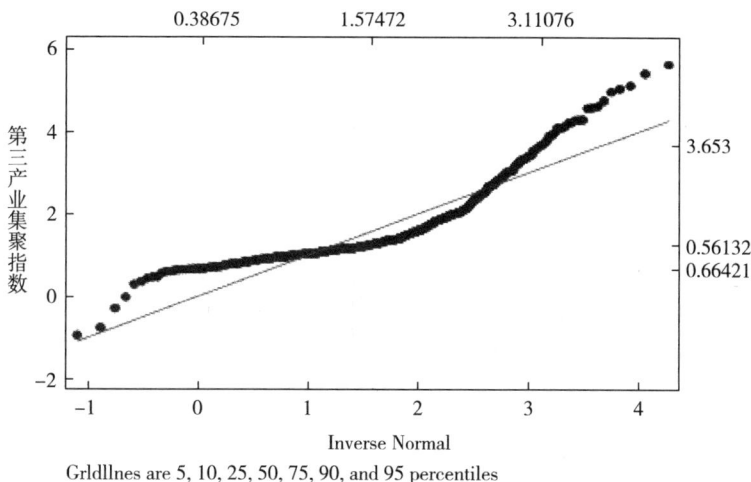

图 5   京津冀 35 城第三产业集聚指数分布

3. 贝叶斯参数估计结果

本文利用贝叶斯分析理论和 MCMC 模拟算法求解模型参数。模型先验分布使用 Jeffreys 协方差先验，假设京津冀 35 个城市的生态效率值符合 [0，4] 的均匀分布，并使用 Gibbs 抽样更新模型参数，MCMC 算法迭代次数设为 50000 次，舍去最前面的 20000 次，以减弱初始值对结果的影响，保证马尔科夫链的平稳。同时，为了减弱链条的自相关性，相邻两个随机样本中取一个，从而构成样本容量为 5000 的 Markov 链进行参数估计。本文同时估计了三个分位点 $\tau = (0.25，0.5，0.75)$。下面给出了利用 MCMC 抽样算法模拟贝叶斯空间分位数回归模型中参数后验分布核密度曲线图，如图 6、图 7 所示。

通过 MCMC 算法，本文模型经过 12500 次迭代后，得到下面模型的估计结果。从图 7 中可知，贝叶斯空间分位模型的各个参数完全后验分布核密度曲线都呈现光滑的趋势，从形状上看为单峰对称的。下面根据 MCMC 算法得到本文模型的主要参数的贝叶斯估计结果，如表 6 所示。

从表 6 中可以发现，各参数的标准差和 MC 误差都非常小，尤其是 MC 误差远远小于标准差，说明模型效果很好，模型是收敛的，贝叶斯 MCMC 抽样算法是有效的。根据报告的置信区间可以得到参数均在 95% 的置信水平下拒绝原假设，即各个参数都不为 0。从各个参数系数的符号看，第二类

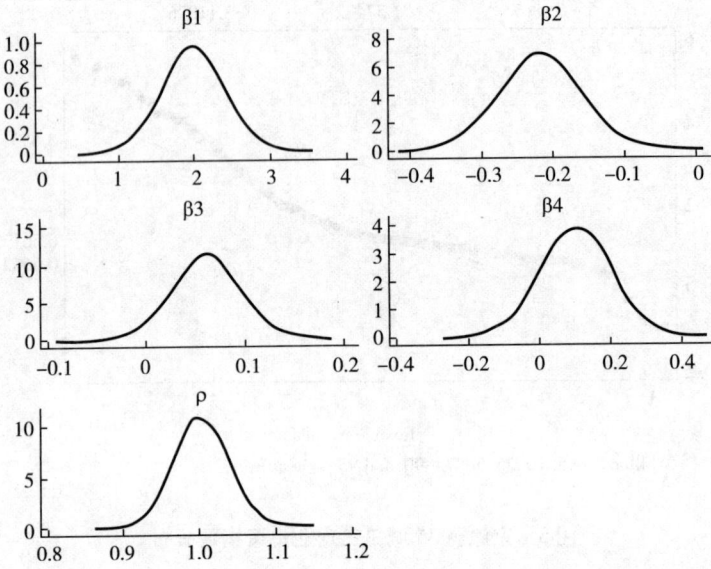

图 6 $\tau = 0.25$ 水平下各参数的后验分布核密度曲线图

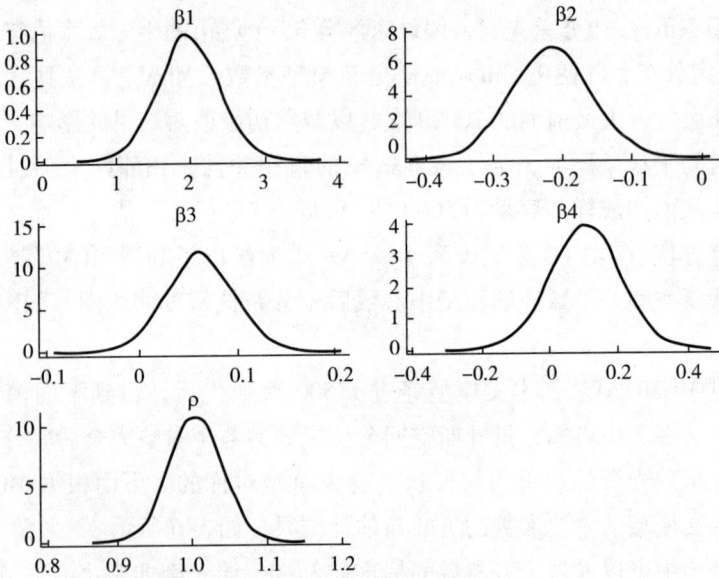

图 7 $\tau = 0.5$ 水平下各参数的后验分布核密度曲线图

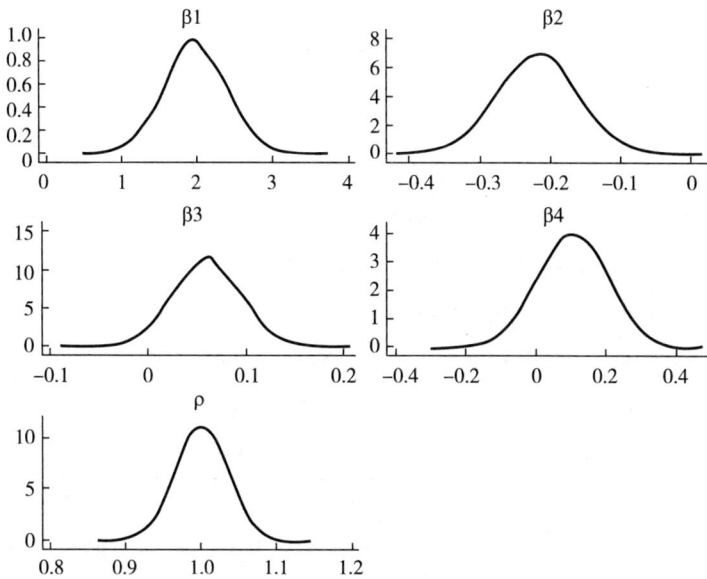

图 8 $\tau = 0.75$ 水平下各参数的后验分布核密度曲线图

表 6   模型参数估计结果

分位点 = 0.25	均值	方差	MCSE	中位数	95% 置信区间	
城市规模	0.1018892	0.1010193	0.00101	0.1005616	− 0.0947829	0.3006309
第一产业集聚指数	1.993147	0.4139522	0.00414	1.993082	1.203516	2.779393
第二产业集聚指数	− 0.2187957	0.0567954	0.000568	− 0.2186292	− 0.3333253	− 0.10671845
第三产业集聚指数	0.0619834	0.0348855	0.00036	0.0619908	− 0.0076182	0.13218075
ρ	1.003223	0.0357811	0.000358	1.003293	0.9310615	1.07598025
Log marginal likelihood	− 151.46307					
分位点 = 0.50	均值	方差	MCSE	中位数	95% 置信区间	
城市规模	0.1038844	0.0998041	0.001012	0.1038845	− 0.0881015	0.3000095
第一产业集聚指数	1.993516	0.4133379	0.004133	1.992883	1.186546	2.793716
第二产业集聚指数	− 0.2174454	0.056367	0.000564	− 0.2169569	− 0.3295336	− 0.1102619
第三产业集聚指数	0.0607112	0.034434	0.000344	0.0605115	− 0.0058516	0.1284655
ρ	0.8097631	0.096729	0.015364	0.800366	0.9334635	1.073865

续表

分位点 = 0.25	均值	方差	MCSE	中位数	95% 置信区间	
Log marginal likelihood				-157.51914		

分位点 = 0.75	均值	方差	MCSE	中位数	95% 置信区间	
城市规模	0.1035483	0.0998956	0.000999	0.1043509	-0.0944809	0.2933263
第一产业集聚指数	1.991011	0.414257	0.004143	1.98844	1.195032	2.806429
第二产业集聚指数	-0.2175603	0.0566323	0.00059	-0.216851	-0.330627	-0.1098542
第三产业集聚指数	0.0609019	0.0346578	0.000347	0.0607157	-0.0055418	0.1301707
ρ	1.003604	0.0354952	0.00037	1.003419	0.934775	1.074365
Log marginal likelihood				-160.58714		

产业的集聚对城市的生态效率有显著的负向作用，即城市的第二类产业集聚程度越高，城市的生态效率越低下。除此之外，第一类产业集聚、第三类产业集聚对环境生态效率有正向的作用，一般来说，第三类产业集聚程度越高，代表城市产业发展越先进，2017 年，京津冀第三类产业比重为58.6%，比第二类产业高 21.9 个百分点，比 2012 年提高 7.8 个百分点。另外，近几年京津冀三地不断加大对高耗能、高污染企业的治理力度，建立区域大气污染联防联控机制，共同推进节能降耗工作，加快现代服务业发展，同时加强现有制造业的绿色创新。绿色发展是京津冀地区高能耗产业升级的有效路径，有助于改善区域环境质量，提升高能耗产业的资源利用效率，从而对提高整个地区生态效率起到较好的作用。当前京津冀城市群应统筹计划，积极通过优先发展第三类产业、推进工业和服务业产业结构升级、积极培育高新技术产业，从而提高整个京津冀地区生态效率。从本文选取的城市规模指标（GDP 极值化处理）看，城市规模与生态效率存在显著的正相关关系，因此京津冀当前发展亟须扩大京津周边中小城市的发展规模，促进京津冀城镇化的发展，促进京津周边城市经济发展。另外，从参数 ρ 的符号和显著性看，说明京津冀城市群内部存在显著的空间正相关，忽略地区空间相依关系会导致研究模型估计结果有偏，因此，在探究地区之间生态效率差异时考虑地区之间的空间相依关系是十分必要的，这也说明了本文选取贝叶斯空间分位模型研究的必要性。

4. 经典参数分位数回归模型结果分析与比较

在分析贝叶斯分位数回归估计结果之前，本文先对数据进行最小二乘回归分析,选用回归方法是参数分位数间距回归,分位数为(0.25,0.50,0.75),假设残差是独立同分布,估计方法是非参数内核密度估计,核函数为 Epanechnikov,选取带宽方法为 Hall - Sheather,以此对产业集聚与生态效率之间的关系从时间和空间上进行整体的把握。

表 7 是对模型进行最小二乘得到的结果。

表 7 经典参数分位数间距回归

0.25 分位回归	系数	方差	T 值	P 值	95% 置信区间	
常数	0.964643	0.0219248	44	0	0.9215637	1.007722
城市规模	-0.0628795	0.0616858	-1.02	0.309	-0.1840839	0.0583249
第一产业集聚指数	-0.0573212	0.2562626	-0.22	0.823	-0.5608433	0.4462009
第二产业集聚指数	-0.1082972	0.0350395	-3.09	0.002	-0.1771453	-0.0394492
第三产业集聚指数	0.0757442	0.0215937	3.51	0	0.0333154	0.1181731
R^2	0.131					
0.50 分位回归	系数	方差	T 值	P 值	95% 置信区间	
常数	1.02387	0.0215211	47.58	0	0.9815842	1.066156
城市规模	0.0537541	0.0605501	0.89	0.375	-0.0652187	0.1727269
第一产业集聚指数	0.688322	0.2515444	2.74	0.006	0.1940705	1.182573
第二产业集聚指数	-0.0608635	0.0343944	-1.77	0.077	-0.1284439	0.0067169
第三产业集聚指数	0.012038	0.0211962	0.57	0.57	-0.0296096	0.0536857
R^2	0.092					
0.75 分位回归	系数	方差	T 值	P 值	95% 置信区间	
常数	1.087998	0.0225368	48.28	0	1.043716	1.13228
城市规模	0.1260285	0.0634078	1.99	0.047	0.0014405	0.2506165
第一产业集聚指数	1.603798	0.2634166	6.09	0	1.08622	2.121377
第二产业集聚指数	-0.0742628	0.0360177	-2.06	0.04	-0.1450329	-0.0034928
第三产业集聚指数	-0.0138855	0.0221966	-0.63	0.532	-0.0574988	0.0297278
R^2	0.389					

根据模型运用最小二乘回归的估计方法的结果,显然在不同分位数下,模型的估计结果呈现出较大的差异,而根据前文的贝叶斯分位数回归的方法,发现贝叶斯分位数回归不受极端值的影响,具有更强的稳健性。另外,我们从贝叶斯分位数回归和一般参数分位数回归的结果比较看,贝叶斯分

位数回归除了继承了一般参数分位数回归的所有优点以外，同时还具有自己独特的优势。

第一，对于处理小样本问题，贝叶斯分位数回归具有更好的优良统计性质，模型参数估计结果更加稳定。

第二，贝叶斯空间分位估计结果更加精确，从参数估计的标准差看，所有的贝叶斯分位数回归估计结果的标准差都要小于一般参数分位数回归估计的标准差。

第三，根据经典参数分位数回归的结果还可以发现，模型的 R^2 值一般比较小，说明模型的拟合效果较差，尤其是在小样本中的估计结果中，拟合优度不高。

根据表 7 的结果可以发现，在 0.75 分位进行最小二乘法估计的结果显著性最佳。从各个参数分位估计的结果对比来看，城市规模的估计系数为 -0.0628795（0.25 分位）、0.0537541（0.50 分位）和 0.1260285（0.75 分位），验证了当前城市规模对生态效率的影响由负向变为正向，从模型的估计结果可以推测城市规模与生态效率的关系符合正"U"形。类似地，第一产业集聚指数与城市生态效率的关系系数由 -0.0573212（0.25 分位）、0.688322（0.50 分位）、1.603798（0.75 分位）。相反，第三产业集聚指数与城市生态效率的关系系数由 0.0757442（0.25 分位）、0.012038（0.50 分位）、-0.0138855（0.75 分位），说明第三产业集聚对生态效率的影响由正向到负向的变化，符合倒"U"形。与贝叶斯分位估计结果统一的是，第二产业集聚对城市生态效率的影响始终为负向，在本文选取的京津冀 35 个城市 2003~2016 年的样本中，验证了第二产业集聚与城市生态效率的关系。

四、结论

京津冀城市群产业和经济的发展受到了市场和政府多方面干预的影响，使得集聚突破了经济地理学上的"相近"或"相邻"位置上跨区域影响，从京津冀城市群整体来看，京津冀城市群内部产业集聚与生态效率在当前还存在较大的差异。

从贝叶斯空间分位模型研究结果看，MCMC 模型结果有较高的精度，贝叶斯 MCMC 抽样算法是有效的。根据研究结果可以发现，第二类产业的集聚对城市的生态效率有显著的负向作用，即城市的第二产业集聚程度越高，城市的生态效率越低下。在我国，第二类产业中大部分为制造业行业。在很长一段时期，我国制造业作为国家的支柱产业，一直保持较好的发展态势。然而，随着我国人口红利的消失，人工费用的增长，传统制造业依靠人力发展的道路已经越走越窄。据有关数据统计，中国第二产业就业人员在2012年达到2.32亿人的高点后，呈现连续5年减少的态势，占全国就业人员的比重从2012年的30.3%下降到2017年的28.1%。另外，我国当前制造业普遍产能过剩，而体现竞争力的重大技术却不能满足市场的需求。我国制造业产品技术、生产技术和管理技术的研究、应用与工业发达国家相比有较大差距，特别是在劳动生产率、工业增加值率、能源消耗等方面的差距更大。2000年，我国制造业的劳动生产率为3.82万元/人·年，约为美国的4.38%、日本的4.07%、德国的5.56%。

根据研究结果可以发现，第一类产业集聚、第三类产业集聚对环境生态效率有正向的作用，从本文选取的城市规模指标（GDP极值化处理）看，城市规模与生态效率存在显著的正相关关系，因此京津冀当前发展亟须扩大京津周边中小城市的发展规模，促进京津冀城镇化的发展，促进京津周边城市经济发展。另外，从参数 ρ 的符号和显著性看，说明京津冀城市群内部存在显著的空间正相关，忽略地区空间相依关系会导致研究模型估计结果有偏，因此，在探究地区之间生态效率差异时考虑地区之间的空间相依关系是十分必要的，这说明了本文选取贝叶斯空间分位模型研究的必要性。一般来说，第三类产业集聚程度越高，代表城市产业发展更加先进，2017年，京津冀第三类产业比重为58.6%，比第二类产业高21.9个百分点，比2012年提高7.8个百分点。另外，近几年京津冀三地不断加大对高耗能、高污染企业的治理力度，建立区域大气污染联防联控机制，共同推进节能降耗工作，加快现代服务业发展，同时加强现有制造业的绿色创新。绿色发展是京津冀地区高能耗产业升级的有效路径，有助于改善区域环境质量，提升高能耗产业的资源利用效率，从而对提高整个地区生态效率起到较好的作用。当前京津冀城市群应统筹计划，积极通过优先发展第三产业、推进工业和服务业产业结构升级、积极培育高新技术产业，推动京津冀城镇化的快速发展，未来还应当缩小区域间金融发展差异，重点加快石家庄、唐山和衡水金融集聚中心的建设，从而对推动京津冀城镇化发展起到事半功倍的作用，进而提高整个京津冀地区生态效率。

参考文献

[1] Schaltegger S, Sturm A. Ökologische Rationalität: Ansatzpunkte zur Ausgestaltung von Ökologieorientierten Managementinstrumenten [J]. Die Unternehmung, 1990, 44 (4): 273 – 290.

[2] Marshall A. Principles of economics [R]. 1890.

[3] Hoover E M. The Measurement of Industrial Localization [J]. Review of Economics & Statistics, 1936, 18 (4): 162 – 171.

[4] Krugman P. Increasing Returns and Economic Geography [J]. Journal of Political Economy, 1991, 99 (3): 483 – 499.

[5] Varga A, Schalk H J. Knowledge Spillovers, Agglomeration and Macroeconomic Growth: An Empirical Approach [J]. Regional Studies, 2004 (38): 977 – 989.

[6] 杨林, 袁鑫, 滕晓娜. 产业集聚对山东省城镇化助推作用差异性的实证分析 [J]. 经济与管理评论, 2014 (2): 138 – 143.

[7] 王海宁, 陈媛媛. 产业集聚效应与工业能源效率研究——基于中国 25 个工业行业的实证分析[J]. 财经研究, 2010, 36 (9): 69 – 79.

[8] 顾强. 提高产业集群生态效率促进循环经济发展[J]. 中国科技投资, 2006 (8): 38 – 40.

[9] 孙欣, 赵鑫, 宋马林. 长江经济带生态效率评价及收敛性分析[J]. 华南农业大学学报 (社会科学版), 2016, 15 (5): 1 – 10.

[10] 游达明, 黄曦子. 长江经济带省际工业生态技术创新效率评价[J]. 经济地理, 2016, 36 (9): 128 – 134.

[11] 刘习平, 盛三化. 产业集聚对城市生态环境的影响和演变规律——基于 2003—2013 年数据的实证研究[J]. 贵州财经大学学报, 2016 (5): 90 – 100.

[12] 焦剑雄. 区域金融集聚、经济增长与生态效率的空间统计分析 [D]. 南昌大学博士学位论文, 2014.

[13] 吴井峰. 金融集聚与地区生态效率的空间计量实证研究[J]. 统计与决策, 2016 (3): 149 – 153.

[14] 张云飞. 城市群内产业集聚与经济增长关系的实证研究——基于面板数据的分析[J]. 经济地理, 2014, 34 (1): 108 – 113.

[15] 谢雄军, 何红渠. 基于空间面板计量的产业集聚与省域经济增长关系研究 [J]. 财经理论与实践, 2014, 35 (2): 116 – 121.

[16] Koenker R, Bassett G E. Regression Quantiles [J]. Econometrica, 1978, 46 (1): 33 – 50.

[17] Koenker R, Bassett G. Robust Tests for Heteroscedasticity Based on Regression

Quantiles [J]. Economerica, 1982, 50 (1): 43 – 61.

[18] Bernd F P D, Roger K P D, José A F M P D. Economic Applications of Quantile Regression [M] . Physica – Verlag, 2002.

[19] Mello M, Perrelli R. Growth equations: A quantile regression exploration [J]. Quarterly Review of Economics & Finance, 2004, 43 (4): 643 – 667.

[20] Yu K, Moyeed R A. Bayesian Quantile Regression [J]. Statistics & Probability Letters, 2001, 54 (4): 437 – 447.

[21] Yu K. Quantile regression using RJMCMC algorithm [J]. Computational Statistics & Data Analysis, 2002, 40 (2): 303 – 315.

[22] Yang Y, He X. Bayesian empirical likelihood for quantile regression [J]. Annals of Statistics, 2012, 40 (12): 1102 – 1131.

[23] Kozumi H, Kobayashi G. Gibbs sampling methods for Bayesian quantile regression [J]. Journal of Statistical Computation and Simulation, 2011, 81 (11): 1565 – 1578.

[24] 朱慧明, 翁元, 曾昭法等. 基于 Gibbs – DA 算法的贝叶斯分位回归模型研究 [J]. 湖南大学学报（自科版）, 2014 (9): 120 – 124.

[25] Andersen P, Petersen N C. A Procedure for Ranking Efficient Units in Data Envelopment Analysis [J]. Management Science, 1993, 39 (10): 1261 – 1264.

[26] Farrell M J. The Measurement of Productive Efficiency [J]. Journal of the Royal Statistical Society, 1957, 120 (3): 253 – 290.

[27] Charnes A, Cooper W W, Rhodes E. Measuring the efficiency of decision making units [J]. European Journal of Operational Research, 1979, 2 (6): 429 – 444.

[28] Aignerc. D, Lovell A K, Schmidt P. Formulation and estimation of stochastic frontier production function models [J]. Journal of Econometrics, 1977: 21 – 37.

[29] Meeusen W, Broeck J V D. Efficiency Estimation from Cobb – Douglas Production Functions with Composed Error [J]. International Economic Review, 1977, 18 (2): 435 – 444.

[30] Jondrow J, Knox L C A, S. M I, et al. On the Estimation of Technical Inefficiency in the Stochastic Frontier Production Function Model [J]. Journal of Econometrics, 1982, 19 (2 – 3): 233 – 238.

[31] Saling P, Maisch R, Silvani M, et al. Assessing the Environmental – Hazard Potential for Life Cycle Assessment, Eco – Efficiency and SEEbalance (8pp) [J]. International Journal of Life Cycle Assessment, 2005, 10 (5): 364 – 371.

[32] 陈傲. 中国区域生态效率评价及影响因素实证分析——以 2000—2006 年省际数据为例 [J]. 中国管理科学, 2008 (s1): 566 – 570.

[33] Schaltegger S, Burritt R. BOOKS Contemporary Environmental Accounting: Issues, Concepts and Practice [J]. International Journal of Sustainability in Higher Education, 2001, 2

(3)：288 - 289.

　　[34] 潘兴侠. 我国区域生态效率评价、影响因素及收敛性研究 [M]．北京：人民大学出版社，2014.

　　[35] Camarero, Mariam, Castillo, et al. Eco - Efficiency and Convergence in OECD Countries [J]. Environmental & Resource Economics, 2013, 55 (1)：87 - 106.

　　[36] Traistaru I, Nijkamp P, Longhi S. Specialization of Regions and Concentration of Industries in EU Accession Countries [C]. Eu Accession Countries, Aldershot：Ashgate, Venables, A, 2003.

中国能源消耗的空间网络构建与分析[①]

陈星星

摘 要 本文通过研究 1990~2014 年中国省域能源消耗的空间网络密度和空间关联特征，测度中国省域能源消耗的度数中心度、接近中心度、中间中心度和特征向量中心度，发现中国能源消耗的空间关联性加强，网络密度逐年上升，能源空间关联关系数和网络等级度呈现先上升后下降的倒 "U" 形趋势。中国 28 个省分为 "净受益板块" "经纪人板块" "双向溢出板块" "净溢出板块" 4 个类别。应当充分考虑能源消耗空间网络结构关系，综合 "属性目标" 和 "关系目标" 制定整体节能减排目标，同时根据能源消耗产出空间网络结构特征，制定差异化省域能源政策，构建能源供给和消费的跨区域协调机制。

关键词 能源消耗；空间网络模型；结构效应；非期望产出

Analysis of Energy Consumption Based on Spatial Network Model

Chen Xingxing

Abstract：This paper constructs a gravity model of energy consumption to explore the space network density of Chinese provincial energy consumption and spa-

---

① 基金项目：中国博士后科学基金第 65 批面上资助项目（资助编号：2019M650777）、中国博士后科学基金第 12 批特别资助项目（资助编号：2019T120117）的资助。

tial correlation characteristics. By analyzing Chinese provincial energy consumption degree centrality, closeness centrality, betweenness centrality and eigenvector centrality, the article measures energy consumption status of provinces. The results show that the spatial association of Chinese energy consumption is strengthen in 1990 ~ 2014, and the network density increases year by year. The relationship between energy networks and spatial association increase firstly and then decrease with a U – shaped trend. China's 28 provinces can be divided into 4 categories, which are net benefit plate, broker plate, two – way overflow plate and net overflow plate. This paper is significance for the government to formulate regional energy conservation and emission reduction targets and coordinate development mechanism.

Key Words: energy consumption; spatial network model; structure effect; non – expected output

一、引 言

通信技术、交通技术、网络技术的发展，加上我国"一带一路"倡议的实施，使得中国区域空间发展已从"点—轴"模式演变为网络形态。在探讨中国能源消耗和节能减排问题时，应该充分考虑能源供给、消耗和使用的区域联系。识别区域间能源消耗产出的空间效应和结构效应，建立复杂精确的模型测算能源消耗产出的空间网络特性，明确省域在能源消耗产出空间网络中的角色和地位，制定符合区域发展的能源战略和区域协调机制具有重要性和紧迫性。

目前，空间网络的研究主要集中在分析区域经济增长的空间关联和区域发展问题上（李国平，2013；刘华军、张耀、孙亚男，2015；刘华军，何礼伟，2016）。刘华军、张耀、孙亚男（2015）基于2000 ~ 2013年中国省际地区发展与民生指数，运用社会网络分析方法揭示了中国区域发展的空间网络结构特征及其影响因素。冯朝阳（2017）研究了环渤海地区区域经济空间网络关联结构，将环渤海地区分为"辽宁"和"京津冀鲁"两个子网络。也有一些文献研究了产业的空间关联特征，如林春艳、孔凡超（2016）测算了中国产业结构水平，运用社会网络分析法研究中国产业结构空间网络关联效应。部分文献研究了碳排放的空间关联性。孙亚男、刘华军、刘传明、崔蓉（2016）利用社会网络分析（SNA）方法对中国省际碳排放的空间网络结构及其效应进行了实证考察，研究发现，中国省际碳排放的空间关联关系呈网络结构形态。杨桂元、吴齐、涂洋（2016）基于中国省际碳排放的空间网络关联特征，测度了中国省域网络地位和作用。从已有研究看，现有文献大多基于截面数据构建能源空间网络关联结构，同时尚未有文献综合考虑二氧化碳排放等非期望产出对能源消耗的影响，从而会高估空间网络特征对能源消耗产出的影响，其结果是有偏的。

本文构建了能源消耗引力模型，将社会空间网络分析引入中国省域能源消耗的研究中，其贡献如下：第一，根据网络等级、网络效率、网络关联度构建动态面板整体能源消耗网络特征，而目前部分文献仅考虑截面能源消费网络特征，如刘华军、刘传明、孙亚男（2015）。第二，本文将非期望产出引入能源消耗的空间网络分析模型，提高了模型的解释能力。第三，本文在构建能源消耗引力模型时，在省会城市间的球面距离中加入了单位能源消耗产出系数，充分考虑了各省份的资源禀赋和经济发展水平，更合理地反映了能源消耗的空间网络关系。

二、模型与数据

（一）能源消耗引力模型

引力模型（Gravity Model）最早源于万有引力定律，反映物体间质量和距离的关系。Tinbergen（1962）提出经济学领域的引力模型，其构建的贸易引力模型为 $X_{ij} = K \dfrac{(Y_i)^a (Y_j)^b}{(1 + eD_{ij})^f}$，其中，$X_{ij}$ 为国家 i 对国家 j 的出口，Y_i 和 Y_j 分别为国家 i 和国家 j 的国民收入 GNP，D_{ij} 为两国家之间的距离，a、b 为参数，K 为常数。根据李平、陈星星（2016）以及陈星星（2015）的研究，将引力模型引入能源消耗的空间研究，揭示能源消耗产出的空间关联动态演变特征，构建非期望产出下中国省域能源消耗空间网络引力模型如下式所示：

$$Y_{ij} = \beta_{ij} \frac{\sqrt[3]{cap_i lab_i e_i} \cdot \sqrt[3]{cap_j lab_j e_j}}{(\lambda \cdot dis_{ij})^2}$$

其中，Y_{ij} 为省份 i 与省份 j 间的能源消耗空间网络关系。β_{ij} 为省份 i 的能源消耗量在省份 i 和省份 j 能源消耗总量中的比重，$\beta_{ij} = \dfrac{e_i}{e_i + e_j}$，$e_i$ 和 e_j 分别表示省份 i 和省份 j 的总能耗。cap_i 和 cap_j 分别表示省份 i 和省份 j 的实际资本存量。lab_i 和 lab_j 分别表示省份 i 和省份 j 的就业人口。dis_{ij} 为省份 i 和省份 j 省会城市间的球面距离，用 ArcGIS 软件计算。λ 为单位能源消耗产出系数，$\lambda = \dfrac{1}{egdp_i - egdp_j}$，其中，egdp 为单位能耗 GDP。

（二）指标选取与数据处理

选取 1990～2014 年中国省域能源消耗产出数据，投入指标采用资本存量（capital）、就业人口（labor）、总能耗（energy），期望产出指标为实际 GDP/总能耗（egdp），非期望产出指标为二氧化碳排放量（carbon）。其中，实际资本存量以 1990 年为基期进行调整，单位为亿元；就业人口为年末从业人员数，单位为万人；总能耗单位为万吨标准煤；实际 GDP/总能耗以 1990 年为基期进行调整，单位为亿元，实际 GDP 为各地区实际生产总值 GDP。有关数据来源为 1995～2014 年的《中国统计年鉴》和《中国能源统计年鉴》，部分缺失数据由地方统计年鉴补全。本文所需的有关变量的描述性统计如表 1 所示。

表 1　变量描述性统计

	指标	指标含义	平均值	最大值	最小值	标准偏差	合计	观测值
期望产出	egdp	单位能耗 GDP（亿元/万吨标准煤）	0.72	3.12	0.09	0.48	503	700
非期望产出	carbon	二氧化碳排放量（万吨）	23225.04	119173.72	1101.50	19921.32	16257525	700
投入变量	capital	实际资本存量（亿元）	8301.03	66036.92	129.60	10132.96	5810720	700
	labor	就业人口（万人）	2342.74	6606.50	206.31	1525.48	1639918	700
	energy	总能耗（万吨标准煤）	8122.03	38899.25	474.30	6684.97	5685419	700

三、空间网络构建

根据构建的能源消耗引力模型，参考 Borgatti S. P.、Everett M. G.、Freeman L. C. (2002)，本文考察了 1990~2014 年中国 28 个省份的能源消耗空间网络特征分布情况。分别从空间网络整体特征、网络中心性和聚类属性三个维度展开分析。采用 UCINET 软件中的 Netdraw 模块，绘制中国能源消耗空间分布网络。

（一）空间网络整体特征

1. 网络密度与关联关系数

从 1990~2014 年中国能源消耗空间分布网络可以发现，中国能源消耗的空间关联性加强，网络密度逐年上升，网络关联数从 204 个上升到 213 个，网络密度由 0.2698 上升到 0.2817。直观地看，1990 年，中国能源消耗空间分布网络中，网络密度较大的几个省份为：浙江、福建、山西、江苏、广东；网络密度较小的几个省份为：上海、黑龙江、河北、新疆、青海。2014 年，中国能源消耗空间分布网络中，网络密度较大的几个省份为：北京、广东、山西、江苏、河南；网络密度较小的几个省份为：黑龙江、吉林、辽宁、广西（见图 1）。在能源消费需求日益变化的 25 年中，广东、江苏和山西保持了较大的能源密度，而北京和上海的能源密度上升，反映了"西气东输""西电东送""西煤东运"带来的能源密度空间变化。

由于最大可能关系数等于关联关系数除以网络密度，对于 2014 年，中国能源消耗空间分布网络的最大可能关系数为 756（213/0.2817）。因此，尽管考察期内中国能源消耗空间分布网络密度呈逐年上升趋势，但从数值上看，中国能源消耗空间网络紧密程度并不高，省际间能源消耗的空间联系还存在较大空间，这与刘华军等（2015）的研究是一致的。

本文在剔除非期望产出对能源消耗的影响后，得到的能源空间关联关系数呈现先上升后下降的倒"U"形趋势（见图 2）。总体来看，1990~2005 年，中国能源空间关联程度逐年上升，主要是由于国家加快实施"北煤南运"等国家级特大能源工程项目，加快了中国能源跨省域流动，促进了

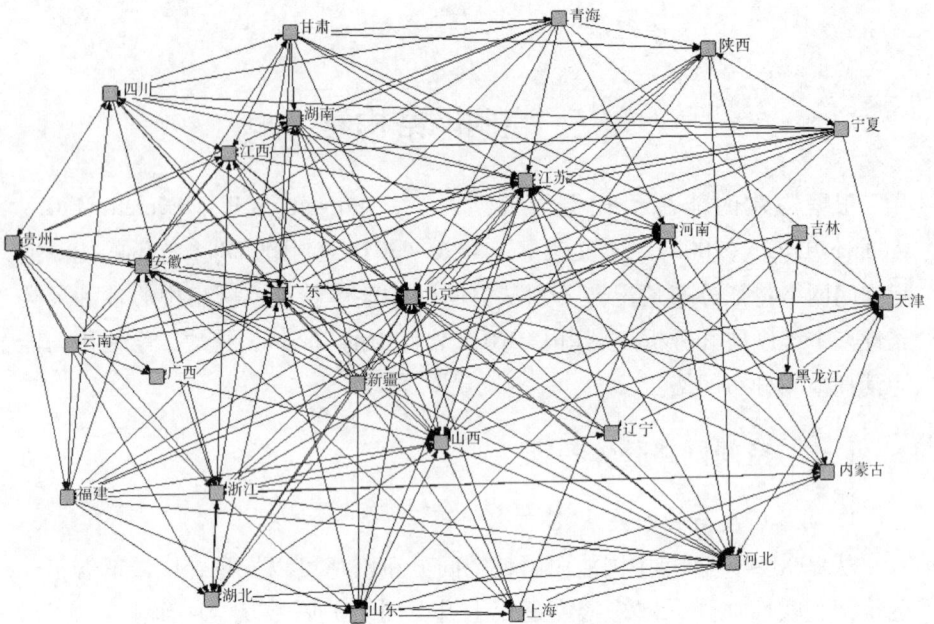

图 1　2014 年中国能源消耗空间分布网络

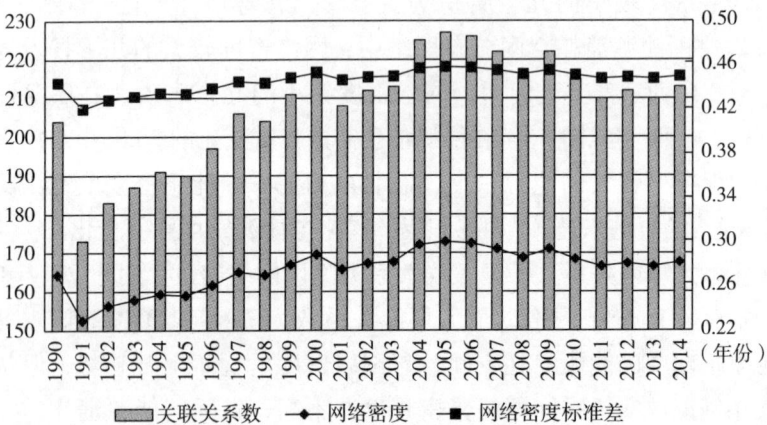

图 2　1990～2014 年中国能源消耗空间关联系数和网络密度

注：左轴为关联关系数，右轴为网络密度和网络密度标准差。

能源生产要素流动，调整了能源结构，增强了能源消耗的空间关联特征。2005 年，能源空间关联程度有所下降，这主要是因为，一方面，能源工程形成的强大能源调度促使能源空间关联程度显著加强，导致能源紧缺的东部地区能源短缺情况得到缓解；另一方面，由于长期以来中国环境保护政策的不完善导致这些区域出现大量的二氧化碳排放，环境污染程度加剧，能源消耗的绿色产出效率下降，随着能源网络密度的增大导致能源网络中出现连线冗余，能源流入地超出了当地的能源吸纳能力，能源流动的交易费用升高，能源网络超出了其承载能力，再加上能源的行政干预导致能源配置效率下降，空间关联程度降低。

2. 网络关联性

1990～2014 年，中国能源消耗空间网络关联度均为 1，说明中国省域能源消耗联系非常紧密，存在明显的空间关联和溢出效应。考虑非期望产出后，能源消耗网络等级度亦呈现倒"U"形趋势（见表 2），具体表现为在 1990～1998 年维持在 0.35 左右的水平，在 1999～2003 年有一个小幅下滑并逐渐反弹，而自 2004 年至今大致保持在 0.4 的水平。能源消耗网络等级度先降后升表明中国能源加强空间联系，能源空间壁垒被打破，省际空间能源关联程度加强。但能源空间关联关系在达到一定程度后，由于贸易成本和要素流动的限制，空间关联程度逐渐减弱。能源空间网络效率从 1990 年的 0.6610 下降到 2014 年的 0.5954，说明中国空间能源网络稳定性得到提升，空间网络连线增加。最近上限的变化趋势与能源消耗网络等级度相反，同样反映了中国能源空间的关联程度先上升后下降。综合网络关联性的四项指标可以看出，随着中国能源市场化进程的加快，能源要素市场流动加快，能源行政指令干预逐渐减弱，这在一定程度上降低了能源交易成本，加快了能源消耗省域间联系，促进了能源消耗网络的稳定性。

表 2　1990～2014 年中国能源消耗空间网络密度、关联关系数及关联性指标

年份	网络密度		关联关系数	四类关联性指标			
	密度值	标准差		关联度	网络等级度	网络效率	最近上限
1990	0.2698	0.4439	204	1	0.3117	0.6610	0.9744
1991	0.2288	0.4201	173	1	0.3117	0.7293	0.9744
1992	0.2421	0.4283	183	1	0.4139	0.6980	0.9487
1993	0.2474	0.4315	187	1	0.3626	0.6923	0.9601
1994	0.2526	0.4345	191	1	0.4106	0.6667	0.9430
1995	0.2513	0.4338	190	1	0.3626	0.6695	0.9601

年份	网络密度		关联关系数	四类关联性指标			
	密度值	标准差		关联度	网络等级度	网络效率	最近上限
1996	0.2606	0.4390	197	1	0.4106	0.6467	0.9430
1997	0.2725	0.4452	206	1	0.3626	0.6296	0.9601
1998	0.2698	0.4439	204	1	0.4106	0.6353	0.9430
1999	0.2791	0.4486	211	1	0.2581	0.6211	0.9829
2000	0.2884	0.4530	218	1	0.2581	0.6068	0.9829
2001	0.2751	0.4466	208	1	0.2581	0.6239	0.9829
2002	0.2804	0.4492	212	1	0.2574	0.6211	0.9858
2003	0.2817	0.4499	213	1	0.4121	0.6268	0.9601
2004	0.2976	0.4572	225	1	0.4121	0.6154	0.9601
2005	0.3003	0.4584	227	1	0.4132	0.5869	0.9573
2006	0.2989	0.4578	226	1	0.4132	0.5954	0.9573
2007	0.2937	0.4554	222	1	0.4132	0.5983	0.9573
2008	0.2857	0.4518	216	1	0.4132	0.6182	0.9573
2009	0.2937	0.4554	222	1	0.4121	0.6040	0.9601
2010	0.2844	0.4511	215	1	0.4169	0.6154	0.9687
2011	0.2778	0.4479	210	1	0.4103	0.6239	0.9715
2012	0.2804	0.4492	212	1	0.4573	0.6211	0.9573
2013	0.2778	0.4479	210	1	0.1995	0.5983	0.9943
2014	0.2817	0.4499	213	1	0.0714	0.5954	1.0000

资料来源：根据 UCINET6 笔者计算。

（二）网络中心性

对2014年的能源消耗空间网络做中间中心度的可视化分析。处于网络中心的省份（如北京、江苏、山西、广东），是能源消耗的中心省份，比其他省份的能源消耗更多。研究发现，1990～2014年中国省域能源消耗空间网络中心度平均值在四种中心度下的排名差异不大，排名前几位的均为浙江、江苏、广东和福建，排名后几位的均为广西、黑龙江、辽宁和吉林。此外，从省域能源消耗空间网络中心度的分布来看，东部地区的中心度高于中部地区，中部地区高于西部地区。

从图 3 可以看出，1990～2014 年中国能源消耗空间网络度数中心度和接近中心度逐年上升，中间中心度逐年下降，特征向量中心度基本不变，保持在 25 左右的水平。四项指标基本均从 2000 年起高于平均值。

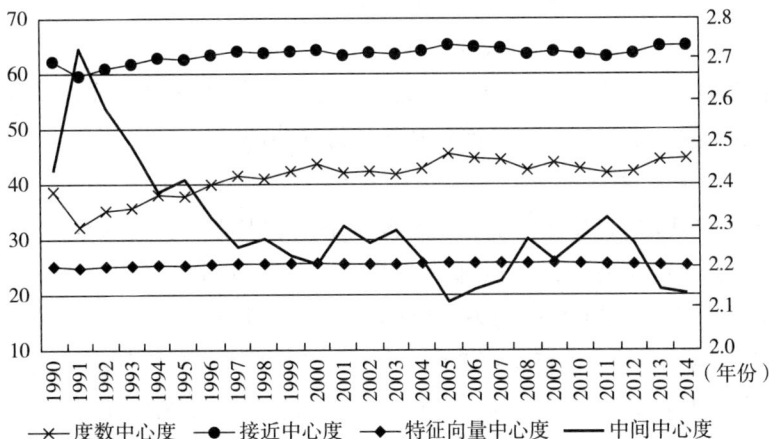

图3　1990～2014 年中国能源消耗空间网络中心度

注：中间中心度为右轴，其余为左轴。

1. 度数中心度

1990～2014 年，中国能源消耗空间网络度数中心度的全国平均值为 40.9185，高于平均值的省份一共有 10 个，分别是浙江、广东、江苏、福建、山西、北京、山东、河南、甘肃、江西；低于平均值的省份一共有 19 个。高于中国能源消耗空间网络度数中心度平均值的省份具有较高的空间网络关联性，与其他省份的能源消耗关联度较高，处于能源消耗的空间网络中心，拥有绝对权力。其中，浙江的空间网络度数中心度高达 74.6666，说明浙江与其他省份的能源消耗空间网络关联特征明显，空间溢出效应显著。中国能源消耗空间网络度数中心度较高的省份大多集中在东部地区，说明东部地区对能源消耗空间溢出效应具有较大的影响力。处于能源消耗空间网络度数中心度后几位的省份分别为广西、黑龙江、辽宁、吉林、云南，这些省份涵盖了中国东北三省和部分西部地区省份，这些省份经济欠发达，交通便利程度较差，不利于能源要素的流动，造成能源成本的提升，从而能源消耗的空间网络关联程度和溢出效应较差。

进一步地，分析 2014 年中国省域能源消耗空间网络度数中心度的点入度和点出度。整体来看，整个空间网络点入中心度为 70.645%，整个空间网络点出中心度为 28.395%，点出度和点入度的平均值均为 8。点出度高于平均值的省份有（按从高到低排列）：新疆、甘肃、宁夏、青海、贵州、福建、广东、浙江、江西、湖北、四川、云南；点入度高于平均值的省份有（按从高到低排列）：北京、江苏、山西、河北、广东、河南、山东、天津、安徽、江西。可以看出，点入度高于全国平均值的省份其值也远高于点出度，这些地区大多数是经济较发达地区，能源消耗水平高，而能源供给量相对不足，能源依存度较高且需要其他省份的能源溢出。

2. 接近中心度

1990 ~ 2014 年，中国能源消耗空间网络接近中心度均值为 63.3259，东部地区高于中西部地区，中西部地区基本相同。分时段来看，省域接近中心度逐年上升，从 1990 ~ 1994 年的 61.4829 上升至 2010 ~ 2014 年的 64.1475。分区域看，东部地区 2010 ~ 2014 年能源消耗空间网络接近中心度较高的省份为北京、江苏、浙江、广东，中部地区接近中心度较高的为河南、安徽、江西、湖南，西部地区接近中心度较高的为新疆、贵州、四川、陕西。接近中心度反映了某省份与其他省份之间的接近程度，省份的接近中心度越高，其与其他省份的能源在能源要素流动上越容易，越可能处在能源消耗的空间网络中心位置上。处于接近中心度较高的省份大多在该区域处于经济发达，人口密集，能源消耗较为集中的省份，这些省份是与其他省份在能源消耗中链接的关键省份，在网络中存在多条路径，与自身和其他省份在能源消耗水平上较为接近。

2014 年，中国省域能源消耗空间网络接近中心度均值为 65.1599，高于平均值的省份有（按从高到低排序）：北京、江苏、山西和河北。较高的接近中心度说明这些省份在能源消耗空间网络中与其他省份更快地建立联系，能源流动性更强。此外，这些省份的接近中心度点出度远高于点入度，能源获取效率更高，在能源网络中扮演"净受益"的角色，是能源消耗的行动者。接近中心度较低的省份有新疆、黑龙江、宁夏、吉林、青海，这些省份表现出在能源消耗和使用中容易受到其他省份的影响。

3. 中间中心度

1990 ~ 2014 年，中国能源消耗空间网络中间中心度均值为 2.2082。东部地区远高于中部和西部地区。分时段来看，1990 ~ 2014 年，中国能源消耗空间网络中间中心度逐年下降，从 1990 年的 2.4318 下降到 2014 年的 2.1368。分省域来看，2010 ~ 2014 年，中间中心度均值为 2.2263，东部地区中间中心度高于地区平均值的省份为北京、江苏、广东、浙江，中部地区中间中心度高于地区平均值的省份为山西、江西、河南、安徽，西部地区中间中心度高于地区平均值的省份为贵州、新疆、四川、陕西、宁夏。中间中心度测度了某省份对能源资源的控制程度，中间中心度较高的省份处于其他省域能源消耗的捷径上。

根据 Freeman 中心度测算结果，2014 年，中国省域能源消耗空间网络非标准化中间中心度为 2347.738，整个网络的标准化中心势（Network Centralization Index）为 0.1239，网络中心化指数为 12.39%，中间中心度反映了整个网络向某个点集中的趋势。2014 年，中国省域能源消耗空间网络 Freeman 中间中心度平均值为 36.607，高于该平均值的省份有江苏、湖北、江西、浙江、甘肃、广东、辽宁、贵州、河南、山西、安徽，这些省份在控制其他省份能源消耗、能源流通和能源要素交流方面的能力较强。其中，江苏的能源消耗空间网络 Freeman 中间中心度高达 120.455，远高于其他省份，而青海和新疆两个省份的中间中心度接近于 0，能源消耗空间网络中间中心度分布不均衡现象显著。此外，高于全国能源消耗空间网络 Freeman 中间中心度平均值的 11 个省份的中间中心度之和占全国中间中心度总和的 82.41%，中间中心度主要集中在能源资源较为丰富的省份。

4. 特征向量中心度

1990～2014 年，中国能源消耗空间网络特征向量中心度均值为 25.4272。东、中、西部地区特征向量中心度差异不明显，东部地区略高于中部和西部地区。分时段来看，1990～2014 年，中国能源消耗空间网络特征向量中心度逐年上升，从 1990 年的 25.1808 上升到 2014 年的 25.3654。分省域来看，2010～2014 年，特征向量中心度均值为 25.5631，东部地区特征向量中心度高于地区平均值的省份为北京、江苏、浙江、广东、河北、福建，中部地区特征向量中心度高于地区平均值的省份为山西、河南、安徽、江西，西部地区特征向量中心度高于地区平均值的省份为新疆、四川、青海、陕西、甘肃、贵州。可以看出，绝大多数省份的特征向量中心度高于平均值。

2014 年，中国省域能源消耗空间整个网络的特征向量中心度为 27.26%，点度特征向量中心度平均值为 25.365，高于平均值的省份有北京、江苏、山西、河北、广东、新疆、河南、四川、浙江、安徽、湖南、福建、江西、甘肃、湖北，特征向量中心度的分布较为均等，特征向量最大值的北京（28.7490）是特征向量最小值的吉林（7.5870）的 4 倍。

（三）板块模型分析

根据 Concor（Convergent Correlation）方法做迭代收敛分析，研究网络凝聚子群，选择最大分割度为 3，集中标准为 0.2，将 28 个省份划分为八个板块，如表 3 所示。

表 3　2014 年中国能源消耗网络凝聚子群

板块	省份	个数	板块分类
板块 1	北京、天津、山东、山西	4	净受益板块
板块 2	安徽、河南、四川、湖北、陕西	5	经纪人板块
板块 3	江苏、上海、福建、江西、浙江、广东	6	净受益板块
板块 4	湖南、吉林、广西	3	净受益板块
板块 5	河北、内蒙古	2	净受益板块
板块 6	辽宁、黑龙江	2	经纪人板块
板块 7	贵州、云南	2	双向溢出板块
板块 8	甘肃、青海、宁夏、新疆	4	净溢出板块

2014 年，中国能源消耗网络空间中存在 213 个关联关系，其中，板块内部间的关联关系有 14 个，板块间关联关系有 199 个，说明板块间能源消耗存在明显的空间关联和空间溢出效应。结合分析结果，2014 年，板块 1 的接收关系数有 64 个，属于板块内部的有 10 个，接收其他板块溢出的关系有 54 个，板块溢出关系有 18 个，期望内部关系比例为 14.29%，实际内部关系比例为 55.56%，板块 1 属于"净受益板块"。同理，可以分析其他 8 个板块的属性类别（见表 3 和表 4），并将其分为"净受益板块""经纪人板块""双向溢出板块""净溢出板块"4 个类别。

表 4　2014 年中国能源消耗网络空间关联板块及关系

板块	接收关系数（个）		发出（溢出）关系数（个）		期望内部关系比例⑤（%）	实际内部关系比例⑥（%）
	板块内①	板块外②	板块内③	板块外④		
板块 1	10	54	10	8	14.29	55.56
板块 2	0	42	0	37	17.86	0.00
板块 3	1	53	1	53	21.43	1.85

续表

板块	接收关系数（个）		发出（溢出）关系数（个）		期望内部关系比例⑤（%）	实际内部关系比例⑥（%）
	板块内①	板块外②	板块内③	板块外④		
板块 4	0	13	0	16	10.71	0.00
板块 5	0	21	0	9	7.14	0.00
板块 6	0	3	0	10	7.14	0.00
板块 7	1	9	1	19	7.14	5.00
板块 8	2	4	2	47	14.29	4.08

2014 年，中国能源消耗整体空间网络密度为 0.2817，若有板块密度大于整体空间网络密度的板块，则能源消耗更集中在该板块，因此，将板块密度大于整体空间网络密度的板块取值为 1，板块密度小于整体空间网络密度的板块取值为 0，根据密度矩阵构造像矩阵如表 5 所示。

表 5　2014 年中国能源消耗网络密度矩阵

密度矩阵	板块 1	板块 2	板块 3	板块 4	板块 5	板块 6	板块 7	板块 8
板块 1	0.833	0.050	0.083	0.000	0.625	0.000	0.000	0.000
板块 2	0.500	0.000	0.533	0.067	0.500	0.000	0.200	0.150
板块 3	0.667	0.667	0.033	0.111	0.750	0.083	0.333	0.042
板块 4	0.500	0.000	0.167	0.000	0.333	0.333	0.500	0.000
板块 5	0.750	0.100	0.167	0.000	0.000	0.000	0.000	0.000
板块 6	0.500	0.000	0.333	0.333	0.000	0.000	0.000	0.000
板块 7	0.250	0.300	0.833	0.667	0.000	0.000	0.500	0.000
板块 8	0.625	0.850	0.667	0.333	0.000	0.000	0.000	0.167
像矩阵	板块 1	板块 2	板块 3	板块 4	板块 5	板块 6	板块 7	板块 8
板块 1	1	0	0	0	1	0	0	0
板块 2	1	0	1	0	1	0	0	0
板块 3	1	1	0	0	1	0	1	0
板块 4	1	0	0	0	1	1	1	0
板块 5	1	0	0	0	0	0	0	0
板块 6	1	0	1	1	0	0	0	0
板块 7	0	1	1	1	0	0	1	0
板块 8	1	1	1	1	0	0	0	0

根据表5构造的中国能源空间网络像矩阵可以进一步绘制2014年中国能源消耗八大板块间网络溢出效应图（见图4）。从图4可以清晰地看出，"净受益板块"板块1、板块3、板块4和板块5经济较为发达，能源供给紧张，能源消耗量大，主要依赖其他省份能源输入；"经纪人板块"板块2、板块6以及"双向溢出板块"板块7，既有能源的输入，又有能源的溢出，能源交易频繁，联动效应明显；"净溢出板块"板块8中蕴含丰富的石油、天然气和煤炭资源，是全国能源供应的"发动机"。

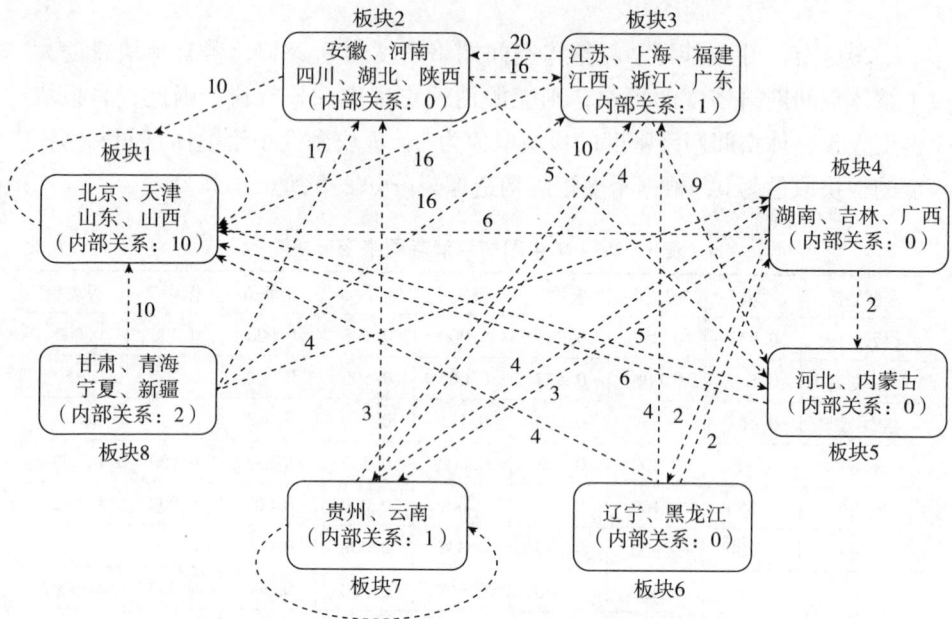

图4 2014年中国能源消耗八大板块间网络溢出效应

注：虚线上的数字表示溢出关系。

四、结论及建议

本文研究了1990～2014年中国能源消耗空间网络密度和空间关联特征。主要结论如下：第一，中国能源消耗的空间关联性加强，网络密度逐年上升，能源空间关联关系数呈现先上升后下降的倒"U"形趋势。第二，中国省域能源消耗联系非常紧密，存在明显的空间关联和溢出效应。第三，处于网络中心的省份（如北京、江苏、山西、广东），是能源消耗的中心省份，比其他省份的能源消耗更多。从省域能源消耗空间网络中心度的分布来看，东部地区的中心度高于中部地区。第四，做迭代收敛分析，可将28个省份分为"净受益板块""经纪人板块""双向溢出板块""净溢出板块"4个类别。

本文的政策建议：一是充分考虑能源消耗空间网络结构关系，综合"属性目标"和"关系目标"制定整体节能减排目标。二是根据能源消耗产出空间网络结构特征，制定差异化省域能源政策，构建能源供给和消费的跨区域协调机制。三是实时监测能源空间网络密度，提高能源消耗产出空间公平性，平衡能源空间网络稳定性和能源空间网络效率之间的关系。

参考文献

[1] 李国平，王志宝. 中国区域空间结构演化态势研究[J]. 北京大学学报（哲学社会科学版），2013，50（3）：148–157.

[2] 刘华军，张耀，孙亚男. 中国区域发展的空间网络结构及其时滞变化——基于DLI指数的分析[J]. 中国人口科学，2015（4）：60–71，127.

[3] 刘华军，何礼伟. 中国省际经济增长的空间关联网络结构——基于非线性Granger因果检验方法的再考察[J]. 财经研究，2016，42（2）：97–107.

[4] 刘华军，刘传明，孙亚男. 中国能源消费的空间关联网络结构特征及其效应研究[J]. 中国工业经济，2015（5）：83–95.

[5] 冯朝阳. 环渤海地区区域经济空间网络关联结构研究[J]. 西部论坛，2017，27（1）：43–52.

[6] 林春艳，孔凡超. 中国产业结构高度化的空间关联效应分析——基于社会网络分析方法[J]. 经济学家，2016（11）：45–53.

[7] 孙亚男，刘华军，刘传明，崔蓉. 中国省际碳排放的空间关联性及其效应研究——基于SNA的经验考察[J]. 上海经济研究，2016（2）：82–92.

[8] 杨桂元，吴齐，涂洋. 中国省际碳排放的空间关联及其影响因素研究——基于社会网络分析方法[J]. 商业经济与管理，2016（4）：56–68，78.

[9] TINBERGEN J. An Analysis of World Trade Flows in Shaping the World Economy [M]. edited by Jan Tinbergen New York NY：Twentieth Century Fund，1962.

[10] 李平，陈星星. 中国八大经济区域能源消耗产出效率差异研究[J]. 东南学术，2016（5）：91–105，248.

［11］陈星星. 中国能源消耗产出效率的测算与分析［J］. 统计与决策，2015（23）：114 – 119.

［12］BORGATTI S. P. ，EVERETT，M. G. ，FREEMAN，L. C. Ucinet for windows：software for social net – work analysis［M］. Harvard，MA：Analytic Technologies，2002.

我国大型超市行业市场结构与竞争的实证研究

——基于不完全信息静态离散型博弈模型的视角

姚益家　王文举

摘　要　随着我国经济的快速发展，大型超市行业对我国的经济发展和民生就业的作用越发重要。本文构建了一个永辉超市、物美超市两个企业参与的不完全信息静态离散型博弈模型来刻画两者的市场进入博弈，并且选取两个企业的位置信息以及我国各城市相关数据，采用二步伪最大似然估计方法（2S – PML）进行实证研究，研究了我国大型超市行业企业利润影响因素以及企业之间相互竞争的影响，进而分析我国大型超市行业的市场结构和竞争格局。研究发现，市场的人口规模和人均 GDP 对大型超市行业的企业利润有正向影响，市场到企业总部所在城市的距离对企业利润有负向影响，企业之间相互竞争对企业利润有显著的负向影响，并且影响是不对称的。

关键词　博弈计量；大型超市；不完全信息静态离散型博弈模型；二步伪最大似然估计法

一、前言

随着我国经济的快速发展，大型超市行业对国民经济运行和人民生活的影响越来越大。2017 年，大型超市行业所属的批发和零售行业产值占国内 GDP 的 9.4%，位于工业之后，是对国内 GDP 贡献第二大的行业。并且截至 2017 年，大型超市 6155 家门店，商品销售额达到 4415.1 亿元，从业人数达到 47 万人，大型超市行业对我国的经济发展和民生就业都具有十分重要的作用。大型超市行业一般是指营业面积在 2500 平方米以上，采用自选销售方式，以销售大众化实用品为主，满足顾客一次性购齐需求的连锁零售业态。我国大型超市行业起源于 1978 年，随后获得飞速发展。目前，我国的大型超市行业呈现出由永辉超市和物美超市两个企业主导，各大企业相互竞争、共同发展的局面。我国对于大型超市行业的市场结构和竞争格局研究较少，一个大型超市选择进入一个市场，不仅要考虑该市场的经济和人口等市场特征，还要考虑进入该市场所要面临其他大型超市的竞争强度。一般来说，市场特征越优秀的市场所要面临的竞争强度越高，大型超市要面临优秀的市场特征和由此带来的更高的竞争强度的权衡取舍。那么，我国大型超市行业的市场结构和竞争格局到底是怎么样的？我国大型超市行业的企业为什么会倾向于进入地理分离的不同市场？企业的利润受到哪些因素的影响？企业之间的相互竞争会对企业利润造成多大的影响？企业之间相互竞争的影响会随着企业的不同而不同吗？

为了回答这些问题，研究往往需要大型超市具体的利润、销售额、商业租金等数据，然而上述数据都被视为企业商业机密而无法获得。为此，本文构建一个永辉超市和物美超市两者参与的不完全信息静态离散型博弈模型来刻画两者的市场进入博弈，并且使用二步伪最大似然估计方法（2S – PML）对模型进行实证估计，可以在缺乏上述数据的情况下研究大型超市行业的企业利润影响因素，量化企业之间相互竞争的影响，进而分析中国大型超市行业的市场结构和竞争格局。

二、文献综述

对博弈模型进行估计的方法最早在 1991 年由 Bresnahan 和 Reiss（1991）开创性地提出，他们提出了估计完全信息静态博弈模型的估计方法，并使用其对企业进入市场的博弈进行了研究。随后 Berry（1992）建立完全信息静态博弈模型并实证研究了美国飞机场的选址博弈。博弈模型估计方法研究领域从创建伊始就获得了快速发展，近年来更成为计量经济学研究的前沿热点之一，对不完全信息静态离散型博弈模型进行估计是博弈模型估计方法研究领域重要的组成部分。不完全信息静态离散型博弈模型的估计方法目前主要有三类，最早提出的一类估计方法是使用 Rust（1987）提出的不动点方法（NFXP），该方法通过解决不动点问题进而完成对不完全信息静态离散型博弈模型的估计。Seim（2006）最早应用 NFXP 方法完成了实证研究，其使用 NFXP 方法实证研究了美国录像带连锁商店的选址博弈。Orhun（2013）扩展了 Seim 的方法并且运用其研究了美国大型超市的选址博弈。Zhu 和 Singh（2009）建立了 Wal – Mart、Kmart 和 Target 三家超市市场进入博弈的不完全信息静态博弈模型，并且运用 NFXP 方法完成了估计，研究发现，市场特征以及超市之间相互竞争对超市行业的市场结构具有重要影响。Draganska 等（2009）等使用 NFXP 方法实证研究了冰淇淋厂家对冰淇淋口味选择和价格制定的博弈问题。第二类方法是 Su 和 Judd（2012）提出的均衡约束最优化方法（MPEC），该方法是通过与 NFXP 方法不同的途径解决不动点问题来完成对不完全信息静态离散型博弈模型的估计的，作者随后使用该方法对公交车站选址问题进行了研究。Vitorino（2012）等运用 MPEC 方法实证研究了美国的商业购物中心中商店的构成和布局，分析了影响购物中心中高中低三种档次商店构成和布局的影响因素进行了分析。第三类方法是 Bajari 等（2010）提出的一种不需要解决不动点问题就可以估计不完全信息静态离散型博弈模型的估计方法，即二步伪最大似然估计法（2S – PML），作者构建博弈模型并且使用该方法对 1998 ~ 2003 年美国高科技股票选股推荐问题进行了研究。Ellickson 和 Misra（2008）运用 2S – PML 方法实证研究了美国大型超市的定价策略和市场结构，研究发现，大型超市倾向于使用和竞争对手相同的定价策略。Ellickson 和 Houghton（2013）基于显示偏好的视角，运用 2S – PML 方法研究了美国大型超市的市场进入博弈过程中的影响因素。Arcidiacono 等（2019）运用 2S – PML 方法对美国大型超市行业在市场进入、选址和定价策略等方面的博弈关系和影响因素进行了分析。Ryan（2012）运用 2S – PML 方法研究了环境规制对美国水泥制造行业的影响。Aguirregabiria 和 Mira（2002）改进了 2S – PML 方法，提出了迭代伪最大似然估计法（NPL）来估计不完全信息静态离散型博弈模型。Sweeting（2009）使用 NFXP 方法和 2S – PML 方法对美国广播电台和广告商对广告播出时段选择的博弈问题进行了估计。Su（2014）基于算法复杂度对 NFXP 方法、MPEC 方法、2S – PML 方法和 NPL 方法四种估计方法进行了分析和比较。博弈模型估计方法研究领域在国内仅有少量的研究，只有徐伟康对静态连续型博弈模型的估计方法进行了研究。

本文构建了一个永辉超市、物美超市两个企业参与的不完全信息静态离散型博弈模型，并且选取两个企业的位置信息以及中国各城市相关数据，采用二步伪最大似然估计方法（2S – PML）进行实证研究，研究了中国大型超市行业企业利润影响因素以及企业之间相互竞争的影响，进而分析中国大型超市行业的市场结构和竞争格局。

三、模型构建

本文构建一个永辉超市和物美超市两者参与的不完全信息静态离散型博弈模型来刻画两者的市场进入博弈。该模型是对传统离散型选择模型（如 Logit 模型和 Probit 模型）的扩展，在其中引入了企业之间策略选择的相互影响。

假设中国具有 M 个地理上分离的市场，在每个市场 m = 1, 2, …, M 中，两个企业——永辉超市和物美超市同时进入市场进行博弈，两个企业拥有对自己利润的私有信息。两个企业可供选择的策略是离散的，每个企业 i = 1, 2；各有两个可供选择的策略——进入市场和不进入市场。计量工作者只能观察到两个企业作出的策略选择，即是否进入了市场，无法观察到两个企业的利润。用 a_{im} 表示企业 i 进入市场 m 的策略，$a_{im} = 1$ 表示企业 i 选择进入市场 m，$a_{im} = 0$ 表示企业 i 选择不进入市场 m，如式（1）所示。用 $a_{-i,m}$ 表示除企业 i 外其余企业的策略。

$$a_{im} = \begin{cases} 1, & \text{进入} \\ 0, & \text{进入} \end{cases} \tag{1}$$

企业选择是否进入一个市场的决策是基于该市场的特征以及在该市场所面临的其他企业的竞争强度所作出的。一个市场如果具有优秀的市场特征，如更多的人口、更高的人均 GDP 等，会提高企业进入该市场的利润，吸引企业进入该市场。不过具有优秀市场特征的市场同时也会吸引更多的其他企业进入该市场，提高企业进入该市场所面临的竞争强度，这会使企业进入该市场的利润下降，导致企业选择不进入该市场。因此，一个企业选择是否进入市场，要面临优秀的市场特征和由此带来的更高的竞争强度的权衡取舍。用 x_{im} 表示市场 m 对于企业 i 而言的市场特征变量，一般包括人口和经济变量。假设当企业 i 选择不进入市场 m 时，其利润为 0，当企业 i 选择进入市场 m 时，其利润为线性函数。则企业 i 在市场 m 的利润为式（2）。

$$u_{im} = \begin{cases} \beta'_{ixim} + \delta_i a_{-i,m} + \varepsilon_{im} & \text{当 } a_{im} = 1 \\ 0 & \text{当 } a_{im} = 0 \end{cases} \tag{2}$$

根据式（2）可以看出，企业进入市场的利润由三个部分构成：

第一个部分是市场特征变量，一般包括人口和经济变量，如市场的人口、人均 GDP 和市场到企业总部的距离等。参数衡量市场特征变量对企业 i 进入市场 m 所获利润的影响。假设市场特征变量是所有企业和计量工作者的公共知识，可以被所有企业和计量工作者观察到。

第二个部分是其他企业的策略选择。参数 δ_i 衡量其他企业的策略选择对企业 i 进入市场 m 所获利润的影响。一个企业的策略选择会对另一个企业的利润产生影响，进而影响到另一个企业的策略选择。比如，一个企业选择进入市场，会降低另一企业进入该市场的利润，进而影响另一企业进入该市场的策略选择。此部分引入了企业之间策略选择的相互影响，这是与传统离散型选择模型的主要区别。

第三个部分是误差项 ε_{im}，代表企业对自己进入市场所获利润的私有信息，其值只有企业自己可以观察到，不能被其他企业和计量工作者所观察到，不过 ε_{im} 的分布是所有企业和计量工作者的公共知识，这些假设符合不完全信息静态离散型博弈模型一般的信息集假设。并且这里的误差项其实和传统计量经济学中所规定的误差项标准含义无异。假设 ε_{im} 在企业和市场间满足独立同分布的 Logit 分布。

由于企业无法观察到其他企业的私有信息，企业只能根据自己对其他企业策略选择的预期做出自己的策略选择，由此形成策略均衡，即不完全信息静态博弈下的贝叶斯纳什均衡 BNE。企业首先形成对其他企业策略选择的预期，进而形成自己的预期利润，然后据此选择是否进入市场，使预期利润最大。用 $P_{i,m}$ 表示企业 i 进入市场 m 的概率，$p_{-i,m}$ 表示企业 i 对其他企业进入市场 m 概率的预期。则企业 i 在市场 m 的预期利润为式（3）。

$$\pi_{im} = p_{-i,m} (u_{im} | a_{-i,m} = 1) + (1 - p_{-i,m}) (u_{im} | a_{-i,m} = 0)$$

$$
\begin{cases}
\beta'_{ixim} + \delta_i p_{-i,m} + \varepsilon_{im} & \text{当 } a_{im} = 1 \\
0 & \text{当 } a_{im} = 0
\end{cases}
\tag{3}
$$

由于 ε_{im} 满足独立同分布的 Logit 分布，所以企业 i 进入市场 m 的概率可以写成式（4）。

$$
p_{in} = \frac{\exp\ (\beta'_{ixim} + \delta_i p_{-i,m})}{1 + \exp\ (\beta'_{ixim} + \delta_i p_{-i,m})}
\tag{4}
$$

在贝叶斯纳什均衡 BNE 中，每个企业对其他企业进入市场概率的预期等于实际上其他企业进入市场的概率，两个企业进入市场 m 的概率满足非线性方程组式（5）。

$$
\begin{cases}
p_{1m} = \dfrac{\exp\ (\beta'_{1x1m} + \delta_1 p_{2m})}{1 + \exp\ (\beta'_{1x1m} + \delta_1 p_{2m})} \\[4mm]
p_{2m} = \dfrac{\exp\ (\beta'_{2x2m} + \delta_2 p_{1m})}{1 + \exp\ (\beta'_{2x2m} + \delta_2 p_{1m})}
\end{cases}
\tag{5}
$$

由式（5）可知，两个企业进入市场 m 的概率是从企业预期进入市场概率集合映射到企业实际进入市场概率集合的不动点，即满足映射式（6）的不动点问题。

$$
(p_{1m},\ p_{2m}) = F(p_{1m},\ p_{2m})
\tag{6}
$$

四、实证估计方法

（一）均衡的存在性以及多重均衡

均衡的存在性以及多重均衡会对估计方法造成影响。

证明均衡的存在性相当于证明式（5）具有至少一个解，McKelvey 和 Palfrey 通过 Brower 不动点定理证明了式（5）解的存在性，则该不完全信息静态离散型博弈一定存在策略均衡。

式（5）可能具有多个解，这时该不完全信息静态离散型博弈存在多重均衡。多重均衡的存在会导致现有估计方法的失效，因为如果企业在一个市场中存在多重均衡，企业随机的选择均衡策略，那么达到的策略均衡就会在多重均衡内部随机的变动，这样就不太可能一致地估计出策略均衡。因此，需要增加一个不完全信息静态离散型博弈模型估计方法所需要的一般性假设。该假设是，在具有相同参数的市场中，企业只会选择一个均衡策略，从而达成一个策略均衡。即如果在具有相同参数的市场中存在多重均衡，企业只会选择其中一个均衡策略，而不会在多个均衡策略中随机地选择均衡策略。当然，在具有不同参数的市场中，企业可以达成不同的策略均衡。

（二）二步伪最大似然估计法

我们的目的是估计出上述不完全信息静态离散型博弈模型，即估计出参数 β_i 和 δ_i 的值。传统的不完全信息静态离散型博弈模型估计方法一般都是先解决式（6）的不动点问题，求解并表示出 P_{1m} 和 P_{2m}，然后使用最小二乘法或最大似然估计法估计出参数 β_i 和 δ_i 的值。NFXP 方法和 MPEC 两种方法都属于这类估计方法。这类估计方法存在的缺陷是需要解决不动点问题，计算复杂度很高，面对较大的数据量时无法完成估计，在实际应用中常常无法实施。

因此，我们使用最新的二步伪最大似然估计法（2S – PML）进行估计，2S – PML 方法的巧妙之处是不需要解决不动点问题即可完成估计，计算复杂度很低。2S – PML 方法的估计思路是认为，企业现实生活中的行动可以体现出企业的显示偏好，企业实际作出的策略选择就是企业经过博弈后得到的策略均衡结果，可以通过现实数据确定企业实际选择的策略均衡，即表示出 p_{1m} 和 p_{2m}，再由此构建伪似然函数，通过最大化伪似然函数来完成估计。

2S – PML 方法一般分为两步来进行估计：第一步是通过传统的 Logit 模型来估计出企业实际进入市场的概率 p_{im}，估计的结果记为 $\hat{p}_{im}$。传统的 Logit 模型的形式和式（4）类似，只省略了企业策略选择的相互影响一项。第二步是用 $\hat{p}_{im}$ 替代式（5）的右端的 p_{im}，进而构建伪似然函数，如式（7）所示，再通过最大化伪似然函数来估计出参数 β_i 和 δ_i 的值。

$$L(\beta_i, \delta_i) = \prod_{m=1}^{M} \prod_{i=1}^{2} \left(\frac{\exp(\beta'_{ixim} + \delta_i \hat{p}_{-i,m})}{1 + \exp(\beta'_{ixim} + \delta_i \hat{p}_{-i,m})} \right)^{aim}$$
$$\left(\frac{\exp(\beta'_{ixim} + \delta_i \hat{p}_{-i,m})}{1 + \exp(\beta'_{ixim} + \delta_i \hat{p}_{-i,m})} \right)^{1-aim} \tag{7}$$

Bajari 等（2010）证明使用 2S – PML 方法估计不完全信息静态离散型博弈模型，所得到的估计量是一致的，并且服从渐近正态分布。

2S – PML 方法通过让现实数据告诉我们企业实际选择了哪个策略均衡，

巧妙之处是不需要解决不动点问题即可完成对模型的估计。因此，2S – PML 方法计算复杂度很低，能有效地估计不完全信息静态离散型博弈模型，在博弈模型估计方法研究领域有很好的应用前景。

五、数据与变量说明

目前，我国的大型超市行业呈现出由永辉超市和物美超市两个企业主导，各大企业相互竞争、共同发展的局面。永辉超市于 1998 年成立，总部位于福建福州，2017 年在中国有 836 家门店，分布于 25 个省的多个城市。物美超市于 1994 年成立，总部位于北京，2017 年在中国有 792 家门店，分布于 15 个省的多个城市。永辉超市和物美超市在中国各省份的分布情况如表 1 所示。

表 1   永辉超市和物美超市各省份分布情况

省份	永辉	物美	省份	永辉	物美	省份	永辉	物美
北京	41	532	天津	8	81	河北	28	33
山西	9	0	内蒙古	0	0	吉林	5	0
辽宁	6	0	黑龙江	10	0	上海	23	15
江苏	55	2	浙江	57	104	安徽	61	0
福建	133	2	江西	10	0	山东	0	2
河南	31	0	湖北	1	2	湖南	3	0
广东	64	8	广西	4	0	海南	31	0
重庆	125	2	四川	76	3	贵州	27	0
云南	2	1	西藏	0	0	陕西	22	1
甘肃	0	4	青海	0	0	宁夏	4	0
新疆	0	0						

从表 1 可以观察到大型超市在经济发达的省份分布数量较多，如北京、浙江等。还可以观察到大型超市在各自总部所在的省份分布的数量最多，例如永辉超市在福建分布的数量最多，而物美超市在北京市分布的数量最多。并且可以观察到大型超市在自己总部所在省份附近的省份分布的数量也不成比例的多。

　　本文的目的是通过构建一个永辉超市和物美超市两者参与的不完全信息静态离散型博弈模型来刻画两者的市场进入博弈，以研究我国大型超市行业企业利润影响因素以及企业之间相互竞争的影响，进而分析中国大型超市行业的市场结构和竞争格局。为此，本文选取中国 298 个地级及以上城市作为前文中定义的市场，对一共 298 个样本进行实证研究。本文收集了 2017 年永辉超市和物美超市处于营业中门店的位置信息。本文还在各省市统计年鉴中收集了 2017 年各个城市的人口规模、人均 GDP、老年比率作为市场特征变量。其中人口规模（Pop）用城市户籍人口衡量，人均 GDP（Pgdp）用城市人均 GDP 衡量，老年比率（Oldratio）用城市 60 岁以上人口占比衡量。并且本文收集了各个城市到永辉超市总部所在城市的距离（DHQY）以及到物美超市总部所在城市的距离（DHQW）作为市场特征变量。市场特征变量描述性统计如表 2 所示。

表 2　市场特征变量描述性统计

变量符号	变量名称	均值	标准差	中位数	最大值	最小值
Pop	人口规模（万人）	433.83	327.28	353.93	3389.82	0.05
Pgdp	人均 GDP（万元）	5.69	3.87	4.42	21.05	0.43
Oldratio	老年比率（%）	17.73	7.54	17.68	33.10	0
DHQY	到永辉超市总部所在城市的距离（千米）	1627.19	868.71	1517.50	4506.30	0
DHQW	到物美超市总部所在城市的距离（千米）	1390.64	735.61	1311.40	3810.50	0

六、实证结果

　　不完全信息静态离散型博弈模型实证结果如表 3 所示。

表 3　不完全信息静态离散型博弈模型实证结果

变量符号	永辉超市	物美超市
Constant	− 1.9732 **	− 1.2619 ***
	(0.9523)	(0.4461)
Pop	0.3371 ***	0.3042 ***
	(0.0913)	(0.1504)

续表

变量符号	永辉超市	物美超市
Pgdp	0.0024 ***	0.0020 ***
	(0.0007)	(0.0010)
Oldratio	- 0.7299	2.9715
	(3.7880)	(4.0207)
DHQY	- 0.0051 ***	
	(0.0017)	
DHQW	—	- 0.0081 ***
		(0.0020)
	- 3.3805 *	- 2.6465 **
	(2.0226)	(0.9523)

注：*** 、** 、* 分别表示在 1%、5%、10% 水平下统计显著。

永辉超市和物美超市人口规模变量的回归系数都在 1% 的水平上显著为正，表明市场人口规模对大型超市行业的企业利润有正向影响，市场人口规模越大，企业进入该市场的利润越大，企业越倾向于进入该市场。

永辉超市和物美超市人均 GDP 变量的回归系数都在 1% 的水平上显著为正，表明市场人均 GDP 对大型超市行业的企业利润有正向影响，市场人均 GDP 越大，企业进入该市场的利润越大，企业越倾向于进入该市场。

永辉超市和物美超市老年比率变量的回归系数不显著，表明市场老年比率与大型超市行业的企业利润无明显关系。

永辉超市和物美超市市场到企业总部所在城市的距离变量的回归系数分别在 1% 的水平上显著为负，表明市场到企业总部所在城市的距离对大型超市行业的企业利润有负向影响，市场到企业总部所在城市的距离越小，企业进入该市场的利润越大，企业越倾向于进入该市场，这与表 1 中观察到的现象一致。

永辉超市和物美超市的企业竞争回归系数都分别在 10% 和 5% 的水平上显著为负，并且两者显著不同。表明大型超市行业企业之间相互竞争对企业利润有负向影响，并且影响对企业是不对称的，即影响随着企业的不同而不同。躲避竞争可以解释实际生活中大型超市倾向于进入地理分离的不同市场的行为。为了更好地理解企业之间相互竞争的影响，可以人口规模来量化企业之间相互竞争的影响。物美超市进入一个市场对永辉超市利润造成的影响，相当于该市场减少 10.03 万人口对永辉超市利润造成的影响。永辉超市进入一个市场对物美超市利润造成的影响，相当于该市场减少8.70 万人口对物美超市利润造成的影响。

七、研究结论

本文构建一个永辉超市和物美超市两者参与的不完全信息静态离散型博弈模型来刻画两者的市场进入博弈，并且使用二步伪最大似然估计方法（2S – PML）对模型进行实证估计，研究大型超市行业的企业利润影响因素，量化企业之间相互竞争的影响，进而分析中国大型超市行业的市场结构和竞争格局。

研究发现，市场人口规模和人均 GDP 对大型超市行业的企业利润有正向影响，市场到企业总部所在城市的距离对大型超市行业的企业利润有负向影响，大型超市行业企业之间相互竞争对企业利润有负向影响，并且影响对企业是不对称的。

本文所采用的研究方法，不仅可以分析企业的市场进入博弈问题，还可以分析企业产品价位制定、产品差异选择以及选址博弈等问题。博弈模型估计方法研究领域具有很大的研究价值和很好的应用前景。

参考文献

［1］Aguirregabiria, V., Mira, P. Swapping the Nested Fixed Point Algorithm: A Class of Estimators for Discrete Markov Decision Models ［J］. Econometrica, 2002, 70（4）：1519 – 1543.

［2］Arcidiacono, P., Ellickson, P. B., Mela, C. F., Singleton, J. D. The Competitive Effects of Entry: Evidence from Supercenter Expansion ［J］. American Economic Journal: Applied Economics, 2019（4）：811 – 828.

［3］Bajari, P., Hong, H., Krainer, J., Nekipelov, D. Estimating Static Models of Strategic Interactions ［J］. Journal of Business and Economic Statistics, 2010, 28（4）：469 – 482.

［4］Bresnahan, T. F., Reiss, P. C. Empirical Models of Discrete Games ［J］. Journal of Econometrics, 1991, 48（1）：57 – 82.

［5］Bresnahan, T. F., Reiss, P. C. Entry and Competition in Concentrated Markets

[J]. Journal of Political Economy, 1991, 99 (5): 997 - 1009.

[6] Berry, S. T. Estimation of a Model of Entry in the Airline Industry [J]. Econometrica, 1992, 60 (4): 889 - 917.

[7] Draganska, M., Mazzeo, M., Seim, K. Beyond Plain Vanilla: Modeling Joint Product Assortment and Pricing Decisions [J]. Quantitative Marketing and Economics, 2009, 7 (2): 105 - 146.

[8] Ellickson, P. B., Houghton, S. Estimating Network Economies in Retail Chains: A Revealed Preference Approach [J]. Rand Journal of Economics, 2013, 44 (3): 169 - 193.

[9] Ellickson, P. B., Misra, S. Supermarket Pricing Strategies [J]. Marketing Science, 2008, 27 (5): 811 - 828.

[10] Orhun, A. Y. Spatial Differentiation in the Supermarket Industry: The Role of Common Information [J]. Quantitative Marketing and Economics, 2013, 11 (1): 3 - 37.

[11] Rust, J. Optimal Replacement of GMC Bus Engines: An Empirical Model of Harold Zurcher [J]. Econometrica, 1987, 55 (5): 999 - 1013.

[12] Ryan, S. P. The Cost of Environmental Regulation in a Concentrated Industry [J]. Econometrica, 2012, 80 (3): 1019 - 1061.

[13] Seim, K. An Empirical Model of Firm Entry with Endogenous Product - type Choices [J]. Rand Journal of Economics, 2006, 37 (3): 619 - 640.

[14] Su, C - L. Estimating Discrete - choices Games of Incomplete Information: Simple Static Examples [J]. Quantitative Marketing and Economics, 2014, 12 (1): 167 - 207.

[15] Su, C - L., Judd, K. L. Constrained Optimization Approaches to Estimation of Structural Models [J]. Econometrica, 2012, 80 (5): 2213 - 2230.

[16] Sweeting, A. The Strategic Timing Incentives of Commercial Radio Commercials: An Empirical Analysis Using Multiple Equilibria [J]. Rand Journal of Economics, 2009, 40 (4): 710 - 742.

[17] Vitorino, M. A. Empirical Entry Games with Complementarities: An Application to the Shopping Center Industry [J]. Journal of Market Research, 2012, 49 (2): 710 - 742.

[18] Zhu, T., Singh, V. Spatial Competition with Endogenous Location Choices: An Application to Discount Retailing [J]. Quantitative Marketing and Economics, 2009, 7 (1): 1 - 35.

[19] 徐伟康. 静态连续型博弈的计量经济模型研究 [D]. 首都经济贸易大学博士学位论文, 2010.

中国区域生态效率时空演变及影响因素研究

杨燕燕

摘 要 本文运用超效率 SBM 模型，研究了 2000～2016 年全国各区域生态效率的时空演变格局，并运用空间面板模型探析了区域生态效率的影响因素。结果表明：①我国省域生态效率水平从东部沿海地区到西部地区逐渐降低，且具有明显的"俱乐部效应"分布特征；同时我国各省域的生态效率区域差异明显并逐渐扩大。②我国生态效率存在显著的全局空间相关性和局部空间自相关。③产业结构合理化对本省生态效率水平的提升作用不明显，却对邻近地区的生态效率水平产生了积极影响；产业结构高级化对本省及相邻省份的生态效率提升均具有明显的正向拉动作用；控制变量中，经济发展水平与外贸依存度既能提升本省的生态效率水平，也带来了显著的"正外部效应"，能源消费结构、城镇化水平、环境规制对生态效率有抑制作用；技术进步、外资利用对生态效率的影响不显著，没有发挥其应有的作用。

关键词 生态效率；超效率 SBM 模型；时空格局；空间杜宾模型

当前，中国生态环境问题正越发突出，资源能源过度消耗、环境污染隐患凸显。经济发展和资源环境的矛盾越发激烈，现有生态环境已经很难承受工业进一步粗放型增长所带来的损害和污染，严重影响着经济可持续发展和社会进步。经济与资源环境的协调可持续发展问题引起了世界各国高度关注。如何使经济增长、资源节约、环境保护三者协调并行，实现绿色"GDP"发展，是我国社会可持续发展中亟须解决的重要问题。著名学者胡春力（2009）认为，经济、资源与环境协调发展的根本任务在于产业结构升级。而生态效率从经济和生态两个维度出发，综合反映了经济—资源—环境复合系统的协调可持续发展水平。早在 1991 年，Grossman 和 Krueger 就提出了结构效应是经济增长对生态环境影响的重要效应之一，且在不同的经济发展阶段，产业结构对生态环境的影响不同。紧接着，Antweiler 等（2001）、Cole 和 Elliott（2003）运用别国经验数据，得出结构效应对环境污染的影响较小的结论，同时发现，产业结构调整对生态环境的影响会因污染物指标的不同选择而得出相异的结论。Aghion 和 Howitt（1998）将环境污染视为内生变量，利用熊彼特增长模型研究经济与生态环境的协调可持续发展问题。Odum（2000）站在城市发展角度，运用系统动力学模型研究经济发展与环境污染的作用机理。21 世纪以后，大量学者在前人的研究基础上开始探寻产业结构升级对生态环境的提升作用。如 Oosterhaven（2007）认为，产业结构升级是改善生态环境的重要途径。Lan 等（2012）利用投入产出表分析产业结构调整与环境污染的关系，研究表明，技术进步有利于降低二氧化碳的排放量。蔡惠光和李怀政（2009）基于环境库兹涅茨曲线研究产业结构与环境质量的关系，结果表明，产业结构对"三废"的排放有显著影响，并且工业结构所占比重越高，环境污染越严重。赵雪雁（2007）利用生态环境影响指数（IIISNE）分析甘肃产业结构与生态环境的关系，研究发现，虽然产业结构转型对生态环境的影响滞后于产业结构转型，但两者的变化趋势趋于一致。许正松（2015）、陆道芬和黄伟新（2017）、杨柳英和赵翠微（2018）均通过构建生态环境影响指数（IIISNE）研究产业结构演变的生态环境效应。付丽娜等（2013）以长株潭"3＋5"城市群为例，运用超效率 DEA 方法测算生态效率，并在此基础上建立 Tobit 模型，研究发现，产业结构对生态效率的提升作用明显。何宜庆等（2016）以长江经济带为例，通过建立空间计量模型得出产业结构优化对生态效率有显著的正向影响，贡献度较高。其他学者则采用定性分析或典型相关分析以及计算产业结构的生态环境影响指数等方法，分析产业结构对生态环境的影响，并得出不同的结论。如彭建等（2005）、刘文新等（2007）、乌敦和李百岁（2009）、汤进华和钟儒刚（2010）、熊建新（2013）。

综上所述，学者们对产业结构与生态环境的关系研究已经相对成熟，但也存在一些不足之处和需要完善的地方。从研究内容上看，现有的研究在探讨产业结构与我国生态环境之间的关系时，大多只关注产业结构的生态环境效应以及产业结构调整对我国生态环境的影响程度，鲜见学者以产业结构优化升级为切入点研究产业结构对生态效率的空间效应。从研究方法上看,大部分学者们选择定性分析法、产业结构的生态环境影响指数(IIISNE)、典型相关分析法、耦合模型等,关于空间计量模型谈及不多。由于各个省份之间存在着要素流动和商品贸易等经济联系,各省域生态环境的相互影响逐渐增多,考虑省份间生态环境的空间相关性是必要的。从指标选择上看,许多学者在研究产业结构调整的生态环境效应时选取"三废"排放量,较少站在投入产出的角度分析经济发展对生态环境的影响,即运用体现经济—资源—环境复合系统的生态效率进行实证分析。基于此,本文通过测算产业结构合理化、高级化、生态效率指数衡量产业结构变动与生态环境状况,并构建空间计量模型,从空间集聚性和溢出性角度研究中国产业结构优化和升级对生态效率的空间效应。

一、研究方法和数据来源

(一) 区域生态效率测算方法

本文采用 SBM 超效率 DEA 模型测算区域生态效率。SFA 作为分析多投入、单产出的计量经济方法可以有效解决对决策单元为 1 而导致使相对有效单元无法排序的问题。本文利用规模报酬不变的超效率 DEA 模型测算中国30 个省(市、自治区)的生态效率,以综合反映经济—资源—环境复合系统的协调可持续发展水平。

(二) 评价指标体系构建

区域生态效率的基本内涵为,在消耗的资源和能源与造成的环境负荷最小的前提下获得经济效益的最大化,本质都是研究少投入、多产出问题。在建模过程中,将资源消耗视为投入类指标,经济价值视为产出类指标,环境影响视为投入指标,作为衡量社会经济活动所付出代价大小,本质与投入类指标相一致。故本文将环境影响与资源消耗作为生态系统的投入类指标。因此,在构建生态效率评价指标体系的过程中,从投入和产出两个方面反映经济—资源—环境的复合生态系统的发展水平。国内外学者对生态效率评价指标的选取较多,国外具有代表性的有德国经济账户体系和芬兰学者 Hoffren 设计的生态效率指标；国内学者诸大建和邱寿丰（2006）、杨斌（2009）、付丽娜等（2013）、韩永辉等（2016）根据研究地区的实际情况，也构建了测量我国生态效率水平的指标体系。本文在借鉴上述研究成果的基础上，遵循指标选择科学性、完备性、动态性等原则，从经济发展水平与资源环境发展水平两个角度出发，选择经济产出类、资源消耗类和环境影响类三大指标建立生态效率的指标体系，如表1所示。

表1　区域生态效率评价指标体系

指标类型	指标类别		指标名称	指标单位
生态投入指标	资源消耗类	自然资源	城市建设用地面积	平方千米
			城市用水总量	亿吨
			能源消耗总量	万吨标准煤
		社会资源	从业人员数	万人
			资本存量	亿元
	环境影响类		废水排放总量	万吨
			二氧化硫排放总量	万吨
			工业固体废物排放总量	万吨
产出指标	经济类		地区 GDP	亿元

（1）经济产出类指标。该类指标主要反映社会生产过程中产品和服务价值的总和。跟众多学者保持一致，选择地区生产总值（GDP）表示经济产出，为剔除价格因素影响，以2000年为基年进行平减。

（2）资源消耗类指标。该类指标表示在社会生产过程中对社会资源和自然资源的消耗，其中，自然资源包括与人类经济活动密切相关的水、土地和能源资源，社会资源包括与人类社会发展中不可或缺的劳动力和资本。水资源投入选择城市用水总量；土地资源投入选择城市建设用地面积；能源投入选择全社会能源消耗总量；劳动力资源选择三次产业的就业人员总数；资本投入用资本存量来表示。本文参考张军（2004）的估算方法，运用永续盘存法估算资本存量。

（3）环境影响类指标。环境影响是为满足人类经济活动时带来的成本，是"两型社会"的主要内容，本文选择废气排放量、废水排放量、固体废物排放量，简称"三废"衡量。由于各省域废气、固废排放总量数据缺失，故废气排放量选取二氧化硫排放量代替，固废排放量选择工业固体废物排放量。

（三）数据来源

除去香港、澳门、台湾，中国大陆包括 31 个省、自治区和直辖市。大部分学者认为生态效率水平的高低与经济发展水平息息相关，故本文将经济区域按照东部、东北部、中部和西部地区划分研究区域经济生态效率。其中东部地区包括北京、天津、上海 3 个直辖市和河北、山东、江苏、浙江、福建、广东、海南 7 个沿海地区；东北部包括黑龙江、吉林、辽宁三个省份；中部地区包括山西、河南、湖北、湖南、安徽、江西共 6 个地区；西部地区包含地理位置处于中国大陆西部且经济相对不发达的省份，包括内蒙古、新疆、西藏、宁夏、广西 5 个自治区和陕西、甘肃、四川、重庆、贵州、云南 6 个地区。考虑到数据的可获得性，本文除去西藏，以其余 30 个省份为研究对象考察我国 2000～2016 年生态效率水平。数据来源于《中国统计年鉴》《中国能源统计年鉴》《中国环境统计年鉴》《中国环境年鉴》以及各省市历年统计年鉴，部分数据来源于中国知网中的经济与社会发展统计数据库检索。对于部分缺失数据，本文均采用插补法进行填补。

二、区域生态效率估计结果与演变特征

（一）区域生态效率估计结果分析

本文根据生态效率的经济—资源—环境复合生态系统的基本内涵，通过构建生态效率评价指标体系，运用 SBM 超效率模型定量测算 2000～2016 年各省域生态效率水平，并将测算结果按照东部、东北部、中部、西部划分，分析不同年份、不同地区、不同经济区域的生态效率水平及其演变趋势，如表 2 所示。

表 2　各省域生态效率综合评价值

年份		2000	2001	2002	2003	2004	2005	2006	2007	2008
东部	北京	1.152	1.189	1.210	1.161	1.136	1.218	1.219	1.295	1.344
	天津	1.103	1.074	1.043	1.083	1.126	1.093	1.25	1.106	1.128
	河北	0.727	0.728	0.695	0.711	0.691	1.006	0.559	1.004	0.846
	上海	1.070	1.039	1.038	1.051	1.063	1.066	1.100	1.075	1.074
	山东	1.050	1.084	1.051	1.038	1.022	1.020	0.675	1.017	1.012
	江苏	0.835	0.863	0.797	0.871	0.909	0.902	0.815	0.893	0.897
	浙江	1.016	1.023	1.008	1.034	1.039	1.043	0.852	1.031	1.020
	福建	1.146	1.212	1.176	1.188	1.176	1.136	1.122	1.105	1.092
	广东	1.157	1.125	1.160	1.159	1.153	1.169	1.082	1.147	1.098
	海南	1.368	1.365	1.169	1.203	1.167	1.109	0.683	1.043	1.011
东北部	辽宁	0.600	0.665	0.658	0.688	0.702	0.672	0.587	0.621	0.621
	吉林	0.583	0.654	0.595	0.609	0.633	0.605	0.581	0.602	0.614
	黑龙江	0.694	0.771	0.753	1.009	1.009	1.018	0.685	1.014	1.010
中部	山西	0.561	0.541	0.529	0.534	0.559	0.556	0.450	0.508	0.503
	安徽	0.539	0.59	0.556	0.580	0.611	0.593	0.523	0.543	0.545
	江西	0.562	0.607	0.567	0.557	0.566	0.587	0.522	0.564	0.569
	河南	0.670	0.757	0.666	0.693	0.710	0.724	0.571	0.731	0.680
	湖北	1.003	0.616	0.552	0.557	0.567	0.574	0.529	0.573	0.567
	湖南	1.051	1.013	0.616	0.590	0.598	0.593	0.601	0.619	0.636
西部	内蒙古	1.009	1.010	1.005	1.006	1.001	1.018	1.035	1.048	1.064
	广西	0.502	0.532	0.501	0.518	0.529	0.526	0.498	0.516	0.487
	重庆	0.606	0.650	0.606	0.673	0.672	0.633	0.579	0.607	0.595
	四川	0.545	0.615	0.559	0.571	0.580	0.600	0.567	0.601	0.583
	贵州	0.413	0.434	0.400	0.436	0.389	0.413	0.39	0.407	0.411
	云南	0.747	1.001	1.039	1.013	1.014	0.684	0.473	0.698	0.574
	陕西	1.332	1.297	1.280	1.280	1.296	0.603	0.551	0.559	0.554
	甘肃	0.494	0.578	0.536	0.522	0.502	0.515	0.413	0.491	0.468
	青海	1.026	0.605	0.569	0.534	0.459	0.45	0.368	0.421	0.416
	宁夏	0.407	0.423	0.351	0.355	0.317	0.31	0.25	0.3	0.282
	新疆	0.652	0.655	0.617	0.591	0.549	0.587	0.396	0.512	0.476
全国		0.788	0.798	0.748	0.779	0.782	0.766	0.658	0.753	0.741

续表

年份		2009	2010	2011	2012	2013	2014	2015	2016	均值
东部	北京	1.271	1.280	1.219	1.218	1.201	1.173	1.252	1.145	1.217
	天津	1.192	1.197	1.250	1.234	1.300	1.279	1.252	1.242	1.174
	河北	0.637	0.591	0.559	0.560	0.540	0.554	0.535	0.521	0.674
	上海	1.076	1.087	1.100	1.112	1.092	1.099	1.108	1.128	1.081
	山东	1.007	0.727	0.675	0.672	0.663	0.655	0.642	0.618	0.860
	江苏	0.897	0.861	0.815	0.808	0.785	0.789	0.775	0.726	0.838
	浙江	1.013	1.009	0.852	1.001	0.793	0.788	0.770	0.752	0.944
	福建	1.076	1.138	1.122	1.031	1.016	1.015	1.014	1.022	1.105
	广东	1.072	1.069	1.082	1.089	1.088	1.074	1.050	0.803	1.093
	海南	1.012	1.001	0.683	0.671	0.659	0.654	0.565	0.598	0.939
东北部	辽宁	0.608	0.625	0.587	0.588	0.571	0.558	0.559	0.520	0.614
	吉林	0.604	0.602	0.581	0.596	0.580	0.576	0.565	0.574	0.597
	黑龙江	1.009	1.007	0.685	0.662	0.641	0.635	0.630	0.609	0.814
中部	山西	0.46	0.464	0.450	0.438	0.418	0.405	0.391	0.369	0.479
	安徽	0.544	0.547	0.523	0.522	0.497	0.497	0.487	0.473	0.539
	江西	0.552	0.546	0.522	0.523	0.491	0.495	0.483	0.467	0.540
	河南	0.613	0.603	0.571	0.568	0.549	0.551	0.547	0.551	0.633
	湖北	0.561	0.546	0.529	0.532	0.522	0.518	0.528	0.514	0.576
	湖南	0.620	0.626	0.601	0.597	0.582	0.595	0.593	0.570	0.653
西部	内蒙古	1.049	1.025	1.035	1.032	1.015	1.012	1.016	1.011	1.023
	广西	0.498	0.486	0.498	0.487	0.471	0.470	0.464	0.450	0.496
	重庆	0.577	0.587	0.579	0.608	0.595	0.597	0.602	0.573	0.608
	四川	0.575	0.570	0.567	0.575	0.553	0.540	0.545	0.501	0.567
	贵州	0.404	0.411	0.390	0.384	0.372	0.363	0.360	0.351	0.396
	云南	0.544	0.526	0.473	0.502	0.485	0.470	0.465	0.438	0.656
	陕西	0.556	0.556	0.551	0.543	0.514	0.505	0.486	0.476	0.761
	甘肃	0.452	0.440	0.413	0.420	0.403	0.397	0.396	0.402	0.461
	青海	0.401	0.403	0.368	0.370	0.342	0.340	0.333	0.319	0.454
	宁夏	0.265	0.267	0.250	0.256	0.244	0.241	0.245	0.238	0.294
	新疆	0.438	0.430	0.396	0.379	0.352	0.349	0.350	0.343	0.475
全国		0.722	0.715	0.658	0.658	0.637	0.633	0.627	0.604	0.710

（二）中国区域生态效率空间演变特征

首先从全国层面出发，对生态效率水平有一个整体把握。表 1 是各省域的生态效率综合评价值，可以看出，我国各地区生态效率水平整体差异较大，且具有明显的"俱乐部效应"。2000～2016 年，全国 30 个省域生态效率的平均值为 0.700，生态效率呈现小范围波动特征，但整体呈现下降趋势。上述分析中，仅有东部地区的生态效率水平高于全国生态效率水平，取值为 0.992，东北部、中部次之，生态效率均值取值分别为 0.675、0.570，西部地区生态效率平均水平最低，为 0.563。总体来说，全国的生态效率水平整体偏低，绝大部分省份生态效率未达到有效前沿。因此，在经济可持续发展理念下，政府及各部门需积极调整产业结构，提高能源利用效率，加强环境污染治理，使经济—资源—环境复合生态系统协调发展。从具体省份观察得出，北京、天津、山东、上海、江苏、浙江、福建、广东、海南、黑龙江、内蒙古、陕西，这 12 个省份的生态效率值高于全国水平。其中，东部地区，除河北省以外的 9 个地区的生态效率均高于全国水平，表明东部地区经济发展与资源环境发展整体协调性较好。其余生态效率相对较高的三个省份分别是：位于东北地区的黑龙江、西部地区的内蒙古和陕西。西部地区各省生态效率水平普遍较低，其中陕西属于生态效率水平最高的省份，年均生态效率为 0.761；青海属于生态效率水平最低的省份，其年均生态效率仅为 0.294，表明西部地区经济发展和资源环境不具有协调性。

通过 Arcgis 软件生成我国各省域 2000 年、2008 年、2016 年生态效率水平分布图，按照自然间断点分级法（Jenks）将我国各省域生态效率水平的高低分为四类，其中颜色越深代表生态效率水平越高。通过生态效率分布图可以看出，我国各省域生态效率水平的空间分布特征及变化趋势。

2000 年，生态效率水平属于第一类的有北京、天津、陕西、海南、广东、福建；内蒙古、青海、湖北、湖南及沿海地区的生态效率水平相对较高；其余省份的生态效率水平低下，均属于第三类。2008 年，由于经济发展水平不断提高，东部沿海地区生态效率整体水平有所提升，且属于第一类。除此之外，内蒙古、黑龙江生态效率水平有明显提升，但陕西的生态环境恶化致使生态效率水平下降。与 2008 年相比，2016 年生态效率有下降趋势，其中生态效率水平属于第一类的省域有北京、天津、内蒙古、上海、福建，海南、山东、浙江、陕西等地的生态效率水平下降明显。综观我国30个省域生态效率的整体分布情况，可以发现，我国生态效率水平呈现"由东到西"逐渐下降趋势，且具有明显的"俱乐部集聚现象"。其中，京津地区和东部沿海发达地区是生态效率高水平集聚地，东北部、中部次之，西部地区生态效率水平整体较低，表明我国各省域生态效率水平差异性显著，全面提升生态效率水平的任务任重而道远。

三、中国区域生态效率演变的影响因素分析

（一）指标选择与数据来源

本文通过对区域生态效率评价以及区域差异性分析可知：我国生态效率大部分地区并未达到有效水平，并且各省域差异较大。根据学者研究关于产业结构变动与生态效率的关系发现，产业结构优化升级能够改善经济发展对能源消耗、环境污染的影响。因此，本文根据生态效率的基本内涵及其评价指标体系，并借鉴潘兴侠等（2013）、付丽娜（2013）、韩永辉等（2016）、何宜庆（2016）等学者对生态效率影响因素的研究，选择经济发展水平、能源消费结构、城镇化水平、技术进步、外贸依存度、环境规制、外资利用作为影响生态效率的控制变量。数据来源于2000~2016年的《中国统计年鉴》《中国环境统计年鉴》《中国能源统计年鉴》《中国城市统计年鉴》或访问中国知网中的经济与社会发展统计数据库检索及各省市统计局网站。

经济发展水平（PGDP）：因为各个地区的不同经济发展水平与能源消耗、环境污染存在较大关系，考虑经济发展水平对生态效率水平的影响是十分必要的。本文选取人均GDP衡量经济发展水平，为消除价格因素的影响，以2000年为基年，采用GDP指数对其进行平减。

能源消费结构（res）：中国的能源生产量与能源消费量均居世界前列，且能源消耗带来的"三废"严重影响着环境保护问题，成为生态效率提高的主要影响因素。本文选择的能源包括煤炭、焦炭、汽油、柴油及天然气，为统一标准，采用相应的折算系数换算为标准煤。其中，煤炭消费在能源消费中占据很大比例，因此选取煤炭消费量与能源消费量的比值衡量能源

消费结构。

城镇化水平（urban）：城镇化水平的提高对于人民生活改善、经济社会发展有明显的促进作用，但同时大量人口涌入城市也引发了一系列环境问题。此处选取城镇人口在总人口中所占比重衡量城镇化水平。

技术进步（R&D）：技术创新不仅能够提高能源生产效率和利用效率，发现新的可替代再生能源降低高耗能资源的使用，还可通过科技力量提升对各类污染物的处理效率，本文采用 R&D 经费内部支出对其技术进步进行度量。

外贸依存度（open）：经济贸易带动了资源、产品、技术、就业人员等流通，通过促进资源合理配置调整优化产业结构。为了消除通过膨胀或紧缩的影响，本文选择各个省份的进出口贸易总额占该省份 GDP 比重衡量外贸依存度，美元单位按照当年平均外汇价格换算成人民币。

环境规制（linv）：政府积极主动地推行及实施环境政策，对现有环境污染处理的投入力度严重影响着生态环境的改善。本文选取工业污染治理投资额对其进行衡量。

外资利用（FDI）：部分学者认为，外商直接投资的增加能够提高当地的收入水平与技术创新能力，进而提高能源资源的生产与利用效率，减少污染物排放，而部分学者支持"污染天堂假说"，本文选取外资利用程度（实际利用外商直接投资额与 GDP 比重）对其进行衡量。

（二）空间相关性检验

本文在分析生态效率时发现：生态效率具有明显的"俱乐部效应"，在进一步确认是否具有空间相关性时，必须采用专门的检验技术进行识别。Moran's I 指数属于全局空间自相关指标，反映的是空间邻接或空间邻近的区域单元属性值的相似程度，运用较为广泛。取值在 [−1, 1] 之间，小于 0 表示变量之间负相关，等于 0 表示没有相关性，大于 0 表示变量正相关。Moran's I 取值越接近 −1，表示被考察指标在区域之间的差异越大；越接近 1 表示被考察指标在区域之间的关系越密切，性质越相似。如果 Y 是区域的观察值，则该变量的 Moran's I 值表达式为：

$$\text{Moran's I} = \frac{\sum_{i=1}^{n}\sum_{j=1}^{n} w_{ij}(x_i - \overline{x})(x_j - \overline{x})}{\sum_{i=1}^{n}\sum_{j=1}^{n} w_{ij}\sum_{i=1}^{n}(x_i - \overline{x})^2} = \frac{\sum_{i=1}^{n}\sum_{j=1}^{n} w_{ij}(x_i - \overline{x})(x_j - \overline{x})}{S^2\sum_{i=1}^{n}\sum_{j=1}^{n} w_{ij}}$$

其中,$S^2 = \dfrac{1}{n}\displaystyle\sum_{i=1}^{n}(Y_i - \overline{Y})^2$;$\overline{Y} = \dfrac{1}{n}\displaystyle\sum_{i=1}^{n}$,$Y_i$ 表示第 i 个地区的观测值;n 为地区总数;W_{ij} 为空间权重矩阵。

本文通过运用 Stata 软件对中国 30 个省域 2000～2016 年生态效率的空间相关性进行检验。选取地理距离空间权重矩阵计算 Moran's I 指数,检验结果如表 3 所示。

表 3   2000～2016 年中国 30 个区域生态效率 Moran's I 统计值

年份	Moran's I	Z 值	P 值
2000	− 0.036	− 0.024	0.490
2001	0.040	0.945	0.172
2002	0.044	0.994	0.160
2003	0.046	1.010	0.156
2004	0.081	1.461	0.072
2005	0.255	3.646	0.000
2006	0.218	3.246	0.001
2007	0.267	3.811	0.000
2008	0.266	3.811	0.000
2009	0.227	3.303	0.000
2010	0.203	3.016	0.000
2011	0.218	3.246	0.001
2012	0.232	3.414	0.000
2013	0.213	3.203	0.001
2014	0.221	3.294	0.000
2015	0.212	3.182	0.001
2016	0.225	3.369	0.000
2000～2016 均值	0.206	3.056	0.001

由 Moran's I 统计值和 P 值可以看出:2000 年,区域生态效率的 Moran's I 指数为负且不显著,表明生态效率的相关性不强;另外,由于邻近区域之间的生态效率差异较大导致相关性为负;2001～2004 年,我国各区域生态效率为正且不显著,但此时各省域的生态效率开始显现高—高集聚和低—低集聚特征,其中,2004 年生态效率 Moran's I 指数通过 10% 的显

著性水平检验；自 2005 年至今，我国各省域生态效率 Moran's I 均通过了显著性为 1% 水平的显著性检验，且 Moran's I 指数取值范围是 0.203 ~ 0.267，表明我国 30 个省域之间的生态效率水平呈现显著的空间相关性。从时间序列角度可以发现，各省域生态效率的相关性逐年增强，表明区域生态效率的空间相关性越来越强，这与各省域近年来经济之间的互动分不开。随着经济发展水平不断提高，资源配置、贸易往来、技术经济联系越多，而且距离较近的省份联系越密切。2000 ~ 2016 年生态效率整体的相关性检验中，Moran's I 指数为 0.206，且通过 1% 显著性水平检验，总体来看，各省域生态效率仍然具有空间相关性，因此不能忽略地理因素和空间效应的影响。

（三）模型设定与检验

为了能够准确地估计产业结构优化升级与生态效率之间的相互关系，必须在不同的空间面板模型中选择最为合适的进行参数估计，为了便于比较，本文也考察了传统的面板回归模型。首先，利用 Matlab 软件对不包含空间交互效应的传统面板模型进行估计，并计算出 LM 统计量检验结果。其次，建立空间固定效应、时间固定效应与空间和时间固定模型。最后，计算时间效应和空间效应下的联合显著性检验。具体检验结果如表 4 所示。

表 4　不同固定效应模型下的 LM 和 LR 检验

变量	混合估计模型	空间固定效应模型	时间固定效应模型	空间和时间固定效应模型
LM – Lag	53.562 ***	3.355 **	12.028 ***	9.571 ***
Robust LM – Lag	18.460 ***	22.219 ***	6.871 ***	3.394 **
LM – Error	35.103 ***	0.077	4.529 **	14.306 ***
Robust LM – Lag	0.0018	18.942 ***	11.372 ***	8.129 ***
R^2	0.485	0.487	0.627	0.151
Log L	99.784	436.118	196.909	480.548
空间固定效应	567.277		时间固定效应	88.860
LR 检验	(0.000)		LR 检验	(0.000)

注：表中的 ***、**、* 分别表示在 1%、5% 和 10% 水平下显著。

在选择空间面板之前，需要判断模型是否存在空间固定效应和时间固定效应。从表 4 中的固定效应联合显著性检验结果可以看出，空间固定效应

LR 检验统计量为 567.277，P = 0.000；时间固定效应 LR 检验统计量为 88.860，P = 0.000，表明空间和时间固定效应的 LR 检验均在 1% 显著性水平上拒绝了原假设，所以选择空间和时间双固定效应。

根据 Anselin 判别准则选择最为适合的空间计量模型。在时间和空间双固定效应的 LM 检验中，LM – Lag、LM – Error、Robust LM – Error 均通过了 1% 显著性检验水平，Robust LM – Lag 的检验统计量为 3.394，在 5% 的显著性检验上拒绝了原假设。因此 SLM 和 SEM 模型应该同时成立，应该选择更为广泛的 SDM 模型，构建的 SDM 模型为：

$$\text{Eco}_{it} = \alpha + \mu_i + \lambda_t + \delta \sum_{j=1}^{30} w_{ij} \text{Eco}_{it} + \beta \text{TL} + \theta \sum_{j=1}^{30} w_{ij} \text{TL} + \gamma \text{TS} +$$

$$\eta \sum_{j=1}^{30} w_{ij} \text{TS} + \kappa Z_{it} + \xi \sum_{j=1}^{30} w_{ij} Z_{it}$$

其中，Z 为控制变量，例如经济发展水平、能源消费结构、技术进步、外资利用等，δ、θ、η 和 ξ 分别为被解释变量、产业结构合理化和高级化两个核心解释变量以及控制变量空间滞后性的系数，w_{ij} 为地理空间权重矩阵，μ_i 表示个体效应，λ_t 表示固定效应。当模型的解释变量中出现被解释变量的空间滞后性，普通最小二乘估计将不再适用，因此采用最大似然（MLE）对数据进行模型估计。

通过 LM 检验初步判断选择空间杜宾模型进行面板回归分析，但为寻找最终合适的空间面板形式，还必须根据 Wald 检验统计量判断 SDM 模型是否可以降为 SLM 模型和 SEM 模型。估计模型的参数结果来检验原假设为 H_0：θ = 0（检验 SDM 模型是否可以简化为 SLM 模型）和 H_0：θ + ρβ = 0（检验 SDM 模型是否可以简化为 SEM 模型）。表 5 为固定效应与随机效应下的空间杜宾模型的 Wald 检验结果，无论是固定效应还是随机效应，Wald 检验均在 1% 显著水平上拒绝了原假设，因此选取更广义的 SDM 模型进行实证分析是合适的，也是必要的。

表 5　Wald 检验与 Hausman 检验

检验	固定效应模型数值	P 值	随效应模型数值	P 值
Wald spatial lag	174.471	0.000	152.946	0.000
Wald spatial error	94.966	0.000	91.865	0.000
Hausman test			25.911	0.132

最后，根据 Hausman 检验对固定效应和随机效应模型进行取舍。表 5 显示，在 Hausman 检验中，其统计值为 25.911，对应的 P 值为 0.132，即不能拒绝存在随机效应的原假设，因此本文最终选用时间空间双固定的随机效应杜宾模型进行估计，估计结果如下：

表 6　随机效应空间杜宾模型估计结果

变量	系数	P 值	变量	系数	P 值
W * Eco	0.4939	0.0023	W * TS	0.1616	0.0291
TL	0.3401	0.0524	W * pgdp	0.0787	0.5561
TS	0.0315	0.0002	W * res	− 0.9112	0.0656
pgdp	0.0694	0.0000	W * urban	− 0.1908	0.0568
res	− 0.5498	0.0002	W * R&D	− 0.1445	0.8038
urban	− 0.2150	0.0192	W * open	0.5442	0.0004
R&D	− 0.0463	0.7996	W * linv	0.0020	0.2465
open	0.12501	0.0089	W * FDI	0.000015	0.9949
linv	− 0.0015	0.0021	R^2	0.8819	
FDI	− 0.000015	0.9839	Log − L	428.9474	
W * TL	0.1768	0.0864			

由模型估计结果可以看出，空间滞后项 W * Eco 的系数为 0.4939，且通过了 1% 的显著性水平检验，再一次表明我国生态效率存在显著的空间溢出效应，某个省份的生态效率水平提升将会带动相邻省份的生态效率水平。同时，产业结构合理化和高级化的空间滞后项系数显著为正，表明产业结构优化升级对生态效率产生积极的影响。另外，从其余控制变量的系数估计值以及显著性水平检验可知，如果模型中忽略各变量的空间滞后项，将会造成估计偏误，因此在构建计量模型时，需要纳入各变量的空间影响因子。

（四）直接效应与间接效应分析

LeSage 和 Pace（2009）指出，利用空间回归模型的参数估计来检验是否存在溢出效应而得到的结论有偏误，并不能用来分析变量的空间溢出效应。他们提出需要将解释变量对被解释变量的影响按照来源不同，利用求偏微分的方法将其系数估计分解为直接效应和间接效应。

$$\left[\frac{\partial E(Y)}{\partial_{x_{1K}}} \cdot \frac{\partial E(Y)}{\partial_{x_{NK}}}\right] = \begin{pmatrix} \dfrac{\partial E(y_1)}{\partial_{x_{1k}}} & \dfrac{\partial E(y_1)}{\partial_{x_{NK}}} \\ \cdot & \cdot & \cdot \\ \dfrac{\partial E(y_N)}{\partial_{x_{1k}}} & \dfrac{\partial E(y_N)}{\partial_{x_{Nk}}} \end{pmatrix}$$

$$= (1 - \rho W)^{-1} \begin{bmatrix} \beta_k & \omega_{12}\theta_k & \cdot & \omega_{1N}\theta_k \\ \omega_{21}\theta_k & \beta_k & \cdot & \omega_{2N}\theta_k \\ \cdot & \cdot & \cdot & \cdot \\ \omega_{N1}\theta_k & \omega_{N2}\theta_k & \cdot & \beta_k \end{bmatrix}$$

其中，直接效应为主对角线元素的均值，表示区域解释变量对本区域被解释变量的影响；间接效应为非主对角线元素的均值，表示其他区域解释变量对本区域被解释变量的影响，并且直接效应 + 间接效应 = 总效应。根据表6中SDM的参数估计结果，对空间杜宾模型进行分解，得到各变量发生变动时对生态效率的直接效应和间接效应，估计结果如表7所示。

表7　各变量对生态效率的直接效应与间接效应

变量	直接效应	间接效应	总效应
TL	0.1341	0.2129	0.1470
	(0.0806)	(0.0506)	(0.0982)
TS	0.0829	0.1374	0.1825
	(0.0000)	(0.0008)	(0.0019)
pgdp	0.0667	-0.0318	0.0986
	(0.0000)	(1.1202)	(0.0000)
res	-0.5102	-0.4489	-0.9591
	(0.0002)	(0.0000)	(0.0023)
urban	-0.2159	-0.0453	-0.2612
	(0.0000)	(0.0005)	(0.0000)
R&D	0.0292	0.0783	0.1074
	(0.8727)	(0.8408)	(0.8041)
open	0.1008	0.3484	0.4492
	(0.0442)	(0.0043)	(0.0002)

续表

变量	直接效应	间接效应	总效应
linv	− 0.0017	− 0.0020	− 0.0003
	(0.0000)	(0.1154)	(0.8005)
FDI	− 0.000013	− 0.000051	− 0.000064
	(0.9867)	(0.9763)	(0.8325)

（五）空间效应结果分析

产业结构合理化对生态效率的直接效应为 0.1341，仅通过了 10% 的显著性水平检验，表明我国现阶段的产业结构合理化对生态效率水平提升没有发挥应有的作用。但产业结构合理化对生态效率的间接效应为 0.2129，且通过 5% 的显著性水平检验，表明产业结构合理化具有较为显著的空间溢出效应。

省份的产业结构高级化同时显著地提高了本省及其他省份的生态效率。其直接效应和间接效应在 1% 的显著性水平下显著为正，表明产业结构高级化省际的互动效应显著，不仅能够提升本省的生态效率水平，也具有显著的"正外部效应"。

经济发展水平对生态效率的直接效应为 0.0667，且通过了 1% 显著性水平检验，表明本省的经济发展水平提高能够促使人民追求更高的产品质量和环境质量，迫使高耗能、高污染行业转型。然而，其间接效应为负且不显著，一方面，经济发展水平的间接效应只是一个区域和地方现象，随着地理空间范围的扩大不再显著；另一方面，由于"竞争效应"的存在，本省份的经济快速发展必然会消耗更多资源，相邻各省份对应的资源拥有量便会减少，从而抑制生态效率改善。

能源消费结构对生态效率水平的直接效应显著为负，说明能源消费结构的变化会使生态效率水平提升，这与我国生产生活中以煤炭为主要能源的情况有关。能源消费结构对生态效率水平的间接效应为负，且通过了 1% 的显著性检验水平，表明我国各省的能源消费结构变化具有空间溢出效应，因此在生态效率提升的过程中，全面提高能源的利用效率、使用清洁煤炭对中国来说是一个很重要的问题。

研究发现，城镇化对生态效率水平直接效应和间接效应均显著为负。我国城镇化水平从 2000 年的 36.22% 上升至 2016 年的 57.35%，城市人口的增加耗费了大量的资源能源，也给城市环境带来很大的压力。其间接效应为负，说明城镇化对生态效率具有显著的溢出效应，即各省提高城镇化水平不仅会减少本省生态效率水平，还会使其他相邻省份生态效率水平降低。所以，在加快城镇化的进程中一定要注意生态环境问题，在保证人民生活质量提高的同时实现生态文明建设，达到互利共赢的效果。

技术进步对生态效率的其直接效应和间接效应均为通过 10% 的显著性检验水平，表明现阶段我国技术进步对生态效率的提升没有显著影响。出现上述现象，一方面，可能是当前我国的技术水平还处于较低阶段，对环境污染治理和能源效率提高没有发挥应用的作用；另一方面，由于我国四大区域的科技水平差异较大，北京、天津、上海等地生态效率水平位居前列与其高水平的技术发展有密切联系，而云南、新疆、青海等地科研投入不足，致使其生态效率水平低下。

外贸依存度对生态效率的直接效应为 0.1008，且通过了 5% 的显著性水平检验，表明各个省份的进出口贸易程度对本省的生态效率具有显著的促进作用。通过积极地实施外资战略并开展与发达国家之间的经济贸易，使我国获得了更先进的生产技术和设备资源，提高了资源的利用效率与排污处理能力，从而促进了我国生态效率水平的提高。值得注意的是，其间接效应显著为正且取值为 0.3484，可以看出，各个省份的外贸依存度的溢出效益大于本地效应，说明各省份在加大对外开放力度时，只有将自身置于更加开放的环境中才能更好地发挥其对生态效率的促进作用。

环境污染投资对生态效率的直接效应为 -0.0017，且通过 1% 的显著性水平检验，但跟预期不一样的是，环境污染投资对本地的生态效率提高有负向作用，且溢出作用为负，未通过基本的显著性检验水平，表明我国环境污染资金没有发挥应有的作用。可能有以下两方面原因：①环境污染治理投资不足。我国环境污染治理投资总额相对于高速增长的国内生产总值来说微乎其微，2016 年，我国工业污染治理投资额占比仅为 0.110%，因此，我国环境污染治理投资的效率需要进一步加强。②环境污染治理投资结构不合理。在我国的环保投资测评中发现，用于燃气、园林绿化的资金较多，真正用到污水处理、垃圾处理等环境治理的资金很少，降低了环境污染投资额的配置效率。

外商直接投资对生态效率水平的直接效应和间接效应为负，模型系数取值分别为 -0.000013 和 -0.000051，且均未通过 1% 的显著性水平，表明现阶段外商直接投资的增加恶化了区域生态效率水平。从中国的整体情况来看各省域以单纯地追求地区经济增长为目的，对外商直接投资实施宽松的市场准入条件，使我国成为高耗能、高污染的外商企业生产和加工的集聚地，这虽然能够增加地区经济效益，但会以我国能源的快速消耗和环境恶化为代价。

四、结论及政策建议

（一）结论

首先，我国区域生态效率水平从东部沿海发达地区到西部落后地带逐渐降低，具有明显的"俱乐部效应"分布特征，且各省份的生态效率水平差异明显。

其次，通过测算 Moran's I 指数发现我国区域生态效率具有显著的空间相关性。

最后，产业结构合理化对本省份的生态效率水平提升没有发挥应有的作用，但却促进了邻近省份的生态效率水平提升；产业结构高级化不仅能够提升本省的生态效率水平，也具有显著的"正外部效应"，对邻近省份生态效率提升具有积极的作用，凸显了省际空间互动的重要性。其余控制变量中，经济发展与外贸依存度对本省及邻近省份的生态效率水平有提升作用，技术进步、外资利用对生态效率的影响效果不显著，而能源消费结构、城镇化水平、环境规制对生态效率水平提升有抑制作用。

（二）政策建议

根据研究结论，本文从以下方面提出相应的政策建议：

第一，调整产业结构，促进三次产业协调发展。研究发现，产业结构合理化提升进程曲折，且三次产业结构与其就业结构存在极大的不匹配，致使资源未合理利用。因此，在经济发展过程中，各地应注重资源整合和产业结构协调耦合，充分利用劳动、资本等生产要素，提高产业结构的聚合质量。而企业是产业的基本单位，产业结构的合理化程度与每个企业内部的合理化程度密不可分，各个企业的发展态势会使得整个产业变动。故在产业结构优化过程中，要高度重视企业扮演的角色。同时，注重市场机制在产业结构转型中发挥的作用，选择富有活力的、发展势头良好的产业，淘汰高耗能、高污染、发展落后的产业。实证分析发现，现阶段的产业结构对提升生态效率水平并未有显著作用，因此，我国应当在经济发展过程中提高全国的产业结构关联性，在结构转变的带动下提高资源的配置效应，发挥产业结构优势。

第二，促进产业结构优化升级，发挥产业的带动效应和后发优势。因为产业结构高度化有显著的直接效应与间接效应，各地区应将产业结构高级化放在更加突出的位置。在农业生产过程中，实施科教兴农战略，加快推进农业现代化，发展生态农业；同时，调整、改造传统制造业，促进传统工业加工向深加工和高精尖转变，逐步淘汰落后产能和"高耗能、高污染"行业；最重要的是提高服务业比重，转型传统服务业是实现经济增长的关键所在，也是节能减排、改善生态环境的重要方向和必由之路。各地区应根据自身实际情况设定加大研发投入力度，不断增强科技实力，利用技术进步和高新技术等手段发展"高效益、低耗能、少污染"的先进制造业和新兴产业，逐步淘汰或逐步改造资源能源高投入、污染物多排放但经济效益低下的产业，最终使产业实现零污染、零排放。注重资源利用，加大对外开放力度，引进知识密集型和技术密集型产业，为我国产业结构高级化融资助力。

第三，充分发挥政府职能，促进生态效率一体化发展。空间因素在产业结构合理化和高级化对生态效率影响的研究中起着重要作用，产业结构合理化和高级化有显著的"正外部效应"。因此，各地区在产业结构优化升级的过程中必须考虑地区间的互动作用，各级政府应注重生态效率的空间联系和空间溢出效应，通过东部较高生态效率带动中、西部生态效率水平的提高。应坚持走经济—资源—环境复合系统协调可持续发展道路，打破行政区域划分的界线，全面改善生态环境，推动生态效率进一步提高，共同建设"资源节约型，环境友好型"的社会。

第四，产业结构向生态友好型发展。首先，注重技术进步与人才培养，制定有效的激励措施激发各经济主体的创新行为。当前的技术进步对生态效率没有显著影响，表明我国高新技术创新还处于较低水平。其次，优化能源消费结构。应利用高新技术，使得能源开发和能源消费实现清洁能源替代。同时，对于已经存在的污染存量，应逐步加大环境污染治理力度，在此基础上不断提高污染治理投资额的利用效率。最后，在外资利用时，各级政府及部门应强化环保意识，充分利用现有的环保相关法律法规，以资源节约型、环境友好型为标准对新建项目严格把关。

第五，实施因地制宜策略，持续生态文明建设。由于我国各省域在经济发展、自然资源禀赋、地理位置等方面的差异，导致区域间生态效率水平有很大不同。因此，需要根据各地区自身实际发展状况制定相应政策和措施，共同提升生态效率水平。东部地区生态效率水平相对较高，要利用自身优势发挥其模范带头作用；东北地区应借助科技创新和技术进步转变产业结构，并且需要研发系列清洁能源，控制污染物产生；中部地区利用其自身的自然资源优势，积极推进资源型城市转型发展；西部地区应将重点放在经济社会发展上，持续提高其经济实力。

参考文献

[1] Fredrich Kahrl, David Roland – Holst. Growth and structural Change in China's energy economy [J]. Energy, 2009, 34 (7): 894 – 903.

[2] Grossman G, Krueger A. Environmental Impacts of A North American Free Trade Agreement [Z]. Paper prepared for the Conference on United States – Mexico Trade Agreement, 1991.

[3] Antweiler W, Copeland B. R, Taylor M. S. Is Free Trade Good for the Environment? [J]. American Economic Review, 2001 (91): 877 – 908.

[4] Antweiler W, Copeland R B, Taylor S M. Is free trade good for the environment? [J]. American Economic Review, 2001 (1): 877 – 908.

[5] Cole M. A, Elliott R. J, Determining the Trade – Environment Composition Effect: The Role of Capital, Labor and Environmental Regulations [J]. Journal of Environmental Economics and Management, 2003 (46): 363 – 383.

[6] Cole M A, Elliott R J R. Determining the trade – environment composition effect: the role of capital, labor and environmental regulations [J]. Environ Econ Manage, 2003, 46 (3): 363 – 383.

[7] Grossman G, Krueger A. Economic Growth and the Environment [J]. Quarterly Journal of Economics, 1995 (2): 353 – 377.

[8] Gene Grossman, Alan B. Krueger. Economic growth and the environment [J]. Q J Econ, 1995 (1): 353 – 377.

[9] Karl – Gran Mler. Economic growth and the environment [M]. S. l.: Elsevier Inc., 2001.

[10] Victor Brajer, Robert W. Mead, Feng Xiao. Searching for an environmental Kuznets

Curve in China's air pollution [J]. China Economic Review, 2011 (3): 383 – 397.

[11] Victor Brajer, Robert W. Mead, Feng Xiao. Searching for an environmental kuznets curve in china's air pollution [J]. China Economic Review, 2011 (1): 7 – 14.

[12] Hayo M G. Assessing the impact of pesticides on the environment [J]. Agriculture Ecosystems and Environment, 1996 (60): 81 – 96.

[13] WERF M G V D H. Assessing the impact of pesticides on the environment [J]. Agric Ecosyst Environ, 1996, 60 (2): 81 – 96.

[14] Lan J, Lenzen M, Dietzenbacher E, Moran D, Kanemoto K, Murray J. Structural Change and the Environment [J]. Journal of Industrial Ecolocy, 2012 (16): 623 – 635.

[15] Jun Lan, Manfred Lenzen, Erik Dietzenbacher, et al. Structural change and the environment [J]. Journal of Industrial Ecology, 2012, 16 (4): 623 – 635.

[16] 胡春力. 促进产业结构升级是加强环境保护的根本[J]. 宏观经济研究, 2009 (2): 35 – 39.

[17] 周景博. 北京市产业结构现状及其对环境的影响分析[J]. 统计研究, 1999 (8): 40 – 44.

[18] 赵雪雁. 甘肃省产业转型及其生态环境效应研究[J]. 地域研究与开发, 2007 (2): 102 – 106.

[19] 彭立颖, 童行伟, 沈永林. 上海市经济增长与环境污染的关系研究[J]. 中国人口·资源与环境, 2008 (3): 186 – 194.

[20] 韩中豪, 胡雄星, 张明旭. 上海市经济增长与环境污染水平的关系 [C] // 中国环境科学学会 2006 年学术年会优秀论文集 (上卷), 2006—2007, 中国江苏苏州: 中国环境科学出版社, 2006: 795 – 798.

[21] 韩峰, 李浩. 湖南省产业结构对生态环境的影响分析[J]. 地域研究与开发, 2010, 29 (5): 89 – 93, 98.

[22] 赵雪雁, 周健, 王录仓. 黑河流域产业结构与生态环境耦合关系辨识[J]. 中国人口·资源与环境, 2005 (4): 69 – 73.

[23] 付丽娜, 陈晓红, 冷智花. 基于超效率 DEA 模型的城市群生态效率研究——以长株潭 "3 + 5" 城市群为例[J]. 中国人口·资源与环境, 2013, 23 (4): 169 – 175.

[24] 黄敬然. 中国产业结构变迁对经济增长的影响研究 [D]. 长春: 吉林大学博士学位论文, 2016.

[25] 干春晖, 郑若谷, 余典范. 中国产业结构变迁对经济增长和波动的影响 [C] //上海学术报告 (2012 – 2013). 上海: 上海人民出版社, 2015.

[26] 陈强. 高级计量经济学及 Stata 应用 [M]. 北京: 高等教育出版社, 2014.

[27] 何宜庆, 陈林心, 周小刚. 长江经济带生态效率提升的空间计量分析——基于金融集聚和产业结构优化的视角[J]. 生态经济, 2016, 32 (1): 22 – 26.

实验经济学视角下出价次数对
市场效率的影响

白延涛

摘 要 研究目标，探讨出价次数限制对双向拍卖市场效率的影响。研究方法，利用 Matlab 构建一个双向拍卖实验仿真平台，以此研究出价次数限制对仿真双向拍卖市场效率的影响。搭建一个双向拍卖平台，构造一个现场双向拍卖试验，研究出价次数对现场双向拍卖市场效率的影响。研究发现，报价次数限制对双向拍卖市场效率影响比较明显，随着出价次数的增加双向拍卖市场效率提高明显，到达一定次数后效率趋于稳定。出价次数稳定点现场实验比仿真实验更小。研究创新，将出价次数作为变量研究双向拍卖市场效率的变化。研究价值，为类似双向拍卖的市场中参与者出价次数的设置提供参考，以期在较高市场效率下缩短交易时间。

关键词 出价次数；市场效率；双向拍卖；仿真

The Effect of Quotations on Market Efficiency
from the Perspective of Experimental Economics

Bai   Yantao

Abstract：To explore the influence of the number of bids on the efficiency of the double auction market. Research method：Use matlab to build a double auction experimental simulation platform，and study the effect of the limit of the number of bids on the efficiency of the simulated double auction market. Build a double auction platform and construct a live double auction experiment to study the effect of the number of bids on the market efficiency of the double auction. Research found：The restriction on the number of bids has a significant effect on the efficiency of the double auction market. With the increase of the number of bids, the efficiency of the double auction market increases significantly, and the efficiency tends to stabilize after reaching a certain number of times. The bid – stabilization point field experiment is smaller than the simulation experiment. Research innovations：The number of bids is used as a variable to study the changes in the efficiency of the double auction market. Research value：Provide a reference for the setting of the number of bids of participants in a market similar to double auctions, in order to shorten the transaction time under higher market efficiency.

Key Words：Number of Bids；Market Efficiency；Double Auction；Simulation

一、引言和理论阐述

经济学成为一门实验性的科学经历了漫长的时间。长期以来，经济学被认为是不可实验的。直到 20 世纪 40 年代末，部分经济学家对在经济学中应用实验方法产生了兴趣，他们得出的实验结论撼动了整个经济学界。又经过半个多世纪的探索，实验经济学家卡尼曼（Daniel Kahneman）和弗农·史密斯（Vernon L. Smith）在 2002 年，罗斯（Alvin E. Roth）在 2012 年分别获得诺贝尔经济学奖，"经济学开始逐步演变成为一门实验性科学"这一观点才得到广泛的认可。

实验经济学研究之初主要在个人决策理论、市场理论和博弈理论等方面，在研究范围上存在一定的局限性，实验目的上也主要是对演绎的经济学理论进行验证。随着实验经济学研究的推进，目前，实验方法已经普遍应用在博弈论、公共选择等经济学的研究中。实验经济学是在可控制的实验环境下，针对某一经济理论或者经济现象，通过控制某些条件、观察决策者行为和分析实验结果，以检验、比较和完善经济理论并为政策决策提供依据。

对于实验经济学而言，它较为强调在特定市场环境和机制下的交易结果进行考察以检验新古典理论的预测，为此研究者需要构造一个符合要求的市场，以获得可用于检验的观测数据（Davis 和 Holt，1993）。史密斯采用一种公开所有出价和要价的双向拍卖机制（Double Auction），以实现竞争性市场对信息的要求，在实验研究中发现，经过一段时间的多轮固定重复之后，完全竞争市场最终会收敛于新古典理性模型所预测的竞争性均衡（Smith，1962）。

进一步的研究发现，即使在买卖双方人数都很少、供求信息不充分的情况下，双向拍卖市场可以产生出比传统经济学理论高很多的资源配置效率。这一现象被称为科学奥秘（Scientific Mystery），也被称为"Smith 奥秘"（Smith，1982）。这一现象实质上是连续双向拍卖的市场机理问题，到目前为止，还没有学者从理论上对这一问题进行彻底的解决。

史密斯（Smith，1991）认为，市场的交易机制及其形式是非常重要的，因为这关乎市场主体之间会进行怎样的策略互动。交易机制作为一种社会工具，它强化和引导个体互动的机理仍未得到社会科学研究者的透彻理解，因而，实验经济学的研究重点之一在于探讨交易机制究竟怎样作用于个体互动过程而带来市场竞争性均衡，并以此进一步探寻哪些交易机制有助于快速提高或实现市场配置资源的有效性。

在现有以实验经济学的角度对双向拍卖的研究中，多从报价策略的角度出发来提高市场效率。最具有代表性的有 Gode 和 Sunder（1993）提出的包括无理性和有限理性两个层次的"零信息"交易策略（Zero - Intelligence，ZI）。Kaplan 教授设计的"阻击策略"（Sniping strategy），Cliff 和 Bruten（1997）提出的具有简单自学习能力的"ZIP"（Zero - Intelligence Plus）策略。Gjerstad 和 Dickhuat（1998）利用信息函数计算收益，提出了通过计算最大期望收益来进行报价决策的"GD"交易策略。

上述策略都能使双向拍卖市场的市场效率达到90%以上。但对达到最大市场效率的报价策略的出价次数没有进行进一步的研究。本文从出价次数出发，研究交易机制设计中出价次数限制对市场效率影响。同时以仿真实验为基础，组织现场实验，研究在现场实验中出价次数对市场效率的影响。

二、实验设计

根据现有实验经济学对双向拍卖市场效率的研究结果，选取 Gode 和 Sunde 在 1993 年提出"零信息"交易策略中"约束的零信息"（Zero Intelligence with constraint，ZI – C）作为仿真实验的基准策略。ZI – C 策略中买卖参与者的报价范围被限制在不能亏损的范围内，买卖双方都不能获得负收益，也就是说买卖双方参与者的报价不能突破初始差赋的限制，以此实现"有限理性"。

针对仿真和现场市场构建参数，如表 1 所示。

表 1 双向拍卖市场中主要参数设置

O_{max}	市场中允许出现的最大出价
O_{min}	市场中允许出现的最小出价
B_i	市场中第 i 个买方
S_i	市场中第 j 个卖方
$bid_{i,n}$	市场中第 i 个买方的第 n 次出价
$ask_{j,n}$	市场中第 j 个卖方的第 n 次出价
V_i	表示第 i 个买方对 1 单位交易物品的最高估价
C_j	表示第 j 个卖方对 1 单位交易物品的最高估价

限于现场试验的实验规模，为更好地比较现场实验和仿真实验的交易次数对市场效率的影响，我们构建了 8 个买方和 8 个卖方的双向拍卖仿真市场。为了保证双向拍卖市场中信息公布的连续性，我们对仿真实验设定为报价连续，即成交才退出市场，不成交继续出价。在现场实验中设计 4 个买方和 4 个卖方，每个买方（或卖方）对 2 个单位物品进行报价，以此来构造和仿真实验相同的市场环境，出价规则为有限理性，不能出现负收益。

根据上述设定，ZI – C 策略的出价可以表示为式（1）所示。

$$bid_{i,n} \sim U\ (O_{min}, V_i]$$
$$ask_{j,n} \sim U\ [C_j, O_{max})$$

仿真实验设计为：仿真市场设定 $O_{max} = 100$，$O_{min} = 0$，在此范围内随机产生 10 条 8 个买方和 8 个卖方的供求曲线。针对每条供求曲线限定 ZI – C 策略的出价次数，统计不同出价次数限制下的市场效率。重复上述此仿真实验 1000 次获得相对稳定的次数限制下市场效率。

现场试验设计为：构建一个双向拍卖交易平台，平台分别公布市场中买方的报价信息，卖方的报价信息，实时成交信息。供买卖双方参考，并显示出价次数的限制。现场市场设定 $O_{max} = 100$，$O_{min} = 0$，在此范围内随机产生 10 条 8 个单位物品买方和 8 个单位物品卖方的供求曲线，每个现场实验参与者掌握 2 个单位物品的出价权，2 个单位物品的买卖属性相同。为方便计算收益，出价精确到整数，并限定每条曲线交易时间为 3 分钟。统计不同出价次数限制下的市场效率。限于现场实验参与者的精力和实验时间，重复上述实验 5 次，每次曲线随机分配，以此获得不同次数限制下的市场效率。

现场实验参与者为在校学生 8 名，现场实验参与者报酬为 50 ~ 80 元/时·人，根据现场试验设定本次现场实验约为 3 小时，每名参与者可以获得 150 ~ 240 元收益，以此促进现场实验参与者的报价积极性，提高参与者成交期望。

三、实验结果

根据仿真实验设计，应用 Matlab 2018 进行仿真实验，记录出价次数限制下双向拍卖仿真市场的平均市场效率。仿真实验结果如图 1 所示。

从仿真结果可以发现，出价次数限制为 1 次时，由于 ZI – C 仿真策略为有限理性下的随机报价，双向拍卖仿真市场的平均市场效率约为 70%。出价次数限制为 2 次时，双向拍卖仿真市场的平均市场效率约为 80%，比出价次数限定为 1 次时效率提升约为 14.2%。出价次数限制为 3 次时，双向拍卖仿真市场的平均市场效率约为 85%，比出价次数限定为 2 次时效率提升约 6%，提升幅度降低但提升效果仍较为明显。随着出价次数限制的增加，双向拍卖仿真市场的效率逐步升高，提升幅度逐渐降低。出价次数限制在 6 次后双向拍卖仿真市场的效率趋于稳定，达到 90% 以上。这也验证了"Smith 奥秘"，在参与人数较少的市场中，双向拍卖的市场效率仍然很高。

（%）

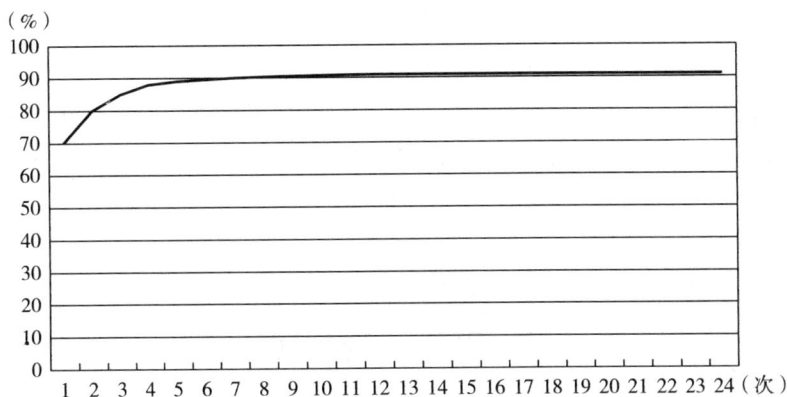

图 1　双向拍卖仿真实验出价次数限制对市场效率的影响

根据现场实验设计，利用 XML 语言构建一个简单的双向买卖实验平台，实验平台有 8 台终端和 1 台服务器，终端显示实验设计相关信息，计算出价次数限制下双向拍卖现场实验的平均市场效率，现场实验结果如图 2 所示。

（%）

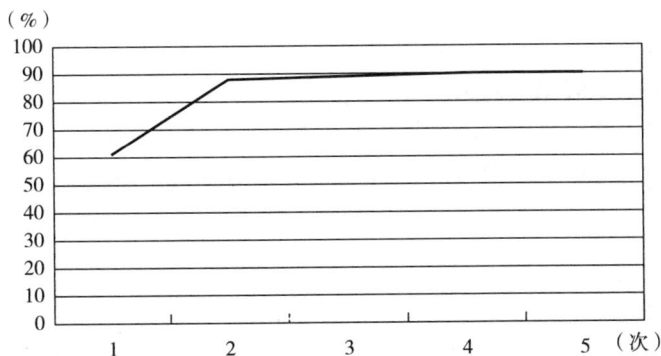

图 2　双向拍卖现场实验出价次数限制对市场效率的影响

从现场实验结果可以发现，出价次数限制为 1 次时，由于实验参与者对预期收益的不同，并且没有调整预期收益率的机会，市场效率较低，双向拍卖现场实验的市场效率约为 61%。出价次数限制为 2 次时，平均市场效率约为 88%，比出价次数限定为 1 次时效率提升约为 44%，提升效果非常明显。说明在有一次调成预期收益率的情况下，双向拍卖现场实验的市场效率非常高。出价次数限制为 3 次时，平均市场效率约为 89%，比出价次数限定为 2 次时效率提升不明显。说明在有二次调成预期收益率的情况下，双向拍卖现场实验的市场效率提升不明显，但是双向拍卖现场实验的市场效率仍然很高。随着出价次数限制的增加到 3 次以后，双向拍卖现实市场的效率提升不明显，因此在双向拍卖现实市场试验中出价次数限制只记录到 5 次。

四、研究结论与展望

本文通过仿真实验和现场试验的方式，研究双向拍卖市场中出价次数限制对双向拍卖市场效率的影响。根据实验结果可以得出，在双向拍卖市场中出价次数对市场效率的影响比较明显。随着出价次数的增加，仿真市场和现场试验的市场效率都在增加，仿真市场的增长速度较现场实验的增速慢。

同时，在现场实验中 2 次出价机会即能达到较高的双向拍卖市场效率。超过 2 次以上的出价机会对双向买卖市场的效率影响不明显，说明更多的出价次数对双向拍卖市场参与者来说意义不大。由此可以为类似市场中对参与者的出价次数的限制提供参考。

由于构造的双向拍卖市场是 8 个买方和 8 个卖方的稀疏市场，在类似股票市场的稠密市场中，出价次数对双向买卖市场效率影响效果仍需要进一步的研究。

参考文献

[1] Cliff D, Bruten J. Zero Not Enough: On 'The Lower Limit of Agent Intelligence for Continuous Double Auction Markets [J]. HP Laboratories Technical Report HPL, 1997 (1): 7 - 14.

[2] Davis, D. D, et al. Convergence to nonstationary competitive equilibria: An experimental analysis [J]. Journal of Economic behavior and Organization, 1993, 22 (3): 305 - 326.

[3] Gode D K, Sunder S. Allocative efficiency of markets with zero - intelligence traders: Market as a partial substitute for individual rationality [J]. Journal of Political Economy, 1993 (1): 119 - 137.

[4] Gjerstad S, Dickhaut J. Price formation in double auctions [J]. Games and Economic Behavior, 1998, 22 (1): 1 - 29.

［5］Smith V L. An experimental study of competitive market behavior［J］. The Journalof Political Economy，1962，70（2）：111－137.

［6］Smith V L. Microeconomic systems as an experimental science［J］. The American Economic Review，1982，72（5）：923－955.

［7］Smith. V L. Rational choice：The contrast between economics and psychology［J］. Journal of Political Economy，1991，99（4）：877－897.

［8］陈叶烽，叶航，汪丁丁. 超越经济人的社会偏好理论：一个基于实验经济学的综述[J].南开经济研究，2012（1）：63－100.

［9］范良聪. 实验经济学兴起与发展的动力机制研究［D］. 浙江大学博士学位论文，2010.

［10］罗俊，汪丁丁，叶航等. 走向真实世界的实验经济学——田野实验研究综述[J].经济学（季刊），2015，14（3）：853－884.

［11］周业安. 人的社会性与偏好的微观结构[J].学术月刊，2017（6）：59－73.

西部地区产业用水量变化驱动效应测度

汪慧玲 罗 艳 武翠芳

摘 要 本文采用 LMDI 方法从经济规模、产业结构、用水强度因素分析了对西部地区 2000～2017 年产业用水变化的驱动效应。研究结果表明，从时间角度看，经济规模效应推动了产业用水的上升，且这种推动作用具有很强的刚性，产业结构效应和用水强度效应抑制了产业用水的增加，尤其是后者，二者对产业用水量上升的抑制作用主要来源于第一产业。从空间角度看，三种效应的空间分异表明各省的经济发展水平、产业基础和技术进步与驱动效应密切相关，经济规模对各省产业用水量变化表现为不同程度的正向驱动效应，产业结构和用水强度表现为不同程度的负向驱动效应。因此，西部地区应该从优化产业结构和提高水资源利用率等方面来降低产业用水量，并根据经济发展情况和三产特征差异为各省制定针对性、差别化的节水政策。

关键词 西部地区；产业用水；LMDI；驱动效应；时空分异

一、引言

水资源是不可或缺的资源，在经济发展、生态环境和人类生存等方面发挥着不可替代的重要作用。随着经济增长和人口的增加，水资源供需矛盾、水环境污染、空间分布不均等危机不断加剧，已成为制约经济可持续发展的重要因素之一。西部地区水资源总量可观，2017 年水资源总量为 11489.40 亿立方米，占全国水资源总量的 39.95%，人均水资源量为 3422.24 立方米，其中，西北地区人均水资源量为 3483.46 立方米，西南地区人均水资源量为 3348.78 立方米，都高于全国平均水平，但西部各省水资源分布却很不均衡，其中，云南人均水资源量为 4589.11 立方米，而宁夏人均水资源量仅为 158.01 立方米。2017 年，西部地区万元 GDP 用水量为 158.18 立方米，高于全国平均水平 113.14 立方米，其中，新疆万元 GDP 用水量为 798.23 立方米，比北京 24.55 立方米相差近 32 倍，表明西部地区用水粗放，这不利于西部大开发。因此，研究西部地区三次产业用水强度的变化、空间差异及影响因素，对提高西部地区水资源利用效率和制定节水政策具有重要的现实意义。

学术界关于区域用水变化和驱动因素方面已经展开了大量研究，贾绍凤等将北京市平均工业用水定额下降的原因归为部门用水定额的减少和产业、部门的结构效应，并指出产业结构的节水效应大于部门结构调整。陈东景采用 LMDI 方法从结构份额和效率份额分析了我国工业水资源消耗强度在 2000～2005 年的变化。孙才志等从经济水平、产业结构、用水强度和人口规模这四个方面分析了对我国产业用水量变化的影响效应。佟金萍等将我国 1997～2009 年万元 GDP 用水量进行分解，发现技术进步和产业结构调整是推动我国万元 GDP 用水量下降的主要原因。王康采用 IPAT 模型，将甘肃用水变化的影响因素分解为人口、富裕程度、用水强度和产业结构，发现富裕程度是导致用水增加的主要因素，用水效率是导致用水减少的主要因素。韩琴等从效率效应、结构效应、经济效应、禀赋效应、开放效应和技术效应研究了对我国 31 个省份灰水足迹效率的贡献。秦昌波等采用分解模型将陕西用水变化进行分解，发现技术进步是抑制用水增加的主要因素。吕文慧等基于完全分解模型从经济增长、产业结构和用水强度分析了对新疆 2005～2010 年的用水变化的贡献率，并对各种效应进行了时空分异研究。张陈俊等量化了长三角地区 2000～2015 年用水量的驱动效应，并从时间角度和空间角度分析对用水量变化的影响，后续又对长江经济带水资源消耗强度的驱动效应进行了时空差异研究。还有学者从经济份额、区域人口分布等分析了对用水量变动的影响。

综上所述，学者们采用不同方法对用水量或用水强度变化趋势的驱动效应进行了大量研究，但研究主要集中在时间维度，空间维度的差异分析文献还相对较少，而对我国西部地区产业用水方面的研究还是空白。西部地区作为中国版图上最大的区域，按当年价格计算，2017 年经济总量仅占全国的 20.46%，用水量却占全国的 31.6%，水资源利用率低。因此，对西部地区产业用水变化的驱动效应分析很有必要，本文采用 LMDI 分解模型，从经济增长、产业结构、用水强度三因素对西部地区 2000~2017 年产业用水驱动效应的时间分异和空间分异进行分析，可为西部地区制定差别化的水资源可持续政策提供依据。

二、研究方法与数据说明

（一）研究方法

LMDI 方法由 Ang 等提出，主要用于能源消耗变化的驱动效应与能源污染排放的分解分析，由于 LMDI 与其他方法相比具有全分解、无残差、易使用等优点，因此后来被广泛地运用于水资源领域，也是国际上常用的因素分解模型。本文根据已有文献，将经济系统中用水总量的要素分解模型表示为：

$$W = \sum_i W_i = \sum_i GDP \times \frac{GDP_i}{GDP} \times \frac{W_i}{GDP_i} \tag{1}$$

式中，W 为用水总量，GDP_i 和 W_i 分别表示第 i 产业增加值和用水量；GDP 表示地区生产总值。

将式（1）进一步改写为式（2）：

$$W = \sum GDP \times S_i \times I_i \tag{2}$$

式中，GDP 表示经济增长因素，$S_i = GDP_i/GDP$ 表示第 i 产业增加值占地区生产总值的比重，反映产业结构因素，$I_i = W_i/GDP_i$ 表示第 i 产业万元产值用水量，反映产业用水强度因素即用水效率。

假定基期和第 t 期产业用水量分别用 W^0 和 W^t，则从基期到 t 期总用水量的变化值称为总效应，总效应可以分解为以下三种效应：

$$\Delta W = W^t - W^0 = \Delta W_{GDP} + \Delta W_S + \Delta W_I \tag{3}$$

$$\Delta W_{GDP} = \sum_i \frac{W_i^t - W_i^0}{\ln W_i^t - \ln W_i^0} \ln\left(\frac{GDP^t}{GDP^0}\right) \tag{4}$$

$$\Delta W_S = \sum_i \frac{W_i^t - W_i^0}{\ln W_i^t - \ln W_i^0} \ln\left(\frac{S_i^t}{S_i^0}\right) \tag{5}$$

$$\Delta W_I = \sum_i \frac{W_i^t - W_i^0}{\ln W_i^t - \ln W_i^0} \ln\left(\frac{I_i^t}{I_i^0}\right) \tag{6}$$

式中，ΔW_{GDP} 为经济规模效应，反映经济增长对产业总用水量变化的影响，ΔW_S 为产业结构效应，反映产业结构调整对总用水量变化的影响，ΔW_I 为用水强度效应，反映用水强度变化对产业总用水量变化的影响。若驱动效应为 ΔW_{GDP}、ΔW_S 和 ΔW_I 为正，则表示经济规模、产业结构和用水强度的变化会推动产业用水的增加，称为正向驱动效应；反之，称为负向驱动效应。

（二）数据来源与说明

本文选取 2000~2017 年西部地区各省产业增加值指标和用水量指标，数据来源于 11 个省历年的《统计年鉴》和《水资源公报》，由于西藏自治区缺少水资源数据较多，所以研究时将其剔除。

增加值指标。本文涉及的三次产业增加值、GDP、人均 GDP、三次产值占 GDP 比重、万元 GDP 用水量都是按照 2000 年不变价格调整后计算所得的。

用水量指标。由于大多数省份的水资源公报中用水指标并不是按照三次产业口径统计的用水数据，而是划分为农业、工业、生活和生态用水四类。为了与三次产业用水相对应，本文对四类用水数据进行调整，将农业用水作为第一产业用水，工业作为第二产业用水。由于生活用水中包括城镇公共用水和居民生活用水，而城镇公共用水是指建筑业和服务业用水，与西部地区第三产业用水更接近，所以，本文近似地将生活用水中的城镇公共用水作为第三产业用水，这与西部地区按照三产口径统计省份的第三产业用水量占总用水量的比例相当。这种处理方法比孙才志等的处理方法更适合西部地区，调整后的三次产业用水量之和为总用水量。

三、结果及分析

（一）西部地区三次产业用水概况

表 1 为西部地区 2000~2017 年的三次产业用水总量和用水强度。西部

地区用水量从 2000 年的 1638.27 亿立方米增加到 2017 年的 1740.22 亿立方米，其中，用水总量在 2003 年出现较大幅度下降，可能是由于《中华人民共和国水法》倡议的节水型社会建设热潮所致，在 2012 年达到最高点 1800.91 亿立方米，随后有所下降，这可能是我国最严格水资源管理制度贯彻执行的积极影响。三次产业用水在研究期内呈递增趋势，从其产业用水比重看，第一产业是用水大户，平均用水比例高达 82.65%，总体呈下降趋势，而第二产业和第三产业略微呈上升趋势，从 2000 年的 12.61% 与 2.18% 上升到 2017 年的 13.64% 与 2.87%。

表 1　2000～2017 年西部地区三次产业的用水量和用水强度

年份	第一产业用水量（亿立方米）	第二产业用水量（亿立方米）	第三产业用水量（亿立方米）	西部地区总用水量（亿立方米）	第一产业用水强度（立方米/万元）	第二产业用水强度（立方米/万元）	第三产业用水强度（立方米/万元）	西部地区用水强度（立方米/万元）
2000	1395.95	206.60	35.72	1638.27	3805.18	308.13	52.64	954.78
2001	1386.34	214.68	34.77	1635.80	3639.50	292.89	46.05	875.19
2002	1386.84	222.57	41.13	1650.54	3465.99	271.20	48.96	800.86
2003	1371.34	224.05	27.64	1623.04	3258.74	236.45	29.71	706.26
2004	1405.08	234.15	30.60	1669.82	3139.41	211.88	29.32	643.53
2005	1411.16	246.88	33.51	1691.55	2971.11	190.96	28.57	575.61
2006	1425.89	259.33	35.71	1720.92	2887.08	170.36	26.87	515.80
2007	1404.67	271.51	36.61	1712.78	2704.31	149.44	24.15	446.68
2008	1407.30	282.31	37.67	1727.28	2578.27	134.53	22.01	398.70
2009	1394.34	289.65	35.27	1719.26	2443.27	119.26	18.07	349.56
2010	1399.62	305.18	36.77	1741.57	2337.32	105.48	16.90	309.88
2011	1383.55	315.41	37.18	1736.14	2199.88	92.21	15.18	270.62
2012	1469.46	281.16	50.30	1800.91	2207.72	71.48	18.46	249.69
2013	1442.90	284.73	45.26	1772.89	2066.03	64.66	15.00	222.05
2014	1460.14	266.40	45.41	1771.95	1997.53	54.95	13.82	203.57
2015	1452.78	262.79	46.10	1761.67	1899.36	50.04	12.76	186.43
2016	1445.71	253.65	47.92	1747.28	1811.84	44.68	12.13	170.88
2017	1452.93	237.41	49.88	1740.22	1741.98	39.17	11.57	158.18

资料来源：西部各省水资源公报和统计年鉴。

分析用水强度变化，可以反映区域用水效率的高低和科技水平对产业用水的影响。如表1所示2000~2017年西部地区用水强度呈严格下降趋势，从2000年的954.78立方米/万元下降到2017年的158.18立方米/万元，说明西部地区的用水效率在不断地提高；三次产业中用水强度下降幅度最大的是第二产业，这说明西部地区的新型工业化体系有了较大的发展；第三产业从2000年的52.64立方米/万元下降到2017年的11.57立方米/万元；第一产业用水强度下降幅度最小。虽然西部地区用水效率在逐渐提高，但第一产业用水效率还是偏低，且三次产业之间的用水效率差距较大。

（二）新疆产业用水变化驱动效应的时间分异分析

1. 不同时间段用水量变化的驱动效应

基于中国实施的国民经济"五年计划"，本文将研究年份分为四个子时间段：2000~2005年（"十五"时期）、2005~2010年（"十一五"时期）、2010~2015年（"十二五"时期）、2015~2017年（"十三五"前期），对四个子时间段的产业用水量进行效应分解，分解结果如表2所示。"十五""十一五"和"十二五"时期用水总量分别增加了53.28亿立方米、50.02亿立方米和20.10亿立方米，"十三五"前期用水量减少了21.45亿立方米，从较长时间段来看，2000~2017年用水总量增加了101.95亿立方米。经济规模效应导致了西部地区用水量的增加，用水强度即用水效率是抑制用水增加的主要因素，产业结构是抑制用水增加的次要因素，其贡献率小于用水强度。经济规模一直是导致产业用水增加的因素，在2000~2015年完全抵消了产业结构优化升级和用水效率提升对产业用水量的抑制作用，最终导致用水量增加。水资源是维持经济系统稳定发展必不可少的要素，所以经济增长肯定会加大用水量的需求。"十一五"时期，经济增长速度加快，所以经济规模效应贡献率远远高于其他时期，"十二五"时期，经济增长速度逐渐放缓，经济规模效应的贡献率也缓慢降低，"十三五"时期，经济步入新常态，随着产业结构不断优化升级和节水技术进一步发展，产业结构效应和用水强度效应对用水量的抑制作用超过了经济规模效应的增加效应，导致用水量减少。2000~2017年，西部地区三次产业用水强度均有大幅度下降，这说明在水资源利用效率方面取得了长足的进步与发展。

表2　2000～2017 年西部地区产业用水的驱动

效应分解及贡献率　　　　单位：亿立方米、%

年份	ΔW_{GDP}	ΔW_S	ΔW_I	ΔW
"十五" 时期	895. 47 (1680. 82)	− 365. 57 (− 686. 20)	− 476. 62 (− 894. 62)	53. 28 (100)
"十一五" 时期	1112. 34 (2223. 67)	− 543. 45 (− 1086. 40)	− 518. 86 (− 1037. 23)	50. 02 (100)
"十二五" 时期	909. 69 (4524. 82)	− 370. 70 (− 1843. 87)	− 518. 89 (− 2580. 94)	20. 10 (100)
"十三五" 前期	226. 17 (− 1240. 76)	− 96. 07 (447. 83)	− 191. 56 (892. 93)	− 21. 45 (100)
2000～2017	3137. 03 (3077. 00)	− 1400. 80 (− 1374. 00)	− 1634. 28 (− 1603. 00)	101. 95 (100)

注：括号里面数值为各效应的贡献率。

2. 驱动效应在三次产业内部的差异

三次产业内部用水强度效应和产业结构效应有明显的差异，因此，可以根据这些差异特征来为西部地区制定相关用水政策提供建议。图 1 是西部地区 2000～2017 年表现出的产业结构效应和用水强度效应在三次产业内部的差异。各个时间段三次产业用水效率普遍提高，有力地促进了用水量的下降。2000～2017 年，每个时期对抑制用水总量贡献最大的是第一产业，其次是第二产业，第三产业贡献最小。

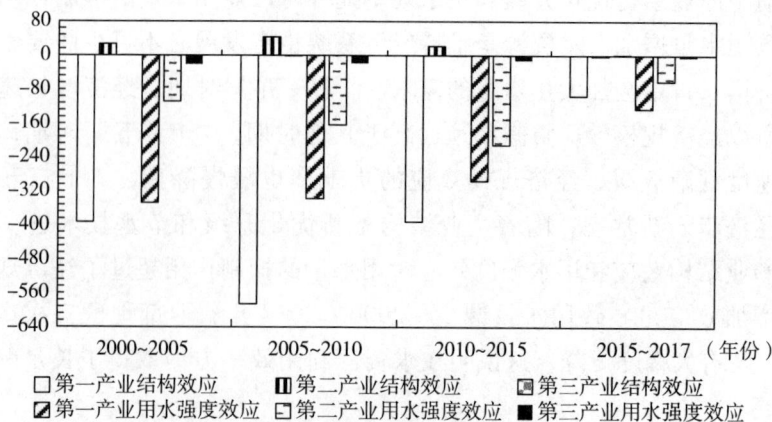

图 1　2000～2017 年西部地区用水总量分阶段因素效应的产业差异

产业结构效应主要反映不同产业结构变化对产业用水量的影响，其分析过程与用水强度效应不同，产业结构合理化和高级化是指第一产业比重逐渐降低，第二产业和第三产业比重逐渐提高，直至第三产业占主导地位的过程。当产业结构效应为负值时，表明该产业比重下降，进而带动用水量的下降，因此，根据产业结构调整的方向，仅仅分析产业结构效应在第一产业内的差异。如图 1 所示，产业结构调整促使用水量下降主要是由第一产业比重降低所致，这主要是因为第一产业用水强度在三次产业中最高，所以比重降低将导致用水量下降，2000～2010 年第一产业贡献率逐渐上升，而 2010～2017 年此贡献率逐渐降低。

（三）西部地区产业用水变化驱动效应的空间分异分析

根据上面的要素分解模型，对 2000～2017 年西部 11 个地区的产业用水量变化进行效应分解，根据各效应值的大小，采用 ArcGIS 将 11 个省市按照强、中、弱驱动在空间上进行聚类，然后再对每一类进行具体分析。

1. 经济规模效应

2000～2017 年，西部地区 11 个地区的经济规模效应表现出使用水量增加的特点，表现出了西部地区的空间分异特征。

经济规模效应强驱动的省份只有新疆。新疆在 2000～2017 年 GDP 年平均增长率为 10.14%，其中，2000 年万元 GDP 用水量为 3381.94 立方米，2017 年万元 GDP 用水量为 789.11 立方米，远高于全国平均水平。可见，近些年新疆经济虽然取得了一定发展，但经济增长方式仍然粗放，经济规模的变化所引起的产业用水量变化较大，表现为产业用水方式粗放，水资源利用效率较低。

经济规模效应中驱动的省份有内蒙古、广西和四川。值得注意的是，2000～2017 年，三省 GDP 年平均增长率都高于新疆，却被划分到了中驱动，主要是由于新疆万元 GDP 用水量远远高于这三省，内蒙古从 2000 年万元 GDP 用水量 1072.43 立方米下降到 2017 年的 114.27 立方米，广西从 2000 年万元 GDP 用水量 1279.08 立方米下降到 2017 年的 200.57 立方米，四川从 2000 年万元 GDP 用水量 467.63 立方米下降到 2017 年的 89.29 立方米。2000～2017 年，内蒙古、广西和四川的经济规模效应分别为 350.65 亿立方米、459.85 亿立方米、367.95 亿立方米，都低于新疆的 830.53 亿立方米。

经济规模效应弱驱动的地区有甘肃、青海、宁夏、陕西、重庆、贵州、云南。陕西和重庆是西部地区经济发展较好的地区，产业结构相对合理，再加上近年来陕西、贵州、云南经济增长速度相当可观，因此经济规模效应对用水量增量效应也相对较弱，这与经济社会发展到一定水平、人类社会与水资源和谐相处的必然趋势一致。而其他地区经济发展水平不高，产业规模较小，经济实力较差，经济规模对产业用水量变化的影响较小，以甘肃为例，2000～2017 年，GDP 年平均增长率为 10.29%，人均 GDP 的平均值为 1.13 万元，仅占重庆的 22% 左右。

水资源是经济发展必不可少的要素，经济发展又促进社会发展，因此，区域的经济发展对产业用水量有很强的刚性，随着西部地区经济规模的进一步扩大，产业用水量仍会持续增加。

2. 产业结构效应

2000～2017 年，西部地区 11 个地区的产业结构效应表现出使用水量减少的特点，随着经济进一步的发展，其产业结构在不断优化，但优化存在不同程度的波动。

产业结构效应强驱动的省份有新疆、内蒙古和广西。这三省第一产业用水占总用水量比例始终最大。以内蒙古为例，在 2000～2017 年，若第一产业比重下降 1%，将导致第一产业用水下降 1.02%，即第一产业结构调整对其用水量变化有很大的影响，进一步表明产业结构调整对总用水量有很大影响。第一产业比重从 2000 年的 22.79% 下降到 2017 年的 5.84%，第一产业用水比例逐年呈下降趋势，由 2000 年的 93.73% 下降到 2017 年的88.14%；第二产业和第三产业用水比例反而呈现递增趋势，第二产业和第三产业比重波动较大，第二产业比重总体上呈上升趋势，在 2015 年达到了最高占比 60.01%，第三产业比重总体上呈下降趋势，在 2014 年达到最低占比 33.16%。

产业结构效应中驱动的省份有甘肃、宁夏、陕西、四川、贵州、云南。以四川为例，2000～2017 年，第一产业比重呈现下降趋势（从 2000 年的24.07% 下降到 2017 年的 7.76%），第二产业比重呈上升趋势（从 2000 年的 36.48% 上升到 2017 年的 56.07%），第三产业基本维持在 38% 左右。可见，四川产业结构正在向合理化、高级化调整，第一产业比重的持续降低与第二产业比重的持续上升，正向驱动效应和负向驱动效应同时存在，使总用水量变化幅度没有其他省大，表现为产业结构对产业用水较强的抑制作用。

产业结构效应弱驱动的省份有青海和重庆。青海受到环境与资源条件的影响，产业结构调整缓慢，制约了整个省的发展。重庆产业结构不断优化升级，第二产业基础雄厚，第一产业相对新型，产业结构调整缓慢，表现为弱驱动效应。

综上所述，优化区域的产业结构可以提高水资源利用效率，加大对水资源的循环利用。由于不同的区域和产业部门对水资源的利用效率是不一样的，经济的发展程度可以改变产业用水需求，因此要加快西部地区产业结构调整的速度，大力发展特色优势产业，做到更科学、合理地利用水资源。

3. 用水强度效应

2000～2017年，西部地区11个省市的用水强度效应表现出使用水量减少的特点。

用水强度效应强驱动的省份有新疆和广西。这主要是因为在研究期内，两省的基期用水强度较大，水资源利用效率提升的潜力最大。2000年，新疆和广西的用水强度分别为3381.94立方米/万元、1279.08立方米/万元，到2017年下降到789.11立方米/万元、200.57立方米/万元，18年来，新疆和广西的下降幅度分别为76.67%、84.32%，虽然下降幅度很大，但用水强度依然较高。三次产业用水强度下降最多的是第一产业，新疆和广西第一产业用水强度下降幅度分别为53.47%、61.50%。

用水强度效应中驱动的省份有甘肃、内蒙古、四川、云南。以甘肃为例，2000～2006年，产业结构表现为"三二一"模式，2007～2016年，产业结构为"二三一"模式，2017年为"三二一"模式，。产业结构不断地发生变化。2000年，第一、二、三产业的用水强度分别为5019.43立方米/万元、419.99立方米/万元、25.27立方米/万元，后来三次产业的用水强度均在波动中逐渐下降，2017年，用水强度分别为1841.28立方米/万元、42.42立方米/万元、12.75立方米/万元。可见，第二产业用水强度下降幅度最大，其次是第一产业，最小的是第三产业。这主要是由于对传统设备的改造提升，引入先进的节水技术，提高了水资源利用率，使用水结构趋于合理。用水强度对用水量的抑制效应相应地也在波动中逐渐增强，效应值从2000年的10.92立方米增加到2017年的127.89立方米，因此，用水强度的驱动效应较强。

用水强度效应弱驱动的省份有青海、宁夏、陕西、重庆、贵州。有些地区经济实力相对较强。例如重庆，自身水资源利用率较高，即使将传统技术创新升级，引入节水技术，对水资源利用效率的提升也不太大。另一些地区，如宁夏，人均水资源占有量稀少，不到全国平均水平的一半，水资源开采利用严重不合理，2000～2017 年，第一产业用水占比都在 89% 以上，虽然第一产业用水强度从 2000 年的 17438.23 立方米/万元下降到 2017 年的 5041.22 立方米/万元，但还是偏高，用水强度抑制效应从 2000 年的 8.49 立方米缓慢上升到 2017 年的 95.52 立方米，因此用水强度的驱动效应也较弱。

综上所述，用水强度对产业用水的驱动效应表现为抑制效应，而技术创新是用水强度减少的决定因素。因此，只有通过加大科研投入，强化对传统工业企业的改造，加快技术革新，才能提高水资源利用效率，进而缓解用水量的增加。

四、结论与启示

本文运用 LMDI 方法将西部地区产业用水量变化的驱动效应进行量化，并分解为经济规模效应、产业结构效应、用水强度效应，得到以下几点结论与启示：

西部地区产业用水量变化是由经济规模、产业结构、用水强度三种因素共同影响的，研究期内，经济规模表现为正向驱动效应，产业结构和用水强度表现为负向驱动效应，即经济规模效应促进产业用水量增加，产业结构效应和用水强度效应抑制产业用水量增加，后者贡献率大于前者。

西部地区万元 GDP 用水量高于全国平均水平，第一产业用水占比很高，农业是其用水大户，水资源利用效率偏低，具有很大的节水潜力，因此，西部地区要合理调整三产比例，促进产业结构合理化和高级化，改变传统粗放的用水模式，加大农业节水技术开发投入，利用自身优势发展节水型农业，提高水资源利用效率。同时，应加大现代工业和服务业的发展，实现水资源的高效循环利用。

从用水量时间差异的驱动效应看，2000～2017 年，经济规模的扩大是使产业用水增加的主要因素，且经济发展对产业用水有很强的刚性需求，所以这种以缩小经济发展规模而减少产业用水量的方式行不通。产业结构和用水强度是抑制产业用水增加的因素。从驱动效应的产业内部差异看，对用水量的抑制作用贡献率最大的是第一产业，因此，可以通过产业结构优化升级和用水效率的不断提高来减少产业用水。从用水量空间差异的驱动效应看，产业用水量差异和驱动效应差异与各地区自身条件密切相关，研究期内，三种因素对新疆产业用水量变化的驱动效应最强，这可能是由于用水方式粗放，水资源利用效率低所致，其余地区三种驱动效应的表现各有差异。

西部地区各省份可以根据经济发展状况和水资源禀赋，通过产业结构优化升级和提高水资源利用效率来控制产业用水量的增加。随着经济发展水平的不断提高，不能仅依靠这两者来降低产业用水，还需要严格以水资源管理"三条红线"为目标，综合考虑环境保护、水资源节约、配置和管理制度等的间接作用，来抑制产业用水的增加。

参考文献

［1］贾绍凤，张士锋，夏军等．经济结构调整的节水效应［J］.水利学报，2004（3）：111 – 116.

［2］陈东景．中国工业水资源消耗强度变化的结构份额和效率份额研究［J］.中国人口·资源与环境，2008，18（3）：211 – 214.

［3］孙才志，谢巍．中国产业用水变化驱动效应测度及空间分异［J］.经济地理，2011，31（4）：666 – 672.

［4］佟金萍，马剑锋，刘高峰．基于完全分解模型的中国万元 GDP 用水量变动及因素分析［J］.资源科学，2011，33（10）：1870 – 1876.

［5］王康．基于 IPAT 等式的甘肃省用水影响因素分析［J］.中国人口·资源与环境，2011，21（6）：148 – 152.

［6］韩琴，孙才志，邹玮．1998—2012 年中国省际灰水足迹效率测度与驱动模式分析［J］.资源科学，2016，38（6）：1179 – 1191.

［7］秦昌波，葛察忠，贾仰文等．陕西省生产用水变动的驱动机制分析［J］.中国人口·资源与环境，2015，25（5）：131 – 136.

［8］吕文慧，高志刚．新疆产业用水变化的驱动效应分解及时空分异［J］.资源科学，2013，35（7）：1380 – 1387.

［9］张陈俊，赵存学，林琳等．长江三角洲地区用水量时空差异的驱动效应研究［J］.资源科学，2018，40（1）：89 – 103.

［10］张陈俊，许静茹，张丽娜等．长江经济带水资源消耗时空差异驱动效应研究［J］.资源科学，2018，40（11）：2247 – 2259.

[11] 张陈俊，章恒全，龚雅云. 中国结构升级、技术进步与水资源消耗——基于改进的 LMDI 方法[J]. 资源科学，2014，36（10）：1993 – 2002.

[12] 陈东景. 我国工农业水资源使用强度变动的区域因素分解与差异分析[J]. 自然资源学报，2012，27（2）：332 – 343.

[13] 张陈俊，章恒全，陈其勇等. 中国用水量变化的影响因素分析——基于 LMDI 方法[J]. 资源科学，2016，38（7）：1308 – 1322.

[14] Ang B W. Decomposition analysis for policymaking in energy：which is the preferred method？[J]. Energy Policy，2004，32（9）：1131 – 1139.

[15] Ang B W. The LMDI approach to decomposition analysis：a practical guide [J]. Energy Policy，2005，33（7）：867 – 871.

[16] Ang B W，Zhang F Q. A Survey of Index Decomposition Analysis in Energy and Environmental Studies [J]. Energy，2000，25（12）：1149 – 1176.

[17] Sun J W. Changes in energy consumption and energy intensity：A complete decompositionmodel [J]. Energy Economics，2002，20（1）：85 – 100.

[18] 秦福兴，耿雷华，陈晓燕. 确定万元 GDP 取水量定额方法的探索[J]. 水利学报，2004（8）：119 – 122，128.

[19] 吴丹. 中国经济发展与水资源利用的演变态势、"脱钩"评价与机理分析——以中美对比分析为例[J]. 河海大学学报（哲学社会科学版），2016，18（1）：47 – 53，90 – 91.

[20] 雷社平，解建仓，阮本清. 产业结构与水资源相关关系分析理论及其实证[J]. 运筹与管理，2004，13（1）：100 – 105.